JN098356

行政法

〔第3版〕

宇賀克也

Administrative Law Text

Administrative Law Text
Administrative Law Text
Administrative Law Text

有斐閣
yuhikaku

第 3 版はしがき

　今回の改訂にあたっては，旧版刊行以後の法令改正を反映するとともに，この間の重要判例を追加した。判例については，2023 年 5 月上旬までの判例をカバーした。本書で取り上げた判例については，『行政判例百選 I，II』（有斐閣），『行政法判例集 I，II』（有斐閣）の事件番号を参考として付記しているが，これらの判例集の改訂があったため，最新版の事件番号に更新している。

　本書は，著者の『行政法概説 I・II・III』（有斐閣）の読者から，行政法のエッセンスを 1 冊で学べるテキストを執筆してほしいという要望を受けて執筆したものであるので，多くの情報を伝えるよりも，わかりやすさを重視している。そのための工夫として，各章の冒頭に Points として要点をまとめ，本文において重要部分をゴチックにして目立つようにし，専門用語については初出の箇所で解説を行っている。また，本文中に法令の条項のみが示されている場合，その場で六法等により条文を確認できないために理解が不十分なまま読み進めざるを得ないことがないように，本文を理解する上で重要な条文については，各頁の下欄に示してある。さらに，今回の改訂にあたり，改めて全体を読み返して，説明を補充したほうがよいと思われる箇所について加筆を行った。加えて，「発展学習のために」および「Column」欄についても充実を図った。

　今回の改訂にあたっては，有斐閣法律編集局学習書編集部の小野美由紀氏に大変精緻な編集作業をしていただき，多くの点で本書を改善することができた。ここに記して厚くお礼申し上げたい。

　2023 年 5 月

宇 賀 克 也

初版はしがき

　本書は，行政法について，基礎から学ぶ際のテキストとして執筆したものである。著者は，すでに『行政法概説Ⅰ』『行政法概説Ⅱ』『行政法概説Ⅲ』（有斐閣）を執筆しており，これらにおいても，行政法の初学者も念頭に置いた配慮を行ってきた。しかし，『行政法概説Ⅰ』『行政法概説Ⅱ』『行政法概説Ⅲ』を併せると，相当の分量になり，また，これらにおいては，応用的な内容も多く含まれているため，行政法の基礎を1冊で学べるテキストを執筆してほしいという要望を学生等から受けることが少なくなかった。本書においては，そのような要望に応えるため，行政法の全体について，コンパクトで分かりやすく解説することに最大限配慮した。

　すなわち，専門用語については，最初に解説を行うようにし，図表もできる限り用いるようにした。また，各章の最初に Points として要点をまとめ，本文中において，重要部分をゴチックで示すこととした。重要判例については，囲み記事にして，その内容を簡潔に解説した。また，法律の文献を読んでいるとき，条項のみが出てくると，その条文の内容が直ちに頭に浮かばず，その場で六法で確認できる状況にないとき，理解が不十分なまま読み進めることを余儀なくされることがあるようなので，テキストの理解に必要な条文は，当該頁の下欄に示すこととした。また，社会的に注目を集めた事件や身近な法律問題について，「Column」欄で解説した。

　このように，コンパクトさと分かりやすさを追求する一方，理論的水準を落とさず，最新の情報を盛り込んだテキストとすることにも十分に留意した。「発展学習のために」の欄では，基礎から一歩進んで，学習を発展させるために必要な事項について説明した。判例については，2012年2月中旬までの重要判例をカバーするようにし，法令の改正についても，2011年12月までの重要な改正（行政調査，理由提示の観点から注目される国税通則法改正等）を盛り込むとともに，行政不服審査法改正の動向，不服申立前置の改正の動向等，重要な法改正に向けた動きについても最新の内容について解説している。

　また，基礎的テキストとしての性格上，自説を示すことには謙抑的な立場を採り，学説の紹介についても，客観的観点からの執筆を行うように努めた。

　本書の執筆に当たっては，有斐閣書籍編集第1部の佐藤文子氏，上島美咲氏から多くの有益なご助言をいただき，また，精緻な編集作業を行っていただいた。このことに対して，心より御礼申し上げたい。

　2012年2月

　　　　　　　　　　　　　　　　　　　　　　　　　　　宇 賀 克 也

目　　次

■□ 第1章　行政法の基礎理論　　I

1　行政法の特色 ……………………………………………………… I
(1) 行政法の三類型　I　　(2) 行政法の特色　2

2　行政法の法源 ……………………………………………………… 3
(1) 成文法源　3　　(2) 不文法源　8

3　行政法の効力 …………………………………………………… IO
(1) 遡及立法　IO　　(2) 経過規定　IO　　(3) 限時法と臨時法　II

4　法律による行政の原理 ………………………………………… II
(1) 法治主義と法律による行政の原理　II　　(2) 法律による行政の原理の内容　I2

5　行政法の一般原則 ……………………………………………… 24
(1) 信義則　24　　(2) 権利濫用禁止の原則　27　　(3) 比例原則　28　　(4) 平等原則　30　　(5) 透明性と説明責任の原則　3I　　(6) 必要性・有効性・効率性の原則　3I　　(7) その他の一般原則　32

6　行政法と民事法 ………………………………………………… 34
(1) 公法私法二元論の否定　34　　(2) 一般法としての民事法と特別法としての行政法　35　　(3) 行政法規違反の行為の民事上の効力　36　　(4) 民事紛争の行政的処理　38

7　行政過程における私人 ………………………………………… 38
(1) 行政過程における私人の行為　38　　(2) 権利能力　38　　(3) 行為能力　39　　(4) 意思表示の瑕疵　39　　(5) 意思表示の撤回　40

■□ 第2章　行政活動における法的仕組み　　4I

1　行政活動の類型 ………………………………………………… 4I
(1) 規制行政・給付行政・行政資源取得行政（調達行政）等　4I　　(2) 誘導行政　42　　(3) 行政活動の類型と法的仕組み　43

2 規制行政における主要な法的仕組み ………………………………… 44
  (1) 許可制 44　　(2) 認可制 46　　(3) 許認可等に共通する事項 47
  (4) 届出制 52　　(5) 下命制・禁止制 52　　(6) 即時強制 54

3 給付行政における主要な法的仕組み ………………………………… 56
  (1) 給付行政と対価 56　　(2) 給付行政と拠出 56　　(3) 給付の法的仕組み 56　　(4) 公物使用 58

4 行政資源取得行政における主要な法的仕組み ………………… 60
  (1) 金銭の取得 60　　(2) 土地の取得 61　　(3) 物品の取得 63　　(4) 公務員の任用 63

5 誘導行政における主要な法的仕組み ………………………………… 64

■□ 第3章　行政組織法総論　　　　　　　　　　　　66

1 行政法における行政組織法 ………………………………………………… 66
  (1) 行政組織法の意義 66　　(2) 行政作用法・行政救済法との関係 67

2 行政組織編成権 ………………………………………………………………… 67
  (1) 大日本帝国憲法下における行政組織編成権 67　　(2) 日本国憲法下における行政組織編成権 68　　(3) 現行の行政組織規制 71

3 行政機関概念 …………………………………………………………………… 72
  (1) 意　義 72　　(2) 作用法的行政機関概念 73　　(3) 事務配分的行政機関概念 76

4 行政機関相互の関係 ………………………………………………………… 77
  (1) 権限の委任，代理と専決・代決 77　　(2) 行政組織における意思統一の仕組み 81　　(3) 行政組織における協力の仕組み 96

5 国・地方公共団体間および地方公共団体相互間の関係 ……… 98
  (1) 問題の所在 98　　(2) 法律上の争訟性を否定するとみられる裁判例・学説 99　　(3) 法律上の争訟性を肯定する裁判例・学説 100

■□　第4章　行政情報の収集・管理・利用　　102

1　行政情報の収集 ……………………………………………………………… 102
　⑴ 申　請 102　　⑵ 届　出 103　　⑶ 行政調査 104　　⑷ 行政機関によ
　る情報の収集と個人情報の保護 113

2　行政情報の管理と行政的利用 ……………………………………………… 114
　⑴ 公文書管理法 114　　⑵ 行政情報の利用 116

3　行政情報の公開 ……………………………………………………………… 117
　⑴ 情報公開の意義 117　　⑵ 行政機関情報公開法 118　　⑶ 独立行政法人
　等情報公開法 125　　⑷ 会議の公開 126

■□　第5章　行政上の義務の実効性確保　　128

1　行政上の義務履行強制 ……………………………………………………… 128
　⑴ 民事執行と行政的執行 128　　⑵ 行政的執行の仕組み 129　　⑶ 行政代
　執行 132　　⑷ 行政上の強制徴収 136　　⑸ 非金銭的執行における行政的執
　行と民事執行 139

2　行政上の義務違反に対する制裁 …………………………………………… 139
　⑴ 行政罰 139　　⑵ 加算税 146　　⑶ 課徴金 147　　⑷ 公　表 148
　⑸ 授益的処分の撤回等 149　　⑹ 行政サービス，許認可等の拒否 150
　⑺ 契約関係からの排除 151

■□　第6章　行政の行為形式　　152

1　行政基準 ……………………………………………………………………… 152

2　行政計画 ……………………………………………………………………… 163

3　行政行為 ……………………………………………………………………… 167
　⑴ 意　義 167　　⑵ 行政行為の分類 171　　⑶ 行政裁量 173　　⑷ 行政
　行為の瑕疵 181　　⑸ 行政行為と取消訴訟の排他的管轄 182　　⑹ 取消訴訟
　の出訴期間 193　　⑺ 瑕疵ある行政行為の効力 193　　⑻ 行政行為の成立，
　発効，失効 198

4 行政契約 ……………………………………………………………… 204

(1) 行政契約の実例 204 (2) 行政契約の基本原理 205 (3) 行政契約の種類 205 (4) 行政契約の統制 206

5 行政指導 ……………………………………………………………… 210

(1) 行政指導の長所と短所 210 (2) 根拠規範の要否 211 (3) 行政指導の限界 212 (4) 行政指導の作為義務 214 (5) 行政手続法における行政指導の規定 214

■□ 第7章 行政手続
219

1 行政手続法 ……………………………………………………………… 219

(1) 行政手続を規律する法律 219 (2) 行政手続法の内容 220

2 行政審判手続 ……………………………………………………………… 240

3 行政手続の瑕疵 ……………………………………………………………… 241

■□ 第8章 行政上の不服申立て
243

1 行政上の不服申立て総説 ……………………………………………… 244

(1) 行政上の不服申立ての特色 244 (2) 行政上の不服申立ての一般法 245 (3) 行政上の不服申立制度の概観 246

2 不服申立ての類型 ……………………………………………………… 247

(1) 不服申立類型の審査請求への原則一元化 247 (2) 再調査請求 247 (3) 再調査の請求と審査請求の関係 248 (4) 不作為についての審査請求 248 (5) 再審査請求 249

3 不服申立ての要件 ……………………………………………………… 249

(1) 不服申立ての対象 249 (2) 不服申立てを行いうる者 250 (3) 不服申立期間 252 (4) (狭義の) 不服申立ての利益 254

4 不服申立ての審理手続 ………………………………………………… 254

(1) 手続の開始 254 (2) 本案審理 255 (3) 手続の終了 263 (4) 教示 265 (5) 情報の提供 268 (6) 裁決等の内容の公表 268

■□ 第9章　行政訴訟　　270

Ⅰ　行政訴訟総説

1　行政訴訟の特色 ……………………………………………………………… 270

2　行政訴訟法制の沿革 ………………………………………………………… 271

(1)　行政裁判法の廃止　271　　(2)　行政事件訴訟特例法の制定　271　　(3)　行政
事件訴訟法の制定　272　　(4)　行政事件訴訟法の改正　273

3　行政事件と司法審査の対象 ………………………………………………… 274

(1)　法律上の争訟　274　　(2)　政治問題　276　　(3)　部分社会論　277

Ⅱ　行政訴訟の類型

1　行政事件訴訟の類型 ………………………………………………………… 279

2　主観訴訟 ……………………………………………………………………… 279

(1)　抗告訴訟　279　　(2)　当事者訴訟　282

3　客観訴訟 ……………………………………………………………………… 283

(1)　意　義　283　　(2)　民衆訴訟　284　　(3)　機関訴訟　284

Ⅲ　取消訴訟

1　基本的性格 …………………………………………………………………… 284

2　取消訴訟の訴訟要件(1)──客観的訴訟要件 …………………………… 288

(1)　意　義　288　　(2)　出訴期間　289　　(3)　例外的不服申立前置　292
(4)　被告適格　296　　(5)　教　示　297

3　取消訴訟の訴訟要件(2)──主観的訴訟要件 …………………………… 298

(1)　取消訴訟の対象（処分性）　298　　(2)　原告適格　317　　(3)　（狭義の）訴え
の利益　330

4　取消訴訟の審理 ……………………………………………………………… 338

(1)　当事者主義と職権主義　338　　(2)　訴訟参加　343　　(3)　司法審査の範囲
346　　(4)　主張責任・立証責任　347　　(5)　主張制限　350　　(6)　違法判断の
基準時　354

5 取消訴訟の終了 ……………………………………………………………… 357

　(1) 判決の種類 357　(2) 判決の効力 360　(3) 原告の死亡による訴訟手続
の終了 368

6 取消訴訟における仮の救済（執行停止） ……………………………… 368

　(1) 意 義 368　(2) 執行不停止原則 369　(3) 執行停止制度 370

Ⅳ　取消訴訟以外の主観訴訟

1 無効等確認訴訟 ……………………………………………………………… 379

　(1) 無効等確認訴訟と「現在の法律関係に関する訴え」 379　(2) 無効等確認訴
訟の論点 381

2 不作為の違法確認訴訟 ……………………………………………………… 388

　(1) 立法の経緯 388　(2) 原告適格 388　(3) 不作為の違法確認判決の限界
390

3 義務付け訴訟 ………………………………………………………………… 391

　(1) 意 義 391　(2) 義務付け訴訟の法定化 392　(3) 要 件 392
　(4) 審 理 398　(5) 訴訟の終了 398　(6) 仮の義務付け 400

4 差止訴訟 ……………………………………………………………………… 403

　(1) 意 義 403　(2) 差止訴訟の法定化 403　(3) 要 件 404　(4) 判
決の効力 406　(5) 仮の差止め 406

5 当事者訴訟 …………………………………………………………………… 407

　(1) 当事者訴訟に関する規定 407　(2) 当事者訴訟の種類 408

Ⅴ　客観訴訟

1 民衆訴訟 ……………………………………………………………………… 413

　(1) 選挙訴訟 413　(2) 住民訴訟 414

2 機関訴訟 ……………………………………………………………………… 419

　(1) 国の関与・都道府県の関与に対する訴訟 420　(2) 地方公共団体の長と議
会の間の権限争議にかかる訴訟 420

■□ 第 10 章　国家補償法 422

1　国家補償法の意義 ……………………………………………………… 422

2　公権力の行使に関する国家賠償 ……………………………………… 423

(1)　国家賠償責任の根拠 423　　(2)　公権力の行使 425　　(3)　国または公共団体 426　　(4)　公務員 428　　(5)　職務行為関連性 429　　(6)　違法性 430　(7)　故意過失 442　　(8)　損　害 443　　(9)　公務員の個人責任 445　　(10)　求　償 447

3　公の営造物の設置管理の瑕疵に関する国家賠償 ………………… 448

(1)　国家賠償法 2 条の意義 448　　(2)　公の営造物 450　　(3)　「設置又は管理」の瑕疵 453

4　国家賠償法のその他の問題 …………………………………………… 462

(1)　費用負担者 462　　(2)　民法の適用 464　　(3)　特別法の適用 465　(4)　外国人への適用 466

5　損失補償 ………………………………………………………………… 467

(1)　意義と沿革 467　　(2)　実定法上の根拠 470　　(3)　損失補償の要否 470　(4)　損失補償の内容 476　　(5)　損失補償の時期 482

6　国家補償の谷間 ………………………………………………………… 483

(1)　「国家補償の谷間」の存在 483　　(2)　解釈論による対応 483　　(3)　立法論による対応 486

判例索引 488
事項索引 500

□■ 発展学習のために ■□

① 　告　示　6
② 　自治基本条例・議会基本条例　8
③ 　基準認証制度　45
④ 　行政機関による法令適用事前確認手続（日本版ノーアクションレター制度）とグレーゾーン解消制度　53
⑤ 　公用物の公共用物的利用　58
⑥ 　国税通則法 99 条　85
⑦ 　違法収集証拠の証拠能力　107
⑧ 　GPS 捜査　107
⑨ 　行政文書ファイル管理簿　115

⑩ マイナンバー（番号）法　117
⑪ ヴォーン・インデックス　125
⑫ 簡易（略式）代執行　134
⑬ 略式手続　140
⑭ 宅地開発税および条例に基づく開発負担金　213
⑮ 行政手続条例における行政指導にかかる規定　218
⑯ 経由機関　222
⑰ 仮の行政処分　230
⑱ 独占禁止法の審判制度の廃止　240
⑲ 地方公共団体その他の公共団体の不服申立資格　250
⑳ 行政不服審査法の運用の見直し　269
㉑ 公害防止協定による義務の履行を求めて地方公共団体が提起する訴訟　276
㉒ 初日不算入　291
㉓ 不服申立前置の見直し　293
㉔ 形式的行政処分　302
㉕ 第1次行政手続法研究会の提言　311
㉖ 中間的利益　320
㉗ ゴールド免許と法律上の地位　330
㉘ 第三者の再審の訴え　344
㉙ 文書提出義務　349
㉚ 行政手続法との関係　396
㉛ 強制執行手続における救済手続の懈怠　433
㉜ 逮捕状執行前の国家賠償請求　434
㉝ 安全配慮義務　467
㉞ 協議の確認　468

□■ Column ■□

① バックフィット　10
② 都市博覧会の開催中止と補償　27
③ 面談強要行為等の差止め　28
④ 公共サービス改革法　32
⑤ 韓国行政基本法における行政の法原則　33
⑥ 「私人対行政」の紛争の民間機関による処理　38
⑦ 経済的規制と社会的規制　42
⑧ オークション（競売）　52
⑨ 即時強制権限を一般私人に認めているように解される例　55
⑩ 道路無料公開の原則　58

⑪　公営競技と当せん金付証票　61

⑫　ゴールド免許　64

⑬　法律によらない省統合を違憲とした判決　69

⑭　アメリカの独立規制委員会　70

⑮　内閣総理大臣の臨時代理　78

⑯　三菱ふそう刑事事件　80

⑰　造船疑獄事件　83

⑱　一時保護への司法審査　109

⑲　リーニエンシー・プログラム　113

⑳　情報公開請求者リスト問題　114

㉑　オープンデータ　118

㉒　情報公開法の見直し　126

㉓　執行罰法制化の試み　132

㉔　空家等対策の推進に関する特別措置法　136

㉕　交通事件即決裁判手続　140

㉖　放置違反金　144

㉗　三省通達　151

㉘　内閣総理大臣の職務権限　215

㉙　水際作戦による申請権の侵害　224

㉚　行政手続のオンライン化　239

㉛　多治見市是正請求手続条例　257

㉜　平野事件　272

㉝　ドイツにおける抽象的規範統制　275

㉞　労働者災害補償保険法施行規則の改正　307

㉟　都市計画争訟研究会の提言　311

㊱　暴力団対策法の団体訴訟制度　329

㊲　特許権侵害訴訟等における第三者意見募集制度　344

㊳　行政訴訟検討会での検討　377

㊴　国民監査請求・国民訴訟　419

㊵　被爆者援護法　423

㊶　レペタ訴訟　433

㊷　明石砂浜陥没事件　455

㊸　国民保護法における損害補償　473

凡　例

裁判例の表示

例／最大判平成 4・7・1 民集 46 巻 5 号 437 頁［百 I 116］［判 I 5］

* 最高裁の法廷名は，大法廷判決（決定）は「最大判（決）」として，小法廷については，単に「最判（決）」として示す。引用頁の表示は，その判例集の通し頁とする。
* 裁判例末尾の［百 I 116］は斎藤誠＝山本隆司編『行政判例百選 I〔第 8 版〕』（有斐閣，2022 年）の 116 事件を，同様に，［百 II 7］は同編『行政判例百選 II〔第 8 版〕』（同前）の 7 事件を表す。ただし，それ以前の版を特に示す場合には，その注記を付している。
* 裁判例末尾の［判 I 5］は大橋洋一＝斎藤誠＝山本隆司編『行政法判例集 I 総論・組織法〔第 2 版〕』（有斐閣，2019 年）の判例番号 5 を，同様に，［判 II 82］は同編『行政法判例集 II 救済法〔第 2 版〕』（有斐閣，2018 年）の判例番号 82 を表す。

判決文・条文の引用

判決文・条文を「　」で引用してある場合は，原則として原典どおりの表記とするが，以下の点を変更している。また，解説文中では「　」を用いて判決文・条文の趣旨を書いているものもある。なお「　」内の〔　〕表記は執筆者による注であることを表す。
● 漢数字は，成句や固有名詞などに使われているものを除き算用数字に改める。
● 漢字の旧字体は新字体に改める。
● カタカナ表記で濁点・句読点の用いられていない判決文・条文について，ひらがな表記に改めたものや濁点・句読点を補ったものがある。

法令名等の略語

法令名等の略語は，原則として小社刊『六法全書』巻末掲載の「法令名略語」による。

判例集・判例評釈書誌等の略語

民（刑）録	大審院民（刑）事判決録
行録	行政裁判所判決録
民（刑）集	大審院，最高裁判所民（刑）事判例集
集民（刑）	最高裁判所裁判集民（刑）事
高民（刑）集	高等裁判所民（刑）事判例集
高刑速	高等裁判所刑事裁判速報集

下民(刑)集	下級裁判所民(刑)事裁判例集
行集	行政事件裁判例集
東高民判	東京高等裁判所民事判決時報
東高刑時報	東京高等裁判所刑事判決時報
訟月	訟務月報
判例自治	判例地方自治
賃社	賃金と社会保障
裁時	裁判所時報
新聞	法律新聞
LLI/DB	判例秘書

法律雑誌・判例評釈書誌等の略語

判時	判例時報
判タ	判例タイムズ
判評(判時□号)	判例評論（判例時報□号添付）
法時	法律時報
税資	税務訴訟資料

著 者 紹 介

宇賀克也（うが　かつや）

東京大学法学部卒業。東京大学名誉教授，最高裁判所判事。この間，東京大学大学院法学政治学研究科教授（東京大学法学部教授・公共政策大学院教授），ハーバード大学，カリフォルニア大学バークレー校，ジョージタウン大学客員研究員，ハーバード大学，コロンビア大学客員教授を務める。

〈主要著書〉

行政法一般

判例で学ぶ行政法（第一法規，2015 年）

行政法概説Ⅰ〔第 8 版〕（有斐閣，近刊）

行政法概説Ⅱ〔第 7 版〕（有斐閣，2021 年）

行政法概説Ⅲ〔第 5 版〕（有斐閣，2019 年）

ブリッジブック行政法〔第 3 版〕（編著，信山社，2017 年）

対話で学ぶ行政法（共編著，有斐閣，2003 年）

アメリカ行政法〔第 2 版〕（弘文堂，2000 年）

行政法評論（有斐閣，2015 年）

情報法関係

新・個人情報保護法の逐条解説（有斐閣，2021 年）

個人情報保護法制（有斐閣，2019 年）

個人情報の保護と利用（有斐閣，2019 年）

情報公開・オープンデータ・公文書管理（有斐閣，2019 年）

新・情報公開法の逐条解説〔第 8 版〕（有斐閣，2018 年）

自治体のための 解説 個人情報保護制度——行政機関個人情報保護法から各分野の特別法まで〔改訂版〕（第一法規，2022 年）

2021 年改正 自治体職員のための個人情報保護法解説（編著，第一法規，2021 年）

論点解説 個人情報保護法と取扱実務（共著，日本法令，2017 年）

逐条解説 公文書等の管理に関する法律〔第 3 版〕（第一法規，2015 年）

情報公開・個人情報保護——最新重要裁判例・審査会答申の紹介と分析（有斐閣，2013 年）

情報法（共編著，有斐閣，2012 年）

情報公開と公文書管理（有斐閣，2010 年）

個人情報保護の理論と実務（有斐閣，2009 年）

情報公開法制定資料(1)〜(13)（共編，信山社，2020〜2022年）

地理空間情報の活用とプライバシー保護（共編著，地域科学研究会，2009年）

災害弱者の救援計画とプライバシー保護（共編著，地域科学研究会，2007年）

大量閲覧防止の情報セキュリティ（編著，地域科学研究会，2006年）

情報公開の理論と実務（有斐閣，2005年）

諸外国の情報公開法（編著，行政管理研究センター，2005年）

情報公開法——アメリカの制度と運用（日本評論社，2004年）

プライバシーの保護とセキュリティ（編著，地域科学研究会，2004年）

解説 個人情報の保護に関する法律（第一法規，2003年）

個人情報保護の実務Ⅰ・Ⅱ（編著，第一法規，加除式）

ケースブック情報公開法（有斐閣，2002年）

情報公開法・情報公開条例（有斐閣，2001年）

情報公開法の理論〔新版〕（有斐閣，2000年）

行政手続・情報公開（弘文堂，1999年）

情報公開の実務Ⅰ・Ⅱ・Ⅲ（編著，第一法規，加除式）

アメリカの情報公開（良書普及会，1998年）

行政手続・マイナンバー法関係

マイナンバー法の逐条解説（有斐閣，2022年）

行政手続三法の解説〔第3次改訂版〕（学陽書房，2022年）

マイナンバー法と情報セキュリティ（有斐閣，2020年）

論点解説 マイナンバー法と企業実務（共著，日本法令，2015年）

完全対応 特定個人情報保護評価のための番号法解説（監修，第一法規，2015年）

完全対応 自治体職員のための番号法解説［実例編］（監修，第一法規，2015年）

施行令完全対応 自治体職員のための番号法解説［制度編］（共著，第一法規，2014年）

施行令完全対応 自治体職員のための番号法解説［実務編］（共著，第一法規，2014年）

行政手続法制定資料(11)〜(16)（共編，信山社，2013〜2014年）

行政手続法の解説〔第6次改訂版〕（学陽書房，2013年）

完全対応 自治体職員のための番号法解説（共著，第一法規，2013年）

マイナンバー（共通番号）制度と自治体クラウド（共著，地域科学研究会，2012年）

行政手続と行政情報化（有斐閣，2006年）

改正行政手続法とパブリック・コメント（編著，第一法規，2006年）

行政手続オンライン化3法（第一法規，2003年）

行政サービス・手続の電子化（編著，地域科学研究会，2002年）

行政手続と監査制度（編著，地域科学研究会，1998年）

自治体行政手続の改革（ぎょうせい，1996 年）

税務行政手続改革の課題（監修，第一法規，1996 年）

明解 行政手続の手引（編著，新日本法規，1996 年）

行政手続法の理論（東京大学出版会，1995 年）

政策評価関係

政策評価の法制度——政策評価法・条例の解説（有斐閣，2002 年）

行政争訟関係

行政不服審査法の逐条解説〔第 2 版〕（有斐閣，2017 年）

解説 行政不服審査法関連三法（弘文堂，2015 年）

Q＆A 新しい行政不服審査法の解説（新日本法規，2014 年）

改正行政事件訴訟法〔補訂版〕（青林書院，2006 年）

国家補償関係

条解 国家賠償法（共編著，弘文堂，2019 年）

国家賠償法［昭和 22 年］（日本立法資料全集）（編著，信山社，2015 年）

国家補償法（有斐閣，1997 年）

国家責任法の分析（有斐閣，1988 年）

行政組織関係

行政組織法の理論と実務（有斐閣，2021 年）

地方自治関係

地方自治法概説〔第 10 版〕（有斐閣，2023 年）

2017 年地方自治法改正——実務への影響と対応のポイント（編著，第一法規，2017 年）

環境対策条例の立法と運用（編著，地域科学研究会，2013 年）

地方分権——条例制定の要点（編著，新日本法規，2000 年）

医事法関係

次世代医療基盤法の逐条解説（有斐閣，2019 年）

宇宙法関係

逐条解説宇宙二法（弘文堂，2019 年）

法人法関係

Q＆A 新しい社団・財団法人の設立・運営（共著，新日本法規，2007 年）

Q＆A 新しい社団・財団法人制度のポイント（共著，新日本法規，2006 年）

第1章　行政法の基礎理論

≫Points
1）行政法は，行政組織法，行政作用法，行政救済法に大別される。
2）「法律による行政の原理」は，伝統的に，「法律の法規創造力」の原則，「法律の優位」の原則，「法律の留保」の原則を意味するものと解されてきた。
3）法律には，組織規範，根拠規範，規制規範の区別がある。
4）「法律の留保」の原則は，いかなる場合に根拠規範が必要かに関するものであり，国民に義務を課したり，国民の権利を制限する侵害的な行政作用には根拠規範が必要とする侵害留保説が，立法実務上一般にとられている。
5）大学等，一般市民社会とは異なる特殊な部分社会においては，その自律性を尊重し，根拠規範なしに当該社会の秩序を維持し，運営するための包括的機能を承認する部分社会論が判例によって認められている。

1　行政法の特色

(1)　行政法の三類型

　行政法とは何かについては，さまざまな議論があるが，本書では，行政法とは，立法・行政・司法の三権のうち，行政（形式的意味における行政）に関する法を総称するものとする。この意味における**行政法は，三類型に大別することができる。行政の組織に関する行政組織法，行政と私人の法関係に関する行政作用法，行政作用により私人の権利利益が侵害されたとき，またはされそうになったときに私人の救済を図る行政救済法である**（図1-1参照）。行政組織法に属するのは，内閣法，内閣府設置法，国家行政組織法，総務省設置法

図1-1

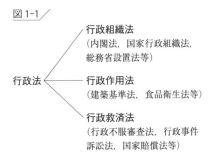

行政法 ━┳━ 行政組織法
　　　　　（内閣法，国家行政組織法，総務省設置法等）
　　　　┣━ 行政作用法
　　　　　（建築基準法，食品衛生法等）
　　　　┗━ 行政救済法
　　　　　（行政不服審査法，行政事件訴訟法，国家賠償法等）

等である。行政作用法に属する法律の数はきわめて多い。たとえば，食品衛生法は，私人が飲食店営業を営もうとするときに都道府県知事の許可を得ることを義務づけるとともに，厚生労働大臣・都道府県知事等による監督についての定めを置いた行政作用法である。行政救済法に属するのは，行政不服審査法，行政事件訴訟法，国家賠償法等である。

(2) 行政法の特色

　近代行政法学は，国家と社会の二元論に立脚し，市民社会における私的自治を前提とし，国家は，市民社会の秩序を維持するために最低限必要な規制を行うことを任務とするものとして措定されていた。国家には，市民社会の秩序を維持するために私人の同意を要せずに，命令，禁止等により，私人に一方的に義務を負わせたり，その権利を制限する権限が認められるが，この**権限が濫用されないように，私人の権利利益を保護することが，近代行政法学の重要な任務**とされたのである。そのために，行政活動を国民代表の議会が制定する法律により拘束し，もし違法な行政が行われた場合には，中立的な裁判所による救済のシステムを保障することとしたのである。そのため，**近代行政法は防御権の体系**であるといわれることがある。

　20世紀になると，国家の役割は，市民社会の秩序の維持にとどまらず，**社会保障等の給付行政の比重が増大していく。そのため，行政法学においても，給付行政における法的統制の法理の研究が重要な課題となる。さらに，規制行政においても，行政と規制の名あて人の二面関係に着目した行政法理論の不十分さが認識され，規制の受益者も含めた三面関係として理論を再構築する必要性が認識されるようになった**（図1-2参照）。もっとも，このことは，近代行政法が目指した防御権の体系としての行政法がすでに完成し，新たな課題が付加されたことを意味するものでは必ずしもない。わが国では，防御権の体系としての近代行政法モデルの面でも，なお解決すべき課題が残っていることを忘れてはならない。自由主義の理念に立脚した防御権の体系としての行政法の一層の整備充実を図りながら，他方において，現代的な行政法の課題に取り組んでいかなければならないのである。

図 1-2／

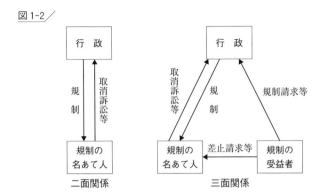

二面関係　　　　　　　　三面関係

2　行政法の法源

(1)　成文法源

■憲　法　　　行政法は憲法の具体化法といわれることもあるように，憲法理念を指針として制定される。また，憲法が抽象的な指針にとどまらず，具体的にある法律の制定を立法機関に義務づけているのを受けて法律が制定される場合がある。日本国憲法 17 条が，「何人も，公務員の不法行為により，損害を受けたときは，法律の定めるところにより，国又は公共団体に，その賠償を求めることができる」と規定し，これを受けて，国家賠償法が制定されたのがその例である。

　　憲法が直接の法源となることを判例が認めているものもある。すなわち，最高裁は，直接憲法 29 条 3 項の規定に基づいて損失補償を請求する余地を認め（最大判昭和 43・11・27 刑集 22 巻 12 号 1402 頁［百Ⅱ 247］［判Ⅱ 180］），憲法 31 条（最大判平成 4・7・1 民集 46 巻 5 号 437 頁［百Ⅰ 113］［判Ⅰ 4］），35 条・38 条（最大判昭和 47・11・22 刑集 26 巻 9 号 554 頁［百Ⅰ 100］［判Ⅰ 123］）が行政手続にも適用される場合があることを肯定している。また，後述する法の一般

図 1-3／

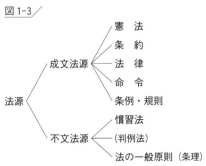

原則の中には，憲法により根拠づけうるものもある（図1-3参照）。

■条　　約　　条約の中には，**国内における立法措置なしに国内法としての効力を持つ自動執行条約**（self-executing treaty）と一般に呼ばれるものがある。もっとも，自動執行条約に当たらず，国民に対して直接なんらかの権利を付与するわけではない条約であっても，国家機関たる行政府，立法府および司法府を拘束する効力がある。条約にかかる効力が認められる論拠としては，条約の締結に国会の承認が必要なこと（憲73条3号），締結した条約を誠実に遵守しなければならないこと（憲98条2項）が挙げられる。条約について，憲法および法律との優劣の問題が生ずる。通説は，条約締結の方式が憲法改正手続よりも簡易であることから，条約によって憲法改正と同じ効果を生じさせるべきでないとして，憲法が条約に優位するという立場をとる。最大判昭和34・12・16刑集13巻13号3225頁も，条約が一見きわめて明白に違憲無効であると認められる場合には司法審査権が及ぶことを前提としているので，憲法優位説に立つものと思われる。

　他方，条約と法律の優劣については，条約が国際的取極めであり，憲法がその誠実な遵守を求めていること，条約の締結には国会の承認を必要とすることから，条約優位説が通説といえる。しかし，明文の規定を置いて，この点を明確にしている例もある。

■法　　律　　わが国において，行政に関する実体法と手続法を包括した行政法典の制定についての議論がなされたことはあるが，今日に至るまで「行政法」という名称の法典（**形式的意味における行政法**）は制定されていない。この点が，民法と異なる。しかし，現在存在する法律の大半は，行政の組織および作用に関する法律である。**行政法の講義では，これらのすべての法律を対象とするのではなく，そこに共通に存在する，または存在すべきとみられる法制度，法理論を対象とする**。こうした基本的制度，理論を学ぶことによって，一見すると雑多に見える多数の行政関係の法律を解釈したり，新たに立法を行う際の指針が得られることになる。

　もっとも，「行政法」という名称の法典が存在しないことは，通則的法律がまったく存在しないことを意味しない。国家行政組織法，独立行政法人通則法，地方自治法，国家公務員法，地方公務員法，行政手続法，行政機関の保有する

情報の公開に関する法律（行政機関情報公開法），行政代執行法，行政不服審査法，行政事件訴訟法，国家賠償法がその例である。このような通則的法律が次第に整備されてきている。

　なお，わが国には，**基本法と呼ばれる法律が少なくないが，通常の法律と同一の要件・手続で制定されるものであり，効力面でも通常の法律に優越するものではない。**しかし，実際には，基本法を指針として，他の法律が制定されることが少なくない。1993（平成5）年制定の環境基本法20条の規定を受けて，1997（平成9）年に環境影響評価法が制定されたのがその例である。

■ 命　令　　　　命令という用語は，実定法においては，建築物の使用禁止の「命令」（建基9条7項）のように，行政庁が特定の者に対して，特定の作為または不作為を命ずることや，上司が部下に対し，職権の行使に関して作為または不作為を命ずること（国公98条1項）の意味にも用いられるが，法源としての命令は，行政機関が定立する法を意味する。大日本帝国憲法9条は，法律に基づかない独立命令（8条の緊急勅令とあわせて広義の独立命令という）の存在を認めていたが（ただし，法律の規定と命令の規定が抵触する場合には法律が優位した。9条ただし書），**国会を国権の最高機関であって国の唯一の立法機関とする日本国憲法の下においては，独立命令は許されず，法律の委任に基づくか，法律を執行する従属命令のみが認められている**（憲41条参照）。

　命令の中には，内閣が制定する政令（憲73条6号。通常は○○法施行令と称されるが，国家公務員倫理規程のように施行令という名称が用いられないものもある），内閣総理大臣が制定する内閣官房令（内25条3項），復興庁令（復興庁設置法7条3項），デジタル庁令（デジタル庁設置法7条3項），内閣府令（内閣府7条3項），各省大臣が制定する省令（行組12条1項），規則がある（内閣府令・省令は，通常は○○法施行規則と称される）。規則の中には，内閣府や省に外局として置かれる委員会および庁の長官が定めるもの（内閣府58条4項，行組13条1項），会計検査院が制定するもの（会検38条），人事院が定めるもの（国公16条1項）がある。

　なお，法令という用語は，地方公共団体の条例・規則等を含める意味で用いられることもあるが（行手2条1号等），法律および命令の意味で使用されるのが一般的である（情報通信活用行政3条1号，自治138条の4第2項等参照）。

発展学習のために①　告　示

　告示（内閣府7条5項・58条6項，行組14条1項）とは，公の機関が意思決定または事実を一般に公に知らせる形式であり，国の場合は官報（国籍10条1項等参照），地方公共団体の場合には公報に登載するのが通常である。
　告示の形式で定められるものの中にも，命令の性質を持つと解されているものがある。文部科学大臣（後掲判決当時は文部大臣）が告示する学習指導要領（学校教育法施行規則52条・74条・84条）について，最判平成2・1・18民集44巻1号1頁［百Ⅰ49］は，法的拘束力を有することを承認している（ただし，学説上は有力な異論がある）。他方，環境基準（環境基16条1項）につき，東京高判昭和62・12・24行集38巻12号1807頁は，法規ではなく，政策上の達成目標ないし指針であるとする。町または字の区域の変更の告示（自治260条2項）のように，法規でも行政行為でもなく事実を周知するためのものもある。

■条例・規則　　地方公共団体独自の法源として重要なのが，地方議会が制定する条例である。**条例の中には，法律の委任に基づくもの（委任条例）もあるが，地方公共団体は，かかる委任がなくても，法律の範囲内で条例を制定することができる（憲94条）**。ここでいう条例は，形式的意味における条例に限らず，地方公共団体の長が定める規則など，地方公共団体の自主立法一般を意味すると解されている。地方自治法は，地方公共団体は法令に違反しない限りにおいて条例を制定することができるとしており（自治14条1項），条例は法律の委任に基づく命令にも違反できないことを明確にしている（ただし，異論が皆無なわけではない）。法律の個別具体的委任に基づいて制定される委任条例（屋外広告物法4条・5条の規定に基づく同法施行条例，公衆浴場法2条3項の規定に基づく同法施行条例等）も，当然法律の委任の範囲内で制定されることになる。
　条例には，法令に特別の定めがあるものを除くほか，違反に対し，2年以下の拘禁刑，100万円以下の罰金，拘留，科料もしくは没収の刑または5万円以下の過料を科する旨の規定を設けることができる（自治14条3項）。かかる包括的委任は罪刑法定主義に違反するという主張に対して，最大判昭和37・5・30刑集16巻5号577頁［百Ⅰ41］［判Ⅰ21］は，公選の議員をもって組織される地方公共団体の議会の議決を経て制定される自治立法である条例は，行政府

の制定する命令等とは性質を異にし，むしろ法律に類することを指摘して，合憲判決を出している。なお，日本国憲法94条は，法律の範囲内で条例に罰則を設けることを地方公共団体に授権しているので，条例に罰則を設けるには法律の委任は不要であり，地方自治法は，条例で定めうる罰則の範囲を制限しているにすぎないとする説も有力である。

条例制定権は，自治事務，法定受託事務の双方に及ぶ。法定受託事務（自治2条9項）とは，「法律又はこれに基づく政令により都道府県，市町村又は特別区が処理することとされる事務のうち，国が本来果たすべき役割に係るものであつて，国においてその適正な処理を特に確保する必要があるものとして法律又はこれに基づく政令に特に定めるもの」（第1号法定受託事務），「法律又はこれに基づく政令により市町村又は特別区が処理することとされる事務のうち，都道府県が本来果たすべき役割に係るものであつて，都道府県においてその適正な処理を特に確保する必要があるものとして法律又はこれに基づく政令に特に定めるもの」（第2号法定受託事務）をいい，自治事務（同条8項）とは，地方公共団体が処理する事務のうち法定受託事務以外のものをいう。法律またはこれに基づく政令により地方公共団体が処理することとされる事務が自治事務である場合においては，国は，地方公共団体が地域の特性に応じて当該事務を処理することができるよう特に配慮しなければならない（同2条13項）。

条例以外の地方公共団体独自の法源としては，地方公共団体の長が，その権限に属する事務に関し，法令に違反しない限りにおいて定める規則（同15条1項），**地方公共団体の委員会が，その権限に属する事務に関し，法律の定めるところにより，法令または地方公共団体の条例もしくは規則に違反しない限りにおいて定める規則その他の規程がある**（同138条の4第2項，人事委員会規則・公平委員会規則につき地公8条5項，教育委員会規則につき「地方教育行政の組織及び運営に関する法律」15条1項）。長の規則では，法令に特別の定めがあるものを除くほか，違反した者に対して，5万円以下の過料を科すことができる（自治15条2項）。地方公共団体の委員会の規則制定には個別の法律の根拠が必要であるが，規則制定の授権法律において，条例の委任による規則制定を認めている例がある（地公8条5項，警38条5項）。

条例と地方公共団体の長が定める規則の共管領域を認める場合，両者が抵触

するときにいずれが優先するかについて明文の規定はないが，条例が優先する
と解する説が有力である。地方自治法が条例違反には刑罰または過料を科すこ
とを認めているのに対して長の規則違反には過料のみを科すことができるとし
ていること（自治14条3項・15条2項），住民に義務を課し，または権利を制限
するには，法令に特別の定めがある場合を除くほか，条例によらなければなら
ないとしていること（同14条2項），条例の制定・改廃の場合には長に立案権
（同149条1号）があるのみならず長が再議に付す制度があり（同176条1項～3
項），長も立法過程に関与できるようになっていること，都道府県知事の権限
に属する事務を市町村に処理させる場合，都道府県の条例によることとしてい
ること（同252条の17の2），住民に条例の制定改廃請求権を認めていること
（同12条1項）等に照らすと，同法が条例をより重視していることが窺われ，
条例優先説は支持できよう。

発展学習のために②　自治基本条例・議会基本条例

　　近年，地方公共団体において，自治基本条例を制定する動きが広まりつつある。自
治基本条例とは，当該地方公共団体の地方自治の基本的あり方について定めた条例で
ある。2000（平成12）年に制定された北海道ニセコ町の「ニセコ町まちづくり基本条
例」がその例である。自治基本条例も，法令に違反しない範囲で制定しなければなら
ないが，この制約の中で，地方公共団体が分権型社会における地方自治のあり方を条
例という法形式で宣明しようと努力していることは注目に値する。そして，自治基本
条例を頂点として，分野別基本条例，個別政策条例という条例の体系化を図る動きも
みられるようになっている。また，議会基本条例の制定の動きも広がっている。北海
道栗山町は，2006（平成18）年5月，最初の議会基本条例を制定し，同年12月，三
重県は，都道府県で初の議会基本条例を制定している。

---

(2)　不文法源

■慣習法　　　　行政法においては法律による行政の原理からして慣習法は認め
　　　　　　られないとする説もあるが，行政権限の根拠に関する法ではな
く，行政権限行使の対象となる私人の権利自由の根拠に関しては，既存の法律
に反しない限り，慣習法の成立の余地を認める見解が多数を占めている。
　また，法令の公布について，戦前は公式令という勅令により，官報によると

定められていたが，1947（昭和22）年，公式令が廃止されたのちも，従前と同様，官報で公布する慣行が続いている。

> ［判例 1-1］ 最大判昭和 32・12・28 刑集 11 巻 14 号 3461 頁［百 I 42］［判 I 172］
>
> 　マッカーサー書簡に基づいて，公務員の争議行為を禁止する政令 201 号が 1948（昭和 23）年 7 月 30 日に閣議決定され，翌 31 日に NHK がラジオで政令 201 号の全文と即日施行の旨を全国放送したが，A は，同日，争議行為の指令を出した。検察官は，NHK の放送がなされた 7 月 31 日に公布があり即日施行されたから，A の行為は政令 201 号違反と主張した。しかし，同日には官報の印刷は終了していなかった。最高裁は，公式令廃止後の実際の取扱いとしては，法令の公布は従前どおり官報によってなされており，特に国家がこれに代わる他の適当な方法をもって法令の公布を行うことが明らかな場合でない限り，法令の公布は従前どおり官報をもってせられるものと解するのが相当であって，たとえ事実上法令の内容が一般国民の知りうる状態に置かれたとしても，いまだ法令の公布があったとすることはできないと判示している。

■ **判 例 法**　　判例を法源として位置づけるべきかについては議論がある。日本では最高裁判決は，当該事案の差戻審では法的拘束力を有するが（裁 4 条），他の事件では，下級審の裁判所でも先例である最高裁判決に従わないことは可能であるからである。したがって，判例を当然に法源とみることはできないであろう。しかし，実際上は，最高裁判決は先例として，以後の下級審判決により尊重され，大きな影響力を持つことが多い。最高裁自身も，過去の最高裁判決を見直すことは，きわめて稀である。そのため，**最高裁判決が実際上，不文法源としての機能を果たしている**ことが多い。そして，長期にわたり最高裁判決が変更されない場合，一般に，司法実務のみならず，立法実務，行政実務も当該判決に従って行われるため，慣習法化する可能性がある。行政法においては，行政法典が存在しないため，判例の果たす機能は特に大きい。

■ **法の一般原則（条理）**　　行政法の不文法源としては，法の一般原則（条理）と呼ばれるものがある。1875（明治 8）年の裁判事務心得（太政官布告 103 号）3 条は，民事裁判において，成文法がない場合は習慣により，習慣がない場合には条理を推考して裁判すべき旨を定めており，条理の法源性は早くから承認されていた。行政法においても，法の一般原則（条理）

が重要な意味を持つことが少なくない。

3　行政法の効力

(1)　遡及立法

　憲法39条は遡及処罰を禁止しているが，法令が廃止された後に廃止前の違法行為に対して罰則を適用することは遡及処罰には該当しない。法令廃止に当たっては罰則の適用についてはなお効力を有する旨の定めをすることが少なくない。それでは，刑罰法規でなければ遡及立法は可能であろうか。

> ［判例1-2］　最大判昭和24・5・18民集3巻6号199頁
> 　原告は当初，裁決の通知を受けた日から6カ月以内に出訴できることになっていたが，自作農創設特別措置法改正によって出訴期間が短縮されたため，出訴期間を徒過しているとされた。原告は，出訴期間を事後的に短縮することは憲法32条違反であると主張したが，最高裁は，「刑罰法規については憲法第39条によつて事後法の制定は禁止されているけれども，民事法規については憲法は法律がその効果を遡及せしめることを禁じてはいないのである。従て民事訴訟上の救済方法の如き公共の福祉が要請する限り従前の例によらず遡及して之を変更することができると解すべきである」と判示した。

(2)　経過規定

　法令の制定・改廃があった場合に，改正法施行前の行為に対して旧規定と新規定のいずれを適用するかなど，旧規定から新規定への移行のための経過的措置を定める規定を「経過規定」という。

■□
□■　Column①　バックフィット --
　既存不適格制度と対照的なのが，最新の技術的知見を技術基準に取り入れ，許可済みの施設にも新基準への適合を義務づけるバックフィット制度であり，2011（平成23）年の福島第1原子力発電所の事故を教訓に，核原料物質，核燃料物質及び原子炉の規制に関する法律の2012（平成24）年改正で導入された。
----

(3) 限時法と臨時法

　一定の有効期間を付した法令を限時法という。限時法ではないが，一定期間経過後に見直すことを義務づける規定が置かれることがある。他方，特定の事態に対応するために制定された暫定的立法であるが，法令自体に有効期限を定めていないものを臨時法という。1947（昭和22）年に制定された臨時金利調整法がその例である。臨時法は，限時法とは異なり，法令の廃止行為がなければ効力を失わないが，常にそのように言い切れるかについては議論がある。

4　法律による行政の原理

(1) 法治主義と法律による行政の原理

　専制君主も，さまざまな統治のルールを定め，その遵守を臣民に強要した。しかし，そのルールは臣民を支配するためのルールであって，専制君主自身の行動を統制するものとは一般に考えられていなかった（法律の片面拘束性）。しかし，次第に国民を代表する議会が法律を定めて，君主の行動も統制することが認められるようになる。すなわち，**法律が君主と国民の双方を拘束するものとなるのである**（法律の両面拘束性）。この場合，国民が法律に拘束されるのは，国民代表からなる議会の意思が国民の意思であると擬制され，国民自身の同意があるからであるとされる。民事関係において，自己の意思に基づき締結した契約に自分が拘束されるのと同様に，自らの意思を代表する議会の制定した法律に国民が拘束されると構成されるのである。**国民の権利利益の保護のため，行政の主要な部分が国民代表からなる議会の制定した法律によって行われ，行政機関の行為の適法性を審査する独立の裁判所によって行政の司法統制が行われる**（「近代行政救済法の原理」といわれることがある）のが，法治主義の要請である。

　法律による行政の原理は，法治主義の基幹的法理である。国民に行政活動に対する概観可能性，予測可能性を与える機能も有する。君主およびその官僚機構と議会の対立を経て，君主が行政に関して行っていた立法のうち一定事項については，議会の制定する法律の形式をとるべきとする法律による行政の原理

は，立憲主義の進展に伴って確立し，わが国もこの原理を継受した。もっとも，大日本帝国憲法の下では，後述するように，法律による行政の原理が完全なかたちで継受されたわけではなかった。

(2)　法律による行政の原理の内容

■3つの原則　　　ドイツ行政法学の父とも称せられるオットー・マイヤーは，「法律による行政の原理」の内容をなすものとして，「法律の法規創造力」の原則，「法律の優位」の原則（「法律の優先」の原則といわれることもある），「法律の留保」の原則の3つの原則が内包されていると分析している。「**法律の法規創造力」の原則とは，法律によってのみ人の権利義務を左右する法規を創造しうることを意味する**と一般に解されてきた。大日本帝国憲法下においては，天皇が勅令により法規を定めることができたが，日本国憲法下では，国会が国の唯一の立法機関であり（憲41条），「法律の法規創造力」の原則は，憲法上，明示的に承認されている。「法律の優位」の原則は，法律が存在する場合の原則であるのに対して，「法律の留保」の原則は，法律がいかなる場合に必要かに関する原則である。以下，「法律の優位」の原則と「法律の留保」の原則について敷衍することとしよう。

■「法律の優位」の原則　　**「法律の優位」の原則とは，法律の規定と行政の活動が抵触する場合，前者が優位に立ち，違法な行政活動は取り消されたり，無効となったりするということを意味する**。内閣が制定した政令が法律に違反していれば，その政令は無効となり，大臣が法律に違反して申請拒否処分をすれば，その処分は取り消されたり無効になったりする。国会を国権の最高機関であって国の唯一の立法機関とする日本国憲法41条は，「法律の優位」の原則を根拠づけるものといえよう。

■「法律の留保」の原則　　**「法律の留保」の原則は，ある種の行政活動を行う場合に，事前に法律でその根拠が規定されていなければならないとするものである**。この原則は，国会を国の唯一の立法機関と定めた日本国憲法41条の趣旨を具体化したものとみることができ（租税法律主義を定める憲法30条・84条は，「法律の留保」の原則を具体的に規定したものである），国会のみが規律することのできる事項を画定し，国会と行政府との機能分担を

明確にしようとするもので，権力分立の原則を基礎としている。他面において，「法律の留保」の原則は，一定の行政活動について，国民代表からなる議会の事前承認を義務づけることによって，国民の権利自由を保護するという自由主義の思想に基づいている。しかし，わが国のように，法律の大半が内閣の提出によるものであり，実質的立法活動が行政自身によって行われている現状を視野に入れると，「法律の留保」の原則が形骸化しないような立法過程のあり方を検討することが重要な課題になるといえよう。

■ 「法律の留保」にいう 法律の意味

それでは，ここでいう法律としてどのような種類のものが考えられているのであろうか。そのことを理解するためには，法律の3つの主要な類型を認識しておく必要がある。すなわち，組織規範，根拠規範，規制規範である。

組織規範とは，どのような行政機関を設けるか，行政事務を各行政機関にいかに配分するか，各行政機関の組織をいかに定めるか等を内容とするものであり，内閣法，内閣府設置法，国家行政組織法，総務省設置法等がその例である。**行政内部に関する法であるという意味で内部法と称されることもある**。組織規範は，ある自然人の行為が行政主体に帰属する前提となる規範である。たとえば，私人のA氏が，個人的信念から電力会社に新エネルギーの比重を増加させるよう要請しても，それは行政指導ではなく，まったくの私的行為でしかない。しかし，A氏が経済産業省の大臣に就任し，大臣としての立場で同様の要請を電力会社に対して行ったとなると，それは，国の機関としての行政指導になる。行政指導とは，「行政機関がその任務又は所掌事務の範囲内において一定の行政目的を実現するため特定の者に一定の作為又は不作為を求める指導，勧告，助言その他の行為であって処分に該当しないものをいう」（行手2条6号）が，経済産業省設置法4条1項48号は，「省エネルギー及び新エネルギーに関する政策に関すること」を経済産業省の所掌事務としているので，経済産業大臣として，電力会社に新エネルギーの比重を増加させるよう要請する行為は，行政機関として，経済産業省の所掌事務の範囲内で，「一定の行政目的を実現するため特定の者に一定の作為又は不作為を求める指導」をしていることになるからである。

根拠規範とは，組織規範が定める所掌事務の範囲内において，行政機関の具

体的な活動を議会が事前承認し，その実体的要件・効果を定めたものである。たとえば，無線局の開設は全く自由にできるわけではなく，原則として，総務大臣の免許を受けなければならないこととされている（電波4条柱書）。このように国民の無線局開設の自由を制限して，総務大臣に免許権限を与える具体的根拠となる電波法4条柱書のような規定を根拠規範と呼ぶ（権限規範あるいは授権規範ということもある）。

　規制規範とは，行政作用のあり方を規制する規範であり，たとえば，総務大臣が免許申請を処理する場合，行政手続法2章の「申請に対する処分」の規定の適用を受けるため，総務大臣は，免許の審査基準を作成して公にしたり（行手5条），拒否処分をする場合には理由を提示したりする（同8条）手続的義務を負うことになる。この**行政手続法は，具体的な行政活動を行う権限を付与するものではなく，行政活動を行う権限があることを前提として，その権限を行使する場合の手続を定めたものであり，手続規範としての性格を持つ**。国の補助金については，個別の法律において，「○○のために補助することができる」という根拠規範が置かれているものもあるが（法律補助），このような根拠規範なしに予算措置によってなされる補助（予算補助）も少なくない。もっとも，「補助金等に係る予算の執行の適正化に関する法律」という一般法があるが，これは，国の補助金支給のための一般的根拠規範ではなく，国が補助金を支給できることを前提として，交付の方法や交付を受けた事業の監督方法等について定めた一般的手続規範である。地方公共団体においても，「補助金等に係る予算の執行の適正化に関する法律」とほぼ同内容の条例や規則が定められている例があるが，これも一般的手続規範である。条例に根拠のない予算補助もかなりみられる。また，**警察法2条2項は，根拠規範の存在を前提として，その行使の目的を限定するものと解されるが，かかる規範を目的規範ということがある。規制規範には，手続規範と目的規範の双方が含まれる。**

　根拠規範と規制規範は，行政主体と国民の関係を規律するものであるので，行政の外部との関係にかかる法という意味で外部法と称されることもある。また，行政作用に関する規範であることから作用規範と総称されることもある。

■「法律の留保」
　と根拠規範

「法律の留保」の原則の下で要求されるのは，以上のうち，根拠規範である。たとえば，総務省設置法4条63号は，「周波数の割当て及び電波の監督管理に関すること」を総務省の所掌事務としているが，この規定は，「周波数の割当て及び電波の監督管理に関すること」という行政事務を，他の行政機関ではなく総務省に委ねることを示す組織規範にとどまり，この組織規範から直ちに総務大臣の無線局開設免許権限が導かれるわけではない。総務大臣が無線局開設免許権限を付与されているのは，電波法4条柱書によってである。**「法律の留保」の原則は，組織規範のみならず根拠規範が必要な行政活動の領域は何かを問題とするものであり，裏からいえば，組織規範さえあれば根拠規範なしに行いうる行政活動も「法律の留保」の原則によって明らかにされることになる**（ただし，近時，場合によっては，組織規範が「法律の留保」における法律の根拠となりうるとする見解もみられる）。

■ 侵害留保説

侵害留保説は，美濃部達吉博士らによって唱えられた理論であり，今日においても立法実務では有力な見解である。**これは，国民に義務を課したり，国民の権利を制限する侵害的な行政作用については，法律の根拠が必要であるが，そうでないものは法律の根拠を要しないとするものであり，自由主義の理念にのっとるものである。**文化勲章令，褒章条例に基づく栄典の授与が法律の根拠なく行われていることも，侵害留保説を背景としているものと思われる。

大日本帝国憲法下においては，当初，憲法が法律の定めによることを明記している場合に限り，法律の留保に服するという**立法事項説**が唱えられたが，これでは法律の留保の範囲が狭くなりすぎるため，憲法の規定の不備を補うために当時のドイツで通説となっていた侵害留保説が，わが国にも導入され，通説化していったのである。

大日本帝国憲法は，天皇が法律の根拠なしに緊急勅令（明憲8条），（狭義の）独立命令（同9条）を定め，国民に義務を課し，権利を制限することを認めていたので，侵害留保説は貫徹されていなかったが，日本国憲法では，侵害留保説のこのような例外は認められていない。日本国憲法73条6号は，「この憲法及び法律の規定を実施するために，政令を制定すること」を内閣の事務として

いるが，憲法の規定を実施する場合であっても，直接に憲法に基づき，国民に義務を課し，権利を制限する政令を制定することはできず，法律の根拠を要するのである。

　今なお立法実務において有力な侵害留保説であるが，戦前とは異なり，戦後は，根拠規範の中に法律のみならず条例も含めて考えられるようになった。法律に基づく委任条例のみならず，法律の委任に基づかない固有条例であっても，地方公共団体の議会は，公選議員からなる住民代表機関であるので，議会の制定した条例は，住民自身の同意に基づくものと擬制され，住民に義務を課したり，権利を制限したりすることが（法令に違反しない限り）認められるが，逆に，法律または条例の授権なしに，たとえば，公安委員会規則で住民の権利を制限することはできない。地方自治法14条2項は，「普通地方公共団体は，義務を課し，又は権利を制限するには，法令に特別の定めがある場合を除くほか，条例によらなければならない」と定めて，この趣旨を明確にしている。条例に罰則を設ける場合の限度については同条3項が定めている。

　侵害留保説は，固有の行政権能の存在を前提とする立憲君主制下で誕生した理論であったため，立憲君主制から国民主権主義への転換に伴い，疑問が提起されるようになった。すなわち，学説においては，戦後，侵害留保説を批判し，「法律の留保」の範囲を広げる方向で種々の見解が唱えられており，侵害留保説が通説とはいえない状況になっている。たとえば，租税優遇措置を設ける場合には法律の根拠が必要になるのに対して，それと同じ経済効果を持つ補助金の支給が，侵害留保説の下では法律の根拠を要しないことになること等に疑問が提起されている。もっとも，侵害留保説を批判する見解は，侵害留保説の射程を限定すべきとするものはなく，いずれも，侵害留保が「法律の留保」の核をなすことは肯定したうえで，「法律の留保」の射程を拡張しようとするものである。しかし，拡張すべき範囲については一枚岩ではないため，新たな通説が誕生したということもできない。

■ 全部留保説　　戦後，日本国憲法の民主主義の理念に照らして，すべての行政活動には，国民代表機関である国会の事前承認が必要であるとする全部留保説が唱えられた。この説に分類される学説の中にも，例外を認めるものもあり，全部留保説という用語は必ずしも一義的に用いられている

わけではない。

　全部留保説に対しては，行政需要を事前にすべて予測することは不可能であり，全部留保説をとると，行政が臨機応変に行政需要に対応することが困難になり，立法の不備を理由として行政機関が拱手傍観する態度を助長することにならないか，議会の議案処理能力の限界から非常に概括的な授権規定を置かざるをえないことになり，「法律の留保」の意義を稀薄化することにならないか，とりわけ，一部の全部留保説のように組織規範をもって「法律の留保」の授権規範と認めることは「法律の留保」の意義を危殆に陥れることにならないか，行政機関も間接的には民主主義の原理により構成されているから民主主義の原理から当然にすべての行政活動に議会の事前承認が必要であるということにはならないのではないかという指摘がなされている。

■ 社会留保説　　戦後のわが国の行政の大きな変化の1つは，社会保障等の給付行政の拡充である。そのため，**私人の自由な領域を確保するための侵害留保説では不十分であり，給付行政にも「法律の留保」を拡張すべきとの主張がなされている**。この社会保障説に対しても，広範な給付活動をすべて「法律の留保」に服させることが現実に可能か，給付活動以外の重要な政策決定を捨象して，給付活動に限定した「法律の留保」の拡張を図ることに合理性はあるのか等の指摘がなされている。

■ 権力留保説　　権力的な行政活動，すなわち，**国民の同意の有無にかかわらず行政庁が一方的に国民の権利義務を変動させる活動には「法律の留保」が及ぶべきとするのが権力留保説である**。営業禁止命令，許可撤回等，相手方に不利益な行政行為の場合には，侵害留保説の下でも「法律の留保」が及ぶのであるが，権力留保説の特徴は，授益的決定のように相手方に利益となる行政行為であっても，私人間にもみられる契約という行為形式ではなく，行政庁の決定による権利義務の変動を認める以上，議会の事前承認が必要であるとする点にある。この説に対しては，そもそも，国民の同意の有無にかかわらず行政庁が一方的に国民の権利義務を変動させるという意味での「権力」は，法律以前に存在しえないので循環論法にならないか，権力的行為形式を用いるか否かは，根拠規範に限られず規制規範についても存在する問題であるので，権力留保説は，ある活動を行いうるかという問題の解答にはならない

のではないかという指摘がなされている。

■ 重要事項留保説
（本質性理論）

　　　　　　　　　　　ドイツにおいて，判例法上，侵害留保説を克服して，1970
年代に確立したのが**重要事項留保説（本質性理論）**であり，
最近は，わが国においても注目されている。韓国において
も，憲法裁判所の1999年判決が重要事項留保説を採用し，2021年に制定され
た同国の行政基本法8条は，法律の優位の原則と法律の留保の原則について定
めているが，法律の留保の原則については，重要事項留保説が明文化されてい
る。

　この理論は，自由主義の観点から侵害留保説を拡張し，制裁的氏名公表のよ
うに，**権利を制限したり義務を課したりするわけではないが国民に重大な不利
益を及ぼしうるものについても法律の根拠を要請し**，また，民主主義や国会審
議の公開性の観点から，**行政組織の基本的枠組みや，基本的な政策・計画，重
要な補助金等について法律の留保が必要である**とする。侵害留保説では射程が
限定されすぎており，他方，全部留保説，社会留保説，権力留保説について指
摘されている問題を考えると，重要事項留保説によって，法律の留保の範囲の
拡張を図るのがもっとも適切であるという見解が有力になりつつある。この説
に対しては，何が議会の事前承認を要する重要（本質的）事項か不明確であり，
侵害留保説のような基準としての明確性に欠けるという指摘がなされている。
地方公共団体の中には，横須賀市のように重要事項留保説によって立法を行っ
ているところもある。

■「法律の留保」と
根拠規範の規律密度

　　　　　　　　　　　「法律の留保」は，根拠規範の要否に関する理論で
あるが，根拠規範がありさえすればよいのであろうか。
**「法律の留保」が行政活動について国民に予測可能
性を与えるとともに，国民代表議会の統制により国民の権利利益を保護する機
能を果たすことを意図したものである以上，その目的を達するのに必要な詳細
さ（規律密度）で規律することが求められる**ことになる。しかし，従前の立法実
務は，この点について必ずしも十分配慮してきたとはいえない。今日においても，
許認可等の基準が法定されておらず，行政内部規定に委ねられている例が存在
する（河川法23条の流水占用許可，総合保養地域整備法14条の農地の規制緩和等）。
　上記の例の場合は，法律のみならず政省令においても許可基準が定められて

おらず,「通達による行政」が過去に実践されていたか,現在でも実践されている例であるが,政省令に委任する場合であっても,本来法律で定めるべき重要事項を政省令に委ねることは,「法律の留保」の原則に照らして問題があるといえよう。これは,伝統的に「委任立法の限界」として論ぜられてきた問題である。もっとも,事柄の性質上,後述する行政裁量に全面的に委ねざるをえず,法律における規律密度が低くならざるをえない場合があることも事実である。地方公共団体が行う事務（とりわけ自治事務）については,法律の規律密度を高めることは,地方分権との関係で問題が生じうるため,国の法令等による規律密度を低下させる動きがあることにも留意する必要がある。

なお,憲法 84 条・92 条から課税要件条例主義,課税要件明確主義が導かれるが,国民健康保険条例がこれらの原則に違反するかが争われた事例がある。

[判例 1-3]　最大判平成 18・3・1 民集 60 巻 2 号 587 頁［百 I 19］［判 I 1］
　本判決は,市町村が行う国民健康保険は,保険料を徴収する方式のものであっても,強制加入とされ,保険料が強制徴収され,賦課徴収の強制の度合いにおいては租税に類似する性質を有するものであるから,これについても憲法 84 条の趣旨が及ぶと解すべきであるとするが,他方において,保険料の使途は,国民健康保険事業に要する費用に限定されているのであって,国民健康保険法 81 条の委任に基づき条例において賦課要件がどの程度明確に定められるべきかは,賦課徴収の強制の度合いのほか,社会保険としての国民健康保険の目的,特質等をも総合考慮して判断する必要があると判示している。

■ 義務履行確保の段階における「法律の留保」

行政庁が国民に対して,義務を課すには,根拠規範が必要である。たとえば,河川法 75 条 1 項は,河川管理者に違法な工作物の除却命令権限を付与している。戦前のわが国では,このような命令権限が与えられている場合には,相手方がこの命令に従わない場合,命令により課された義務をそのまま履行させるために行政的に（訴訟によることなく）強制することは,そのことを明示的に認める根拠規範がなくても可能であると一般に解されていた。換言すれば,相手方に義務を課す権限のうちに義務履行確保のために行政的に強制する権限も当然含まれていると解されていたのである。これが行政行為の執行力の理論といわれるものであった。もっとも,実際には,1900（明治 33）年制定の行政執

fff.

行法，1889（明治22）年の国税滞納処分法（1897〔明治30〕年の国税徴収法制定後は，その中に滞納処分の規定が設けられた）等により，行政的な義務履行確保のための一般的根拠規範が整備された後は，実際上，国民に義務を課し，またはその権利を制限する根拠規範が行政的な義務履行確保権限を内包するものかどうかを論ずる必要はなくなったのである。

　しかし，戦後，1948（昭和23）年に行政執行法が廃止され，代わって同年制定された行政代執行法は，代替的作為義務（物件の除却のように他人が代わってすることのできる義務）の行政強制のための一般的根拠規範にとどまる。そして，それ以外の非代替的作為義務（健康診断を受ける義務のように他人が代わってすることのできない作為義務），不作為義務（営業禁止のように不作為を命ずる義務）の行政強制についての一般的根拠規範がなくなったため，営業停止命令権限のように相手方に義務を課す権限のうちに義務履行確保のために行政的に強制する権限も含意されているかは，重要な解釈問題になった。そして，行政権の特権的地位を過大に承認していた戦前の行政法学の批判的検討の一環として，行政行為の執行力の理論も克服され，今日では，**営業停止命令権限のように相手方に義務を課す権限は，当該義務の履行を行政的に強制する権限を内包しておらず，行政上義務の履行を強制するためには，別途，そのための根拠規範が必要であると一般に解されている。義務の賦課と義務履行確保のそれぞれについて法律の留保が及ぶことから，これを法律の留保の二段階構造と呼ぶこともある。**

■「法律の留保」の例外
　　──部分社会論

　　従前は，公務員の勤務関係，刑務所の受刑者の在監関係，国公立学校の学生の在学関係，国公立病院の入院患者等の在院関係，公益事業者に対する監督関係等に関しては，「法律の留保」の原則が及ばず，また，司法審査も及ばないと解されていた。すなわち，法治主義は，行政と一般国民との一般権力関係には適用されるが，公務員，受刑者等は，いわば行政内部における特別の権力に服するので法治主義の射程外であるとするこの理論は，特別権力関係論と呼ばれた。しかし，戦後，特別権力関係論は批判され，すでに克服されたといってよい。もっとも，判例は，特定の場合には，「法律の留保」の原則が及ばず，法律の根拠なしに権利を制限したり義務を課したりすることを認めている。それは，**一般市民社会とは異なる特殊な部分社会においては，その自律性を尊重**

し，根拠規範なしに当該社会の秩序を維持し，運営するための包括的権能を承認し，かつ，部分社会内部の紛争については，それが一般市民法秩序と直接に関係しない限り，その自律的解決に委ね，司法審査も及ばないとするもので，（自律的）部分社会論と呼ばれる。そして，従前，特別権力関係論によって説明されていたものの一部が，部分社会論によって説明されるようになっている。

　この部分社会論が認められている例として大学がある。

[判例 1-4]　最判昭和 49・7・19 民集 28 巻 5 号 790 頁
　　昭和女子大学事件において，最判昭和 49・7・19 民集 28 巻 5 号 790 頁は，「大学は，国公立であると私立であるとを問わず，学生の教育と学術の研究を目的とする公共的な施設であり，法律に格別の規定がない場合でも，その設置目的を達成するために必要な事項を学則等により一方的に制定し，これによつて在学する学生を規律する包括的権能を有するものと解すべきである」と述べ，「法律の留保」の原則が及ばないことを明らかにしている。

　その後，富山大学事件においても，最判昭和 52・3・15 民集 31 巻 2 号 234 頁 [百Ⅱ141] [判Ⅰ33] は，大学が一般市民社会と異なる特殊な部分社会であるとして，法律の根拠規範なしに学則等で学生の権利義務に関する定めを設けることを承認している。他方，同日に言い渡された最判昭和 52・3・15 民集 31 巻 2 号 280 頁は，専攻科に入学した学生は，大学所定の教育課程に従いこれを履修し専攻科を修了することによって，専攻科入学の目的を達することができるのであって，大学が専攻科修了の認定をしないことは，実質的にみて，一般市民としての学生の大学の利用を拒否することにほかならないとし，専攻科修了の認定・不認定に関する争いは司法審査の対象になるとしている。

　最大判昭和 35・10・19 民集 14 巻 12 号 2633 頁 [判Ⅰ36] は，地方議会についても，部分社会論を適用していた。しかし，この判例は，以下の判例によって変更された。

[判例 1-5]　最大判令和 2・11・25 民集 74 巻 8 号 2229 頁 [百Ⅱ140]
　　同判決は，地方議会の議員は，憲法上の住民自治の原則を具体化するため，議事に参与し，議決に加わるなどして，住民の代表としてその意思を当該普通地方公共団体の意思決定に反映させるべく活動する責務を負うところ，出席停止の懲罰は，かかる責務を負う公選の議員に対し，議会がその権能において科する処分であり，これが科

されると、当該議員はその期間、会議および委員会への出席が停止され、議事に参与して議決に加わるなどの議員としての中核的な活動をすることができず、住民の負託を受けた議員としての責務を十分に果たすことができなくなることを指摘する。そして、このような出席停止の懲罰の性質や議員活動に対する制約の程度に照らすと、これが議員の権利行使の一時的制限にすぎないものとして、その適否が専ら議会の自主的、自律的な解決に委ねられるべきであるということはできないとして、地方議会の議員に対する出席停止の懲罰の適否は、司法審査の対象となると判示した。

　なお、部分社会論の適用が認められる領域においても法律で規定することができないわけではなく、法律の規定がある場合には、法律の優位の原則が妥当する。

　特別権力関係論が公法私法二元論を基礎とし、公法関係のみを念頭に置いたものであったのに対して、部分社会論は、私立大学を射程に含むことから窺われるように、私人間の関係においても適用されうるものである。部分社会論が、公法私法二元論を前提とせず、行政権の優越性を過度に強調する戦前の行政法理論を修正する契機を内包している点について評価される反面、法治主義の間隙を許容する点においては、特別権力関係論を継承する側面も有しており、この点については、消極的評価も存在する。

■ 「法律の留保」の例外
　——緊急措置

国民の生命、健康等を保護するために緊急に行政機関が規制を行う必要があるが、根拠規範が存在せず、法律を制定（または改正）して根拠規範を設けていては間に合わない場合にも、根拠規範がない以上、「法律の留保」の原則に照らして、規制はできないと解すべきであろうか。それとも、「緊急は法を知らず」という法格言のように、かかる場合には、根拠規範なしに規制が認められると解すべきであろうか。

　この点は、熊本水俣病3次訴訟（熊本地判昭和62・3・30判時1235号3頁）において、緊急避難的行政行為という主張がなされたことにより注目を集めた。すなわち、この訴訟において、原告は、根拠規範が存在しない場合であっても、国民の生命、健康の重大な侵害の危険が現実化し、または切迫している場合には、規制権限が発生し、行政庁は、規制権限を行使したり、強力な行政指導をするなど、あらゆる可能な手段を尽くして危害の発生の防止および排除の措置

をとるべき法的義務があると主張したのである。しかし，緊急避難的行政行為を認めることは，侵害留保説との正面からの抵触を招くため，裁判例の中には，水俣病東京訴訟における東京地判平成4・2・7判時臨増平成4年4月25日号3頁のように，緊急事態への対応として，条理上，行政指導の作為義務が生ずる余地を認めるものがある。

[判例1-6]　最判平成3・3・8民集45巻3号164頁［百Ⅰ98］［判Ⅰ2］
　本件は，河川法・旧漁港法上の占用許可なしにヨット係留施設（鉄杭）が設置され，船舶の航行に危険な状況になっていたため，町長（当時）が根拠規範なしに鉄杭の撤去を行ったところ，この無権限の撤去のために町職員に時間外勤務手当を支給し，業者と請負契約を締結して代金を支出したことが違法であるとして提起された住民訴訟に関するものである。最高裁は，緊急の事態に対処するためにとられたやむを得ない措置であり，民法720条の法意に照らしても，旧町長が市（1981〔昭和56〕年4月1日より市制施行）に対し損害賠償責任を負うものとすることはできないと判示している。この判決は，住民訴訟における損害賠償責任を否定したものの，鉄杭撤去は，漁港法および行政代執行法上適法と認めることはできないと判示しているので，緊急事態において条理上規制権限が発生することを認めたものとまではいえないように思われる。

■「法律の留保」の例外──行政裁量

「法律による行政の原理」が妥当する場合であっても，すべての行政活動を法律で一義的に拘束することは可能ではないし，適当でもない。生起しうるあらゆる事態を想定して議会が具体的な定めを置くことは不可能であるし，行政機関の専門技術的または政策的判断に委ねることが望ましい事項があるからである。そこで，**議会が立法に際して行政機関に判断の余地を与えることが多く，かかる判断の余地を行政裁量という**。行政裁量は主として司法審査において問題とされるが，わが国の行政訴訟制度が行政行為中心主義をとっていることもあり，従前，行政裁量の問題は行政行為に関して語られることが多かった。しかし，行政裁量は，行政機関のすべての行為形式（行政基準・行政計画の策定，行政行為，行政契約，行政指導等）で問題になる。

■組織規範，規制規範による行政統制

伝統的行政法学においては，根拠規範を要求する「法律の留保」の原則によって，国民の権利を保護しようとしてきた。たしかに，「法律の留保」の原則の権利

保護機能は，今日においてもきわめて重要である。しかし，最近は，根拠規範のみならず，組織規範，規制規範の重要性が強調されるようになっている。たとえば，行政機関情報公開法に基づく開示請求を拒否された者が，不開示決定に対して，行政不服審査法に基づく審査請求を行った場合，第三者機関である情報公開・個人情報保護審査会への諮問を経て，不開示決定が全部または一部取り消されることが相当多くなされるようになっている。中立的な諮問機関を設置する組織規範が，国民の権利を擁護する機能を果たしているのである。また，行政手続法のような規制規範が国民の権利擁護に重要であることについては，後述する。

5　行政法の一般原則

(1) 信 義 則

■ 法律による行政の原理
　との抵触が生ずる場合

民法1条2項に明文で規定されている信義則が，行政上の法律関係にも適用されうることにほぼ異論はないが，法律による行政の原理との抵触が生ずる場合，いかなる要件の下に信義則を優先させるかについては議論がある。

［判例 1-7］　最判昭和 62・10・30 判時 1262 号 91 頁［百Ⅰ20］［判Ⅰ25］

　Aの営業を手伝っていたXは，昭和 46 年分所得から事業申告をA名義からX名義に変更し，A死亡後も，昭和 48，49 年分の所得につきX名義で申告をしたところ，Xが青色申告の承認を得ていなかったため，Yが昭和 51 年にXに対し，更正処分を行った。この事案において，本判決は，信義則が適用されうるための要件につき，①税務官庁が納税者に対し信頼の対象となる公的見解を表示したこと，②納税者がその表示を信頼しその信頼に基づいて行動したこと，③のちに当該表示に反する課税処分が行われたこと，④そのために納税者が経済的不利益を受けることになったこと，⑤納税者がその表示を信頼しその信頼に基づいて行動したことについて納税者の責めに帰すべき事由がないこと，を挙げている。本判決は，具体的判断の段階では，公的見解の表示があったか否かについてのみ検討し，この点が否定的に解される以上，

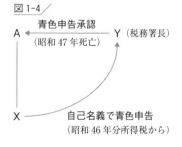

図 1-4

青色申告承認
（昭和 47 年死亡）
A ← Y（税務署長）

X → 自己名義で青色申告
（昭和 46 年分所得税から）

本件更正処分について信義則の法理の適用を考える余地はないと述べている。このことは，前述の5つの事項は，単なる要考慮事項にとどまるのではなく，信義則の適用を認めるための必要条件と本判決が解していることを意味する。他方，本判決は，上記5つ以外の要件が必要とされる余地を残している（図1-4参照）。

①のような要件が必要であることは，ほぼ異論のないところであろう。信義則が適用されるためには，納税者の側の一方的な誤信ではなく，行政庁側で誤信の原因となる見解を表示したことが必要であり，かつ，その場合の表示は，納税者の側で信頼するのもやむをえないといえるだけの公的なものであることが要求されよう。もっとも，何がここでいう「公的見解の表示」に当たるかは簡単には決められず，慎重な検討を要する。

約10年にわたって一部の例外を除き，物品税を課されてこなかったパチンコ球遊器に対して物品税の対象となる「遊戯具」に該当するという通達を契機として物品税が課された事例において，最判昭和33・3・28民集12巻4号624頁［百I51］［判I173］は当該通達の解釈は正しいと認定したが，学界では信義則の適用の有無について議論があった。しかし，この事例においては非課税とする通達があってそれが変更されたというわけではなかったので，「公的見解の表示」の要件が満たされると解することには困難が伴う。非課税の事実状態が約15年間継続した後に，従前の解釈が誤りであることを認識し，遡って課税した事案においても，最判昭和53・7・18訟月24巻12号2696頁は，信義則違反にならないとしている。

租税以外の分野で，法律による行政の原理に優先して信義則の適用を認めたものがある。

[判例1-8] 最判平成19・2・6民集61巻1号122頁［百I23］［判I29］
　原告Xらは，被爆者であり，健康管理手当受給権を認められたが，その後，外国に出国したため，広島県知事は，被爆者が日本の領域を越えて居住地を移した場合，健康管理手当受給権は失権する旨の通達に基づいて，Xらに対する健康管理手当の支給を打ち切った。しかし，当該通達は違法であるとして廃止され，広島県知事は，Xらに健康管理手当の支給を再開したが，支給月の末日から起算して5年を経過した分に関しては，時効消滅しているという理由で支給を行わなかった。そこで，Xらは，未支給の健康管理手当の支給を求める訴訟をY（広島県）に対して提起した。最高裁は，Yの消滅時効の主張は，当該被爆者が同通達に基づく失権の取扱いに対

し訴訟を提起するなどして自己の権利を行使することが合理的に期待できる事情があったなどの特段の事情のない限り，信義則に反し許されないと判示している。

　同判決は，普通地方公共団体に対する債権に関する消滅時効を主張することが信義則に反し許されないとされる場合は，きわめて限定されるが，普通地方公共団体が法令遵守という基本的な義務に違反して，すでに具体的な権利として発生している国民の重要な権利に関し，法令に違反してその行使を積極的に妨げるような一方的かつ統一的な取扱いをし，その行使を著しく困難にさせた結果，これを消滅時効にかからせたというきわめて例外的な場合において信義則の適用を認めたものである。違法な通達を発して権利行使を妨げたという先行行為が，信義則適用のポイントになっている。

■ **法律による行政の原理との抵触が生じない場合**　法律による行政の原理との抵触が生じない場合には，最高裁はより柔軟に信義則の適用を認めている。

［判例 1-9］ 最判昭和 56・1・27 民集 35 巻 1 号 35 頁［百 I 21］［判 I 27］
　Y 村の A 村長は，X に対して，工場設置に全面的に協力することを約束し，X は，工場設置に着手した。ところが，工場誘致に反対する B が村長に当選し，工場設置に不協力の態度をとったため，X は，工場の建設操業を断念し，村の工場誘致政策に協力したために生じた損害の賠償を Y に求めた。最高裁は，Y が X に対して，特定内容の活動を促す個別的，具体的な勧告，勧誘を行い，これに応じて相当長期の施策継続を前提としてはじめてこれに投入する資金または労力に相応する効果を生じうるような活動に入った者が，その信頼に反して所期の活動を妨げられ，社会通念上看過することのできない程度の積極的損害を被る場合に，地方公共団体において当該損害を補償するなどの代償的措置を講ずることなく施策を変更することは，やむをえない客観的事情によるのでない限り，当事者間に形成された信頼関係を不当に破壊するものとして，地方公共団体は不法行為責任を負うとした。

　本件の場合，Y が政策を変更すること自体は許容される。前村長 A の政策に反対して，それを変更することを公約して当選した村長 B が，公約に従って政策を変更することは当然である。しかし，本件のような状況の下では X が被った損害を填補する責任が信義則上 Y に生ずるというのであり，この場合，信義則上の責任を認めることは，法律による行政の原理との抵触を生じさ

せるわけではない。

　　計画変更に伴う補償の問題が社会的に大きな注目を集めたのは，1995（平成7）年に，東京都知事が都市博覧会の開催を中止する決定を下した事案である。都市博覧会の開催主体は，財団法人東京フロンティア協会であったため，この財団が中止に伴う補償を行う責任を有するが，同財団は，東京都の外郭団体であり，東京都が都市博覧会開催のための諸事業に財政援助を行ってきたことから，開催都市としての責任を果たすため，東京都が補償に必要な財政援助も行うことになった。そして，前記の最判昭和56・1・27をふまえて，補償が行われている。

(2)　権利濫用禁止の原則

■ 私人による権利濫用　日本国憲法12条が，国民の権利濫用を禁止しているのは，私人間の関係のみならず，行政機関に対する場合も念頭に置いている。国民に申請権が認められている場合であっても，申請が権利の濫用である場合には，当該申請は不適法な申請になり，拒否処分を受けることになる。このことは，権利濫用が認められない旨の明文の規定の有無にかかわらない。

　情報開示請求のように，目的を問わず開示請求権を付与する場合，その濫用が懸念されることから，情報公開条例には，「この条例の定めるところにより公文書の開示を請求しようとするものは，この条例の目的に即し，適正な請求に努めるとともに，公文書の開示を受けたときは，これによって得た情報を適正に使用しなければならない」（東京都情報公開条例4条）という趣旨の規定が一般に置かれている。千葉県情報公開条例6条のように，開示請求権の濫用禁止をより直接的に規定する例もある。情報公開条例に基づく開示請求が大量請求で処理にきわめて膨大な事務量が予想され，請求対象を限定しても請求目的を達成することができるにもかかわらず請求者がこれに応じない場合，権利の濫用として請求を不適法としたものとして，横浜地判平成14・10・23判例集不登載，東京高判平成15・3・26判例自治246号113頁（最判平成15・9・25判例集不登載は上告棄却）がある。他方，東京地判平成15・10・31判例集不登載は，行政機関情報公開法に基づく開示請求が大量請求で行政事務に著しい支障

を生じさせ権利濫用に当たるとする被告の主張を退けている。横浜地判平成22・10・6判例自治345号25頁は，開示請求者が公文書公開制度の実施機関の業務に著しい支障を生じさせることを目的として開示請求をしていると評価できるので，開示請求は権利の濫用であるとしている。

□■ Column③　面談強要行為等の差止め ⸺⸺⸺⸺⸺⸺⸺⸺⸺⸺⸺

　　情報公開条例の実施機関に対して情報開示請求が多数回にわたって濫用的な態様で行われたり，不当な要求が繰り返されたりして，地方公共団体の平穏に業務を遂行する権利が侵害されており，今後も同様の行為が繰り返されるおそれがあるとして，同権利に基づく面談強要行為等の差止めおよび不法行為に基づく損害賠償等を地方公共団体が求めた事案において，大阪地判平成28・6・15判時2324号84頁（確定）は，同権利の侵害を認め，差止めを認めるとともに，損害賠償についても一部の請求を認容した。

⸺⸺⸺⸺⸺⸺⸺⸺⸺⸺⸺⸺⸺⸺⸺⸺⸺⸺⸺⸺⸺⸺⸺⸺⸺⸺⸺⸺

■ 行政主体による権利の濫用　行政主体の行為が権利の濫用とされることもある。甲府地決平成11・8・10判例自治212号62頁は，別荘所有者にのみ高額の水道料金を課す条例改正に反発した別荘所有者らが，改正後の値上げ料金部分の支払を拒否していたとしても，町から合理的な説明があれば未納料金を支払う意思があることを町に伝えていたにもかかわらず町は説明会を一度開催する程度の対応にとどまっていたことに照らすと，別荘を1年間で最も利用する時期にあえて給水を停止することは権利の濫用にあたり許されないと判示している。

(3)　比例原則

　比例原則は，元来，ドイツにおいて警察権の限界に関する法理の1つ（警察比例原則）として形成されたものである。ここでいう警察権とは，社会公共の秩序を維持し，その障害を除去するために一般統治権に基づいて国民の自然の自由を制限する公権力（実質的意味における警察権）のことであり，食品安全のための規制，建築物の安全規制等も含まれる。現在，一般にイメージされる警察（国の警察庁，東京都の警視庁，道府県の警察本部という形式的意味における警察）とは異なる意味であることに注意する必要がある。

　比例原則は，アメリカの違憲審査に用いられる「より制限的でない代替手段 (less restrictive alternatives)」の法理，すなわち，ある目的を達成するために，規制効果は同じであって被規制利益に対する制限の程度がより少ない代替手段が存在する場合には，当該規制を違憲とする法理と同様の理念に基づくものであり，不必要な規制，過剰な規制を禁止するものである。「より制限的でない代替手段」の法理が法令の合憲性審査の基準であるのに対して，比例原則は，一般的には，行政作用の適法性審査の法理といえる。比例原則は，今日では，実質的意味における警察活動に限定されず，行政の権力活動一般に妥当する原理と理解されるようになっているし，国民一般に対する行政作用のみならず，公務員に対する懲戒処分についても，比例原則の適用が論じられるようになっている。また，これを日本国憲法 13 条による憲法原則と位置づける者もいる。

　しかし，環境規制，安全規制等の領域において，規制により利益を受ける者との関係で，被規制者に対して比例原則を適用することの妥当性については議論のあるところである。すなわち，比例原則を適用して規制に消極的になることは，規制により利益を受ける者の期待に反し，これらの者の利益を損なうおそれがあるのである。行政と規制の名あて人との二面関係のみを念頭において比例原則を適用すべきではなく，規制により利益を受ける者を含めた三面関係において，規制権限の発動の是非について考えるべきという主張は，とりわけ食品公害，薬品公害事件の多発を契機として有力になった。**従前は比例原則により，規制の名あて人との関係で過剰な規制を抑止する「過剰禁止」がもっぱら問題とされたのに対し，三面関係においては，規制の受益者のために過少な規制を禁止する「過少禁止」が唱えられることもある。**

　さらに，ドイツにおいては，行政機関が国民に財貨，役務等を提供する給付行政の領域において，過剰給付禁止を比例原則の適用として説明する見解があり，比例原則の射程を必ずしも規制に限定せずに柔軟に拡張する可能性があることにも留意する必要があろう。

　比例原則の趣旨を明文で規定している法律もある（警察官職務執行法 1 条 2 項，国税徴収法 48 条 1 項の超過差押えの禁止）。学力テスト反対運動を理由になされた懲戒免職処分を過酷にすぎ違法とした最判昭和 59・12・18 判例自治 11 号 48 頁は，比例原則違反による裁量権の逸脱濫用を認めている。また，最判平成

24・1・16 判時 2147 号 127 頁①事件，同頁②事件［②事件につき判Ⅰ11］は，
教員に対する懲戒処分は，学校の規律や秩序の保持等の必要性と処分による不
利益の内容との権衡の観点から当該処分を選択することの相当性を基礎づける
具体的な事情が認められる場合であることを要するとし，一部の懲戒処分につ
いては，処分の選択が重きに失し違法であるとしている。

(4)　平等原則

　行政機関が合理的理由なく国民を不平等に取り扱ってはならないことは当然
であり，平等原則は日本国憲法 14 条により基礎づけることも可能であるが
（平等原則が明文化されている例として，公の施設の利用についての不当な差別的取扱
いを禁止した地方自治法 244 条 3 項参照），法律による行政の原理と平等原則とが
抵触する場合にいずれを優先させるかは困難な解釈問題である。

[判例 1-10]　大阪高判昭和 44・9・30 高民集 22 巻 5 号 682 頁［判Ⅰ7］
　本判決は，課税物件に対する課・徴税処分に関与する全国の税務官庁の大多数が法
律の誤解その他の理由によつて，事実上，特定の期間，特定の課税物件について，法
定の課税標準ないし税率より軽減された課税標準ないし税率で課・徴税処分をして，
しかも，その後，法定の税率による税金と誤って軽減された税率による税金の差額を，
実際に追徴したことがなく，かつ追徴する見込みもない状況にあるときには，当該状
態の継続した期間中は，法律の規定に反して多数の税務官庁が採用した軽減された課
税標準ないし税率のほうが，正当なものとされ，法定の課税標準，税率に従った課・
徴税処分は，当該軽減された課税標準ないし税率を超過する部分については違法と解
するのが相当であると判示し，租税平等原則が租税法律主義に優先する場合があるこ
とを明言したため注目を集めた。

　課税にかかる通達が定められている場合，当該通達を平等に適用することが，
一般的にいえば平等原則の要請するところであるが，通達の定める方法により
評価した価額を上回る価額による課税が，例外的に平等原則に反しない場合が
あるかが争われたのが，下記の事案である。

[判例 1-11]　最判令和 4・4・19 民集 76 巻 4 号 411 頁
　同判決は，相続税の課税価格に算入される財産の価額について，財産評価基本通達
の定める方法による画一的な評価を行うことが，実質的な租税負担の公平に反すると
いうべき事情がある場合には，当該財産の価額を上記通達の定める方法により評価し

た価額を上回る価額によるものとすることが平等原則に違反しないとした。そして，①当該不動産は，被相続人が購入資金を借り入れたうえで購入したものであるが，当該購入および借入れが行われなければ被相続人の相続にかかる課税価格の合計額は6億円を超えるものであったにもかかわらず，上記通達の定める方法により評価すると，相続税の価額が0円になること，②被相続人および共同相続人らは，近い将来において発生が予想される相続において共同相続人らの相続税の負担を減少させ，または免れさせることを期待して，当該購入および借入れを計画して実行したこと，などの事情は，上記通達の定める方法による画一的な評価を行うことが，実質的な租税負担の公平に反するというべき事情に当たると判示している。

(5)　透明性と説明責任の原則

　透明性という言葉がわが国の実定法で最初に用いられたのは，行政手続法1条1項であり，行政上の意思決定について，その内容および過程が国民にとって明らかであることをいうと定義されている。その後，この言葉は，多くの法律において用いられ，実定法上の用語として定着したといってよいと思われる。
　行政手続法における透明性は，同法制定時は，主として自由主義の観点から，行政処分または行政指導の名あて人の権利利益を擁護することを主眼としていたが，民主主義の観点からも，透明性が要求される。2005（平成17）年の同法改正により意見公募手続が定められたため，同法の透明性の意義も変化したと思われる。民主主義の観点からは，単なる透明性にとどまらず，国政を国民から信託された者が主権者たる国民に対して説明責任を負うという原則が導かれる。行政機関情報公開法1条，独立行政法人等の保有する情報の公開に関する法律（独立行政法人等情報公開法）1条，行政機関が行う政策の評価に関する法律（政策評価法）1条が，政府等の有するその諸活動について国民に説明する責務が全うされるようにすることを目的としているのは，説明責任の原則を明示したものである。公文書等の管理に関する法律（公文書管理法）1条は，現在のみならず将来の国民に対する説明責任の履行も目的としている。

(6)　必要性・有効性・効率性の原則

　政策評価法3条1項は，行政機関は，その所掌にかかる政策について，適時に，その政策効果を把握し，これを基礎として，必要性，効率性または有効性

の観点その他当該政策の特性に応じて必要な観点から，自ら評価するとともに，その評価の結果を当該政策に適切に反映させなければならないと定めている。そして，「政策評価に関する基本方針」（2001〔平成13〕年12月28日閣議決定，2005〔平成17〕年12月16日全部改定）Ⅰ2は，「必要性」「有効性」「効率性」について定義している。

　「必要性」の観点とは，政策効果からみて，対象とする政策にかかる行政目的が国民や社会のニーズまたはより上位の行政目的に照らして妥当性を有しているか，行政関与のあり方からみて当該政策を行政が担う必要があるかという視点である。民間に委ねることが可能であり望ましい分野で行政が活動することは，官民の役割分担の観点から妥当とはいえない（補完性の原則）。**「有効性」の観点とは，得ようとする政策効果と当該政策に基づく活動により実際に得られている，または得られると見込まれる政策効果との関係を明らかにする視点である。「効率性」の観点とは，政策効果と当該政策に基づく活動の費用等の関係に関するもので，投入された資源量に見合った効果が得られるか，または実際に得られているか，必要な効果がより少ない資源量で得られるものは他にないか，同一の資源量でより大きな効果が得られるものは他にないかを検討する視点である。**

▪️ Column④　公共サービス改革法

　アメリカ，イギリス，オーストラリア等で実施されている「市場化テスト」は，公共サービスについて，官民が対等な立場で競争入札に参加し，価格・質の面で最もすぐれた者が落札し，当該サービスを提供する制度であり，官業の民間開放につながるとともに，民間企業との競争にさらすことによって官による公共サービスの効率化，質の向上を企図するものである。これらの国の制度を参考にして，わが国でも，2006（平成18）年に「競争の導入による公共サービスの改革に関する法律」が成立した。この法律は，新たな官民共同入札の仕組みを導入した点において，画期的なものといえる。

(7)　その他の一般原則

　行政は公益に適合するように行われるべきという公益適合原則が語られることがある（自治232条の2参照）。また，判例において法の基本原則とされたも

のに，処分の効力を失わせることにより生ずる公益への著しい支障の回避の要
請がある。

> ［判例 1-12］　最大判昭和 51・4・14 民集 30 巻 3 号 223 頁［百Ⅱ206］［判Ⅱ111］
> 　衆議院議員定数配分規定を違憲とした本判決は，公職選挙法 219 条が選挙無効訴訟
> について，行政事件訴訟法 31 条 1 項▼の事情判決の規定の準用を排除しているにも
> かかわらず，事情判決の法理には行政処分の取消しの場合に限られない一般的な法の
> 基本原則に基づくものとして理解すべき要素も含まれているとし，本件のような場合
> には，事情判決制度に含まれる一般的な法の基本原則の適用により，選挙を無効とす
> ることによる不当な結果を回避すべきと判示している。

　行政上の不服申立てにおいても，事情判決と同様の事情裁決が法定されてい
る（行審 45 条 3 項・64 条 4 項，税徴 173 条 1 項 2 号，地税 19 条の 10 第 1 項 2 号）。
もっとも，学説においては，事情判決制度に対する批判もあり，これが法の一
般原則として，学界において認知されているとはいえない。
　その他，新たな行政法の一般原則として，市民参加原則を挙げる見解がある。

■□
□■　Column⑤　韓国行政基本法における行政の法原則 ┈┈┈┈┈┈┈┈┈┈┈┈┈┈┈┈

　2021 年に制定された韓国の行政基本法 2 章は，行政の法原則を列記している。す
なわち，法治行政原則（8 条），平等原則（9 条），比例原則（10 条），誠実義務および
権限濫用禁止原則（11 条），信頼保護原則（12 条），不当結付禁止原則（13 条）であ
る。法治行政原則としては，法律の優位の原則と法律の留保原則について定めている。
誠実義務は信義誠実の原則に相当するものである。信頼保護原則には，長期間にわた
り権限を行使しなかった場合，当該権限が行使されないことへの信頼が正当な場合に
は，原則として当該権限の行使を禁止する失権の法理が含まれる。不当結付禁止原則
は，当該行政作用と実質的に関係しない義務を相手に課すことを禁ずるもので，たと
えば，河川占用許可をするに際して，それと実質的に関係しない附款（河川敷の公園
の整備のための寄付を行うことを義務付けるなど）を付すことは，不当結付禁止原則に
反することになる。

┈┈

　▼行訴 31 条①　取消訴訟については，処分又は裁決が違法ではあるが，これを
取り消すことにより公の利益に著しい障害を生ずる場合において，原告の受ける
損害の程度，その損害の賠償又は防止の程度及び方法その他一切の事情を考慮し
たうえ，処分又は裁決を取り消すことが公共の福祉に適合しないと認めるときは，
裁判所は，請求を棄却することができる。

6　行政法と民事法

(1)　公法私法二元論の否定

　従前は，実定法を公法体系と私法体系に二分し，ある法律規定が公法規定か私法規定かによって結論を演繹する解釈方法が有力であった。たとえば，権利についても公権と私権に二分し，公権については，一身専属的なもので譲渡，放棄，差押え，相続，相殺の対象にならないという公権の不融通性の法理を適用する考えが存在した。この解釈方法の下では，ある権利が差押えの対象になるか否かは，当該権利が公権か私権かによって定まることになる。しかし，**公法私法二元論を基礎とした解釈方法は過去のものとなっている。ある権利の融通性を考える場合には，個々の権利についての実定法の定めにより，また規定のない場合には，その権利の認められた目的を考察して，個別に判断していくしかない。**

[判例1-13]　最大判昭和28・2・18民集7巻2号157頁［判Ⅰ44］
　XがAより土地を購入したが所有権移転登記は行わなかったところ，農地改革の際，本件土地の所有者は登記簿上の名義人であるAであると認定して農地買収計画を立てた事例において，本判決は，民法177条の規定の適用を否定した。この判決は，戦後まもなくのものであることもあり，なお公法私法二元論の残滓が窺われる。しかし，この判決も，単純な公法私法二元論にのみ依拠しているわけではなく，農地制度の民主化，耕作者の地位の安定，農業生産力の発展という自作農創設特別措置法の趣旨，同法がいわゆる不在地主の農地であるかどうか，すなわち，実際に農地の所在市町村に居住しているかどうか，または，地主が自作しているか，小作人をして小作せしめているか等を農地買収の基準としている趣旨に照らしても，民法177条の規定の不適用という結論が導かれると述べている。

[判例1-14]　最判昭和35・3・31民集14巻4号663頁［百Ⅰ9］［判Ⅰ43］
　XがAより購入した土地が未登記の間に，Aに対する租税滞納処分により当該土地の公売処分が実施された事例において，本判決は，租税滞納処分においても民法177条の規定の適用があることを前提としている。その理由は，当該事件における第1次上告審の最判昭和31・4・24民集10巻4号417頁が述べているように，滞納者の財産を差し押さえた国の地位は，あたかも，民事執行における差押債権者の地位に類するものであり，この関係において，国が一般債権者より不利益な取扱いを受ける

理由はないという考えによる。この判決においては，公法私法二元論の崩壊がかなり明瞭になっているといえる。

(2)　一般法としての民事法と特別法としての行政法

行政法関係においても，民事法が適用される場合は少なくない。たとえば，国または地方公共団体が物品を購入する場合や国公有財産を売却する場合，売買契約が締結されるし，庁舎や国道を建設する場合，建設業者と請負契約が締結される。また，地方公共団体が公営住宅を賃貸する場合には，借家契約が締結される。

しかし，等しく民事上の契約であっても，国や地方公共団体が当事者となる場合には，私人間の契約の場合とは異なった配慮が必要になる。物品を購入する場合においても，庁舎等の建設を請け負わせる場合においても，公費を用いる以上，最少の費用で最大の効果を上げる契約を締結する必要があるし，国公有財産を売却する場合においては，原則として，最高の価格で売却して歳入を極大化しなければならない。また，国や地方公共団体は，差別的取扱いをしてはならず，この意味でも，契約自由の原則を無条件に妥当させるわけにはいかない。そのため，国の場合には会計法，地方公共団体の場合には地方自治法において，契約の締結について一般競争入札を原則とする等の規制をしている。

このように，民事法上の契約法理が行政法関係において特別法により修正を受ける場合，特別法による修正の範囲について疑義が生ずることがある。著名な例として，最判昭和59・12・13民集38巻12号1411頁［百Ⅰ7］［判Ⅰ23］がある。

［判例1-15］　最判昭和59・12・13民集38巻12号1411頁［百Ⅰ7］［判Ⅰ23］
最判昭和39・7・28民集18巻6号1220頁は，私人間の借家契約の解除について，賃貸借の基調である相互の信頼関係を破壊するに足る程度の不誠意があると断定することはできず，解除権の行使は信義則に反すると判示したが，このように，借家契約等の解除について，双方の当事者の信頼関係が破壊されたと認めるに足りない特段の事情がある場合には，解除を認めない法理を信頼関係の法理と呼ぶ。この信頼関係の法理が公営住宅の入居者との関係でも適用されるかが問題になった事案で，最判昭和59・12・13民集38巻12号1411頁［百Ⅰ7］［判Ⅰ23］は，公営住宅の使用関係については，公営住宅法およびこれに基づく条例が特別法として民法および借家法に優先し

て適用されるが，公営住宅法およびこれに基づく条例に特別の定めがない限り，原則
として一般法である民法および借家法の適用があり，その契約関係を規律するものに
ついては，信頼関係の法理の適用があると判示した。

(3)　行政法規違反の行為の民事上の効力

■取締法規と強行法規　　　　　初期の裁判例の中には，行政法規違反であれば私人間
　　　　　　　　　　　　　　　の契約の効力も当然否定されるという前提に立つもの
もみられたが，その後，行政法規を（警察）取締法規と強行法規（効力規定，統
制法規ともいう）に二分する考え方が通説となる。**取締法規は事実としての行
為を命じたり禁止したりすることを目的とするものであるのに対して，強行法
規は法律行為としての効力を規制することを目的とするものである。そして，
取締法規違反であれば，原則として契約の効力は否定されないという立場を出
発点として，違反行為に対する非難の程度（取締法規違反を知りつつ契約を締結し
たこと等），取引の安全，当事者間の信義衡平等を総合的に考慮する説が有力に
なった。**最高裁も，行政法規を取締法規と強行法規に二分し，前者の違反は民
事上の効力には当然には影響せず（したがって，その実効性は，行政上の義務履行
確保手段や刑罰等により担保される），後者の違反は民事上の契約も無効とすると
いう立場をとっていた。

［判例 1-16］　最判昭和 35・3・18 民集 14 巻 4 号 483 頁 ［判Ⅰ48］
　Ｘ がＹ に精肉の販売をしたが，Ｙ が食品衛生法に基づく食肉販売業の許可を得て
いなかった事案で，Ｘ から代金等の支払いを求められたＹ が無許可営業であること
を理由としてＸ との売買契約の無効を主張した。最高裁は，「本件売買契約が食品衛
生法による取締の対象に含まれるかどうかはともかくとして同法は単なる取締法規に
すぎないものと解するのが相当であるから，Ｙ が食肉販売業の許可を受けていない
としても，右法律により本件取引の効力が否定される理由はない」と判示している。

［判例 1-17］　最判昭和 30・9・30 民集 9 巻 10 号 1498 頁
　Ｘ がＹ に煮干しいわしを売却したが，当時，煮干しいわしは，臨時物資需給調整
法と同法に基づく加工水産物配給規則により配給が統制され，公認集荷機関，公認荷
受機関および登録小売店舗にのみ煮干しいわしの販売が認められていた。そこで，Ｘ
から代金の支払いを請求されたＹ は，本件売買契約は，経済統制法令に違反してな
されたものであるから無効であると主張したのである。最高裁は臨時物資需給調整法
は，無資格者による取引の効力を認めない趣旨の強行法規であるとして，Ｘ・Ｙ 間の

§ 売買契約の効力も否定したのである。

■ 履行段階論・経済的公序論・憲法的公序論

その後，以上のような総合判断に際して，契約の履行段階も考慮すべきであるとする履行段階論が唱えられるようになった。すなわち，契約内容を双方の当事者が履行していない場合と，すでに履行された場合とでは，契約の効力を維持すべきかについての判断に相違が生じうるとみるのである。また，最近は，消費者保護や市場秩序維持等を目的とする法規の保護目的は民事関係においても尊重されるべきとする経済的公序論，裁判所も基本権保護義務および基本権支援義務を負い，取締法規が目的とする基本権の保護または支援を実現するために契約の効力を否定すべきか，過剰介入を避けるために契約の効力を維持すべきかを判断すべきとする憲法的公序論も有力になっている。このように，行政法規を取締法規と強行法規に二分して，当該法規がいずれに属するかによって民事上の契約の効力を演繹するのではなく，違反が問題になっているのが強行法規でない場合には，民法 90 条の公序良俗違反の問題として，多様な要素を総合的に考慮して民事上の効力を判断する方法が有力になっているといえよう（有害物質を含む食品の販売契約を民法 90 条違反で無効としたものとして，最判昭和 39・1・23 民集 18 巻 1 号 37 頁がある）。最高裁は，最近においても，以下のように，かかる判断方法を用いている。

[判例 1-18]　最判令和 3・6・29 民集 75 巻 7 号 3340 頁

宅地建物取引業法 3 条 1 項の免許を受けない者が宅地建物取引業の免許を受けている者からその名義を借り，当該名義を借りてされた取引による利益を両者で分配する旨の合意の効力が問題になった事案で，最高裁は，同法が，無免許者が宅地建物取引業を営むことを禁じ（12 条 1 項），宅建業者が自己の名義をもって他人に宅地建物取引業を営ませることを禁止しており（13 条 1 項），これらの違反について刑事罰を定めていること（79 条 2 号・3 号）に鑑みると，無免許者が宅地建物取引業を営むため宅建業者との間でその名義を借りる旨の合意は，反社会性が強く公序良俗に反し，宅建業者の名義を借りてされた取引による利益を分配する旨の合意は，名義を貸す合意と一体のものとして，公序良俗に反して無効であると判示している。

(4)　民事紛争の行政的処理

　民事紛争を私人間の民事訴訟による処理に委ねるのではなく，行政的紛争処理の仕組みが設けられる例がある。その中には，「公害健康被害の補償等に関する法律」に基づき都道府県知事が行う給付のように，不法行為責任を（部分的に）行政的制度により処理するものもあれば，公害紛争処理法に基づき公害等調整委員会が行うあっせん・調停・仲裁・裁定のように，民事紛争について行政機関が裁判外紛争処理（ADR）を行うものもある。

■□■ Column⑥　「私人対行政」の紛争の民間機関による処理･････････････････
　　行政仲裁センター岡山は，地方公共団体と住民との間に生じた紛争を解決するために岡山弁護士会が設置した機関であり，岡山弁護士会と協定を締結している地方公共団体の紛争解決に利用可能である。住民からも地方公共団体からも，申立てを行うことができる。地方公共団体と住民が，仲裁人の判断に従う旨の仲裁合意をした場合には，仲裁法に基づく仲裁判断も行われる。仲裁が利用される場合には，民間の仲裁人が下した仲裁判断が両当事者を法的に拘束することになり，行政処分に関わる法効果を伴う意思決定権限が民間の仲裁人に付与されることをいかに考えるべきかという問題がある。

7　行政過程における私人

(1)　行政過程における私人の行為

　行政過程において，私人は，申請や届出を行うことによって行政過程を開始させたり，不利益処分が行われようとするときに自己の立場を防御するために意見を述べたり，他人に対する不利益処分の聴聞に参加したりする等，多様な行為を行う。

(2)　権利能力

　権利能力とは，権利の主体となることができる資格のことである。行政法関係においてどのような者が権利能力を有するかは一概にはいえず，具体の事例ごとに判断しなければならない。たとえば，鉱業法17条は，「日本国民又は日

本国法人でなければ，鉱業権者となることができない。但し，条約に別段の定があるときは，この限りでない」と規定している。

(3) 行為能力

行為能力とは，法律行為を単独でできる能力である。民法においては，独立して取引をする能力の不十分な者の保護のために，未成年者等を制限能力者としているが（民5条），行政法関係では，個別の法律で特例が認められていることがある。たとえば，国籍法18条は，国籍取得の届出（同3条1項）は，国籍を取得しようとする者が15歳未満であるときは，法定代理人が代わってすると定めている。このことは，同法の解釈としては，15歳になれば未成年者であっても国籍取得の届出を単独でなしうるという前提に立っているとみるべきであろう。

(4) 意思表示の瑕疵

行政法関係においても，一般的には意思表示に関する民法の規定が適用されるが，行政法関係の特殊性に応じて，民法の原則が修正されることがあるので，具体の事例ごとに法律の趣旨に照らした解釈が必要になる。

■ 錯　　誤　　民法95条1項は，(i)意思表示に対応する意思を欠く錯誤，または(ii)表意者が法律行為の基礎とした事情についてのその認識が真実に反する錯誤に基づくものであって，その錯誤が法律行為の目的および取引上の社会通念に照らして重要なものであるときは，取り消すことができると規定しているが，行政法関係においても，こうした要素の錯誤による無効が認められることがある。

■ 詐欺・強迫による意思表示　　詐欺・強迫による意思表示の取消し（民96条）は，行政法関係においても一般に認められる。

■ 本人の意思に基づかない申請・届出　　国籍離脱の届出が本人の意思に基づかずになされた場合には，当該届出は無効であり，無効な国籍離脱を前提としてなされた国籍回復許可も無効となる（最大判昭和32・7・20民集11巻7号1314頁）。ただし，最判昭和47・7・25民集26巻6号1236頁は，承諾書を偽造してなされた道路位置廃止申請に基づく廃止処分を

当然に無効と解することはできないと判示している。

(5) 意思表示の撤回

　私人の申請，申込み等を受けて行政行為がなされる場合，行政行為がなされる前であれば，申請，申込み等を撤回することができるのが原則である。最判昭和 34・6・26 民集 13 巻 6 号 846 頁［百Ⅰ124］は，退職願の提出者に対し，免職辞令の交付があり，免職処分が提出者に対する関係で有効に成立した後においては，もはや退職願を撤回する余地はないが，その前においては，退職願はそれ自体で独立に法的意義を有する行為ではないから，これを撤回することは原則として自由であると判示している。**ただし，免職辞令の交付前においても，退職願を撤回することが信義に反すると認められるような特段の事情がある場合には，その撤回は許されないとする。**退職願が適法に撤回されたにもかかわらず，退職願の存在を前提として免職処分がなされれば，当該処分は違法である。

第2章　行政活動における法的仕組み

≫Points

1）私人に対する行政活動は，規制行政，給付行政，行政資源取得行政，誘導行政に分類することができる。

2）ある種の国民の活動を一般的に禁止したうえで，国民からの申請に基づき審査を行い，一定の要件に合致する場合，禁止を個別具体的に解除する法的仕組みを「許可制」という。

3）法律行為の内容を行政庁が個別に審査し，当該行政庁が効力を発生させる意思表示が法律行為の効力を補充して効力を完成させる法的仕組みを「認可制」という。

4）国民がある行動をとる前またはとった後に行政機関への届出を義務づける法的仕組みを「届出制」という。

5）相手方の義務の存在を前提とせずに，行政機関が直接に身体または財産に実力を行使して行政上望ましい状態を実現する作用を「即時強制」（または「即時執行」）という。

1　行政活動の類型

(1)　規制行政・給付行政・行政資源取得行政（調達行政）等

　私人に対する行政活動は，さまざまな観点から分類可能である。行政目的とその実現手法の両者を視野に入れると，規制行政，給付行政，行政資源取得行政（調達行政）に分類できる。

　規制行政とは，土地利用規制，営業規制のように，私人の権利自由に対して制限を加える行政活動であり，それ自体が直接に公益の実現に寄与するものである。その中には，権利を制限したり義務を課したりする法的行為もあれば，身体の自由を制限したり財産を破壊したりする事実行為もある。

■■　Column⑦　経済的規制と社会的規制 ---------------------------------

　政府においては，規制を経済的規制と社会的規制に分類するのが一般的である。経済的規制とは，需給調整等の経済的目的で行われる価格規制，参入規制等であり，社会的規制とは，国民の安全・健康や環境保護等の目的で行われる規制である。政府の規制改革の方針では，経済的規制は原則廃止，社会的規制は必要最小限度にすることとされている（規制改革推進のための 3 か年計画（再改定）Ⅲ 3 ア④b〔2009（平成 21）年 3 月 31 日閣議決定〕参照）。

　給付行政（サービス行政ともいう）**とは，私人に対する財，役務，情報等の給付が，行政資源取得の対価等ではなく，給付それ自体を目的として行われる場合を意味する。**

　行政資源取得行政とは，国または地方公共団体が，自らの事務を処理するために必要な資金，土地等を取得することを目的とするもので，調達行政といわれることもあるが，調達という言葉が権力的手法を連想させるおそれがあるので，本書では，行政資源取得行政ということにする。

　以上のほかにも，庁舎を必要とする場合，土地を取得し，建設請負契約を締結して建物を建設することになるが，庁舎が完成したのちに，当該庁舎を管理すること等，**行政組織の管理運営とかかわる行政**がある。これは，私経済行政，準備行政，組織行政と呼ばれることもあるし，内部（管理）行政と呼ばれることもある。これらは，規制行政，給付行政，行政資源取得行政のいずれにも含まれないが，本書では，行政作用に関する部分のみを念頭に置くため，この問題は捨象することとする。また，私人間の紛争を行政機関が調整する作用は，その利用が強制されている場合，私的自治への介入として規制的性格を持つが，その利用が任意である場合は，むしろ紛争解決サービスの提供という給付的性格を持つともいえる。しかし，これを調整行政として研究対象とすることも考えられ，今後の課題といえよう。

(2)　誘導行政

　さらに，誘導行政という補助的範疇を設けることが考えられる。これは，**私人の活動に対する規制や給付が行われる場合であっても，それ自体が目的では**

なく，それを通じて間接的に行政の望む方向に私人を誘導することを目的とする行政である。たとえば，一定の道路の混雑を防止するために自動車通行者に課徴金を賦課する行為は，当該道路を自動車で通行する者に課徴金支払義務を課す点で規制行政ともいえるし，道路交通対策のための財源を確保するという行政資源取得行政としての側面も有するが，第1次的目的は，当該道路の通行量を減少させるように誘導することにある。このように誘導行政は，他の行政活動類型と必ずしも排他的関係にあるとはいえない面もあるが，行政活動の特色を理解するためには，このような範疇を設けることには意義があり，本書でもこの類型をとりあげる。

(3)　行政活動の類型と法的仕組み

　行政法学にとっては，以上のような観点による行政活動の分類にとどまるのでは不十分であり，そのような行政活動を行うための法的手法ないし法的仕組みが重要である。

　ここで行政活動の類型と法的仕組みの関係を述べておくと，両者の間には，必ずしも1対1の関係があるわけではない。すなわち，規制行政，給付行政，行政資源取得行政，誘導行政という言葉を，一定の行政活動をマクロでとらえる意味で使用すると，マクロの規制行政の中にミクロの法的仕組みとして，給付行政で主として用いられるものがみられたり，マクロの給付行政の中にミクロの法的仕組みとして，規制行政で主として用いられるものがみられたりすることがある。たとえば，道路を建設し供用することは給付行政であるが，道路における集団示威行進について許可制がとられるように，許可制は規制行政においてのみ用いられる法的仕組みではなく，給付行政においても用いられるのである。

　以下においては，行政活動における主要な法的仕組みを解説することとする。もっとも，規制行政，給付行政，行政資源取得行政，誘導行政において用いられるすべての法的仕組みを網羅するのではなく，それぞれの行政活動において用いられる代表的なものに限定して概観することとする。

2　規制行政における主要な法的仕組み

(1)　許　可　制

■ 法令上の用語　　ある種の国民の活動を一般的に禁止したうえで，国民からの申請に基づき審査を行い，一定の要件に合致する場合，禁止を個別具体的に解除する法的仕組みを許可制という。この許可制のもとで，一般的禁止を個別具体的に解除する行為は，実定法上，許可という名称で呼ばれているとは限らず，承認，免許，登録，確認，認定，認証等，用語は不統一である。

■ 警察許可と公益事業許可　　同じ許可制の中でも，社会公共の安全・秩序を維持するという消極的観点から行われる許可（これを学問上，「警察許可」という）と，需給調整を含めて積極的な政策目的も勘案して行われる公益事業許可との間には，規制の仕組みについて相違がみられる。公益事業許可は，伝統的には，「公企業の特許」と呼ばれ，次に述べる特許制に分類されるのが通常であった。公益事業許可を許可制と特許制の合体行為とする見方もある。

　警察許可と公益事業許可の相違は，許可の要件が，社会公共の安全・秩序に支障を及ぼさないという観点のみから定められているか，それを超えて，需給調整等の積極的経済目的も含めて定められているかという参入規制のあり方の面にとどまらない。許可が付与されたのちの事業経営についての行政機関の関与についても，公益事業許可の場合には，事業の開始義務が課されたり（電気7条参照），廃業についても許可制がとられたり（電気14条参照），国民との給付契約の締結強制がされたり（電気17条参照），約款・料金等についての規制（認可制。電気18条参照）が行われたりすることが多い。

　しかし，警察許可と公益事業許可の以上のような区別は理念型であって，実際には折衷的形態の規制がとられているものもある。距離制限を伴う公衆浴場の許可制はその例である。また，何をもって公益事業許可とすべきかについて，普遍的真理があるわけではなく，かつては，公益事業許可の仕組みがとられていたものが，規制緩和政策の結果，次第に，公益事業許可の典型とされていた

要素（需給調整条項等）を失っていくことが少なくない。他面において，いかなる規制を行うかはまったくの立法裁量に委ねられているわけではなく，憲法の保障する営業の自由との関係で過剰な規制が違憲となることがありうる。薬局の距離制限規定が違憲とされたのがその例である（最大判昭和50・4・30民集29巻4号572頁）。

■ 許可の対象　　許可制の下での許可の対象は，事業のほかに，施設，行為等であることもある。また，人的要素に着目した対人許可，物的要素に着目した対物許可，人的要素と物的要素の双方に着目した許可がある。

発展学習のために③　基準認証制度

　基準認証制度は，許可制の一種であるが，生命，身体，財産等の保護を目的として，製品，施設，設備等の安全等の確保のために遵守すべき基準を定め，各製品が当該基準に合致していることを認証し，基準に適合しない製品の流通・使用を事前に規制する制度であり，対物許可になる。この基準認証制度は，認証主体に着目して，政府認証制度，第三者認証制度，自己適合宣言制度に分類することができる。政府認証制度とは，国またはその代行機関（指定機関）が，製造業者等からの申請を受けて認証を行う制度である。第三者認証制度とは，国の代行機関ではない第三者機関が，製造業者等からの申込みを受けて認証を行う制度である。第三者認証業務自体は国の事務ではないが，行政機関は認証機関の認定という規制を行う。自己適合宣言制度とは，製造業者等が自ら技術基準への適合性評価を行う制度である。

■ 許可等の有無と民事責任の関係　　許可を受けた者の事業活動によって損害を被った者が，加害者に対して不法行為責任を追及する場合，加害者は，当該事業活動について許可等を受けていることをもって免責を主張することはできない。当該事業活動の許可等を受けていることと，当該事業活動が民事上，不法行為に該当するかとは直結する問題ではない。同様に，製品が基準認証を受けているとしても，そのことは，製造物責任を当然に免れさせる理由にはならない。

■ 特許制との相違　　許可制が，ある種の国民の活動を一般的に禁止したうえで，国民からの申請に基づいて審査を行い，一定の要件に合致する場合，禁止を個別具体的に解除する仕組みであるのに対して，**特許制とは，国民が一般的には取得しえない特別の能力または権利を設定する行為**（設権）

のことであり，特許法にいう特許とは全く異なる概念である。その典型例として挙げられるのが，外国人の帰化の許可（国籍4条2項）である。この場合，「許可」という文言が用いられているが，許可制とは異なる。そもそも，外国人には，日本国籍を取得する自由が存在するとは考えられていない。したがって，帰化の許可は，一般的禁止を解除して自然の自由を回復する行為ではなく，特別の能力または権利を新たに付与する行為なのである。

(2) 認可制

■意義　事前規制の中には，法律行為の内容を行政庁が個別に審査し，当該行政庁が効力を発生させる意思表示が法律行為の効力を補充して効力を完成させる仕組みをとるものがある。これを学問上，(法律行為)認可制と称する。実定法上は，認可制についても，必ずしも認可という文言が使用されているとは限らない。たとえば，Aが農地をBに譲渡する契約を締結しても，農地法上，この売買契約の効力は，原則としてA・B間の意思の合致のみでは完結しない。同法3条1項・6項は，この契約が所有権移転の効力を持つためには，原則として農業委員会または都道府県知事の許可が必要であるとしている。換言すれば，この許可は，A・B間の法律行為の効力を完成させるもので，学問上の認可に該当する。したがって，A・B間の農地売買契約が先になされても，これにつき農業委員会または都道府県知事の許可を得ないうちにAが当該農地をCに売却し農業委員会または都道府県知事の許可を得てしまえば，BはCに対抗しえないことになる（最判昭和36・5・26民集15巻5号1404頁［百Ⅰ11]）。

認可制の実効性を担保するために，認可を受けないで当該行為をすることに対して罰則の定めを置いている場合がある。農地法3条1項の規定に違反した者に罰則が定められている（農地64条1号）のがその例である。

認可制が，法律行為の効力を補充するという意味は，補充される法律行為の側に無効となる事由がある場合には，認可があっても，法律行為としての効力を完成させることにはならないことを意味する。たとえば，A・B間の農地売買契約に錯誤があって無効の場合，農業委員会または都道府県知事の許可（学問上の認可）があったとしても，この許可には，当該契約を有効にする法律効

果はない。また，補充される法律行為の側に取消事由がある場合にも，行政庁の認可によって，その瑕疵が治癒されるわけではない。したがって，たとえば，契約の認可後に，B が A に欺かれたことに気がついて，詐欺による取消しを行うことは，認可によって妨げられるわけではない。

さらに，A・B 間の合意に反して，農業委員会がたとえば半分の面積の農地についてのみ認可をする修正認可は，法律行為の効力を補充する認可の性質に反して認められないと一般に解されている。

■ 認可された協定の第三者効　認可によって，認可時点における協定の当事者以外の者に対する第三者効まで認められる例がある。建築協定の認可の公告があると，当該協定は，その公告のあった日以後において当該協定区域内の土地の所有者等となった者に対しても効力を有することとされている（建基75条）のがその例である。

■ 事業認可制など　認可制の中には，上記のような個別の法律行為の効力を補充する仕組みにとどまらず，ある営業を行うこと自体について認可を必要とし，当該認可を得ない者による取引の効力を否定する事業認可制がある。また，公益事業許可が与えられる事業において，約款や料金の決定，変更について認可制が用いられることもある。

もっとも，行政庁の承認を得ていない約款や料金の効力について明文の規定がない場合，はたして認可制がとられているのか解釈が分かれることがある。最判昭和45・12・24民集24巻13号2187頁は，主務大臣の認可を受けない船舶海上保険普通保険約款も，それだけで無効となるものではないと判示している。

(3) 許認可等に共通する事項

■ 期間・期限　許認可等には，法律で有効期間が定められている場合（無線局の免許は5年。電波13条1項）もあれば，期間の定めがない場合もある（酒類の製造免許。酒税7条1項）。ただし，期間の定めがない場合においても，一定の場合に期限を付すことが法律で認められている場合がある。酒類の製造免許は原則として期間の定めがないが，製造する酒類の品質につき充分な保証がないため特に必要があると認めるときは，税務署長は，当該免許

につき期限を付すことができるとされている（同7条4項）。また，このような定めがない場合においても，後述する附款として期限を付すことができる場合がある。

法律で有効期間が定められている場合，期間の満了によって，当該許認可等は完全に失効し，新たな許認可等の申請がなされる仕組みとみるべきか，更新がなされることを原則とした仕組みとみるべきかという問題がある。河川敷においてゴルフ場のための占用許可を与えるような場合，期間を1年として毎年占用許可申請書を提出させることとしていても，多額の投下資本を回収するためには占用期間が短すぎる場合，占用許可は更新を前提としたもので，占用許可期間満了時は占用条件を見直すためのチェックポイントとしての意味を持つにとどまると解するのが通説・裁判例の立場といえよう。そうすると，更新拒否が実質的には撤回と解される場合があることになる。最判昭和43・12・24民集22巻13号3254頁［百Ⅱ166］［判Ⅱ53］も，予備免許期間満了後，再免許がなされた事案において，当初の免許期間の満了によって免許の効力が完全に喪失され，再免許によって従前とはまったく別個無関係に新たな免許が発効し，新たな免許期間が開始するものと解するのは相当でないと判示している。

法律の中には，更新制を明示したものもある（道交101条1項）。また，許認可等の効力が期間満了により失われる前に一定期間内に更新の申請がない場合，申請があったものとみなすことにして，失効を防止する仕組みをとっているものがある。保険医療機関または保険薬局の指定が効力を失う日の前6カ月より3カ月までの間に指定の申請がない場合，指定の申請があったものとみなすのがその例である（健保68条2項）。

■**融通性** 権利・地位が譲渡・相続・差押え等の対象になることを融通性があるという。許認可等によって付与された地位を譲渡しうるか，当該地位が相続の対象となるかは，一概にはいえず，許認可等の性質に応じて異なる。青色申告の承認の効力は，その承認を受けた居住者が一定の業務を継続する限りにおいて存続する一身専属的なものと一般に解されている（所税151条2項）。融通性を判断する場合，個別に実定法の仕組みを検討することが必要である。

■事前手続

　　　　許可制，特許制，認可制のいずれであれ，法令に基づき，行政庁に対して，自己に何らかの利益を付与する処分（行政手続法2条3号は，これを「許認可等」という）を求める行為であって，当該行為に対して行政庁が諾否の応答をすべきこととされているものは，行政手続法2条3号にいう「申請」に該当するため，同法3条・4条等で適用除外とされていない限り，同法2章が定める「申請に対する処分」の事前手続を踏んで許認可等がされることになる。

■みなし許認可・みなし拒否

　　　　行政手続法では，申請がその事務所に到達してから当該申請に対する処分をするまでに通常要すべき標準的な期間（標準処理期間）を定めるよう努め，これを定めた場合は公にしなければならないとしているが（行手6条），**個別の法律においては，一定期間内に申請に対する諾否の応答がない場合において，許認可等がされたものとみなすこととしたり**（青色申告の承認について，所税147条，法税125条），**逆に許認可等が拒否されたものとみなすこととしたりする**（生活保護申請について，生活保護24条7項）例がある。

■附　　　款

　　　　附款とは，許認可等の法効果について法律で規定された事項以外の内容を付加したものをいう。実務上かなり広範に用いられている附款は，**許認可等の処分を行うか拒否処分を行うかという二者択一の硬直性を緩和し，状況に柔軟に適合した処分を可能にすることを目的とするものである。**しかし，附款の機能は，かかる場合に限られるわけではなく，将来，行政庁がとりうる措置を予告しておく機能を有するもの等もある。

　附款を付しうることを法令に明記している場合がある。たとえば，都市計画法79条は，「この法律の規定による許可，認可又は承認には，都市計画上必要な条件を附することができる。この場合において，その条件は，当該許可，認可又は承認を受けた者に不当な義務を課するものであつてはならない」と定めている。他方，法令に明文の規定がない場合であっても，附款を付すことを法律が許容していると解しうる場合がある。**附款は行政庁の裁量権行使の一環であるため，裁量権行使についての制約がかかることになり，明文の規定がなくても，当該行政行為の根拠法規の目的に反したり，平等原則，比例原則に違反する附款は許されない。**

　附款の種類としては，**第1に，許認可等の効力の発生，消滅を将来の不確実な事実にかからしめる条件（停止条件，解除条件）がある。**たとえば，一定期間内に工事に着手しないと許可の効力を失わせる附款が付されると，当該期間内に着工しなかったという解除条件の成就により許可が失効することになる。条件の中には，行政行為の名あて人に義務を課すものとそうでないものがある。

　第2に，許認可等の効力の発生，消滅を将来発生することが確実な事実にかからしめる期限（始期，終期）がある。

　第3に，許認可等を行うに際して，法令により課される義務とは別に作為または不作為の義務を課すことがある。これは「負担」と呼ばれ，通常，附款の一種に分類される。たとえば，河川敷の占用許可を与えるに際して，許可が撤回された場合，被許可者が原状回復しなければならないという作為義務を課したり，集団示威行進を許可するに際して，ジグザグ行進をしてはならないという不作為義務を課すのがその例である。

　負担を付すためには，法律の根拠が必要と解されている。行政行為の名あて人の義務の履行を停止条件とする場合とは異なり，負担の履行は，当該行政行為の効力発生の条件ではない。また，負担は，本体たる許認可等の効果自体を制限するものではなく，負担に違反しても許認可等の効果が当然に失われるわけではない。そのため，附款を行政行為の効果を制限するために主たる意思表示に付加された従たる意思表示と理解する場合には，負担を附款に分類することには疑問が提起されることになる。負担のこのような性質のため，負担の不履行に対して行政庁がいかに対処しうるかが重要な論点になる。この点について明文の規定を置いている例（文化財53条4項）もあるが，明文の規定がない場合にも，行政行為の撤回が可能と解される場合はありうる。

　なお，特定の進路（国会周辺等），特定の日時（憲法記念日等）に集団示威行進することを目的とする申請に対して，進路，日時を大きく変更したうえで許可する場合も，進路，日時の変更を負担と解する実務の運用がみられる。しかし，このような進路，日時の変更は申請の本質部分を否定するものであり，不許可処分がなされたに等しく，これを負担とみるべきではないと思われる。また，占用許可を撤回しても被許可者は補償を請求しないものとするという不作為義務を課す附款が付されることもあるが，憲法や法律により補償義務があるとす

れば，かかる附款は許されず，こうした附款によって補償義務を免れることは
できない。

　第4に，「撤回権の留保」と呼ばれる附款も実務上多く見られる。許認可等
を行うに際して，将来撤回することがあることをあらかじめ確認しておくもの
で，実務上は「必要と認めたときは，何時でも許可を取り消すことができる」
というような文言が使用されることが多い。しかし，許認可等を撤回しうる場
合か否かは，法令の解釈によって定まるのであり，法令上撤回が認められない
と解釈される場合には，「撤回権の留保」の附款があっても撤回が可能となる
わけではない。そうすると，撤回権を留保する附款を付しても，法令の解釈と
して撤回が認められていない場合に撤回ができることになるわけではないし，
かかる附款がなくても，法令で認めている撤回の要件を満たせば撤回は可能で
あるから，「撤回権の留保」の附款にはあまり実益はなく，相手方に将来撤回
がありうることを確認させる実際上の効果が認められるにとどまるといえよう。

　なお，附款は学問上の用語であって，実定法上は，附款を「条件」（期限の附
款は実定法上も「期限」と称されることがある）と称している。

■ 許認可等の判断の基準時　申請時点と諾否の応答がなされる時点の間にタイ
ムラグがあるため，その間に許認可等の判断の前
提となる事実関係や法令が変更することがありうる。最大判昭和50・4・30民
集29巻4号572頁は，申請時点ではなく，処分時点の事実関係や法令を基準
とする立場をとっている。

■ 競願処理　許認可等の要件に合致する申請にはすべて許認可等を与えるこ
とができる場合もあるが（運転免許等），多数の申請者の中から
少数の者を選択して許認可等を与える仕組みになっている場合もある。このよ
うな競願処理の方法として，先に申請をした者を優先する先願主義がある。こ
の場合，何をもって先に申請をしたといえるかが問題になるが，発信主義がと
られている場合（鉱業権の設定の出願は願書の発送の日時が先の者が優先される。鉱
業27条1項），到達主義がとられていると解される場合（公衆浴場営業許可につい
ての最判昭和47・5・19民集26巻4号698頁［百Ⅰ58］［判Ⅰ151］）がある。これに
対して，競願を比較して，より公益に合致した申請に許認可等を付与する仕組
みもある。その場合，オークション（競売）の仕組みも考えられる。

■□ Column⑧　オークション（競売） --

　　携帯電話事業用免許等にオークション制度を導入している例がアメリカ，イギリス，ドイツ等で見られる。オークション制度に対しては，財政収入を極大化するという財政面からのメリットの他に，最も高い価格で免許等を欲する者を優先することが公共資源の有効利用を最も促進し，公益に資するという観点からも支持する意見があり，わが国でも，電波の有効利用等の観点からオークション制度の導入の検討が続けられている。

----

(4) 届 出 制

　届出制とは，国民がある行動をとる前またはとった後に，行政機関への届出を義務づける仕組みである。この仕組みは，行政庁の諾否の応答を求めるものではなく，情報を提出する義務を課すにとどまる。なお，届出義務違反に対しては罰則の適用があることが一般的であるが，それにとどまらず，事後に勧告（都計58条の2第3項），公表（障害雇用47条），命令（水質汚濁8条）等の措置と組み合わされた仕組みになっていることもある。

(5) 下命制・禁止制

　下命とは，広義では国民に対して一定の行動を命ずる法行為を総称するが，狭義では作為を命ずる場合を指し，不作為を命ずる場合には禁止という。ここでは，（狭義の）下命制と禁止制を区別することとする。

■下 命 制　　下命制の中には，法律または条例によって一律に行われるもの（給与等の支払いをする者に対する源泉徴収義務を定めた所得税法183条1項等）と，行政機関が個別具体的に行うもの（違反建築物の除却命令を定める建築基準法9条1項等）がある。後者の場合であっても，下命の名あて人が特定されているとは限らず，不特定多数の者に対して下命がなされる一般処分の場合がある。一般的に課された作為義務を個別具体的に解除することが認められる場合，当該行為を学問上「免除」と称することがある。

■禁 止 制　　禁止制の場合にも，法律または条例によって一律に行われるもの（売春3条等）と，行政機関が個別具体的に行うもの（都道府県知事による営業禁止命令を定める食品衛生法60条1項等）がある。後者の場合で

あっても，禁止の名あて人が特定されているとは限らず，不特定多数の者に対して禁止がなされることがある。一般処分としての禁止の代表例が，道路における危険を防止するための緊急の必要がある場合において警察官が行う道路の通行禁止（道交6条4項）である。一般的禁止を個別具体的に解除するのが，前述した「許可」である。

■ 直罰制と行政行為介在制　　**法律または条例で課された下命または禁止による義務に違反したことを理由として罰則を適用する**のが直罰制（大気汚染33条の2第1項1号等）であり，**行政行為による下命，禁止に違反した場合に罰則を適用するのが行政行為介在制である**（同項2号等）。なお，直罰制と行政行為介在制を併用し，後者の場合には，より重い制裁を科す例もある。たとえば，開発許可を得ないで開発することには直罰制で50万円以下の罰金が科されるが（都計92条3号），工事中止命令に従わないと，行政行為介在制で1年以下の拘禁刑または50万円以下の罰金が科される（同91条）。

■ 行政手続法の適用　　行政機関によってなされる下命，禁止のうち，特定の者を名あて人として行われるものは，適用除外に該当しない限り，行政手続法2条4号にいう「不利益処分」となり，同法3章が定める手続的規制に服する。詳しくは，後述する。

■ 附　　　款　　行政機関による下命，禁止についても，期限，条件等の附款を付すことができる場合がある。

発展学習のために④　行政機関による法令適用事前確認手続（日本版ノーアクションレター制度）とグレーゾーン解消制度

　行政機関による法令の解釈について，事前に明確にされていないと，国民が事後に不測の不利益処分を受けたり，罰則が適用されたりし，過度に萎縮して有益な事業活動が抑制されるおそれがある。このような観点から注目されるのが，2001（平成13）年3月27日に閣議決定された「行政機関による法令適用事前確認手続」（日本版ノーアクションレター制度）である。本指針は，「行政機関による法令適用事前確認手続」を「民間企業等が，実現しようとする自己の事業活動に係る具体的行為に関して，当該行為が特定の法令の規定の適用対象となるかどうかを，あらかじめ当該規定を所管する行政機関に確認し，その機関が回答を行うとともに，当該回答を公表する手続」

と定義している。照会内容と行政機関の回答が公表されることにより，照会者以外の者にとっても，有用な情報が事前に得られることになる。

　日本版ノーアクションレター制度を改良したのが，2014（平成26）年1月20日に施行された産業競争力強化法7条で導入されたグレーゾーン解消制度である。照会の対象となる法律および法律に基づく委任命令の規定に限定がないこと，法律および法律に基づく委任命令の規定の適用の有無のみならず，その解釈も照会の対象となっていること等，日本版ノーアクションレター制度を改善している。

(6) 即時強制

■意義と沿革　　義務を命ずる暇のない緊急事態や，犯則調査や泥酔者保護のように義務を命ずることによっては目的を達成しがたい場合に，相手方の義務の存在を前提とせずに，行政機関が直接に身体または財産に実力を行使して行政上望ましい状態を実現する作用を「即時強制」（「即時執行」）という。これは，事実行為であるが，私人の権利自由に対して制限を加える行政活動という規制の定義に該当する。即時強制については，1900（明治33）年制定の行政執行法に一般的定めが置かれていた。戦前，戦中にかけて，この検束，家宅への進入等の即時強制が濫用された経験に鑑みて，**戦後，行政執行法が廃止された際，即時強制は，大幅に制限されたかたちで警察官職務執行法等に継承される**ことになった。すなわち，警察官職務執行法の保護（警職3条），避難等の措置（同4条），犯罪の予防および制止（同5条），立入（同6条1項），武器の使用（同7条）は，即時強制の性格を持つ。

■他の即時強制の例　　警察官職務執行法以外においても，即時強制を定める例がある。海上保安官は，海上における犯罪防止等のため，船舶を停止させる等の即時強制の権限を有する（海保17条・18条）。出入国管理及び難民認定法39条1項が，入国警備官は，容疑者が一定の事由に該当すると疑うに足りる相当の理由があるとき（たとえば，有効な旅券を所持しないで入国したとき）は，収容令書により収容することができるとし，同法52条1項が退去強制令書により退去強制を執行することができると定めているのも，即時強制の例といえよう。道路上に違法工作物が設置されているが，その設置者の氏名，住所を知ることができない場合に，警察署長が即時強制により当該工作

物を除去することを認めているのも（道交81条2項），公示送達を経て代執行を行う時間の暇がないからである。

□■　Column⑨　即時強制権限を一般私人に認めているように解される例 ⋯⋯⋯

　　近時，即時強制の権限を一般私人に認めているように解される注目すべき例がみられる。宮城県ピンクちらし根絶活動の促進に関する条例4条1項が，「何人も，まき散らしが行われたピンクちらしを除去及び廃棄することができる」と定めているのがその例である。

- -

■ 根拠規範　　　　即時強制は，侵害留保説からしても根拠規範を要するが，相手方に義務を課してその履行の確保を図るものではないから，行政代執行法1条（「行政上の義務の履行確保に関しては，別に法律で定めるものを除いては，この法律の定めるところによる。」）の規定の適用を受けず，条例を根拠規範とすることも可能であると解される。放置艇の移動保管等について定める条例がその例である。

■ 手続的保障　　　　即時強制は，事実上の行為であるので，行政手続法2条4号イにより，行政手続法の不利益処分の定義に該当しないことになり，同法3章の不利益処分の手続が適用されないことになる。それでは，個別の法律で事前手続について十分な定めがなされているかというと，警察官職務執行法3条による保護の場合，簡易裁判所の裁判官の許可状を必要とするなどの例はあるものの，手続的保障が不十分なものが稀でない。緊急性のある場合に事前手続を行うことができないことは理解できるが，実際には，即時強制という名称にもかかわらず，事前手続を全くとれないほど緊急の場合にのみこの制度が用いられているわけでは必ずしもない。「感染症の予防及び感染症の患者に対する医療に関する法律」は，従前，伝染病予防法や性病予防法が採用していた即時強制の仕組みを完全に否定はしなかったものの，事前に勧告を行うこととしたり（感染症17条1項・19条1項・20条1項・26条・45条1項・46条1項），勧告に理由提示を義務づけたり（同45条3項），入院の期間を制限したり（同19条4項・同6項・46条3項・同4項），第三者機関（感染症の診査に関する協議会）の意見聴取を義務づける（同20条5項）等，人権保障の観点から手続的保障に配慮する注目すべき制度改正を行っている。他の即時強制について

も，事前または事後の手続的保障の拡充の余地がないか検討すべきであろう。

3　給付行政における主要な法的仕組み

(1)　給付行政と対価

　行政活動の中には，国民に金銭，サービス，情報等を給付することを目的とするものが多い。給付行政は対価を得て有償で行われる場合もあれば（公営バス事業等。地公企 21 条 1 項参照），無償で行われる場合もある（公立図書館等。図17 条参照）。対価を得て有償で行われる場合も，原価を基礎として対価を定めることを原則とする場合もあれば（地公企 21 条 2 項参照），できる限り利用しやすい額とするため対価が原価をカバーすることを目的とせず，相当に低く抑えられている場合もある。後者の例として，行政機関情報公開法 16 条 1 項が定める申請手数料がある。

(2)　給付行政と拠出

　給付行政は，公的年金などあらかじめ保険料を拠出しておくことが年金権の発生の要件になっているような拠出制のものもあれば，生活保護のように無拠出でなされるものもある。

(3)　給付の法的仕組み

■ 意　　義　　立法実務において一般的に侵害留保説がとられているわが国においては，給付行政は，法的根拠なしに行われることが少なくない。補助金の支給についても，法律に根拠を持たずに，要綱に基づいて支給されているものが稀でない。要綱に基づく補助は，国民に請求権を付与したり行政主体に義務を生じさせたりする性格のものではない。ここでは，そのような場合ではなく，私人に請求権を付与する法的仕組み，換言すれば私人の受益的地位（受給請求権）に基礎を置く仕組みのみを念頭に置く。

■ 受給資格の取得　　受給資格の取得について，行政庁による確認の仕組みを設ける場合（健保 39 条 1 項本文参照）とそうでない場合（国健保 3 章 1 節参照）がある。

■ 請求権の付与と給付決定　私人に請求権が付与されている場合，なんらかの給付決定が権利を実現するための要件とされている場合（生活保護 24 条 1 項・25 条 1 項）と，かかる給付決定なしに権利を実現しうる場合（健保 35 条参照）がある。また，給付決定が行われる場合，国民に申請または契約の申込みの権利を付与して，それに基づいて行われる場合（生活保護 24 条 1 項）と，職権で行われる場合（同 25 条 1 項）がある。

■ 給付決定の行為形式　給付決定を行政行為という行為形式で行政庁の一方的決定として行うか，契約という行為形式で行うかについては，立法裁量が認められる。社会福祉の分野で，かつて措置制度といって，行政庁の一方的認定である措置決定によって公立保育所等への入所が決定され，国民からの申込みは，職権に基づく措置決定の端緒にすぎず，国民に申請権はないと解されていたのが，社会福祉基礎構造改革によって，公立保育所等の利用者が消費者として位置づけられ，自らの選択で利用契約を締結する方式に転換されたと一般に解されていることが，行為形式についての立法裁量の存在を如実に物語っている。補助金交付についても契約方式を用いることも考えられるが，「補助金等に係る予算の執行の適正化に関する法律」は，交付決定を行政行為として構成していると解される。地方公共団体の公の施設の利用については契約構成をとることも考えられるが，地方自治法は，行政行為による場合があることも前提としている（自治 244 条の 4）。

　給付決定が契約方式で行われる場合，給付対象が生活必需的な財や役務であるときには，原則として契約締結強制が給付主体に義務づけられることがある。たとえば，水道事業者は，事業計画に定める給水区域内の需要者から給水契約の申込みを受けたときは，正当な理由がなければ，これを拒んではならないとされている（水道 15 条 1 項）。裁判例の中には，契約締結強制の趣旨に照らして，給水契約の申込みに対して水道事業者が全く正当な理由がないのにこれを拒んだ場合には，申込みがなされた日に給水契約が成立したと認めるのが相当であると判示するものがある（東京地八王子支決昭和 50・12・8 判時 803 号 18 頁）。

（4）　公物使用

■ 公物使用と給付行政　　公物とは，国，地方公共団体等の行政主体によって直接に公の用に供される個々の有体物をいう。公物には庁舎のように行政主体自身が使用する公用物と，公園，港湾のように国民一般の利用に供する公共用物がある。公共用物を国民の使用に供することも給付行政の一環をなす。

> 発展学習のために⑤　公用物の公共用物的利用
>
> 　従前，公用物と公共用物は，別個のものとして論じられる傾向にあったが，近年は，公用物の公共用物的使用が増加している。防災目的の公用物である防波堤を魚釣りのために，治水目的のダム湖をボート乗りのために，庁舎の最上階を展望室のために一般開放するのがその例である。公用物と公共用物は相互に排他的なものではなく，双方の機能を兼備しうるのである。公用物としての機能を損なわないように，時間や場所を限定することによって公共用物として活用できる場合は少なくない。

■ 使用開始時点　　公共用物の中には，道路，飛行場のように人工的に設置される人工公物と，河川，海浜のように自然の状態で存在し，利用されてきた自然公物がある。人工公物の場合，その使用を国民に認める始期を明確にする必要があり，公用（供）開始行為が，当該人工公物を国民の利用に供するという行政主体の意思表示である。他方，自然公物の場合には，公用（供）開始行為は必要ない。

■ 自由（一般）使用　　道路を歩行したり自動車で走行したりする行為，海浜で散策したり日光浴をしたりする行為等，公共用物の非排他的な使用は自由に認められ，許可を要しない。これは公共用物の基本的な使用形態であり，自由（一般）使用という。

■□ Column⑩　道路無料公開の原則 --
　道路については，社会生活に不可欠なインフラであることから，自由使用（一般使用）に支障が生じないように，道路法は，無料公開原則を採っているが，このことが明文化されているわけではない。しかし，同法は，料金の徴収ができる場合について，自動車駐車場の駐車料金（道 24 条の 2 第 1 項本文），橋または渡船施設の新設または改築（道 25 条 1 項）に限定していることから，その反対解釈として，同法の道路無

料公開原則が導かれている。もっとも，道路整備特別措置法は，道路整備を促進するため，借入金等による建設費用を料金により償還する有料道路制度を創設し，その新設，改築その他の管理を行う場合の特例を定めている。

■ 許可使用　**非排他的な使用であっても，それを自由に委ねた場合，公共の安全等に支障が生ずるおそれがあるとき，これを一般的に禁止し，許可を得た場合にのみ使用を許す仕組みがとられる。**たとえば，道路を自動車で走行する行為は自由使用であるが，一定以上の幅，重量，高さ，長さ等の車両は，道路の構造を保全し，または交通の危険を防止するため，道路の通行を禁止されており（道47条2項），例外的に許可が与えられる仕組みになっている（同47条の2第1項）。

■ 特許使用　道路に電柱を立てることは，排他的・継続的占用であり，公共用物の本来の目的に合致するとはいえない。しかし，電柱が国民の日常生活に不可欠な電気を供給するために必要であり，他に適当な設置場所がない以上，道路の本来の使用に支障を生じない範囲で電柱の設置を認めることはやむをえない。そのため，電柱設置のために道路占用許可を与えることが認められている（道32条1項1号）。この場合，**法律上は許可という言葉が使用されているが，許可制の仕組みではなく，特別の権利を付与する特許制の仕組みであるので，公物の特許使用という。**公物の特許使用の場合には，通常，対価の支払いが占用者に求められる（同39条）（図2-1参照）。

■ 行政財産の目的外使用　公物には，道路法，河川法，海岸法，港湾法のような公物管理法が存在することが少なくないが，**庁舎のように公物管理法が適用されない行政財産（国公有財産であって，直接に公の**目的の用に供され，または供するものと決定されたもの。国財3条2項，自治238条4項）について，**本来の供用目的外で排他的・継続的使用（庁舎内の食堂，理髪店等）を認める場合は，行政財産の目的外使用とされている（国財18条6項，**

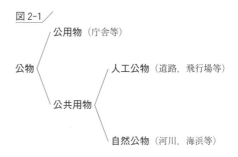

図2-1

公物
├─ 公用物（庁舎等）
└─ 公共用物
　　├─ 人工公物（道路，飛行場等）
　　└─ 自然公物（河川，海浜等）

自治238条の4第7項）。しかし，行政財産の目的外使用とされているものも，実際には，その存在が，当該行政財産の利用者になんらかの便益があるからこそ認められる場合が多いと思われ，行政財産の目的内使用と目的外使用との区別の意義については疑問の余地がある。

4　行政資源取得行政における主要な法的仕組み

(1)　金銭の取得

■租　　税　　国による金銭取得の基本は，租税の賦課徴収である。一般的には，納税義務が成立しても，その具体的内容は確定しないため，内容確定の手続が必要になる。この**税額確定手続として，申告納税方式と賦課課税方式がある。**

申告納税方式とは，納付すべき税額が納税者のする申告により確定することを原則とし，その申告がない場合またはその申告にかかる税額の計算が国税に関する法律の規定に従っていなかった場合，その他当該税額が税務署長または税関長の調査したところと異なる場合に限り，税務署長または税関長の処分により確定する方式をいう（税通16条1項1号）。賦課課税方式とは，納付すべき税額がもっぱら税務署長または税関長の処分により確定する方式をいう（同項2号）。

地方税の賦課徴収の仕組みも基本的には国税のそれに準じており，滞納処分についても，国税徴収法に規定する滞納処分の例による。

■租税以外の金銭の取得　　租税以外に国・地方公共団体が取得する金銭には，租税の場合と同様，民事上の金銭債権とは異なる特別な仕組みによって賦課徴収されるものが少なくない。その中には，**公益上必要な特定の事業の用に供するために，私人に強制的に課される経済的負担（これを人的公用負担という）の一種たる負担金がある。負担金の中には，当該事業を必要とさせる原因となる行為を行った者に課される原因者負担金（海岸法31条がその例である）と当該事業により特別の利益を受ける者に課される受益者負担金（海岸法33条等の例がある）がある。**

　特殊法人や地方公共団体が公営競技等を実施し，賭博行為・富くじ発売行為が刑法上の犯罪とされているにもかかわらず，勝馬投票券，車券等を発売しているのは，公営競技等自体に公共性を見出して給付行政として行っているわけではなく，関連産業の振興等に必要な財源の確保のためである。

　地方財政法制定附則 32 条を受けて当せん金付証票法に基づいて発売される当せん金付証票（宝くじ）は，都道府県，指定都市および戦災による財政上の特別の必要を勘案して総務大臣が指定する市のみが，富くじ発売罪（刑 187 条 1 項・2 項）の違法性を阻却されて発売主体となることができ，収益は，公益事業その他公益の増進を目的とする事業で地方行政の運営上緊急に推進する必要があるものとして総務省令で定める事業の費用に充てられる（当せん金付証票法 4 条 1 項）。

（2）　土地の取得

■ 公用収用　　　　行政活動を行うには土地が必要である。庁舎のような公用物を建設する場合のみならず，道路や飛行場のような公共用物を建設するためにも，一般的には土地を取得しなければならない。**国または地方公共団体が公共用地を取得する場合にも，通常は，土地所有者の同意を得て売買契約を締結する任意買収の手法によっている。**しかし，公益上不可欠の施設の建設が土地所有者の同意が得られないためにできないことは，公共の福祉に反することから，**強制的に土地を取得することが認められる場合がある。これが公用収用であり，その実体的，手続的事項を定めた一般法が土地収用法である。**

　土地収用法に基づき公用収用を行うことができる事業（収用適格事業）は，同法 3 条に列挙されている。土地収用を行うためには，原則として，起業者（当該公益事業を行う者）は，事業の認定を受けなければならない（収用 16 条）。すなわち，収用適格事業であっても，そのことのみで，当然に収用が認められるわけではなく，当該具体の事業が，私有財産として憲法上保障されている土地所有権を強制的に剝奪するに足る公益性を有するかを個別に認定する必要があるのである。**事業認定によって当該土地は収用を事実上運命づけられるといえるが，土地所有権が所有者から起業者に移転するには，さらに収用裁決を受ける必要がある。**起業者は，事業認定の告示があった日から 1 年以内に限り，

収用しようとする土地が所在する都道府県の収用委員会に収用裁決を申請することができる（同39条1項）。収用裁決は，権利取得裁決と明渡裁決からなり，明渡裁決は権利取得裁決とあわせて，または権利取得裁決のあった後に行う（同47条の2第2項・4項）。**権利取得裁決においては，収用する土地の区域，土地または土地に関する所有権以外の権利に対する損失補償，権利を取得し，または消滅させる時期等を定める**（同48条1項）。このように，収用する土地の範囲が最終的に確定するのは，権利取得裁決によってであり，また，起業者が土地を取得する時期も権利取得裁決の中で明示される。権利取得裁決に基づく起業者の権利取得は原始取得であり，承継取得ではない。当該土地の占有者は，明渡裁決において定められた明渡しの期限までに，起業者に当該土地を引き渡さなければならない（同102条）。

■ 公用使用　公共用地を必要とする場合，所有権を取得しなくても，一定期間，当該土地を使用できれば足りる場合もある。このような場合，起業者は，借地契約等，民事上の契約によって当該土地の使用権を取得しようと試みるが，どうしても土地所有者の同意が得られない場合，**相手の意思にかかわらず，強制的に当該土地を使用することが認められている場合がある。これが公用使用である。**公用使用についても，土地収用法が一般法である。

■ 公共減歩　土地を収用することなく，公共用地を取得する手法として，公共減歩がある。都市計画区域内の土地について，公共施設の整備改善および宅地の利用の増進を図るため，土地の区画形質の変更および公共施設の新設または変更を行う事業を土地区画整理事業という（区画整理2条1項）。すなわち，公共施設が不備で雑然とした地区において，土地区画整理事業計画に従い，道路，公園等の公共施設を整備し，宅地の区画を整序し，当該地区内の土地（従前地）に換わるべき土地（換地）の割当てを行う事業が土地区画整理事業である。この**土地区画整理事業においては，公共施設用地の確保のために，換地分の面積を減少させる必要があることがあり，これが公共減歩と呼ばれる**（減歩は，その他，事業費用に充てるための売却予定地である保留地のために行われることもあり，保留地減歩と呼ばれる）。

■ 権利変換　市街地再開発事業は，市街地の土地の合理的かつ健全な高度利用と都市機能の更新を図るため，都市計画法および都市再開発

法で定めるところに従って行われる建築
物および建築敷地の整備ならびに公共施
設の整備に関する事業ならびにこれに附
帯する事業をいい，**第1種市街地再開発
事業と第2種市街地再開発事業がある**
（都開2条1号）。**前者は権利変換方式を**

図2-2

市街地再開発事業

第1種…権利変換方式

第2種…全面買収方式

とっており，（土地区画整理事業が平面的なものであるのに対して）立体的に行われ
る権利変換の仕組みといえる。いわゆる再開発ビルを建築し，当該地区の土地
所有者等の権利をこの再開発ビルの区分所有権（権利床）等に権利変換し，そ
の結果発生する空地を道路，公園等の公共施設のために用い，新たな公共施設
の用に供する土地は，当該公共施設を管理すべき者に帰属させるのである（同
82条）（図2-2参照）。これに対して，**後者は地区内の土地建物を施行者が全面
買収する方式**である。

(3)　物品の取得

　行政活動を行うために必要な物品の取得は，通常，売買契約によって行われ
る。たとえば，事務に必要なパソコン，机，椅子等は，納入命令という下命制
によって取得するわけではなく，業者との合意の下で売買契約を締結して取得
することはいうまでもない。もっとも，行政活動を行うために必要な物品の取
得が下命制によって行われることもある。たとえば，災害が発生した場合にお
いて，一定の行政機関の長は，公用令書を交付して，応急措置の実施に必要な
物資を収用したり（災害基78条1項・81条1項），救助に必要な物資を収用する
ことができる（災救5条）。これは，非常災害時における緊急の必要を満たすた
めにやむなく行われるもので，応急公用負担の一種である。

(4)　公務員の任用

　公務員という人的資源の取得（補充）は，原則として任用という行政行為に
よって行われる。この任用の中には，採用，昇任，降任，転任，配置換がある
（国公35条，人規8-12第6条1項，地公17条1項）。

5　誘導行政における主要な法的仕組み

■ 金銭的インセンティブ
　直接に国民に権利制限や義務を課す規制よりも，金銭的インセンティブにより誘導する仕組みのほうが，自由主義の理念にも市場原理にも，より親和的であるため，近時，先進国において，その活用が進みつつある。

■ 金銭的ディスインセンティブ
　公共的見地からみて望ましくない活動を抑止するために，それを禁止するという規制行政によるのではなく，金銭的負担を課すことによって間接的に当該活動を減少させるのが金銭的ディスインセンティブの仕組みである。金銭的ディスインセンティブの手法としては，税負担，課徴金等が考えられる。

■ 情報によるインセンティブ
　行政機関による情報提供は，国民の行動に大きな影響を及ぼしうる。環境親和的な製品にエコマークを付けるドイツの制度がその例である。わが国では，環境省の指導を受けて，財団法人日本環境協会がエコマーク制度を運用している。したがって，行政機関による誘導手法として位置づけることはできないが，財団法人日本環境協会は，環境省の外郭団体であり，実際上は，かなり公的色彩の濃い制度といえよう。このエコマークによって，環境保全意識の高い消費者に環境親和的製品の購入を促し，ひいては，企業に環境親和的製品の製造を促す効果を狙っている。

□■
■□　Column⑫　ゴールド免許
　　道路交通法が定めるゴールド免許制度は，更新時講習の講習事項および講習時間の軽減，更新申請書を提出する公安委員会の限定の撤廃という規制緩和によるインセンティブ，更新手数料の軽減による金銭的インセンティブ，免許証に優良運転手である旨を記載し顕彰するという情報によるインセンティブを付加した複合的な誘導の仕組みといえる。

■ 情報によるディスインセンティブ
　危険地域の情報を公表することによって当該地域への接近を抑止したり，公共的

見地からみて望ましくない行動をする者の情報を公表する制度を設けることによって，かかる行動を抑止しようとすることは広く行われている。地方公共団体の消費者保護条例においては，利用者に危害を及ぼすおそれのある製品の危害情報や詐欺的商法等の不適正事業情報を公表することによって，消費者に当該製品の購入を控えるよう促したり，当該不適正取引の被害に遭わないように注意を喚起している（東京都消費生活条例50条参照）。

■ 行政指導　　行政指導は，行政の行為形式の1つであり，その特色については後述するが，行政指導が，誘導の法的仕組みとして用いられることが少なくない。法定行政指導の仕組みの中には，行政指導のみにとどめるもの，行政指導に従わない事実を公表することができるもの，行政指導に従わない場合，命令等の強制権限を行使することができるものがある。さらに，勧告に従う者に低利の融資を行うことにより勧告に従うインセンティブを付与するものもある。

■ 市場介入　　補助金や租税特別措置によって間接的に需給，価格等に影響を与えるのではなく，公的主体が直接に販売者または購買者として市場に登場し，需給，価格等を誘導する仕組みが法定されている場合がある。政府が米の不作のときに備蓄米の放出をしたり，豊作のときに政府が買入量を増加させたりすることによって，需給および価格の安定を図ること（食糧29条・30条）がその例である。

第3章　行政組織法総論

━━ ≫Points ━━━━━━━━━━━━━━━━━━━━━━━━━━━━━━━━━━━

1）行政の民主的統制の一環として，基本的な行政組織編成権（行政組織について決
　　定する権限）が国会に帰属すると解する見解が，行政法学においては有力である。
2）作用法的行政機関概念は，行政主体のために私人に対して法律行為を自己の名に
　　おいて行う権限を付与された機関である行政庁を中心に置き，これを補助したり，
　　これからの諮問に応じたりする機関を行政庁との関係で位置づけるものである。
　　他方，行政事務の配分の単位に着目した行政機関概念は，事務配分的行政機関概
　　念と呼ばれる。
3）行政法上の委任は，委任により権限が委任機関から受任機関に移譲され，当該権
　　限は受任機関のものとなり，委任機関は当該権限を失うことになる。
4）専決は，内部委任とも呼ばれるが，権限を対外的には委任せず，また代理権も付
　　与せずに，実際上，補助機関が行政庁の名において権限を行使することを意味す
　　る。

1　行政法における行政組織法

(1)　行政組織法の意義

　行政作用法と行政救済法は，戦前から，行政法学の主たる研究対象であった。
これに対して，伝統的な行政法学においては，行政組織法の研究は十分になさ
れてきたとは必ずしもいえない。その要因は，行政組織法は，行政作用法や行
政救済法のように私人の権利利益と直接に関わる外部法とは異なる行政内部の
法であり，私人の権利義務に直結するものではないので，私人の権利利益の保
護を主目的とする行政法学にとっては，重要ではないと考えられてきたことに
よる。そのため，行政組織に関する研究は，行政法学よりも政治学の1分野で
ある行政学においてより重視されてきたといえる。

(2)　行政作用法・行政救済法との関係

　行政法を学ぶ上では，行政主体（国・地方公共団体等の行政を行う法人）の組織編成や行政機関相互間の指揮監督・協力・調整等に関する法である行政組織法も重要である。**行政作用法・行政救済法・行政組織法の3つの法領域は三位一体の関係にあり，その全体を理解して，はじめて行政法が理解できたといえる。**行政作用や行政救済のあり方を考えるに当たって，行政作用の公正性・透明性を向上させるために審議会のような第三者機関への諮問の仕組みを設けたり，行政上の不服申立てを実効あるものとするために審査会のような第三者機関への諮問を義務づける仕組みを設ける等，行政組織法的観点からの検討も必要であることを考えれば，そのことが理解できよう。また，たとえば，経済産業大臣が，経済産業省設置法において同省の所掌事務とされていないにもかかわらず，放送局に対して，経済番組を増やすように指導することは，所掌事務を逸脱した違法な行政作用となる。

　行政機関相互間の手続を定める規範も組織規範といえるが，行政作用法・行政救済法上の意味を持つことがある。内閣総理大臣が公益社団法人や公益財団法人に対して公益認定の取消しをしようとする場合は，原則として，公益認定等委員会に諮問しなければならないが（公益法人43条1項2号），この諮問を行わず，または諮問をしたが答申を待たずに認定取消処分を行えば，諮問・答申という行政機関間の組織規範違反が，認定取消処分の瑕疵として，行政作用法・行政救済法上，重要な意味を持ちうる。

　行政組織の内部と外部を峻別し，前者に関する内部法と後者に関する外部法を二元的に把握し，内部法は国民の権利義務と関わらないとする古典的思考は，今日では，支持を失っているといえる。

2　行政組織編成権

(1)　大日本帝国憲法下における行政組織編成権

行政組織について決定する権限を行政組織編成権という。大日本帝国憲法10条は，「天皇ハ行政各部ノ官制及文武官ノ俸給ヲ定メ及文武官ヲ任免ス但シ

此ノ憲法又ハ他ノ法律ニ特例ヲ掲ケタルモノハ各々其ノ条項ニ依ル」と定めていた。ここでいう官制とは，天皇の名において国家事務を分任する国家機関の設置，構成，権限を定めたものである。すなわち，**大日本帝国憲法は，天皇が国家行政組織を定める権限（官制大権）を有することとしていたのである**（これに対して，文武官を任免する天皇の権限は，任免大権と呼ばれた）。これは，組織権力の君主留保という（狭義の）立憲君主制の伝統的思考によるものであった。したがって，国家行政組織の骨格は，法律ではなく勅令で定められていた（内閣官制，各省官制通則，各省官制等）。ただし，官制大権は，地方公共団体の組織にまで及ぶと考えられていたわけではなく，これについては，市制・町村制という法律で定められていた。

　当時の通説である美濃部達吉博士の説は，人民の権利を侵害したり，人民に義務を負わせたりする行政作用は，法律の根拠を要するという侵害留保の原則と官制大権の調和点として，人民との間に法律関係を設定する権限を有する国家機関については勅令で定めることを要するとしていた。人民との間に法律関係を設定する権限を有する行政機関については，実際，各省官制という勅令の形式で定められていた。また，府県知事は官選知事であったが，これについては地方官官制という勅令で定められていた。他方，人民との間で法律上の交渉が行われる職務を担当しない機関については，勅令によることを要しないとされたのである。

(2)　日本国憲法下における行政組織編成権

　日本国憲法下では，官制大権は認められない。そこで，行政組織編成権について，新たな学説が唱えられることになった。諸説が唱えられているが，日本国憲法41条が国会を「国権の最高機関」であると規定している点に着目し，**民意を反映した国会による行政の民主的統制の一環として，基本的な行政組織編成権が国会に帰属すると解する見解（民主的統制説）が，行政法学においては，現在最も有力といってよいと思われる**。日本国憲法の下で，官制大権が否定され，行政組織編成権が天皇から国会に移転したことの論拠としては，官吏の任免大権が否定され，日本国憲法73条4号が，官吏に関する事務についても，法律の定める基準によるべきとしていることも挙げられる。官吏に関する

事務について，民主的統制の観点から法律で基準を定めることとしていること
は，行政組織編成権についても，同様の観点から，国会による統制を基礎づけ
る論理を導くことを可能とするからである。法律の留保についての重要事項留
保説（本質性理論）（⇒第1章4(2)）により，行政組織法律主義を導く見解は，行
政組織に対する国民の可視性を担保すること，行政組織の基本決定が行政の重
点施策・行政の守備範囲についての決定を意味すること等を，根拠として挙げ
るが，この説も，民主的統制説に含めることが可能と思われる。

　民主的統制説に立つ場合，憲法上，法律で定めなければならない範囲はどこ
までであろうか。憲法が明示的に法律で定めることを義務づけている内閣，会
計検査院以外の国の行政組織については，どの範囲まで法律で定めなければな
らないのかについては，憲法解釈に委ねられている。この点については，以下
のような解釈が有力である。日本国憲法が明示しているわけではないが，**憲法
が定める内閣は，その構成員たる国務大臣が内閣の統轄の下に置かれる各種行
政機関を意味する行政各部（憲72条，内6条参照）の長として，それを指揮監
督する仕組みを前提としていると一般に解されている**（もっとも，異論もある）。
このような仕組みを国務大臣行政長官同一人制または行政大臣制という。もし，
日本国憲法が国務大臣行政長官同一人制を前提としていると解する場合には，
その仕組みについて法律で定めることは，憲法上の要請という解釈は成立しう
るであろう。

▣ **Column⑬　法律によらない省統合を違憲とした判決**··································

　憲法裁判所を有しないわが国では，行政組織編成権の憲法問題が訴訟で争われるこ
とはなかった。ドイツでは，ノルトライン・ヴェストファーレン州首相が，1998年6
月9日，法律によらずに組織令により内務省と司法省を統合したことに対し，同州議
会野党（CDU）が出訴し，1999年9月2日，同州憲法裁判所は，重要事項留保説
（本質性理論）に立脚し，内務省と司法省の統合は重要事項であり法律の留保に服す
るとして，組織令による両省統合は許されないと判示している。わが国であれば当然
視されるであろう内容の判決であるが，ドイツでは，省の編成権を第一次的には首相
の権限ととらえ，上記判決を批判する見解が多い。

　もっとも，府・省に設けられる委員会・庁の場合には，委員長や長官が国務

大臣でないのが一般的である。たとえば，内閣府に置かれている国家公安委員会の委員長は国務大臣をもって充てることとされているが（警6条1項），公正取引委員会の委員長は，国務大臣をもって充てることとされてはいない（独禁29条2項）。国務大臣行政長官同一人制を根拠に内閣の統轄の下にある行政機関の組織編成の法律主義を導く場合，公正取引委員会は法律の根拠なしに設置できることになってしまうが，国権の最高機関たる国会による行政組織の民主的統制の要請と，可変的な行政需要への迅速な対応の要請との調和を図る結果，行政権による行政組織編成を一定範囲で許容することは不可避であるとしても，やはり，委員会，庁という基本的行政組織の設置とその所掌事務は，法律事項と解すべきと思われる。とりわけ，委員会は，職権行使について内閣から独立しており，内閣が指揮監督権を有することを前提として，内閣が行政権の行使について国会に対して連帯責任を負う通常の民主的統制の仕組みの例外を設けるものであるから，国会自身が，法律で定める必要は大きいといえよう。他方，府・省・委員会および庁における内部部局の設置および所掌事務については，法律で定めなくても直ちに違憲とはいいがたいと思われる。なお，地方自治法158条1項は，普通地方公共団体の長は，その権限に属する事務を分掌させるため，必要な内部組織を設けることができるとしながら，長の直近下位の内部組織の設置およびその分掌する事務については条例で定めるものとしており，国においても，官房・局の設置および所掌事務までは法律事項とする立法政策もありえよう。また，内部部局の基本的構成単位（官房，局，部，課，室）を一般的にどのようにするかについては，法律により定められるべきとする有力説がある。

■□　Column⑭　アメリカの独立規制委員会 --

　わが国の行政委員会の中には，公正取引委員会のように，戦後，アメリカの独立規制委員会をモデルに設けられたものがある。アメリカの連邦で最初の独立規制委員会は，1887年の州際通商法により設置された州際通商委員会（ICC）である。20世紀になると，1914年に連邦取引委員会（FTC），1934年に証券取引委員会（SEC），連邦通信委員会（FCC）（1927年設置の連邦電波委員会を改組したもの）等，独立規制委員会が続々と設置されるようになる。独立規制委員会は，準立法的権限と準司法的権限を有したため，政府の第4権として合憲性が議論されることになった。

　さらに，行政が担うべき事務の範囲を定めることは，国権の最高機関たる国会の権限であるべきであるから，やはり基本的には法律で定めるべき事項といえよう。内閣府設置法，国家行政組織法，各省設置法が行政事務を分担する各府省の設置と各府省の所掌事務を定めているが，これは憲法上の要請に基づくものとみることができる。そして，各府省は，それぞれの設置法で定められた所掌事務の範囲内においてのみ活動することができるのである。ただし，行政需要は社会的経済的諸条件の変動に伴い変化するので，立法者があらかじめ，あらゆる行政事務を具体的に確定することは困難であるから，この説による場合においても，総務省設置法4条96号が，例外的に，抽象的包括的に「他の行政機関の所掌に属しない事務」を総務省の所掌事務としていることが，直ちに違憲ということにはならないと思われる。

(3)　現行の行政組織規制

■ 法律による規制　　日本国憲法の定めるところに従い，内閣については内閣法，内閣から独立した地位にある会計検査院については会計検査院法が定めている。そして，内閣府について内閣府設置法が定められ，内閣の統轄の下における行政機関で内閣府以外のものである省については，国家行政組織法が基準法として存在する。各省については各省設置法がその設置・所掌事務について定めている。内閣府・各省に置かれる委員会・庁を外局というが（内閣府49条1項，行組3条3項），これについても，法律事項とされている（内閣府49条3項，行組3条2項・4項）。

■ 政令・省令・訓令による規制　　官房・局・部の設置および所掌事務は原則として政令で定められる（内閣府17条3項，行組7条4項）。政令事項とされている組織より下位の組織については，内閣府令または各省大臣の定める省令による組織規則で定められている。省令事項とされている組織より下位の組織については，訓令で定められている。

3　行政機関概念

(1)　意　　義

　行政機関という言葉は，日本国憲法においても，「行政機関は，終審として
裁判を行ふことができない」（憲76条2項後段），「裁判官の懲戒処分は，行政機
関がこれを行ふことはできない」（同78条後段）のように使用されている。そ
こにおいては，立法権，司法権に対する形式的意味の行政権に属する機関一般
が念頭に置かれている。

　**行政法学においては，行政機関とは，国・地方公共団体等の行政主体の手足
となって行動する単位であるが，そのとらえ方については，大別して，ふたつ
のものがある。ひとつは，**行政主体のために私人に対して法律行為を自己の名
において行う権限を付与された機関である行政庁を中心に置き，これを補助し
たり，これらの諮問に応じたりする機関を行政庁との関係で位置づけるもので
ある。この行政機関概念は，私人に対する行政作用に着目したものであるため，
作用法的行政機関概念と呼ばれる。

　**いまひとつの行政機関概念は，行政事務の配分の単位に着目したものであり，
事務配分的行政機関概念と呼ばれる。**すなわち，外交，国防，財務等の行政事
務を配分される単位に着目して，外務省，防衛省，財務省等を行政機関として
とらえるものである。

　わが国の法律は，このふたつの行政機関概念を混在させている。作用法的行
政機関概念も，行政組織内部での機能分担を示すものであり，事務配分的視点
がないわけではなく，事務配分的行政機関概念も，行政指導のような非権力的
な行政作用を可能にする所掌事務の配分を定めているという点では，行政作用
とまったく無縁ではなく，両者の相違を過度に強調すべきではないし，両者を
統一的に理論構成する試みも存在する。しかし，現行の行政組織法と行政作用
法との関係を理解する上で，両概念の相違について認識しておくことは，なお
有用と思われる。以下，このふたつの行政機関概念について敷衍することとす
る。

(2) 作用法的行政機関概念

■「行政官庁理論」　国の意思を決定し，私人に対してこれを表示する権限を付与された国家機関を行政官庁という。明治 40（1907）年代以後のわが国の行政法学においては，行政官庁を中心とした作用法的行政機関概念が支配的であり，これに基づく行政組織法理論が「行政官庁理論」と呼ばれていた。1947（昭和 22）年に制定され，国家行政組織法が制定されるまで施行されていた行政官庁法も，戦前の「行政官庁理論」を継承していた。

　明治 40 年代に確立した「行政官庁理論」は，戦前のわが国の行政法学の特色とも対応する面を有する。すなわち，戦前のわが国の行政法学は，法律行為が主たる関心の対象となり，また，法律行為を行う最終段階に焦点を合わせ，法律行為がなされるまでの行政過程への関心は稀薄であった。また，行政作用には行政指導も含まれ，行政指導は行政官庁ではない機関によっても行われることが多いが（行手 2 条 6 号参照），それは法的拘束力を伴わないので，行政作用法上軽視ないし無視されたのである。法律行為を行う権限を有する機関である行政官庁に着眼し，これを中心として行政機関概念を構成する「行政官庁理論」は，かかる行政作用の理解の仕方と親和的であったといえよう。もっとも，わが国の各省官制が事務配分的行政概念ではなく各省大臣に事務配分を行ったのは，戦前の行政法学の思考様式の反映の側面よりも，大臣個別責任原則に由来する大臣責任の明確化の要請の側面のほうが大きいように思われる。

　行政官庁は，国の機関のみを念頭に置いたものであり，地方公共団体の機関も含める場合には行政庁という言葉が使用される。

■ 行政庁の類型　作用法的行政機関概念の下における行政庁の代表的なものは，大臣，都道府県知事，市町村長等である。これらのように，1 人の者からなる独任制の行政庁と，公正取引委員会，教育委員会，収用委員会のように複数の者により構成される合議制の行政庁がある。また，内閣や財務大臣のように権限が全国に及ぶ官庁を中央官庁，税務署長のように権限が特定の地域に限定されている官庁を地方官庁という。

■ 行政作用法における作用
　法的行政機関概念の存続

戦後のわが国においては，国家行政組織法は「行政官庁理論」を採らず，後述するように，事務配分的行政機関概念を採用したのであるが，**個別の行政作用法においては，従前同様，「行政官庁理論」を基礎におく作用法的行政機関概念が支配的である**。課税処分を例にとると，一般の国税については，申告納税額を更正処分により更正する権限が税務署ではなく税務署長に付与されている（税通24条）。したがって，更正処分は，税務署長の名において行われるのであり，税務署長は行政庁として位置づけられる。この例では地方支分部局の長が行政庁になっていることからもうかがえるように，行政庁になりうるのは，大臣，都道府県知事，市町村長に限られるわけではない。

■ 作用法的行政機関概念における
　行政庁以外の機関の分類

作用法的行政機関概念は，行政庁を中心に据えたものであるが，行政庁は，現実の行政組織の一部でしかない。そこで，行政庁以外の行政機関について，その有する権限に着目して，以下のように，補助機関，諮問機関，執行機関の分類がなされている。

　(a)　補助機関　　税務署長が課税処分をするといっても，実際には，課税処分は税務署長のみの判断で行われるわけではないことはいうまでもなく，税務署の多数の職員による調査・検討を経て行われるので，組織的決定としての性格を有する。しかし，**作用法的行政機関概念においては，行政庁を補佐する内部部局の職員は補助機関として位置づけられる**。課税処分の例では，税務署の署長以外の職員は，税務署長を補佐する補助機関として位置づけられることになる。

　(b)　諮問機関　　専門的知見の活用，行政過程の公正中立性の確保，利害調整等を目的として，行政庁の諮問を受けて答申を行う権限を有する機関は諮問機関と呼ばれる。諮問機関は，諮問を待たずに行政庁に意見を述べる（これを建議という）権限も認められていることが多い。通常は合議制機関であるが，参与のような独任制機関の場合もある。内閣府設置法37条・54条，国家行政組織法8条に規定する審議会等，地方自治法138条の4第3項が規定する附属機関は，基本的に諮問機関に該当する。たとえば，総務大臣が基幹放送用周波数使用計画を定め，または変更しようとするときは，電波監理審議会に諮問し

なければならない（電波 99 条の 11 第 1 項 2 号）。この電波監理審議会は諮問機関である。上記以外にも，大臣決裁等により設置される「私的諮問機関」が多数存在する。

なお，行政庁の意思決定の要件として諮問機関の議決が必要とされ，行政庁がその議決に拘束される場合，特に参与機関ということがあり，検察官適格審査会（検察 23 条），審査請求につき付議される電波監理審議会（電波 85 条，94 条）がその例とされる。「議決を経て」（検察 23 条 1 項），「その議決により」（電波 94 条 1 項）等の表現は，参与機関の場合に用いられる。地方公共団体の議会も，契約締結に当たって議決を行うような場合には，参与機関と分類されることもあるが（自治 96 条 1 項 5 号〜12 号），参与機関と区別して議決機関として分類されることもある。群馬中央バス事件 1 審判決（東京地判昭和 38・12・25 行集 14 巻 12 号 2255 頁）が，「運輸審議会は，形式上は……運輸大臣の諮問機関ではあるが，本件のような免許の許否等についての審議，答申に関するかぎり，実質上，いわゆる参与機関としての役割りを果すべきことが期待されて」いると述べているように，諮問機関と参与機関を峻別できるわけでは必ずしもなく，両者を特に区別する意義はないとする意見もある。

　(c)　執行機関　　「行政官庁理論」においては，私人に対して直接に実力を行使する権限を有する機関は執行機関と呼ばれる。行政庁が法律行為を行う機関に着目した概念であるのに対して，執行機関は実力行使という事実行為に着目した概念である。退去強制事由に該当すると疑うに足りる相当の理由があるときに収容令書により収容を行う入国警備官（入管 39 条），国税の滞納者の財産を差し押さえる権限を有する徴収職員（税徴 47 条），犯罪行為を制止する警察官（警職 5 条），火災現場において土地の使用等を行う権限を有する消防吏員（消防 29 条 1 項）が執行機関の例である。

■ **地方自治法における作用法的行政機関概念**　地方自治法においても，作用法的行政機関概念が中心となっているが，「行政官庁理論」における行政機関概念とは多少異なる。すなわち，**地方自治法は，議決機関としての性格を基本とする議会に対して，行政事務を管理執行する機関として執行機関という概念を設け（自治 138 条の 2），普通地方公共団体の長・委員会・委員を執行機関として位置づけている（自治 138 条の 4 第 1 項）。**

この執行機関の概念は，地方公共団体の意思を最終的に決定し，それを自己の名において外部に表示する権限を有する機関を基本的に念頭に置いたものである。したがって，実力行使に着目した「行政官庁理論」における執行機関の概念とはまったく異なる。そして，副知事・副市町村長以下の機関は，補助機関として位置づけられている（自治161条・168条・171条・172条）。

(3)　事務配分的行政機関概念

■ 内閣府設置法・国家行政組織法における行政機関概念

内閣府設置法や国家行政組織法は，行政事務の配分の単位としての行政機関概念を採用している。事務配分的行政機関概念自体は，明治時代からわが国にも存在したが，国家行政組織法が事務配分的行政機関概念を採用したことが，わが国の組織法制におけるこの概念の採用を決定づけたといえる。

■ 所掌事務の再配分

委員会および庁は，内閣府または省の外局として置かれる（内閣府49条1項，行組3条3項）。外局は内部部局に対する概念である。事務配分的行政機関概念のもとでは，府・省・委員会・庁に置かれる（ことがある）官房・局・部・課・室等は，内部部局として位置づけられる（内閣府17条・52条・53条，行組7条）。附属機関である審議会等（内閣府37条・54条，行組8条），施設等機関（内閣府39条・55条，行組8条の2），特別の機関（内閣府40条〜42条・56条，行組8条の3），地方支分部局（内閣府43条〜47条・57条，行組9条）も，事務配分的行政機関概念によるものである。府省に配分された所掌事務は，外局や内部部局，附属機関に再配分される。事務配分の単位の最小のものは，1人の人間に割り当てられる職務と責任を意味する職（国公2条参照）である。

■ 職員と公務員

職を占める者が職員であり，国の行政組織においては国家公務員が，地方公共団体の行政組織においては地方公務員が職員となる。1人の人間に割り当てられる権限と責任を意味する職は，行政組織内における役割分担を示す概念であるのに対して，当該職に就く公務員は，国・地方公共団体等との雇用関係の観点からとらえた概念である。公務員の勤務関係の性質や公務員が国・地方公共団体等に対して有する権利義務を中心に考察するのが，公務員法である。

4　行政機関相互の関係

(1)　権限の委任，代理と専決・代決

■委　　任　　民法上の委任は，一方の当事者が他方の当事者に法律行為をすることを委託し，他方の当事者がこれを承諾することにより成立する契約であり（民 643 条），受任者は委任の本旨に従い善良な管理者の注意をもって委任事務を処理する義務を負う（同 644 条）。民法上の委任は，代理権の授与を伴うことが多い。

　行政法上の委任は，これとは大きく異なり，委任により権限が委任機関から受任機関に移譲され，当該権限は受任機関のものとなり，委任機関は当該権限を失うことになる（最判昭和 54・7・20 判時 943 号 46 頁参照）。すなわち，行政法上の委任の場合には，代理権の付与を伴わず，委任と代理は明確に区別される。

　権限の委任は，法律上定められた処分権者を変更するものであるから，法律より下位の法形式で行うことはできず，法律の根拠が必要であることには異論がない。

　民法上の委任とは異なり，行政法上の委任の場合には，権限が移譲されることになり，法律に別段の規定がない限り，委任機関は受任機関に対して指揮監督権を有しないと解される。しかし，上級機関は，下級機関に対して，一般に指揮監督権を有するので，委任が下級機関に対して行われたときには，委任機関としてではなく，上級機関としての指揮監督権は残ることになる。下級機関でない者に委任が行われる場合において，委任機関の指揮監督権を特に保持させたい場合には，明文の規定が置かれる。国土交通大臣から防衛大臣への委任に関する航空法 137 条 4 項がその例である。

■代　　理　　権限の委任の場合とは異なり，権限の代理は，民法上の代理と基本的には異ならない。代理機関の行為は，被代理機関の行為としての効果が生ずる。民法においても，代理人は本人のためにすることを示して意思表示をしなければならないという顕名主義がとられているが（民 99 条 1 項），行政法上の代理の場合にも，「財務大臣代理としての理財局長」のように，代理機関は，被代理機関の代理として権限を行使することを明らかにする

必要があるとするのが通説である（代理権の付与の公示は不要と解されている）。ただし，最判平成 7・2・24 民集 49 巻 2 号 517 頁は，被代理機関の名称を示さずに行われた行為について代理と解している。

　法定代理の中には，狭義の法定代理と指定代理がある。前者は，法定の要件の充足により当然に代理関係が発生する場合であり，地方自治法 152 条 1 項▼がその例である。指定代理は，法定の要件が充足された場合に被代理機関の指定により代理関係が発生する制度である。指定が事前に行われることを予定している場合もある。たとえば，内閣法 9 条は，「内閣総理大臣に事故のあるとき，又は内閣総理大臣が欠けたときは，その予め指定する国務大臣が，臨時に，内閣総理大臣の職務を行う」と規定している。

□■　Column⑮　内閣総理大臣の臨時代理 --
■□
　　内閣発足時に，あらかじめ，内閣総理大臣を臨時に代理する国務大臣を正式に指定して官報に掲載し，代行期間を限定せずに発令した場合，「副総理」と呼ぶ慣行があった。これは，指定代理の一種である。2000（平成 12）年 4 月，小渕恵三内閣総理大臣が急病で執務不能となり，病床で内閣官房長官を臨時代理に指定したとされる。この指定の有無につき議論があったこともあり，これ以後は，内閣発足時に，内閣総理大臣の臨時代理就任予定者 5 名を指定して官報に掲載する運用がなされるようになり，内閣官房長官である国務大臣を第 1 順位とすることが原則とされるようになった。この場合には，内閣官房長官である国務大臣は「副総理」とは称されないが，内閣官房長官以外の国務大臣が内閣総理大臣臨時代理予定者第 1 順位として指定された場合には，当該大臣を「副総理」と称する。

　他方，内閣法 10 条は，「主任の国務大臣に事故のあるとき，又は主任の国務大臣が欠けたときは，内閣総理大臣又はその指定する国務大臣が，臨時に，その主任の国務大臣の職務を行う」と規定しており，この場合には，指定が事前に行われることを当然には予定していない。地方自治法にも指定代理の規定がある（自治 152 条 2 項）。

　法定代理の場合は，定義上，当然に法律の根拠があるが，授権代理については，実務上は，法律上の根拠なしに行われることがあるものの，法律の根拠の

　▼自治 152 条①（前段）　普通地方公共団体の長に事故があるとき，又は長が欠けたときは，副知事又は副市町村長がその職務を代理する。

要否について学説は分かれている。授権代理には法律の根拠は不要とする説は，権限の代理の場合は，被代理機関に代理機関の行為の効果が帰属し，それに伴う責任も生ずる以上，代理機関に対して指揮監督を行うことができるし，法律で定められた権限の所在自体を変更するものではないことを理由とする。他方，法律の根拠を要するとする説は，法律で権限を付与された以上，自らそれを行使する責任があり，法律の特別の定めなしに他の機関に当該権限を行使させることを認めるべきではないとする。また，原則としては，法律の根拠が必要としながら，重要でない権限の一部の授権代理については法律の根拠を不要とする折衷説もある。

代理権の範囲については，授権代理であれ，法定代理であれ，当該職の一身専属的権限までは代理させることができないと解される（これについては，異論もある）。内閣総理大臣が病気，怪我で入院した場合や外遊中の代理の場合，衆議院の解散や大臣の罷免等，内閣総理大臣の一身専属的な権限は代理できないと考えられる。

授権代理の場合には，被代理機関は，授権の範囲内で代理機関に対する指揮監督権を有すると解されるが，法定代理については，場合により異なろう。被代理機関が欠けた場合には，指揮監督権を行使しえないのは当然であるが，外遊の場合には，指揮監督権を認めてよいと思われる。病気や怪我の場合であっても，被代理機関が適切な判断をなしうる場合には，指揮監督権を完全に否定することが妥当かには疑問の余地がある。

■専　　決　　国・地方公共団体を問わず，実務上広く行われている行政事務の処理方法として，専決と呼ばれるものがある。これは，内部委任とも呼ばれるが，権限を対外的には委任せず，また代理権も付与せずに，実際上，補助機関が行政庁の名において権限を行使することをいう。行政庁Ａの決裁権限を補助機関である課長Ｂが最終的に行使することを内部的に認め，ＢがＡの名において当該権限を行使する方式である。形式的にはＡの名において権限が行使されるので，Ａが処分庁として扱われる。したがって，行政手続法５条１項の規定に基づき審査基準の作成義務を負うのはＡである。

専決においては，形式的にはＡの名において権限が行使されるので，行政救済法上も，Ａが処分庁として扱われる。したがって，審査請求が可能な場

合には，Aに上級行政庁がなければAに対して審査請求を行うことになる。専決による事務処理が違法に行われた場合に，住民訴訟で誰に対する損害賠償請求の義務付けを求めるべきかという問題がある。最判平成3・12・20民集45巻9号1455頁［百Ⅰ18①］［判Ⅰ59］は，専決権限を付与されたBが不法行為責任を負いうると同時に，AもBに対する指揮監督責任を問われうるとする。

　専決については，授権代理の一種としてとらえる説もあるが，代理関係が対外的に明示されるわけではなく，対外的には，法律により権限を付与された機関が当該権限を行使しているので，専決機関は，単に補助執行をしているにすぎないと一般に解されており，したがって，法律の根拠は不要とされている。実際，専決については，「内閣府本府における行政文書の取扱いに関する規程」のような訓令で定められている。

　東京都公安委員会が訓令により警視総監以下の警察官に専決処理させたことを適法としたものとして，東京高判昭和39・4・27東高刑時報15巻4号73頁，教育委員会が訓令により免職処分権限を教育長に専決処理させたことを適法としたものとして，最判昭和43・2・16教職員人事関係裁判例集6集49頁がある。もっとも，合議制機関である行政委員会制度が設けられた趣旨に照らして，専決処理が可能な事項には限界があると思われる。

■■　Column⑯　三菱ふそう刑事事件

　　三菱ふそう刑事事件においては，専決が大きな論点になった。国土交通大臣の三菱ふそうに対する道路運送車両法に基づく報告要求に対し，同社の従業者が虚偽報告を行ったとして虚偽報告罪で起訴された事件において，横浜簡判平成18・12・13判時2028号159頁は，報告要求は国土交通大臣の権限であるが，国土交通大臣が報告要求を行うことを自ら意思決定し，それを被告会社に表示した事実は認められないし，職員が国土交通大臣の代理として報告要求を行ったとも，専決を行ったとも認められないから，国土交通大臣による報告要求があったとは認められないとして，無罪判決を下した。控訴審の東京高判平成20・7・15判時2028号145頁［判Ⅰ60］は，当該報告要求の事務については，慣行として，決裁規則上の専決権限を有する自動車交通局長から同局技術安全部長等に，処理権限が委ねられ，国土交通大臣もこれを了承していたものと認めることができると判示した。

■代　決　代決とは，決裁権者が出張または休暇その他の事故により不在であるとき，特に至急に処理しなければならない決裁文書について，局長の決裁事項であれば総務課長，課長の決裁事項であれば総括課長補佐のように，決裁権者のあらかじめ指定する直近下位者が内部的に代理の意思表示をして決裁することで，代決した者は，事後速やかに決裁権者に報告しなければならない。代決の場合，代理の意思表示をして決裁するといっても，対外的には，そのことは表示されないので，**内部代理**ということもできる。実務上は，事案処理の迅速化を図るとともに決裁権者の負担を軽減するために，代決処理が，文書管理規則上規定された要件を緩和して，かなり広く認められる傾向がみられる。実際には，軽微な事案について，決裁権者が不在でないにもかかわらず代決が行われることも少なくない。

(2) 行政組織における意思統一の仕組み

■上級機関の指揮監督権　職権行使の独立性が保障された行政委員会のような例外はあるものの，行政組織の一般的特色は，ピラミッド型の階層構造が重層的に積み重なっている点にある。すなわち，ピラミッドの底辺において，複数の係員からなる係という小さなピラミッドが多数存在し，いくつかの係が集まって課というピラミッドを構成し，いくつかの課が集まって局というピラミッドができ，複数の局が集まって省という大きなピラミッドができ，その頂点に大臣が位置づけられることになる。大小様々なピラミッドにおいては，職を最小単位として職務と責任が配分され，各ピラミッドの頂点に位置する管理的な職（係長，課長，局長等）により意思統一が図られ，省全体としては，大臣により意思統一が図られることになる。この意思統一を可能にするためには，上級機関に下級機関に対する指揮監督権が認められなければならない。**指揮権とは，上級機関が下級機関に対して，その所掌事務について，方針等を命令する権限であり，監督権とは，下級機関の行為を監視し，その行為の適法性および合目的性を担保する権限である。**地方公共団体の場合も，長は，補助機関である職員を指揮監督する（自治154条）。明文の規定がなくても，**上級機関には下級機関に対する指揮監督権が認められること自体には異論がない。**この指揮監督権の内容を敷衍すると以下のようになる。

■ 監視権　　上級機関が下級機関に対して指揮を行うためには，下級機関の事務処理が適切に行われているかについての情報を把握しなければならない。そのためには，**上級機関は下級機関の事務処理について調査権を有することが前提になる。これが監視権である**。具体的には，下級機関に報告を求め，その書類等を閲覧し，現場を視察する権限等が監視権に含まれる。

■ 同意（承認）権　　**下級機関の事務処理に対して，上級機関が同意（承認）等を行う権限が認められることがある。**同意（承認）等が得られない場合，下級機関は，不同意（不承認）等の取消しを求めたり，同意（承認）等の義務付けを求めて訴訟を提起することは，特に機関訴訟が法定されていない限りできない。

■ 指揮（訓令）権　　**内閣総理大臣は内閣府の所掌事務について，各省大臣，内閣府・各省に置かれる各委員会および各庁の長官は，その機関の所掌事務について，命令または示達するため，所管の諸機関および職員に対し，訓令または通達を発することができる**（内閣府7条6項・58条7項，行組14条2項）。これが**指揮権または訓令権と呼ばれる**ものである。ただし，訓令・通達を発することができるのは，ここに列記された機関に限られるわけではない。法律で明示されてはいないが，事務次官，局長，官房長，部長，課長，委員会事務局長，地方支分部局の長，附属機関の長等も，それぞれの所掌事務について指揮権を有するから，当該指揮権に基づき訓令・通達を発することができる。

　指揮権は一般的なかたちで行使されることも，個別具体的に行使されることもある。前者の例として，大臣が地方支分部局の長による処分の裁量基準や解釈基準を通達として示す場合がある。検察庁法14条は，「法務大臣は，第4条及び第6条に規定する検察官の事務に関し，検察官を一般に指揮監督することができる。但し，個々の事件の取調又は処分については，検事総長のみを指揮することができる」と定めている。この規定の本文が一般的指揮権，ただし書が個別的指揮権である。個別的指揮権の名あて人を検事総長に限定しているのは，政治権力による介入に対する検察の独立に配慮したためである。

□■ Column⑰ 造船疑獄事件 --

　1954（昭和 29）年，造船疑獄事件に際して，時の犬養健法務大臣が，検事総長による自由党幹事長に対する逮捕状請求の請訓を阻止したのが，法務大臣の検事総長に対する個別的指揮権が発動された例である。犬養法務大臣は，このとき，政治的責任をとって辞職している。

　訓令は，行政機関を名あて人にするものであり，私人に対する拘束力を有するものではない（最判昭和 33・3・28 民集 12 巻 4 号 624 頁［百 I 51］［判 I 173］）。訓令に従って行政作用が行われても，そのことは当該行政作用が適法であることを保障するものではないし，逆に，訓令に違反して行政作用が行われても，そのことから直ちに当該行政作用が違法になるわけではない。

　訓令は，行政機関を名あて人として出されるものであるが，行政機関の職員に対する職務命令としての性格も有することになる。たとえば，財務省主計局法規課長に対する訓令は，この職に就く職員が A から B に交替しても失効せず，後任の B も，この訓令に拘束される。しかし，A に対する出張命令のように，訓令としての性格を有しない職務命令は，後任の B に対しては効力を有しない。

　訓令は，それが違法であっても，名あて人となった行政機関を常に拘束するのであろうか。この瑕疵ある訓令の名あて人に対する拘束力の問題について，学説は，おおむね以下のように分かれている。

　(a) 形式要件説　　この説は，下級機関は，訓令の形式要件についてのみ審査することができ，実体要件については審査できないとする。形式要件とは，(i)当該訓令が上級機関の地位にある機関が発したものであること，(ii)当該訓令が名あて人である下級機関の所掌事務に含まれる内容のものであること，(iii)名あて人である下級機関の職務上の独立を侵害しないこと等である。

　(iii)について敷衍すると，職務上の独立が重要になるのは，第 1 に合議制機関の場合である。中央労働委員会等の行政委員会は職権行使の独立性を保障されている。すなわち，中央労働委員会は厚生労働大臣の所轄（労組 19 条の 2 第 1 項）の下に置かれている。**「所轄」という用語は，形式的にはある機関の下にあるが，職権行使の独立性が認められている場合に用いられる**。審議会等の諸

間機関も，それが合議制機関である以上，委員の自由な合議により結論を出すべきであり，それを妨げるような訓令は許されないと考えられる。

　準司法的手続を主宰する審判官は，合議体として審理を行うことが多いが，単独で審理する場合であっても，訴訟における裁判官に対応する機能を果たすものであるから，その職権行使に独立性が要請されることは当然であり，それを侵害するような訓令を出すことはできない。聴聞手続の主宰者についても，不利益処分を行おうとする職員との職能分離が必要であり，主宰者の独立性を侵害するような指揮を処分庁が行うことは認められない。

　もっとも，職権行使の独立性を侵害するかは，実体に踏み込んで判断する必要のある微妙なケースもあるから，形式要件の問題とみるよりは実体要件の問題とみるべきという考えもありうる。

　形式要件を満たさない訓令に服従義務は生ぜず，名あて人である下級機関の職員は，不服従を理由として懲戒処分に処せられるべきではないことにはほぼ異論がない。逆に，形式要件を満たさない訓令に従って，下級機関が違法な行政作用を行い，その結果，私人に損害を生ぜしめた場合，当該下級機関の職員は，訓令に従ったことを理由として当然に懲戒処分を免れるわけではないと解される。換言すれば，**下級機関は，形式要件を欠く訓令に従う義務を負わないにとどまらず，かかる訓令には従わない義務を負うことになる。**

　(b)　**重大明白説**　　戦後のわが国における行政行為の無効の理論は，取消訴訟の排他的管轄により，本来ならば，出訴期間内に取消訴訟を提起して争わなければならないところ，例外的に取消訴訟の出訴期間を経過しても抗告訴訟を提起する機会を確保するためには，いかなる要件が必要かという観点から考えられたものである。この行政行為の無効の理論にならい，訓令に重大明白な瑕疵がある場合，当該訓令は無効であり，名あて人である下級機関は無視することができるとするのが重大明白説である。

　(c)　**明白説**　　訓令の場合には，取消訴訟を提起できないのであるから，重大性の要件は不要であるとし，他方において，訓令の適法性について，上級機関と下級機関の認識が相違する場合，行政組織の階層制に照らし，原則として上級機関の判断が優先すべきであるから，その例外が認められるためには，瑕疵が明白であることが要件となるとするのが明白説である。

(d) **違法＝無効説**　下級機関が違法な訓令に拘束されるとすると，私人に対して違法な行政作用が行われることにつながることが多いから，下級機関に全面的に訓令の適法性審査権を認めることが，法律による行政の原理を担保する前提となるとして，違法な訓令は当然に無効であり下級機関は服従義務を負わないとするのが，この説である。理論的には明確であるし，下級機関は上命下服ではなく，訓令の適法性を絶えず審査するため，法令遵守の意識や法令についての知識が向上することが期待される。しかし，他面において，下級機関の訓令審査の負担が増大し，迅速な法執行が阻害されるおそれがあるという指摘，さらに，訓令の適法性について上級機関と下級機関の判断が相違する場合に，後者の判断を第1次的には優先させる原則を採用することは，行政組織の階層制原理にそぐわないのではないかという指摘もされている。

　なお，ここで「第1次的には」という留保を付したのは，下級機関が訓令が違法であるとしてそれに従わない場合，当該訓令は，下級機関の職員に対する職務命令としての性格も持つから，上級機関が懲戒権を有する場合（国公82条・84条・55条1項・2項，地公29条・6条），職務命令違反を理由として懲戒処分を行うことができるからである。この懲戒処分の取消訴訟が提起されれば，当該訓令の適法性が司法審査され，裁判所により決着が付けられることになる。

　行政組織の階層性原理と法律による行政の原理との調和点をいかに見出すかについては，上記のように諸説があるが，(d)説は，前者の要請を過度に軽視するものといえ，(c)説が妥当なように思われる。

　なお，違法な訓令に従って行政処分がなされた場合，私人は当該訓令に拘束されないから，取消訴訟において行政処分の違法を主張しうる。

> **発展学習のために⑥　国税通則法99条**
>
> 　国税不服審判所のような第三者機関の独立性を過度に侵害することがないように，国税通則法99条は，国税不服審判所長は，国税庁長官が指揮権に基づき通達の形式で示した法令の解釈と異なる解釈により裁決をしようとするときは，あらかじめその意見を国税庁長官に通知しなければならないこととし（1項），国税庁長官は，この通知があった場合において，国税不服審判所長に対して指示するときは，国税不服審判所長の意見が審査請求人の主張を認容するものであり，かつ，国税庁長官が当該意見を相当と認める場合を除き，国税不服審判所長と共同して当該意見について国税審

議会に諮問しなければならず（2項），この諮問をしたときは，国税不服審判所長は，当該国税審議会の議決に基づいて裁決をしなければならないとしている（3項）。

■ 取消し・停止権　　下級機関が行った権限行使が違法または不当であるとして上級機関がその取消しまたは停止を行うことが，法律に明文の規定がなくても可能かについては，見解が分かれている。行政上の不服申立てに基づく争訟取消し・停止の場合には，行政不服審査法等の法律に取消し・停止の根拠が定められているので，この問題は，もっぱら，行政行為の職権による取消し・停止について議論されている。

　職権による取消し・停止について，明文の規定が置かれている場合の例としては，内閣法8条▼，地方自治法154条の2▽がある。かかる明文の規定がない場合においても，上級機関の指揮監督権に取消し・停止権が当然に包含されているか否かは，実務にも重大な影響を与える問題である。

　一般的に議論されているのは，下級機関の権限行使が違法な場合の職権取消しであり，かつては肯定説が有力であったが，最近は，否定説が多数になっている。肯定説は，下級機関がすでに法律上付与された権限を行使している以上，上級機関がそれを取り消したり停止したりしても，上級機関が積極的に権限を代行しているとまではいえず，法律上の権限を変動させるものとはいえないこと，上級機関の指揮監督権の実効性を担保するためには，取消し・停止権まで認める必要があること，違法な権限行使は，法律による行政の原理に照らして，可及的に是正されるべきであることを理由とする。これに対して否定説は，取消し・停止権といえども，法律上定められた権限分配を変動させるものといえ，法律に明文の規定がなければ認められるべきではないし，取消し・停止権まで認めなくても，取消し・停止の指揮に従わない場合に懲戒権を発動することにより，指揮監督権の実効性は確保しうるとする。なお，下級機関の権限行使が違法な場合の取消し・停止権は肯定するものの，不当にとどまる場合には，下

　▼内8条　内閣総理大臣は，行政各部の処分又は命令を中止せしめ，内閣の処置を待つことができる。
　▽自治154条の2　普通地方公共団体の長は，その管理に属する行政庁の処分が法令，条例又は規則に違反すると認めるときは，その処分を取り消し，又は停止することができる。

級機関に与えられた裁量権の行使に上級機関が介入することになるので，違法な場合と同一視することに慎重な意見もある。

■代行権　下級機関が処分権限を行使しない場合に上級機関が代行することは，法律が定めた処分権限を変動させることが明白なので，法律に明文の規定（労基99条4項参照）がない限り認められないことに異論はない。代行権がなくても，下級機関が上級機関の訓令に従わなければ，懲戒権を有する上級機関は免職を含む懲戒権を発動することにより，訓令の内容の実現を図ることができる。

■裁定権　国家行政組織法2条1項は，「国家行政組織は，内閣の統轄の下に，内閣府及びデジタル庁の組織と共に，任務及びこれを達成するため必要となる明確な範囲の所掌事務を有する行政機関の全体によつて，系統的に構成されなければならない」と規定している。実際，この理念に基づいて所掌事務の府省への配分が行われるのであるが，社会経済的諸条件の変化に伴い，不断に新たな行政事務が生まれることになり，その事務をどの行政機関が所掌すべきかをめぐって，行政機関相互間に紛争が発生することが必ずしも稀でない。

対等の行政機関の間で権限争議が発生した場合には，それらに共通の上級機関の裁定により処理されることになる。かかる権限は法律に明文の規定がなくても認められる。このことが明示されている例が，内閣法7条▼である。しかし，実際には，内閣総理大臣の裁定権には，大きな限界がある。なぜならば，この裁定権は閣議にかけて行使しなければならないが，閣議は全会一致が慣行となっているため，各国務大臣にはいわば拒否権が付与されているともいえるからである。

なお，普通地方公共団体の長は，当該普通地方公共団体の執行機関相互の間にその権限につき疑義が生じたときは，これを調整するように努めなければならないとされているにとどまり（自治138条の3第3項），裁定権までは付与されていない。これは，長以外の執行機関は，職権行使について長から独立しているため，裁定権を付与することは適当でないと考えられたためである。長に

▼内7条　主任の大臣の間における権限についての疑義は，内閣総理大臣が，閣議にかけて，これを裁定する。

よる調整がつかず，紛争に発展した場合には，都道府県の機関が当事者となる
ものにあっては総務大臣，その他のものにあっては都道府県知事が，当事者の
文書による申請に基づきまたは職権により，紛争の解決のため，自治紛争処理
委員を任命し，その調停に付することができる（自治251条の2第1項）。

■ 統合的調整　　　　調整という言葉は，行政組織法上，必ずしも一義的に用いら
　　　　　　　　　れているわけではないが，広義では，行政組織における意思
を統一するための作業全般を指す。このように広義の調整を考える場合，各省
大臣は当該省において重要な調整機能を果たし，各局長は当該局において重要
な調整機能を果たすというように，階層的構造の行政機関の長は，当該行政機
関において調整機能を果たすことが期待されていることはいうまでもない。内
閣が国務を「総理」すること（憲73条1号），内閣が内閣府を「統轄」するこ
と（内閣府5条2項），内閣が行政機関を「統轄」すること（行組1条・2条），内
閣官房長官が内閣官房の事務を「統轄」すること（内13条3項，省庁改革基10
条8項），内閣官房長官が内閣府の事務を「統括」し（内閣府8条1項），各省大
臣，各委員会の委員長および各庁の長官がその機関の事務を「統括」すること
（行組10条），普通地方公共団体の長が当該普通地方公共団体を「統轄」するこ
と（自治147条）等の表現に見られる「総理」，「統轄」，「統括」等の用語は，
ある組織の長が，当該組織を総合的に調整して統べることを含意している。こ
のような用語が使われていなくても，行政組織の長である以上，当該組織の意
思統一のための調整，すなわち統合的調整を行う権限と責務を有するのは当然
といえよう。上級機関による指揮監督権の行使も，広義の調整のための手法の
一環をなすものと位置づけることができる。しかし，広義の調整には，それに
限らず，指導・助言のような非権力的な手法，予算の配分，組織の改変等の権
限の行使も含まれる。以下においては，上級機関による統合的調整全般のうち，
上級機関による指揮監督権の行使を除くものを狭義の統合的調整として，その
仕組みについて概観することとしたい。

■ 委員会等に対する　　　　職権行使の独立性が認められている行政委員会等が組
　 統合的調整権の行使　　　織内に設置されている場合，組織の長といえども，か
　　　　　　　　　　　　　かる機関の職権行使に関しては，指揮権を行使するこ
とはできないので，狭義の調整がとりわけ重要になる。ここでは，普通地方公

共団体の例をみることとする。

　普通地方公共団体の長は，職権行使の独立性が認められる委員会または委員に対しては，指揮権を行使してその独立性を侵害することはできないが，当該普通地方公共団体を統轄する立場にあるため，1956（昭和31）年に，3つの分野で，統合的調整権に関する規定が設けられた。

　(a) **組織等**　　第1は，組織等に関する長の統合的調整機能である。各執行機関を通じて組織および運営の合理化を図り，その相互の間に権衡を保持するため，必要があると認めるときは，当該普通地方公共団体の委員会もしくは委員の事務局，または委員会もしくは委員の管理に属する事務を掌る機関の組織，事務局等に属する職員の定数またはこれらの職員の身分取扱いについて，委員会または委員に必要な措置を講ずべきことを勧告することができる（自治180条の4第1項）。

　(b) **予算の執行**　　第2に，普通地方公共団体の長の統合的調整機能は，予算の執行についても認められている。すなわち，普通地方公共団体の長は，予算の執行の適正を期するため，委員会もしくは委員またはこれらの管理に属する機関で権限を有するものに対して，収入および支出の実績もしくは見込みについて報告を徴し，予算の執行状況を実地について調査し，またはその結果に基づいて必要な措置を講ずべきことを求めることができる（自治221条1項）。

　(c) **公有財産**　　第3は，公有財産に関する長の統合的調整機能である。すなわち，普通地方公共団体の長は，公有財産の効率的運用を図るため必要があると認めるときは，委員会もしくは委員またはこれらの管理に属する機関で権限を有するものに対し，公有財産の取得または管理について，報告を求め，実地について調査し，またはその結果に基づいて必要な措置を講ずべきことを求めることができる（自治238条の2第1項）。

■ **統合的調整組織**　　行政組織には，調整を重要な任務とする調整機関が設けられることが多い。組織上，上位の立場から調整を行うことを主要な任務とするものとして，内閣官房と内閣府がある。**わが国の中央の行政組織の特色は，主任の大臣**（内閣府の長たる内閣総理大臣および各省大臣。外局の長に充てられている国務大臣は主任の大臣ではない）**を長とする各府省による分担管理を強調する伝統が官界において強固なことである。**これは明治政府の時

代以来の伝統であり，日本国憲法下においても，この伝統は引き継がれている。このことが，統合的調整を困難にする弊害をもたらしており，累次の行政改革において，内閣の統合的調整機能の強化が課題とされてきた。内閣補助部局である**内閣官房の重要な所掌事務は，統合的調整であり，内閣に置かれた最高の調整機関である**（内 12 条 2 項 2 号〜5 号）。また，行政改革会議最終報告に基づく中央省庁等改革で設置された**内閣府は，各省より一段高い立場から統合的調整を行うことを重要な所掌事務としている**（内閣府 4 条 1 項・2 項）。

■ **分立的調整**　　行政組織における意思統一の仕組みについて，かつての行政法学においては，上級機関による統合的調整が主たる考察の対象とされてきた。しかし，近年は，対等な立場にある行政機関相互間における分立的調整にも大きな関心が向けられるようになった。実際，行政組織の意思決定に当たっては，分立的調整が大きな比重を占めており，そのための法的仕組みについて考察することは，行政組織法の重要な課題といえる。

　ⓐ **府省間の政策調整**　　採用も再就職のあっせんも府省単位で行われる従前の仕組みの下では，府省への強い帰属意識が生まれ，また，自己の所属する府省の権限・予算の拡大が再就職にも有利に働くため，権限・予算の拡大を志向した権限争議が発生することが少なくなかった。中央省庁等改革基本法 28 条は，府省間における政策についての協議および調整（内閣府が行う総合調整を除く）のための制度を整備するとし，府省は，その任務の達成に必要な範囲において，他の府省が所掌する政策について，提言，協議および調整を行いうる仕組みとすることとされた（同条 1 号）。

　これを受けて，内閣府設置法 5 条 2 項は，内閣府は，内閣の統轄の下に，国家行政組織法 1 条の国の行政機関と相互の調整を図るとともに，その相互の連絡を図り，すべて一体として行政機能を発揮しなければならないと定め，国家行政組織法 2 条 2 項は，国の行政機関は，内閣の統轄の下に，その政策について，国の行政機関相互の調整を図るとともに，その相互の連絡を図り，すべて一体として行政機能を発揮するようにしなければならないこと，内閣府・デジタル庁との政策についての調整および連絡についても同様とすることを規定している。そして，国家行政組織法 15 条は，各省大臣，各委員会および各庁の長官は，その機関の任務（各省にあっては，各省大臣が主任の大臣として分担管理す

る行政事務にかかるものに限る）を遂行するため政策について行政機関相互間の調整を図る必要があると認めるときは，その必要性を明らかにした上で，関係行政機関の長に対し，必要な資料の提出および説明を求め，ならびに当該関係行政機関の政策に関し意見を述べることができると定めている。内閣府設置法においても，内閣総理大臣に同様の調整権限が付与されている（内閣府7条7項）。

　府省間の政策調整については，「政策調整システムの運用指針」（平成12年5月30日閣議決定），「政策調整システムの運用指針について」（平成12年6月1日事務次官等会議申合せ）により，運用の指針が定められているが，これまでのところ，この制度が期待どおり活用されているとはいえない。

　内閣の重要政策に関する総合調整機能を強化するため，特定の内閣の重要政策に関する内閣の事務を助けることを各府省の任務とし，当該重要政策に関して行政各部の施策の統一を図るために必要となる企画および立案ならびに総合調整に関する事務を各府省等の所掌事務とすること等を内容とする「内閣の重要政策に関する総合調整等に関する機能の強化のための国家行政組織法等の一部を改正する法律」が，2015（平成27）年に成立し，これにより，各省大臣は，行政事務を分担管理するほか（行組5条1項），その分担管理する行政事務にかかる各省の任務に関連する特定の内閣の重要政策について，当該重要政策に関して閣議において決定された基本的な方針に基づいて，行政各部の施策の統一を図るために必要となる企画および立案ならびに総合調整に関する事務を掌理することとされた（同条2項）。そして，各省大臣は，同法5条2項に規定する事務の遂行のために必要があると認めるときは，関係行政機関の長に対し，必要な資料の提出および説明を求めること（同15条の2第1項），また，同じく同条2項に規定する事務の遂行のために特に必要があると認めるときは，関係行政機関の長に対し勧告すること（同15条の2第2項），勧告をしたときは，当該関係行政機関の長に対し，その勧告に基づいてとった措置について報告を求めること（同条3項），勧告した事項に関し特に必要があると認めるときは，内閣総理大臣に対し，当該事項について内閣法6条の規定による措置がとられるよう意見を具申すること（同条4項）が認められた。

　(b) **協議等**　　行政機関Aが権限を有するが，当該権限の行使に当たって，

他の行政機関Bと協議することが義務づけられていることが少なくない。また，法律に協議を義務づける規定がなくても，行政機関間の協議は頻繁に行われている。実際，府省間では，内閣提出法案についての法令協議が日常的に行われている。当該法律案の主管府省は関係する府省に合議を申し入れ，閣議請議前に合意を得ておかなければならない。協議は，分立的調整の代表的仕組みといえる。

普通地方公共団体においては，委員会または委員が，組織・定数等に関する規則その他の規程を定め，または変更しようとする場合や公有財産を取得したり行政財産の用途を変更したりしようとする場合において，あらかじめ当該普通地方公共団体の長と協議しなければならない（自治180条の4第2項・238条の2第2項）。

協議による合意は当然法令に適合したものでなければならないが，法令に反しない限り，協議当事者である双方の機関を拘束すると一般に考えられている。行政機関が申請に対する処分，不利益処分，勧告等の行政作用を行う前に，関係行政機関の間において協議が義務づけられている場合において，協議が行われなかったとき，または協議は行われたが真摯なものでなかったときには，そのことが行政作用の瑕疵になりうる。

(c)　意見聴取　　協議より緩和された分立的調整の仕組みとして意見聴取がある。これは，権限を有する行政機関が関係行政機関の意見を聴く仕組みである。石垣島新空港建設のための公有水面埋立てに関して環境庁長官（当時）が述べた意見が計画変更につながったように，実際には，意見聴取制度のもとで，関係行政機関が公式に表明した意見は，大きな影響力を持つことが少なくない。

なお，国と地方公共団体の関係も，地方分権一括法により対等・協力の関係として位置づけられたが，国の行政機関が決定するに当たり，地方公共団体の長の意見を聴取する規定が置かれている例は多い（国土利用5条3項等）。

(d)　措置要請（請求）・勧告　　逆に，関係行政機関のほうから，権限を有する行政機関に対して，必要な措置をとるべきことを要請（請求）または勧告することができるとされている例もある（都計24条2項等）。地方公共団体が国の行政機関に対して，意見を申し出ることができるとする規定が置かれることもある（同条7項）。

(e) 同意（承認）　協議より強化された分立的調整の仕組みとして，同意（承認）制がある。具体的には，許可または確認，地域指定，免許，命令等を行おうとするときに関係行政機関との協議にとどまらずその同意を得ることが明文で規定されている場合である（消防7条1項）。

(f) 内申　異なる行政主体に属し，対等・独立の機関の間においても，「内申」制度が設けられていることがある。市（政令指定都市を除く）町村立学校の教職員の給与は都道府県が負担しているので，県費負担教職員と呼ばれるが，県費負担教職員の都道府県教育委員会による任免は，市町村教育委員会の内申を待って行うとされているのがその例である（教育行政38条1項）。県費負担教職員については，任免権は都道府県教育委員会が有するが，服務の監督は市町村教育委員会が行っている。そのため，都道府県教育委員会が任免権を行使するに当たっては，教職員の勤務の現場に近く，その服務状態をよりよく知りうる立場にある市町村教育委員会の意見を都道府県教育委員会による任免権の行使に反映させる趣旨で，市町村教育委員会の内申制度が設けられているのである。したがって，この内申なしに任免権を行使することは，原則として違法となる。しかし，市町村教育委員会が内申をしないことが，服務監督者としてとるべき措置を懈怠するものであり，人事管理上著しく適正を欠く場合には，例外的に内申なしに任免権を行使することが許されるとするのが判例の立場である（最判昭和61・3・13民集40巻2号258頁［百Ⅰ〔第3版〕44］）。

■総括管理機関による調整　典型的なライン系統の上級機関による統合的調整とも，以上に述べた対等・独立な行政機関間の分立的調整とも異なる特別な調整システムが，法制管理，組織・定員管理，人事管理，予算管理の分野でみられる。ここでは，かかる調整機関を総括管理機関と称して，総括管理機関による調整についてみることとする。総括管理機関による調整権については，統制という言葉が使われることもある。また，典型的なライン系統の上級機関による直系監督・一般監督と対比して，傍系監督・特別監督と称されることもある。

各府省においても，官房3課と呼ばれる大臣官房の文書（法規），人事，会計を所掌する課が，府省内において，調整権限を行使しているが，ここでは，府省横断的に，かかる管理機能を果たしている機関を概観しておくこととする。

まず法制面では，内閣法制局が，閣議に付される法律案，政令案，条約案の審査等を通じて，各府省に対して，重要な管理機能を果たしている。組織機構の管理，定員管理については内閣人事局が，統計制度については総務省政策統括官（統計基準担当）が，行政評価等については総務省行政評価局が，職員の勤務条件の整備・任用・給与・不利益処分に対する不服申立ての審査等については人事院が，予算については財務省主計局が，国有財産の管理については財務省理財局が，それぞれ重要な管理機能を果たしている。以上のうち，内閣法制局，内閣人事局および人事院は内閣補助部局として広義の内閣の一翼をなし（人事院を内閣補助部局と位置づけることには異論もある），主任の大臣の下で行政事務を分担管理する行政各部の上位に位置づける見方も可能であるが，財務省，総務省は，国家行政組織法上は対等の行政機関に対して，総括管理機関としてはあたかも上級機関のような地位に立つ。地方公共団体においても，総務局や総務部は，文書（法規），人事，会計について総括管理機能を担っている。たとえば，東京都においては総務局総務部法務課（2007年3月までは法務部）が法務管理の面で重要な機能を果たしている。**総括管理機関には，典型的なライン系統の上級機関としての指揮監督権限に類似する権限が特に法律で認められていることがある。**

■ 統合的・分立的調整　　　国会が制定した法律を行政権が執行するのみであれば，上級機関は，裁量基準・解釈基準を作成し，訓令・通達により，それを下級機関に示して，その遵守を促すため，監視権を行使したり，ときには指揮権を発動し，違法な職務遂行の是正を命ずることで，おおむね足りることになる。この場合においても，法執行の現場の情報を収集することは，上級機関が裁量基準・解釈基準を作成・改正するに当たって有益であり，ボトムアップの情報の流通経路が適切に作動していることが望まれるが，法律の適正な執行という観点からは，上級機関による指揮監督の実効性を担保することが，より重視されるべきといえよう。しかし，実際には，行政機関は，単に法律の執行を行っているのではなく，政策形成を行っていることが少なくない。そして，政策形成に当たっては，課ないし係のレベルで問題が認識され，検討が行われ，それが上級機関に伝えられていくことが多いので，下級機関からの政策提案のプロセスが持つ意味は，きわめて大きい。

法令案の決定等の重要な政策決定の場合，現実の行政過程は，上級機関による指揮監督権の行使というトップダウン方式ではなく，下級機関が問題を発見し，そこが主管課となって，局の総務課長・審議官・局長，官房の関係課長・官房長，事務次官等の意見を聴取して，主管課の第1次案をまとめることが多い。そして，統合的・分立的調整を経て関係者間の合意が成立すれば，主管課は合意内容に沿って起案を行い，主管課の職員が起案文書を持参して，関係者に面談し，その場で承認の押印を求める持ち回り方式により，決裁を得るのである。このように，法令案の作成のような場合には，起案文書作成前における統合的・分立的調整が実質的な意思形成プロセスであり，起案から決裁に至る過程は，多分に形式的なものとなる。

■ ボトムアップ型調整　行政裁量がほとんど認められない許認可等の事案を処理する場合には，通常，主管課の担当係員がマニュアルに従って起案し，順次，上級機関に進達され，各機関が検討を行い必要に応じて修正を施し，承認をする場合には押印をする。そして，最終的に許可権者（専決・代決が用いられている場合には専決・代決権者）の決裁を経て，組織としての意思決定がなされる。このような意思統一の仕組みを**稟議制**という。

稟議制の場合，起案文書の回覧の過程において，中間の職員から問題の指摘を受け，修正が行われることがある。そして，当該中間者の承認が得られると，起案文書上の所定欄にそのことを示す押印がなされて，次の順位の者に回覧がなされる。このように稟議制においては，ボトムアップで調整過程が積み上げられていくことになる。

■ 「上申」，「具申」，「意見の申出」，「助言」とボトムアップ型調整　稟議制は，法令上の制度ではないが，よりフォーマルに下級機関が上級機関に対し，政策案や個別事案処理案を提案する仕組みも考えられる。これが「上申」，「具申」，「意見の申出」，「助言」等と呼ばれるものである。たとえば，内閣法制局は，閣議に付される法律案，政令案および条約案を審査し，これに意見を付し，および所要の修正を加えて，内閣に上申すること，また，法律案および政令案を立案し，内閣に上申することを所掌事務としている（内閣法制局設置法3条1号・2号）。このような仕組みが法定されている場合には，「上申」等の尊重の要請が強くなるので，調整は「上申」等

の前の段階で終了していることが通常である。

■諮問機関の答申・建議等　上下の指揮命令系統にあるライン組織とは異なる諮問機関からの政策提案・事案処理案の提案も，広範に行われている。このうち，特に諮問機関の答申の場合には，諮問機関に対して意見を求めた以上，法的拘束力はなくても，実際上は，それを尊重する要請が強く働く。したがって，答申前の段階で諮問機関の事務局が関係部局等との調整を行い，調整結果が答申に反映されるのが通常である。

(3) 行政組織における協力の仕組み

■共　　管　行政事務は特定の行政機関に分配されるのが原則であるが，複数の行政機関の所掌事務と関連することが稀でない。かかる場合，いずれかひとつの行政機関に当該事務を分配し，他の行政機関との間で分立的調整（協議，意見聴取等）を図る仕組みも考えられるが，当該事務の主管機関をひとつに限定することが困難な場合，例外的に，**複数の行政機関が共同で意思決定をし，対外的にも複数の機関の名で表示する場合がある。これが共管事務である。**たとえば，石油パイプライン事業法5条1項は，「石油パイプライン事業を営もうとする者は，主務省令で定める石油パイプラインの系統ごとに，主務大臣の許可を受けなければならない」とし，同法41条1項2号は，石油パイプライン事業の許可に関する事項については，経済産業大臣および国土交通大臣が主務大臣であるとしている。この場合には，経済産業大臣および国土交通大臣双方が許可を与える意思を示さなければ，許可は与えられない。共管方式は，積極的権限争議の調整の結果として採用されることもある。

■共　　助　「共助」という言葉は，「外国の要請により，当該外国の刑事事件の捜査に必要な証拠の提供……をすること」（国際捜査1条1号）のように，独立の国家間の協力の意味で使用されることが多いが，国内の対等または独立の行政機関間における協力の意味で用いられることもある。

　かかる協力は，法律の定めがなくても広範に行われているが，特に法定されている例もある。消防および警察は，国民の生命，身体および財産の保護のために相互に協力をしなければならないとされている（消組42条1項）。

■ 情報の共有　　行政機関相互間における情報の提供による共有も，共助の一類型といえる。しかし，当該情報が個人情報の場合には，目的外の利用・提供は原則として禁止されるので，法定された例外事由に該当しない限り，他の機関や行政主体に情報を与えることはできない（個人情報69条1項・2項）。

　明文の規定がなくても，関係行政機関への通報によって情報を共有する義務が生ずる場合があるかが争点になることがある。カネミ油症事件において，農林省（当時）の職員が，米糠から食用油を製造する際に副産物として生産されるダーク油を原料とする飼料を与えた鶏が大量に斃死したことを確認しながら，その情報を食品衛生を所管する厚生省（当時）に通報しなかったことが，カネミ油症の発生の一因となったため，国家賠償請求訴訟において，かかる通報義務が認められるべきかが争われたのである。通報義務を認めた裁判例として，福岡高判昭和59・3・16判時1109号44頁，福岡地小倉支判昭和60・2・13判時1144号18頁が，認めなかった裁判例として，福岡高判昭和61・5・15判時1191号28頁がある。

■ 職員の融通　　職員の融通も，共助の一形態とみることができよう。普通地方公共団体の長は，当該普通地方公共団体の委員会または委員と協議して，その補助機関である職員を，当該執行機関の事務を補助する職員もしくはこれらの執行機関の管理に属する機関の職員と兼ねさせ，もしくは当該執行機関の事務を補助する職員もしくはこれらの執行機関の管理に属する機関の職員に充て，または当該執行機関の事務に従事させることができる（自治180条の3）のは，典型的な職員の融通といえる。

■ 検査・評価・監視等　　府省等は，組織内部において監査を行っているが（国税庁監察官について財務省設置法26条・27条），ここでは，同一府省外の行政機関による府省横断的な検査・評価・監視等について説明することとする。なお，かかる検査・評価・監視等を行う機関を監査機関と称することがある。

　(a)　会計検査　　会計検査院は，日本国憲法90条の規定により国の収入支出の決算の検査を行うほか，法律に定める会計の検査を行う（会検20条1項）。

　(b)　行政評価等　　総務省の所掌事務のなかには，各府省等の政策について，

統一的もしくは総合的な評価を行い，または政策評価の客観的かつ厳格な実施を担保するための評価を行うこと（総務省4条10号），各行政機関の業務の実施状況の評価（当該行政機関の政策についての評価を除く）および監視を行うこと（同条11号）があり，そのために同省に行政評価局が置かれている。総務省設置法4条10号と11号の評価を併せて行政評価等という。

5　国・地方公共団体間および地方公共団体相互間の関係

(1)　問題の所在

　国・地方公共団体間および地方公共団体相互間の関係をどのようにとらえるかは，地方自治法の重要テーマであるが，行政組織法の観点からも，興味深い論点である。そこで，国と地方公共団体間および地方公共団体相互間の法的紛争を訴訟により解決しうるか，可能な場合，法律が特に認めた機関訴訟としてなのか，抗告訴訟や当事者訴訟という主観訴訟としても可能なのかという論点について説明することとする。

　地方公共団体の自治権も国から付与されたものであり，地方公共団体も国家の統治機構の一環をなすことを重視する考え方によれば，国と地方公共団体の関係および地方公共団体相互間の関係は，基本的には，行政機関相互間の関係と同様，内部法関係であり，行政主体と私人の関係を規律する「法律による行政の原理」や「適正手続の法理」は，少なくともそのまま適用されるものではないと解されることになる。行政手続法4条1項が，「国の機関又は地方公共団体若しくはその機関に対する処分（これらの機関又は団体がその固有の資格において当該処分の名あて人となるものに限る。）及び行政指導並びにこれらの機関又は団体がする届出（これらの機関又は団体がその固有の資格においてすべきこととされているものに限る。）については，この法律の規定は，適用しない」としているのも，国と地方公共団体の関係および地方公共団体相互間の関係は，国と私人の関係とまったく同様に考えることはできないという思考の現れとみることができよう。国による普通地方公共団体への関与に関する訴訟（自治251条の5第1項），都道府県による市町村への関与に関する訴訟（同251条の6第1項）が，立法者意思によれば機関訴訟とされたことも，かかる思

考を基礎にしているといえよう。

　地方自治法が定める上記の訴訟が機関訴訟か主観訴訟かは，理論上の相違にとどまるが，上記の訴訟の対象外の**裁定的関与**（地方公共団体の機関がした処分または裁決に対する不服申立てについて，都道府県の機関がした処分または裁決にあっては国の機関に，市町村の機関がした処分または裁決にあっては都道府県の機関に審査請求または再審査請求が認められている場合があり，かかる不服申立ての審査を通じた関与を裁定的関与という）等に関する訴訟のように，訴訟を認める特別の定めがない場合には（同245条3号かっこ書参照），機関訴訟説によれば訴訟は認められないのに対して，主観訴訟説によれば抗告訴訟または当事者訴訟が認められる場合があるという実際上の差が生ずることになる。

　そこで，以下において，財産権の主体でない場合には，国または地方公共団体が提起する訴訟は法律上の争訟に当たらないとする否定説と，これを法律上の争訟とみる肯定説を対比して論ずることとする。

(2)　法律上の争訟性を否定するとみられる裁判例・学説

[判例 3-1]　最判昭和49・5・30民集28巻4号594頁［百Ⅰ1］［判Ⅰ56］
　大阪市が経営する国民健康保険の被保険者証交付申請を拒否された者が，大阪府国民健康保険審査会に対して審査請求を行ったところ，同審査会が被保険者証交付申請拒否処分を取り消し，申請者を大阪市が経営する国民健康保険の被保険者とする裁決を行ったため，大阪市が同裁決の取消訴訟を提起した。最判昭和49・5・30は，国民健康保険事業の保険者のした保険給付等に関する処分の審査に関するかぎり，審査会と保険者とは，一般的な上級行政庁とその指揮監督に服する下級行政庁の場合と同様の関係に立ち，当該処分の適否については審査会の裁決に優越的効力が認められ，保険者はこれによって拘束されるべきことが制度上予定されているものとみるべきであって，その裁決により保険者の事業主体としての権利義務に影響が及ぶことを理由として保険者である大阪市が当該裁決を争うことはできないと判示した。

[判例 3-2]　最判平成13・7・13訟月48巻8号2014頁［百Ⅱ138］［判Ⅰ86］
　対潜水艦戦作戦センター（ASWOC）に関する建物の設計図および建築申請に関する資料に対する開示請求が那覇市情報公開条例に基づいて行われ，那覇市長が非開示決定を行ったところ，開示請求者から異議申立てがなされ，一部が開示されることになったため，国が防衛行政への支障等を理由として一部開示決定の取消訴訟を提起した。最判平成13・7・13は，本件訴訟が法律上の争訟であることを認めたが，それは，国が，本件文書の公開によって国有財産である本件建物の内部構造等が明らかになる

と，警備上の支障が生じるほか，外部からの攻撃に対応する機能の減殺により本件建物の安全性が低減するなど，本件建物の所有者として有する固有の利益が侵害されることをも理由として，本件各処分の取消しを求めていると理解することができるからであり，財産権の主体として，私人と同様の立場で提起した訴訟でない場合は，法律上の争訟と認めない趣旨と思われる。

[判例3-3]　最判平成14・7・9民集56巻6号1134頁［百I 106］［判I 209・II 2］

　宝塚市は，条例でパチンコ店等の建設に市長の事前の同意を得ることを義務づけたが，同意なしに建築が行われたため，市長が条例に基づき建築工事中止命令を出したところ，これを無視して建築が続行されたので，建築工事続行禁止を求める民事訴訟を同市が提起した。最高裁は，「国又は地方公共団体が提起した訴訟であって，財産権の主体として自己の財産上の権利利益の保護救済を求めるような場合には，法律上の争訟に当たるというべきである」としながら，「国又は地方公共団体が専ら行政権の主体として」提起する訴訟は，「法規の適用の適正ないし一般公益の保護を目的とするものであって，自己の権利利益の保護救済を目的とするものということはできないから，法律上の争訟として当然に裁判所の審判の対象となるものではなく，法律に特別の規定がある場合に限り，提起することが許されるものと解される」と判示した。

　上記の判例のほか，杉並区が東京都を相手取って提起した住基ネット確認訴訟は，地方公共団体相互間の訴訟であるが，東京地判平成18・3・24判時1938号37頁［判I 55］は，前掲最判平成14・7・9を引用して，法律上の争訟に当たらないと判示している。そして，東京高判平成19・11・29判例自治299号41頁も，同様の理由で控訴を棄却している（最決平成20・7・8 LLI/DB L06310188は上告棄却，上告不受理）。

　学説においても，国または地方公共団体が「固有の資格」（行手4条1項，行審7条2項）で提起する訴訟は法律上の争訟とはいえないとする有力説が存在する。

(3)　法律上の争訟性を肯定する裁判例・学説

　他方，法律上の争訟性を否定する考え方に対しては，異論も少なくない。大阪地判昭和40・10・30行集16巻10号1771頁，大阪高判昭和46・8・2民集28巻4号630頁は，大阪市は国民健康保険事業主体として，都道府県国民健康保険審査会の裁決の取消訴訟を提起することを認めていたし，いわゆる摂津

訴訟についての東京高判昭和 55・7・28 行集 31 巻 7 号 1558 頁は，児童福祉法に基づく保育所設置費用の国庫負担金の支払を求めて摂津市が国に対して提起した訴訟が法律上の争訟であることを前提として審理している。これらの下級審裁判例は，いずれも地方公共団体の財産上の権利利益とも関わるものであるが，そうでない事案においても，地方公共団体の固有の権利利益が国または他の地方公共団体により侵害された場合，出訴を認める特別の法律がなくても，主観訴訟として出訴することを認める解釈も成立しうる。

　行政手続法 4 条 1 項が適用除外とした地方公共団体に対する国の関与の手続についても，国と地方公共団体を対等・協力の関係と位置づける地方分権改革により，行政手続法をモデルにした手続が地方自治法に法定されている。**学説においても，地方公共団体は国とは独立した行政主体であり，日本国憲法により「地方自治の本旨」（憲 92 条）の一環として団体自治が保障されており，この自治権の侵害に対しては，抗告訴訟を提起しうるとする見解が多数を占めている。**この見解によれば，地方自治法が定める国による普通地方公共団体への関与に関する訴訟，都道府県による市町村への関与に関する訴訟は，抗告訴訟の特則を定めたものと解することになろう。

第4章　行政情報の収集・管理・利用

≫Points

1）申請・届出の制度は，行政情報収集の仕組みともいえる。
2）行政調査には，任意調査，間接強制調査，実力行使を認められた調査等の区別がある。
3）判例は，憲法35条1項・38条1項の保障が行政手続にも及ぶ場合がありうるが，刑事手続と実質的に同視できる場合等以外は，かかる保障が及ばないとする立場をとっている。
4）行政機関の長は，利用目的の達成に必要な範囲を超えた個人情報の保有を禁じられ，保有個人情報の目的外利用・提供を原則として禁止されている。
5）公文書管理法は，文書のライフサイクル全体の管理について定めている。
6）行政機関情報公開法，独立行政法人等情報公開法は，国民主権の理念にのっとり，国民への政府の説明責務を履行するためのものである。

1　行政情報の収集

⑴　申　　請

■意　　義　　申請とは，法令に基づき，行政庁の許可，認可，免許その他の自己に対し何らかの利益を付与する処分（以下「許認可等」という）を求める行為であって，当該行為に対して行政庁が諾否の応答をすべきこととされているものをいう（行手2条3号）。申請は，私人のイニシアティブによって行政過程を開始させる仕組みの代表的なものである。申請の仕組みがとられている場合には，許認可等の判断に必要な情報は，基本的に申請者自身に提出させることによって，行政庁の情報収集費用を節減することができる。すなわち，申請者は，許認可等の判断に必要な情報を申請書に記載したり，書類を添付することによって，必要な情報を自ら行政庁に提出しなければならないのである。

■形式的要件　申請書に記載漏れがあったり，法定の添付書類が欠けていれば，申請の形式上の要件に適合しない不適法な申請であり，行政庁は補正を求めるか，申請拒否処分をしなければならない（同7条）。補正を求めることは行政指導であるので，それ自体に法的拘束力はないが，補正を行わなければ拒否処分がなされるので，申請者に補正に応じさせるインセンティブが存在する。

■罰　　則　申請者に許認可等の判断に必要な情報を提出させる仕組みは存在しても，当該情報の真実性が担保されていなければ，行政庁は的確な判断をすることはできない。行政庁は，申請者から提出された情報の真実性に疑問を持てば，関連資料を調査したり，聞き込み調査を行ったりして，当該情報の真実性を確認しなければならなくなる。このような行政庁による情報の真実性確認の費用を可能な限り節減するために，申請者が虚偽情報を提出することを抑止する仕組みが必要になる。そこで，虚偽の申請に対しては一般に罰則を設けている（銃刀所持31条の6）。

(2) 届　　出

■意　　義　届出とは，行政庁に対し一定の事項を事前または事後に通知する行為（申請に該当するものを除く）であって，法令により直接に当該通知が義務づけられているもの（自己の期待する一定の法律上の効果を発生させるためには当該通知をすべきこととされているものを含む）をいう（行手2条7号）。届出も，私人のイニシアティブによって行政過程を開始させる仕組みである。届出制は，当該分野における監督等を行うために必要な情報を行政機関が収集することを目的としている。

■形式的要件　届出の場合は，申請とは異なり，行政庁は諾否の応答をすることはないので，届出書に記載漏れがあったり法定の添付書類が欠けていても，届出拒否処分をすることはできない。しかし，このような形式的要件を欠く届出は，たとえ届出先とされている行政機関の事務所に到達しても，届出としての手続上の効果は発生しないから，無届出として取り扱われる（同37条）。

■罰　　則　　　届出義務違反に対しては，通常，罰則の規定が設けられている。この罰則の威嚇により，届出者から必要な情報が提出されることが担保されている。届出書に虚偽情報が記載されている場合は，形式上の要件に合致していれば，行政手続法上は，届出をすべき手続上の義務は履行されたことになり，無届出として罰則を適用することはできないので，届け出られる情報の真実性を担保する仕組みを用意しておく必要がある。そこで，届出書やその添付書類に虚偽記載があった場合の罰則を定めることによって，虚偽記載を抑制する仕組みが一般にとられている（大店立地 17 条 1 号）。

■届出義務と黙秘権　　　届出義務（その前提となる記帳義務を含む）を課して，その違反に罰則を適用することが憲法 38 条 1 項が保障する黙秘権の侵害にならないかという問題がある。**最高裁は，最大判昭和 47・11・22 刑集 26 巻 9 号 554 頁 [百 I 100] [判 I 123]〔川崎民商事件〕で述べているように，純然たる刑事手続でなくても，実質上，刑事責任追及のための資料の収集に直接結びつく作用を一般的に有する手続であれば，憲法 38 条 1 項の保障が及ぶとしている。**そして，これまで罰則を伴った届出義務規定については，実質上，刑事責任の追及のための資料の収集に直接結びつく作用を一般的に有するものではないことを明示的または黙示的に前提として，法令違憲の主張を退けてきたとみることができよう。

　しかし，罰則を伴った届出義務規定が法令違憲ではないとしても，特定の者との関係で実質上，刑事責任追及のための資料の収集に直接結びつく作用を有することはありうるから，かかる者との関係において，当該届出義務規定が適用違憲とならないかという問題が存することになる。これまで，最高裁は，若干の事例において，適用違憲となることを否定する判決を出している。

(3)　行政調査

■意　　義　　　申請，届出による情報収集も，広義の行政調査に含めることができるし，第 1 次的には私人の権利利益の保護のために行われる手続（聴聞，弁明の機会の付与等）も，情報収集機能を有することはいうまでもない。しかし，ここでは，申請，届出の仕組みによる情報収集や私人の権利利益の保護のための行政手続を通じた情報収集を除いて，行政機関が行政目的

で行う調査を行政調査と称することにする。

■種　類　　行政調査の中には，統計調査のように一般的目的で行われるものと，個別具体の行政決定の基礎となる情報を収集するために行われるものがある。

行政調査は，調査に応ずる義務の存否，強制力の有無，強制の態様という観点から，以下のように分類することができる。

第1に，**法的拘束力を欠いており，相手方が調査に応ずるか否かを任意に決定できる，純粋な任意調査がある。**人の看守し，もしくは人の住居に使用する建物または閉鎖された門内に水道事業者の職員が立入検査をする場合（水道17条1項）がその例である。任意調査は，法的拘束力のある調査権限が法定されていない場合のみならず，法定されている場合においても，当該権限を行使せずにソフトな手段として用いられることが少なくない。この場合には，根拠規範は不要である。

第2に，**相手方に調査に応ずる義務があることは法定されているが，直接的にも間接的にもそれを強制する仕組みがないため，任意調査に近い調査がある。**

第3に，**調査を拒否すると給付が拒否される仕組みがとられている場合がある。**

第4に，行政調査に応じない場合，または応じても十分な資料を提示しない場合には，自己に不利益な事実があったものとみなされる例がある。違反の有無の調査に対して，違反をしていないことを示す合理的根拠を示す資料を提示しない場合，違反があったものとみなす特定商取引に関する法律（特定商取引法）52条の2，54条の2がその例である。また，**行政機関による私人間の紛争解決の場合において，当事者の申出により行政機関が行う立入検査を相手方が正当な理由なく拒んだときは，当該事実関係に関する申立人の主張を真実と認めることができるとするものがある**（建設25条の21第3項）。

第5に，**調査拒否に対して罰則を設けて罰則の威嚇により間接的に調査受諾を強制するものがあり，準強制調査または間接強制調査と呼ばれることもある。**

第6に，**実力を行使して相手方の抵抗を排し調査を行うことが認められている場合があるが**（税通132条，関税121条，金商211条，独禁102条の臨検・捜索・差押え，入管31条の臨検・捜索・押収，児童虐待9条の3の臨検，捜索等がその例である），現行法上，例外的に認められているにとどまる。

　行政調査は，従前は即時強制（⇒第2章**2(6)**）の一種として説明されていたが，即時強制として説明可能なのは，第6類型のみであることから，近時は，行政調査を即時強制とは別の範疇として説明するようになっている。

■ **任意調査**　　　任意調査は，相手の同意を得て行われるものであるが，職務質問に付随して行われる所持品検査，自動車の一斉検問のように，任意調査の限界内にとどまっているかが問題とされる事例が稀でない。

　(a)　**所持品検査**　　警察官職務執行法2条1項は，「警察官は，異常な挙動その他周囲の事情から合理的に判断して何らかの犯罪を犯し，若しくは犯そうとしていると疑うに足りる相当な理由のある者又は既に行われた犯罪について，若しくは犯罪が行われようとしていることについて知つていると認められる者を停止させて質問することができる」と定めている。

　[判例 4-1] は，この規定を根拠に一定範囲で所持品検査をすることを認め，相手の同意なくバッグのチャックを開けた行為を適法としている。

> [判例 4-1]　最判昭和53・6・20刑集32巻4号670頁［百Ⅰ103］
> 　本判決は，警察官職務執行法は，所持品検査について明文の規定を設けていないが，所持品検査は，口頭による質問と密接に関連し，かつ，職務質問の効果をあげるうえで必要性，有効性の認められる行為であるから，同法2条1項による職務質問に付随してこれを行うことができる場合があるとしたうえで，所持品検査は，任意手段である職務質問の付随行為として許容されるのであるから，所持人の承諾を得て，その限度においてこれを行うのが原則であるとする。しかし，所持人の承諾のない限り所持品検査は一切許容されないと解するのは相当でなく，捜索に至らない程度の行為は，強制にわたらない限り，所持品検査においても許容される場合があると解すべきであると述べている。そして，かかる行為は，限定的な場合において，所持品検査の必要性，緊急性，これによって害される個人の法益と保護されるべき公共の利益との権衡などを考慮し，具体的状況のもとで相当と認められる限度においてのみ，許容されるものと解すべきであると判示している。

　本判決は，所持人の承諾のない所持品検査が例外的に許容される場合があるが，それは強制にわたるものであってはならないとしている。本件では，容疑事実が銀行強盗という重大なものであり，その容疑が濃厚で，凶器を所持している疑いもあったこと，所持品検査の態様は，施錠されていないバッグのチャックを開披して内部を一瞥したものにとどまり，被調査者の法益侵害の程度が

大きくないことが総合考慮されて，適法な所持品検査とされた。

発展学習のために⑦　違法収集証拠の証拠能力

　［判例4-1］は，当該事案において，所持品検査を適法としたが，最判昭和53・9・7刑集32巻6号1672頁［判Ⅰ122］は，［判例4-1］の一般論を踏襲したうえで，ポケットに手を差し入れて所持品を検査した行為は，一般にプライバシー侵害の程度の高い行為であり，かつ，その態様において捜索に類似するものであるから，当該事件の具体的状況のもとにおいては，相当な行為とは認めがたいとした。そして，証拠物の押収等の手続に，憲法35条およびこれを受けた刑事訴訟法218条1項等の所期する令状主義の精神を没却するような重大な違法があり，これを証拠として許容することが，将来における違法な捜査の抑制の見地からして相当でないと認められる場合においては，その認拠能力は否定されるものと解すべきであるが，本件の状況のもとでは，当該証拠物の証拠能力は肯定すべきと判示した。

(b)　**自動車の一斉検問**　自動車の一斉検問の適法性が争われた事案として以下のものがある。

［判例4-2］　最決昭和55・9・22刑集34巻5号272頁［百Ⅰ104］［判Ⅰ121］

　本判決は，警察法2条1項▼が「交通の取締」を警察の責務として定めていることに照らすと，交通の安全および交通秩序の維持などに必要な警察の諸活動は，強制力を伴わない任意手段による限り，一般的に許容されるべきであるが，それが国民の権利，自由の干渉にわたるおそれのある事項にかかわる場合には，任意手段によるからといって無制限に許されるべきものでないことは，警察法2条2項，警察官職務執行法1条2項▽などの趣旨にかんがみ明らかであるとする。そして，自動車の一斉検問については，それが相手方の任意の協力を求めるかたちで行われ，自動車の利用者の自由を不当に制約することとならない方法，態様で行われる限り，適法なものと解すべきと判示している。

発展学習のために⑧　GPS捜査

　最大判平成29・3・15刑集71巻3号13頁は，個人のプライバシー侵害を可能とする機器をその所持品に秘かに装着することによって，合理的に推認される個人の意思に反してその私的領域に侵入する捜査手法であるGPS捜査は，個人の意思を制圧して憲法の保障する重要な法的利益を侵害するものであるとする。したがって，刑事訴訟法上，特別の根拠規定がなければ許容されない強制の処分に当たるとともに，一般的には，現行犯逮捕等の令状を要しないものとされている処分と同視すべき事情があ

ると認めるのも困難であるから，令状がなければこれを行うことのできない処分と解すべきであるとして，GPS捜査が任意捜査ではないという解釈を示した。

■ 行政手続法と行政調査手続　行政手続法は，行政調査についての一般的手続を置かず，3条1項14号で「報告又は物件の提出を命ずる処分その他その職務の遂行上必要な情報の収集を直接の目的としてされる処分及び行政指導」について，同法の処分や行政指導に関する規定の適用を除外した。また，調査権の行使として行われる立入検査のような事実上の行為も，2条4号イの規定により，不利益処分の定義から除外されている。このように，行政手続法は，行政調査の手続的統制のあり方を将来の検討課題とした。もっとも，個別法においては，以下のように，調査手続についての規定を置く例が稀でない。

(a)　**身分証の携行・提示**　調査者の身分証の携行・提示に関する規定は少なくない。

(b)　**事前通知，意見書提出機会の付与**　事前通知についての規定を置く立法例もある（収用12条1項・2項参照）。2011（平成23）年の国税通則法の改正により，税務調査に先立ち，課税庁が原則として事前通知を行うこととされた（2013〔平成25〕年1月1日施行）。しかし，判例は，事前通知を憲法上の要請とは解していない。この点に関する判例として，いわゆる荒川民商事件における最決昭和48・7・10刑集27巻7号1205頁［百Ⅰ101］［判Ⅰ124］がある。同決定は，検査実施の日時場所の事前通知，調査の理由および必要性の個別的，具体的な告知のごときは，質問検査を行ううえの法律上一律の要件とされている

▼警2条①　警察は，個人の生命，身体及び財産の保護に任じ，犯罪の予防，鎮圧及び捜査，被疑者の逮捕，交通の取締その他公共の安全と秩序の維持に当ることをもつてその責務とする。

②　警察の活動は，厳格に前項の責務の範囲に限られるべきものであつて，その責務の遂行に当つては，不偏不党且つ公平中正を旨とし，いやしくも日本国憲法の保障する個人の権利及び自由の干渉にわたる等その権限を濫用することがあつてはならない。

▽警職1条②　この法律に規定する手段は，前項の目的のため必要な最小の限度において用いるべきものであつて，いやしくもその濫用にわたるようなことがあつてはならない。

ものではないと判示している。事前通知が必要ない場合においても，調査を開始する時点においては，調査の目的と内容を告知すべきであろう。なお，実定法上，事前通知を義務づけるにとどまらず，意見書提出の機会まで付与しているものもある。自然環境保全法 31 条 2 項がその例である。

　ⓒ　**裁判所または裁判官の事前許可**　　日本国憲法 35 条▼が，行政手続にも適用があるかがかねてより議論されていた。出入国管理及び難民認定法 31 条 1 項は，「入国警備官は，違反調査をするため必要があるときは，その所属官署の所在地を管轄する地方裁判所又は簡易裁判所の裁判官の許可を得て，臨検，捜索又は押収をすることができる」と定めているし，警察官職務執行法 3 条 3 項，少年法 6 条の 7 第 2 項・18 条 2 項，児童虐待の防止等に関する法律 9 条の 3 第 1 項等も裁判所または裁判官の事前チェックの仕組みを採用している。

　しかし，このように裁判所または裁判官の事前チェックを行政手続にも義務づけた規定は少ない。容疑者の収容（入管 39 条），退去強制（同 51 条以下），措置入院（精神 29 条）のように，違法に行われた場合，強度の人権侵害のおそれがあるものについても，現行法上は，裁判所または裁判官の事前許可の仕組みはとられていない。

■□
■■　**Column⑱　一時保護への司法審査**――――――――――――――――――――――――

　わが国が批准している児童の権利に関する条約 9 条 1 項では，児童がその父母の意思に反してその父母から分離されないことを確保するとしつつ，権限のある当局が司法の審査に従うことを条件として適用のある法律および手続に従いその分離が児童の最善の利益のために必要であると決定する場合は，この限りでないと定めている。このこともあり，児童の児童相談所等における一時保護の適正および透明性の確保のため，2017（平成 29）年の児童福祉法改正より，親権者の意思に反して，2 カ月を超えて一時保護を行う場合には，2 カ月ごとに家庭裁判所の承認を得なければならないこととされた（児福 33 条 14 項）。さらに，2022（令和 4）年の同法改正により，親権者等が同意した場合等を除き，事前または保護開始から 7 日以内に地方裁判所，家庭裁

　▼**憲 35 条①**　何人も，その住居，書類及び所持品について，侵入，捜索及び押収を受けることのない権利は，第 33 条の場合を除いては，正当な理由に基いて発せられ，且つ捜索する場所及び押収する物を明示する令状がなければ，侵されない。
　②　捜索又は押収は，権限を有する司法官憲が発する各別の令状により，これを行ふ。

判所または簡易裁判所の裁判官に一時保護状を請求する司法審査制度が導入された（同条3項）。

[判例4-3]　最大判昭和47・11・22刑集26巻9号554頁［百Ⅰ100］［判Ⅰ123］〔川崎民商事件〕
　本判決は，憲法35条1項の規定は，本来，主として刑事責任追及の手続における強制について，それが司法権による事前の抑制下におかれるべきことを保障した趣旨であるが，当該手続が刑事責任追及を目的とするものでないとの理由のみで，その手続における一切の強制が当然に当該規定による保障の枠外にあると判断することは相当ではないとし，一般論としては，憲法35条1項の保障が行政手続にも及ぶ場合がありうることを明言した。
　しかし，所得税法の質問検査は，①刑事責任追及を目的とする手続でないこと，②実質上，刑事責任追及のための資料の取得収集に直接結びつく作用を一般的には有しないこと，③実質上，直接的物理的な強制と同視すべき程度にまで達していないこと，④実効性確保の手段として，あながち不均衡，不合理なものではないこと，を総合判断すれば，令状主義を一般的要件としていないからといって，憲法35条違反とはいえないと判示している。

[判例4-4]　最大判平成4・7・1民集46巻5号437頁［百Ⅰ113］［判Ⅰ4］
　本判決は，新東京国際空港の安全確保に関する緊急措置法（当時。現在は成田国際空港の安全確保に関する緊急措置法）3条3項の規定に基づく立入りは，同条1項に基づく使用禁止命令がすでに発せられている工作物についてその命令の履行を確保するために必要な限度においてのみ認められるものであり，その立入りの必要性が高いこと，刑事責任追及のための資料収集に直接結びつくものではないこと，強制の程度，態様が直接的物理的なものではないこと等を総合判断すれば，裁判官の発する令状を要しないとしても憲法35条の法意に反しないとしている。

　これらの判示に照らすと，**実質上，刑事責任追及のための資料の取得収集に直接結びつく作用を一般的に有するものと認めるべき場合や実質上，直接的物理的な強制と同視すべき程度まで達している場合には，行政調査であっても，令状主義の憲法上の要請が及ぶことになろう**。旧国税犯則取締法2条（現・国税通則法132条）の臨検，捜索，差押えについて，最判昭和59・3・27刑集38巻5号2037頁は，同法の犯則調査手続は，国税の公平確実な賦課徴収という行政目的を実現するものであり，その性質は一種の行政手続であって，刑事手続ではないと解されるとしつつも，実質的には租税犯の捜査としての機能を営

むと判示しており，このような場合には，憲法35条の規定による保障が及ぶことになると考えられる（行政手続法の規定の適用は除外されている。同法3条1項6号）。実際，地裁または簡裁の裁判官の許可が必要とされている（税通132条1項）。ただし，間接国税の現行犯または準現行犯について，証拠を収集するため必要にして急速を要する場合，裁判官の許可を得ることを要しないとされていた（旧税犯3条），その合憲性が議論されていたが，最大判昭和30・4・27刑集9巻5号924頁は，現行犯に係る同法3条1項の規定を合憲としている。

■ 行政調査と黙秘権　　憲法38条1項の黙秘権の保障が行政手続にも及ぶかについても，かねてより議論がある。前掲最大判昭和47・11・22〔川崎民商事件〕は，所得税法の質問検査については，憲法38条1項にいう「自己に不利益な供述」を強要するものとすることはできないとする。

　その後，前掲最判昭和59・3・27は，**旧国税犯則取締法上の犯則調査手続について，憲法38条1項の規定による保障が及ぶこと**を認めている。なぜならば，旧国税犯則取締法上の犯則調査手続は，その手続自体が捜査手続と類似し，これと共通するところがあるばかりでなく，当該調査の対象となる犯則事件は，間接国税以外の国税については同法12条ノ2または同法17条各所定の告発により被疑事件として刑事手続に移行し，告発前の当該調査手続において得られた質問顛末書等の資料も，当該被疑事件についての捜査および訴追の証拠資料として利用が予定されているため，実質的には租税犯の捜査としての機能を営むものであって，租税犯捜査の特殊性，技術性等から専門的知識経験を有する収税官吏に認められた特別の捜査手続としての性質を有するからであるとする。ただし，同判決は，憲法38条1項の規定は黙秘権の告知を義務づけるものではなく，告知を要するとすべきかどうかは，その手続の趣旨，目的等により決められるべき立法政策の問題であって，旧国税犯則取締法が黙秘権の告知の規定を欠き，収税官吏が質問に際し告知をしなかったとしても，その質問手続が憲法38条1項違反にはならないとしている。

■ 行政調査と犯罪捜査　　**行政調査は，所定の行政目的達成のためにのみ認められるのであり，別の行政目的のために行政調査権限を利用することはできないし，いわんや犯罪捜査のために行政調査を行うことは許されない。**このことが確認的に規定されている場合が少なくない（税通74条

の8▼）。（実質的に刑事手続に近い犯則調査は例外であるが）通常の行政調査の場合には，一般に手続的統制は十分でない。したがって，手続的統制の弱い通常の行政調査を用いて，実質的な犯罪捜査を行うことは，刑事訴訟法の趣旨を潜脱するものであり，許されない。適正な刑事手続は憲法の定めるところであり（憲31条），犯罪捜査のために行政調査を行うことができない旨の明文の規定がない場合であっても，同様に解される。**もし行政調査に藉口して犯罪捜査を行い，そこで得られた証拠を刑事責任追及のために利用しようとしても，刑事訴訟における証拠能力は否定される。**

　法人税法旧156条（現・税通74条の8）に関して，最決平成16・1・20刑集58巻1号26頁［百Ⅰ102］［判Ⅰ125］は，質問検査権の行使に当たって，取得収集される証拠資料が後に犯則事件の証拠として利用されることが想定できたとしても，そのことによって直ちに，当該権限が犯則事件の調査または捜査のための手段として行使されたことにはならないとし，本件の場合には，後に犯則事件の証拠として利用されることが想定できたにとどまるから，法人税法旧156条の規定に違反しないと判示している。

■ **行政調査の瑕疵の効果**　　行政調査に瑕疵があった場合，当該調査を基礎としてなされた行政作用の効果はどうなるかという問題がある。ここでいう行政作用としては，行政行為が問題になることが多いが，それ以外の行政作用においても問題になりうる。

　この点に関する裁判例は分かれている。一方において，行政調査と行政行為は別の制度であるとして両者を峻別し，調査手続の瑕疵は行政行為の効力に影響を及ぼすことはないとする裁判例がある（大阪地判昭和59・11・30判時1151号51頁，千葉地判平成2・10・31税資181号206頁，大阪地判平成2・12・20税資181号1020頁）。他方において，行政調査を全く怠ったとき（名古屋高判昭和48・1・31行集24巻1＝2号45頁）や重大な手続的瑕疵がある場合には，行政行為の瑕疵となるとする裁判例もある。たとえば，東京高判平成3・6・6訟月38巻5号878頁は，調査の手続が刑罰法規に触れ，公序良俗に反し，または社会通念上

▼税通74条の8　第74条の2から第74条の7まで（当該職員の質問検査権等）又は前条の規定による当該職員又は国税局長の権限は，犯罪捜査のために認められたものと解してはならない。

相当の限度を超えて濫用にわたる等重大な違法を帯び，何らの調査なしに行政行為をしたに等しいものとの評価を受ける場合に限り，その行政行為の取消原因となると判示している（東京地判平成 23・12・1 訟月 60 巻 1 号 94 頁も同旨。類似の基準を示唆するものとして，東京地判昭和 48・8・8 行集 24 巻 8 = 9 号 763 頁）。また，調査手続に重大な瑕疵がある場合に，違法収集証拠排除の考え方をとったものに，東京地判昭和 61・3・31 判時 1190 号 15 頁があり，手続の違法性の程度が甚だしい場合に，これによって収集された資料を当該行政行為の資料として用いることが排斥され，その結果として，当該行政行為を維持できなくなる場合が起こりうると判示している。

■□　Column⑲　リーニエンシー・プログラム --------------------------------
□■

　　刑法は，罪を犯した者が捜査機関に発覚する前に自首したときは，その刑を減軽することができると規定しているが（刑 42 条 1 項），刑罰以外の制裁についても，違反行為を法執行機関に申告し，調査等に協力した者に対して，制裁を減免するリーニエンシー・プログラムの導入は，違反行為を探知するうえで有効であろう。とりわけ，カルテルのような集団的違法行為の場合，リーニエンシー・プログラムが採用されていれば，仲間の誰かが通報することを恐れて，違法行為が抑止される可能性が高くなる。2005（平成 17）年の私的独占の禁止及び公正取引の確保に関する法律（独占禁止法）の改正によって，リーニエンシー・プログラムの導入が実現した（独禁 7 条の 4）。また，2008（平成 20）年の金融商品取引法の改正により，当局の調査前に違反行為を報告した場合，課徴金を半額にする制度が導入された（金商 185 条の 7 第 14 項）。不当景品類及び不当表示防止法，医薬品，医療機器等の品質，有効性及び安全性の確保等に関する法律も同様の制度を採用している（景表 9 条，医薬 75 条の 5 の 4）。
----

(4)　行政機関による情報の収集と個人情報の保護

　国においては，1988（昭和 63）年に「行政機関の保有する電子計算機処理に係る個人情報の保護に関する法律」が制定されたが，2003（平成 15）年，これを全部改正する「行政機関の保有する個人情報の保護に関する法律」（行政機関個人情報保護法）が制定された。前者は，電子計算機処理された個人情報のみを対象としていたが，後者は，紙等のマニュアル処理のものも対象としていた。民間部門の個人情報保護については，同じく 2003（平成 15）年，「個人情報の保護に関する法律」（個人情報保護法）が制定されている。この法律は，個人情

報の保護についての基本法としての性格も併有している。その後，2021（令和
3）年の改正で，行政機関個人情報保護法は廃止され，個人情報保護法に統合
されることになった。

　個人情報保護法 61 条 1 項は，行政機関における個人情報の保有は，法令の
定める所掌事務または業務を遂行するために必要な場合に限り認められ，その
場合，利用目的を可能な限り個別的具体的に定めることとしている。そして，
利用目的の達成に必要な範囲を超える個人情報の保有を禁じている（同条 2 項）。
したがって，個別的具体的に特定された利用目的を超える個人情報を収集する
ことは許されないことになる。

▫▪ Column⑳　情報公開請求者リスト問題 --

　　2002（平成 14）年に防衛庁海幕情報公開室で，情報公開請求者リストに，情報公開
　事務に必要な範囲を超えた個人情報（「反戦自衛官」「受験者の母」等）が記載されてい
　たことが大きな社会問題になった。当時の「行政機関の保有する電子計算機処理に係
　る個人情報の保護に関する法律」4 条 2 項（現・個人情報保護法 61 条 2 項参照）も，
　個人情報ファイルに記載される項目は個人情報ファイルを保有する目的を達成するた
　めに必要な限度を超えてはならないと定めており，当該記載はこの規定に違反するも
　のであった。この件では，国家賠償請求を認める判決（東京地判平成 16・2・13 判時
　1895 号 73 頁，新潟地判平成 18・5・11 判時 1955 号 88 頁，東京高判平成 19・6・20 判例
　集不登載）が出されている。

■ 利用目的の明示　　　個人情報保護法は，行政機関が本人から直接書面により個
　　　　　　　　　　　人情報を取得するときは，原則として，事前に利用目的を
本人に明示することを義務づけている（個人情報 62 条）。

2　行政情報の管理と行政的利用

(1)　公文書管理法

■ 意　　義　　　2009（平成 21）年 7 月に公文書管理法が成立し，2011（平成 23）
　　　　　　　　年 4 月に全面施行された。

　公文書管理法は，保存期間満了前の現用文書と保存期間満了後の非現用文書
を包括した公文書のライフサイクル全体を対象としたオムニバス方式の一般法

である。そして，**行政機関情報公開法は，現用文書の開示請求権に基づく開示
を主とし，広義の情報提供についても定めたものであるから，一般法である公
文書管理法に対し，現用文書の利用についての特別法**として位置づけることも
可能である。また，**行政機関情報公開法が現在の国民に対する説明責務を全う
するための法律**であるのに対し，**公文書管理法は，現在のみならず将来の国民
に対する説明責務も全うするための法律**といえる。

■特　色　　公文書管理法の特色として，以下の点を指摘できよう。

　　　　　第1に，現用の行政文書の統一的管理ルール，すなわち作成基
準（公文書管理4条），分類基準（同5条1項〜3項），保存期間基準（同5条1項・
3項），行政文書ファイル管理簿の記載事項（同7条1項）を法令のレベルで規
定することとされたことである。

発展学習のために⑨　行政文書ファイル管理簿

　相互に密接な関連を有する行政文書（保存期間を同じくすることが適当であるものに
限る）は一の集合物にまとめなければならない（公文書管理5条2項）。この集合物を
「行政文書ファイル」という。ただし，単独で管理することが適当な場合には，例外
が認められる。行政文書ファイルおよび単独で管理している行政文書を併せて，「行
政文書ファイル等」という（同条5項）。行政機関の長は，行政文書ファイル等の管
理を適切に行うため，行政文書ファイル等の分類，名称，保存期間，保存期間の満了
する日，保存期間が満了したときの措置および保存場所その他の必要な事項を帳簿に
記載しなければならない。この帳簿を「行政文書ファイル管理簿」という（同7条1
項）。行政機関の長は，行政文書ファイル管理簿について，当該行政機関の事務所に
備えて一般の閲覧に供するとともに，情報通信の技術を利用する方法により公表しな
ければならない（同条2項）。

　　第2に，コンプライアンスの確保措置が整備されたことが挙げられる。行政
機関の長は，行政文書ファイル管理簿の記載状況その他の行政文書の管理の状
況について，毎年，内閣総理大臣への報告を義務づけられており（公文書管理9
条1項），内閣総理大臣は，行政機関の長に対し，行政文書の管理について，
その状況に関する報告もしくは資料の提出を求め，または当該職員に実地調査
をさせることができる（同条3項）。

　　第3に，外部有識者や専門家の知見を可能な限り活用する仕組みが整えられ

たことである。すなわち，内閣府に公文書管理委員会が新設され，統一的管理
ルールに関する政令案がこの委員会に諮問されることになる（公文書管理 29 条
1 号）。内閣総理大臣が行政文書管理規則案に同意する場合（同 10 条 3 項），特
定歴史公文書等の廃棄に同意する場合（同 25 条），国立公文書館等利用等規則
案に同意する場合（同 27 条 3 項），勧告をしようとする場合（同 31 条）も，公
文書管理委員会に諮問される（同 29 条 2 号・3 号）。

　第 4 に，国立公文書館等へ移管された歴史公文書等（特定歴史公文書等）の利
用を促進するための措置が講じられたことが挙げられる。すなわち，利用請求
権が法定され（公文書管理 16 条 1 項），利用請求に対する処分または利用請求に
係る不作為について不服がある者は，国立公文書館等の長に対し，審査請求を
することができるようになり（同 21 条 1 項），審査請求があったときは，原則
として，公文書管理委員会に諮問することが義務づけられている（同条 4 項）。
このように，特定歴史公文書等については，現用文書である行政文書の場合と
同様のアクセスの仕組み，救済の仕組みが整備されている。

(2)　行政情報の利用

■ 行政情報の目的外利用，共用　　行政機関が情報を収集する場合に他の行政機
関が保有する情報を取得することができれば
便利なことが少なくない。そのため，法律の中には，官公署等への情報提供の
協力要請に関する規定を設けているものがある。行政機関相互で行政情報を共
用する仕組みは，確かに行政の効率化に資するのみならず，国民にとっても，
重複した調査に応じる負担を免れるメリットがありうる。行政情報の共用を広
く認めて行政情報を有効活用すべきという要請が一方に存在する。

■ 個人情報の利用制限　　他方，個人情報保護の観点から，行政情報の共用にお
いては，個人情報の目的外利用や提供に歯止めをかけ
る必要がある。個人情報保護法は，個人情報を本人から直接書面で取得する場
合，原則として，あらかじめ，本人に対して，その利用目的を明示しなければ
ならないこととしているが（個人情報 62 条），収集時点で利用目的が明示され
ていたとしても，当該行政機関が事後に目的を変更したり，他の行政機関に当
該情報を提供することが全く自由に行えるのでは，収集時点での目的の明示の

意味が没却されることになる。そこで，同法は，行政機関は，利用目的を変更する場合には，変更前の利用目的と相当の関連性を有すると合理的に認められる範囲を超えて行ってはならないとし（同61条3項），**法令に基づく場合等を除き，利用目的以外の目的のために保有個人情報を自ら利用し，または提供してはならないこととしている**（同69条1項）。

■ 総合的判断　　個人情報に限らず，行政情報の目的外利用や提供による行政・国民にとっての負担軽減の観点を強調しすぎると，行政情報の収集の面でも，個々の行政調査が当該調査目的のために必要最小限の範囲で行われるべきという原則を崩すおそれがある。どの範囲で行政情報を他の行政目的に利用したり提供することを認めるべきかの政策判断は，当該情報の性質，目的外利用や提供を認めない場合に私人，行政双方に生ずるコスト等を総合的に判断して決することになる。

> **発展学習のために⑩　マイナンバー（番号）法**
>
> 　2013（平成25）年に制定された「行政手続における特定の個人を識別するための番号の利用等に関する法律」（マイナンバー法または番号法）は，「他の行政事務を処理する者との間における迅速な情報の授受」による行政運営の効率化および行政分野における公正な給付と負担の確保，手続の簡素化による国民負担の軽減等を目的としている（1条）。そして，個人番号が付された個人情報（特定個人情報）について，法定された場合に限り，情報提供ネットワークシステムを使用した情報連携を認めている。

3　行政情報の公開

(1)　情報公開の意義

　情報公開という文言は，多様な意味に用いられているが，国や地方公共団体による情報公開制度は，以下の3つに分けて考えることができる。第1に，**行政主体の裁量により行われる（狭義の）情報提供制度**がある。第2に，**私人の開示請求権の行使を前提とせずに法令，条例により情報の公表が義務づけられる情報公表義務制度**がある。第1と第2の両者を併せて広義の情報提供制度ということがある。第3に，**私人に開示請求権を付与し，その開示請求権の行使**

を受けて情報開示を行う情報開示請求制度がある。このうち，特定の利害関係人にのみ開示請求権を付与する制度を主観的情報開示請求制度と呼び，**国民一般，住民一般に開示請求権を付与する制度を客観的情報開示請求制度**と呼ぶ。

▉■　Column㉑　オープンデータ --
■□

　2010（平成22）年5月11日にIT戦略本部（当時）がとりまとめた「新たな情報通信技術戦略」において行政が保有する情報を2次利用可能な形で公開して，原則としてすべてインターネットで容易に入手できるようにするなど，行政が保有する情報の公開を積極的に推進するとともに，新事業の創出を促進することとされた。オープンデータは，国または地方公共団体がその保有する情報を国民に提供する情報提供の一環として位置づけられるが，行政主体の透明性の向上や説明責任の確保という目的のための行政主体から国民への公的情報の流れを超えて，国民が提供された公的データを活用して公的サービスを向上させたり，新規のビジネスを創出したりする点，すなわち，公的データの国民への提供後の利活用に重点が置かれている点に特色がある。

----

(2)　行政機関情報公開法

　行政機関情報公開法は，1999（平成11）年5月に可決成立し，2001（平成13）年4月1日から施行されている。独立行政法人等情報公開法は，2001（平成13）年11月に可決・成立し，2002（平成14）年10月1日から施行されている。

■目　　的　**行政機関情報公開法は，国民主権の理念にのっとって，行政文書の開示請求権を導いている**（行政情報公開1条）。すなわち，国民主権の理念に照らせば，政府は主権者である国民に対して，自らがどのように行政を行っているかを説明する責務があることになり，この説明責務が全うされるようにするとともに，国民の的確な理解と批判の下にある公正で民主的な行政の推進に資することを目的として，行政文書の開示請求権を付与しているのである。

■対象機関　行政機関情報公開法は，国会，裁判所は対象機関としていないが，行政機関については，内閣を除いて網羅しており，内閣から独立した会計検査院も対象機関に含まれている（同2条1項参照）。閣議文書は内閣官房が保有しており，内閣官房は対象機関になっているから，実質的にすべての行政機関が対象となっているといってよいであろう。

■ 対象文書　情報公開法の中には，情報が記録された媒体を開示するものと，無形の情報を開示するものがある。わが国の行政機関情報公開法は，無形の情報それ自体ではなく，情報が記録された有形の「行政文書」を開示するものである。「行政文書」とは，**行政機関の職員が職務上作成し，または取得した文書，図画，電磁的記録であって，当該行政機関の職員が組織的に用いるものとして，当該行政機関が保有しているものをいう**（同2条2項柱書）。ただし，官報，白書，新聞，雑誌，書籍その他不特定多数の者に販売することを目的として発行されるもの，非現用になり国立公文書館等に移管された特定歴史公文書等，政令で定める研究所その他の施設において，政令で定めるところにより，歴史的もしくは文化的な資料または学術研究用の資料として特別の管理がされているもの（特定歴史公文書等は除く）は除かれる（同項ただし書）。

■ 開示請求　**行政機関情報公開法は，何人にも開示請求権を付与している**（同3条）。したがって，外国に在住する外国人も開示請求を行うことができる。開示請求においては，開示を求める行政文書を特定するに足りる事項を記載しなければならないが（同4条1項2号），請求の理由，目的を記載する必要はない。

■ 開示決定　開示決定は，適法な開示請求がなされてから30日以内に行うのが原則である（同10条1項）。ただし，事務処理上の困難その他正当な理由があるときは，30日以内に限り延長することができる（同条2項）。また，開示請求にかかる行政文書が著しく大量であるため，開示請求があった日から60日以内にそのすべてについて開示決定等をすることにより事務の遂行に著しい支障が生ずるおそれがある場合には，行政機関の長は，開示請求にかかる行政文書のうちの相当の部分につき当該期間内に開示決定等をし，残りの行政文書については相当の期間内に開示決定等をすれば足りる（同11条）。

■ 不開示情報　行政文書は原則として開示されるが，私人の権利利益の保護や公益の保護のために不開示にすることが必要な場合がある。したがって，いずれの国の情報公開法も，一定の情報については不開示にすることを認めている。わが国の行政機関情報公開法は，7種類の不開示情報を定

めている（同5条）。

　⒜　**個人に関する情報**　　第1は，個人に関する情報である。個人に関する情報を情報公開法において保護する場合，特定の個人が識別される情報を不開示にする特定個人識別情報型の規定と，プライバシーに該当する情報を保護するプライバシー情報型の区別があるが，**行政機関情報公開法は，特定個人識別情報型を採用している**（同5条1号）。

　特定個人識別性は，開示請求された情報のみではなく，他の情報と照合することにより特定の個人が識別される場合も認められる。特定個人識別情報型の場合，必要以上に不開示の範囲が広がってしまうため，例外的に，開示を義務づける情報を定めておかなければならない。

　行政機関情報公開法は，不動産登記簿に登記されている不動産の所有者に関する情報のように，法令の規定により公にされている情報，叙勲者名簿のように慣行として公にされている情報については，特定個人識別情報であっても開示を義務づけている。また，公にされていない場合であっても，法令の規定によりまたは慣行により公にすることが予定されている情報も不開示にすることはできない（同5条1号イ）。

　人の生命，健康，生活または財産を保護するため，公にすることが必要であると認められる情報も開示しなければならない（同5条1号ロ）。これは，**公益上の義務的開示**と呼ばれている。

　行政機関情報公開法は，公務員等の職と職務遂行の内容については，説明責務を優先させて，開示を義務づけている（同5条1号ハ）。他方，公務員等の氏名については，それが法令の規定によりまたは慣行として公にされ，または公にすることが予定されている情報に該当するか否かによって開示すべきか否かが判断されることになる。

　⒝　**行政機関等匿名加工情報等**　　不開示情報の第2は，行政機関等匿名加工情報等である。2016（平成28）年の通常国会で成立した「行政機関等の保有する個人情報の適正かつ効果的な活用による新たな産業の創出並びに活力ある経済社会及び豊かな国民生活の実現に資するための関係法律の整備に関する法律」3条により，行政機関情報公開法5条1号の次に，1号の2として，行政機関等匿名加工情報等に関する規定が加えられた。

(c) **法人等に関する情報**　　不開示情報の第3は，法人等に関する情報（個人の事業活動に関する情報を含む）である。公にすることにより，当該法人等の権利，競争上の地位その他正当な利益を害するおそれがあるものは不開示とされる（同5条2号イ）。また，行政機関の要請を受けて，非公開にするという約束をして提供されたものについては，そのような非公開約束が合理的であると認められる限り，不開示とされる（同号ロ）。もっとも，以上の場合であっても，人の生命，健康，生活または財産を保護するため，公にすることが必要であると認められる情報は開示しなければならない（同5条2号柱書ただし書）。

(d) **国の安全等に関する情報**　　不開示情報の第4は，国の安全等に関する情報である。公にすることにより，国の安全が害されるおそれ，他国もしくは国際機関との信頼関係が損なわれるおそれ，他国もしくは国際機関との交渉上不利益を被るおそれがあると行政機関の長が認めることにつき相当の理由がある情報は不開示にしなければならない（同5条3号）。「行政機関の長が認めることにつき相当の理由がある情報」という表現は，要件裁量を認める趣旨である。

(e) **公共の安全等に関する情報**　　不開示情報の第5は，公共の安全等に関する情報である。公にすることにより，犯罪の予防，鎮圧または捜査，公訴の維持，刑の執行その他の公共の安全と秩序の維持に支障を及ぼすおそれがあると行政機関の長が認めることにつき相当の理由がある情報は不開示にしなければならない（同5条4号）。この場合にも，要件裁量が認められている。

(f) **審議，検討または協議に関する情報**　　不開示情報の第6は，審議，検討または協議に関する情報である。国の機関，独立行政法人等，地方公共団体および地方独立行政法人の内部または相互間における審議，検討または協議に関する情報であって，公にすることにより，率直な意見の交換もしくは意思決定の中立性が不当に損なわれるおそれ，不当に国民の間に混乱を生じさせるおそれまたは特定の者に不当に利益を与えもしくは不利益を及ぼすおそれがあるものは不開示とされる（同5条5号）。

(g) **事務または事業に関する情報**　　不開示情報の第7は，事務または事業に関する情報である。国の機関，独立行政法人等，地方公共団体または地方独立行政法人が行う事務または事業に関する情報であって，公にすることにより，事務または事業の適正な遂行に支障を及ぼすおそれがあるものも不開示とされ

る（同5条6号）。

■部分開示　開示請求の対象となった行政文書の一部にのみ不開示情報が含まれているということは多い。この場合，一部でも不開示情報があれば，全体を不開示にしうるわけではない。不開示情報が記録されている部分を容易に区分して除くことができるときは，開示請求者に対し，当該部分を除いた部分を開示しなければならない。ただし，不開示情報を除いた部分が無意味な数字の羅列になるなど，意味のない情報になってしまう場合には，この部分開示の義務は生じない（同6条1項）。行政機関情報公開法6条2項は，個人に関する情報についての特別の部分開示規定を置いている。そのため，同項のような規定がない情報公開条例の部分開示をどのように解するかという問題が生じ，この点について，最高裁は以下のように判示した。

[判例4-5]　**最判平成13・3・27民集55巻2号530頁**
　大阪府知事交際費訴訟第2次上告審判決は，大阪府公文書公開条例（平成11年大阪府条例第39号による全部改正前のもの）10条の部分開示規定について，不開示情報に該当する独立した一体的な情報をさらに細分化し，その一部を非公開とし，その余の部分にはもはや不開示情報に該当する情報は記録されていないものとみなして，これを開示することまでをも実施機関に義務づけたものと解することはできないと判示した。かかる考え方は，その後，「情報単位論」ないし「独立一体説」と呼ばれるようになった。これは，行政機関情報公開法6条2項のような個人に関する情報の部分開示についての特別の規定がない条例に関するものであり，この判決の射程は，行政機関情報公開法の下での個人に関する情報には及ばないものと考えられる。

しかし，「情報単位論」に対しては，学説の批判が多く，最高裁は，以下のようにそれが安易に適用されることを戒めるようになっている。

[判例4-6]　**最判平成19・4・17判時1971号109頁[百I34][判I84]**
　同判決は，非公開情報に該当しない公務員の懇談会出席に関する情報と非公開情報に該当する公務員以外の者の懇談会出席に関する情報とに共通する記載部分がある場合，それ自体非公開情報に該当すると認められる記載部分を除く記載部分は，公開すべき公務員の懇談会出席に関する情報として公開すべきであると判示した。藤田宙靖裁判官補足意見では，[判例4-5]は，法令の解釈を誤るものであり，本来変更されてしかるべきと述べられている（最判平成30・1・19判時2377号4頁[百I30][判I79]の山本庸幸裁判官の意見，最判令和4・5・17判時2539号5頁の宇賀克也裁判官の補

§ 足意見も参照）。

■ 公益上の理由による裁量的開示 7つの不開示情報のいずれかに該当する場合には開示が禁止されることになるが，その場合であっても，公益上特に必要があると認めるときは，行政機関の長の高度の行政的判断で当該行政文書を開示することができる（同7条）。ただし，行政機関等匿名加工情報等に該当する不開示情報については，公益上の裁量的開示は認められない。

■ 行政文書の存否に関する情報 開示請求がなされた場合，請求対象文書が存在すれば，不開示情報に該当しない部分は開示決定をし，該当する部分はどの不開示情報になぜ該当するかについての理由を付して不開示決定をすることになる。請求対象文書が存在しない場合には，不存在の理由を提示して拒否処分をすることになる。しかし，**開示請求にかかる行政文書の存否を明らかにすること自体によって，不開示情報の規定により保護しようとしている利益が損なわれるおそれがある場合がある**。そのような場合，例外的に，行政機関の長は，当該行政文書の存否を明らかにしないで開示請求を拒否することができる（同8条）。

■ 不服申立て等 不開示決定に不服がある開示請求者が当該不開示決定を争ったり，開示決定によって当該文書に記載された自分のプライバシーが漏洩することを防止するために第三者が当該開示決定を争ったりするにはどうすればよいのであろうか。1つの方法は，行政不服審査法2条に基づいて当該決定の取消しを求めることである。この場合，審査請求を受けた行政機関の長（諮問庁）は，原則として，**情報公開・個人情報保護審査会**という中立的機関に諮問を行い（行政情報公開19条），この情報公開・個人情報保護審査会の答申を受けて諮問庁が審査請求に対する裁決をすることになる。情報公開・個人情報保護審査会の答申に法的拘束力はないが，この答申の内容は公表され（情報審16条），諮問庁も当然これを尊重すべきである。実際，ほぼ100パーセント，答申に従って裁決（2014〔平成26〕年に全部改正された行政不服審査法の施行前は決定を含む）がなされている。したがって，情報公開・個人情報保護審査会の役割は非常に重要である。

　情報公開・個人情報保護審査会は総務省に置かれる全国でただ1つの機関である（同2条）。ただし，情報公開・個人情報保護審査会とは別に会計検査院情報公開・個人情報保護審査会が設置されており（会検19条の2第1項），会計検査院が内閣から独立した地位にあることに配慮されている。

■ 審査会におけるインカメラ審理　　**情報公開・個人情報保護審査会，会計検査院情報公開・個人情報保護審査会は，諮問庁に対して開示請求対象文書の提示を求めることができる**（情報審9条1項，会検19条の4）。この求めがあったときには，諮問庁はこれを拒否することができない（情報審9条2項，会検19条の4）。このように不開示とされた行政文書を実際に見分して審理することを，**インカメラ審理**という。

■ 行政事件訴訟法に基づく訴訟　　行政機関の長が行った開示決定，不開示決定に不服を有する者は，行政不服審査法に基づく審査請求をせずに，直接に裁判所に開示決定，不開示決定の取消訴訟（行訴3条2項）を提起することもできる。何人にも開示請求権を認めているので，不開示決定は，自分の開示請求権の侵害であり，主観訴訟となり，客観訴訟としての民衆訴訟（同5条）ではない。また，審査請求に対する裁決に不服がある場合に訴訟を提起することもできる。2004（平成16）年の行政事件訴訟法改正後は，取消訴訟と併合して開示決定の義務付け訴訟が提起されることも多くなっている。

　開示決定の取消訴訟を提起する場合には，執行停止の申立てを併せてしておく必要がある（同25条1項・2項参照）。訴訟係属中に開示が実施されることを防ぐためである。

　行政機関情報公開法には，情報公開訴訟において，裁判所がインカメラ審理を行うことを認める明文の規定がない。そのため，これが可能かについて議論があるところ，最高裁は，以下のように判示した。

[判例4-7]　最決平成21・1・15民集63巻1号46頁[百I35][判I87]
　本決定は，訴訟で用いられる証拠は当事者の吟味，弾劾の機会を経たものに限られることは民事訴訟の基本原則であるところ，情報公開訴訟において裁判所が不開示事由該当性を判断するため証拠調べとしてのインカメラ審理を行った場合，裁判所は不開示とされた文書を直接見分して本案の判断をするにもかかわらず，原告は，当該文

書の内容を確認した上で弁論を行うことができず，被告も，当該文書の具体的内容を
援用しながら弁論を行うことができないし，裁判所がインカメラ審理の結果に基づき
判決をした場合，当事者が上訴理由を的確に主張することが困難となる上，上級審も
原審の判断の根拠を直接確認することができないまま原判決の審査をしなければなら
ないことを指摘する。そして，情報公開訴訟において証拠調べとしてのインカメラ審
理を行うことは，民事訴訟の基本原則に反するから，明文の規定がない限り，許され
ないとしている。

　ここで注目に値するのは，最決平成 21・1・15 が，情報公開訴訟においてイ
ンカメラ審理が認められない根拠を憲法 82 条に求めているのではなく，訴訟
で用いられる証拠は当事者の吟味，弾劾の機会を経たものに限られるという民
事訴訟の基本原則に求めていること，したがって，憲法を改正しなくても，法
律で明文の規定を設ければ，インカメラ審理が可能となると解しているように
思われることである。泉徳治裁判官，宮川光治裁判官の補足意見においては，
明確に情報公開訴訟におけるインカメラ審理の導入が憲法 82 条に違反しない
ことが述べられており，立法政策として，インカメラ審理の導入が望ましいと
いう立場が示されている。憲法 82 条違反の問題は生じないという最高裁の立
場が示された以上，情報公開訴訟におけるインカメラ審理の導入を立法によっ
て実現すべきである。

発展学習のために⑪　ヴォーン・インデックス

　「ヴォーン・インデックス」は，ロバート・ヴォーン氏（当時，ワシントン DC にあ
るアメリカンロースクールの教授）が原告になって提起した訴訟（Vaughn v. Rosen）
において，ワシントン DC 巡回区控訴裁判所の判決で確立されたものであり，同教授
の名にちなんで，「ヴォーン・インデックス」と呼ばれるようになった。同判決は，
開示しない記録の範疇についての記述，それぞれの範疇についての不開示情報の条項，
不開示情報に該当する理由を記載したインデックスを作成し，提出することによって，
不開示情報該当性の立証を行うことを行政機関に求めている。

(3)　独立行政法人等情報公開法

　独立行政法人等情報公開法の内容も，行政機関情報公開法にほぼ準じたもの
になっている。**独立行政法人等情報公開法が国民に対する説明責務を全うさせ**

ることを目的としていることから，対象法人も，実質的に政府の一部を構成するとみられる法人とされている。

□■ Column㉒　情報公開法の見直し---

　2011（平成 23）年の通常国会に，不開示情報の縮減，開示決定等の期限の短縮，開示請求手数料の原則廃止，情報公開訴訟におけるインカメラ審理・ヴォーン・インデックスの導入，訴訟管轄の拡大，情報提供の拡充等，情報公開法の大幅な見直しを行う改正案が提出されたが，2012（平成 24）年 11 月 16 日の衆議院解散により廃案になっている。

----

(4)　会議の公開

　行政文書の公開にとどまらず，行政機関の会議自体を公開する動きが広がりつつある。国の審議会の公開については，1995（平成 7）年 9 月 25 日の閣議決定で，原則として会議の公開，議事録の公開等を行い，特段の事情により会議または議事録を非公開とする場合には，理由を明示することとされ，**中央省庁等改革基本法 30 条 5 号も，審議会等の会議または議事録は公開することを原則とすると規定している。**国の審議会等の公開が個別法で定められている例もある。漁港漁場整備法 14 条 1 項▼がその例である。地方公共団体においては，教育委員会について会議を原則公開することが法定されており（教育行政 14 条 7 項），川崎市が 1999（平成 11）年に「川崎市審議会等の会議の公開に関する条例」を制定したほか，北海道，宮城県等，情報公開条例において，審議会等の原則公開を義務づけている例がある。アメリカにおいては，審議会等の原則公開を義務づける連邦諮問委員会法のほかに，合議制の行政委員会の会議の原則公開を義務づける政府日照法（サンシャイン法）も存在する。行政委員会の会議公開については，わが国においても一層努力する必要があろう。

　会議の公開の瑕疵と会議における決定に基づく行政処分の効果の関係については，最判昭和 49・12・10 民集 28 巻 10 号 1868 頁［百 I 112］がある。この判決は，教育委員会の会議の過程において形式上いささかでも公開原則に違反す

　▼漁港漁場整備法 14 条①　水産政策審議会の漁港漁場整備基本方針又は漁港漁場整備長期計画に関する審議は，公開して行う。

るところがあれば，常にその議決の効力に影響を及ぼすものとすることは相当
でなく，具体的事案における違反の程度および態様が当該事案の議事手続全体
との関係からみて実質的に公開原則の趣旨目的に反するというに値しないほど
軽微であって，その瑕疵が議決の効力に影響を及ぼすとするには足りない場合
もありうるものと解すべきであると判示している。

第5章　行政上の義務の実効性確保

─ ≫Points ─

1) 行政上の義務については，行政庁自ら相手方の義務の履行を強制する仕組みがとられている場合があり，これを行政的執行という。
2) 代替的作為義務の履行強制については，一般法である行政代執行法があるものの，非代替的作為義務，不作為義務の行政的執行のための一般法は存在しない。行政上の強制徴収については，国税徴収法が定める国税滞納処分の例によることとされている例が多い。
3) 行政的執行ができない場合に民事訴訟・民事執行が可能かについて，通説はこれを肯定しているものの，最高裁は，国または公共団体がもっぱら行政権の主体として国民に対して行政上の義務の履行を求める訴訟は，「法律上の争訟」に該当しないとしている。
4) 行政罰には，行政刑罰と行政上の秩序罰がある。
5) 犯罪の非刑罰的処理（ダイバージョン）の仕組みが採用されている場合がある。

1　行政上の義務履行強制

(1)　民事執行と行政的執行

■ 民事執行の仕組み　　**私人間では，自力救済禁止の原則が妥当し，正当防衛や緊急避難という例外的事由がない限り，実力行使は禁じられる。** もし，私人が自分が正しいと主観的に考えただけで自力救済が認められるとすれば，実力の支配する無秩序な社会になってしまう。そこで，私人間においては，権利の強制的実現は裁判所に独占させるシステムが採用されており，そのために民事訴訟法，民事執行法が存在する。

■ 行政上の義務履行強制　　それでは，国や地方公共団体が当事者となる場合も同様に考えてよいであろうか。行政庁が私人に対して，行政行為によりある義務を課したが，相手方がそれに従わない場合を考え

てみよう。一方において，行政庁といえども誤りを犯す可能性はあるし，権限を濫用するおそれもあるから自力救済を認めるべきではないという考え方もありうる。この考えによれば，国や地方公共団体といえども，強制執行をしたいのであれば，訴訟を提起して，裁判所の判決を債務名義として裁判所または執行官に強制執行をしてもらうべきだということになる。これがいわゆる**「司法的執行」のシステム**である。

　他方において，行政庁の判断は，私人のそれと比較して一般に信頼できると考えられていること，行政行為が違法と考える者は取消訴訟を提起して執行停止の申立てをすることによって強制執行を阻止できることを勘案すると，行政庁に自力救済（これを「行政上の強制執行」ともいう）を認める，という考えもありうる。もし，行政上の強制執行を認めず，国や地方公共団体が行政上の義務履行を強制するために訴訟を提起しなければならないとすると，大変な費用・時間を要し，結局ごく一部しか執行できないことになるおそれがあり，そうすると，行政行為によって課された義務を履行しない者が増加し，公益上支障を生ずるのではないかという懸念もある。また，行政目的を早期に実現することや，裁判所の負担軽減という観点からも，行政庁に自力救済を認めるべきとも考えられる。このような考えによれば，行政行為によって課された義務の実現のためには，訴訟を提起する必要はなく，行政庁限りで強制執行する自力救済を認めるべきことになる。これが，いわゆる**「行政的執行」の仕組み**である。

(2)　行政的執行の仕組み

■ 行政的執行の種類　　代執行とは，行政庁が自らまたは第三者をして，代替的作為義務（金銭支払義務を除く）を履行しない者の義務を代わって行い，その費用を義務を懈怠した者から強制徴収する制度である。次に，執行罰とは，一定の期間内に非代替的作為義務または不作為義務を履行しない場合に強制金としての性格を持つ過料を課すことを予告し，当該期間内に義務が履行されない場合に過料を徴収する制度である。行政法上の直接強制とは，一般に非金銭執行を念頭に置いており，入院命令に従わない者を実力で入院させたり，営業停止命令に従わない店舗を実力で封鎖したりするように，義務の履行を強制するために直接に身体または財産に実力を行使し（代執行とし

て行われるものを除く），**義務が履行された状態を実現する制度である**。民事執行の場合には，直接強制という言葉は，金銭執行を含めて用いられており，むしろ，金銭執行が直接強制の中心になっているので，行政法上の直接強制との差異に留意する必要がある。

　行政上の強制徴収とは，訴訟を提起することなく，行政庁が債務者の財産を差し押さえ，換価し，債権に充当する仕組みである。そして，国税以外の，いわゆる公法上の金銭債権についても，「国税徴収法の滞納処分の例による」という定めが置かれていたものが多く，国税徴収法が公法上の金銭債権の徴収に関する一般法的性格を持っていた。

■ 現在の法的仕組み　非金銭的執行に関する一般法として，戦前，行政執行法が存在したが，同法は1948（昭和23）年に廃止され，即時強制の仕組みは，大幅に制限されたかたちで警察官職務執行法等に引き継がれたが，**行政上の義務の履行の確保については，非金銭的執行の分野で，1948（昭和23）年，行政代執行法が制定された**。代替的作為義務の履行強制については，行政代執行法が一般的根拠規範であるが，執行罰，直接強制については一般的根拠規範が存在しなくなった。したがって，個別の法律に根拠規範が置かれていない場合は，執行罰，直接強制は許されないことになる。

　執行罰の一般法が認められなかったのは，この制度が戦前濫用されたというよりも，一般に過料の額が低かったこと等もあり，実効性に乏しかったと認識され，むしろ，行政罰という事後的な罰則による間接強制に期待しようということになったからである。これに対して，直接強制の一般法が認められなかったのは，この制度が人権侵害のおそれが大きいと判断されたことによる。

　それでは，執行罰，直接強制についての根拠規範となる法律の規定は現在どの程度あるかというと非常に少ない。執行罰については砂防法36条があるが，実際には，戦後全く活用されていない。直接強制についての根拠規範の例として，成田国際空港の安全確保に関する緊急措置法（成田新法）がある。この法律は，成田国際空港（当時の正式名称は，「新東京国際空港」であった）開港直前に管制塔が襲撃されたことに端を発して議員立法で制定されたものである。暴力主義的破壊活動に供されていると認められる建物の使用禁止命令（同3条1項）によって不作為義務を課し，当該義務を履行しない場合，建物を封鎖する等の

実力行使を認めている（同条6項）。

　法律ではなく条例によって執行罰，直接強制を定めることができるであろうか。たとえば，東京都が，執行罰条例を作り，東京都の行政庁により命ぜられた義務を履行しない場合，1週間ごとに100万円の過料を納めなければならないという規定を置くことはできるであろうか。この点については一般に否定的に解されている。その理由は行政代執行法1条が，「行政上の義務の履行確保に関しては，別に法律で定めるものを除いては，この法律の定めるところによる」と規定しているからである。もっとも，法律という文言に条例を含めて解釈できる場合もあるが，「別に法律で定めるものを除いては」の「法律」に条例を含めて解釈することは一般に困難であると考えられている。なぜならば，同法2条では，「法律（法律の委任に基く命令，規則及び条例を含む。以下同じ。）」という表現がみられるが，もし，1条の「法律」に条例を含むのであれば，2条の「法律」について，条例を含むと断る必要はないと考えられるからである。したがって，**執行罰，直接強制は法律を根拠規範としなければならず，条例を根拠規範とすることはできないと一般に解されている**。そこで，条例で不作為義務（工作物設置禁止等）が課されている場合，行政的執行のルートを確保するためには，禁止に違反して設置された工作物の除却命令等を行うことにより，当該義務を代替的作為義務に転換しておく必要がある。

　しかし，義務を課さずに直接実力を行使する即時強制ですら条例を根拠規範として行えると解されているにもかかわらず，義務を課して自発的履行の機会を与える直接強制，執行罰が条例を根拠規範として行うことができないのは均衡を欠いており，立法論としては，条例を根拠規範とする直接強制，執行罰を認めるべきではないかと思われる。なお，**行政代執行法1条の「行政上の義務の履行確保」については，この法律が制定された当時に存在した手段を念頭に置いたものと解し，その当時存在しなかった新たな義務履行確保手段まで含むものではないと解することによって，条例による義務履行確保手段創設の余地を残そうとする解釈が有力である**。

　戦後，全く利用されなくなった執行罰であるが，近時，再活性化論も有力になっている。執行罰は，刑罰と異なり，相手方が義務を履行するまで反復して科しても二重処罰を禁止した憲法39条違反の問題は生じない。

　また，戦前過料の額が一般に低く抑えられていた理由として，罰金との均衡論があったといわれる。しかし，両者は性格が異なり，均衡論にこだわる必要性は乏しい。しかも，執行罰は，本来は，代替的作為義務であろうと非代替的作為義務であろうと不作為義務であろうと適用しうる。こうしたことから，公害企業等に対する義務履行強制手段として執行罰が見直されてきたのである。

■■　Column㉓　執行罰法制化の試み ---
　　学界において執行罰再活性化論が有力となっているのみならず，個別法の立法過程
　で，政府において執行罰の導入が検討された例も皆無ではない。1970（昭和45）年の
　建築基準法改正については，この改正の基礎になった1967（昭和42）年の建築審議
　会答申に，執行罰の創設が盛り込まれていた。また，2017（平成29）年の外国為替及
　び外国貿易法の改正過程でも，執行罰の導入が，法案担当室のみならず，内閣法制局
　審査の過程でも議論されている。
----

(3)　行政代執行

　行政代執行法に基づく代執行の要件は，代替的作為義務の不履行があることであるが，この代替的作為義務は，「法律（法律の委任に基く命令，規則及び条例を含む。以下同じ。）により直接に命ぜられ……た行為」の場合と，「法律に基き行政庁により命ぜられた行為」である場合がある（代執2条）。条例に基づく義務で代執行が可能なのは，法律の委任に基づく条例（委任条例）に限られるように読めるが，「法律の委任に基く」は条例にかからないと解したり，地方自治法14条1項に基づく一般的委任で足りると解することによって，自主条例に基づく代執行も肯定するのが一般的解釈である。

　なお，代執行は代替的作為義務に限って認められるものであるから，庁舎等の明渡しについての代執行はできない。市庁舎の一部屋の使用許可を職員組合に与えていたが，この許可を撤回したところ，職員組合が立ち退かない場合，その部屋の物件の搬出の代執行は認められないとした裁判例（大阪高決昭和40・10・5行集16巻10号1756頁［判Ⅰ210]）がある。この場合，物件の搬出だけをみると，代替的作為義務といえるが，物件の搬出は明渡義務の履行の必然的結果であり，それ自身，独立した義務内容をなすものではなく，部屋を明け渡

すという義務は，占拠者自身がすることに意味のある義務であって，第三者が
代わって明け渡すことができるものではないというのである。

　他方，土地または物件の引渡しについて代執行を定める土地収用法102条の
2第2項について，非代替的作為義務の代執行を行うことが許されるかが争点
になった事案において，福岡地判平成5・12・14判例自治143号72頁は，こ
の規定は，引渡義務者が実力で引渡しを拒否したときに身体に対する直接強制
をすることまで授権したものではなく，存置された物件を搬出することにより
占有を解き，引渡しの対象である土地物件の現実の支配を起業者に取得させる
ことを授権したものと解している。

　行政代執行法は，「他の手段によつてその履行を確保することが困難」なこ
とも要件としている（代執2条）。これは，比例原則の要請によるものである。
ここでいう「他の手段」に何が含まれるのかは定かでないが，行政罰の存在は，
間接的に義務履行確保機能を発揮するとしても，直接的には履行を確保する手
段とはいえないので，「他の手段」に含めるべきではない。さらに，「その不履
行を放置することが著しく公益に反すると認められるとき」という要件も存在
する（同条）。行政代執行の濫用を懸念し，比例原則を厳格に適用させようと
した立法者意思が窺われるが，この両者の実体的要件の意味が必ずしも明確で
ないこともあり，行政代執行を行うことを過度に抑制する結果になっているよ
うにも思われる。実際には，行政代執行の濫用よりも，その機能不全のほうが
深刻な問題として認識されているといえよう。建築基準法9条12項のように，
「他の手段によつてその履行を確保することが困難」，「その不履行を放置するこ
とが著しく公益に反すると認められるとき」という要件を規定せず，代執行
の促進を意図した立法例もあるが，所期の効果を上げているとはいいがたい。

■ 手続的要件　　　　　行政代執行を行うには，相当の履行期限を定め，その期限ま
　　　　　　　　でに履行がなされないときは代執行をなすべき旨を，あらか
じめ文書で戒告しなければならない（代執3条1項）。戒告後に当該物件の所有
権が移転した場合には，戒告をやり直すべきであろう。義務者が戒告を受けて，
指定の期限までにその義務を履行しないときは，当該行政庁は，代執行令書を
もって，代執行をなすべき時期，代執行のために派遣する執行責任者の氏名お
よび代執行に要する費用の概算による見積額を義務者に通知する（同条2項）。

ただし，非常の場合または危険切迫の場合において，当該行為の急速な実施について緊急の必要があり，戒告，代執行令書による通知の手続をとる暇がないときは，その手続を経ないで代執行をすることができる（同条3項）。

代執行のために現場に派遣される執行責任者は，その者が執行責任者たる本人であることを示すべき証票を携帯し，要求があるときは，何時でもこれを呈示しなければならない（同4条）。

■ 妨害の廃除　　違法建築物の除却の代執行をしようとする場合，占拠者が抵抗し，立ち退かない場合，どのように対応するのかという問題がある。かかる場合，立退命令を発して義務不履行の場合に直接強制をしたり，立退命令を発することなく強制を行うことを認める根拠規範はない（ただし，代執行に随伴する一定の実力行使を認める見解がある。札幌地判昭和54・5・10訟月25巻9号2418頁）。立退きを拒否する抵抗が予想される場合には，警察官に同道してもらい，不退去罪（刑130条），公務執行妨害罪（同95条1項）で現行犯逮捕をしてもらう方法が考えられる。除却作業を開始し，立ち退かない者が建物の損壊で危険な状況に置かれているので警察官職務執行法4条1項により避難させるという方法も考えられないわけではないが，自ら危険な状況を創り出しておいて，避難させるという方法は，必ずしも適切ではないと思われる。

発展学習のために⑫　簡易（略式）代執行

代替的作為義務を命じようとする場合において，過失がなくてその措置を命ぜられるべき者を確知することができず，かつ，その違反を放置することが著しく公益に反すると認められるときに，相当の期限を定めてその措置を行うべき旨およびその期限までにその措置を行わないときは代執行を行うべき旨をあらかじめ公告して，代執行を行うことを認めている例がある（広告7条2項，河75条3項，建基9条11項，道71条3項，都計81条2項，区画整理76条5項）。これが簡易代執行または略式代執行と呼ばれるものである。

■ 代執行手続によらない　　代執行手続によらずに所有者の意思に反した物件の
　物件除却　　　　　　　除却が行われた事案についての判例として，以下のものがある。

［判例 5-1］　最決平成 14・9・30 刑集 56 巻 7 号 395 頁［百 I 99］
　道路管理者が行政代執行の手続によらずに路上生活者の段ボール小屋を撤去した際
に，撤去作業を妨害した者が，威力業務妨害罪で起訴された事案において，行政代執
行の手続をとらなかったことが，威力業務妨害罪としての要保護性を失わせるかが争
点になった。本決定は，行政代執行の手続をとった場合には，除却命令および代執行
の相手方の特定等の点で困難をきたし，実効性が期しがたかったと認められること等
から，やむをえない事情に基づくものであり，威力業務妨害罪としての要保護性を失
わせるような法的瑕疵があったとは認められないとしている。

　この事案において，除却命令の相手方の特定に困難をきたしたであろうこと
は判決のいうとおりであるが，簡易代執行を行うという選択肢もあったと思われ
る。しかし，東京都は，不法占拠者を排除した後に残された段ボール小屋を
清掃の対象になる廃棄物として除却し，最高裁も，そのような行動を是認した
ものと思われる。

■ 行政代執行の機能不全　　　行政代執行法は全文 6 カ条の簡単な法律で，条文を
　　　　　　　　　　　　　　見る限り，代執行の手続も簡単に見える。しかし，
実際には，代執行は多数の職員が長期間にわたって入念な準備をする必要のあ
る手続であり，簡易迅速に行えるものではない。また，行政代執行法 2 条が定
める「他の手段によってその履行を確保することが困難であり，且つその不履
行を放置することが著しく公益に反すると認められる」という要件を充足して
いるかについて行政機関の職員が自信を持てず，行政代執行が違法であるとし
て訴訟で争われる可能性を考えて，代執行を躊躇することも少なくない。行政
代執行が強権発動のイメージを持つことも，代執行が利用されにくい一因にな
ることが少なくない。さらに，代執行に要した費用は国税滞納処分の例により
強制徴収できることになっているが，実際には強制徴収は困難であり，税金で
代執行費用を負担することになる可能性が大きいことも代執行の利用を抑制し
ている一因といえよう。そして，行政代執行がほとんど利用されないことは，
代執行のノウハウを組織的に蓄積していくことも困難にしている。
　行政代執行が多大の労力と専門知識を要求する作業であることに鑑みると，
通常の組織が片手間で行うことができるという前提自体見直す必要があり，代
執行専門組織の整備等も検討すべきと思われる。

□■　Column㉔　空家等対策の推進に関する特別措置法 ·····················

　2014（平成 26）年に「空家等対策の推進に関する特別措置法」が制定された。同法
は，そのまま放置すれば倒壊等著しく保安上危険となるおそれのある状態または著し
く衛生上有害となるおそれのある状態，適切な管理が行われていないことにより著し
く景観を損なっている状態その他周辺の生活環境の保全を図るために放置することが
不適切である状態にあると認められる空家等を「特定空家等」と定義し（2 条 2 項），
市町村長は，特定空家等の所有者等に対し，当該特定空家等に関し，助言または指導
を行い（22 条 1 項），なお当該特定空家等の状態が改善されないと認めるときは，相
当の猶予期限を設けて必要な措置をとることを勧告し（同条 2 項），勧告を受けた者
が正当な理由がなくてその勧告にかかる措置をとらなかった場合において，特に必要
があると認めるときは，その者に対し，相当の猶予期限を設けて，その勧告にかかる
措置をとることを命じ（同条 3 項），その措置を命じられた者がその措置を履行しな
いとき，履行しても十分でないとき，または履行しても上記の期限までに完了する見
込みがないときは，行政代執行法の定めるところにより代執行をすることができると
定めている（同条 9 項）。また，簡易代執行も可能にしている（同条 10 項）。同法の代
執行関係規定は，2015（平成 27）年 5 月 26 日に施行されたが，2021（令和 3）年 3 月
31 日現在，同法に基づく代執行が 351 件（うち簡易代執行が 259 件）行われている。
代執行の機能不全が広く指摘される中で，特定空家等に対する代執行は比較的多く行
われている。

----

(4)　行政上の強制徴収

■ 行政上の強制徴収の手続　　　　　1959（昭和 34）年に新しい国税徴収法が制定され
　　　　　　　　　　　　　　　　たが，行政上の強制徴収の仕組みとしての滞納処
分制度は，新法の下でも存続することになった。国税以外の国の金銭債権の中
にも，国税滞納処分の規定により徴収することとされているものが少なくない。
地方税については，国税徴収法に規定する滞納処分の例により滞納処分をする
ことを認める規定が各税ごとに置かれており，地方税以外の地方公共団体の金
銭債権についても，地方自治法に定めがある。すなわち，分担金，加入金，過
料または法律で定める使用料その他の普通地方公共団体の歳入につき，督促を
受けた者が指定された期限までに納付すべき金額を納付しないときは，普通地
方公共団体の長は，当該歳入ならびに当該歳入にかかる手数料および延滞金に
ついて，地方税の滞納処分の例により処分することができる（自治 231 条の 3 第

3項）。

　以上のように，**金銭執行の分野では，国税滞納処分または地方税滞納処分の例による行政上の強制徴収の仕組みがかなり広範にみられるが，国や地方公共団体の有する金銭債権であっても，行政上の強制徴収の根拠規定が設けられていないものについては，行政上の強制徴収は認められない。**したがって，もし相手方が任意に債務を履行しない場合，国や地方公共団体は，民事訴訟を提起して裁判所に給付判決を出してもらい，それを債務名義として民事執行法に基づく強制執行（司法的執行）をしてもらうことになる（債権管理15条3号，自治令171条の2第3号）。公営住宅家賃，公立学校授業料，水道料金等がその例である。

■ 行政上の強制徴収と民事執行　　行政上の強制徴収は，行政権に認められた自力救済の特権であるが，行政上の強制徴収が認められている場合には，もっぱらその方法によるべきであって，民事訴訟，民事執行の方法によることはできないのであろうか。これまでの裁判例は，行政上の強制徴収が認められている場合には，排他的にその方法によるべきであるという立場をとっている。

　　［判例 5-2］　最大判昭和 41・2・23 民集 20 巻 2 号 320 頁［百Ⅰ105］［判Ⅰ208］
　農業共済組合に対して農業共済保険料，賦課金の債権を有する農業共済組合連合会が，農業共済組合が組合員に対して有する共済掛金等の債権を保全するため，農業共済組合に代位して，組合員に対し共済掛金等の支払いを求める民事訴訟を提起した。最高裁は，農業共済組合が，行政上の強制徴収手段を与えられながら，この手段によることなく，一般私法上の債権と同様，民事執行によって債権の実現を図ることは，立法の趣旨に反し，公共性の強い農業共済組合の権能行使の適正を欠くものとして許されないと述べ，農業共済組合自体が有しない権能を農業共済組合連合会が代位行使することも許されないと判示している。（図 5-1参照）。

図 5-1

代位

農業共済組合連合会

農業共済保険料，
賦課金の債権

農業共済組合

共済掛金等の債権

組 合 員

　この判決に対しては，農業共済組合が組合員に対して民事執行ができるかの問題と農業共済組合連合会が自己の債権確保のために民事訴訟を利用できるかは別の問題ではないかという疑問も提起されうるが，その点はさておき，ここ

での基本的問題は，行政上の強制徴収の意義をどのようにとらえるかである。行政上の強制徴収が行政庁に特権を付与したにすぎないとすれば，特権を放棄して，中立的な裁判所の判断を仰ぐ民事訴訟，民事執行を選択することを批判できない。収用権という特権が認められているからといって必ず収用しなければならないわけではなく，任意買収の方法によることができるのと同じである。また，権限の濫用を予防するという観点からは，むしろ，民事訴訟，民事執行によるべきではないかともいえる。したがって，行政上の強制徴収が認められていることが民事訴訟，民事執行の排除に結びつくためには，行政上の強制徴収が行政権に特権を付与するという趣旨にとどまらず，それによって裁判所に不必要に負担を課すことのないようにして，一般私人による司法制度の利用へのしわ寄せを防止するという趣旨まで含まれていることが認められなければならないと思われる。また，行政目的の早期実現のために特に行政上の強制徴収というハイウェーを造ったのであるから，そのハイウェーを利用せずに混雑した道路を通るべきではないという見方もあろう。なお，行政上の強制徴収が認められるからといって，民事訴訟，民事執行によることが当然に排除されるわけではないが，前者が可能な以上，後者の訴えの利益がなくなるという考え方もできる（福岡高決平成17・8・22判時1933号91頁参照）。

■ 行政上の強制徴収の機能不全　行政上の強制徴収が民事訴訟，民事執行のルートと比較して本当に簡易迅速な手段といえるかについては疑問も提起されている。民事訴訟を提起する場合，地方公共団体では議会の議決を経る必要があるが（自治96条1項12号），他方，国税庁以外の組織では，差押え，換価，充当という行政上の強制徴収を行うためのノウハウ，マンパワーが十分でなく，実際には，行政上の強制徴収をほとんど全く実施していないことが稀でない。また，税の分野でも，地方公共団体，とりわけ市町村においては，住民に身近であるだけに強制措置をとることを躊躇したり専門知識が不足していたり等の理由で，滞納処分の制度が機能障害の状態にあることが少なくない。したがって，単に国税滞納処分，地方税滞納処分の例によることができるという規定を設けるのみでは，行政上の強制徴収もできず，民事訴訟，民事執行の方法も用いられないという状態になりかねないのである。すでに，地方自治法上の一部事務組合（同284条2項），または広域連合（同条3

項）として，滞納処分のための組合をつくる等の例がみられるところであるが，今後は，行政上の強制徴収を実施しうる組織体制のあり方を十分に検討する必要がある。

(5) 非金銭的執行における行政的執行と民事執行

　非金銭的執行の分野で行政的執行が法定されている場合，もっぱらこの行政的執行の方法によるべきかについて裁判例は分かれている。他方，行政的執行が認められていない場合，従前，下級審判決は，民事訴訟，民事執行の方法によることを認めてきた。ところが，最判平成 14・7・9 民集 56 巻 6 号 1134 頁 [百 I 106] [判 I 209・II 2] は，行政上の義務の民事執行の道を閉ざした。「法律上の争訟」（裁 3 条 1 項）は，これまで一般に，「当事者間の具体的な権利義務ないし法律関係の存否に関する紛争であつて，かつ，それが法令の適用により終局的に解決することができるもの」（最判昭和 56・4・7 民集 35 巻 3 号 443 頁）をいうと解されてきたが，最判平成 14・7・9 は，国または地方公共団体が財産権の主体として提起したのでなく，法規の適用の適正ないし一般公益の保護を目的として提起した訴訟は，「当事者間の具体的な権利義務ないし法律関係の存否に関する紛争」にあたらないと解したものと思われる。

　その後，最判平成 21・7・10 判時 2058 号 53 頁 [百 I 90] [判 I 192] は，市が，産業廃棄物処分業者に対し，公害防止協定に基づく義務の履行として提起した処分場としての使用差止訴訟の「法律上の争訟」性を前提とした判断を示している。このことは，行政上の義務であっても，契約に基づく請求権を観念できる場合には，前掲最判平成 14・7・9 の射程が及ばないことを最高裁が肯定したことを意味するものと考えられる。

2　行政上の義務違反に対する制裁

(1) 行 政 罰

　行政上の義務違反に対して一般統治権に基づいて科される制裁を，戦前より，行政罰と総称してきた。行政罰は，一般統治権に基づく点で，特別の監督関係に基づいて課される懲戒罰（国公 82 条，裁限 2 条，公証 79 条・80 条等）と区別さ

れ，過去の義務違反に対する制裁である（したがって，義務違反後制裁前に義務を履行しても当然には制裁を免れない）点で，将来の義務履行を確保するための執行罰と区別される。行政罰には，行政刑罰と行政上の秩序罰がある。

■ 行政刑罰　(a) 意 義　行政上の義務違反に対する制裁として刑罰が用いられる場合，行政刑罰という。行政刑罰は，刑法以外の法律に規定された犯罪に，刑法9条に刑名のある死刑，拘禁刑，罰金，拘留，科料，没収を科す制裁である。刑法8条は，「この編の規定は，他の法令の罪についても，適用する。ただし，その法令に特別の規定があるときは，この限りでない」と定めているため，行政刑罰については，原則として刑法総則の規定の適用がある。

　行政刑罰は，刑法以外の法律に規定された犯罪であるが，刑法に刑名のある罰を科すものであるから，刑事訴訟法の規定の適用があるのが原則である。

□■ Column㉕　交通事件即決裁判手続 ------------------------------------

　行政刑罰の適用の手続について，刑事訴訟法の特別法が制定されている場合がある。その例が，1954（昭和29）年制定の交通事件即決裁判手続法である。この法律は，道路交通法8章の罪に当たる事件の迅速適正な処理を図るため，その即決裁判に関する手続を定めたものである。道路交通法8章の罪に当たる事件は，一般的にいって故意によるものは稀であり，また事件の態様も定型化している。したがって，この種の事件を簡易迅速に処理するため，検察官は刑事訴訟法による公訴の提起と同時に書面で簡易裁判所に即決裁判を請求することができることとしている（交通事件即決裁判手続法3条1項・4条1項）。しかし，道路交通法違反事件は予想を上回る速度で増加し，書面審理により判決を言い渡すことができないのは慎重すぎるとして敬遠されるようになる。その実績は，1962（昭和37）年の約40万件をピークとして，以後，急減し，1979（昭和54）年以後は全く利用されない状態になっている。

発展学習のために⑬　略式手続

　現在では，刑事訴訟法461条以下の略式手続が多用されている。この手続による場合，簡易裁判所が公判を開かず，書面審理で刑を言い渡すことができる。すなわち，被疑者に異議のない場合（刑訴461条の2），検察官は，公訴の提起と同時に，書面で略式命令の請求をすることができ（同462条），被告人または検察官は，簡易裁判所により発せられた略式命令に不服があるときは，その告知を受けた日から14日以内

に正式裁判の請求をすることができる（同 465 条 1 項）。

(b)　**行政刑罰の機能不全**　多くの行政法規に規定されている行政刑罰であるが，その機能不全が指摘されている。その理由としては，行政側に，行政指導で問題を解決することが望ましく，刑事告発は，行政内処理に失敗したことを自認することになるという意識が存在すること，警察・検察は，重大な犯罪への対応で多忙であるため，少額の罰金刑が科される程度の軽微な行政犯を取り扱うだけの余力に乏しく，行政犯の刑事告発を好まない傾向があること，たとえ起訴されても少額の罰金が科されるにとどまったり，執行猶予がついたりすることが多く，威嚇力に乏しいこと等がその理由といわれている。

(c)　**犯罪の非刑罰的処理（ダイバージョン）**　ある種の行政犯の場合，きわめて大量に発生するため，すべてを起訴して刑罰を科すことが困難であり，また，刑罰以外の制裁を受けた者については起訴しなくても社会通念上正義の観念に反しない場合がありうる。かかる場合，制度的に，**行政犯の非刑罰的処理の仕組みを設け，これに応じない者のみを選別して起訴することが考えられる。このようなダイバージョンを制度化した例として，間接国税・関税等に関する通告処分と，道路交通法上の反則金制度がある。**

収税官吏は，犯則調査を終了すると，所轄の国税局長または税務署長に調査結果を報告し（税通 156 条 1 項・2 項各本文），国税局長または税務署長は，間接国税について犯則の心証を得たときは，犯則者に対して，一定の例外事由にあたる場合を除いて，理由を明示して，罰金または科料に相当する金額等を納付すべきことを通告しなければならない（同 157 条 1 項）。これが通告処分と呼ばれるものである。通告処分は，処分という名称にもかかわらず，法的拘束力はなく，これを履行するか否かは犯則者の自由である。犯則者が通告処分の趣旨を履行した場合には，同一事件について公訴を提起されることはなくなる（同 157 条 5 項）。他方，犯則者が通告処分を受けた日から 20 日以内にその旨を履行しない場合は，国税局長または税務署長は，告発の手続をとらなければならない（同 158 条 1 項本文）。この告発を受けて検察官が公訴を提起すると，刑事裁判となり，犯則事実を争いたい者は，その場で無罪を主張することになる。国税犯則調査の手続が行政手続なのか，刑事手続なのかについても議論がある

が，最大決昭和44・12・3刑集23巻12号1525頁は，「一種の行政手続」としている。この見解を前提とすれば，通告処分の制度は，行政手続と刑事手続が接ぎ木されたユニークな制度ということになる。

　この通告処分をモデルにして，1967（昭和42）年，道路交通法の改正により反則金制度が導入された。この反則金制度は，通告処分制度と基本的仕組みは共通している。すなわち，道路交通法違反行為のうち，軽微で現場での確認が容易な定型的行為を反則行為とし，警視総監または警察本部長は，法令に定める定額の反則金の納付を通告し，通告を受けた者が通告を受けた日の翌日から起算して10日以内に納付したときは，当該違反行為の事件について公訴が提起されたり家庭裁判所の審判に付されたりしないことになるが，納付がなかったときは，刑事手続に移行し，検察官が公訴を提起すれば刑事裁判が進行することになるし，家庭裁判所が審判を開始して保護事件になることもある。

[判例5-3]　最判昭和57・7・15民集36巻6号1169頁［百Ⅱ146］［判Ⅱ21］
　反則金を納付した者が，後に違法駐車をしたのは自分ではないとして取消訴訟を提起した事件で，本判決は，通告を受けた者が，通告に係る反則金を納付し，これによる事案の終結の途を選んだときは，もはや当該通告の理由となった反則行為の不成立等を主張して通告自体の適否を争い，これに対する抗告訴訟によってその効果の覆滅を図ることは許されず，かかる主張をしようとするのであれば，反則金を納付せず，後に公訴が提起されたときに刑事手続の中でこれを争う途を選ぶべきであると判示している。さらに，もし抗告訴訟が許されるとすると，本来刑事手続における審判対象として予定されている事項を行政訴訟手続で審判することとなり，また，刑事手続と行政訴訟手続の関係について複雑困難な問題を生ずるのであって，道路交通法がこのような結果を予想し，これを容認しているものとは考えられないとも述べている。

　通告処分，反則金ともに，すでに長期にわたる運用実績があり，通告処分の場合には，通告された罰金または科料に相当する金額等，交通反則制度の場合には反則金の支払いによって，公訴を提起することなく事案が終結している割合がきわめて高い。刑事司法の負担過重の解消という面においても，制裁金を確実に納付させるという面においても，高い実効性が確保されていると肯定的に評価することができる。今後，事前規制の緩和が進行し，事後の制裁措置によってルールの遵守を確保していくことの重要性が一層高まると予想されるが，

企業犯罪・組織犯罪についても，通告処分や反則金のような制裁措置は，有効な選択肢の1つといえよう。

　もっとも，かかる制度に問題がないわけではない。通告処分，反則金制度による制裁金の納付率がきわめて高い理由は，背後に刑事訴追の脅威があり，事実上の強制が働くからである。真に犯罪を犯した者にとっては，起訴は当然の報いであり，通告処分や反則金は恩恵的なダイバージョンにすぎないということもできるから，通告処分や反則金の背後に控えている事実上の強制を問題にする必要は一般的にはないともいえよう。これに対して，無罪である者も，起訴されること自体が社会的信用に大きな影響を与えかねないし，取調べや公判の時間的負担，精神的苦痛を考えると，心ならずも納付してしまうということはありえないことではない。そして，事後に不当利得返還請求訴訟を提起することが認められるとしても，訴訟に伴う経済的，時間的，精神的負担を考え，結局断念することになる可能性はある。したがって，事前手続の整備を検討する必要があろう。通告処分や反則金納付通告に処分性が認められていないため，その取消訴訟を提起することができないとされていることにも，疑問が提起されることもある。

■ 行政上の秩序罰　(a) 意　義　行政上の秩序罰は，行政上の秩序の維持のために違反者に制裁として金銭的負担を課すものである。
行政上の秩序罰には刑法総則の規定の適用はないが，制裁である以上，罪刑法定主義，責任主義，比例原則という刑法の原則が基本的に妥当すると考えるべきであろう。横浜地判平成26・1・22判時2223号20頁，東京高判平成26・6・26判時2233号103頁は，当該事案における過料を科すためには，故意過失が必要であるとし，最決平成26・12・18判例集不登載は，上告を棄却し，上告不受理としている（他方，浦和地決昭和34・3・17下民集10巻3号498頁は，秩序罰を科すには，違反者の主観的責任要件〔故意または過失〕の具備は不要であり，違法性の認識の要否も問題にする余地がないとする）。ただし，秩序罰としての過料に分類されるものの中には，異なる性質を有するものも含まれており，そのすべてに主観的要件を要求することが妥当かについては検討の余地がある。

　過料は基本的に届出義務の懈怠等の単純な義務違反を念頭に置いているため，比例原則の観点から過料額が低く抑えられている。しかも前科にならないし，

罰金，科料とは異なり労役場留置という換刑処分ができず，ドイツのような強制拘禁という間接強制の手段も認められておらず，強制徴収のコストも大きいので，抑止力に欠ける傾向があることは否めない。過料の納付を命じられても支払わない場合，実効性をいかに担保するかは困難な問題である。

■□■　Column㉖　放置違反金 --

　　駐車違反については反則金制度によっているが，違法駐車した現場を確認することが困難であるため，他人が運転していた等の言い逃れを許す結果になることが多かった。また，特に悪質な常習の駐車違反者を逮捕するためには多大な労力を要する。そこで，使用者責任を導入することによって，車両の使用者が運転していたか否かにかかわらず，駐車違反に対して，車両の使用者にも行政上の秩序罰としての放置違反金を科す制度を導入する道路交通法改正が 2004（平成 16）年に実現した（道交 51 条の4）。しかし，ドイツやアメリカ・ミシガン州で行われたような駐車違反行為の非犯罪化は当面見送られることになった。

　(b)　刑罰と行政上の秩序罰の併科　　刑罰に加えて行政上の秩序罰を科すことは可能であろうか。行政上の秩序罰ではなく，司法上の秩序罰に関するものであるが，刑罰と過料の併科が問題になった事案がある。

［判例 5-4］　最判昭和 39・6・5 刑集 18 巻 5 号 189 頁
　　被告人らは，刑事裁判で証人として宣誓したが，裁判官により尋問された際に，正当な理由がないのに証言を拒否したため，刑事訴訟法 160 条の規定により過料に処せられ，さらに，後日，同法 161 条の規定により起訴された。刑事訴訟法 160 条は，証人が正当な理由がなく宣誓または証言を拒んだときは過料に処する旨の規定であり，161 条は，正当な理由がなく宣誓または証言を拒んだ者を罰金または拘留に処する旨の規定である。本判決は，刑事訴訟法 160 条は訴訟手続上の秩序を維持するために秩序違反行為に対して当該手続を主宰する裁判所または裁判官により直接に科せられる秩序罰としての過料を規定したものであり，161 条は刑事司法に協力しない行為に対して通常の刑事訴訟手続により科せられる刑罰としての罰金，拘留を規定したものであって，両者は目的，要件および実現の手続を異にし，必ずしも二者択一の関係にあるものではなく併科を妨げないと解すべきであるとしている。

　この事案は，刑罰と司法上の秩序罰の併科に関するものであったが，最高裁判決の論理によれば，刑罰と行政上の秩序罰の併科も違憲ではないということ

になると思われる。

　たしかに，刑罰と行政上の秩序罰は，性格が完全に一致するわけではない。しかし，いずれも違法行為に対する制裁であり，また，かかる制裁の威嚇によって一般予防効果を期待している点も共通である。行政上の秩序罰というレッテルさえ貼れば刑罰と併科しても，なんら法的問題はないとまではいえないように思われる。もっとも，このことは，刑罰と行政上の秩序罰の併科が許容される余地がないことを意味するわけではない。刑罰と行政上の秩序罰を総合的にみて，比例原則に反しない場合には，両者の併科も認められよう。刑罰と行政上の秩序罰を併科する場合，原則として，刑罰は，「最後の手段」として用いられるべきであろう。

　(c)　行政上の秩序罰を科す手続　　行政上の秩序罰を科す手続については，法律に基づくものと，条例・規則に基づくものとで相違がある。行政上の秩序罰は刑罰ではないので，刑事訴訟法の規定は適用されない。**法律違反に対する過料の場合，非訟事件手続法 119 条の規定により，他の法令に別段の定めがある場合を除くほか，過料に処せられるべき者の住所地の地方裁判所の管轄となり，地方裁判所によって科されることになる。**過料を科す裁判は，一般に行政処分としての性格を有すると考えられている（行政処分ではなく裁判であるとする見解も皆無ではない）。しかし，行政手続法 3 条 1 項 2 号は，「裁判所若しくは裁判官の裁判により，又は裁判の執行としてされる処分」については，同法 3 章の不利益処分の規定を適用しないこととしている。もっとも，過料は行政処分とはいっても，制裁としての性格を持つものであるから，憲法上の適正手続の要請を満たしているかという観点からの吟味がとりわけ必要になる。

[判例 5-5]　最大決昭和 41・12・27 民集 20 巻 10 号 2279 頁［百Ⅰ107］［判Ⅰ215］
　本決定は，非訟事件手続法に基づく過料を科す手続について，①中立的立場の裁判所が科すのであって，当事者に陳述の機会を与え，過料の裁判には理由を付さなければならないこととされていること，②当事者は過料の裁判に対しては即時抗告をすることができ，この即時抗告は執行停止の効力を有すること，③裁判所は相当と認めるときは当事者の意見を聴かずに過料の裁判を行うことができるが，裁判の告知を受けた日から 1 週間以内に異議の申立てをすることにより，当該裁判の効力を失わせることができること，④この異議の申立てがあったときは，裁判所は，当事者の意見を聴

いた上でさらに裁判をしなければならないことに照らすと，憲法の適正手続の要請に反するとはいえないと判示している。

　過料が行政罰としての性格を持っている以上，行政手続法の規定の適用除外になっているとはいえ，憲法の適正手続の要請は及ぶと考えられるが，この最高裁決定が指摘している点を勘案すると，非訟事件手続法に基づいて過料を科す手続が適正手続に反し違憲とはいえないと思われる。

　もっとも，問題は，過料の裁判に対する異議の申立てである。これについては，即時抗告と特別抗告しか認められず，対審公開の裁判を受ける権利は保障されていない。過料を科す手続は行政手続としての実質を持ち，これを現在のように非訟事件手続法の定める手続によらしめることは立法政策として可能であるが，過料の裁判に対して，これを違法として争うことは法律上の争訟であり，対審公開の裁判が保障されていなければ，憲法32条・82条に違反するおそれがあると思われる。

　なお，2004（平成16）年の道路交通法改正により導入された放置違反金（道交51条の4）は，放置駐車違反を防止するという車両の使用者の義務違反に対して車両の使用者に科される行政上の秩序罰であるが，非訟事件手続法に基づき裁判所が科すのではなく，都道府県公安委員会が科すこととされている（同条4項）。

　条例・規則違反に対する過料は，普通地方公共団体の長が行政処分によって納付を命ずることになる。地方自治法255条の3は，あらかじめ過料を科す旨の告知をするとともに，弁明の機会を与えなければならないとしているので，一応，事前手続は保障されていることになる。

(2)　加算税

　申告納税制度を定着させ，源泉徴収等の義務を確実に履行させるため，申告納税方式または源泉徴収等による国税について，**申告義務または徴収義務の懈怠，違反に対して課される附帯税**（国税の附帯債務。税通2条4号）が加算税である。加算税には，①申告納税方式をとる国税につき，期限内に申告書が提出されたが過少申告であった場合に課される過少申告加算税，②申告納税方式を

とる国税につき，期限内に申告書の提出がなかった場合に課される無申告加算税，③源泉徴収等による国税が法定納期限までに完納されなかった場合に課される不納付加算税，④以上の加算税が課されうる場合において，税額等の計算の基礎となる事実の隠蔽，仮装があり，そのため適正な国税の納付が妨げられた場合，他の加算税に代えて，特に重い制裁として課される重加算税の4種類がある（税通65条〜68条）。

[判例 5-6]　最大判昭和 33・4・30 民集 12 巻 6 号 938 頁［百 I 108］
　本判決は，加算税の前身である追徴税と刑罰の併科について，追徴税は，申告納税の実を挙げるために，本来の租税に付加して租税の形式により賦課されるもので，これを課すことが制裁的意義を有することは否定しえないが，詐欺その他不正の行為により法人税を免れた場合，その違反者に科される罰金とは性質を異にすると述べている。すなわち，逋脱犯に対する刑罰は，脱税者の不正行為の反社会性ないし反道徳性に着目し，これに対する制裁として科されるものであるのに反し，追徴税は，過少申告・不申告による納税義務違反の発生を防止し，納税の実を挙げようとする趣旨に出た行政上の措置であるとして，追徴税と刑罰の併科は，憲法 39 条の二重処罰の禁止規定に違反しないと判示している。

　その後，最判昭和 36・7・6 刑集 15 巻 7 号 1054 頁，最判昭和 45・9・11 刑集 24 巻 10 号 1333 頁［判 I 216］等は，重加算税と刑罰の併科についても合憲であると判示している。
　この問題をどう解するかは，憲法 39 条の二重処罰の禁止規定をどのように理解するかにかかることになる。二重処罰の禁止を，実体法上の問題としては比例原則に解消する立場からすれば，刑罰と重加算税の併科が直ちに違憲となるわけではないが，総体的にみて比例原則に反する場合には，違憲の問題が生ずることになろう。

(3)　課徴金

■ 独占禁止法の課徴金　課徴金という言葉は実定法上必ずしも一義的に使われているわけではない。財政法 3 条の課徴金は，国が行政権，司法権に基づき，国民から賦課徴収する金銭的負担を広く指す。1977（昭和 52）年の独占禁止法改正で導入された課徴金は，当初，カルテルのやり

得を防止するため，公正取引委員会の納付命令により，違法に得た利益を行政的に剥奪することを意図したものであった。しかし，2005（平成17）年の通常国会で成立した改正独占禁止法においては，課徴金は，違反行為により得た利益相当額を超える金額を徴収する行政上の制裁金と位置づけられている。

最判平成10・10・13判時1662号83頁［百Ⅰ109］［判Ⅰ217］は，カルテル刑事事件において罰金刑が確定し，国が不当利得返還請求訴訟を提起している場合に，課徴金納付を命じることが，憲法29条・31条・39条に違反しないと判示している。全体として比例原則に反しない限り，課徴金を行政刑罰と併科することが二重処罰に該当しないことは，学説の大勢も認めているといってよいであろう。

■ その他の課徴金　2004（平成16）年の証券取引法（同法は2006〔平成18〕年改正で「金融商品取引法」と改題している）改正で課徴金制度が導入されている。また，2007（平成19）年の公認会計士法改正により，監査法人に対する課徴金制度が導入された。さらに，2014（平成26）年の不当景品類及び不当表示防止法改正で，不当な表示による顧客の誘引を防止するため，不当な表示を行った事業者に対する課徴金制度が導入された。2019（令和元）年の医薬品，医療機器等の品質，有効性及び安全性の確保等に関する法律の改正により，医薬品，医療機器等に関する虚偽・誇大広告を行った事業者に対する課徴金制度が導入された。

⑷　公　　表

違反行為に対する制裁として公表を行うことによって，間接的に違反行為を抑止しようとする場合，公表について，法律または条例の留保が及ぶと解すべきである。行政指導に従わない場合に公表する旨の規定は，違法行為に対する制裁として公表が予定されており，直罰的公表を避けて行政指導を前置することとしている場合には問題がないが，違法行為ではない行為に対して行政指導を行い，それに従わないことに対する制裁として公表をすることは，行政指導への服従を間接的に強要しようとするものとなり適切ではない（行手32条2項参照）。かかる場合の公表は，情報提供を主たる目的とするものに限られるべきであると思われる。

　公表による制裁制度は，社会的信用を重んじ，社会的信用の失墜が多額の経済的損害にもつながるような事業者に対しては非常に効果的な制裁たりうる。そのため，違法行為を抑止する効果も大きいといえよう。他面において事業者名が公表されると，別の会社をつくり詐欺的商法を繰り返すような者にとっては，十分な制裁として機能しないという限界がある。

　制裁としての公表に対して，取消訴訟を提起することが認められると解することは可能であろうが，誤った公表がなされたことに起因する不利益は，公表の取消しによっても十分に解消されないことが多いと思われる。したがって，事前手続の保障が重要である。情報提供を主たる目的とする公表であっても，特定の者に不利益を与えることが予想される場合，事前の意見聴取を行うべきである。大阪地判平成14・3・15判時1783号97頁も，情報提供を目的とする公表について，相手方に反論の機会を一切与えなかったことは，手続保障の観点から正当性に問題が残ることを指摘する。

(5) 授益的処分の撤回等

　許認可等の授益的処分の撤回等は，一般に，許認可等にかかる業務を継続させることによる公益への支障を排除することを目的として行われるものであり，行政上の義務違反を理由として撤回等が行われる場合であっても，制裁自体を直接の目的とするものではない。したがって，責任能力を有しない者に対しても（山口地判平成4・7・30判タ806号109頁），故意過失のない者に対しても（東京地判平成4・9・25判タ815号172頁）行いうる。

　しかし，このことは，制裁を直接の目的とした授益的処分の撤回等の制度が立法論として考えられないことを意味するわけではない（懲戒としての授益的処分の撤回の例として，建築士10条1項，会計士29条3号・31条参照）。韓国の行政基本法23条1項は，許認可の停止・取消し・撤回，登録の抹消等を明文で制裁処分に含めている。とりわけ企業犯罪については，少額の制裁金を科すよりも，業務停止命令等のほうが，経済的に大きな打撃となることが多いと思われ，授益的処分の撤回等を制裁として用いることは，行政の実効性確保の方策として検討に値する。ただし，制裁が非難を要素とするものである以上，責任主義の原則が適用されるべきであろう。

⑹　行政サービス，許認可等の拒否

　行政上の義務違反に対する制裁として，行政サービス，許認可等を拒否することも，行政上の義務の実効性を高めるうえで，有効な手法たりうる。もとより，**ある行政上の義務違反が，当該行政サービス，許認可等の拒否事由として認められると解釈できる場合でなければ，当該行政サービス等の拒否は，違法な権限の行使となる。**かつて武蔵野市が，宅地開発指導要綱に従わない建設業者に対して，同要綱の制裁条項に基づき水道の供給を拒否したことが，給水契約を拒否できる「正当の理由」（水道15条1項）に該当しないとされたことが，このことを如実に示している（最決平成元・11・8判時1328号16頁［百Ⅰ89］［判Ⅰ204]）。この事例の場合には，給水拒否の根拠規定が指導要綱に置かれているにとどまったが，条例に根拠規定が置かれていても，条例は法律に違反することはできないから，当然に給水拒否が可能になるわけではない。

　「小田原市市税の滞納に対する特別措置に関する条例」6条のように，地方公共団体において，納税義務を履行しない滞納者に対して，行政サービスの停止等を認める条例を制定する例がみられる。自動車重量税（国税），自動車税種別割（都道府県税），軽自動車税種別割（市町村税）が納付されていないことは当該自動車の安全性とは直接関係しないが，立法政策として，自動車重量税，自動車税種別割，軽自動車税種別割が納付されていない場合には自動車検査証を交付しないこととしている（車両97条の4・97条の2）。これらは，自動車の所有または使用に伴う義務を履行しない者に自動車の利用に伴う便益を得させることは合理的でないという観点から，車検を拒否することが認められたものである。

　行政の実効性確保という観点から，行政サービス等の拒否への関心が高まっている。ただし，当該行政上の義務違反と行政サービス，許認可等の拒否を結合させることに政策的合理性が認められるかについて慎重な検討が必要であるし，生存権侵害になるような行政サービス，許認可等の拒否は避けるべきであろう。

■□ Column㉗　三省通達 --

　　1968（昭和 43）年当時，建築基準法改正基本方針において，違法建築物に対する水
道，電気，ガスの供給を禁止する規定を設けることとされていたが，関係省庁との調
整がつかず，法制化は断念された。しかし，当時の建設省，通商産業省，厚生省のい
わゆる三省通達において，違法建築物に対する水道，電気，ガスの供給を留保するよ
うに各事業者に協力を求める措置をとることとされた。

----

(7)　契約関係からの排除

　国や地方公共団体は，公共事業の請負契約，物品の調達契約等の契約当事者
として膨大な支出をしている。国や地方公共団体との契約締結を希望する者に
とって，この契約関係から排除されることは，大きな経済的不利益となる。す
でに，独占禁止法違反業者に対する指名停止措置等で，この手法が用いられて
いる。これを正面から制裁として位置づけるか否かはともかく，事実上は制裁
効果を持っていることは疑いない。

第6章　行政の行為形式

≫Points

1) 行政基準の中には，法規命令と行政規則がある。
2) 行政行為の特色は，当事者間の合意によって効力が発生するのではなく，法令に
   基づく行政庁の一方的行為によって法律関係を具体的に規律する法効果が生じう
   る点にある。
3) 行政裁量とは，立法者が法律の枠内で行政機関に認めた判断の余地のことである。
4) 現行法は，瑕疵ある行政行為の中に，取り消しうべき瑕疵ある行政行為と無効の
   瑕疵ある行政行為の区別があるという前提に立っている。
5) 行政契約については，契約自由の原則に対する修正が加えられることが多い。
6) 行政指導に従わないことが真摯かつ明確に意思表示された後は，行政指導を継続
   しているという理由のみで許認可等を留保することは，原則として違法である。

1　行政基準

■ 法規命令と行政規則　　　伝統的行政法学が念頭に置いていたのは，法律に基づ
いて行政行為が行われ，その行政行為によって命じら
れた義務を相手方が任意に履行しない場合に強制的にその義務の履行を実現す
る行政強制がなされるというプロセスである。具体例を挙げると，建築基準法
に基づいて除却命令が出され，この命令に相手方が従わないと，代執行がなさ
れるというわけである。しかし，次第に，法律と個別具体的な行政行為の中間
に法律の定めを具体化した基準を行政機関が策定することが一般化し，この一
般的基準に関する研究が進展していった。これが，行政基準論である。

　行政基準の中には，法規命令と行政規則がある。法規とは，国民一般の権利
義務に関係する法規範のことであり，法規命令とは，行政機関が定める法規で
ある。他方，行政規則とは，行政機関が策定する一般的な規範であって法規の
性質を有しないものをいう。

■ 法規命令　法規命令は，国民の権利義務に関係する一般的な法規範であるから，法律の授権を要する。また，国民に周知する必要があるため，命令の形式により公示される。

　(a) **法規命令が必要とされる理由**　法律できわめて詳細な事項まで定めようとすれば，専門技術的事項についても国会で審議しなければならなくなるが，かかる事項は必ずしも国会の審議になじまず，また，状況の変化に対応した柔軟性を確保するためには，法律で詳細に定めるよりも，迅速な改正が可能な行政基準に委ねるほうが適切といえる。さらに，人事院のような中立性が重視される委員会が設置されている場合，中立性が重視される事項については，当該委員会の規則に委任することに合理性が認められる。また，法規命令には含まれないが，法律で条例に細部の定めを委任することがある。この場合の委任は，地域的事情に配慮するためである。

　(b) **法規命令の特色**　法規命令は国民の権利義務に関する一般的定めであるから，行政機関による立法ということができる。法規命令は，行政機関にとっての行為規範として行政機関を拘束するのみならず，国民をも拘束し，裁判規範として機能する。このことを，外部効果を有するということもある。

　法規命令は委任命令と執行命令に分類されることがある。この分類は，法規を，国民の権利義務の内容を定めるものと，その内容を実現する手続を定めるものとに二分するものである。法律の委任を必要とするのは前者のみであり，申請書の書式のような手続的事項は法律の委任を要しないという解釈に基づく。この解釈に従えば，法律による授権が必要であるのは，厳密には委任命令であって，法規命令全体ではないことになる。内閣府設置法7条3項，国家行政組織法12条1項（「法律若しくは政令を施行するため，又は法律若しくは政令の特別の委任に基づいて」）も，委任命令と執行命令を区別する解釈を前提とするものと思われる。

　しかし，委任命令と執行命令の区別自体が，ドイツの立憲君主制下で形成された法規概念を基礎としたものであり，国会を国権の最高機関であって国の唯一の立法機関であるとする日本国憲法下においては維持されるべきではないという批判がある。また，権利義務の内容を実現する手続といえども権利義務に影響を及ぼすことは否めず，両者を明確に区別しうるかにも疑問が提起されて

いる。これらの立場からすれば，執行命令といわれるものも，法規である以上，法律の委任は必要であることになるが，憲法73条6号，内閣府設置法7条3項，国家行政組織法12条1項等の一般的授権で足りると解することになろう。これに対して，委任命令は，個別具体の事項ごとに授権がなされなければならない。

　(c)　委任立法の限界　　憲法が法律の専管事項としているものを除き，法律の所管事項を命令（行政機関の制定する法）に委任することができるが，委任立法が認められるとしても，国会が国の唯一の立法機関であるという憲法41条の規定に抵触するような委任は違憲となる。裁判例の中にも，「租税法律主義の原則から，法律が命令に委任する場合には，法律自体から委任の目的，内容，程度などが明らかにされていることが必要であり，……法律で概括的，白地的に命令に委任することは許されない」と判示するものがある（大阪高判昭和43・6・28行集19巻6号1130頁）。このように，白紙委任が許されないことはいうまでもない。

> [判例6-1]　最判昭和33・5・1刑集12巻7号1272頁
> 　国家公務員法102条1項は，「職員は，政党又は政治的目的のために，寄附金その他の利益を求め，若しくは受領し，又は何らの方法を以てするを問わず，これらの行為に関与し，あるいは選挙権の行使を除く外，人事院規則で定める政治的行為をしてはならない」と定め，禁止される政治的行為を広範に人事院規則に委任している。このことの合憲性が争われたのであるが，最高裁は合憲判決を出している（最大判昭和49・11・6刑集28巻9号393頁も参照）。かかる広範な委任を正当化しうるとすれば，公務員の政治的活動の禁止については，党派的対立から中立的な委員会として独立性を付与された人事院の判断に委ねることが望ましいという考慮に求める以外にないように思われる。

> [判例6-2]　最判平成5・3・16民集47巻5号3483頁［百Ⅰ76①］［判Ⅰ146］
> 　教科書検定の基準について，法律には全く規定がなく，教科用図書検定規則（文部省令），教科用図書検定基準（文部省告示）が，白紙委任を受けたかたちで定めていたにもかかわらず，最高裁は，合憲判決を出している。すなわち，教科書は，内容が正確かつ中立・公正であり，当該学校の目的，教育目標，教育内容に適合し，内容の程度が児童，生徒の心身の発達段階に応じたもので，児童，生徒の使用の便宜に適うものでなければならないことはおのずと明らかであり，教科用図書検定規則，教科用図書検定基準は，教育基本法，学校教育法から明らかな教科書の要件を審査の内容およ

§ び基準として具体化したものにすぎないというのである。

　これらの判決をみると，委任の方法に関する違憲審査に関して，判例はきわめて謙抑的といえよう。最高裁の立場は，広範な概括的な委任の規定は違憲無効であり（最大判昭和27・12・24刑集6巻11号1346頁），受任機関を指導または制約すべき目標，基準，考慮すべき要素等を指示して委任すべきであるものの，当該指示は，委任を定める規定自体の中で明示する必要はなく，当該法律の他の規定や法律全体を通じて合理的に導出されるものであれば足りるというものであると思われる。

　「委任の方法」が国会による内閣等への委任の合憲性の問題であるのに対して，「委任命令の内容」は，法律の委任を受けて制定された命令（委任命令）が委任をした法律に抵触していないか（法律の優位の原則に反しないか）という問題であり，行政機関が制定する命令の適法性の問題といえる。委任に際して，行政機関に裁量を認めている場合でも，当該裁量の範囲を逸脱すれば違法となるのである。この点が問題になった判例をいくつか見ることとしたい。

[判例6-3] **最大判昭和46・1・20民集25巻1号1頁 [百Ⅰ44]**
　農地法80条（当時）は，国が強制買収により取得した農地等につき，農林大臣（当時）が，政令で定めるところにより，自作農の創設または土地の農業上の利用の増進の目的に供しないことを相当と認めたときは，旧所有者またはその一般承継人に売り払わなければならない旨を定めていた。これを受けて，農地法施行令（政令）16条4号（当時）は，買収農地のうち，農地法80条1項の認定の対象となるべき土地を，買収後新たに生じた公用等の目的に供する緊急の必要があり，かつ，その用に供されることが確実なものに制限していた。最高裁は，農地法施行令16条4号（当時）が定める場合以外にも，近く農地以外のものとすることを相当とするものがあり，農地法80条1項は，かかる場合にも旧所有者への売り払いを義務づけているものと解すべきであるにもかかわらず，かかる場合を除外したことは違法であると判示している。

[判例6-4] **最判平成3・7・9民集45巻6号1049頁 [百Ⅰ45] [判Ⅰ182・Ⅱ143]**
　監獄法45条1項は，「在監者ニ接見センコトヲ請フ者アルトキハ之ヲ許ス」とし，同法50条は，「接見ノ立会，信書ノ検閲其他接見及ヒ信書ニ関スル制限ハ命令ヲ以テ之ヲ定ム」と規定していた。これを受けて，法務省令である監獄法施行規則120条は，幼年者の心情を害することのないように「14歳未満ノ者ニハ在監者ト接見ヲ為スコ

トヲ許サス」とし，同規則 124 条は，「所長ニ於テ処遇上其他必要アリト認ムルトキ
ハ前 4 条ノ制限ニ依ラサルコトヲ得」と規定していた。最高裁は，監獄法施行規則
120 条・124 条は，監獄法 50 条の委任の範囲を超えており無効であると判示している。
すなわち，監獄法 50 条は，同法 45 条 1 項が認めている接見を全く不許可にすること
を委任しているのではなく，接見の時間，手続等の制限を委任する趣旨であるから，
14 歳未満の者には一切接見を認めないという規則は，法律の趣旨を逸脱していると
いうのである。

[判例 6-5]　最判平成 14・1・31 民集 56 巻 1 号 246 頁［判 I 181］
　　児童扶養手当法 4 条 1 項 5 号（当時）の委任に基づき児童扶養手当の支給対象児童
を定める児童扶養手当法施行令 1 条の 2 第 3 号（当時）のうち，「母が婚姻（婚姻の
届出をしていないが事実上婚姻関係と同様の事情にある場合を含む。）によらないで
懐胎した児童」から「父から認知された児童」を除外しているかっこ書部分は，同法
の委任の範囲を逸脱したものと判示している。

[判例 6-6]　最大判平成 21・11・18 民集 63 巻 9 号 2033 頁［判 I 183］
　　高知県東洋町の議員の解職請求につき，解職請求代表者の中に非常勤公務員である
農業委員会委員が含まれていたため，町選挙管理委員会が解職請求者署名簿の署名を
すべて無効とする決定を行った事案において，本判決は，委任命令である地方自治法
施行令の関係規定を違法としている。本判決は，公務員が公職の候補者となることを
禁じた公職選挙法の規定を地方自治法施行令が解職請求代表者の資格についても準用
しているのは，委任の範囲を超えており，資格制限が解職の請求手続にまで及ぼされ
る限りで違法であり無効と判示している。なぜならば，議員解職請求に関する地方自
治法 80 条各項の規定は，解職の請求と解職の投票の 2 段階に区分しており，これを
前提に同法 85 条 1 項は，選挙関係規定を解職の投票にのみ準用する旨を定めている
のであり，解職の投票手続は選挙手続と同質性があるが，解職の請求手続と選挙手続
の間には類似性ないし同質性がないからであるとする。

[判例 6-7]　最判平成 25・1・11 民集 67 巻 1 号 1 頁［百 I 46］［判 I 180］
　　薬事法施行規則（当時）のうち，店舗販売業者に対し，第一類医薬品および第二類
医薬品について，①当該店舗において対面で販売させ，または授与させなければなら
ないものとし，②当該店舗内の情報提供を行う場所において情報の提供を対面により
行わせなければならないものとし，③郵便等販売をしてはならないものとした各規定
は，いずれも上記各医薬品にかかる郵便等販売を一律に禁止することとなる限度にお
いて，薬事法（当時）の趣旨に適合するものではなく，同法の委任の範囲を逸脱した
違法なものとして無効というべきであると判示した。

[判例 6-8]　最判令和 2・6・30 民集 74 巻 4 号 800 頁［百 I 48］
　　総務大臣が，泉佐野市について，ふるさと納税を受け入れる地方団体としての指定
をしない旨の決定をしたため，泉佐野市長が，本件不指定は違法な国の関与に当たる

と主張し，本件不指定の取消しを求めた事案における判決である。平成31年法律第
2号による地方税法一部改正により，本件指定制度が導入され，指定の基準として募
集適正基準，法定返礼品基準が定められた（地税37条の2）。総務大臣は，同条2項
の基準に基づき平成31年総務省告示第179号（本件告示）を発したが，その2条3
号は，募集適正基準の一つとして，平成30年11月1日から指定の申出書を提出する
日までの間に，ふるさと納税制度の趣旨に反する方法により他の団体に多大な影響を
及ぼすような寄附金の募集を行い，他の地方団体に比して著しく多額の寄附金を受領
した地方団体でないことを要件としていた。本件訴訟の重要な争点は，本件告示2条
3号が，平成31年法律第2号による改正規定の施行前の期間において行われた寄附
金の募集および受領を指定基準としたことが，地方税法37条の2第2項の委任の範
囲を逸脱するかであった。本件判決は，地方税法37条の2第2項の規定から，本件
改正規定の施行前における募集実績自体を理由として指定を拒否する基準を策定する
ことを委任する趣旨を明確に読み取ることはできないとして，本件告示2条3号は，
地方税法37条の2第2項の委任の範囲を逸脱したと判示した。

　(d)　**法規命令の形式**　　国における法規命令は，政令（憲73条6号，内11条，
内閣府7条2項，行組11条），内閣官房令（内25条3項），内閣府令（内閣府7条3
項・4項），省令（行組12条），委員会および庁の長官が定める外局規則（同13
条），会計検査院規則（会検38条），人事院規則（国公16条1項）の形式をとる
のが通例であり，授権法律において，委任命令の形式についても指定すること
が多い（「政令で定めるところにより」等）。地方公共団体における委任命令は，
長の定める規則（自治15条），委員会の定める規則その他の規程（同138条の4
第2項）の形式をとるのが通例である（以上の点は，執行命令の形式についても妥
当する）。

　(e)　**授権法の廃止と委任命令の効力**　　命令の根拠になっている法律（授権法）
が廃止された以上，別段の規定がない限り，委任命令も失効すると解すべきで
あろう。

　(f)　**委任立法の手続的統制**　　訴訟において「委任命令の内容」の適法性を裁
判所が実体面から審査することがあるが，一般に，委任命令の制定に際して認
められる裁量は広範であり，その適正な行使を担保するためには，実体的統制
には限界があり，手続的統制を強化する必要がある。以下では，手続的統制の
手法について検討することとする。

　行政機関が法規命令を制定するに際して，審議会への諮問を要求している例

が存在する。法律で諮問が義務づけられている場合以外であっても，実際上，審議会または私的諮問機関で法規命令案が審議されることが少なくない。命令の制定に当たり，公聴会の開催が義務づけられている場合もある。政令または府省令の制定・改正等に際して，他の行政機関等との協議を義務づけている例，意見聴取を義務づけている例もある。行政手続法は，当初，行政基準の制定手続を法制化の対象とせず，この問題を将来の課題としていた。しかし，閣議決定に基づくパブリック・コメント手続運用の経験をふまえて，2005（平成17）年の同法改正により，一般的行政基準制定手続の法制化が実現した。

■ 行政規則　　**行政規則は，行政機関が策定する一般的な法規範であって，国民の権利義務に関係する法規の性質を有しないものである。法規としての性格を有しないため，法律の授権を要しない。**また，命令の形式をとる必要はなく，内規，要綱，通達等の形式で定めることができる。公示する必要があるものは，告示の形式をとることが多い。

(a) 解釈基準　　行政規則の代表例として，解釈基準がある。**解釈基準とは，法令の解釈を統一するため，上級行政機関が下級行政機関に対して発する基準である。**たとえば，ある税法の条文の解釈について，A説，B説，C説と解釈が分かれる場合，各税務署長がそれぞれ独自に解釈したのでは不統一となり，平等原則に反することになる。そこで，上級行政機関である国税庁長官が下級行政機関である税務署長に対して通達という形式で解釈基準を示すことが多い。この解釈基準を示す通達は，上級行政機関の下級行政機関に対する指揮監督権の一環として発せられるもので，上級行政機関の下級行政機関に対する訓令としての性格を持つ。したがって，下級行政機関は上級行政機関の示した通達に原則として拘束されることになる。もし，下級行政機関が通達に従わなかった場合，当該下級行政機関の職員は，職務命令違反として懲戒処分を受けることもありうる。「通達による行政」という言葉もあるほど，実際の行政において，通達の果たす役割は大きい。

通達は，行政機関の内部関係における規範を定めるための形式であり，国民や裁判所を拘束する外部効果はない。すなわち，国民も裁判所も通達には拘束されないのである。現行の行政事件訴訟法のもとにおいて，取消訴訟の対象となるのは，直接に国民の権利義務を変動させる法的効果を持つものに限定され

るのが原則であるので，通達自身の取消訴訟は一般的には認められないが（最判昭和43・12・24民集22巻13号3147頁［百Ⅰ52］［判Ⅱ35］），税務署長が通達で示されたＡ説に基づいて課税処分をした場合，その名あて人は，Ｂ説が正しい解釈であり，Ａ説をとった税務署長の課税処分は違法であるとしてその取消しを求めることができる。取消訴訟が提起されれば，裁判所も，通達の解釈に拘束されることなく，何が正しい解釈であるかを法令に照らして判断することになる。

　(b)　**裁量基準**　　**行政規則の代表例として，裁量基準も挙げられる。** 行政庁が処分をしようとする際に，法令を機械的に執行する場合も皆無ではないが，通常は，行政庁に一定の判断の余地（裁量）が認められている。しかし，裁量権の行使について，個々の行政庁の自由に委ねると，恣意的判断が行われるおそれがあるし，判断の不統一が生じ，平等原則に反するおそれがある。また，国民の側からすると，裁量権行使の基準が明らかでないと，予測可能性に欠けるという問題がある。たとえば，申請をした場合に許可されるかは，裁量基準があらかじめ具体的に定められ公にされていれば，事前に判断することが容易になり，許可の見込みがないにもかかわらず申請の準備をする無駄を避けることができるし，行政庁にとっても，許可の見込みのない申請を処理する手間が省けることになる。

　裁量基準は，行政庁の作成する内部基準であり，国民や裁判所がそれに拘束されるわけではない。したがって，裁判所が当該裁量基準は違法であると考える場合，裁量基準に従ってなされた処分であっても，違法として取り消すことができる。このように，裁量基準は，国民や裁判所を拘束するものではなく，一般に行政規則と理解されており，その制定には法律の根拠を要しないと解されている。

　しかし，恣意的判断を抑止し，国民に予測可能性を与えるという適正手続の観点からは，法律の根拠がなくても，裁量基準の設定が要求される場合がある。この点についてのリーディングケースといえるのが，以下の判例である。

　[判例 6-9]　**最判昭和 46・10・28 民集 25 巻 7 号 1037 頁**［百Ⅰ114］［判Ⅰ96］〔個人タクシー事件〕
　最高裁は，当時の道路運送法の個人タクシー事業免許基準は抽象的であるから，内

部的にせよ，さらにその趣旨を具体化した審査基準を設定し，これを公正かつ合理的
に適用すべきであり，特に，当該基準の内容が微妙で，高度の認定を要するようなも
のである等の場合には，当該基準を適用するうえで必要とされる事項について，申請
人に対し，その主張と証拠の提出の機会を与えなければならないというべきであると
判示している。

　従前から行政庁が裁量基準を作成することは少なくなかったのであるが，そ
れが公にされていないことが多かった。しかし，行政手続法は，申請に対する
処分についての裁量基準である審査基準を作成し，原則として公にすることを
行政庁に義務づけ（行手 5 条 1 項・3 項），不利益処分についての裁量基準であ
る処分基準を作成し公にする努力義務を行政庁に課しており（同 12 条 1 項），
裁量基準を設定し公にすることについて，一般的な法律上の根拠が与えられる
ことになった。
　問題は，審査基準や処分基準のような裁量基準から逸脱した処分が行われた
場合，そのことのゆえに，当該処分が違法となるかである。裁量基準は行政規
則であるから，そこからの逸脱は，内部的責任の問題は生じるとしても，その
ことのみで当然に違法となるものではない。最大判昭和 53・10・4 民集 32 巻
7 号 1223 頁 [百 I 73][判 I 6]〔マクリーン事件〕も，「行政庁がその裁量に任さ
れた事項について裁量権行使の準則を定めることがあつても，このような準則
は，本来，行政庁の処分の妥当性を確保するためのものなのであるから，処分
が右準則に違背して行われたとしても，原則として当不当の問題を生ずるにと
どまり，当然に違法となるものではない」と判示している。
　最高裁がいうように，裁量基準が，そこからの逸脱を一切許さないもので，
裁量基準に従わないと，訴訟においても違法として取り消されるとすると，当
該裁量基準は法規命令と同じ効果を有することになり不合理である（最判昭和
43・12・24 民集 22 巻 13 号 3147 頁 [百 I 52][判 II 35] 参照）。したがって，すでに
設定した裁量基準から離れることが一切認められないとすることは必ずしも妥
当ではなく，合理的理由があるときには，当該裁量基準を適用しないことが許
されなければならない。また，裁量基準が硬直的な場合には，その機械的適用
は不合理な結果を生ずることになり違法とされることもある（東京地判昭和
42・12・20 行集 18 巻 12 号 1713 頁，東京地判昭和 45・3・9 行集 21 巻 3 号 469 頁）。

行政庁は，裁量基準が存在する場合であっても，当該事案の個別的事情を審査する義務があるのである。

(c) 給付規則　　法令に基づかない申請，たとえば，予算補助，すなわち，法律の根拠なく支給される補助金の場合，法律ではなく要綱で補助金の交付基準が規定されている。かかる要綱を給付規則といい，広義の裁量基準の一種とみることができる。

(d) 指導要綱　　指導要綱とは，主として，地方公共団体が作成するもので，宅地開発，ゴルフ場建設等に際して行われる行政指導の指針を示したものをいう。行政指導であれば，法的拘束力があるわけではなく，国民に不利益な内容に関する事項であっても，法律の根拠なしに定めることができると一般に考えられている。このように，指導要綱は，法律の根拠を要しない行政規則であるが，行政指導を行うに際しての裁量基準である以上，行政行為の場合の裁量基準と同様，これを定め公表することは，行政指導の適正化という観点から望ましいといえる。そのため，行政手続法 36 条は，一定の場合，かかる行政指導指針の作成・公表を義務づける規定を設けている。もっとも，行政手続法は地方公共団体の機関が行う行政指導には適用されないが（同 3 条 3 項），ほぼ 100 パーセントの普通地方公共団体（特別地方公共団体の中でも特別区は 100 パーセント）で制定されている行政手続条例において，同一の行政目的を実現するため一定の条件に該当する複数の者に対し行政指導を行おうとするときは，指導要綱のような指針を定め，原則として，これを公表しなければならないとしている。

■ 行政規則の外部化　　行政規則は行政機関を拘束するが，国民を拘束する外部効果を有しないもので，この点で法規命令と区別されるというのが古典的説明であった。しかし，近時，行政規則も必ずしも外部効果を有しないわけではなく，法規命令と行政規則の差異も相対的なものであるにとどまるという指摘がなされるようになった。以下において，このような行政規則の外部化現象と呼ばれるものについてみることとする。

(a) 解釈基準の外部化　　解釈基準についても外部効果を認めうる場合が存在する。合理的理由なく通達に反して特定の者にのみ厳しい処分をすれば，平等原則違反として，その処分は取り消される可能性があるし，通達の不利益変更

が信義則違反の問題を生じさせる可能性もある。また，通達自体で甚大な被害が生じ，後続する処分を争う機会がない場合には，裁判例の中にも，通達自体に対する取消訴訟を認めたものがある（東京地判昭和46・11・8行集22巻11＝12号1785頁［判Ⅱ36]）。

　(b)　**裁量基準の外部化**　　行政手続法が審査基準を原則として公にする義務を行政庁に課し，処分基準についても公にする努力義務を課したことにより，裁量基準は内部規則であり，公にする必要はないという，行政実務に支配的であった考えは大きく変えられた。行政規則であるから公にする必要はないという通念を変化させたことは，行政手続法の大きな功績といってよいと思われる。合理的理由なくして当該裁量基準を適用しないことは，平等原則に反し，違法と解されることになろう。また，審査基準は原則として公にされているため，相手方の信頼保護の観点も重要になる。すなわち，審査基準に照らして許可が得られる見込みであるので，相当の費用をかけて申請手続をしたところ，当該審査基準が適用されず不許可にされるのでは，相手方の信頼保護に欠けることになる。同様に，不利益処分についても，処分基準を信頼して，この程度の行為は処分の対象にならないと判断して行動したところ，当該処分基準を適用せずに不利益処分をされるのでは不意打ちになる。したがって，裁量基準が公にされている場合には，当該裁量基準の不適用が違法と解される余地は一層大きくなる。

　以上のように，**裁量基準も，それを適用しない合理的理由がない限り行政機関を拘束する，という考えを「行政の自己拘束論」と呼び，その意味で，裁量基準も外部効果を持つ場合がある**。最高裁は，裁量基準に従って決定がなされた場合，当該裁量基準に不合理な点があるかを第1次的に審査するとしている（最判平成4・10・29民集46巻7号1174頁［百Ⅰ74］［判Ⅰ139・Ⅱ18]）。行政指導の裁量基準の場合も，それからの逸脱が，裁判所により違法と解される余地がある。その限りで，行政指導指針も，外部効果が全くないとはいえない。ただし，従前の指導要綱の中には，指導要綱に従わない業者に対して，水道の供給を停止したり，下水道の使用を禁止したりする制裁規定を置いているものが少なくなかったが，指導要綱違反を理由として，このような制裁を科すという意味で指導要綱に外部効果を持たせようとすることは，法律による行政の原理に違反

する。

[判例 6-10]　最決平成元・11・8 判時 1328 号 16 頁［百Ⅰ89］［判Ⅰ204］

　かつて，武蔵野市の市長が，宅地開発指導要綱に従わない業者に対して水道の供給の停止をしたことがある。水道法 15 条は，正当な理由なく水道の供給を拒否することはできないとしており，この違反に対しては，水道法上罰則が定められている。この市長は，水道法違反で起訴され，当該刑事訴訟では，宅地開発指導要綱違反が水道の供給を拒否する正当な理由といえるかが争点になった。裁判所は，指導要綱は行政指導の指針を定めたものにすぎないから，その違反を理由として給水を拒否することは原則としてできないと判示した。

　(c)　命令等制定手続の外部化　　行政手続法が定める意見公募手続の対象は「命令等」であり，これには，命令のほか，審査基準・処分基準・行政指導指針も含まれる。すなわち，これらの行政規則の制定手続は行政内部で完結するわけではなく，案・関係資料を公示して意見を公募し，提出された意見を十分に考慮して決定した結果を公示するという，外部とのコミュニケーションを経なければならないのである。これを「命令等制定手続の外部化」ということもできよう。アメリカと異なり，わが国では，この命令等制定手続の外部化が法規命令に限定されず，重要な行政規則についても義務づけられているのである。この面からも，法規命令と行政規則の区別の意義が減少しているといえよう。

2　行政計画

■意　義　　都市計画，耕地整理計画等，戦前においても行政計画は存在したが，行政法学において，行政計画が注目されるようになったのは，1970 年代になってからである。行政計画は，目標を定立し，その目標を実現するために諸種の手段を総合して体系化するところに特徴がある。行政基準が「A の条件が満たされれば B を行う」という「条件プログラム」であるのに対して，行政計画が「目的プログラム」と呼ばれることがあるのは，目的の設定自体が行政機関に委ねられることが多いという特色に着目してのことである。「計画による行政」という言葉は，かなり以前から使用されていたが，行政活動は，計画（Plan）→実施（Do）→評価（Check）→改善（Act）のマネジ

メント・サイクル（PDCA サイクル）の下に行われるべきである。しかし，実際には，計画→実施は重視されても，評価は軽視され，そのため，評価結果に基づいて計画を見直したり，評価結果を次の計画策定に反映させたりすることは十分に行われてこなかった。行政機関が行う政策の評価に関する法律（政策評価法）は，PDCA サイクルを確立することを目的として制定された。

■ **行政計画の分類**　行政計画の法的効果，計画策定手続の問題を論じる場合，行政計画の類型化が有益な視点を提供する。また，計画の体系，計画間調整を論ずる上でも，計画の分類が基礎作業として必要になる。

地域による分類としては，国全体を対象とした全国計画，地方ブロック単位（北海道，東北等）の計画，都道府県計画，市町村計画，さらに市町村内の地域の計画等が存在する。対象行政部門による分類としては，単一の行政部門（河川整備，介護事業等）のみを対象とする計画もあれば，複数の行政部門を包括する総合計画も存在する。内容面では，公共事業等を含む開発計画，土地利用規制計画，それ以外の計画に大別することができる。計画期間による分類としては，長期計画，中期計画，年次計画等がある。

計画体系による分類としては，広域計画に従い狭域計画が策定されるトップダウン型の計画と，狭域計画が先行し，それを積み上げて調整する広域計画が策定されるというボトムアップ型の計画がある。国土利用計画法の都道府県計画は，全国計画を基本とし（国土利用7条2項），市町村計画は都道府県計画を基本とする（同8条2項）トップダウン型である（図6-1参照）。

図 6-1

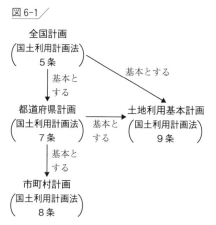

計画の持つ機能の面からは，「先行目標達成機能計画」（外在的に設定された目標を効率的に達成するための計画），「指針的情報提供機能計画」（企業等の自律的な活動を前提としつつ，その指針となる情報を提供するための計画），「調整計画」（目標設定と手段選定の過程で諸利害の調整を行うための計画）に分類することができる。行政計画の中には，外

部効果が全くないものもあれば，外部効果を持つものもある。**外部効果を持つ
計画の中には，国民に対して規制効果を持つものがあり，これは，拘束的計画
と呼ばれることがある。**行政計画は，法律の根拠を有する法定計画と，根拠を
有しない事実上の計画に分類されることもある。

■ 行政計画の統制　現代行政において計画の持つ意味はきわめて大きい。一般
に，**行政計画については計画裁量と呼ばれる広範な裁量が
計画策定権者に与えられている。**もとより，計画裁量にも限界があり，裁量権
の踰越濫用があれば違法となるのであるが，裁量が広範であるため，実体的統
制は困難である。したがって，手続的統制が重要な意味を持つことになる。行
政手続法は，計画策定手続についての規定は置かず，これを将来の課題として
いる。個別の法律においては，計画策定手続について定めている例がある。

■ 計画策定手続に関する近時の動き　近時，計画策定手続に関する注目すべき動
きがみられる。第 1 に，アカウンタビリ
ティを強化する動きである。都道府県または市町村が都市計画を決定しようと
するときは，理由を記載した書面を添えて，公衆の縦覧に供することとされたの
がその例である（都計 17 条 1 項）。理由の提示は，国民の納得を得る（パブリッ
ク・アクセプタンス）手段としても重要であるが，案の段階で理由が提示される
ことは国民の参加（パブリック・インボルブメント）にも寄与する。

　第 2 に，パブリック・インボルブメントをより直接に認める動きが強まって
いることである。都市計画に定める地区計画等の案は，その案の区域内の土地
所有者等の利害関係人の意見を求めて作成するものとされている（同 16 条 2
項）。2008（平成 20）年には，国土交通省において，「公共事業の構想段階にお
ける計画策定プロセスガイドライン」が取りまとめられている。2017 年 10 月
1 日現在，都道府県の 97.9 パーセント，政令指定都市，中核市の 100 パーセン
トがパブリック・コメント手続を要綱等により制度化しているが，そのほぼす
べてが施設に関する計画案を対象としており，パブリック・インボルブメント
の機能を果たしている。

　第 3 に，パブリック・インボルブメントの発展形態として，計画策定を私人
の側から要請する制度が一部の分野で創設されている。市町村は，住民または
利害関係人から地区計画等に関する都市計画の決定もしくは変更または地区計

画等の案の内容となるべき事項を申し出る方法を条例で定めることができると
されている（同16条3項）。

　第4に，1997（平成9）年に環境影響評価法が制定されたが，これは計画策
定手続と密接に関係する。この法律によって，一定の公共事業等の事業実施計
画の段階における環境面からの評価が住民参加のもとで行われることになった。
もっとも，環境影響評価法における住民の役割は環境情報の提出であり，意思
決定を共同で行う主体として位置づけられているわけではない。制定時の環境
影響評価法は，基本的には事業アセスメントを定めるものであるが，事業アセ
スメントには限界があり，政策・計画等を対象とする環境影響評価である戦略
的環境アセスメントは，事業アセスメントの限界を補うものといえる。2011
（平成23）年の環境影響評価法改正により，ようやく，事業段階での環境影響
評価が一律に義務づけられた第1種事業を実施しようとする者に対し，計画段
階環境配慮書の作成が義務づけられた（環境影響評価3条の3）。

　第5に，政策評価法の制定も，行政計画と密接にかかわっている。政策評価
法は，一定規模以上の公共事業については事前評価を義務づけている（政策評
価9条，同施行令3条）。さらに，政策評価法は，いわゆる「時のアセス」の仕
組みを取り入れている。「時のアセス」とは，公共事業等の計画を途中で見直
すことであり，政策決定後5年経過しても未着手のもの，10年を経過しても
未了のもの（公共施設は建設されたが相当の年月を経ても供用されていないもの等）
については，行政機関の長が毎年作成する実施計画に記載することを義務づけ，
政策評価の対象とすることとしている（同7条，同施行令2条）。

　第6に，行政にかかる基本的な計画を地方自治法96条2項に基づき議会の
議決すべき事件とすることによって，透明性の高い行政を計画的に推進するこ
とを目的とする条例が制定されていることである。これは，基本的な政策決定
が議会の公開の議論のもとになされるべきという重要事項留保説を実践したも
のとみることもできる。

■計画裁量の実体的統制　　裁判所による計画裁量の実体的統制は困難であるが，
司法審査によって，計画裁量が実体的理由で違法と
された例は皆無ではない。

[判例6-11] 最判平成 18・9・4 判時 1948 号 26 頁［判Ⅱ17］
　東京地判平成 14・8・27 判時 1835 号 52 頁［判Ⅰ13］は，都市施設用地の計画対象区域に民有地を含めるか，隣接する公有地を含めるかを検討する際には，可能な限り民有地を利用せずに計画目的を達成しうるよう配慮すべきであり，これを考慮しなかったことは，裁量権の行使に著しい過誤欠落があったとして都市計画決定を違法とし，都市計画事業認可処分を取り消した。控訴審の東京高判平成 15・9・11 判時 1845 号 54 頁は，計画裁量の行使として不合理ではなかったとして第一審判決を取り消したが，上告審の本判決は，民有地に代えて公有地を利用することができるときには，そのことも都市施設に関する計画の合理性を判断する 1 つの考慮要素であると解すべきであり，原審の確定した事実のみからは，本件民有地を本件公園の区域と定めたことについて合理性に欠けるものではないとすることはできないとし，破棄差戻しにしている。

■行政計画の合理性　　改修中の河川については，河川改修計画の合理性が審査され，当該計画に従うことを不都合とする特段の事由が生じていなければ，計画上未改修の部分から溢水したことのみをもって河川管理に瑕疵があるとはいえないとされるように（最判昭和 59・1・26 民集 38 巻 2 号 53 頁［百Ⅱ237］［判Ⅱ171］），行政計画の合理性が，解釈論において重要な意味を持つことがある。最判平成 11・1・21 民集 53 巻 1 号 13 頁も，給水契約の申込みが適正かつ合理的な水の供給計画によっては対応することができないものである場合には，水道法 15 条 1 項にいう給水契約締結拒否の「正当の理由」があると判示しており，行政計画の合理性が解釈のポイントになっている。

3　行政行為

(1)　意　　義

■特　　色　　法律が制定され，行政基準や行政計画が策定されても，行政主体と国民との関係は，なお一般的には抽象的レベルにとどまる。これに対して，直接具体的に国民の権利利益に影響する行政作用の行為形式の代表的なものが行政行為と呼ばれるものである。行政行為は，私人間には見られないもので，行政庁に認められた行政固有の行為形式である。
　行政行為の一般的特色は，当事者間の合意によって効力が発生するのではな

く，法令に基づく行政庁の一方的な行為によって法効果が発生する点にある。したがって，相手方の意思に反しても，一方的に相手方の権利を制限したり，相手方に義務を課したりすることができる。これを，**行政行為の規律力**ということがある。また，拒否処分のように，直接的には，このような法関係の変動を伴わない場合であっても，関係する行政庁や私人を法的に拘束する効果を有する。このようなことは，私人間では原則として認められない。民主主義社会において，このような規律力を持った行政行為という行為形式を用いることが認められるのは，行政行為が国民（住民）代表議会の定める法律・条例に基づくものであり，行政行為を用いることについて，国民・住民の事前の同意を擬制できることにあると説明しうると思われる。

■ 相手方の意思に反して行う行政行為　　行政行為の特色を理解するために，私人間の場合と比較してみよう。

　〈例1〉民間企業が，オフィスビル建設のために必要な土地を取得しようとする場合，大半の土地を取得しても，一部の土地所有者がどうしても土地の売却に同意しないとき，当該民間企業は，購入価格を引き上げて，合意に達するように努力するであろう。しかし，当該企業が許容しうる最大限の価格を提示しても交渉がまとまらない場合，当該企業はその土地の購入を断念するしかない。私人間では，契約自由の原則が妥当し，当事者間の合意がなければ契約を締結することはできない。当該企業が土地所有者の意思に反して，一方的に土地の売却義務を負わせることは不可能である。

　それでは，国や地方公共団体が庁舎の建設のために，土地を必要とする場合はどうであろうか。このような庁舎建設のために必要な公共用地についても，通常は，国や地方公共団体は，私人の場合と同様，土地所有者の同意を得て，売買契約を締結して土地を購入する。いわゆる任意買収である。しかし，どうしても任意買収ができない場合には，私人とは異なり，伝家の宝刀を抜くことができる。国や地方公共団体の庁舎については，土地収用が認められているので（収用3条31号），収用権を発動するのである。事業認定を受けたのち，各都道府県の収用委員会に収用裁決を申請し，権利取得裁決があると，当該裁決で定められた権利取得の時期に，当該土地の所有権は，起業者である国または地方公共団体に移転するのである。この権利取得裁決は，土地所有者の同意な

しにその土地所有権を失わせ，起業者に当該土地の所有権を取得させる法効果を有する行政行為である。

〈例2〉私人Aが自動車の運転を誤り，私人Bの家の塀を壊してしまった。Bは，塀の修理に100万円支出した。BはAに対して100万円賠償するよう求めたが，Aは損害は50万円程度のはずで100万円は高すぎるとして賠償に応じない。この場合，BはAに賠償命令を発して，一方的にAの賠償義務を確定させることはできない。Aが争う場合，Bは訴訟を提起して，裁判所の判決により，Aの賠償義務を確定させなければならない。

それでは，私人Aが自動車の運転を誤り，国道のガードレールを壊してしまった場合はどうであろうか。国がガードレールの修理に100万円支出したが，Aは損害は50万円程度のはずで100万円は高すぎるとして支払いに応じない場合，国は，道路法58条1項の規定に基づいて原因者負担金納付命令を発して，一方的にAに100万円の原因者負担金納付義務を負わせることができる。この原因者負担金納付命令は行政行為である。

〈例3〉私人Aの家の隣に私人Bが建築基準法違反のマンションを建てたため，Aの家の通風，日照が妨げられた。AはBに対して当該マンションの除却を求めたが，Bはこれに応じない。この場合，Aは一方的にBに対して除却命令を発することはできない。Aは訴訟を提起して裁判所に除却を命じてもらわなければならない。

これに対して，特定行政庁（建築確認を行う建築主事を置く市町村の区域については当該市町村の長をいい，その他の市町村の区域については都道府県知事をいう）は，建築基準法違反のマンションに対して一方的に除却命令を発して，Bに除却義務を負わせることができる（建基9条1項）。この除却命令は行政行為である。

■ **本人の同意に基づく行政行為**

以上の例はいずれも，相手方の意思に反して，法令の定めるところに従い，一方的にその権利を制限したり，義務を課したりするものであった。しかし，行政行為という行為形式の利用は，そのような場合に限定されるわけではない。双方の意思が合致しており，したがって，契約という行為形式を用いる立法政策が考えられる場合にも，行政行為という行為形式を立法者が選択する場合がある。

〈例4〉私人が民間企業に就職する場合には雇用契約を締結するが，公務員

として採用される場合には，任用という行政行為の形式が用いられていると一般に解されている。この場合，公務員として勤務することを望まない者に一方的に公務員となる義務を課す命令を発しているわけでなく，本人が公務員になることに同意しているので，同意に基づく行政行為ということになる。

　〈例5〉民間企業の従業員が本人の希望で辞職する場合，雇用契約を解除することになるが，公務員が本人の希望で辞職する場合，任用権者が辞職願を承認するという行政行為，すなわち，依願免職処分によって公務員関係を終了させることになる。

　〈例6〉〈例4〉と同じことは，営業を許可するという行政行為についてもいえる。たとえば，公衆浴場の経営を望む者がおらず公衆浴場が不足している地域であっても，公衆浴場の経営を希望していない者に対して，本人の意思に反して公衆浴場経営命令を出すわけではなく，本人からの申請に対して許可という行政行為がなされるのである。この許可も，本人の同意を前提とする行政行為である。

　〈例7〉国の補助金の交付も，契約という行為形式によって行うことも考えられるが，現行法は，補助金交付決定という行政行為によって行うこととしている（補助金6条1項）。

　以上のように，本人の同意に基づく行政行為の場合も，契約と異なり，双方の意思の合致により法効果が発生するわけではない。たとえば，〈例6〉のような申請に基づく営業許可の場合であっても，営業をしたいという申請者の意思と当該申請者に営業をさせたいという行政庁の意思の合致によって許可の法効果が発生するわけではない。本人から申請がなされていることは，許可をする前提となっているが，許可の法効果が発生するのは，法令の定める許可の要件を充足しているという行政庁の認定に基づいてである。たとえ行政庁が当該申請者に営業をさせたいと欲しても，許可の要件を満たしていなければ許可を与えることはできない。

■ 行政行為が用いられる行政活動

行政行為という行為形式は，規制行政において用いられることが多い。規制行政における許可制，認可制，下命制，禁止制の法的仕組みにおいては，行政行為という行為形式が用いられる。たとえば，禁止制の仕組みにおいて用いられる営業

停止命令は，行政行為である。しかし，行政行為という行為形式は，規制行政においてのみ用いられるわけではない。「補助金等に係る予算の執行の適正化に関する法律」6条1項が，補助金交付決定という行政行為によって補助金を交付することとし，生活保護法24条3項が保護の開始決定という行政行為によって保護を開始することとしているように，給付行政においても用いられる。誘導行政における課徴金納付命令，行政資源取得行政における課税処分，権利取得裁決等も行政行為である。このように，行政行為という行為形式は，行政活動の種類の如何を問わずに用いられうる行為形式である。

　行政行為という行為形式が法定されている場合に行政契約という行為形式を用いることが認められるかは場合による。公共用地の取得について，土地収用法に権利取得裁決という行政行為が法定されているのは（収用48条），売買契約による公共用地の取得を否定する趣旨でないのは当然であり，むしろ売買契約による任意買収が原則であって，収用は例外的措置である。他方，租税行政において，増額更正処分をする代わりに納税契約を締結することは，一般に許されないと解されている。

■ 行政行為と行政処分　ドイツとは異なり，わが国では，行政行為という言葉は学問上のものであって，法令でこの言葉が使用されているわけではない。法令においては，ほぼこれに相当する概念として，「行政処分」という用語が使われている（自治242条の2第1項2号等）。また，単に「処分」という言葉が使用されている場合もある（行手2条2号，行審1条2項，行訴3条2項等）。処分という言葉は，法律行為である行政行為のみでなく，一定の事実行為も含む。また，行政不服審査法や行政事件訴訟法にいう処分は，行政上の不服申立てや抗告訴訟の対象を画する概念であるので，行政基準や行政計画等であっても，処分として取り扱われる場合がある。したがって，行政行為概念と処分概念は完全に一致するわけではない。

(2) 行政行為の分類

■「申請に対する処分」と「不利益処分」　行政行為は，さまざまな観点から分類可能であるが，**行政手続法が採用している「申請に対する処分」**（行手2章）**と「不利益処分」**（同3章）**の分類が重要であ**

る。「申請に対する処分」とは，申請に対して行政庁が行う，諾否の応答としての処分である。これに対して，「不利益処分」とは，行政庁が法令に基づき，特定の者を名あて人として，直接に，これに義務を課し，またはその権利を制限する処分をいう。不特定の者を名あて人とする一般処分は，行政手続法の「不利益処分」には含まれない。また，行政上の強制執行や即時強制のような事実上の行為も，行政手続法上の不利益処分ではない（同2条4号イ）。行政手続法が，「申請に対する処分」と「不利益処分」を分けて記載しているのは，両者は，異なった手続的保障を要請するという判断による。また，申請拒否処分も行政手続法の「不利益処分」には含まれないが，更新を前提とした申請を拒否することは，許認可等の撤回と同視することもでき，「不利益処分」に該当すると解する余地もある。

■ 二重効果的処分　　「申請に対する処分」と「不利益処分」の分類は，処分の名あて人に対する効果に着目したものであるが，直接の名あて人にとっては不利益処分であっても，別の者にとってはその処分が利益を与えるという場合がある。たとえば，工場からの大気汚染に悩む周辺住民にとって，当該工場に対する改善命令は，自分たちの環境を保護する利益をもたらす。逆に，**申請を認容する処分が，名あて人にとっては利益になるが，他の者にとっては不利益であるということがある**。たとえば，建築確認という行政行為は，申請者に利益をもたらすが，周辺住民にとっては，日照，通風等を害する建築物の建築を認める不利益な効果をもたらしうる。このような行政行為を「**二重効果的処分**」（複効的処分）ということがある。

　行政手続法は，行政手続の近代化を最大かつ緊急の目的としたため，「申請に対する処分」，「不利益処分」については，処分の名あて人の権利利益の保護を重視している。しかし，「二重効果的処分」を視野に入れていないわけではない。同法10条が，「行政庁は，申請に対する処分であって，申請者以外の者の利害を考慮すべきことが当該法令において許認可等の要件とされているものを行う場合には，必要に応じ，公聴会の開催その他の適当な方法により当該申請者以外の者の意見を聴く機会を設けるよう努めなければならない」と定めていること，同法17条が，「聴聞を主宰する者……は，必要があると認めるときは，当事者以外の者であって当該不利益処分の根拠となる法令に照らし当該不

利益処分につき利害関係を有するものと認められる者……に対し，当該聴聞に関する手続に参加することを求め，又は当該聴聞に関する手続に参加することを許可することができる」と定めていることは，処分の名あて人以外の権利利益にも配慮したものである。

(3)　行政裁量

■意　　義　　行政裁量とは，立法者が法律の枠内で行政機関に認めた判断の余地のことである。したがって，行政裁量は，行政行為に限らず，あらゆる行政の行為形式で問題になる。しかし，とりわけ，行政行為の裁量が，行政法学における裁量論の中心をなしてきた。行政行為のすべてについて行政庁に裁量が認められているわけではなく，裁量の認められない羈束処分もある。

　戦前のわが国においては，行政庁の自由裁量に委ねられた行為に対して，行政裁判所は審査をしないという原則（裁量不審理原則）がとられていた。すなわち，法の許容する裁量の範囲を超えたり，法の趣旨に反して裁量権が行使されて違法であると原告が主張しても，行政裁判所は，自由裁量の踰越濫用の有無を審査しなかったのである。しかし，現在のわが国においては，行政庁が行政行為を行うに際して裁量を有するといっても，**裁量権の踰越濫用があれば，当該行政行為は違法となる**ことが，行政事件訴訟法 30 条に明示されている。しかし，行政事件訴訟法の下においても，裁量の範囲内であれば，当不当の問題を生ずるにとどまり，違法の問題は生じないことになる。**裁判所は適法か違法かを判断する機関であるから，裁量の範囲内にある場合に，当該行政庁の選択が妥当か否かについては介入できないのである。**

■根　　拠　　それでは，このような行政裁量が認められるのは，そもそもなぜであろうか。**行政裁量が認められるということは，訴訟になった場合，裁判所の判断よりも行政庁の判断を優先させると立法者が定めたことを意味する。**裁判所に判断を委ねるよりも，行政庁の判断に委ねるほうが適切であると立法者が判断した場合，裁判所も，この立法者意思に従い，行政庁の判断を優先させなければならないのである。立法者が，ある事項について，裁判所の判断よりも行政庁の判断を優先させるべきと判断する場合の代表例と

しては，以下のようなものがある。

> **[判例 6-12]**　最判昭和 29・7・30 民集 8 巻 7 号 1501 頁 ［判 I 35］
> 　本判決は，大学の学生の行為を理由とする懲戒処分の場合，「当該行為の軽重のほか，本人の性格および平素の行状，右行為の他の学生に与える影響，懲戒処分の本人および他の学生におよぼす訓戒的効果等の諸般の要素を考量する必要があり，これらの点の判断は，学内の事情に通ぎようし直接教育の衝に当るものの裁量に任すのでなければ，適切な結果を期することができない」と判示し，教育に関する専門的判断の尊重の必要性を理由として行政裁量を認めている。

> **[判例 6-13]**　最大判昭和 53・10・4 民集 32 巻 7 号 1223 頁 ［百 I 73］［判 I 6］
> 　〔マクリーン事件〕
> 　本判決は，外国人の在留期間の更新の場合，「法務大臣は，在留期間の更新の許否を決するにあたつては，外国人に対する出入国の管理及び在留の規制の目的である国内の治安と善良の風俗の維持，保健・衛生の確保，労働市場の安定などの国益の保持の見地に立つて，申請者の申請事由の当否のみならず，当該外国人の在留中の一切の行状，国内の政治・経済・社会等の諸事情，国際情勢，外交関係，国際礼譲など諸般の事情をしんしやくし，時宜に応じた的確な判断をしなければならないのであるが，このような判断は，事柄の性質上，出入国管理行政の責任を負う法務大臣の裁量に任せるのでなければとうてい適切な結果を期待することができない」と判示している。政治的判断の尊重の必要性から行政裁量を認めたものといえる。

> **[判例 6-14]**　最判平成 4・10・29 民集 46 巻 7 号 1174 頁 ［百 I 74］［判 I 139・II 18］
> 　本判決は，内閣総理大臣が原子炉設置の許可をする場合において，法所定の基準の適用について，あらかじめ原子力委員会の意見を聴き，これを尊重してしなければならないと定めているのは，原子炉施設の安全性に関する審査の特質を考慮し，各専門分野の学識経験者等を擁する原子力委員会の科学的，専門技術的知見に基づく意見を尊重して行う内閣総理大臣の合理的な判断に委ねる趣旨と解するのが相当であると判示している。科学技術に関する専門組織による判断の尊重の必要性から行政裁量を肯定している。

　また，全国一律の基準を定めることが適当でなく，地域の特性や地域住民の意見を斟酌して決定すべき事項については，法律であらかじめ行政を全面的に拘束してしまうべきではない。そのため，地域的裁量が認められることがある。

　さらに，予測が困難な状況の変化に迅速かつ臨機応変に対応することが特に必要な分野においては，法令であらかじめ具体的に規定しつくすことはできず，

行政機関に判断の余地を与えておかなければならない。

■ 行政裁量の統制 　行政裁量を認めるということは，行政庁の判断を裁判所の判断に優先させるということを意味するから，行政裁量が認められる場合であっても，行政機関による統制の場合には，裁量事項についての審査を妨げられない。行政行為により自己の権利利益を害されたと主張する者が，行政不服審査法に基づいて，行政庁に対して行政行為に対する不服を申し立てる場合，不服申立てを受けた行政庁は，適法か否かの問題にとどまらず，当・不当の問題についても審査できるのは，そのためである（行審1条1項）。また，国会が国政調査権の発動として行政活動を審査する場合にも，行政裁量が認められた事項について立ち入れないわけではない。したがって，行政裁量の統制を論ずる場合，いかなる機関による統制かが重要になる。

■ 行政裁量の認められる判断過程 　(a) **要件裁量** 　行政裁量が認められるという場合，どの部分に裁量が認められるのであろうか。

　具体的な例として，国家公務員を懲戒処分にするか否か判断する場合を想定しよう。懲戒権者がすべきことは，第1に，どのような事実があったかの認定である。調査の結果，休日に飲酒運転をして歩行者に怪我をさせたという事実が認定されたとする。第2に，当該事実が懲戒処分の理由になるかについての判断である。国家公務員法82条1項は，懲戒ができる場合を①国家公務員法もしくは国家公務員倫理法またはこれらの法律に基づく命令に違反した場合，②職務上の義務に違反し，または職務を怠った場合，③国民全体の奉仕者たるにふさわしくない非行があった場合，の3つに限定している。休日における飲酒運転による事故は，道路交通法違反であるが，国家公務員法，国家公務員倫理法違反の問題とはいいがたく，休日のことであるので，職務義務違反を問題にすることもできない。したがって，③に該当するかの問題になる。「国民全体の奉仕者たるにふさわしくない非行のあつた場合」という要件は抽象的であるので，何がこの要件に該当するかは一義的には決まらない（**不確定概念**といわれることがある）。この**要件該当性の判断に行政裁量を認める場合，要件裁量**という。

　わが国では，戦前，国民の権利自由を制限する行政行為については要件裁量を否定する見解（美濃部説）が有力であったし，ドイツでは，現在でも，要件

裁量は基本的に否定されている。戦後も，美濃部説に従ったかのようにもみえる判例（最判昭和31・4・13民集10巻4号397頁［百I69］）が存在した。しかし，**その後のわが国の判例は，要件裁量を広く承認する傾向にある。**

　(b)　**効果裁量**　　休日における飲酒運転による事故が「国民全体の奉仕者たるにふさわしくない非行のあつた場合」に該当すると判断されたとすると，第3に問題になるのは，懲戒処分をするか否かである。というのは，国家公務員法82条1項は，懲戒要件に該当する場合，必ず懲戒処分をしなければならないとしているわけではなく，懲戒処分をすることができると規定しているにとどまるからである。このように処分をするか否かについて行政裁量が認められる場合，これを行為（決定）裁量という。懲戒処分をすると決めた場合，第4に問題になるのが，いかなる懲戒処分をするかである。国家公務員法82条1項は，懲戒処分の種類として，重い順に免職，停職，減給，戒告の4種類を法定している。処分をする場合にいかなる処分を選択するかに裁量が認められる場合，これを選択裁量という（ただし，あらかじめ法定された選択肢の中から選択するとは限らず，行為の内容を形成する自由が行政庁に認められている場合もあり，その場合には〔内容〕形成裁量と称されることがある）。そして，行為（決定）裁量と選択裁量（または内容形成裁量）を併せて効果裁量という。

　［判例6-15］　最判昭和52・12・20民集31巻7号1101頁［百I77］［判I141］
　　　　　　　〔神戸税関事件〕
　　本判決は，国家公務員法上の懲戒処分について懲戒権者の効果裁量を認めている。そして，裁判所が懲戒処分の適否を審査するに当たっては，懲戒権者と同一の立場に立って懲戒処分をすべきであったかどうか，またはいかなる処分を選択すべきであったかについて判断し，その結果と懲戒処分とを比較してその軽重を論ずべきものではなく，懲戒権者の裁量権の行使に基づく処分が社会通念上著しく妥当性を欠き，裁量権を濫用したと認められる場合に限り違法であるとしている。

　(c)　**その他の裁量**　　以上のように，行政裁量は大別して，要件裁量と効果裁量ということになるが，処分をいつするかという時の裁量が問題になることもある。最判昭和57・4・23民集36巻4号727頁［百I120］［判I137］は，車両制限令上の道路管理者の認定の留保について，留保期間に関しても裁量を認めている。また，行政過程における手続の選択について裁量が認められる場合

もある。

　事実認定については行政裁量は認められないのが原則であるが，原子力発電所の安全性のように高度な科学技術的問題について専門的行政機関が判断を行った場合，裁量を承認するように読める裁判例もある。高松高判昭和59・12・14行集35巻12号2078頁は，「原子炉等規制法及び関連法令は，行政庁に対し，……原子炉設置の許否についての政策的裁量のみでなく，安全性を肯定する判断そのものについても専門技術的裁量を認めている」と判示している。

■ 裁量権の限界と司法審査　　　(a) 裁量権の踰越濫用　　戦後，裁判例が，裁量が認められる行政行為を広く承認するに伴い，学説の関心も裁量の有無よりも裁量の限界にシフトしている。裁量権の行使が踰越濫用にわたる場合に当該行政行為が違法になることは行政事件訴訟法30条が規定するところである。裁量権の踰越とは，法の許容する裁量の範囲を逸脱することを意味し，裁量権の濫用とは，表面的には法の許容する裁量の範囲内であるものの法の趣旨に反して裁量権を行使することをいうが，法効果の面で差異があるわけではない。裁判例は，両者を一括して，裁量権の限界の問題として論じている。裁量権の踰越濫用になる場合としては，法律の目的違反，不正な動機，平等原則違反，比例原則違反等が挙げられる。裁量権行使の前提となる事実を誤認している場合には，誤認された事実が存在するものとしてなされた裁量権の行使も違法とされることがある。東京高判平成17・10・20判時1914号43頁は，都市計画に関する基礎調査の結果が客観性，実証性を欠くものであったために合理性を欠く場合，不合理な現状の認識および将来の見通しに依拠してされた都市計画決定は違法と判示している。

［判例6-16］　最判昭和48・9・14民集27巻8号925頁
　本件は，法律の目的違反，不正な動機が問題にされた事案である。小学校長が，地方公務員法28条1項3号の規定により公立学校教員教諭に降任するという分限処分を受けたが，分限とは，公務の能率の維持およびその適正な運営の確保の目的から，公務員に対する処分権限を任命権者に認めたもので，懲戒とは異なり，制裁の趣旨を含むものではない。本判決は，分限制度の目的と関係のない目的や動機に基づいて分限処分をすることは許されないと判示している。

[判例6-17]　最判昭和53・5・26民集32巻3号689頁［百I25］［判I9］
　　個室付浴場の開設を阻止するために，県と町とが協議して，付近に児童遊園を設置
し児童福祉施設として認可したが，本判決は，本件児童遊園設置認可処分は行政権の
著しい濫用によるもので違法であると判示して国家賠償請求を認容している。児童福
祉施設の設備・運営の最低基準については，児童福祉法45条（当時）の規定により，
厚生大臣（現・都道府県）が定めることになっているが，本件児童遊園は，この基準
を満たしており，かつ，この認可は裁量の認められない覊束行為と解すると，県知事
は，認可する義務を負っていることになり，本件認可は適法であることになりそうで
ある。しかし，本件認可が，個室付浴場の開設を阻止するという不正な動機で行われ
たことは，権限の濫用に当たると最高裁は解したのである。

　平等原則という観点から裁量権の行使に限界があることを明言した判例とし
て，最判昭和30・6・24民集9巻7号930頁がある。すなわち，「行政庁は，
何等いわれがなく特定の個人を差別的に取り扱いこれに不利益を及ぼす自由を
有するものではなく，この意味においては，行政庁の裁量権には一定の限界が
ある」のである。
　比例原則は効果裁量を統制することになる。比例原則違反が問題になった例
として，最判平成24・1・16判時2147号127頁②事件［判I11］がある。本判
決は，過去2年度の3回の卒業式等における不起立行為による懲戒処分を受け
ていることのみを理由に懲戒処分として停職処分を選択した東京都教育委員会
の判断は，停職期間の長短にかかわらず，処分の選択が重きに失するものとし
て社会観念上著しく妥当を欠き，上記停職処分は懲戒権者としての裁量権の範
囲を超えるものとして違法の評価を免れないと判示している。
　(b)　司法審査の手法　　司法審査の手法としては，処分の内容（結果）に着眼
する実体的統制のみが行われる場合もあるが，近年は，判断過程の統制が行わ
れることが多くなっている。判断過程の統制の中でも，考慮事項に着目した審
査が行われることが少なくない。**考慮事項審査の中にも，考慮すべき事項（要
考慮事項）を考慮したか，考慮すべきでない事項を考慮（他事考慮）しなかった
かのみを審査する形式的考慮事項審査のほか，各考慮事項について重要度を評
価し，当該評価を誤った場合にも裁量権の逸脱濫用を認める実質的考慮事項審
査がある。**後者は，東京高判昭和48・7・13行集24巻6＝7号533頁［判I
144・II16］〔日光太郎杉事件〕が示した裁量統制手法である。この判決は，何が

もっとも重視すべき諸要素か，それらが軽視されていないか，他事考慮となる事項は何か，当該事項が考慮されたか，本来過大に評価すべきでない事項は何か，それらが過大評価されたか否かについては，裁判所が審理しうるという前提に立っており，考慮事項の重要度の評価に踏み込んで行政庁の判断過程を統制する注目すべき手法をとっている。最判平成18・2・7民集60巻2号401頁［百Ⅰ70］も，実質的考慮事項審査を行っている。

　さらに，純粋に手続的手法で裁量統制を行うこともある。たとえば，最判昭和60・1・22民集39巻1号1頁［百Ⅰ118］［判Ⅰ110］のように，理由の提示が不備であることを理由として，行政行為を取り消すのがその例である。最判平成4・10・29民集46巻7号1174頁［百Ⅰ74］［判Ⅰ139・Ⅱ18］は，審査基準に不合理な点があるかを最初に審査し，審査基準を中心とした裁量審査の方法をとっている。

　(c)　**行政手続法**　行政手続法の制定は，行政裁量の司法審査を拡充させるとともに，司法審査の密度を高める重要な契機となった。すなわち，処分庁により審査基準・処分基準が作成され公にされることによって，当該基準が不合理でないか，審査基準適合性の判断に不合理な点はないかというかたちでの司法審査が可能になるのみならず，当該基準を適用しなかったことに合理性があるか（平等原則違反にならないか），当該基準を適用することが不合理な結果をもたらさないか（事案の特殊性を無視した画一的処理にならないか）というかたちでの司法審査も可能になり，従前，当・不当の問題として司法審査を断念しがちであった領域における国民の救済の可能性が広がることになった。かかる司法審査を実効あるものにするためにも，各府省，とりわけ行政手続法を所管し，行政評価・監視を行う総務省が，審査基準・処分基準が当該処分の性質に照らしてできる限り具体的なものとなっているか（行手5条2項・12条2項）という質的側面からのチェックを充実させる必要があろう。

■ **効果裁量と不作為の違法**　裁量権の限界は，行政機関がある行為を行う（作為）場合についてのみ問題になるわけではなく，行うべき行為を行わない（不作為）場合についても問題になる。法令が，効果裁量を否定していることが明確な場合（○○のときは，改善命令を発しなければならない），不作為の違法（作為義務違反）を認定することは容易であるが，多く

の場合，行政機関に規制権限を与える法律は，効果裁量を認めていると解される（○○のときは，改善命令を発することができる）。このことを**行政便宜主義**ということもある。

　かつては，効果裁量が認められている以上，不作為は作為義務違反とはいえず，不作為が違法になることはないという考えが有力であった。しかし，次第に，効果裁量が認められている場合であっても，不作為が違法となる場合があるという意見が有力になってきた。1つの説明は，**効果裁量の範囲は固定しているわけではなく，状況に応じて変化し，ある種の状況下では裁量権の幅がゼロに収縮するとし，この裁量権のゼロ収縮の場合には効果裁量がなくなり作為義務が生ずるから，不作為は違法になるとするのである**。これを**裁量権収縮の理論**という。これに対して，**裁量権消極的濫用論**により作為義務を導く説もある。この説は，**裁量が認められた行政行為において，作為が裁量権の踰越濫用とされる場合があるのと同様，不作為が著しく不合理な場合にも，裁量権の限界を逸脱しており違法となるとする**。裁量権収縮の理論が，ある状況下で裁量権の幅が収縮して裁量がゼロになるという発想であるのに対して，裁量権消極的濫用論は，裁量権が存在したまま，その限界を超えるという発想である。

　最高裁も，効果裁量が認められる規定になっていても，不作為が違法になる場合がありうることを肯定している。最判平成元・11・24民集43巻10号1169頁［百Ⅱ216］［判Ⅱ148］がその例で，「知事等に監督処分権限が付与された趣旨・目的に照らし，その不行使が著しく不合理と認められるときでない限り」当該権限の不作為は違法でないと判示している。

　行政庁が規制による受益者から積極的に規制を行うことを期待されているにもかかわらず，不作為に流れやすいのは，名あて人から争訟を提起されることを回避したいという理由のほかに，法律の要件がきわめて抽象的であるため，要件の認定の判断に自信が持てないという理由もある。このような事態を改善するためには，規制の受益者による争訟（義務付け訴訟等）のルートを拡充する必要が指摘されてきた。2004（平成16）年の行政事件訴訟法改正により，規制権限の発動を求める義務付け訴訟が法定されたことは（行訴3条6項1号），行政庁が規制権限の行使を懈怠する傾向を是正することにある程度寄与すると思われる。

(4)　行政行為の瑕疵

■意　義　　行政行為に瑕疵があるとは，行政行為が違法または不当であることを意味する。法律による行政の原理に照らし，瑕疵ある行政行為は原則として取り消されるべきであるから，いかなる場合に瑕疵が認められるかは，いかなる場合に取消しがなされるべきかを判断する際の基本的論点となる。瑕疵の分類は，瑕疵の有無を判断する際のチェックポイントを示すことになる。また，行政事件訴訟法は，取り消しうべき瑕疵と無効の瑕疵で救済ルートを区別しているので，両者の差異を理解することも重要である。

■行政行為の瑕疵の分類　　行政行為の瑕疵は，内容の瑕疵，主体の瑕疵，手続の瑕疵，判断過程の瑕疵に分類される。

　内容の瑕疵は，行政行為の内容が不明確であること，内容に誤りがあること（行政行為の根拠法規が存在しなかったり，行政行為の要件が充足されていなかったり，比例原則等の法の一般原則に違反していること）である。主体の瑕疵とは，財務大臣が権限を有する行政行為を経済産業大臣が行ったり，局長が権限を委任されていないにもかかわらず，大臣の行うべき行政行為を行う等，権限を有しない主体が行政行為を行う場合である。権限のない者が行った行為について，相手方の信頼を保護するために，「事実上の公務員」の理論により無効としない理論がある（村長解職賛否投票の効力の無効が宣言されても，賛否投票の有効なことを前提として，それまでの間になされた後任村長の行政処分は無効となるものではないと判示したものとして，最大判昭和35・12・7民集14巻13号2972頁がある）。手続の瑕疵とは，関係機関と協議したり，審議会に諮問したり，名あて人に意見陳述の機会を与えたり，理由を提示したりする等，行政行為を行う場合に踏むべき手続がとられていないか，とられたとしても不十分な場合である。書面で行うべき行為を口頭で行ったような場合は，手続の瑕疵とみることも可能であるが，手続の瑕疵と区別して形式の瑕疵として分類されることもある。判断過程の瑕疵とは，行政庁が錯誤によったり，詐欺により欺罔されて行政行為を行った場合，権限が濫用された場合等をいう。

⑸　行政行為と取消訴訟の排他的管轄

■意　義　行政行為に瑕疵があり違法であるとして争う場合，行政事件訴訟法は，原則として，もっぱら取消訴訟のルートで争うべきとしている。これを取消訴訟の排他的管轄（「取消制度の排他性」）という。その結果，行政行為は，権限ある行政庁が職権で取り消すか，行政行為によって自己の権利利益を害された者が取消訴訟を提起して取り消すか，または行政上の不服申立てによって取り消さない限り，有効なものとして取り扱われることになる（このことを，行政行為に公定力があるということもある）。このことの意味をいくつかの具体例で考えることとしよう。

〈例1〉民間会社に勤務する私人Aが解雇された場合，解雇（雇用契約解除）の取消訴訟を提起するわけではなく，解雇が無効であることを前提として，従業員たる地位の確認を求める訴訟を提起するのが通常である。これに対して，公務員Bが免職処分を受けた場合，当該免職処分に対する取消訴訟を提起してこれを取り消すことなく，直ちに公務員としての地位確認訴訟を提起することは原則としてできない。免職処分は，取消訴訟の排他的管轄に服する行政行為であるからである。したがって，Bは，まず，免職処分の取消訴訟を提起して，当該処分の効力を否定しなければならない。

〈例2〉私人Aが私人Bに土地を譲渡したが，Bが代金を支払わない場合，Aは売買契約を解除して，直ちに土地の返還請求訴訟を提起することができる。また，私人Aが土地を地方公共団体Cに寄付した後，当該寄付は強迫によるものであるとして寄付の意思表示を取り消した場合，AはCに対して，直ちに土地の返還請求訴訟を提起することができる。他方，私人Aの土地が権利取得裁決によって地方公共団体Cに移転した場合には，Aは，原則として，まず権利取得裁決の取消訴訟を提起しなければならず，これをせずに直ちに土地の返還請求訴訟を提起することはできない。権利取得裁決は行政行為であるからである。このように，同じA・C間における土地の返還をめぐる紛争であっても，契約が用いられた場合と，行政行為という行為形式が用いられた場合とでは，争い方が異なる。

　行政行為について取消訴訟の排他的管轄が認められているのは，立法政策に

よるものであり，憲法上の要請ではない。したがって，立法政策としての合理性が問題になる。従前，取消訴訟の排他的管轄には，その機能面から，紛争の原因行為を行った行政庁を被告として原因行為自体を攻撃するという点で紛争解決の仕組みとして明快であること，行政庁が被告となることによって訴訟資料が豊富になること，行政行為が行政庁の不知の間に取り消されることを防ぐこと，行政上の不服申立て等の他の制度との結合が容易であること等の合理性があることが指摘されていた。もっとも，これらの点は，行政行為に限らず行政基準，行政契約等の他の行政の行為形式についてもいえることである。

なお，2004（平成16）年の行政事件訴訟法改正により，行政庁ではなく行政主体が被告となることが原則となったため，取消訴訟の排他的管轄の機能を行政庁被告主義と結び付けて説明することはできなくなった。

■ 取消訴訟の排他的管轄の範囲　そもそも行政行為の違法性が争点にならない訴訟の場合，取消訴訟の排他的管轄に服さないのは当然である。たとえば，A・B間で土地所有権の帰属をめぐる紛争がある中で，Aが当該土地に家を建てるために建築確認申請をし，建築主事等が建築確認を与えたとしても，それは，Aの申請どおりの家を建ててよいことを確認したにすぎず，当該土地の所有権がAに帰属することは建築確認の要件になっていないから，当該建築確認によって，当該土地の所有権がAにあることを確認する効果は生じない。したがって，BがAに対して，自己に当該土地の所有権が帰属することの確認訴訟を提起しようとする場合，当該訴訟は，建築確認が違法であることを争点とするものではないから，事前に建築確認取消訴訟を提起して，当該確認を取り消しておく必要がないことは当然である。もし，Bが，当該建築確認の取消訴訟を提起して，その理由として，当該土地の所有権確認訴訟を提起する前提として，確認を取り消しておく必要があると主張しても，取消しを求める利益はないから，取消訴訟は却下される。同様に，営業許可は営業用施設の権原とはかかわらないのが原則であるから，営業用施設の権原を民事訴訟で争う前提として許可を取り消す必要はない（もっとも，許可の要件として，当該土地を使用する権原が必要とされている場合もある。温泉3条2項参照）。

同様に，**原子力発電所の設置許可があった場合，周辺住民は，当該許可を取**

り消さなくても，人格権侵害を理由として民事差止訴訟を提起することを妨げられないと解すべきである。原子力発電所の設置許可は，当該発電所によって周辺住民の人格権を侵害していないことを確認するものではないからである。したがって，民事差止訴訟においては，設置許可処分の違法性を争点にする必要はないことになる（最判平成4・9・22民集46巻6号1090頁［百Ⅱ174］［判Ⅱ67]）。

■取消訴訟の排他的管轄の限界　他方，行政行為の違法性が訴訟で争点になる場合であっても，常に取消訴訟の排他的管轄に服するわけではない。取消訴訟の排他的管轄の原則には，以下のような限界がある。

　(a)　無効の瑕疵ある行政行為　現行法は，違法の瑕疵ある行政行為の中に，取り消しうべき瑕疵ある行政行為と無効の瑕疵ある行政行為が存在するという前提に立っている。取消訴訟の排他的管轄に服するのは，取り消しうべき瑕疵ある行政行為のみであり，無効の瑕疵ある行政行為は取消訴訟の排他的管轄に服さない。

　戦前は，行政裁判所と司法裁判所の二元的裁判システムがとられており，行政行為の取消訴訟は行政裁判所に提起しなければならなかったが，行政行為が無効の場合には，行政行為が無効であることを前提として，司法裁判所に民事訴訟を提起することが可能であった。かかる民事訴訟が提起された場合，司法裁判所は，まず，当該行政行為が無効かを先決問題として審理しなければならず，そのため，当該行政行為を無効とするには，瑕疵が重大であるのみならず，行政事件を専門としない司法裁判所の裁判官にも容易に判断できるよう瑕疵が明白であること（瑕疵が瑕疵であることの明白性，瑕疵があることの明白性の両方）も要件とされた（重大明白説）。

　現在は，行政行為に無効の瑕疵がある場合，行政行為の無効確認訴訟を提起できる場合もあるし（行訴3条4項），行政行為の無効を前提として現在の法律関係に関する訴えを提起できる場合もある（同4条・45条）。直接に行政行為を攻撃するという点では，取消訴訟も無効確認訴訟も同じであり，これらは，抗告訴訟（行政庁の公権力の行使に関する不服の訴訟）と呼ばれる。両者の最大の相違は，取消訴訟の場合，出訴期間の制限があり，処分または裁決を知った日か

ら6カ月以内に提起しなければならず（同14条1項），出訴期間を徒過すると
もはや行政行為の効力を争うことができなくなるのに対して（このことを行政行
為に不可争力が生ずるとか，形式的確定力が生ずるという言い方をすることもある），
無効確認訴訟の場合には，この出訴期間の制限を受けない点にある。また，不
服申立前置主義といって，取消訴訟を提起する前に行政上の不服申立てを行い
それに対する判断（決定，裁決）を得ることを個別法が義務づけている場合，
不服申立てを前置せずに取消訴訟を提起することは原則として許されないが
（同8条1項ただし書），無効確認訴訟が認められる場合には，不服申立前置主義
の制約も受けない（同38条1項。不服申立前置主義の規定が準用されている同条4
項も参照）。

　現在も無効の瑕疵の要件については，重大明白説が有力である。最判昭和
36・3・7民集15巻3号381頁［判I165］も重大明白説を明言し，瑕疵が明白
であるかどうかは，処分の外形上，客観的に誤認が一見看取しうるものである
かどうかにより決すべきであるとする外観上一見明白説をとっている。そして，
外観上一見明白とは，特に権限ある国家機関の判断をまつまでもなく，何人の
判断によっても，ほぼ同一の結論に到達しうる程度に明らかであることを指す
とされている（最判昭和34・9・22民集13巻11号1426頁［百I79］，最判昭和37・
7・5民集16巻7号1437頁）。しかし，明白性については，このような外観上一
見明白な場合にとどまらず，行政庁がその職務の誠実な遂行として当然に要求
される程度の調査によって判明すべき事実関係に照らせば明らかに誤認と認め
られるような場合，換言すれば，行政庁がかかる調査を行えば到底そのような
判断の誤りを犯さなかったであろうと考えられるような場合も含まれるとする
裁判例がある（東京地判昭和36・2・21行集12巻2号204頁）。

　もっとも，司法裁判所における先決問題として無効か否かを審査する必要が
ない現行のシステムの下では，常に明白性を要件とする必要はなく，当該行政
行為が有効であることを信頼した第三者の保護の必要性がある場合のみ補充的
に明白性を要件とし，一般的には重大性のみで足りるとする説も有力になって
いる。裁判例でも，最判昭和48・4・26民集27巻3号629頁［百I80］［判I
166］は，「課税処分が課税庁と被課税者との間にのみ存するもので，処分の存
在を信頼する第三者の保護を考慮する必要のないこと等を勘案すれば，当該処

分における内容上の過誤が課税要件の根幹についてのそれであつて，徴税行政の安定とその円滑な運営の要請を斟酌してもなお，不服申立期間の徒過による不可争的効果の発生を理由として被課税者に右処分による不利益を甘受させることが，著しく不当と認められるような例外的な事情のある場合には，前記の過誤による瑕疵は，当該処分を当然無効ならしめるものと解するのが相当である」と判示している（課税が禁止されているものに課税することは課税要件の根幹についての過誤であるとし，前掲最判昭和48・4・26を引用し，明白性の要件に言及せずに無効を認めたものとして，最判平成9・11・11判時1624号74頁がある）。また，名古屋高金沢支判平成15・1・27判時1818号3頁は，原子炉設置許可処分については，原子炉の潜在的危険性の重大さのゆえに明白性要件は不要であり，重大な瑕疵があれば無効であると判示している。

　しかし，最高裁は，課税処分の無効の瑕疵についても，重大明白説を一般的に放棄したわけではなく（最判昭和48・10・5税資71号501頁），また，前掲最判昭和48・4・26を引用しながら，課税要件の根幹についての過誤があるとしても，被課税者側の責めに帰すべき事情がある場合において，不服申立期間の効果の発生を理由として課税処分による不利益を被課税者に甘受させることが著しく不相当と認められるような例外的事情があるとはいえないとし，明白性の要件を欠く課税処分には無効の瑕疵はないと判示したものがある（最判平成16・7・13判時1874号58頁）。

　(b)　国家賠償請求訴訟　〈例1〉の事例において，免職処分によって損害を被ったBは，**免職処分の取消訴訟を提起して当該処分を取り消すことなく，国家賠償請求訴訟を提起することができる。なぜならば，国家賠償請求訴訟は処分の適法性を争うものであり，直接に処分の効力に影響するものではないか**らである。最判昭和36・4・21民集15巻4号850頁も，「行政処分が違法であることを理由として国家賠償の請求をするについては，あらかじめ右行政処分につき取消又は無効確認の判決を得なければならないものではない」として，国家賠償請求の前提として無効確認訴訟を提起する訴えの利益はないと判示している。

　ただし，常にこのように言い切ってよいかについては，疑問が提起されてきた。それは，税金を賦課したり，年金を支給したりするように，金銭を納付さ

せたり支給したりすることを直接の目的とする行政行為の場合である。かかる場合，取消訴訟の排他的管轄が及ばず，直ちに国家賠償請求が可能とすると，取消訴訟の排他的管轄を認めた趣旨が潜脱されないかという問題があるからである。

　たとえば，増額更正処分がなされた場合，審査請求に対する裁決に不服があれば訴訟を提起するという過程を経ることが原則として義務づけられているにもかかわらず，この過程を経ることなく，直ちに当該増額更正処分により生じた損害賠償請求を認めると，結局，当該処分を取り消すことなく，不当利得返還請求を容認するのと同じ効果が生じてしまうのではないかという疑問である。

　同様の問題が，年金支給申請拒否処分についても存在する。この場合，拒否処分を取り消すことなく，拒否処分のために得ることのできなかった年金分の損害賠償請求を認めると，結局，拒否処分が取り消されたのと同じ効果を発生させることになるのではないかという問題である。

　この点について，下級審の裁判例は分かれていたが，最高裁による判断が示された。

　[判例6-18]　最判平成22・6・3民集64巻4号1010頁［百Ⅱ227］［判Ⅱ162］
　本判決は，行政処分が違法であることを理由として国家賠償請求をするについては，あらかじめ当該行政処分について取消しまたは無効確認の判決を得なければならないものではないことは，当該行政処分が金銭を納付させることを直接の目的としており，その違法を理由とする国家賠償請求を認容したとすれば，結果的に当該行政処分を取り消した場合と同様の経済的効果が得られる場合であっても異ならないと判示し，この問題に判例法上，決着をつけた。宮川光治裁判官の補足意見においては，「この理は，金銭の徴収や給付を目的とする行政処分についても同じ」と述べられており，本件判決の射程は，金銭の給付の場合にも及ぶという立場が示されている。

　このように，最高裁は，金銭を納付させたり支給したりすることを目的とする行政行為の場合にも，国家賠償請求は取消訴訟の排他的管轄に服さずに直ちに提起できるという立場を採った。

　(c)　刑事訴訟　　法律で課された義務に違反した場合に直ちに刑罰を科す直罰制ではなく，まず，行政行為によって義務を課して，当該行政行為に違反した場合に刑罰を科す仕組みがとられていることが多い。この場合，行政行為に

ついて取消訴訟の排他的管轄が及ぶとすると，行政行為の名あて人は当該行政行為が違法であると考える場合，まず行政行為の取消訴訟を提起して当該行政行為を取り消しておかなければならず，それをせずに，刑事訴訟において当該行政行為は違法であるから自分は無罪であると主張することはできないことになる。また，刑事訴訟の裁判官も，取消訴訟を審理しているわけではないから，当該刑事訴訟で行政行為を取り消すわけにはいかず，たとえ当該行政行為が違法であると考えたとしても無効の瑕疵がない以上，当該行政行為の有効を前提として有罪判決を下さなければならないことになる。これは戦前の通説の立場であり，また，戦後の裁判例の中にも，同様の立場をとるものが稀でなかった。

　しかし，**現在の通説は，刑事訴訟との関連では，取消訴訟の排他的管轄は当然には及ばないと解している**。違法な行政行為に違反したことは，実質的に考えると，刑罰を科すに値するような公益侵害とはいえないこと，取消訴訟で勝訴の見込みが定かでない場合にまで起訴された場合のことを考えて出訴することを求めることは私人に酷であること，行政行為違反で有罪とされたのち当該行政行為が取り消されたことが再審事由とされていないこと（刑訴435条），罪刑法定主義等を理由とする。

　このように，行政行為が取り消されていなくても，刑事訴訟において，当該行政行為は違法であるから，行政行為違反を理由とする犯罪は成立しないという抗弁を認める説を違法抗弁説という。最判昭和53・6・16刑集32巻4号605頁［百I 66］は，児童福祉施設からの距離制限規定に違反して個室付浴場業を営んだとして起訴された事件で，児童福祉施設認可処分が取り消されていないにもかかわらず，無罪判決を下している。同判決は，当該認可が被告人との関係では違法であり，当該営業を規制する効力を有しないという相対的違法の理論構成をとっている。しかし，その後，最決昭和63・10・28刑集42巻8号1239頁［判I 171］は，刑事訴訟においても取消訴訟の排他的管轄が及ぶかのような判示をしている。

　(d)　**行政上の義務の民事執行**　　行政上の義務について，行政上の強制執行の方法が認められていない場合，国または地方公共団体が民事訴訟，民事執行の方法によって義務の履行確保を図ることができるかについては議論があり，最高裁は，これを否定的に解する判決を出していることは前述した。しかし，通

説は，これを肯定している。

　ここでは，かかる場合，行政主体は，民事訴訟，民事執行の方法による義務履行確保ができることを前提とする。この場合，取消訴訟の排他的管轄が及ぶとすると，行政行為の名あて人は，出訴期間内に取消訴訟を提起して，当該行政行為を取り消しておかなければならない。それをせずに出訴期間を徒過してしまった場合，国または地方公共団体が民事訴訟で義務履行確保を求めてきたときに，名あて人は，当該行政行為は違法であるから，自分は義務を履行する必要はないといえないことになる。たとえば，建築中止命令に対して取消訴訟を提起せずに出訴期間が徒過してしまった場合，国または地方公共団体が建築工事の差止めを求める民事訴訟手続において，名あて人は当該建築中止命令は違法であるという主張をすることができないことになる。しかし，このような場合にまで取消訴訟の排他的管轄が及ぶとすると，民事訴訟手続においても，行政主体に優越的地位を認めることになる。中立的な裁判所による司法的執行といっても，無効の瑕疵しか裁判所が審査できないのであれば，裁判所は，通常，単に行政上の義務履行確保のために行政の下請機関として利用されるだけのことになり，実態としては，行政権の自力執行を認めるのと大差がないことになろう。

　これまでの裁判例も，行政行為に基づく義務履行確保を民事訴訟手続によって求めることを認める場合，裁判所が当該行政行為の適法性を審査しうることを当然の前提としていた。富山地決平成2・6・5訟月37巻1号1頁が「民事上の手続によることが債務者に対し特に不利益を与えるものとはいえない」と述べたり，横浜地判昭和53・9・27判時920号95頁が，「行政庁が裁判所によって請求権の存在についての確認を受け，権利の強制的実現を図ろうとすることに国民の権利保護という観点からみれば，不都合はない」と述べているのも，このことを裏付けている。民事訴訟，民事執行手続は，当事者が対等であって一方が特権を認められることはないということを前提としているのであるから，行政主体であっても，民事訴訟，民事執行の手段による以上は，当事者対等の原則を崩すような特権を認められるべきではないという考えも十分に成立しよう。

　⒠　**先行する行政行為の違法**　　段階的決定が行われる場合に，先行する行政

行為が無効であれば，それを前提に行われる行政行為も瑕疵を帯びることになり，後続する行政行為の違法事由として先行する行政行為の瑕疵を主張できることに争いはない。問題は，先行する行政行為に取り消しうべき瑕疵があるにとどまる場合である。この場合，**先行する行政行為に対する取消訴訟を提起せず出訴期間が徒過したにもかかわらず，後続する行政行為に対する取消訴訟において，先行する行政行為に瑕疵があるから，先行する行政行為を前提とする後続の行政行為も違法であると主張することができるかについては議論がある**（一般に「違法性の承継」の問題と呼ばれている）。これは，先行する行政行為が取消訴訟の排他的管轄に服するため，後続する行政行為の取消訴訟においては，もはや先行する行政行為の違法の主張が遮断されるかの問題と言い換えることができる。

　取消訴訟の排他的管轄が原則である以上，その例外を明文の規定なく解釈上認めるためには，先行する行政行為を取消訴訟の排他的管轄に服せしめることが国民の実効的権利救済の面から不合理であり，先行する行政行為の法効果の早期安定という要請を犠牲にしても，なお国民の実効的権利救済の要請を優先すべき場合でなければならないであろう。

　この問題がしばしば争点になるのは，土地収用法の事業認定と収用裁決の関係についてである。先行する事業認定も行政行為であり，取消訴訟の対象になると一般に解されている。にもかかわらず，収用裁決の取消訴訟において，事業認定の違法を主張することを認めるとするならば，その根拠は，事業認定が一方で起業者にとっては申請認容処分であるものの，他方で事業区域内の土地所有者および関係人に大きな影響を与える二重効果的処分であるにもかかわらず，当該行政行為が土地所有者および関係人にもたらす不利益をめぐってこれらの者に手続的権利保障が十分に与えられたとはいえないか，事業認定が収用裁決と結合して所期の効果を発揮するものであるため，収用裁決により所有権の剥奪という不利益が現実のものとなるまでは訴訟を提起しなかったことが不合理とはいえないと認められることに求めることになると思われる。

　この点は，行政手続法の制定によっても十分な対応がなされなかったところである。すなわち，事業認定は，申請認容処分であって拒否処分ではないから，理由の提示の必要はなく，公聴会の開催等に関する規定は置かれているものの

努力義務規定にとどまっているのである（行手10条）。もっとも，土地収用法，同法施行規則においては，土地所有者および関係人に事業認定の事実および補償措置等について周知させる措置が講じられているのであるが（収用26条・26条の2・28条の2，同法施行規則13条・13条の2），事業認定の段階では，自分の土地の収用が事実上運命づけられているとの認識を持たず，収用裁決申請があって初めてことの重大性を知り，収用委員会の審理の段階で収用すべき公共性がないという議論をする者が稀でないという事実が，収用裁決段階における事業認定の違法の主張を生み出す背景になっていたと思われる。

　しかしながら，この点については，2001（平成13）年7月の土地収用法の改正によって，事業認定前の事業説明会の開催を義務づけ（同15条の14），事業認定について利害関係を有する者からの請求があったときには公聴会の開催を義務づけ（同23条），事業認定庁が国土交通大臣の場合は社会資本整備審議会，事業認定庁が都道府県知事の場合は審議会その他の合議制の機関（同34条の7第1項）の意見を聴き，事業認定庁は当該意見を尊重しなければならないこととし（同25条の2），事業認定の理由の公表義務を課したこと（同26条）によって，相当な改善がなされたといえる。したがって，裁判所がこの点を斟酌して，収用裁決の取消訴訟における事業認定の違法の主張を認めることに，より消極的になる可能性があるが，他方，事業認定段階における手続的保障がなお十分でないと判断される可能性もある。

　違法性の承継について，きわめて注目されるのが，以下の判決である。

[判例6-19]　最判平成21・12・17民集63巻10号2631頁［百I81］［判II76］
　建築基準法の接道義務を強化する条例の規定の適用除外とする安全認定を区長から受けた後，同区の建築主事がした建築確認の取消訴訟を周辺住民が提起したところ，本判決は，安全認定が取り消されていなくても，建築確認の取消訴訟において，安全認定の違法を主張することは許されると判示した。その理由として，本判決は，①安全認定は，建築確認と結合してはじめてその効果を発揮する性質の行為であること，②安全認定の時点において，申請者以外の者には，その適否を争うための手続的保障が十分に与えられていないこと，③建築確認があった時点で初めて不利益が現実化すると考えて，その段階までは争訟の提起という手段はとらないという判断をすることがあながち不合理ともいえないことを挙げている。従前の裁判例で重視されていた①も考慮しているが，②③の理由を明示したことは，大きな意義を持つと思われる。

　なお，課税処分の違法を滞納処分の段階で主張することは認められないと解されている。課税処分の場合，名あて人に不服申立ての教示がされるし，滞納処分の場合も事前に督促が行われるので，課税処分を争わない者を滞納処分の段階で救済する必要に乏しいからである。もし行政庁が不服申立ての教示を懈怠したために課税処分を争う機会を失したような場合，滞納処分の段階で課税処分の違法を主張することを認める解釈もありえよう。

■取消訴訟の排他的管轄の除外

　行政行為について，立法政策として取消訴訟の排他的管轄を外した例として，形式的当事者訴訟がある。形式的当事者訴訟とは，「当事者間の法律関係を確認し又は形成する処分又は裁決に関する訴訟で法令の規定によりその法律関係の当事者の一方を被告とするもの」（行訴4条）である。

　具体例として，土地収用法の損失補償に関する訴訟が挙げられる。収用委員会の権利取得裁決は，「収用する土地の区域又は使用する土地の区域並びに使用の方法及び期間」，「土地又は土地に関する所有権以外の権利に対する損失の補償」，「権利を取得し，又は消滅させる時期」，「その他この法律に規定する事項」について裁決する（収用48条1項）。土地収用法133条3項は，このうち，損失補償に関する訴えは，起業者が原告となるときは土地所有者または関係人を，土地所有者または関係人が原告となるときは起業者を被告として提起しなければならないとしている。本来ならば，権利取得裁決は行政行為なのであるから，その一部をなす損失補償に関する裁決も，行政行為として取消訴訟の排他的管轄に服し，補償額に不服がある場合，収用委員会の所属する都道府県を被告とする収用裁決の取消訴訟を提起すべきなのであるが，補償額に関する争いは，土地所有者または関係人と起業者の当事者間で解決させるのが妥当であるという立法政策から，この部分については，取消訴訟の排他的管轄に服させず，形式的当事者訴訟という特別の訴訟で争わせることとしたのである。

　なお，最判平成25・10・25判時2208号3頁は，土地収用法133条3項は収用委員会の裁決の取消訴訟において主張しうる違法事由の範囲を制限するにとどまり，裁決の名あて人としては，収用委員会の裁決の判断内容が損失補償に関する事項に限られている場合であっても，裁決の取消訴訟を提起することが制限されるものではないと判示している。

(6) 取消訴訟の出訴期間

行政行為を取消訴訟で争う場合，出訴期間が法定されている。1962（昭和37）年制定の行政事件訴訟法 14 条 1 項は当初，「取消訴訟は，処分又は裁決があつたことを知つた日から 3 箇月以内に提起しなければならない」と定めていたが，2004（平成 16）年の改正でこの期間が 6 カ月に延長された。出訴期間をどの程度にするかは立法政策の問題とはいっても，憲法 32 条で保障された裁判を受ける権利を侵害するような出訴期間を定めれば違憲となる（最大判昭和24・5・18 民集 3 巻 6 号 199 頁）。

取消訴訟を提起する前に行政上の不服申立てを前置しなければならない場合（不服申立前置主義が採用されている場合）には，不服申立期間（行審 18 条等）を徒過して不服申立てができなくなると，取消訴訟も提起できないことになる。

このように取消訴訟の出訴期間が法定されているため，取り消しうべき瑕疵があるにとどまる行政行為を出訴期間内に争わないと，取消訴訟の排他的管轄により，当該行政行為の違法を前提とする主張を私人が行えなくなる。

(7) 瑕疵ある行政行為の効力

■ 瑕疵の治癒　違法な行政行為は取り消されるべきであるが，例外的に，違法な行政行為の効力を維持する理論が存在する。**行政行為がなされた時点においては適法要件が欠けていたが，爾後に当該要件が充足された場合に，当初の瑕疵が治癒されたとして行政行為の効力を維持する理論が，瑕疵の治癒の理論である。**

[判例 6-20] 最判昭和 36・7・14 民集 15 巻 7 号 1814 頁
農地買収計画に対して訴願が提起されたときは，都道府県農地委員会がこれに裁決を下した後に買収計画を承認し，都道府県知事が買収令書を交付して買収する手続になっているにもかかわらず，県農地委員会が，訴願に裁決を下す前に，訴願棄却裁決を停止条件として当該買収計画を承認し，県知事も買収令書を交付して買収を行ったところ，その後，訴願棄却裁決がなされた。本判決は，「農地買収計画につき異議・訴願の提起があるにもかかわらず，これに対する決定・裁決を経ないで爾後の手続を進行させたという違法は，買収処分の無効原因となるものではなく，事後において決定・裁決があつたときは，これにより買収処分の瑕疵は治癒されるものと解するのを

§ 相当とする」と判示している。

　瑕疵の治癒を認める理由は，本件のような場合，たとえ当初の行政行為を取り消しても，行政庁が再度同一の行政行為を行うことがほぼ確実に予想されるのであるから，（買収を多少遅延させることはできるが）名あて人の権利救済に資する意義は乏しく，他方，行政効率を害し，また，新しい行政行為に対して再度訴訟が提起されれば訴訟経済の面からも問題であるからである。また，仮に当該行政行為を信頼した善意の第三者がいる場合には，その者の信頼を保護するためにも，瑕疵の治癒を認めて法的安定を図るという要請が働く。

　しかし，瑕疵の治癒を安易に認めることは，行政過程の適正さを軽視することにつながるおそれがある。特に，手続上の要件が欠けていた場合，事後に当該手続を行うことによって瑕疵が治癒されることになれば，事前に適正な手続を保障することによって国民の権利利益を保護しようとする趣旨が没却されるおそれがある。そのため，最高裁は，理由の追完に対しては厳格な立場をとっている。理由の追完とは，行政行為を行うのと同時に理由を提示することが義務づけられている場合に，理由が提示されなかったり，提示された理由が不十分であるときに，事後に理由を補充することによって瑕疵を治癒させることである。

［判例6-21］　最判昭和47・12・5民集26巻10号1795頁［百Ⅰ82］［判Ⅱ85］
　本判決は，理由提示の機能を，①処分庁の判断の慎重，合理性を担保してその恣意を抑制するとともに，②処分の理由を相手方に知らせて不服申立ての便宜を与えることにあるとする。そして，処分庁と異なる機関の行為により理由不備の瑕疵が治癒されるとすることは，処分そのものの慎重，合理性を担保する①の目的に沿わないとし，処分の相手方としても，審査裁決によってはじめて具体的な処分根拠を知らされたのでは，それ以前の審査手続において十分な不服理由を主張するという②の目的を達することができないことを指摘する。さらに，更正処分が附記理由不備のため訴訟で取り消されると，更正期間の制限により新たな更正をする余地のないことがある等，処分の相手方の利害に影響を及ぼすのであるから，審査裁決で理由が補足されたからといって，更正を取り消すことが無意味かつ不要となるものではないと判示している。

　行政手続法は，理由提示を怠った場合や提示した理由が不十分な場合，そのことのみを理由として行政行為を取り消すことができるかについて明文の規定

を置いていないが，裁判例（東京地判平成 10・2・27 判時 1660 号 44 頁，東京高判平成 13・6・14 判時 1757 号 51 頁［判 I 118］，最判平成 23・6・7 民集 65 巻 4 号 2081頁［百 I 117］［判 I 112・119］）も，学説も，行政手続法の定める理由提示義務の懈怠があった場合には，行政行為が取り消されるべきという立場で一致している。

■ 違法行為の転換　　当初，A としてなされた行政行為が，A として必要な要件を欠いているために A としては違法であるが，B の行政行為の要件は充足している場合，これを B として存続させることを違法行為の転換という。

[判例 6-22]　最大判昭和 29・7・19 民集 8 巻 7 号 1387 頁
　（旧）自作農創設特別措置法施行令 43 条の規定に基づく買収計画の策定には，小作農による買収計画策定請求が要件になっているにもかかわらず，この請求なしに同条の規定に基づくものとして買収計画が策定されたため，当該計画に対して訴願が提起されたが，訴願が棄却されたため，棄却裁決取消訴訟が提起された事案において，県農地委員会は，小作農による請求がなかったことを認めながら，小作農による請求を要件としない（旧）自作農創設特別措置法施行令 45 条の規定に基づく買収計画として適法であると判断した。そして，本判決は，この違法行為の転換を認めている。

[判例 6-23]　最判令和 3・3・2 民集 75 巻 3 号 317 頁
　本件では，補助金等に係る予算の執行の適正化に関する法律 22 条の規定に基づく財産の処分の承認から同法 7 条 3 項の規定に基づく交付決定条件に基づく承認への違法行為の転換が認められるかが大きな争点になった。違法行為の転換は，法律による行政の原理を空洞化させないために，それが認められる場合は厳格に限定する必要があるが，最高裁は，本件においては，(i)転換前の行政行為（法 22 条に基づく承認）と転換後の行政行為（法 7 条 3 項による本件交付決定条件に基づく承認）は，その目的を共通にすること，(ii)転換後の行政行為の法効果が転換前の行政行為の法効果より，関係人に不利益に働くことになっていないこと，(iii)転換前の行政行為の瑕疵を知った場合に，その代わりに転換後の行政行為を行わなかったであろうと考えられる場合でないことを理由として，違法行為の転換を認めている。なお，上記(i)〜(iii)の要件は違法行為の転換が認められるための必要条件であるが，同判決は，それが必要十分条件であると判示したわけではない。

　違法行為の転換が認められないと，A の行政行為を取り消したのちに，改めて B の行政行為を行うことになり，行政効率を害することになるが，他方，

違法な行政行為を存続させることは，法治主義の例外を認めることになり，また，違法行為の転換が問題となる局面は，名あて人が当初の行政行為が違法であるとして争っている場合であるから，行政上の不服申立てや取消訴訟において違法行為の転換を認めると，名あて人にとって不意打ちとなり，十分な主張立証ができないおそれがある。したがって，単に行政効率の観点からのみ安易に違法行為の転換を認めるべきではなく，行政効率の要請と名あて人の権利利益の保護の要請を慎重に比較衡量する必要がある。判例の中にも，違法行為の転換を否定したものが少なくない（最判昭和 28・12・28 民集 7 巻 13 号 1696 頁，最判昭和 29・1・14 民集 8 巻 1 号 1 頁，最判昭和 42・4・21 訟月 13 巻 8 号 985 頁等）。

■ 不可変更力　　職権取消しが制限される特殊な場合として，不可変更力と呼ばれる問題がある。これは，行政行為一般ではなく，**行政上の不服申立てに対する決定，裁決のような紛争を裁断する行政行為については，裁判所がいったん下した判決を自ら取り消すことが原則として許されない（判決の自縛性）のと同様，職権取消しが認められないとするものであり，これを，当該行政行為には不可変更力があるということがある。**もっとも，不可変更力を認める実定法上の根拠があるわけではなく，学説によって主張されているものである。

　[判例 6-24]　最判昭和 29・1・21 民集 8 巻 1 号 102 頁 [百 I 67]
　本判決は，裁決が行政処分であることはいうまでもないが，実質的にみれば，その本質は法律上の争訟を裁判するものであり，かかる性質を有する裁決は，他の一般的な行政処分とは異なり，裁決庁において自ら取り消すことはできないと判示している。

　この事案においては，当初の行政行為を行った行政庁に対する不服申立てではなく，異なる行政庁への訴願に対する裁決が問題になっていたが，当初の行政行為を行った行政庁自身に対する不服申立てであっても実質的に裁判の性格を持つとして不可変更力を認めてよいかについては議論がある。

■ 実質的確定力　　**審査請求に対する裁決のような争訟裁断行為に，職権取消しを制限する不可変更力を超えて，判決の既判力に対応する実質的確定力まで認めるかについては意見が分かれており，肯定説もある**（最判昭和 42・9・26 民集 21 巻 7 号 1887 頁 [百 I 68] の田中二郎裁判官の意見参照）。

しかし，行政庁の裁決等が確定したとしても，あくまで行政庁の判断であるから，それに裁判所をも拘束する効力まで認めることには批判がある。

■ 理由の追加・差替え　違法行為の転換が，異なる種類の行政行為に読み替えることによって当初の行政行為の効力を維持しようとするものであるのに対して，**理由の追加・差替えとは，同一の行政行為であることを前提としつつ，理由を追加・変更することを認めるものである。**

[判例 6-25]　最判昭和 56・7・14 民集 35 巻 5 号 901 頁［百 II 179］［判 II 80］
　増額更正処分の基礎になった本件物件の取得価額については原告の主張が正しいことが判明したが，他方，税務署長は，当該譲渡価額が原告の主張する額より高額であることを探知したため，仮に取得価額が原告主張のとおりであったとしても，増額更正処分は違法でないと主張した。本判決は，一般的に青色申告者についてした更正処分の取消訴訟において更正の理由とは異なるいかなる事実をも主張することができると解すべきかどうかはともかく，本件では，税務署長に本件のような追加主張を許しても，当該更正処分を争うにつき原告に格別の不利益を与えるものではないとして，理由の差替えを認めている。

[判例 6-26]　最判平成 11・11・19 民集 53 巻 8 号 1862 頁［百 II 180］［判 I 81・II 79］
　逗子市情報公開条例に関する事件で，本判決は，理由附記制度の目的は非公開の理由を具体的に記載して通知させること自体をもってひとまず実現されるところ，本件条例の規定をみても，ひとたび通知書に理由を附記した以上，実施機関が当該理由以外の理由を非公開決定処分の取消訴訟において主張することを許さない趣旨を当該理由通知の定めが含むと解すべき根拠はないと判示し，理由の追加を認めている。

　学説においては，①理由の追加・差替えを認めることは，行政手続法が処分と同時に理由を提示することを義務づけている考えと合致せず，また理由提示の機能とされる行政庁の第一次的判断の慎重，合理性の担保，不服申立ての便宜の確保という機能（最判昭和 38・5・31 民集 17 巻 4 号 617 頁［百 I 116］［判 I 97］）も，理由の追加・差替えによって阻害されるとして否定する説，②理由の追加・差替えにより処分の同一性が失われる場合には理由の追加・差替えを否定する説，③聴聞手続等の事前手続を経た場合等に理由の追加・差替えを認めることは聴聞制度等の趣旨を没却するから認められないとする説，④申請拒否処分と不利益処分を分けて，前者については理由の追加・差替えを認める説，

等が唱えられている。

■ 事情裁決，事情判決　取消訴訟については，処分または裁決が違法ではあるが，これを取り消すことにより公の利益に著しい障害を生ずる場合において，原告の受ける損害の程度，その損害の賠償または防止の程度および方法その他一切の事情を考慮したうえ，処分または裁決を取り消すことが公共の福祉に適合しないと認めるときは，裁判所は請求を棄却することができる（行訴31条1項）。これが**事情判決**といわれるものである。行政不服審査法では，行政行為が違法である場合のみならず，不当である場合にも取り消せることになっており，**事情裁決**（同45条3項・64条4項）の制度は，行政行為が不当である場合にも適用される。

(8)　行政行為の成立，発効，失効

■ 行政行為の成立　内部的意思決定と外部に表示された意思が異なる場合のように，行政行為がいつの時点で成立したかが重要な解釈問題になる場合がある。最判昭和29・9・28民集8巻9号1779頁は，許可しないという内部的意思決定があったにもかかわらず，許可書を申請者に交付してしまった事例において，行政行為が書面でなされるときは，内部的意思決定ではなく書面の作成によって行政行為が成立するから，内部的意思決定と相違した書面が作成された場合でも，書面の内容の行政行為が成立するとしている。その後，最判昭和57・7・15民集36巻6号1146頁［百Ⅰ54］［判Ⅰ154］は，「行政処分が行政処分として有効に成立したといえるためには，行政庁の内部において単なる意思決定の事実があるかあるいは右意思決定の内容を記載した書面が作成・用意されているのみでは足りず，右意思決定が何らかの形式で外部に表示されることが必要であ」ると判示している。

■ 行政行為の発効　行政行為の効力が生ずるのは，行政行為が相手方に到達した時であるのが原則である。最判昭和29・8・24刑集8巻8号1372頁も，行政庁の処分については，特別の規定のない限り，意思表示の一般的法理に従い，その意思表示が相手方に到達した時に効力を生ずるとする（最判平成11・10・22民集53巻7号1270頁［判Ⅰ155］も参照）。オンラインにより行政行為等の通知が行われる場合には，通知を受ける者の使用にかかる電

子計算機に備えられたファイルへの記録がされたときに当該通知を受ける者に到達したものとみなされる（情報通信活用行政6条3項）。

　このように，特別の定めがない場合には，相手方に到達することによって行政行為の効力が生ずるのが原則であるが，附款として，始期が定められていたり，停止条件が付されている場合には，行政行為の到達時期と発効時期が相違することになる。

■ 行政行為の取消し──
　行政行為の失効⑴

　(a)　意　義　　行政行為によって不利益を受けた者が，**行政不服審査法・行政事件訴訟法に基づいて当該行政行為の取消しを求める場合がある（「争訟取消し」）。**他方，行政行為を行ったのちに，**当該行政行為が違法であったことを行政庁が認識し，職権で当該行政行為の効力を失わせる場合もある（「職権取消し」）。**行政行為を取り消す行為も，行政行為である。

　(b)　職権取消し　　**職権取消しを行いうるのは，当該処分を行った行政庁である。**上級行政庁も職権取消しを行いうるかについては意見が分かれており，最近は，上級行政庁は指揮監督権に基づいて当該行政庁に職権取消しを命ずることができるにとどまると解する見解が有力になりつつあるが，第1次的には下級行政庁に取消しを命ずる手続をとり，それが履行されないときに上級行政庁による取消しを認める見解もある。

　実際には，争訟の提起を契機として，職権取消しが行われることが稀でない。すなわち，争訟の審理の過程で，行政庁が行政行為が違法であると認識した場合，争訟に対する判断を待たずに自ら当該行政行為を取り消すことが少なくないのである。

［判例6-27］　最判平成28・12・20民集70巻9号2281頁［百Ⅰ84］［判Ⅰ158・Ⅱ7］
　同判決は，一般に，その取消しにより名あて人の権利利益が害される処分につき，当該処分がされた時点において瑕疵があることを理由に当該行政庁が職権でこれを取り消した場合において，当該処分がされた時点における事情に照らし，当該処分に違法または不当（以下「違法等」という）があると認められないときは，当該処分に違法等があるとして職権取消しを行うことは許されず，当該職権取消しは違法となると判示した。

　錯誤や申請者等の不正な手段により違法になされた行政行為の取消しは、法律による行政の原理の要請するところであって、取消しを認める明文の規定がなくても一般的には可能であり、かつ、原則としては、取消しをすべきことになろう。そして、違法な行政行為が取り消されれば、本来であれば、行政行為の時点に遡って、当該行政行為がなかったものとして取り扱われるべきことになる。たとえば、違法に営業許可を取り消す行政行為を行った場合、当該行政行為を取り消すことは、法律による行政の原理に合致するし、相手方の保護にもなるので、許可取消処分が違法であることを行政庁が認識すれば、原則として速やかに当該許可取消処分を取り消し、許可取消処分の時点に遡ってその効力を失わせるべきであるといえよう。

　しかし、許認可等のようにその名あて人にとっては利益となる行政行為（利益的処分）の場合、許認可等を遡及的に失効させると、当初から許認可等を得ずに事業等を行っていたことになり、その間の契約の無効を主張される（それが認められるかは別問題である）等の不利益を被ることが予想される。したがって、違法に与えられた許認可等であっても、常に遡及的に失効させるべきではなく、場合を分けて考えるべきである。

　第1は、違法に許認可等が与えられたことについて、申請者に責めに帰すべき事由がない場合である。すなわち、申請者は誠実に申請を行ったが、本来、許認可等を与える要件が欠如していたにもかかわらず、行政庁がそれを看過または誤解して、許認可等を与えてしまった場合には、違法な許認可等がなされた責任は主として行政庁の側にある（申請者は拒否されるような申請をしてはならない義務を負うわけではなく、許認可等を与えるべきか拒否すべきかの判断を行う責任は行政庁に課されている）のであるから、適法に許認可等が与えられたとの申請者の信頼を保護して、遡及的失効は認めるべきではなく、取消しがなされて以後、許認可等の効力が失われるのが原則と解すべきであろう。かかる場合、そもそも取消しは許されないと解する考え方もありうるが、本来、許認可等の要件を欠いているのであるから、将来に向かって効力を失わせることを認めないと、法律による行政の原理に反するのみならず、適法に拒否処分を受けた者との間での不平等を拡大することになる。

　ただし、許認可等を与えた時点において欠けていた許認可等の要件がその後

充足されており，現時点においては，許認可等を適法に与えうる場合にまで，いったん職権取消しをしなければならないと解する必要は必ずしもないように思われる。また，職権取消しによって，将来に向かって許認可等の効力が失われる結果，許認可等を前提として行った投資が無駄になることに対して，その損失を補償すべきかという問題が生じうる。たとえば，当初から許認可等が適法に拒否されていれば投資をしなかったが，許認可等が与えられたために投資をしたところ，投下資本を全く回収できていない時点において職権取消しが行われたような場合である。

　なお，職権取消しが可能になってから長期間取消しを行わなかったため，相手方がもはや取消しは行われないと信頼して資本等を投下した場合，取消しができなくなるという考え（失権の法理）もある。失権の法理を認めるか否かは別として，取消しが行われる時期は，相手方に与える不利益に大きな影響を与えるため，職権取消しの効果を遡及させるべきか否かの判断の考慮要素になる。

　第2は，違法に許認可等が与えられたことについて，申請者に責めに帰すべき重大な事由がある場合である。たとえば，申請者が虚偽の資料を提出して行政庁を欺いたために，行政庁が許認可等を違法に与えてしまった場合である。かかる場合には，申請者の信頼を保護する必要はなく，職権取消しの効果は，許認可等の時点に遡及すると解すべきであろう。

　(c)　二重効果的処分の取消し　　以上においては，名あて人にのみ着目したが，二重効果的処分の場合には，行政行為の効果が及ぶ利害関係人の権利利益の保護も視野に入れる必要があるので，利益衡量はより複雑になる。最判昭和33・9・9民集12巻13号1949頁は，農地買収処分に瑕疵があっても，買収農地の売渡しを受ける者の利益を犠牲にしてまで職権で取り消すべきではないと判示している。また，職権取消しが公共の福祉を著しく害するおそれがある場合には，取消しは認められないと解される。二重効果的処分により不利益を受ける者が争訟取消しを求めた場合には，第三者の利益を考慮して違法（または不当）な行政行為の取消しを控えることは，争訟取消しの権利を認めた趣旨に反することになり，原則として許されない。このように，職権取消しと争訟取消しでは，考慮要素に差異がありうる。ただし，争訟取消しであっても，現行法は，取消しが公共の福祉に反する場合に，取消しをしないことを認めている

（行訴31条，行審45条3項・64条4項）。

■ 行政行為の撤回──
　　行政行為の失効(2)
これまでは，行政行為が違法になされた場合について検討したが，**適法になされた行政行為であっても，その後の情勢の変化に伴い，当該行政行為の効力を失わせる必要が生ずる場合がある**。これが撤回と呼ばれるものであり，撤回も行政行為として行われる。

　撤回の場合には，当初は適法に許認可等が与えられたのであるから，**撤回の効果が遡及しないのは当然であり，将来に向かってのみ効力を有すると一般に解されている**。ただし，相手方の責めに帰すべき事由により撤回の必要が生じた場合，撤回の原因が生じた時点まで遡って許認可等の効力を失わせるという考え方もありうる。補助金の目的外使用のために補助金交付決定が撤回された場合，過去に使用した分を含めて補助金の返還請求をすることができることを（補助金18条），撤回の効力の遡及を認める例と解釈する余地がある。青色申告の承認の撤回も，撤回の原因の存する年度まで遡って青色申告の効力を失わせることができると解されており，最判昭和51・2・20判時810号18頁は，帳簿書類保存義務が存在しなくなった年度まで遡及して青色申告を失効させることを認めている。

　撤回の根拠が法律に定められていることが必要か否かについては議論がある。相手方に不利益な行政行為は，それを正当化する公益上の理由が失われた場合には，撤回することが相手方の利益になるし，公益上の必要がないにもかかわらず，相手方を不利益な状態に置き続けるべきではないから，明文の規定がなくても，原則として撤回が可能と解すべきであろう。ただし，二重効果的処分の場合に，利害関係人の権利利益の保護を斟酌する必要がある。

　逆に，相手方に権利利益を与える行政行為の場合，撤回は相手方の権利利益を剥奪するものであるから，法律の留保が及び，明文の根拠なしに撤回はできないと解する説もある。確かに，実定法上は，撤回が許容される場合について明文の規定を置く例が稀でない。しかし，規定のない例も少なくなく，かかる場合に，撤回が許容されるかが争われているのである。

　許認可等を与えられた者が当該許認可等を付与した趣旨に抵触する違法行為を行った場合，許認可等の要件事実が事後的に消滅したといえるような場合に

は，明文の規定がなくても撤回は可能という見解が有力である。かかる場合には，許認可等の根拠規定自体が，合理的な場合には撤回を許容する趣旨を含意しているとみるべきであろう。

［判例6-28］　最判昭和63・6・17判時1289号39頁［百Ⅰ86］［判Ⅰ159］
　優生保護法（現在は母体保護法）14条1項の規定に基づき人工妊娠中絶を行うことのできる医師として指定を受けた者が，実子あっせん行為（人工妊娠中絶を希望する女性に出産させ，その子を別の女性が出産したこととする虚偽の出生証明書を作成して，後者の実子として戸籍に記載させる行為）により有罪判決を受けた場合，当該医師に対して，上記指定を撤回することにつき，本判決は，法令上，直接に明文の規定がなくても撤回は可能であると判示している。

　ある者に国有財産の使用を許可していたところ，より公共性のある目的のために当該財産を使用する必要が生じた場合，使用期間内であっても許可の撤回が認められている（国財24条・19条）。地方公共団体の公有財産の場合，このような明文の規定はないが，国有財産法24条・19条の規定が類推適用されると解されている（最判昭和49・2・5民集28巻1号1頁［百Ⅰ87］［判Ⅰ164］）。それ以外の場合で有効期間が付されている場合に，明文の規定がなくても当該期間中に公益上の理由から撤回が可能かは，当該期間が被許可者の地位を保障する趣旨か否かによって個別に検討する必要がある。
　以上述べたように，撤回の可否は，当該行政行為の性質，有効期間が付されているか，付されている場合当該期間の意味は何か，撤回によりもたらされる公益と撤回により相手方の受ける不利益，相手方に責めに帰すべき事由が存在するか，第三者の信頼保護の必要性等の諸般の事情を総合的に考慮して，当該場合に行政行為の根拠法律が撤回を許容しているかを解釈することになる。
　撤回を行うことができるのは当該行政行為を行う権限のある行政庁である。指揮監督権を有する上級行政庁であっても，撤回はできないと解される。

■ 許認可等の効力の停止　　許認可等が適法に与えられたのちに，相手方の義務違反があった場合，撤回よりも穏便な措置として，一定期間，許認可等の効力を停止させるにとどめる場合もありうる。行政手続法上は，撤回の場合には，聴聞が義務づけられるのに対して，停止にとどまる場合には，よりインフォーマルな弁明の機会の付与を原則とするという相違が

生ずる。比例原則に照らして，撤回が過酷にすぎ，許認可等の効力の停止にとどめるのが適切なことも少なくない。

■ 撤回という構成が
　とれない場合

　行政行為によっては，撤回という構成がとれないものもある。たとえば，行政改革によってある係が廃止されたため，同係の公務員A氏を分限免職処分にしたが，その後，財政状況が好転し，行政需要も増加してきたので，廃止された係を復活させ，最適任者としてA氏を元の職に戻す場合，分限免職処分の撤回はできない。分限免職処分が適法になされ（違法な分限免職処分の取消しが可能なのは当然である），A氏がすでに公務員としての地位を失っている以上，A氏を元の職に戻すためには，分限免職処分の撤回ではなく，改めて任用しなければならない。

■ その他の失効原因

　行政行為は，附款として付された終期の到来や解除条件の成就によって失効する場合もある。また，ある事実の発生により当然に失効する場合もある。たとえば，国家公務員が拘禁刑以上の刑に処せられると，国家公務員法38条1号・76条の規定により，当然に失職することになる（失職の場合には，分限免職処分の場合と異なり，退職手当が全部または一部支給されない場合がある〔退職手当12条1項2号参照〕）。また，対物処分，たとえば，ある施設を対象として与えた許可のような場合，当該施設が地震・火災等により消滅すれば，当該許可も撤回なしに失効するのが原則である。

4　行政契約

(1)　行政契約の実例

　行政機関は，国民の権利義務を一方的に変動させる「行政行為」という行為形式によってのみ行政作用を行っているわけではない。「契約」という，私人間にもみられる行為形式を用いることも少なくない。たとえば，国が庁舎を建設する場合に，ある特定の建設会社に対して庁舎を建設せよと行政行為で命令するわけではなく，通常は指名された業者に入札をさせ，落札した業者と請負契約を締結する。この場合には，当然，相手方との合意が前提となる。公共事業のために用地を取得する場合も，実際には，ほとんど任意買収，すなわち売

買契約を締結しており，収用裁決という行政行為を用いるのはきわめて例外的な場合である。また，国や地方公共団体が備品（机，椅子，筆記用具等）を購入する場合も，納入命令という行政行為ではなく，売買契約という行為形式によっている。地方公共団体が経営する電車，バス等の事業においても，その利用は乗客と地方公共団体の間の契約という形をとるし，庁舎の清掃等の事務を民間委託するに当たっても契約が締結される。

(2) 行政契約の基本原理

以上のような行政契約は，たとえ，その内容が国民に義務を課したり，国民の権利を制限するものであっても，当事者の意思の合致によって成立するので，法律の根拠を要しないと一般に考えられている。すなわち，侵害留保原則は，相手方の合意なしに，行政機関が一方的に権利を制限したり，義務を課したりする場合に法律の根拠を要求するものであって，相手方の合意の下で，行政契約により，その権利を制限したり義務を課したりすることを否定する趣旨まで含むものではないのである。

もちろん，行政契約も行政作用の一形態であるので，行政法上の一般原則が適用され，平等原則，比例原則等に適合したものでなければならない。法律に違反する契約を締結しえないことも当然である。また，行政上の義務履行確保については法律で定めなければならないから（代執1条），行政契約で行政上の強制執行を認めることはできない。さらに，行政契約違反に対する罰則を当該契約中に定めることは罪刑法定主義に反し許されない。

(3) 行政契約の種類

■ 法定行政契約と非法定行政契約　行政契約の中には，法律に根拠を有するものがある（消防30条2項，道47条の18等）。法定されていない行政契約として多いのは，市町村が宅地開発業者と締結する宅地開発協定である。市町村の多くは，宅地開発指導要綱という行政指導の指針を制定して，宅地開発業者に対して，宅地開発協定という行政契約を締結するよう指導している。この協定において，宅地開発業者は，開発負担金の納付，公共施設用の土地の寄付等を約束することが少なくない。また，企業が市町村と公害

防止協定を締結して，排出物質のデータの公開等を約束することも稀でない。宅地開発協定や公害防止協定は，法令の不備を補い，地域の実情に適合した柔軟かつきめ細かい規制を可能にし，企業等にとっても，予測可能性を高め，行政主体等との協力関係，信頼関係の下に事業を進めていくことができるという長所を有する。

■ 規制的契約と非規制的契約　以上にみた契約は，いずれも，私人に義務を課したり，私人の権利を制限する規制的内容のものであった。他方，私人間にみられるように，給付と反対給付について定める非規制的契約も少なくない。公共用地の取得は，通常，任意買収で行われているので，売買契約を締結することになるが，これは，土地所有権の取得とそれの対価としての補償が中心的内容になる。また，庁舎の建設は請負契約によって行われるが，これは，建設という役務の提供とそれへの反対給付としての代金の支払いを中心的内容とする。行政主体が使用する物品の取得は，物品の供給とその反対給付としての代金の支払いを中心的内容とする。財政目的で国有財産を売り払う場合も，売買契約が締結される。

(4) 行政契約の統制

■ 行政法の一般原則　(a) 法律による行政の原理　行政契約も法律による行政の原理に服するので，法律に違反する契約を締結することはできない。贈与税の延納の要件を満たしていないにもかかわらず，延納を認める契約を締結することはできない（福岡地判昭和25・4・18行集1巻4号581頁）。

[判例6-29]　最判平成21・7・10判時2058号53頁［百Ⅰ90］［判Ⅰ192］
　産業廃棄物処分場を設置した事業者と町が締結した公害防止協定において，当該処分場の使用期限を定め，当該期限を超えて産業廃棄物処分を行わない旨を規定したが，当該条項が遵守されなかった。そこで，当該町が協定に基づく義務の履行を求めて当該処分場の使用差止めを請求した。本判決は，産業廃棄物処理業や産業廃棄物処理施設の設置等に関する許可制度は，処分業者に対し，許可が効力を有する限り，事業や処理施設の使用を継続すべき義務を課すものでなく，処分業者が，公害防止協定において，協定の相手方に対し，その事業や処理施設を将来廃止する旨を約束することは，処分業者自身の自由な判断で行えることであり，その結果，許可が効力を有する期間

内に事業や処理施設が廃止されることがあったとしても，廃棄物の処理及び清掃に関
する法律に抵触するものではないから，本件公害防止協定の上記期限条項は，同法の
趣旨に反しないと判示している。

(b)　契約自由の原則の修正　　行政契約には，基本的には民法の契約法理が適
用され，契約違反に対しては，民事手続により，契約の履行を強制することが
できる。しかし，行政契約の場合は，それが私人間で一般的に用いられている
売買契約や請負契約であっても，契約自由の原則がそのまま貫徹されるわけで
はない。行政契約も行政作用の一形態である以上，他の行為形式の場合と同様，
行政法の一般原則が適用される。

(c)　平等原則　　**行政契約において特に重要になるのが平等原則である。**私
人間であれば，契約自由の原則により，契約相手も任意に選択することができ
るのが原則である。たとえば，ある銀行が支店のビルを建設する際，系列関係
にある建設会社に工事を請け負わせたり，当該支店で必要な備品を大口預金者
である企業から優先的に購入したとしても，そのことが直ちに違法となるわけ
ではない。これに対して，行政主体の場合には平等原則が適用されるので，契
約相手を恣意的に選択することは許されない。

(d)　効率性の原則　　**行政契約においては，効率性の原則も重要となる。**国
や地方公共団体が契約の対価として支払う金銭は，租税等のかたちで国民，住
民が納めたものであるから，公費で物品を購入したり，建設を請け負わせる以
上，質的差異がないことを前提とすれば，最低の費用で販売ないし建設を行え
る者を選択し，公費を節約すべきである。また，契約によって取得する庁舎は
国有財産，公有財産となるのであるから，予算の範囲内でもっとも優れたもの
を入手することが公共の利益に合致する。逆に，国有財産を売却する場合は，
他の条件が同一ならば，最高の価格で販売し，歳入を増大させるべきである。

(e)　説明責任の原則　　契約担当官が自由に随意契約を締結できるとすると，
政治的圧力に左右されたり，贈賄が行われたり，OBの再就職を受け入れるこ
とを暗黙の条件にして契約が締結されたりする危険が高くなる。そこで，**契約
締結過程の透明性を高め，説明責任を確保する必要がある。**

■ 行政契約の法的規制　以上のような理由で，国や地方公共団体が締結する契約については，契約自由の原則が法律で修正されている。他方，国や地方公共団体は，巨大な発注者であり，その有利な立場を利用して契約相手を不利な状態に置くおそれがある。そのため，発注者としての地位を濫用しないように法的規制をする必要もある。また，国公有財産を貸し付けた場合に，公益上の理由から貸付期間中であっても解除できるようにしておく必要がある。

　以下では，行政契約についての法的規制を検討することとする。

　(a)　**財政民主主義**　憲法85条は，「国費を支出し，又は国が債務を負担するには，国会の議決に基くことを必要とする」と定めている。したがって，国が国費を支出し，または債務を負担する契約を締結する場合にも，その前提として予算が国会で議決されていなければならない。地方公共団体においても，予算の議会による議決が必要なことはいうまでもないが，重要な契約（地方公営企業の業務に関する契約の締結ならびに財産の取得，管理，処分に関するものを除く。地公企40条）については，契約自体について議会の議決が必要である（自治96条1項5号〜9号）。これらは，財政民主主義の観点からの統制である。

　(b)　**一般競争入札中心主義**　会計法では，国が，売買，貸借，請負その他の契約を締結する場合においては，原則として，公告して申込みをさせることにより競争に付さなければならないとしている（会計29条の3第1項）。そして，この競争は，原則として，入札の方法で行わなければならない（同29条の5第1項）。この場合，契約担当官は，契約の目的に応じ，予定価格の制限の範囲内で最高または最低の価格をもって申込みをした者を契約の相手方とするものとされている（同29条の6第1項）。予定価格とは，競争入札の落札金額を決定するための基準となる価格である。工事の請負にかかる予定価格の場合には，実質的に契約予定金額の上限としての性質を有することになる。このように，**入札参加者を限定しないで競争入札を行い，予定価格の範囲内で国にとってもっとも有利な価格を提示した者を落札させる一般競争入札が原則になっている。**

　一般競争入札の長所は，機会均等で参加の自由が確保されること，手続の公正性，透明性において優れていること，新規参入を促し競争を活性化させることにある。競争の活性化は，発注者である国にとって有利であり，ひいては国

民に利益をもたらす。他方，一般競争入札による場合，不誠実な者が落札する
おそれが指摘されることもあるが，入札保証金（会計 29 条の 4），契約保証金
（同 29 条の 9），参加資格（同 29 条の 3 第 2 項，予算決算及び会計令 70 条〜73 条）の
制度を活用することにより，そのような弊害は通常除去しうると思われる。

**契約の性質または目的により競争に加わるべき者が少数で競争に付す必要が
ない場合，一般競争入札を行うことが不利と認められる場合においては，指名
競争入札を行うこととされている**（会計 29 条の 3 第 3 項）。指名競争入札の長所
としては，不誠実な者を排除し，信頼性の高い者を選択できること，一般競争
入札と比較して事務処理が簡単であることが挙げられる。他方，短所としては，
指名が恣意的に行われる可能性があること，指名業者による談合が行われやす
いことが挙げられる。

**契約の性質または目的が競争を許さない場合，緊急の必要により競争に付す
ことができない場合および競争に付すことが不利と認められる場合においては，
随意契約によるものとされている**（同 29 条の 3 第 4 項）。また，契約にかかる予
定価格が少額である場合，その他政令で定める場合においては，指名競争に付
しまたは随意契約によることができる（同条 5 項）。随意契約の長所としては，
事務処理がもっとも簡単で，発注者が発注目的に最適と考える者を選択できる
ことが挙げられる。他方，短所としては，不正が行われやすいことが挙げられ
る。

なお，地方公共団体の締結する契約については，地方自治法および同法施行
令で類似の規制がなされている。そして，この場合にも，一般競争入札が原則
とされている（自治 234 条 2 項）。

以上のように，国や地方公共団体が締結する契約については，法制度上は一
般競争入札中心主義がとられているが，現実には，大規模な工事以外は指名競
争入札や随意契約が用いられることが少なくない。すなわち，国，地方公共団
体双方において，一般競争入札を原則とする会計法，地方自治法の建前とはか
なり乖離した実態がみられる。

[判例 6-30] 最判昭和 62・5・19 民集 41 巻 4 号 687 頁
随意契約の制限に関する法令に違反して締結された契約の効力について，本判決は，

かかる契約も当然に無効となるものではなく，①随意契約によることができる場合として地方自治法施行令 167 条の 2 第 1 項の規定の掲げる事由のいずれにも当たらないことが何人の目にも明らかである場合や，②契約の相手方において随意契約の方法による当該契約の効力を無効としなければ随意契約の締結に制限を加える法令の規定の趣旨を没却する結果となる特段の事情が認められる場合に限り，当該随意契約は無効となるとする。したがって，地方公共団体が，随意契約の制限に関する法令に違反し違法に山林を売却した場合であっても，当該契約が無効とならない場合があり，かかる場合には，地方公共団体は契約の相手方に対して債務履行の義務を負うから，その債務の履行として行われる行為は違法ではなく，住民訴訟において差止めを求めることはできないと判示している。

5　行政指導

(1)　行政指導の長所と短所

　行政指導という文言の定義は，学問上必ずしも統一されていなかったが，行政手続法 2 条 6 号が，「**行政機関がその任務又は所掌事務の範囲内において一定の行政目的を実現するため特定の者に一定の作為又は不作為を求める指導，勧告，助言その他の行為であって処分に該当しないものをいう**」と定義して以来，学説上もこの定義に従うのが一般的傾向になっている。

　行政指導という行為形式は，わが国に特有のものではなく，いかなる国においても存在するものといえよう。しかし，欧米諸国から，わが国の行政活動の特色の 1 つとして，行政指導の多用が挙げられてきたことも事実である。そしてまた，その原因についても，官尊民卑・紛争回避等の文化的説明を始めとしてさまざまな説明がなされてきた。

　文化的背景はさておくとして，行政指導の長所としては，一般に根拠規範を要しないと解されていることから臨機応変に行政需要に応じることができること，相手方の任意の協力を求めるソフトな手法であるため，相手方との対立を回避して円滑な行政運営を可能にすることが指摘できる。

　以上のような長所の反面，行政指導には，次のような問題がある。第 1 に，行政指導が一般に口頭で行われ証拠も残らないことから，不透明であり，このことが恣意的な行政指導を招きやすいこと，第 2 に，わが国の行政争訟法制に

おける処分概念に，行政指導は含まれないと一般に解されていることから，違法な行政指導の取消しを求める争訟手段が不備であり，国家賠償請求についても，任意の協力ではないことの立証の壁が高く，救済が困難であることが挙げられる。

　地方公共団体においては，宅地開発等の分野で行政指導の指針を定めた要綱に基づく行政，いわゆる要綱行政が広く行われている。地方公共団体が要綱に基づく行政指導に依拠してきた大きな理由は，条例制定権の限界のために，自らが望む条例を制定することが困難であったからである。要綱行政に対して公法学者の間でも同情的な見解が必ずしも少なくない理由は，地方公共団体が国法の不備を補い，地域の実情や住民の意向を反映した行政を行おうとしても，条例制定権の限界のゆえに困難であり，そのような制約下に置かれた地方公共団体がやむをえず，行政指導に依存せざるをえない面があるからといえよう。

　しかし，要綱は行政指導の指針にとどまり，法的拘束力を有するものではない。そこで，地方公共団体においては，従前，行政指導で対応していた分野で法令との抵触を避けるべく工夫をこらして条例化を図り，透明性を向上させるとともに，実効性を確保しようとする動きがみられるようになった。神奈川県土地利用調整条例，福岡県産業廃棄物処理施設の設置に係る紛争の予防及び調整に関する条例がその例である。

(2)　根拠規範の要否

　行政指導に根拠規範が必要かについて，学説は一致していないが，判例は不要であるという前提に立っている。根拠規範のない行政指導に関して，最判昭和60・7・16民集39巻5号989頁［百I121］［判I203］は，地方公共団体において，当該地域の生活環境の維持，向上を図るために，建築主に対し，当該建築物の建築計画につき一定の譲歩・協力を求める行政指導を行うことが直ちに違法とはいえないと判示しているし，最判昭和59・2・24刑集38巻4号1287頁［百I93］［判I206］［石油ヤミカルテル事件］は，石油業法（当時）に直接の根拠を持たない価格に関する行政指導であっても，これを必要とする事情がある場合に，これに対処するため社会通念上相当と認められる方法によって行われ，独占禁止法の究極の目的に実質的に抵触しないものである限り，これを違法と

すべき理由はないと判示している。また，最判平成5・2・18民集47巻2号574頁［百I 95］［判I 205］も，武蔵野市が指導要綱に基づいて自己所有地に賃貸マンションの建設を行おうとした者に教育施設負担金の納付を求めていた事件で，「指導要綱制定に至る背景，制定の手続，武蔵野市が当面していた問題等を考慮すると，行政指導として教育施設の充実に充てるために事業主に対して寄付金の納付を求めること自体は，強制にわたるなど事業主の任意性を損うことがない限り，違法ということはできない」と判示している。

　最大判平成7・2・22刑集49巻2号1頁［百I 15］［判I 58］は，ある航空会社に対して，特定の機種の航空機を選定購入するように勧奨する行為について規定した明文の規定はないが，行政機関は，その任務ないし所掌事務の範囲内において一定の行政目的を実現するため，特定の者に一定の作為または不作為を求める指導，勧告，助言等をすることができ，このような行政指導は公務員の職務権限に属すると判示している。この判決は，組織規範が定める所掌事務の範囲内であれば，作用法上の根拠規範がなくても行政指導をなしうるという前提に立つものとみられる。最判平成9・8・29民集51巻7号2921頁［百I 94］［判I 147］は，教科書検定において法的根拠なしに「改善意見」を述べることが可能であることを前提としている。

(3)　行政指導の限界

　法令の趣旨に反する行政指導は違法となる。また，行政指導に従わない場合にも，比例原則に違反した行政指導により精神的苦痛を受ければ，損害賠償請求が可能である。もちろん，事実上強制的に行政指導に従わせられたことにより損害を受けたときは，その賠償請求が可能である。

　市町村は，宅地開発指導要綱に基づいて，開発業者に開発負担金を納付させることがあるが，これを納めないと実際上開発が困難になるおそれがある。そこで，これを支払ったのち，強迫により支払わされたとして取消しの意思表示をして不当利得返還請求をしたり，違法な行政指導により損害を被ったとして損害賠償請求をすることがある。これまで，若干のケースで損害賠償請求が認められている。

[判例6-31]　最判平成5・2・18民集47巻2号574頁［百Ⅰ95］［判Ⅰ205］

　教育施設負担金を寄付した後，寄付の意思表示は強迫によるものであったと主張し，不当利得返還請求（控訴審で予備的に国家賠償請求を追加）した事案で，本判決は，市職員の行政指導は，限界を超え違法と判断した。その第1の根拠は，教育施設負担金に関する当該規定は，任意の寄付金の趣旨と認めることは困難であることである。第2の根拠は，運用の実態であり，任意の寄付であることを認識したうえで行政指導をするという姿勢は到底窺うことはできず，また，この事件の当初，現実に，当該市の指導要綱に従わなかった建設業者に対して制裁措置が発動されていたことも，任意の協力を求めるという運用実態ではなかったことを裏付けるものと本判決は判断している。

発展学習のために⑭　宅地開発税および条例に基づく開発負担金

　[判例6-31]を受けて，指導要綱に基づく開発負担金の納付を拒否する者が増加することは不可避である。他方，市町村としては，必ずしも自ら欲しない宅地開発により，莫大な財政負担を負うことは避けたいという事情がある。そこで，指導要綱のような法的拘束力のない手段ではなく，法的拘束力を伴う方法で，開発事業者に負担金を納付させることができないかが問題になる。実は，そのための手段がまったく用意されていないわけではなく，地方税法703条の3に宅地開発税の制度がある。しかし，この制度は使途が限定されすぎていること等のため，1969（昭和44）年の導入以来，まったく活用されてこなかった。別の方法としては，条例で開発負担金の納付を義務づけることが考えられるが，地方自治法が，条例でこのような負担金を定めることを認めているかについて議論が分かれている。

■ 許認可等の留保　　行政指導の違法性が直接に争われるのではなく，行政指導をしている間，許認可等を留保したことの違法性が争われる事例も多い。

[判例6-32]　最判昭和60・7・16民集39巻5号989頁［百Ⅰ121］［判Ⅰ203］
　　　　　　〔品川区マンション事件〕

　本判決は，行政指導に従わないことの「真摯かつ明確な意思表示」があれば，それ以降，建築確認を留保することは原則として違法となるが，「当該建築主が受ける不利益と右行政指導の目的とする公益上の必要性とを比較衡量して，右行政指導に対する建築主の不協力が社会通念上正義の観念に反するものといえるような特段の事情」が存する場合には，直ちに違法とはならないという留保を付している。もっとも，最高裁は，当該事案において，このような特段の事情は存在しないと認定している。

(4)　行政指導の作為義務

　条理上，行政指導の作為義務が生ずる場合があることが，国家賠償請求訴訟の判決で肯定されることがある。東京高判昭和 63・3・11 判時 1271 号 3 頁〔クロロキン 1 次訴訟控訴審判決〕は，被侵害法益が重大であること（健康），危険性が顕著であることに加えて，同様な場合に行政指導をしてきたという経緯があり期待可能性もあることを行政指導の作為義務の発生要件としている。また，東京地判平成 13・9・28 判時 1799 号 21 頁〔薬害エイズ厚生省事件第一審判決〕のように，行政指導の不作為を理由として業務上過失致死罪が認められた例もある（東京高判平成 17・3・25 高刑速〔平 17〕号 99 頁は控訴棄却，最決平成 20・3・3 刑集 62 巻 4 号 567 頁は上告棄却）。

(5)　行政手続法における行政指導の規定

■定義規定　　行政手続法の制定過程において，行政指導についても規定を設けるべきとの見解が有力であったため，わが国の行政手続法は，世界で初めて，行政指導について独立の章を設けることになった。行政指導に関する規定は，実体的規定と手続的規定からなる。

　行政指導という言葉が実定法上用いられたのは，行政手続法が初めてである。「行政機関がその任務又は所掌事務の範囲内において一定の行政目的を実現するため特定の者に一定の作為又は不作為を求める指導，勧告，助言その他の行為であって処分に該当しないものをいう」（行手 2 条 6 号）という定義規定における「その任務又は所掌事務の範囲内において」という部分は，すべての行政作用に共通する当然のことではあるが，特にわが国の行政指導が，行政機関の任務または所掌事務の範囲を逸脱することが必ずしも稀でなかったことに鑑み，定義においても，この点を明確にしているのである。同法 32 条 1 項が，「行政指導にあっては，行政指導に携わる者は，いやしくも当該行政機関の任務又は所掌事務の範囲を逸脱してはならないこと……に留意しなければならない」と規定しているのも，この点を確認するものである。

□■　Column㉘　内閣総理大臣の職務権限 ·····································

　憲法72条では、「内閣総理大臣は、内閣を代表して議案を国会に提出し、一般国務及び外交関係について国会に報告し、並びに行政各部を指揮監督する」と規定されている。他方、内閣法6条は、「内閣総理大臣は、閣議にかけて決定した方針に基いて、行政各部を指揮監督する」と規定している。行政手続法制定前の事案であるが、閣議にかけた方針が存在しない場合においても、内閣総理大臣が運輸大臣（当時）等、行政各部に対して指導、助言等を行う職務権限を有するかが問題になったのがロッキード事件である。最大判平成7・2・22刑集49巻2号1頁［百Ⅰ15］［判Ⅰ58］は、「閣議にかけて決定した方針」が存在しない場合においても内閣の明示的な意思に反しない限り、内閣総理大臣は、行政各部に対して指導、助言等の指示を与える権限を有しており、運輸大臣に行政指導するよう働きかける行為は、内閣総理大臣の職務権限に属すると判示している。

···

　「特定の者に」という要件があるため、国民一般に省エネを呼びかけるようなものや、気象庁が国民一般に集中豪雨への警戒を呼びかけるようなものは、ここでいう「行政指導」には該当しない。また、「一定の作為又は不作為を求める」ものが行政指導であるから、単に情報を伝達するにとどまる場合は、「行政指導」には該当しないことになる。したがって、私人が日本版ノーアクションレター制度（⇒発展学習のために④）によって、行政機関に対して、ある企業が行おうとしている行為が法令の解釈上適法かについて照会した場合、これに対する回答は、単に法令の解釈に関する意見を通知しているのみであり、「一定の作為又は不作為を求める」行為には該当しないので、「行政指導」ではない。

　行政指導の定義における「処分に該当しないもの」にいう「処分」とは、「行政庁の処分その他公権力の行使」（行手2条2号）であるので、「処分に該当しないもの」とは、法的拘束力のない事実行為を意味する。同法32条1項が、行政指導に携わる者は、行政指導の内容があくまでも相手方の任意の協力によってのみ実現されるものであることに留意しなければならないと定めているのは、行政指導の定義自体から自明なことを確認したものである。

■　実体的規定　　　行政手続法は、「行政指導に携わる者は、その相手方が行政指導に従わなかったことを理由として、不利益な取扱いをし

てはならない」(同32条2項)と定め，さらに，申請に関する行政指導について，同法33条が，「申請の取下げ又は内容の変更を求める行政指導にあっては，行政指導に携わる者は，申請者が当該行政指導に従う意思がない旨を表明したにもかかわらず当該行政指導を継続すること等により当該申請者の権利の行使を妨げるようなことをしてはならない」と規定し，同法34条が許認可等の権限に関する行政指導について，「許認可等をする権限又は許認可等に基づく処分をする権限を有する行政機関が，当該権限を行使することができない場合又は行使する意思がない場合においてする行政指導にあっては，行政指導に携わる者は，当該権限を行使し得る旨を殊更に示すことにより相手方に当該行政指導に従うことを余儀なくさせるようなことをしてはならない」と規定して，行政指導の実体的限界について明確にしている。

　行政指導は，行政需要への機敏で弾力的な対応，行政目的の円滑な達成等の長所を持つものであり，行政手続法もこのことを肯定したうえで，法治主義の空洞化や行政の透明性を阻害するという内外からの批判に応えて，行政指導の濫用に歯止めをかけ，透明性を向上させるための規定を設けた。したがって，法治主義と抵触しない範囲の行政指導を行うことは，行政手続法も禁じていない。しかし，公務員の中には，行政手続法，行政手続条例(行政手続法の行政指導の規定は，同法3条3項の規定により地方公共団体の機関が行うものには適用されないが，行政手続条例に同様の行政指導の規定が設けられている)ができたことによって，行政指導が全くできなくなったと誤解する者も皆無ではない。そこで，行政手続条例の中には，行政指導に関する規定を設けるに当たって，公務員が必要以上に萎縮しないように，解釈規定を設けている例が稀でない。たとえば，神奈川県行政手続条例は，4章で行政指導について規定しているが，36条で，「この章〔4章〕の規定は，県の機関が公の利益のために必要な行政指導を行うことを妨げるものと解釈してはならない」と定めている。

■ 手続的規定　行政手続法は，行政指導の限界を明確にする実体的規定も置いているが，手続的規定も設けている点で注目に値する。すなわち，「行政指導に携わる者は，その相手方に対して，当該行政指導の趣旨及び内容並びに責任者を明確に示さなければならない」(行手35条1項)と規定している(行政指導の明確化原則)。行政指導は多岐にわたることから，35条

1項は，口頭による行政指導も認めている。しかし，口頭で行政指導を行う場合であっても，行政指導の趣旨，内容，責任者は明確にしなければならないのである。行政指導に携わる者は，当該行政指導をする際に，行政機関が許認可等をする権限または許認可等に基づく処分をする権限を行使し得る旨を示すときは，その相手方に対して，① 当該権限を行使し得る根拠となる法令の条項，② 前記①の条項に規定する要件，③ 当該権限の行使が前記②の要件に適合する理由を示さなければならない（同条2項）。これにより権限濫用型の行政指導の抑止が企図されている。行政指導が口頭でなされた場合において，その相手方から行政指導の趣旨，内容，責任者および同条2項に規定する事項を記載した書面の交付を求められたときは，当該行政指導に携わる者は，行政上特別の支障がない限り，これを交付しなければならないとしている（同条3項）。

　さらに，行政手続法は，「行政指導指針」を「同一の行政目的を実現するため一定の条件に該当する複数の者に対し行政指導をしようとするときにこれらの行政指導に共通してその内容となるべき事項」と定義し（同2条8号ニ），「同一の行政目的を実現するため一定の条件に該当する複数の者に対し行政指導をしようとするときは，行政機関は，あらかじめ，事案に応じ，行政指導指針を定め，かつ，行政上特別の支障がない限り，これを公表しなければならない」と規定している（同36条）。同法5条3項や同法6条は「公にしておかなければならない」と規定しているのに対して（同12条1項も参照），同法36条は「公表しなければならない」という表現になっている。後者の場合，行政指導指針を積極的に周知させることが含意されている。これは，行政処分の基準と比較して，行政指導指針の場合，その存在自体が国民にわかりにくいからである。行政指導指針の公表は，単に行政指導の名あて人にとっての行政指導の明確化に資するのみならず，それ以外の者にとっても行政指導の透明性を確保することにつながる。たとえば，特定の業界の企業に対する行政指導指針が公表されれば，消費者が当該指針の存在を知り，消費者の利益を反映するように，当該指針の改定を求めることも可能となる。行政指導指針は，行政手続法が定める意見公募手続の対象となる。

■ 行政指導の中止等の求め　法令に違反する行為の是正を求める行政指導であって，その根拠となる規定が法律に置かれている

場合に，その相手方は，当該行政指導が当該法律に規定する要件に適合していないと思料するときは，当該行政指導をした行政機関に対し，その旨を申し出て，当該行政指導の中止その他必要な措置をとることを求めることができることとされた。ただし，当該行政指導がその相手方について弁明その他意見陳述のための手続を経てされたものであるときは，事前に意見陳述の機会が付与されているため，行政指導の中止等の求めの対象外とされている（同36条の2第1項）。かかる申出を受けた行政機関は，必要な調査を行い，当該行政指導が当該法律に規定する要件に適合していないと認めるときは，当該行政指導の中止その他必要な措置をとらなければならない（同条3項）。この規定は，法律に根拠のある行政指導であって法令に違反する行為の是正を求める行政指導は，かかる行政指導自体において，相手方に事実上の不利益を及ぼすおそれがあり，処分に近い性格を持つために設けられたものである。

発展学習のために⑮　行政手続条例における行政指導にかかる規定

　行政手続法の行政指導の規定は，地方公共団体の機関が行う行政指導には適用されないが（行手3条3項），行政手続条例において，行政手続法の行政指導の規定と類似・同様の規定が設けられている。ただし，独自の工夫をしたものもある。たとえば，行政指導に従わない場合，不利益取扱いは禁止されるが，行政指導に従わない場合の公表について定めている例がある。その中には，神奈川県行政手続条例30条2項ただし書のように「他の条例で定めるところにより」と規定し，条例に個別的に公表の根拠規定を置くことを義務づけているものがある。また，公表前に相手方の意見聴取の機会を設けるもの（同条同項ただし書等），行政指導に対する苦情（異議）の申出規定を置くもの（神奈川県行政手続条例35条，横浜市行政手続条例37条）等がある。

第7章　行政手続

≫Points

1）行政手続法は，申請に対する処分，不利益処分，行政指導，届出，処分等の求め，意見公募手続の規定を置いている。
2）地方公共団体の機関が行う行政指導，条例・規則に基づく処分等については，行政手続法の規定の適用が除外され，多くの地方公共団体では行政手続条例で規律されている。
3）行政過程において，司法手続に準じた慎重な手続（準司法手続）がとられることがあり，これを行政審判手続という。
4）行政手続に瑕疵がある場合，そのことが行政作用の効力にどのような影響を与えるかについては，大別して2つの考え方がある。1つは，行政手続は適正な行政作用を行うための手段にすぎないとするものである。いま1つは，適正な手続を経てはじめて実体的にも正しい行政作用が行われるとするものである。

1　行政手続法

⑴　行政手続を規律する法律

■ 行政手続の意味　　行政手続という用語は，通常，行政機関が行政作用を行うときの事前手続を意味する。しかし，広義では，かかる事前手続のみならず，行政過程で行われる事後手続をも含む意味で用いられる。行政作用のうち，行政庁の処分その他公権力の行使に関する不服申立手続（事後手続）については，1962（昭和37）年に一般法として行政不服審査法が制定され，2014（平成26）年に全部改正されている。**1993（平成5）年に成立した行政手続法は，事前手続のみを対象とした狭義の行政手続に関する一般法である。**

(2)　行政手続法の内容

■ 全体の構成　　行政手続法は全8章からなるが，1章（総則）は，本法の目的，用語の定義，適用除外等について定めている。本来の行政権の行使とはやや異質な手続，特別の規律で律せられる関係が認められる手続，処分の性質上行政手続法の規定の適用になじまない手続が適用除外とされ（行手3条1項），国の機関または地方公共団体もしくはその機関に対する処分（これらの機関または団体がその固有の資格において当該処分の名あて人となるものに限る）および行政指導ならびにこれらの機関または団体がする届出（これらの機関または団体がその固有の資格においてすべきこととされているものに限る）については，この法律の規定は適用しないこととされている（同4条1項）。

　処分に関する規定は，2章（申請に対する処分），3章（不利益処分）に分けて規定されている。

　本法は，行政指導に関して独立の章（4章）を設けた世界初の行政手続法である。このことは，わが国において行政指導が多用され，法治主義の形骸化，不透明性が大きな社会問題になっていたことの反映である。

　4章の2（処分等の求め）は，2014（平成26）年の改正で新設されたものであり，1カ条のみからなる。同じく5章（届出）も，届出についての1カ条のみからなる。これは，届出を「受理」せず，許可制と同様に扱っていた行政実務の是正を意図している。

　6章（意見公募手続等）は，2005（平成17）年の改正で新設されたものであり，命令等を定める場合の一般原則，意見公募手続，意見公募手続を実施しなかった場合における命令等の趣旨の明示について定めている。

　そして，7章（補則）には，地方公共団体の機関がする手続で行政手続法の規定の適用除外とされたもの（同3条3項）について，地方公共団体がこの法律の趣旨にのっとり，必要な措置を講ずるよう努力義務を課す規定が置かれている（同46条）。

　以下，行政手続法の内容を説明するが，行政指導については，すでに本書第6章で解説しているので，本章では説明を省略する。

■目　的　行政手続法1条は，その目的として，処分，行政指導および届出に関する手続ならびに命令等を定める手続に関し，共通する事項を定めることによって，**行政運営における公正の確保と透明性の向上を図り，もって国民（外国人，外国法人も含む）の権利・利益の保護に資すること**を挙げている。透明性という言葉がわが国の法律で使用されたのは，本法が初めてである。行政運営における公正の確保と透明性の向上は，通常は，透明性が向上すれば公正も確保されやすいという関係にあるが，プライバシー，営業秘密等の保護の要請のために，透明性の向上が必ずしも公正の確保につながらない場合もある。

「国民の権利利益の保護」を目的としているため，国の機関または地方公共団体もしくはその機関に対する処分であって，これらの機関または団体がその固有の資格において当該処分の名あて人となる場合には，行政手続法の規定の適用除外となっている。しかし，このことは，一般私人の権利利益の保護を念頭に置いた行政手続法の規定の不適用を意味するにとどまり，これらの関係において手続的統制が不要であることまで意味するものではない。国と独立行政法人，国立大学法人，大学共同利用機関法人，日本司法支援センター，特殊法人，認可法人，指定機関との関係も，原則として，一般私人との関係とは異なるものと位置づけられている（同4条2項・3項）。

■申請に対する処分　**(a)　審査基準**　行政手続法は，審査基準を「申請により求められた許認可等をするかどうかをその法令の定めに従って判断するために必要とされる基準」と定義し（同2条8号ロ），「行政庁は，審査基準を定めるものとする」（同5条1項）と規定している。法令自体において，許認可等の判断の基準が十分具体的かつ明確に規定されているため，審査基準を定める必要がない場合も考えられるので，5条1項は2項・3項より若干表現を弱めて「ものとする」という表現にしている。許認可等の要件は，通常，法律，政令，内閣府令，省令等に規定されているが，一般的には，それのみでは抽象的であり，行政庁において，より具体的な基準が作成されていることが少なくない。5条は，この**審査基準の作成を行政庁に義務づけ**（1項），かつ，**審査基準は，許認可等の性質に照らしてできる限り具体的なものとしなければならない**としている（2項）。

　審査基準が作成されることは，行政庁の判断の公正性，合理性を担保するのに資するが，それが公にされていなければ，審査基準自体が適切か，行政庁が当該審査基準を遵守したかについて，外部から有効なチェックをすることは困難である。また，申請者は，審査基準を知らなければ行政庁に適切な情報を提供することができないこともありうる。そこで，**行政手続法は，法令により当該申請の提出先とされている機関の事務所における備付けその他の適当な方法により審査基準を原則公にすることを行政庁に義務づけている**（同5条3項）。

　審査基準が公にされていることによって，申請者は，許認可等を得られる見込みがあるか否かを事前に判断することが容易になり，許認可等を得る見込みがないときは，早期に申請を断念し，無駄な努力を回避することが可能になるし（行政庁にとっても，拒否処分が確実な申請を処理する労力を省くことができる），申請のためにどのような準備をすればよいかを的確に判断できるようになる。東京高判平成13・6・14判時1757号51頁［判I118］は，審査基準を公にしておく行政庁の義務を重視し，行政庁がこの義務に違反した場合には，申請が不適法なものであることが一見して明白であるなどの特段の事情がある場合を除き，行政処分は取り消されるべきであると判示している。

　(b)　**標準処理期間**　　**行政庁は，申請がその事務所に到達してから当該申請に対する処分をするまでに通常要すべき標準的な期間**（標準処理期間）**を定めるよう努めるとともに，これを定めたときは，当該申請の提出先とされている機関の事務所における備付けその他の適当な方法によって公にしておかなければならない**（同6条）。形式上の要件に適合しない申請の補正に要する期間は念頭に置かれておらず，適法な申請の処理に要する期間のみを定めれば足りる。標準処理期間が作成され公にされることは，恣意的な申請の放置の防止に効果を発揮するであろうし，行政庁に申請を迅速に処理するインセンティブを付与すると思われる。

発展学習のために⑯　経由機関

　申請をする場合に，経由機関が置かれていることがある。法令によって処分をする行政庁と異なる機関が当該申請の提出先とされている場合には，併せて，当該申請が提出先とされている機関の事務所に到達してから，当該行政庁の事務所に到達するま

でに通常要すべき標準的な期間も定めるように努めることとされている（行手6条か
っこ書）。たとえば，市町村長を経由して，都道府県知事に申請書を提出する場合，
経由機関で申請書が長期間留め置かれるような事態を防止するためには，経由機関に
申請が到達してから，処分庁に到達するまでの標準的な期間，換言すれば，経由機関
に当該申請書が存在する期間を定めておくことが有効と思われる。行政手続法6条か
っこ書は，この趣旨から定められている。

　行政手続法6条が定める標準処理期間は，行政事件訴訟法3条5項の不作為
の違法確認訴訟における「相当の期間」とは当然には一致しない。したがって，
標準処理期間を経過しても，不作為の違法確認訴訟においては「相当の期間」
を経過していないと解されることもありうるし，逆に，行政庁が長すぎる標準
処理期間を定めたため，標準処理期間経過前であっても，不作為の違法確認訴
訟においては「相当の期間」を経過したと解されることもありうる。しかし，
標準処理期間が不作為の違法確認訴訟における「相当の期間」を判断するため
の重要な参考になるということはいえよう。

　⒞　**申請に対する審査・応答**　　標準処理期間を定めても，そもそも申請を受
け取らないという運用が恣意的になされるのでは，標準処理期間に関する定め
は，かえって，当該期間の徒過を回避するために，かかる運用を助長するおそ
れがある。そこで，**行政手続法は，申請がその事務所に到達したときは遅滞な
く当該申請の審査を開始しなければならず，かつ，申請の形式上の要件に適合
しない申請については，速やかに，申請者に対し相当の期間を定めて補正を求
め，または当該申請によって求められた許認可等を拒否しなければならないと
定めている**（同7条）。

　わが国においては，申請の形式的要件を審査し，形式的要件が充足されてい
る場合に申請を適法なものとして「受理」し，この「受理」の効果として，行
政庁に内容審査義務が生ずるという運用が広く行われてきた。このように申請
の到達と「受理」を明確に区別し，「受理」するまでは内容の審査義務を負わ
ないという取扱いをするにとどまらず，さらに，「受理」前に内容審査まで行
い，申請の取下げや変更を求める行政指導を実施し，当該指導に従うまでは
「受理」しないという運用も相当広範に行われてきたのである。そのため，「受
理」前の行政指導が「受理」の留保をてこにして事実上の強制力を発揮し，法

令に定めのない負担を申請者が負わされることを余儀なくされることも稀でなかった。そのため，私人の申請権が形骸化することが少なくなかったのである。

　そこで，行政手続法は，「受理」概念を否定し，申請の到達によって形式・内容の審査義務が発生することを明確にした。実定法上，なお申請の「受理」という言葉が使用されている例があるが（自治257条1項等），これらは，申請の到達の意味に解すべきである。「事務所に到達」とは，物理的な到達を意味し，受領印等により，当該部局が受領を確認する意思表示をすることを要しない。もっとも，一定期間内に申請をさせ，その間に提出された申請を比較して最適の者に許可を与えることが合理的な場合もあり，かかる場合には，個々の申請が到達し次第，個別に審査を開始するわけにはいかない。行政手続法7条は，かかる場合に，申請処理を一定期間保留して比較審査をすることを否定する趣旨ではない。

□■　Column㉙　水際作戦による申請権の侵害 ------------------------------------
　　地方公共団体が生活保護のための財政負担を軽減する目的で，生活保護申請をさせないように指導，助言を行うことを「水際作戦」ということがある。「水際作戦」の結果，生活保護申請が行われたとは認められない場合であっても，保護の実施機関が助言・確認・教示義務を尽くしていれば申請がされていたであろうと認められる場合に慰謝料請求を認めたり（福岡地小倉支判平成23・3・29賃社1547号42頁），故意または過失により申請権を侵害する行為をした場合には生活保護相当額の損害賠償を命じたりする（さいたま地判平成25・2・20判時2196号88頁）裁判例がある。

　申請の形式上の要件に適合しない申請については，補正を求めても拒否処分をしてもよいことになっており，補正が義務づけられているわけではない（同7条）。この点は，行政不服審査法23条▼と異なる。これは，事後手続と比較して事前手続の場合，一般的にいって，行政庁が大量の案件を迅速に処理しなければならず，補正を求めることが事務処理上困難な場合がありうることに配慮したものである。もっとも，容易に補正をなしうる場合，軽微な瑕疵である場合には，できる限り補正を求める運用が望ましいと思われる。

▼行審23条　審査請求書が第19条の規定に違反する場合には，審査庁は，相当の期間を定め，その期間内に不備を補正すべきことを命じなければならない。

(d)　理由の提示　　行政手続法 8 条 1 項は，「**行政庁は，申請により求められた許認可等を拒否する処分をする場合は，申請者に対し，同時に，当該処分の理由を示さなければならない**」（本文）とする。行政手続法制定前は，旅券法のように，申請拒否処分を行う際に理由の提示を義務づけた規定も一部存在したが，理由提示義務についての規定を設けていない法令が多く，また，憲法の適正手続の要請として申請拒否処分に理由の提示を求める判例法も確立されていなかった。行政手続法が申請拒否処分一般に理由の提示を義務づけたこのことの意義は大きい。

「許認可等を拒否する処分」の中には，申請を不適法として拒否する場合もあれば，申請自体は適法であるが内容に照らして拒否する場合もある。前者の場合にも，たとえば，「申請期間を徒過しているから」等の理由を提示しなければならない。ただし，法令に定められた許認可等の要件または公にされた審査基準が数量的指標その他の客観的指標により明確に定められている場合であって，当該申請がこれらに適合しないことが，申請書の記載または添付書類その他申請の内容から明らかであるときは，申請者の求めがあったときにこれを示せば足りる（行手 8 条 1 項ただし書）。

なお，行政手続法 8 条 2 項が「前項本文に規定する処分を書面でするときは，同項の理由は，書面により示さなければならない」と定めていることから窺えるように，行政手続法は，処分を必ず書面ですることを義務づけているわけではなく，口頭の処分の余地を認めている。

行政手続法 8 条は，申請者に対する理由提示義務を定めるのみであるので，申請者にとっては利益となる申請認容処分であるが，第三者に不利益な効果を及ぼす場合に，当該第三者に対する理由の提示までは求めていない。個別の法律においては，申請認容処分によって不利益な効果を受ける者のための理由の提示を義務づけている例がある（事業認定申請を認容した場合，理由を官報等で告示することを義務づけている。収用 26 条 1 項）。

行政手続法 8 条の理由の提示は，拒否事由の有無についての行政庁の判断の慎重と公正・妥当を担保して恣意を抑制するとともに，拒否理由を申請者に明らかにすることによって透明性の向上を図り不服申立てに便宜を与える趣旨に出たものである。拒否処分が書面でなされる場合は，いかなる根拠に基づいて

いかなる法規を適用して拒否処分がなされたかを申請者においてその記載自体から了知しうるものでなければならない。さらに、いかなる事実関係についていかなる審査基準を適用したかも、申請者がその記載自体から了知しうる程度に記載すべきである。個別の事情を考慮して例外的に審査基準を適用しない場合もありうるが、かかる場合においては、その理由を提示することが必要である。理由の提示に不備があれば、当該処分は取り消されるべきである。

　理由の提示の機能としては、行政庁の判断の慎重合理性を担保し、相手方に不服申立ての便宜を与えることに加えて、相手方に対する説得機能、決定過程公開機能も挙げられる。

　(e)　**情報の提供**　　行政手続法9条は、「**行政庁は、申請者の求めに応じ、当該申請に係る審査の進行状況及び当該申請に対する処分の時期の見通しを示すよう努めなければならない**」(1項)、「**行政庁は、申請をしようとする者又は申請者の求めに応じ、申請書の記載及び添付書類に関する事項その他の申請に必要な情報の提供に努めなければならない**」(2項) と規定している。標準処理期間内に処理できないと見込まれる場合には、その理由について、申請者に対し、十分な説明を行うべきである。ここでは、「申請者の求めに応じ」、「申請をしようとする者又は申請者の求めに応じ」とされているので、求めなしに行政庁が能動的に情報提供することは念頭に置かれていない。しかし、可能な限りそのような運用が望ましく、申請のオンライン化に対応して、申請にかかる審査の進行状況 (ステータス情報) を常時オンラインで確認できるようにしたり、申請書の記載および添付書類に関する情報を行政機関のホームページに掲載したりする方策を進めるべきであろう。

　(f)　**公聴会の開催等**　　行政手続法10条は、「**行政庁は、申請に対する処分であって、申請者以外の者の利害を考慮すべきことが当該法令において許認可等の要件とされているものを行う場合には、必要に応じ、公聴会の開催その他の適当な方法により当該申請者以外の者の意見を聴く機会を設けるよう努めなければならない**」と定めている。

　(g)　**複数の行政庁が関与する処分**　　同一の申請者からなされた相互に関連する複数の申請に対する処分について、複数の行政庁が関与する場合においては、相互に他の行政庁の判断を待って、申請に対する処分が遅延することが稀でな

い。たとえば，共管事項であって，同一申請につき，行政庁Ａと行政庁Ｂの両方の許可が必要であるという場合に，相互に他の行政庁が許可するまで自分のほうは審査を保留したり，場合によっては双方の行政庁が，先に他の行政庁の許可を得るように行政指導をすることもある。また，1つのプロジェクトについて多数の行政庁に複数の申請を行わなければならない場合，先に許可することによって反対運動の矢面に立つことを回避するために，他の行政庁が先に許可するのを待ったり，先に他の行政庁から許可を得るように行政指導をすることも必ずしも珍しくない。

そこで，行政手続法11条1項は，かかる運用を戒めるため，「**行政庁は，申請の処理をするに当たり，他の行政庁において同一の申請者からされた関連する申請が審査中であることをもって自らすべき許認可等をするかどうかについての審査又は判断を殊更に遅延させるようなことをしてはならない**」と定めている。

さらに，同条2項は，「**一の申請又は同一の申請者からされた相互に関連する複数の申請に対する処分について複数の行政庁が関与する場合においては，当該複数の行政庁は，必要に応じ，相互に連絡をとり，当該申請者からの説明の聴取を共同して行う等により審査の促進に努めるものとする**」と規定し，より具体的に遅延解消策を講ずる努力義務を行政庁に課している。

■届　　出　　届出とは行政庁に対し一定の事項を通知する行為であるが，申請とは異なり行政庁に諾否の応答を求めるものではない。しかし，現実には届出を「受理」することを拒否するという運用がなされることが稀ではない。許可制から届出制に規制が緩和されても，かかる運用がなされると許可制と実質的に変わらないことになってしまう。そのため，行政手続法37条は，「**届出が届出書の記載事項に不備がないこと，届出書に必要な書類が添付されていることその他の法令に定められた届出の形式上の要件に適合している場合は，当該届出が法令により当該届出の提出先とされている機関の事務所に到達したときに，当該届出をすべき手続上の義務が履行されたものとする**」と規定している。このように，本条は，規制緩和への運用面での対応という側面を持っている。

ここでいう「当該届出が法令により当該届出の提出先とされている機関の事務所に到達したとき」とは，「受理」という観念を否定する趣旨である。実定

法上，届出の「受理」という文言が使用されることがあるが，これは，一般的には届出の到達の意味に解すべきである。「当該届出をすべき手続上の義務」とは，所定の期日内に所定の事項を通知すべき義務のことである。したがって，到達しているにもかかわらず，受理印や収受印が押されていないことを理由として届出が行われていないものとして扱うことはできない。たとえば，形式的要件に適合した確定申告書が期限内に所轄税務署長に到達したにもかかわらず，これを受領せずに返戻して，届出がないとして無申告加算税を課すことはできない。

　形式上の要件に適合しない届出であれば，届出書が提出されても手続上の義務が履行されたことにはならないが，届出者は形式上の要件を満たしていると考え，事前届出を必要とする行為を行ってしまうかもしれない。そして当該行為を無届で行うとその者に不利益な措置がなされる仕組みになっている場合，行政庁が当該措置を講ずるような事態も考えられないわけではない。このような事態を避けるためには，届出の形式的要件が欠けている場合，補正を求めることを行政庁に義務づけるべきという考えもありうる。実際，横浜市行政手続条例38条2項は，かかる場合に行政庁は補正を求めなければならないとしている。

■ 不利益処分　　　(a)　処分基準　　行政手続法は，処分基準を「不利益処分をするかどうか又はどのような不利益処分とするかについてその法令の定めに従って判断するために必要とされる基準」と定義し（同2条8号ハ），「行政庁は，処分基準を定め，かつ，これを公にしておくよう努めなければならない」と規定している（同12条1項）。そして，行政庁は，処分基準を定めるに当たっては，当該不利益処分の性質に照らしてできる限り具体的なものにしなければならないと定めている（同条2項）。「不利益処分をするかどうか又はどのような不利益処分とするか」とは，不利益処分をする要件を充足しているかという要件裁量の基準と，不利益処分をなしうる場合に，実際に不利益処分をするか，する場合にいかなる不利益処分とするかという効果裁量の基準の両者を念頭に置いている。

　処分基準を定め，かつ，これを公にしておくことは，審査基準の場合とは異なり，努力義務にとどめられている。処分基準の作成が努力義務にとどめられ

たのは，不利益処分は発動の実績が乏しいものも稀有でなく，事前に基準を作成することが困難であることが稀でない点に配慮したものである。また，処分基準を公にすることが努力義務とされたのは，それを公にすることによる弊害が予想される場合もあるからである。たとえば，1回目の違反に対しては口頭で注意し，2回目の違反に対しては書面で厳重注意し，3回目の違反に対しては営業停止命令を出すという処分基準を公にした場合，悪質な業者に対して2回までの違反に対しては行政指導しかなされないことを知らせ，違反を助長するおそれがある。このように，処分基準の場合には，公にすることの弊害にも留意しなければならないのであるが，処分基準が公にされているときは，理由の提示の規定（同14条）と相まって，処分の慎重合理性を担保し，相手方に不服申立ての便宜を与えることになろう。

　(b)　**意見陳述の機会の保障**　　不利益処分を行うに際しての通知と意見陳述の機会の保障がわが国においても憲法上要請されるかについては，かねてより議論があるが，肯定説が有力といえよう。しかし，その根拠規定については肯定説の間でも意見が分かれており，憲法31条説▼，憲法13条説▽，憲法31条・13条併用説のほか，手続的法治国説（行政活動の実体法的な拘束である「法律による行政の原理」が日本国憲法が採用する法治国原理の現れと理解されているように，日本国憲法の法治国原理の手続的理解により適正手続の要請を導く説）も有力である。

　最大判平成4・7・1民集46巻5号437頁［百I113］［判I4］〔成田新法事件〕は，憲法31条説に立っている。

　行政手続法は，不利益処分をしようとする場合の意見陳述の手続を2つに分けている。1つが聴聞であり，いま1つが弁明の機会の付与である（同13条1項1号・2号）。前者は，より正式の手続であり，後者は，より略式の手続である。聴聞よりも慎重な行政審判手続については，個別法で行政手続法の不利益処分の手続の規定の適用を除外している（収用128条の2等）。

▼憲31条　何人も，法律の定める手続によらなければ，その生命若しくは自由を奪はれ，又はその他の刑罰を科せられない。
▽憲13条　すべて国民は，個人として尊重される。生命，自由及び幸福追求に対する国民の権利については，公共の福祉に反しない限り，立法その他の国政の上で，最大の尊重を必要とする。

　(c)　聴　聞　　聴聞を行う場合は，まず第1に，「許認可等を取り消す不利益処分をしようとするとき」（行手13条1項1号イ）である。第2に「イに規定するもののほか，名あて人の資格又は地位を直接にはく奪する不利益処分をしようとするとき」（1号ロ）である。これは，帰化せずに取得した国籍のように，許認可等によらずに取得した資格または地位の剥奪を念頭に置いている。第3に，「名あて人が法人である場合におけるその役員の解任を命ずる不利益処分，名あて人の業務に従事する者の解任を命ずる不利益処分又は名あて人の会員である者の除名を命ずる不利益処分をしようとするとき」（1号ハ）である。この場合には，形式上は名あて人ではないが，実質上の名あて人といえる当該役員，会員等にとっては重大な不利益であることから，聴聞を義務づけている。そして，名あて人である当該法人等に対して聴聞の通知があった場合には，当該役員，会員等も通知を受けたものとみなして，聴聞手続の当事者として扱うこととしている（同28条1項）。13条1項1号イ・ロ・ハ以外の場合であっても，行政庁が相当と認めるときは聴聞を行うことができる（1号ニ）。

　以上のいずれにも該当しないときは，行政庁は，弁明の機会を付与しなければならない（同13条1項2号）。たとえば，営業停止処分等の停止処分は同法13条1項1号イ・ロ・ハに該当しないため，弁明の機会の付与で足りる。

> **発展学習のために⑰　仮の行政処分**
>
> 　公益上，緊急に不利益処分をする必要があるため，以上の意見陳述のための手続をとることができないときは，意見陳述手続の規定の適用が除外されているが（行手13条2項1号），個別法において，かかる場合に対応するための仮の行政処分について規定し，事前手続を省略する代わりに事後に意見陳述の機会を保障している例がある。違反建築物に対する仮の使用禁止（制限）命令（建基9条7項・8項），運転免許の仮停止（道交103条の2第1項・2項），指定暴力団に対する仮の命令（暴力団35条1項・3項）がその例である。医療法30条のように，緊急の必要性により弁明の機会の付与または聴聞を行わないで（仮の行政処分ではない）不利益処分を行ったときに，事後に弁明の機会の付与を義務づけている例もある。

　行政庁は，聴聞を行うに当たっては，聴聞を行うべき期日までに相当な期間をおいて，不利益処分の名あて人となるべき者に対し，①予定される不利益処分の内容および根拠となる法令の条項，②不利益処分の原因となる事実，③聴

聞の期日および場所，④聴聞に関する事務を所掌する組織の名称および所在地を書面により通知することを義務づけられている（行手15条1項）。ここで重要なのは，不利益処分の原因となる事実も通知することとしていることである。「相当な期間」は，不利益処分の名あて人となるべき者に聴聞への準備を可能ならしめるに足りると認められる期間でなければならない。

　通知の義務は，不利益処分の名あて人となるべき者に対してのみ存在する。個別の法令において，名あて人以外の利害関係人に対しても聴聞の通知を義務づけることが望ましく，かかる義務づけがなされていない場合においても，運用上可能な範囲で，利害関係人にも通知をする努力が望まれる。

　聴聞の通知書面においては，①聴聞の期日に出頭して意見を述べ，および証拠書類または証拠物（以下「証拠書類等」という）を提出し，または聴聞の期日への出頭に代えて陳述書および証拠書類等を提出することができること，②聴聞が終結する時までの間，当該不利益処分の原因となる事実を証する資料の閲覧を求めることができることを教示しなければならない（同15条2項）。聴聞を主宰する者は，必要があると認めるときは，当事者以外の者であって，当該不利益処分の根拠となる法令に照らして当該不利益処分につき利害関係を有すると認められる者に対し，当該聴聞に関する手続に参加することを求め，または許可することができる（同17条1項）。「当該不利益処分につき利害関係を有するものと認められる者」には，当該不利益処分により不利益を受ける者に限らず，当該処分により利益を受ける者も含まれる。

　(d)　聴聞と弁明の機会の付与の相違　聴聞と弁明の機会の付与の大きな相違の第1は，前者のみに，文書等の閲覧請求権が認められている点にある。すなわち，当事者および当該不利益処分がされた場合に自己の利益を害されることとなる参加人は，聴聞の通知があった時から聴聞が終結する時までの間，行政庁に対し，当該事案についてした調査の結果にかかる調書その他の当該不利益処分の原因となる事実を証する資料の閲覧を求めることができるのである。この場合において，行政庁は，第三者の利益を害するおそれがあるときその他正当な理由があるときでなければ，その閲覧を拒むことができない（同18条1項。この規定は弁明の機会の付与には準用されていない。同31条）。聴聞の機会が与えられても，行政庁がどのような資料に基づいて自分に対して不利益処分をしよう

としているのかがわからなければ，聴聞の場で適切な主張，立証はできないおそれがあり，聴聞を実効あるものとするうえで，文書等閲覧請求権は不可欠であると考えられる。

　処分をしようとする行政庁がその根拠となる資料を明らかにしなければ処分の名あて人が十分な防御をなしえないという点では弁明の機会の付与も同様であるから，弁明の機会の付与においても文書等閲覧請求権を認めることが望ましい。実際，大阪府行政手続条例29条や滋賀県行政手続条例28条のように，弁明の機会の付与にも文書等閲覧請求権を認めている例がある。しかし，行政手続法は，行政庁の負担にも配慮して，文書等閲覧請求権を聴聞の場合にのみ認めることとしている。

　聴聞と弁明の機会の付与の大きな相違の第2は，前者では，当事者に口頭意見陳述権が保障されているのに対して（行手20条2項），**後者においては，口頭で意見を述べることを行政庁が認めたときを除いて書面主義がとられていることにある**（同29条1項）。ちなみに，行政不服審査法に基づく審査請求の場合には，書面審理の原則をとりながら，審査請求人または参加人の申立てがあったときは，申立人に口頭で意見を述べる機会を原則として与えなければならないので（行審31条1項），聴聞と弁明の機会の付与の中間的立場がとられていることになる。

　聴聞当事者の全部もしくは一部が正当な理由なく聴聞の期日に出頭せず，かつ，出頭に代えて陳述書もしくは証拠書類等を提出しない場合，または参加人の全部もしくは一部が聴聞の期日に出頭しない場合には，これらの者に対して改めて意見を述べ，および証拠書類等を提出する機会を与えることなく，聴聞を終結することができる（行手23条1項）。

　聴聞と弁明の機会の付与の大きな相違の第3は，前者には，後者にはない聴聞主宰者の制度が設けられ，主宰者の作成する聴聞調書（聴聞の審理の経過を記載した調書）**および報告書**（不利益処分の原因となる事実に対する当事者等の主張に理由があるかどうかについての聴聞主宰者の意見を記載したもの。同24条）**を十分に参酌して行政庁が処分の決定をすることになっている点である**（同26条）。主宰者の除斥事由が法定されているが（同19条2項），当該不利益処分案件について調査した職員をその事案において聴聞主宰者の除斥事由とすることも検討

する必要があろう。少なくとも運用上は，かかる者を主宰者として指名することは避けるべきである。

　行政庁は，聴聞の終結後に新たな証拠が発見された場合，聴聞を経ない証拠を基礎として決定すべきでなく，主宰者に対して聴聞調書および報告書を返戻して聴聞の再開を命ずるべきである（同25条）。行政庁は，主宰者の意見に拘束されるわけではないが，主宰者と異なる見解をとって不利益処分をする場合には，なぜそうであるのかについての説得力ある理由を示さなければならない（同14条1項本文）。

　(e)　弁明の機会の付与　弁明の機会の付与は，聴聞と比較してより略式の手続であり，基本的に書面主義がとられている。行政庁は，弁明書の提出期限までに相当な期間を置いて，不利益処分の名あて人となるべき者に対し，①予定される不利益処分の内容および根拠となる法令の条項，②不利益処分の原因となる事実，③弁明書の提出先および提出期限を書面により通知しなければならない（同30条）。

　(f)　理由の提示　**行政庁は，不利益処分をする場合には，その名あて人に対し，同時に当該不利益処分の理由を示さなければならない（同14条1項本文）。**ただし，理由を示さないで処分をすべき差し迫った必要がある場合は，不利益処分と同時に理由を示す必要はない（同項ただし書）。この場合においても，当該名あて人の所在が判明しなくなったときその他処分後において理由を示すことが困難な事情があるときを除き，処分後相当の期間内に理由を示さなければならない（同条2項）。

　［判例7-1］　最判平成23・6・7民集65巻4号2081頁［百Ⅰ117］［判Ⅰ112・119］

　本判決は，行政手続法14条1項本文の規定に基づいてどの程度の理由を提示すべきかは，当該処分の根拠法令の規定内容，当該処分に係る処分基準の存否および内容ならびに公表の有無，当該処分の性質および内容，当該処分の原因となる事実関係の内容等を総合考慮してこれを決定すべきであるとする。そして，本件では，処分の原因となる事実と，処分の根拠法条とが示されているのみで，本件処分基準の適用関係が全く示されておらず，その複雑な基準の下では，名あて人において，処分要件の該当性に係る理由は相応に知り得るとしても，いかなる理由に基づいてどのような処分基準の適用によって免許取消処分が選択されたのかを知ることはできないものといわ

〳 ざるを得ないので，行政手続法 14 条 1 項本文の要求する理由提示としては十分でな
〳 いと判示している。

■ 処分等の求め　　2014（平成 26）年の行政手続法の改正により，処分等の求め
めに関する 4 章の 2 が新設された（行手 36 条の 3）。この求め
めの対象には法律に根拠を有する行政指導が含まれるが，処分も対象になって
いるため，行政指導に関する 4 章に規定するのではなく，行政指導とは独立の
章として設けられたのである。同条は，何人も，法令に違反する事実がある場
合において，その是正のためにされるべき処分または法律に根拠を有する行政
指導がされていないと思料するときは，当該処分または行政指導をする権限を
有する行政庁または行政機関に対し，その旨を申し出て，当該処分または行政
指導をすることを求めることができるものとし，申出を受けた行政庁または行
政機関は，必要な調査を行い，その結果に基づき必要があると認めるときは，
当該処分または行政指導をしなければならないものと定めている。これは，職
権による調査の端緒を得るために何人も申し出ることができるとしたものであ
り，処分等の請求権を付与するものではない。しかし，申出を受けた行政庁ま
たは行政機関に調査義務が生ずることになる。調査結果を申出人に通知する運
用をすべきであろう。なお，行政手続法 3 条 1 項の適用除外の規定に該当する
場合には，同法 4 章の 2 の処分等の求めの規定も適用されないこととされてい
る。

■ 意見公募手続　　(a) 意 義　　命令等を定める機関（命令等制定機関）は，
命令等を定めようとする場合には，当該命令等の案および
これに関連する資料をあらかじめ公示し，意見の提出先および意見提出期間を
定めて広く一般の意見を求めなければならない（行手 39 条 1 項）。これが意見
公募手続である。意見公募手続は，利害関係人との関係では，行政運営におけ
る公正の確保および透明性の向上という目的に資する。また，命令等制定機関
による情報収集を容易にし，その判断の適正を確保することにも寄与する。さ
らに，意思形成過程への国民の参加を確保することにもつながる。
　意見公募手続の対象となる「命令等」とは，内閣または行政機関が定める①
法律に基づく命令（処分の要件を定める告示を含む）または規則，②審査基準，

③**処分基準，**④**行政指導指針である**（同2条8号）。命令等の内容・性質に照らして意見公募手続の規定の適用になじまないもの（同3条2項），広義の行政主体の組織内部または行政主体相互間の関係にかかる命令等（同4条4項）は，本法6章（意見公募手続等）の規定の適用除外とされている。

(b)　**命令等を定める場合の一般原則**　　命令等制定機関は，命令等を定めるに当たっては，当該命令等がこれを定める根拠となる法令の趣旨に適合するものとなるようにしなければならないという一般原則が明記された（同38条1項）。命令等の中には，政令のように，閣議決定により定められるものもある。この場合には，命令等制定機関は内閣ではなく，当該政令の立案をする各大臣である。38条1項でいう「法令」については，2条1号に定義されている。

　同法38条2項は，「命令等制定機関は，命令等を定めた後においても，当該命令等の規定の実施状況，社会経済情勢の変化等を勘案し，必要に応じ，当該命令等の内容について検討を加え，その適正を確保するよう努めなければならない」と定めている。ひとたび命令等を定めても，それが時代にそぐわないものになる可能性は常に存在するのであるから，たえず見直しをすることが求められる。

　38条が定める一般原則は，本法6章に置かれているので，その6章の規定の適用除外となっているもの（同3条2項・3項，同4条4項）には適用されないが，意見公募手続にかかる規定についてのみ適用を除外する39条4項に規定されるものには適用されることに留意が必要である。

(c)　**意見公募手続の仕組み**　　意見公募手続で公示される命令等の案とは，命令等で定めようとする内容を示すものをいう（同39条1項かっこ書）。要綱案や条文形式で示す必要はない。ただし，具体的かつ明確な内容のものであって，かつ，当該命令等の題名および当該命令等を定める根拠となる法令の条項が明示されたものでなければならない（同条2項）。したがって，意見公募手続が実施されるのは，行政機関内部における議論が相当進んだ段階になる。これは，抽象的な案に対して意見を求めるよりも，相当程度具体化された案に対して意見を求めるほうが生産的であるという判断によっている。もっとも，案が具体的になるほど，その修正が困難になる傾向があるので，提出された意見を十分に考慮して，柔軟に対処する運用が期待される。

　命令等の案の公示に当たっては，関連する資料も公示しなければならない。関連する資料とは，たとえば，当該事項に関して作成した説明資料・政策評価結果資料等である。国民一般が理解しやすいように配慮した資料を公示するようにすべきである。

　行政手続法においては，命令等制定機関は「広く一般の意見を求めなければならない」（同39条1項）とされており，意見提出権者に限定はない。したがって，外国人や外国の企業・政府も意見を提出することができる。これらの者も，わが国の命令等に利害関係を有することはありうるし，また，意見公募手続の目的の1つである情報収集による判断の適正の確保という観点からは，そもそも利害関係を問題にする必要はないからである。

　意見提出期間は，命令等制定の迅速性の要請と意見提出者の便宜の要請の調和に配慮して定められるべきものである。行政手続法は，意見提出期間は，公示の日から起算して30日以上でなければならないとしている（同条3項）。

　行政の事務事業の種類を問わず，意見公募手続をとることが困難であったり，かかる手続をとる意義に乏しいと考えられる場合がある。そのような場合については，意見公募手続にかかる規定の適用除外とされている（同条4項）。たとえば，公益上，緊急に命令等を定める必要があるため，意見公募手続を実施することが困難であるときに適用除外となる（同項1号）。

　他の行政機関が意見公募手続を実施して定めた命令等と実質的に同一の命令等を定めようとするときにも，重複して意見を公募する意義に乏しいため，意見公募手続にかかる規定の適用除外とされている（同項5号）。たとえば，本省で意見公募手続を経て定めた通達に基づいて，地方支分部局の長が同一の内容の審査基準を定めようとするとき等である。

　意見提出期間は30日以上とすることが原則であるが（同39条3項），命令等の制定期限が法定されている場合のように，30日以上の意見提出期間を設けることが困難な場合がありうる。かかる場合，30日以上の意見提出期間を確保しえないとして意見公募手続を実施しないよりは，30日を下回る意見提出期間であっても，意見公募手続をとることが望ましい。そこで，やむをえない理由があるときは，意見提出期間が30日を下回ってもよいこととされている（同40条1項前段）。しかし，この例外規定が恣意的に用いられることを防ぐ必

要がある。そこで，命令等の案の公示の際に，意見提出期間が30日を下回る理由を明らかにすることが義務づけられている（同項後段）。

　また，委員会等の議を経て命令等を定めようとする場合において，当該委員会等が意見公募手続に準じた手続を実施したときには，命令等制定機関は，自ら意見公募手続を実施することを要しない（同40条2項）。「意見公募手続に準じた手続」といえるためには，委員会等が行う手続で公示される案が具体的かつ明確なものでなければならず，委員会等が抽象的なかたちで論点を示して意見を公募しても，「意見公募手続に準じた手続」をとったことにはならない。なお，委員会等が意見公募手続に準じた手続を実施したときに，命令等制定機関が実施する必要がないのは「意見公募手続」であり，したがって，命令等制定機関は，委員会等に提出された意見を考慮して命令等を定め，結果を公示する義務を負う。

　意見公募手続を行うとしても，当該手続がとられていること自体を知らなければ，意見を提出することはできない。したがって，意見公募手続がとられていることを広く周知する必要がある。そこで，命令等制定機関は，意見公募手続を実施して命令等を定めるに当たっては，必要に応じ，当該意見公募手続の実施について周知するよう努めるとともに，当該意見公募手続の実施に関連する情報の提供に努めるものとされている（同41条）。

　意見公募手続は，提出された意見を採用する義務を命令等制定機関に課すものではない。命令等の案に多数意見が反対であるからといって，多数意見に従う義務もない。しかし，提出された意見を真摯に考慮する義務は存在する。そこで，**命令等制定機関は，意見公募手続を実施して命令等を定める場合には，意見提出期間内に当該命令等制定機関に対し提出された当該命令等の案についての意見を十分に考慮しなければならない**と明記されている（同42条）。問題は，この義務の遵守をいかに担保するかである。提出意見を考慮した結果（意見公募手続を実施した命令等の案と定めた命令等との差異を含む）およびその理由の公示義務が課されること（同43条1項4号）により，提出意見を十分に考慮する義務の遵守が，かなりの程度確保されると考えられる。

　命令等制定機関は，意見公募手続を実施して命令等を定めた場合には，当該命令等の公布と同時期に①命令等の題名，②命令等の案の公示の日，③提出意

見，④提出意見を考慮した結果およびその理由を公示しなければならない（同43条1項）。意見公募手続を実施したにもかかわらず命令等を定めないこととした場合には，その旨ならびに命令等の題名，命令等の案の公示の日を速やかに公示しなければならない（同条4項）。提出意見が多数にのぼる場合，そのすべてを公示することは煩瑣であるし，同種の意見が複数提出された場合には，それらをグルーピングして公示すれば足りるといえよう。そこで，命令等制定機関は，必要に応じて，提出意見に代えて，当該意見を整理または要約したものを公示することができるとされている。ただし，整理または要約が適切に行われているかをチェックすることを可能とするべきであるので，公示の後遅滞なく当該提出意見を当該命令等制定機関の事務所における備付けその他の適当な方法により公にしなければならないとされている（同条2項）。命令等制定機関は，提出意見を公示しまたは公にすることにより第三者の利益を害するおそれがあるときは，当該提出意見の全部または一部を除くことができる（同条3項）。

　意見公募手続にかかる規定の適用除外（同39条4項）のいずれかに該当することにより意見公募手続を実施しないで命令等を定めた場合には，命令等制定機関は，①命令等の題名および趣旨と，②意見公募手続を実施しなかった旨およびその理由を命令等の公布と同時期に公示しなければならない（同43条5項）。これは，意見公募手続の省略を認める規定が安易に用いられることを防ぐためである。

　意見公募手続を実施した結果，命令等制定機関が見落としていた重要な論点の指摘がなされたり，公示した案の前提となっていた事実認定を覆すような情報が提出されたため，公示した案を大幅に変更する必要が生じた場合には，どうすべきかという問題がある。この場合，修正した案が当初の案との同一性が失われる程度にまで達していれば，修正案については意見公募手続をとっていないことになるので，改めて意見公募手続を実施しなければならない（同条4項かっこ書）。

　命令等の案・関連資料の公示（同39条1項），意見公募手続の結果，制定した命令等に関する事項の公示（同43条1項），意見公募手続を実施したにもかかわらず命令等を定めないこととした旨の公示（同条4項），意見公募手続を実

施しないで命令等を定めた場合の公示（同条5項）は，電子情報処理組織を使用する方法その他の情報通信技術を利用する方法により行うものとされている（同45条1項）。

■ 地方公共団体に関する適用除外　行政手続法2条5号ロは，同法にいう行政機関に地方公共団体の機関（議会を除く）を含めているが，同法3条3項において，地方公共団体の機関がする処分（その根拠となる規定が条例または規則に置かれているものに限る）および行政指導，地方公共団体の機関に対する届出（通知の根拠となる規定が条例または規則に置かれているものに限る）ならびに地方公共団体の機関が命令等を定める行為については，同法2章から6章までの規定は適用しないと定めている。しかし，地方公共団体は，行政手続法の規定の適用除外とされた上記の手続について，行政手続法の規定の趣旨にのっとり，行政運営における公正の確保と透明性の向上を図るため必要な措置を講ずるよう努めなければならない（同46条）。同条がいう「必要な措置」とは，要綱・規則の制定・改正ではなく，条例の制定・改正であるべきであろう。

　行政手続法の制定後，地方公共団体において，行政手続条例の制定が進み，ほぼすべての普通地方公共団体において行政手続条例が制定されるに至った。その内容は基本的には行政手続法と同様であるが，独自の工夫をこらしたものも少なくない。

■□ Column㉚　行政手続のオンライン化--------------------------------

　2002（平成14）年12月に「行政手続等における情報通信の技術の利用に関する法律」（行政手続オンライン化法）が成立した。これにより，行政機関等は，申請等，処分通知等，縦覧等，作成等を書面等により行うことと法令に規定されている場合であっても，主務省令で定めるところにより，オンラインで行うことが一般的に認められるようになった（オンライン化可能規定）。そして，オンライン化可能規定により行われた申請等，処分通知等，縦覧等，作成等については，書面等により行われたものとみなして，関連する法令の規定を適用することとしている（書面みなし規定）。オンライン申請等が行われた場合，オンラインによる処分通知等が行われた場合の到達時期も明確にされた。書面等により申請等，処分通知等，作成等をすることとしている法令の規定により署名等をすることとしているものについては，電子署名で代替することができる。同法は，2019（令和元）年の改正で，「情報通信技術を活用した行政の

推進等に関する法律」という名称になり，オンライン申請等が行われた場合の手数料の納付をオンライン等で行うことを可能とする通則規定，添付書面の省略に関する規定等が新たに設けられた。

2　行政審判手続

■意　義　　行政過程において，司法手続に類似した慎重な手続（準司法手続）がとられることがある。これを行政審判手続という。行政審判手続は，行政処分に対する不服審査過程において用いられることもあるが（覆審的争訟），行政処分がなされる前の事前手続においても用いられることがある。事前手続として行政審判手続が用いられるのは，海難審判所が行う海難審判手続（海難審判30条以下）のように，特定の者に対して不利益な効果を持つ行政作用を行うか否かを慎重な手続で判断する場合，収用委員会が行う裁決手続（収用39条以下）のように，当事者間の争訟を第三者機関が慎重な手続で裁定する場合（始審的争訟）である。

　行政手続法は，4章の2（処分等の求め），6章（意見公募手続等）が定める手続を除き，行政機関と行政作用の名あて人の二面構造を基本的前提としたものであり，行政審判手続のような三面構造（特定の者に不利益な効果を持つ行政作用を行おうとするときは審判を行う者，当該作用を求める行政機関の職員，不利益な効果を持つ行政作用の名あて人となるべき者の三者。当事者間の争訟を第三者機関が慎重な手続で裁定する場合には，裁定者と紛争の両当事者の三者）による手続は適用除外とされている（行手3条1項12号）。

発展学習のために⑱　独占禁止法の審判制度の廃止

　2013（平成25）年の独占禁止法改正により，公正取引委員会が行う審判制度は全廃され，審決にかかる抗告訴訟の第一審裁判権が東京高等裁判所に属するとする規定や実質的証拠法則にかかる規定も削除された。そして，排除措置命令等にかかる抗告訴訟は，裁判所における専門性を確保する観点から，東京地方裁判所の専属管轄とされ，3人または5人の合議体により審理および裁判を行うこととされた。適正手続確保の観点から，排除措置命令，課徴金納付命令にかかる事前手続については，行政手続法

が定める聴聞手続にほぼ対応する手続が設けられた。ただし，これは準司法手続（審判手続）ではないので，実質的証拠法則も，新証拠の提出制限も認められていない。

■ 審判機能と訴追機能の分離　　特定の者に対して不利益な効果を持つ行政作用にかかる行政審判手続の特色の１つは，審判機能と訴追機能の分離にある。行政手続法の聴聞手続においても，主宰者が定められ（同19条），不利益処分を求める職員と主宰者の職能分離が前提とされている。しかし，主宰者と不利益処分を求める職員とが別の部局に属すること等の組織的分離を義務づけてはいないし，当該不利益処分案件について調査した職員であることも，少なくとも明示的には主宰者の除斥事由とはされていない。

　これに対して，特定の者に対して不利益な効果を持つ行政作用を行うかを慎重な手続で判断する行政審判手続の場合には，審判機能と訴追機能が組織的に分離されている。

3　行政手続の瑕疵

　行政手続に瑕疵がある場合に，そのことが行政作用の効力にどのような影響を及ぼすかについては，大別して２つの考え方がある。１つは，**行政手続は適正な行政作用を行うための手段にすぎないとするもの**である。この考えによれば，たとえ手続をやり直してみても結果が変わらないことが明らかな場合には，手続のやり直しは，行政効率を害することになり望ましくないことになる。いま１つの考えは，**適正な手続を経てはじめて実体的にも正しい行政作用がなされると考えるべきとし，適正な手続と無関係に適法な行政作用が存在するという発想自体を批判する**。また，仮に，手続をやり直してみても当該事案においては結果は変わらないことが予見できたとしても，そのことを理由として手続の瑕疵を問題としなければ，およそ一般的に手続が軽視されることになってしまい，適正手続を要求する趣旨が没却されるおそれがあることも指摘する。

　最判昭和46・10・28民集25巻7号1037頁［百I114］［判I96］は，「これらの点に関する事実を聴聞し，被上告人にこれに対する主張と証拠の提出の機会を与えその結果をしんしやくしたとすれば，上告人がさきにした判断と異なる

判断に到達する可能性がなかつたとはいえないであろうから」と述べて処分を
取り消しており，手続が結果に影響を及ぼす可能性がある限りにおいて，手続
の瑕疵を問題にする姿勢が窺われる。

　他方，最判昭和60・1・22民集39巻1号1頁［百Ⅰ118］［判Ⅰ110］のように，
理由の提示の不備については，最高裁は，手続のやり直しが結果に影響を与え
るかを問うことなく，手続の瑕疵を理由として処分を取り消している。東京高
判平成13・6・14判時1757号51頁［判Ⅰ118］は，「行政手続法の規定する重
要な手続を履践しないで行われた処分は，当該申請が不適法なものであること
が一見して明白であるなどの特段の事情のある場合を除き，行政手続法に違反
した違法な処分として取消しを免れないものというべきである」と判示してお
り，「当該申請が不適法なものであることが一見して明白であるなどの特段の
事情のある場合を除き」という留保を付してはいるものの，基本的には，重要
な手続を懈怠した場合には，処分の取消理由となるとする立場をとっている。
また，最判平成14・7・9判例自治234号22頁［判Ⅰ117］は，「手続的な瑕疵
が処分の取消事由となるかどうかは，手続規定の趣旨，目的や瑕疵の程度，内
容を勘案し，当該瑕疵が，処分の内容のいかんを問わず，処分を違法として取
り消さなければならないほどのものであるか否かを個別的に判断して決すべき
である」と判示している。

　このように，現在の判例は，手続的瑕疵があれば処分内容のいかんを問わず
取り消すべき場合と，手続的瑕疵のみを理由として取り消すべきでない場合の
双方がありうるという前提に立ち，個別判断をしているといえる。理由提示や
聴聞・弁明の機会の付与のような重要な手続を懈怠したり，懈怠するに等しい
ような不備がある場合には，処分を取り消して手続をやり直させることは，手
続軽視の風潮を生まないためにも必要であろう。

第8章　行政上の不服申立て

≫Points

1）行政不服審査法は概括主義を採用するとともに，不利益変更禁止を明記する等，行政救済を重視している。

2）行政不服審査法は，審査請求，再審査請求，再調査の請求の3類型の不服申立制度を設けている。基本的な不服申立類型は審査請求であり，処分庁等に上級行政庁がない場合には当該処分庁等，処分庁等に上級行政庁がある場合には当該処分庁等の最上級行政庁に審査請求をするのが原則である。

3）法令に基づき行政庁に対して処分についての申請をした者は，当該申請から相当の期間が経過したにもかかわらず，行政庁の不作為がある場合には，当該不作為についての審査請求をすることができる。不作為についての審査請求制度は，単に早期の処分を促すのみならず，紛争の一回的解決を図る観点から，法令に基づく申請を認容するか否かを判断する制度である。

4）不服申立適格について，判例は，法律上保護された利益を有する者のみに認める立場を採っている。

5）審査請求が行われた場合，審査庁は，審査庁に所属する職員を審理員として指名して，審理員に審査手続を主宰させるのが原則である。審査請求にかかる処分に関与した者等を審理員に指名することはできない。

6）審査庁は，審理員の意見書の提出を受けたときは，原則として，第三者機関である行政不服審査会等に諮問しなければならない。

7）処分庁以外の行政庁に対して審査請求をすることができる場合において，法律で特に定める場合に例外的に処分庁に対し簡易な手続で処分の見直しを求めるのが再調査の請求である。

8）法律で特別に再審査請求が認められているのは，社会保険，労働保険等，第三者機関が再審査請求の審理を行ってきた分野や市町村の審査庁が裁決をした後，都道府県の機関に再審査請求をしたり，都道府県の審査庁が裁決をした後，国の機関に再審査請求をしたりする裁定的関与の分野である。

1　行政上の不服申立て総説

(1)　行政上の不服申立ての特色

■ 不服申立ての長所　　　行政上の不服申立ては，一般的にいえば行政訴訟と比較して簡易迅速な救済が得られる長所がある。もっとも，これはあくまで一般論であり，実際には，行政訴訟提起後，1年以内に迅速に本案判決が出されることもあれば，行政上の不服申立てに対する判断が数年間も出されない例もある。**行政上の不服申立ての長所としては，ある行政処分が違法か否かのみならず，行政裁量の行使が不当でないかも審理できることが挙げ**られる。もっとも，行政上の不服申立ての審理において，このことが十分に認識されているわけでは必ずしもなく，当・不当の審理が行われない例が多い。また，司法権は権力分立への配慮から消極主義に陥ることが稀でないが，行政上の不服申立ては，行政権による自己統制であるため，かかる配慮は不要になる。行政上の不服申立ての審理は一般に非公開であるが，このことは，不服申立人・参加人等のプライバシー等の保護につながる。

　以上は，不服申立てを行う私人にとっての長所であるが，行政機関にとっても，行政上の不服申立制度を設けることにはメリットがある。すなわち，行政上の不服申立制度がないため訴訟を提起されるよりは，行政上の不服申立てを受けて，当該処分に問題がなかったかを再度自らチェックし，自己統制の機会を与えられるほうが望ましいであろう。**行政上の不服申立ては，行政機関にとって，簡易迅速に行政の改善と統一性の確保を図る契機としうるのである。**裁判所も，直接紛争が持ち込まれるよりは，行政上の不服申立てが前置されることにメリットを感じることが多いであろう。なぜならば，行政上の不服申立てにより紛争が解決され訴訟が提起されなければ，裁判所の負担が軽減されるからである。**量的面において，行政上の不服申立てが司法過程に移行する紛争を減少させているのみならず，たとえ，行政上の不服申立ての結果示された判断に私人が納得せずに訴訟を提起する場合においても，行政上の不服申立ての審理を通じて行政過程において論点が集約され明確化されることは，司法審査にとり有益であることはいうまでもない。**とりわけ，専門的技術的分野における

紛争の場合には，この長所は大きなものになろう。

■ 不服申立ての短所　　行政訴訟と比較した場合，**行政上の不服申立ての最大の短所として，中立性の稀薄さの問題がある**。また，迅速な救済手段とは必ずしもいえない例が少なくない。反対に迅速に救済が与えられる場合，たしかに行政訴訟と比較した場合の行政上の不服申立ての長所といえるが，裏からいえば，慎重さの欠如につながるおそれがあるし，裁判所のように偽証罪の担保の下に真正な証言を強制するようなことも行政上の不服申立てでは一般的には認められていないので，調査能力に限界があることも否めない。もっとも，後述する行政不服審査法の全部改正により，行政不服審査会等への諮問制度が設けられたため，中立性の稀薄さという行政上の不服申立制度の短所は，大幅に克服されることになった。

(2)　行政上の不服申立ての一般法

　行政訴訟は法律上の争訟である限り，裁判を受ける権利（憲32条）の保障が及び，法律で出訴事項を制限することは違憲となる。これに対して，行政上の不服申立てを提起する機会は憲法上保障されているわけではないので，これをどの範囲で認めるかは，行政過程全体を通じた適正手続の要請という観点に配慮する必要はあるものの，基本的には立法政策の問題になる。しかし，行政上の不服申立てを認める以上，その手続について不合理な不統一を避けるとともに，国民にとって可視性を高めるために一般法を制定することが望ましい。

　わが国における行政上の不服申立ての一般法は行政不服審査法である。行政不服審査法の前身は訴願法であり，すでに1890（明治23）年に制定されている。しかし，同法を中心とする行政上の不服申立制度に対しては，早くから数々の不備が指摘され，その改正の動きがあった。ようやく1962（昭和37）年，訴願法が改正され，行政不服審査法が制定された。行政不服審査法も，様々な問題を指摘されながら，実質的改正を経ることなく40年以上が経過したが，2004（平成16）年，行政事件訴訟法の改正に伴い初めて実質的意味における改正を経験することになった。2014（平成26）年に行政不服審査法が全部改正され，改正行政不服審査法は，2016（平成28）年4月1日に全面施行された。

(3)　行政上の不服申立制度の概観

■ 概括主義　　　訴願法が列記主義を採用していたのに対して，**行政不服審査法は概括主義を採用した**。しかし，かなり広範な適用除外を認めている（行審7条）。7条1項12号に掲げられている行政不服審査法に基づく処分とは，たとえば，鑑定要求（同34条），物件提出要求（同33条），物件閲覧請求拒否処分（同38条1項），裁決（同44条），決定（同58条・59条）を意味する。しかし，これらについては，同法による審査請求を認めることが適当でないと考えられたにとどまり，およそ行政上の不服申立てを認めるべきではないという趣旨ではないから，別に法令で当該処分の性質に応じた不服申立ての制度を設けることを妨げない（同8条）。

■ 自由選択主義　　**行政事件訴訟法**（同8条1項本文）**によって訴願前置主義は廃止され，原則として，行政上の不服申立てに対する裁決等を経ることなく，直ちに訴訟を提起することも認める自由選択主義が採用された**。しかし，個別法において，不服申立前置主義を採用することは可能であり（同項ただし書），その例は少なくない（国公92条の2等）。2014（平成26）年6月6日に成立した「行政不服審査法の施行に伴う関係法律の整備等に関する法律」により，個別の法律により定められていた不服申立前置の見直しが行われ，不服申立前置を定めていた96法律のうち68法律において不服申立前置が廃止または縮小され，訴訟提起前に不服申立てに対する裁決等を2回経なければならないとする二重前置は全廃された。再審査請求に対する裁決を経なければ取消訴訟を提起することができないとする再審査請求前置規定も全廃された。

■ 行政救済重視　　**行政不服審査法は，1条1項において，「国民の権利利益の救済を図るとともに，行政の適正な運営を確保する」**と規定しており，行政救済と行政統制をともに目的として明記している。しかし，**不利益変更禁止を明記する等**（同48条），**行政救済を重視している**。

■ 条例との関係　　**行政不服審査法は，法律に基づく処分のみならず，条例に基づく処分にも適用される**。この点は，行政事件訴訟法も同様である（一律適用型）。そのため，条例に基づく処分について，地方公共団体が条例で行政不服審査法の特例を定めることが行政不服審査法に違反しない

かという論点が生ずることになる。行政不服審査法は，法律に基づくものであれ条例に基づくものであれ，処分に対して一律に最低限度の救済を保障しようとする趣旨であると解されるため，法律で保障された手続を条例で制限することはできない。

　他方，条例において，行政不服審査法が定める手続的保障に上乗せすることを同法が禁じているとは解されない。そのため，ほとんどの地方公共団体は，情報公開条例や個人情報保護条例において，行政不服審査法に基づく不服申立てが行われた場合に，条例に基づいて設置される審査会に諮問して，審査会で実際に開示請求等の対象となった文書を見分して答申する仕組みを付加しているのである。

2　不服申立ての類型

(1)　不服申立類型の審査請求への原則一元化

　従前は，処分庁に対する異議申立てと処分庁以外の審査庁に対する審査請求が基本的な不服申立類型であり，再審査請求が例外的に認められていたが，改正法は異議申立ての類型を廃止し，処分庁に対する不服申立ても基本的に審査請求とすることとし（行審4条），不服申立類型の原則一元化を図った。上級行政庁がある場合の審査庁は，原則として最上級行政庁とされた。

(2)　再調査請求

　処分庁以外の行政庁に対して審査請求をすることができる場合において，法律で特に定める場合に例外的に処分庁に対し簡易な手続で処分の見直しを求める再調査の請求という類型が新設された（行審5条）。これは，要件事実の認定の当否にかかる不服申立てが大量になされる処分等については，処理人員や処理期間の制約上，処分を行う際の審査に一定の限界があること等を踏まえれば，例外的に，審査請求に先立って，処分の事案・内容等を容易に把握できる行政庁に対し簡易な手続で改めて見直しを求める手続を設けることが，不服申立人の権利利益の簡易迅速な救済および行政における効率的な事務遂行の双方に資する面もあると考えられるために設けられたものである。再調査の請求を認め

る法律は，国税通則法，関税法，とん税法，特別とん税法，公害健康被害の補償等に関する法律に限られている。

(3)　再調査の請求と審査請求の関係

　改正前の行政不服審査法20条においては，審査請求は，異議申立てをすることができるときは，異議申立てについての決定を経た後でなければすることができないのが原則であったが，改正行政不服審査法においては，審査請求をすることができる場合において，法律に再調査の請求をすることができる旨の定めがあるときは，当該処分に不服がある者は，審査請求と再調査の請求を選択することができる。ただし，当該処分について審査請求をしたときは再調査の請求をすることはできず（同5条1項ただし書），当該処分についての再調査の請求を行ったときは，当該再調査の請求に対する決定を経た後でなければ，審査請求をすることができないのが原則である（同条2項）。

(4)　不作為についての審査請求

　不作為とは，行政庁が法令に基づく申請に対し，何らの処分もしないことをいう（行審3条）。ここで重要なのは，「法令に基づく申請」に対してのみ，不作為についての審査請求が認められるということである。「法令に基づく申請」とは，当該私人に申請権が付与されており，申請を受けた行政庁が，諾否の応答をすることを義務づけられているものを意味する。すなわち，ここでいう「申請」は行政手続法2条3号に定義されているように，「法令に基づき，行政庁の許可，認可，免許その他の自己に対し何らかの利益を付与する処分……を求める行為であって，当該行為に対して行政庁が諾否の応答をすべきこととされているものをいう」。不作為についての審査請求をすることができるのは，実際に当該不作為にかかる処分その他の行為を申請した者でなければならない（行審3条）。

　行政不服審査法が全部改正されたことにより，不作為についての審査請求制度は，単に早期の処分を促すのみならず，紛争の一回的解決を図る観点から，法令に基づく申請を認容するか否かを判断する制度として再構成された。すなわち，不作為についての審査請求が理由がある場合には，審査庁は，裁決で，

当該不作為が違法または不当である旨を宣言するが，この場合において，当該申請に対して一定の処分をすべきものと認めるときは，①不作為庁の上級行政庁である審査庁は，当該不作為庁に対し，当該処分をすべき旨を命じ，②不作為庁である審査庁は，当該処分をするという措置をとることとされた。すなわち，不作為についての審査請求は，行政事件訴訟法における申請型義務付け訴訟に対応するものに性格が変化したのである。

(5)　再審査請求

　再審査請求をすることができるのは，法律に再審査請求をすることができる旨の定めがあるときである（行審6条1項）。審査請求の裁決になお不服があれば，重ねて行政上の不服申立てをするよりも裁判所に救済を求めるほうが適切である。そこで，行政不服審査法において行政上の不服申立ては原則として一審制で足りるという考えが基本とされ，再審査請求を認めて二審制をとるのは，法律に特別の定めがあるときに限られる。この場合には，当該法律に定める行政庁に再審査請求をすることになる。なお，二審制とはいっても，審査請求の裁決を争うか，原処分を争うかを選択できる（同6条2項）。

　改正行政不服審査法により審査請求の公正中立性が向上するため，単に公正中立性の向上の観点から認められていた再審査請求は廃止されたが，なお，法律で再審査請求が認められているのは，社会保険，労働保険等，第三者機関が再審査請求の審理を行ってきた分野や市町村の審査庁が裁決をした後，都道府県の機関に再審査請求をしたり，都道府県の審査庁が裁決をした後，国の機関に再審査請求をしたりする裁定的関与の分野である。

3　不服申立ての要件

(1)　不服申立ての対象

　行政不服審査法は行政作用全般について行政過程における不服申立てを認めたものではなく，「処分その他公権力の行使」（行審1条）に対する不服申立てのみを対象としている。したがって，行政立法は一般的には「処分その他公権力の行使」に該当しないし，国有財産貸付契約の解除も，「処分その他公権力

の行使」に該当せず，本法に基づく不服申立ての対象とならない。「公権力の行使」の中には，不作為についての審査請求も含まれることは前述した（⇒**2**(4)）。不作為についての審査請求の対象になるのは，「処分その他公権力の行使」にかかる不作為に限定されるから，契約の申込みに対して応答しないような場合には，行政不服審査法に基づく不作為の不服申立てはできない。

　ここでいう「処分」には，公権力の行使に当たる事実上の行為が含まれる。

(2)　不服申立てを行いうる者

■ 不服申立資格

　不服申立てを行うことができる一般的資格（訴訟の当事者能力に対応するもの）を不服申立資格という。行政不服審査法は，「国民が……行政庁に対する不服申立てをすることができるための制度を定める」（行審1条1項）ものである。ここで「国民」という言葉が使用されているが，これは外国人を排除する趣旨ではない。この点は，行政手続法1条1項の「国民」と同様である。また，自然人に限定されず，法人も含むし，法人でない社団または財団であっても，代表者または管理人の定めがあるものは，その名で不服申立てをすることができる（同10条）。

> **発展学習のために⑲　地方公共団体その他の公共団体の不服申立資格**
>
> 　行政不服審査法7条2項は，国の機関または地方公共団体その他の公共団体もしくはその機関に対する処分で，これらの機関または団体がその固有の資格において当該処分の相手方となるものおよびその不作為については適用しないと定めている。ここでいう「固有の資格」とは，行政手続法4条1項の「固有の資格」と同義であり，一般私人ではなく，地方公共団体その他の公共団体であるからこそ立ちうる立場を意味している。行政不服審査法は，一般私人の救済のための法律であり，地方公共団体その他の公共団体が一般私人と同じ立場にある場合には適用するが，そもそも一般私人とは異なる立場の場合には本法の対象外とする趣旨である。

[判例8-1]　最判令和2・3・26民集74巻3号471頁［百Ⅱ130］
　沖縄防衛局は普天間飛行場の代替施設を辺野古沿岸域に設置するための公有水面の埋立てにつき沖縄県知事から公有水面埋立法42条1項の規定に基づく承認を受けていたが，事後に判明した事情等を理由として本件埋立承認を取り消した。そこで，沖縄防衛局は，これを不服として沖縄県知事に対して行政不服審査法に基づく審査請求をしたところ，国土交通大臣は，本件埋立承認取消しを取り消す裁決を行った。そこ

で，沖縄県知事は，本件裁決は違法な「国の関与」に当たるとして，地方自治法251条の5第1項の規定に基づき，本件裁決の取消しを求める訴訟を提起した。本件で最高裁は，国の機関が受ける埋立承認と国以外の者が受ける埋立免許には実質的な差異はないから，埋立承認は国の機関が「固有の資格」において相手方になるものということはできないと判示した。

■ **不服申立適格**　行政不服審査法は，この法律の対象とされている処分に対して，国民が，私人としての立場においてであるならば常に不服申立てをすることができるとしているかというとそうではない。行政不服審査法は，「行政庁の処分に不服がある者」は審査請求をすることができる（同2条）としているが，これは，具体的事件ごとに不服申立てをするにふさわしい者，すなわち不服申立適格を有する者のみに不服申立てを認める趣旨と解される。それは，行政不服審査法が，主観争訟，すなわち，私人の権利利益にかかる紛争を解決するためのものとして立法化されたことが，立法者意思に照らして明らかであるからである。不服申立適格については，行政事件訴訟法9条が定める取消訴訟の原告適格と同一であるとする説と，行政事件訴訟法9条との文言の相違，行政不服審査法が「行政の適正な運営を確保すること」をも目的としていることに照らして原告適格よりも広いとする説が対立している。

[判例8-2]　**最判昭和53・3・14民集32巻2号211頁［百Ⅱ128］［判Ⅱ37］〔主婦連ジュース事件〕**
　本判決は，不当景品類及び不当表示防止法（景表法）10条6項（当時）にいう「公正取引委員会の処分について不服があるもの」とは，一般の行政処分についての不服申立ての場合と同様に，当該処分について不服申立てをする法律上の利益がある者，すなわち，当該処分により自己の権利もしくは法律上保護された利益を侵害されまたは必然的に侵害されるおそれのある者をいうと解すべきであると判示した。そして，そこでいう「法律上保護された利益」とは，「行政法規が私人等権利主体の個人的利益を保護することを目的として行政権の行使に制約を課していることにより保障される利益」であると述べている。これは，景表法に限らず，行政不服審査法を含む行政上の不服申立てについての一般論として述べられたものであり，不服申立適格を原告適格と同一に解する趣旨とみうる。実際，その後の裁判例の中には，主婦連ジュース事件判決を原告適格に関する先例として引用するものもある。

2004（平成16）年の行政事件訴訟法改正により，原告適格を実質的に拡大す

るために 9 条 2 項が設けられたが，行政不服審査法については不服申立適格を
実質的に拡大するための改正は行われなかった。しかし，原告適格と不服申立
適格が一致するという判例の立場に立っても，不服申立適格は原告適格よりも
広いという一部の学説の立場に立っても，原告適格の実質的拡大のための行政
事件訴訟法 9 条 2 項の解釈規定は，不服申立適格の解釈規定としても用いられ
るべきであり，不服申立適格の実質的拡大も実現するものであるといえよう。

(3)　不服申立期間

■意　　義　　　行政上の不服申立てが長期間可能であれば，法律関係の早期安
　　　　　　　　定の要請に反することになる。他方，短期間で不服申立てが不
可能になれば，国民の権利利益の救済の要請に反することになる。行政不服審
査法は，この 2 つの相反する要請の調和を考えて，不服申立期間を定めている。

■審査請求期間　　　審査請求期間は，処分があったことを知った日の翌日から
　　　　　　　　　　起算して 3 月以内（当該処分について再調査の請求をしたとき
は，当該再調査の請求についての決定があったことを知った日の翌日から起算して 1 月
以内）にしなければならない（行審 18 条 1 項本文）。これが主観的審査請求期間
である。改正前の行政不服審査法においては，主観的審査請求期間は，処分が
あったことを知った日の翌日から起算して 60 日であったから，約 1 月，主観
的審査請求期間が延長されたことになる。主観的審査請求期間を経過すれば，
審査請求をすることができなくなるが，正当な理由があるときは，この限りで
はない（同項ただし書）。改正前の行政不服審査法においては，主観的審査請求
期間の例外は，「やむをえない理由」がある場合のみ認められていた。「正当な
理由」は，「やむをえない理由」より広い概念である。

[判例 8-3]　最判昭和 27・11・20 民集 6 巻 10 号 1038 頁［判Ⅱ49］
　本判決は，(旧) 自作農創設特別措置法に関する事案においてではあるが，処分の
あったことを知った日とは，当事者が書類の交付，口頭の告知その他の方法により処
分の存在を現実に知った日を指すものであって，抽象的な知りうべかりし日を意味す
るものではないが，処分を記載した書類が当事者の住所に送達される等のことがあっ
て，社会通念上処分のあったことが当事者の知りうべき状態に置かれたときは，反証
のない限り，その処分のあったことを知ったものと推定することができると判示して

§ いる。

　処分の名あて人以外の第三者の場合には，諸般の事情から当該第三者が処分があったことを了知したものと推認できるときは，その日を処分があったことを知った日としてその翌日を当該第三者の審査請求期間の起算日とすることができる（最判平成5・12・17民集47巻10号5530頁［判Ⅱ93］）。建築基準法46条1項の規定に基づく壁面線の指定に対する審査請求期間の起算日について，最判昭和61・6・19判時1206号21頁［百Ⅱ136］［判Ⅱ120］は，同条3項の規定に基づく公告のあった日の翌日と解するのが相当であるとしている。また，都市計画事業のように，処分が個別の通知ではなく告示により多数の関係権利者等に画一的に告知される場合には，「処分があつたことを知つた日」は告示があった日であるとするのが最判平成14・10・24民集56巻8号1903頁［百Ⅱ127］［判Ⅱ115］の立場であるが，原審の東京高判平成12・3・23判時1718号27頁は，処分の効力を受ける者が実際に処分を知った日の翌日から起算すべきと判示しており，原審判決を支持する学説も少なくない。

　審査請求は，処分（当該処分について再調査の請求をしたときは，当該再調査の請求についての決定）があった日の翌日から起算して1年を経過したときはすることができない。この1年の期間は処分があったことを知ったか否かに関わりなく進行する客観的審査請求期間である。ただし，正当な理由があるときは，この限りではない（行審18条2項）。

■ 再調査の請求期間　　再調査の請求期間は，処分があったことを知った日の翌日から起算して3月以内，または処分があった日の翌日から起算して1年以内である（同54条）。

■ 不作為についての　　不作為についての審査請求の場合には，不作為状態が継
　審査請求の場合　　　続している限りこれを認める必要があるので，審査請求期間の制限はない。

■ 再審査請求期間　　再審査請求期間は，審査請求についての裁決があったことを知った日の翌日から起算して1月以内とされている。ただし，正当な理由があるときは，この限りでない（同62条1項）。また，審査請求についての裁決があった日の翌日から起算して1年を経過したときはする

ことができない。ただし，正当な理由があるときは，この限りでない（同62条2項）。

(4) （狭義の）不服申立ての利益

　行政不服審査法に基づく不服申立ては主観争訟であるから，不服申立人の権利利益の救済に資する限りにおいて認められる。したがって，処分の効果が消滅する等，事情の変化により不服申立ての利益が失われた場合には，実体審理は不要となり却下されることになる。

4　不服申立ての審理手続

(1) 手続の開始

■処分権主義　行政不服審査は，行政庁の処分その他公権力の行使に不服を有する者による不服申立てにより開始される（行審2条・3条・5条1項）。不服申立てなしに職権で審理が開始されることはない。すなわち，行政不服審査による紛争解決を選択するか否かを当事者の自由な意思に委ねる**処分権主義**が採られている。

■行為能力・代理等　不服申立てを単独で行うことができる能力が行為能力の問題である。この点について明文の規定はないが，基本的には，民法上の行為能力・民事訴訟法上の訴訟能力の考え方に準じて考えることができよう。不服申立ては，代理人によってすることができる（同12条・61条・66条1項）。わが国の行政手続法にはドイツ法のそれとは異なり多数当事者手続に関する規定は置かれていないが，行政不服審査法には，民事訴訟法30条の選定当事者についての規定に対応するものとして，多数人が共同して不服申立てをしようとするときに3人を超えない総代を互選できる旨の規定が置かれている（同11条1項）。総代，代理人の資格は書面で証明しなければならない（同法施行令3条1項）。

■参加人・補佐人　行政不服審査法は，一方において，利害関係人を参加人として審査請求に参加させ（同13条），補佐人（同31条3項）を認める等，審査請求人のほか，参加人・補佐人からの有益な情報の提供を期

待している（参加人，補佐人の制度は利害関係人，審査請求人の権利利益の保護も目的としていることは当然である）。参加人となりうる利害関係人は，当該審査請求に対する裁決の主文により直接に自己の権利利益に影響を受ける者である。補佐人は，自然科学・社会科学等の専門知識をもって審査請求人または参加人を援助するものであるが，代理人とは異なり，補佐人単独で出頭することはできず，審査請求人または参加人とともに出頭しなければならない。

■ 審査請求　　審査請求は通常，書面を提出することにより行われる（同19条1項）。審査請求書が提出されると，まず，当該請求が適法か否かの審理（要件審理または本案前の審理）が行われる。法定された事項が記載されていない場合には，不適法な審査請求になる。この場合，審査庁は記載漏れ，代理人の資格証明書（同法施行令3条1項）の添付漏れ等，補正が可能な場合には補正を命じなければならない（同23条）。

　審査請求が適法であれば，審査請求に理由があるか否かの実体審理（本案審理）が行われる。

■ 審理員の指名　　行政不服審査法全部改正の最大の目的は，審理体制における公正中立性の確保である。そのため，目的規定においても，「公正な手続の下で」という文言が追加されている（同1条1項）。その主たる手段として，行政不服審査会等への諮問制度（同43条）と並んで導入されたのが，審理員制度（同9条）である。改正前の行政不服審査法においては，審理手続を行う職員については同法31条以外に規定がなく，原処分に関与した者が審理手続を主宰することも禁じられていなかった。そこで，改正行政不服審査法は，行政手続法19条が定める聴聞主宰者の制度を参考にして，審理員制度を採用することとし，原処分に関与した者は審理員となることができないこととした（同9条2項1号）。審査庁は所属する職員を審理員に指名するが（同条1項），審理員は独立して審理を行う。

(2)　本案審理

■ 書面審理中心主義　　審査請求の審理は，訴願法（同13条本文参照）と同様，書面によることを原則としている。書面審理は，簡易迅速性，資料の明確性等の面で長所を有するが，印象が間接的であること，真実

が正確に書面に記載されているとは限らないが釈明により疑問点を明確にしえないこと等の短所を有する。そして，書面審理の長所は口頭審理の短所と，書面審理の短所は口頭審理の長所と裏腹の関係にある。

審理員は，審査庁から指名されたときは，直ちに，審査請求書または審査請求録取書の写しを処分庁等に送付し，相当の期間を定めて，弁明書の提出を求めるものとされている（行審29条1項・2項）。弁明書は正本ならびに当該弁明書を送付すべき審査請求人および参加人の数に相当する通数の副本を提出しなければならない（同法施行令6条1項）。処分庁から弁明書の提出があったときは，審理員は，その副本を審査請求人および参加人に送付しなければならない（行審29条5項，同法施行令6条2項）。

審査請求人は，弁明書の副本の送付を受けたときは，これに対する反論書を提出することができる（同30条1項前段）。審理員が，反論書を提出すべき相当の期間を定めたときは，その期間内に提出しなければならない（同項後段）。審理員が指定した期間が「相当の期間」とはいえず短すぎたために審査請求人が反論書を提出できなかったときは，それは裁決の違法事由になる。反論書を提出するか否かは，審査請求人の任意である。弁明書・反論書に関する規定は，処分庁等と異なる審査庁の存在を前提とするから，再調査の請求には準用されていない（同61条）。

■ 口頭意見陳述権　以上のように，書面審理が念頭に置かれているものの，**審査請求人または参加人の申立てがあったときは，審理員は，申立人に口頭で意見を述べる機会を与えなければならない**（同31条1項本文）。再調査の請求，再審査請求の場合も同様である（同61条・66条）。訴願法（同13条ただし書参照）において口頭審問を行うか否かが，行政庁の裁量に委ねられていたのとは異なる。

口頭意見陳述を公開で行うか否かについては明文の規定はないが，行政不服審査法は，審査請求人または参加人に公開審理請求権まで付与するものではない。しかし，個別法において，公開審理請求権が認められている場合がある（国公91条2項，地公50条1項）。

改正前の行政不服審査法における口頭意見陳述権の保障は，審査請求人と処分庁が審査庁の前で攻撃防御を行うという対審的構造まで予定しているもので

はなかった。すなわち，処分庁が当然に審査請求人または参加人の口頭意見陳述に立ち会うことが義務づけられているわけではなかった。この点では対審的構造をとる訴訟と大きな差があり，主宰者が指名され，不利益処分を行おうとする行政庁の職員と不利益処分の名あて人となるべき当事者が対審的構造で攻撃防御を行う聴聞手続と比較しても略式の手続であった。そのため，口頭意見陳述の機会も，実際には，審査庁が審査請求人の主張を単に聴いて記録にとどめるのにとどまり，形骸化していることが多かった。そこで，改正行政不服審査法は，口頭意見陳述は，すべての審理関係人を招集してさせるものとし（行審31条2項），口頭意見陳述に際し，申立人は，審理員の許可を得て，審査請求にかかる事件に関し，処分庁等に対して，質問を発することができることとした（同条5項）。

■□　Column㉛　多治見市是正請求手続条例
　2010（平成22）年4月から施行されている多治見市是正請求手続条例は，2008（平成20）年通常国会に提出された行政不服審査法案，行政手続法改正案による行政救済拡充の流れと2001（平成13）年9月に同市議会に提出された「オンブズパーソン条例案」を皮切りとしたオンブズパーソン制度創設の流れを合流させたもので，きわめて注目に値する。同条例は，当初，行政不服審査法に基づく不服申立てを同条例に基づく是正請求とみなすこととしていたが，是正請求の対象は，処分に限らず，行政指導その他の意思決定および活動，不作為を広く対象としており，請求権を何人にも付与している。是正請求にかかる審理を独立して行うために審理員制度を創設している。審査庁は，審理員意見書の提出を受けたときは，原則として，是正請求審査会に諮問することが義務づけられている。是正請求審査会は，市政運営の改善に関する建議機能も有し，オンブズパーソンの機能も有する。2016（平成28）年4月1日から改正行政不服審査法が全面施行されることを踏まえ，同法や他の法律に基づく不服申立ての対象となる行為を対象外とする改正が行われている（同条例2条4号ただし書）。

■ 証拠調べ　　(a) 証拠の提出等　審査請求人または参加人は，証拠書類または証拠物を提出することができる（行審32条1項）。訴願法では，証拠書類は訴願書に添付しなければならなかったが（同6条2項参照），行政不服審査法は，審査請求書と同時に証拠書類等を提出することまでは義務づけていない。

　物件の提出要求（行審33条），参考人の陳述および鑑定の要求（同34条），検証（同35条），審理関係人への質問（同36条）は，いずれも，審査請求人または参加人の申立てによりまたは職権で行うことができる。審査請求人または参加人の申立権を保障している点は，訴願法にはみられなかったもので，当事者主義的であるといえるが，この申立てを認めるか否かは，審理員の判断に委ねられている。なお，審理員は，審査請求人または参加人の申立てにより検証をしようとするときは，あらかじめ，その日時および場所を申立人に通知し，これに立ち会う機会を与えなければならない（同35条2項）。

　(b)　職権探知　　行政不服審査法は，職権による審理を広範に認めていることから，同法の職権主義的色彩を看取することができるが，これが職権証拠調べを認める趣旨にとどまるのか，職権探知まで認める趣旨なのかという問題がある。

　職権証拠調べは当事者が申し立てた事実について行われるものであるが，職権探知は，当事者が申し立てていない事実であっても行われうる。民事訴訟においては，法律効果の発生・変更・消滅の要件となる要件事実については，当事者いずれかの陳述がない限り判決の基礎とすることはできないのが原則であり（弁論主義），行政事件訴訟法24条においても職権証拠調べまでは認められるが，職権探知は認められないと解される。行政不服審査法には職権探知が可能かについて明文の規定はないが，通説は，これを肯定している。しかし，審査庁が職権探知の権限を有することは，職権探知を行うことが義務であることまで意味するものではない。

　(c)　処分庁等からの物件提出　　**処分庁等は，当該処分の理由となった事実を証する書類その他の物件を審理員に提出することができる**（同32条2項）。すなわち，処分庁等に，当該処分の理由となった事実を証する書類その他の物件を審理員に提出することを義務づけてはいない。したがって，処分庁等から審理に必要な物件が自発的に提出されない可能性がある。その場合には，33条に基づく物件の提出要求をすることになる。しかし，処分庁等は，この物件提出要求に応じる義務はないと解されており，この点には批判がある。

■ 提出書類等の閲覧等　　**審査請求人または参加人は，審理員に対し，提出書類等の閲覧または写しの交付を求めることができる**（同

38条1項)。改正前の行政不服審査法が，閲覧請求権の対象を処分庁から提出されたものに限定していたことへの批判を踏まえ，改正行政不服審査法は，処分庁等以外の所持人から物件の提出要求を受けて提出された物件等も含め対象を拡大している。さらに，閲覧請求権のみならず写しの交付請求権も認めている。審理員は，第三者の利益を害するおそれがあると認めるとき，その他正当な理由があるときでなければ，その閲覧を拒むことができない（同38条1項後段)。「その他正当な理由があるとき」とは，行政上の秘密保持の必要があるとき，閲覧等請求権が濫用といえるとき等である。

■ 審理員意見書の提出　審理員は独立して審理を行い，審査庁がすべき裁決に関する意見書を審査庁に提出する（行審42条)。

■ 行政不服審査会等への諮問　審査庁は，審理員意見書の提出を受けたときは，審査庁が国の行政機関である場合にあっては総務省に置かれる行政不服審査会に，審査庁が地方公共団体の長（地方公共団体の組合にあっては長，管理者または理事会）である場合にあっては地方公共団体に置かれる附属機関への諮問が義務づけられている（同43条1項)。ただし，他の法律または政令（条例に基づく処分にあっては条例）に基づき原処分または裁決に第三者機関が関与する場合，審査請求人が諮問を希望しない場合，行政不服審査会等によって諮問を要しないものと認められた場合，審査請求を却下する場合または審査請求の全部を認容する場合（参加人から全部認容に反対する意見書が提出されている場合および口頭意見陳述においてその旨の意見が述べられている場合を除く）は行政不服審査会等への諮問を義務づけられない（同項柱書)。

■ 行政不服審査会等の設置および組織　総務省に置かれる行政不服審査会は，その権限に属する事項に関し公正な判断をすることができ，かつ，法律または行政に関して優れた識見を有する者のうちから，両議院の同意を得て，総務大臣が任命する9名の委員で構成される（同67条・68条・69条1項)。地方公共団体の中には，行政不服審査法に基づく不服申立てが毎年皆無に近いものが少なくないこと等にかんがみ，常設の不服申立審査にかかる附属機関を置くことが不適当または困難であるときは，条例で定めるところにより，事件ごとに不服申立審査にかかる附属機関を置くこともできる（同81条2項)。もとより，地方自治法上の事務の委託，機関の共同設置等

の広域連携の方法をとることも可能である。

■ 審理の迅速化　　　　　　行政不服審査は，一般的に，訴訟よりも迅速な救済を与え
　　　　　　　　　　　ることを目的としている。改正行政不服審査法は，一方に
おいて，審理手続における公正中立性の確保，審査請求人等の手続的権利の強
化を図るとともに，他方において，審理の迅速化の要請にも配慮している。そ
のために，審理関係人および審理員は，簡易迅速かつ公正な審理の実現のため，
審理において，相互に協力するとともに，審理手続の計画的な進行を図る義務
を負うことが明記された（同28条）。また，審理の迅速化のための具体的措置
として，標準審理期間制度および計画的審理制度が導入された。標準審理期間
制度は行政手続法6条の標準処理期間制度に範をとったものであり，審査庁は，
審査請求がその事務所に到達してから裁決を行うまでに通常要すべき標準的な
審理期間を定めるよう努め，定めた場合にはこれを公にしておかなければなら
ないこととしている（行審16条）。また，審理員は，審査請求にかかる事件に
ついて，審理すべき事項が多数であり，または錯綜しているなど事件が複雑で
あることその他の事情により，迅速かつ公正な審理を行うため審理手続を計画
的に遂行する必要があると認める場合には，期日および場所を指定して，審理
関係人を招集し，あらかじめ，口頭意見陳述，証拠書類等の提出等の審理手続
の申立てに関する意見の聴取を行うことができ，意見聴取を行ったときは，遅
滞なく，これらの審理手続の期日および場所ならびに審理手続の終結の予定時
期を決定し，これらを審理関係人に通知することとしている（同37条）。

　さらに，改正行政不服審査法は，申請拒否処分または不作為についての審査
請求に対して一定の処分をすべき旨の規定を新たに設けた（同46条2項・49条
3項）。これは，個々の審査請求の審理の迅速化を目的としたものではないが，
拒否処分を取り消す裁決の後に別の理由で再度拒否処分がなされたため，改め
てその取消しを求めて審査請求がなされたり，不作為を違法または不当として
なんらかの処分を行うことを命ずる裁決の後に拒否処分がなされたため，改め
てその取消しを求めて審査請求がなされたりする事態を回避し，紛争の一回的
解決を可能とするため，全体的にみた場合，審理の迅速化に資するといえる。

■ 執行不停止原則　　　　（a）意　義　　審査請求がなされたとき，処分の効力，処
　　　　　　　　　　　分の執行，手続の続行の全部または一部の停止その他の措

置（以下「執行停止」という）を行うことを原則とするか（執行停止原則），逆に，原則としては執行停止をしないこととするか（執行不停止原則）という問題がある。私人の権利利益救済の観点からは執行停止原則が望ましく，公益を重視する観点からは執行不停止原則が望ましいといえるが，**行政不服審査法は，行政事件訴訟法25条1項と同様，執行不停止原則を選択している**（行審25条1項。**再調査の請求の場合も61条で準用**）。学説においては，執行停止原則をとるべきとする説は少なくない。

　行政不服審査法の下においても，例外的に執行停止が認められる。これは，審査請求人による執行停止の申立てに基づいて行われる場合（適法な審査請求が係属していることが前提になる）**もあるし，処分庁の上級行政庁または処分庁である審査庁は，職権により執行停止をすることもできる**（同25条2項。再調査の請求の場合も61条で準用）。

　これに対して，処分庁の上級行政庁または処分庁のいずれでもない審査庁は，審査請求人の申立てにより執行停止をすることができるのみであり，裁判所と同様，職権により執行停止をすることはできない（同25条3項本文）。処分庁の上級行政庁である審査庁は処分庁に対して一般的指揮監督権を有するから，職権に基づく執行停止も一般的指揮監督権の発動として正当化されるし，処分庁等は当該処分を行う権限を有することに照らし，職権による裁量的執行停止は可能という認識による。処分庁の上級行政庁または処分庁のいずれでもない審査庁は，処分の効力，処分の執行または手続の続行の全部または一部の停止以外の措置をすることはできない（同条3項ただし書）のに対して，処分庁の上級行政庁または処分庁である審査庁は，その他の措置をとることができること（同条2項。再調査の請求の場合も61条で準用），処分庁の上級行政庁または処分庁のいずれでもない審査庁は，執行停止をするに当たって処分庁の意見を聴取しなければならないのに対して（同25条3項本文），処分庁の上級行政庁または処分庁である審査庁はその必要がない（同条2項）のも同じ理由による。「その他の措置」とは，たとえば，免職処分を暫定的に停職処分に変更すること等である。

　(b)　**執行停止の要件**　　行政不服審査法は執行停止が可能な場合の要件と執行停止義務が生ずる場合の要件について定めている（行政事件訴訟法は後者につい

てのみ規定していると一般に解されている）。執行停止が可能な場合は，審査庁が
必要があると認めるときである（同 25 条 2 項・3 項）。後述するように，行政事
件訴訟法では，「処分，処分の執行又は手続の続行により生ずる重大な損害を
避けるため緊急の必要がある」（行訴 25 条 2 項本文）ことが裁判所が執行停止を
するための積極要件の 1 つとなっているから，行政不服審査法では，審査庁が
処分庁の上級行政庁でない場合においても，裁判所よりは執行停止の要件が緩
和されているのである。

　執行停止義務が生ずるための積極要件は，①審査請求人の申立てがあること，
②処分，処分の執行または手続の続行により生ずる重大な損害を避けるため緊
急の必要があると認めることである（行審 25 条 4 項本文）。審査庁は，「重大な
損害」を生ずるか否かを判断するに当たっては，損害の回復の困難の程度を考
慮するものとし，損害の性質および程度ならびに処分の内容および性質をも勘
案するものとすると規定されている（同条 5 項）。以上の積極要件を満たす場合
であっても，③公共の福祉に重大な影響を及ぼすおそれがあるとき，または④
本案について理由がないとみえるときのいずれかの消極要件に該当するときは，
執行停止をする義務は生じない（同条 4 項ただし書）。ただし，消極要件のいず
れかに該当する場合であっても，執行停止義務が生じないだけであって，執行
停止をしてはならないというわけではない（行訴 25 条 2 項ただし書の「すること
ができない」という表現と対比されたい）。処分の効力の停止は，もっとも直接的
な執行停止であるので，それ以外のより間接的な執行停止によって目的を達す
ることができるときはすることができない（行審 25 条 6 項）。たとえば，建築
物の除却命令の執行停止の場合を考えてみると，除却命令の効力を停止しなく
ても，除却命令の執行である代執行手続を停止することによって除却を免れる
という目的を達することができる。また，事業認定の執行停止の場合には，事
業認定の効力を停止しなくても，収用裁決申請という手続の続行を停止するこ
とができれば，収用を免れるという目的を達することができる。この場合，収
用裁決申請が事業認定の執行ではなく手続の続行であるというのは，事業認定
は収用裁決の前提ではあっても，それ自体としては収用を目的としたものでは
ないからである。

　審査請求についての執行停止の規定は，再調査の請求に準用されているのみ

ならず（同61条。ただし，25条3項は除く），再審査請求にも準用されている（同66条。ただし，25条2項は除く）。

(c) **審理員による執行停止をすべき旨の意見書**　執行停止の権限は審査庁にあるが，審理を主宰する審理員が審査請求人の権利利益の救済のために執行停止をすべきと考える場合がありうる。そこで，審理員に執行停止をすべき旨の意見書の提出権限が付与されている（同40条）。

(3) 手続の終了

■ **請求の取下げ**　審査請求人，再審査請求人，再調査の請求人は，裁決，決定があるまでは，いつでも審査請求，再審査請求，再調査の請求を取り下げることができるため，審査請求，再審査請求，再調査の請求の取下げにより審査請求手続，再審査請求手続，再調査の請求手続が終了することもある。ここにおいても処分権主義が採られている。

■ **最終的裁断の種類**　通常は，審査庁，再審査庁，処分庁により最終的な裁断が示されることになる。**審査請求の場合，審査庁により示される最終的な裁断を裁決という（行審44条）。再審査請求に対する最終的判断も裁決と呼ばれる（同64条）。これに対して，再調査の請求の場合，処分庁により示される最終的な裁断を決定という（同58条・59条）。**これらは行政行為である。

裁決（決定も同様）には，判決と同様，却下，棄却，認容の3つの基本類型がある。**審査請求，再審査請求，再調査の請求が不適法な場合になされるのが却下裁決（同45条1項・49条1項・64条1項）または却下決定（同58条1項）である。**補正ができない不服申立てであったり（不服申立てができない事項について不服申立てがされた場合，不服申立適格を有しない者が不服申立てをした場合，不服申立てを審理できない行政庁に不服申立てがされた場合，不服申立期間を徒過した場合等），補正を命じられてもそれに応じなかった場合には却下裁決，却下決定がなされる。

適法な審査請求，再審査請求，再調査の請求ではあるが，本案審理の結果，請求に理由がないとされた場合になされるのが棄却裁決（同45条2項・49条2項・64条2項）または棄却決定（同58条2項）である。処分その他公権力の行

使が違法または不当であるにもかかわらず，例外的に認容裁決をしないことが認められている。**処分が違法または不当であるが，これを取り消しまたは撤廃することにより公の利益に著しい障害を生ずる場合において，審査請求人の受ける損害の程度，その損害の賠償または防止の程度および方法その他一切の事情を考慮したうえ，処分を取り消しまたは撤廃することが公共の福祉に適合しないと認めるときは，審査庁，再審査庁は，裁決で当該審査請求，再審査請求を棄却することができるが，審査庁，再審査庁は，裁決で当該処分が違法または不当であることを宣言しなければならない**（同45条3項・64条4項）。これが**事情裁決**である。**他方，再調査の請求の場合には事情決定は認められない**。再調査の請求は，要件事実の認定の当否にかかる不服申立てが大量に行われる場合に限定して例外的に認められているにすぎないので，事情決定についての規定を設ける実際上の必要性は認められないからである。事情裁決は行政事件訴訟法31条における事情判決に対応するものである。違法であるにもかかわらず認容裁決をしないことは法治主義の原則に反するという批判もあるが，認容裁決をすることによる公共の福祉への支障を重視して認められた例外的措置である。

　本案審理の結果，請求に理由があるとされた場合になされるのが認容裁決または認容決定である。これには，取消し，撤廃，変更の3種類がある。取消しは，処分であって事実行為を除くものの全部または一部の効果を失わせることである（同46条1項・59条1項・65条1項）。撤廃は，事実行為の場合に行われる。処分庁以外の審査庁，再審査庁は，自ら撤廃をすることはできないので，処分庁に撤廃を命じ，その旨を宣言する裁決を行う（同47条・65条2項）。再調査の請求の場合，処分庁は決定で当該事実上の行為が違法または不当である旨を宣言するとともに，当該事実上の行為をみずから撤廃することになる（同59条2項）。

　原処分を変更する裁決は処分庁の上級行政庁でなければできないのが原則であるが，個別法において，例外が認められている場合がある。すなわち，国家公務員法では，職員に対する不利益処分に対する人事院への審査請求について，**修正裁決**（国公92条1項）が認められている。地方公務員法にも，人事委員会または公平委員会による修正裁決の制度がある（地公50条3項）。

［判例 8-4］ 最判昭和 62・4・21 民集 41 巻 3 号 309 頁［百 II 134］［判 II 63・125］

　人事院による修正裁決について，本判決は，「懲戒処分につき人事院の修正裁決があった場合に，それにより懲戒権者の行った懲戒処分（以下「原処分」という。）が一体として取り消されて消滅し，人事院において新たな内容の懲戒処分をしたものと解するのは相当でなく，修正裁決は，原処分を行った懲戒権者の懲戒権の発動に関する意思決定を承認し，これに基づく原処分の存在を前提としたうえで，原処分の法律効果の内容を一定の限度のものに変更する効果を生ぜしめるものにすぎないものであり，これにより，原処分は，当初から修正裁決による修正どおりの法律効果を伴う懲戒処分として存在していたものとみなされることになるものと解すべきである」と判示している。

■ 裁決・決定の効力　　裁決・決定も行政行為であるから，明文の規定がなくても，行政行為一般の効力が生ずる。それに加えて，行政不服審査法 52 条 1 項は，訴願法 16 条と同様，**裁決は関係行政庁を拘束する旨**規定している。したがって，原処分が裁決で取り消されたり変更された場合，処分庁は当該裁決に対する抗告訴訟を提起することはできない。

　行政不服審査法上は限定はないが，行政事件訴訟法 33 条 1 項と同様，認容裁決についてのみ拘束力が生ずると一般に解されている（反対説もある）。換言すれば，棄却裁決が出ても，処分庁が職権で処分を取り消すことは妨げられない。

(4) 教　　示

■ 一般的教示制度　　行政不服審査法 6 章に，教示についての規定が置かれている。6 章は，補則であるが，非常に重要な規定である。この教示制度は，**行政不服審査法の規定が適用される場合に限らず，他の法律に基づく不服申立てにも適用されるため，一般的教示制度と呼ばれている。**

　行政不服審査法は，職権による教示制度と請求に基づく教示制度について定めている。前者は，行政庁が，審査請求もしくは再調査の請求または他の法令に基づく不服申立てをすることができる処分をする場合に，**処分の相手方に対し，当該処分につき不服申立てをすることができる旨ならびに不服申立てをすべき行政庁および不服申立てをすることができる期間を書面で教示する義務を**

負うものである（行審82条1項本文）。

　職権による教示は，口頭による処分の場合（同82条1項ただし書），不服申立てをすることができない処分については義務づけられていない。また，処分の名あて人以外の者に対する教示も義務づけられていない。そこで，**利害関係人から，当該処分が不服申立てをすることができる処分であるかどうかならびに当該処分が不服申立てをすることができるものである場合における不服申立てをすべき行政庁および不服申立てをすることができる期間につき教示を求められたときは，行政庁は，当該事項を教示しなければならないこととしている**（同82条2項）。

　行政庁が以上の規定による教示をしなかった場合には，当該処分について不服がある者は，当該処分庁に不服申立書を提出することができる（同83条1項）。不服申立書の提出があった場合において，当該処分が処分庁以外の行政庁に対し審査請求をすることができる処分であるときは，処分庁は，速やかに，当該不服申立書を当該行政庁に送付しなければならない。当該処分が他の法令に基づき，処分庁以外の行政庁に不服申立てをすることができる処分であるときも，同様である（同条3項）。不服申立書が送付されたときは，初めから当該行政庁に審査請求または当該法令に基づく不服申立てがされたものとみなされる（同条4項）。また，以上を除くほか，同条1項の規定により当該処分庁に不服申立書が提出された場合において，当該処分庁に不服申立てができる場合には，初めから当該処分庁に審査請求または当該法令に基づく不服申立てがされたものとみなされる（同条5項）。

■ **誤った教示をした場合の救済**　　審査請求をすることができる処分につき，処分庁が誤って審査請求をすべき行政庁でない行政庁を審査請求をすべき行政庁として教示した場合において，その教示された行政庁に書面で審査請求がされたときは，当該行政庁は，速やかに，審査請求書を処分庁または審査庁となるべき行政庁に送付し，かつ，その旨を審査請求人に通知しなければならず（同22条1項），処分庁に審査請求書が送付されたときは，処分庁は，速やかに，これを審査庁となるべき行政庁に送付し，かつ，その旨を審査請求人に通知しなければならない（同条2項）。再調査の請求をすることができない処分につき，処分庁が誤って再調査の請求をすることが

できる旨を教示した場合において，当該処分庁に再調査の請求がされたときは，処分庁は，速やかに再調査の請求書または再調査の請求録取書を審査庁となるべき行政庁に送付し，かつ，その旨を再調査の請求人に通知しなければならない（同条3項）。再調査の請求をすることができる処分につき，処分庁が誤って審査請求をすることができる旨を教示しなかった場合において，当該処分庁に再調査の請求がされた場合であって，再調査の請求人から申立てがあったときは，処分庁は，速やかに，再調査の請求書または再調査の請求録取書および関係書類その他の物件を審査庁となるべき行政庁に送付しなければならない。この場合において，その送付を受けた行政庁は，速やかに，その旨を再調査の請求人および当該再調査の請求に参加する者に通知しなければならない（同条4項）。以上により，審査請求書または再調査の請求書もしくは再調査の請求録取書が審査庁となるべき行政庁に送付されたときは，初めから審査庁となるべき行政庁に審査請求がされたものとみなされる（同条5項）。

　なお，改正前の行政不服審査法においては，審査請求期間について，処分庁が誤って法定の期間よりも長い期間を審査請求期間として教示した場合において，その教示された期間内に審査請求がされたときは，当該審査請求は，法定の審査請求期間内にされたものとみなす旨の規定が置かれていた（同19条。異議申立てにも48条で準用）。かかる規定は改正行政不服審査法には置かれていないが，このような誤った教示に従った結果，審査請求期間を経過した場合，通常，期間の経過について「正当な理由」が認められる。

　再調査の請求をすることができる処分につき，処分庁が誤って再調査の請求をすることができる旨を教示しなかった場合において，審査請求がされた場合であって，審査請求人から申立てがあったときは，審査庁は，速やかに，審査請求書または審査請求録取書を処分庁に送付しなければならない。ただし，審査請求人に対し弁明書が送付された後においては，この限りでない。これにより審査請求書または審査請求録取書の送付を受けた処分庁は，速やかに，その旨を審査請求人および参加人に通知しなければならない。この場合，審査請求書または審査請求録取書が処分庁に送付されたときは，初めから処分庁に再調査の請求がされたものとみなされる（同55条）。

■**再審査請求にかかる教示**　審査庁は，再審査請求をすることができる裁決をする場合には，裁決書に再審査請求をすることができる旨ならびに再審査請求をすべき行政庁および再審査請求期間を記載して，これらを教示しなければならない（同50条3項）。

■**審査請求にかかる教示**　処分庁は，再調査の請求がされた日の翌日から起算して3月を経過しても当該再調査の請求が係属しているときは，遅滞なく，当該処分について直ちに審査請求をすることができる旨を書面でその再調査の請求人に教示しなければならない（同57条）。処分庁は，再調査の請求決定書（再調査の請求にかかる処分の全部を取り消し，または撤廃する決定にかかるものを除く）に，再調査の請求にかかる処分につき審査請求をすることができる旨（却下の決定である場合にあっては，当該却下の決定が違法な場合に限り審査請求をすることができる旨）ならびに審査請求をすべき行政庁および審査請求期間を記載して，これらを教示しなければならない（同60条2項）。

(5)　情報の提供

改正行政不服審査法は，不服申立てに必要な情報提供の努力義務を不服申立てにつき裁決等をする権限を有する行政庁に課している（同84条）。

(6)　裁決等の内容の公表

裁判所の判決の相当部分が公表されるのに対し，行政上の不服申立てに対する裁決等はほとんど公表されてこなかった。そこで，改正行政不服審査法は，不服申立てにつき裁決等をする権限を有する行政庁は，当該行政庁がした裁決等の内容を公表する努力義務を負うこととしている（同85条）。また，行政不服審査法の施行状況については，毎年ではないが，国・地方公共団体の機関を対象として総務省が調査してきたが，これらを総務省が取りまとめるには多大な行政コストがかかり，毎年実施することは困難であるし，不服申立てにつき裁決等をする権限を有する行政庁は国・地方公共団体の機関に限らない。そこで，改正行政不服審査法は，不服申立てにつき裁決等をする権限を有する行政庁は，当該行政庁における不服申立ての処理状況について公表する努力義務も負うこととしている（同条）。

> **発展学習のために⑳　行政不服審査法の運用の見直し**
>
> 　行政不服審査法（昭和37年法律第160号）を全部改正した行政不服審査法（平成26年法律第68号）制定附則6条は，「政府は，この法律の施行後5年を経過した場合において，この法律の施行の状況について検討を加え，必要があると認めるときは，その結果に基づいて所要の措置を講ずるものとする」と定めた。そのため，総務省行政管理局長が主催する「行政不服審査法の改善に向けた検討会」（以下「本検討会」という）は，2021（令和3）年5月から検討を開始し，2022（令和4）年1月14日，「行政不服審査法の改善に向けた検討会最終報告」（以下「最終報告」という）を公表した。総務省行政管理局は，最終報告を基にして，同年6月に，「行政不服審査法事務取扱ガイドライン」，「行政不服審査法事務取扱ガイドライン［様式編］」を公表するとともに，同月28日，総務省行政管理局調査法制課から各府省行政不服審査法担当官宛てに，「行政不服審査法の適正な運用について」と題する事務連絡を行っている。この事務連絡は，本検討会の委員から特に重要という指摘があった事項について，国の行政機関に周知徹底する趣旨で発せられたものであり，①審理員指名の迅速化，進行管理の徹底，②標準審理期間の設定，③裁決の内容の公表，④答申書における付言の取扱いを内容としている。

第9章　行政訴訟

> **Points**

1) 行政訴訟について，憲法上「裁判を受ける権利」が保障されているのは「法律上の争訟」のみであり，そうでないものは，特に法律が認めた場合に限り訴訟を提起できる。「法律上の争訟」とは，具体的事件性があることと法律の規定の適用により解決しうる紛争であることを要件とする。
2) 行政事件訴訟法は，行政事件訴訟を抗告訴訟，当事者訴訟，民衆訴訟，機関訴訟の4類型に分けている。このうち，抗告訴訟，当事者訴訟は主観訴訟であり，民衆訴訟，機関訴訟は客観訴訟である。客観訴訟は「法律上の争訟」には該当せず，法律に特別の定めがあるときのみ提起することができる。
3) 行政事件訴訟法は，法定外抗告訴訟の存在を否定していない。

I　行政訴訟総説

1　行政訴訟の特色

　行政上の不服申立ては，行政訴訟と比較して，一般的にいって，簡易迅速な救済手段といえる。しかし，第三者機関が審査庁になっている場合は別として，処分庁に対する再調査の請求や審査請求は，審理員も審査庁の職員であるので公正性・中立性の点で疑念を持たれることがあるし（ただし，行政不服審査会等への諮問がなされる場合には，公正性・中立性が担保されているといえる），その手続も一般的にいって訴訟手続に比較して簡略であり，適正手続の保障という面で必ずしも十分とはいえない。また，総務省行政評価局が行っている苦情処理は，公正性・中立性の点ではより信頼が置けるものの，あっせん機能を持つにとどまり，法的拘束力を伴う解決はできない。オンブズマン制度についても，わが国の場合，勧告権限を有するにとどまる。

　そうすると，組織的に行政権から独立しており公正性・中立性の点で信頼が置け，対審構造の下で適正手続に配慮した慎重な証拠調べが行われ，かつ，違法な行政作用を強制的に是正する権限を有するのは裁判所ということになり，行政訴訟が行政救済手段として持つ意味は大きい。他方，行政上の不服申立てが行政自身による自己統制の性格を持つことから違法性のみならず不当性も審理されるのが原則であるのに対して，行政訴訟は，違法性のみが審理されることになる。行政訴訟は，違法な行政作用による私人の権利利益の侵害を排除し法治国原理を担保するための最重要の制度といえる。そこで，以下，行政訴訟について検討することとする。

2　行政訴訟法制の沿革

(1)　行政裁判法の廃止

　1890（明治23）年に行政裁判法が制定され，行政事件を司法裁判所ではなく行政裁判所に扱わせる体制が整備された。しかし，アメリカの強い影響下で制定された日本国憲法76条は，「すべて司法権は，最高裁判所及び法律の定めるところにより設置する下級裁判所に属する」（1項），「特別裁判所は，これを設置することができない。行政機関は，終審として裁判を行ふことができない」（2項）と定めたため，戦前の行政裁判制度は変更を迫られた。そして，日本国憲法と同時に施行された裁判所法の附則で，1947（昭和22）年5月3日，行政裁判法は廃止されることになった。

(2)　行政事件訴訟特例法の制定

　1947（昭和22）年5月3日，「日本国憲法の施行に伴う民事訴訟法の応急的措置に関する法律」（民事訴訟法応急措置法）が施行された。この法律は全8ヵ条からなり，その第8条で，行政処分の取消しまたは変更を求める訴えは処分があったことを知った日から6ヵ月以内に提起しなければならないと規定していた。

□■ Column㉜ 平野事件 ··

　GHQ は，当初，行政訴訟に関する特別法の制定に消極的であった。しかし，平野
事件が契機となり，方針を転換し，むしろ，行政訴訟に関する特別法の制定を促すよ
うになった。平野事件とは，衆議院議員の平野力三氏に対して，非民主的・軍国主義
的であるとして，公職追放該当者としての指定がなされた事件である。平野氏は東京
地裁に指定の無効確認訴訟を提起するとともに地位保全を求めて民事訴訟法による仮
処分を申請し，東京地裁がこれを認めたため，GHQ は大変困惑し，この仮処分決定
は即時取り消されるべきとの抗議を行い，政府も最高裁判所長官も，公職追放事件に
ついては日本の裁判所は管轄権を有しないからこの仮処分決定は無効である旨の声明
を出した。そして，東京地裁も，この仮処分決定を取り消したのである。自己の占領
政策が民事訴訟で一裁判所に阻害されたことは，GHQ に占領政策が民事訴訟のルー
ルで争われることの問題を強く認識させたのである。

　平野事件を経て，1948（昭和 23）年に急遽立法化されたのが行政事件訴訟特
例法である。この法律は，全文 12 カ条の短い法律であり，「行政庁の違法な処
分の取消又は変更に係る訴訟その他公法上の権利関係に関する訴訟については，
この法律によるの外，民事訴訟法の定めるところによる」（1 条）と規定されて
いるように，民事訴訟法応急措置法と比較すれば行政訴訟の独自性は強められ
ているが，なお民事訴訟特別法として位置づけられており，行政訴訟について
の自己完結的な法律とはいえなかった。

(3)　行政事件訴訟法の制定

　行政事件訴訟特例法は様々な問題を指摘されていたため，**1962（昭和 37）年，
行政事件訴訟法が制定され，行政事件訴訟特例法は廃止された。**行政事件訴訟
特例法が民事訴訟法の特別法としての性格を有していたのに対して，行政事件
訴訟法は，「行政事件訴訟については，他の法律に特別の定めがある場合を除
くほか，この法律の定めるところによる」（行訴 1 条）と規定しているように，
行政訴訟に関する一般法として位置づけられており，民事訴訟法に対する行政
訴訟の独自性を強化している。しかしながら，民事訴訟法と並立する自己完結
的な法典ではなく，行政事件訴訟法に定めのない事項は多い。それらについて
は，民事訴訟の例によるとされている（同 7 条）。「例による」とは，本来性質

を異にするため，当然には適用されないが性質に反しない限りにおいて準用することを意味する。本法が「行政訴訟法」と命名されず，「行政事件訴訟法」という名称にされたのは，自己完結的な法典としての性格を有しないからであった。

(4)　行政事件訴訟法の改正

　行政事件訴訟法は，種々の問題を指摘されながらも，実質的改正を受けることなく約40年が経過した。しかし，次第に原告の救済を困難にするような判例法理が定着し，解釈論による救済の拡大の限界が認識されるようになるにつれ，1980年代から立法論が力を得るようになる。1990年代に入ると立法論は一層勢いを得て，改正要綱案が提示される等，具体化・詳細化していった。

　行政事件訴訟法の改正が不可避と判断されたのは，①行政事件訴訟において原告が勝訴することは非常に困難であり，裁判所の運用により事態を改善することも期待しがたいこと，②比較法的にみてもわが国の行政訴訟の利用は著しく少ないこと，③欧米諸国のみならず，韓国，台湾等と比較しても，わが国の行政事件訴訟法は原告の救済に欠ける面があること，④同法が環境訴訟，消費者訴訟等のいわゆる現代型訴訟を想定せずに立法されており，同法の柔軟な運用によりこれらの現代的課題に対処することには限界があること，⑤行政事件訴訟法およびその運用は憲法解釈の観点からみても問題があること，の認識が共有されていったことによるものといえよう。

　このような背景の下，2001（平成13）年6月12日の司法制度改革審議会意見書においては，司法制度全般に関する改革の一環として，「司法の行政に対するチェック機能の強化」という項目が設けられ，「行政事件訴訟法の見直しを含めた行政に対する司法審査の在り方に関して，『法の支配』の基本理念の下に，司法及び行政の役割を見据えた総合的多角的な検討を行う必要がある。政府において，本格的な検討を早急に開始すべきである」という提言がなされた。これを受けて司法制度改革推進本部行政訴訟検討会がまとめた考え方に基づき法案が作成され，2004（平成16）年の通常国会で6月2日に全会一致で改正案が可決成立し，2005（平成17）年4月1日から施行されている。

3 行政事件と司法審査の対象

(1) 法律上の争訟

■意　義　　日本国憲法 32 条は，単に「何人も，裁判所において裁判を受ける権利を奪はれない」と規定している。しかし，裁判所法 3 条 1 項では，「裁判所は，日本国憲法に特別の定のある場合を除いて一切の法律上の争訟を裁判し，その他法律において特に定める権限を有する」と定めており，日本国憲法 32 条の裁判を受ける権利も，「法律上の争訟」の存在を前提としていると解されている。すなわち，原則として，「法律上の争訟」のみが司法審査の対象になると考えられている。

　行政事件も「法律上の争訟」である限り，司法裁判所の管轄に属する。行政事件訴訟法の定める主観訴訟は，「法律上の争訟」の存在を前提としたものである。それでは，「法律上の争訟」とは何であろうか。最判昭和 29・2・11 民集 8 巻 2 号 419 頁は，「法律上の争訟」とは，①当事者間に具体的な権利義務についての紛争があること，②それが法令の適用によって解決しうべき紛争であることの 2 つの要件を満たすものであるとしている。

■事 件 性　　①が「法律上の争訟」の要件であることを明言した最高裁判例を以下に掲げる。

〔判例 9-1〕　最大判昭和 27・10・8 民集 6 巻 9 号 783 頁〔百Ⅱ137〕〔警察予備隊違憲訴訟〕
　本判決は，「我が裁判所は具体的な争訟事件が提起されないのに将来を予測して憲法及びその他の法律命令等の解釈に対し存在する疑義論争に関し抽象的な判断を下すごとき権限を行い得るものではない」と判示した。具体的事件を離れて抽象的に憲法適合性を判断する抽象的規範統制訴訟は「法律上の争訟」とはいえないことを明確にしたものといえる。

〔判例 9-2〕　最判平成 3・4・19 民集 45 巻 4 号 518 頁
　地家裁支部の統廃合に関する最高裁判所規則により廃止される支部の管轄地域に居住する国民が裁判を受ける権利の侵害と平等原則違反等を主張して同支部を廃止する部分の規則の取消しを求めた事案において，本判決は，裁判所に対して抽象的に最高裁判所規則が憲法に適合するか否かの判断を求めるものであり，「法律上の争訟」に

§ 該当しないと判示している。

　もっとも，諸外国の中には，抽象的規範統制を認めるものもある。

■□ Column㉝　ドイツにおける抽象的規範統制 ------------------------------------
　　ドイツを例にとると，連邦憲法裁判所は抽象的規範統制を行う権限を有する。ドイ
　ツでは，連邦憲法裁判所のみが法令の基本法適合性を審査する権限を有するので，他
　の裁判所が具体的事件の審理において法令の基本法適合性について疑義を認めれば，
　手続を中断し，連邦憲法裁判所の判断を求めることになる。したがって，連邦憲法裁
　判所は，具体的規範統制も行う。他方において，具体的紛争がなくても，連邦政府，
　州政府または連邦議会議員の4分の1以上から出訴があれば，連邦法や州法が基本法
　に適合するか否かについて抽象的規範統制を行うことが認められている。連邦裁判所
　の裁判官の多くは，大学教授または他の連邦裁判所裁判官を務めた者である。

■ **法的事項**　　　②が「法律上の争訟」の要件であることは，法令の適用によって は解決しえない政治上，学術上，芸術上，宗教上の争い等は，「法律上の争訟」とはいえないことを意味する。最判昭和41・2・8民集20巻2号196頁[百Ⅱ139]は，国家試験の合否は，「法律上の争訟」ではないとする（行政訴訟ではないが，宗教上の教義に関する紛争は法令の適用により解決することはできず，司法審査の対象にならないとしたものとして，最判昭和56・4・7民集35巻3号443頁〔板まんだら事件〕参照）。

■ **国または地方公共団体 が提起する訴訟**　最判平成14・7・9民集56巻6号1134頁[百Ⅰ106][判Ⅰ209・Ⅱ2]〔宝塚市パチンコ店規制条例事件〕は，条例に基づく建築禁止命令により課された不作為義務を遵守しない私人に対して，民事訴訟により義務の遵守を求めた事件において，国または地方公共団体が提起する訴訟については，財産権の主体として提起する場合と行政権の主体として提起する場合とで「法律上の争訟」か否かの判断を異にすると判示している。すなわち，**自己の財産上の権利利益の保護救済を求める場合には「法律上の争訟」に該当するが，専ら行政権の主体として国民に対して行政上の義務の履行を求める訴訟は，法規の適用の適正ないし一般公益の保護を目的とするものであって，自己の権利利益の保護救済を目的にするものとはいえないから，「法律上の争訟」とはいえず，法律に特別の規定**

がない限り出訴できないというのである。

　しかしながら，本件の場合，上記①②の要件を満たしており，裁判所が審査するのに適した事案である。また，本件において建築禁止命令の名あて人がそれに対して抗告訴訟を提起することが「法律上の争訟」に該当することは自明であり，当該訴訟において，地方公共団体が命令の適法性を主張することも認められるのに対して，地方公共団体が当該命令に基づく義務の遵守を求める訴訟は「法律上の争訟」ではないとすることには疑問が提起されている。

発展学習のために㉑　公害防止協定による義務の履行を求めて地方公共団体が提起する訴訟

　公害防止協定により課された義務の履行を求めて町が業者に対して提起した訴訟において，福岡高判平成 19・3・22 判例自治 304 号 35 頁は，本件協定が行政契約の性格を有するとし，一般論としては，行政契約に基づく義務の履行請求も行政上の義務の履行を求めるものにほかならない場合もないとはいえないことを認める。しかし，本件協定が行政契約の性格を有するといっても，同種の協定が関係住民と設置者との間で締結された場合と対比しても，その差はまさに紙一重といった微妙なものにすぎないとする。したがって，本件協定に基づく町の業者に対する訴訟をもって，直ちに行政上の義務の履行を求めるものであると解することはできないとする。その上告審の最判平成 21・7・10 判時 2058 号 53 頁［百Ⅰ90］［判Ⅰ192］は，当該訴訟が法律上の争訟であることを前提として審理している。

---

(2)　政治問題

　国家統治の基本に直接関わる高度に政治的な問題については，私人の具体的権利義務に関わり，かつ，法令の適用により解決可能であっても司法審査が控えられることがある。「統治行為論」とも呼ばれる。統治行為として認められうるのは，立法権の帰属する国会（内閣総理大臣の指名等）もしくはその一院（内閣不信任決議の議決），または行政権の帰属する内閣（衆議院の解散）もしくはその首長たる内閣総理大臣の行為（国務大臣の任免）と一般に考えられている。

［判例9-3］　最大判昭和 35・6・8 民集 14 巻 7 号 1206 頁〔苫米地事件〕
　本判決は，衆議院の解散のように，直接国家統治の基本に関する高度に政治性のある国家行為は，それが法律上の争訟になり，有効無効の判断が法律上可能な場合であっても，裁判所の審査権が及ばず，その判断は主権者たる国民に対して政治的責任を

負う政府，国会等の政治部門，そして最終的には国民の政治的判断に委ねられており，これは，司法権の憲法上の本質に内在する制約であると判示している。

［判例 9-4］　最大判昭和 34・12・16 刑集 13 巻 13 号 3225 頁〔砂川事件〕
　本判決は，日米安全保障条約は，主権国としてのわが国の存立の基礎に極めて重大な関係を持つ高度の政治性を有するものであり，その内容が違憲か否かの判断は，純司法的機能を使命とする司法裁判所の審査には原則としてなじまず，一見極めて明白に違憲無効と認められない限りは，司法審査権が及ばないと判示している。しかし，この判決は，「一見極めて明白に違憲無効と認められない限りは」という留保を付しているので，「統治行為論」ではなく，広範な立法裁量を認めたものとも解しうる。

　なお，最高裁は，衆議院議員定数配分を違憲とする判決（最大判昭和 51・4・14 民集 30 巻 3 号 223 頁［百 II 206］［判 II 111]）を出しているように，国会議員の定数配分については，司法審査の対象としている。
　「統治行為論」は，高度に政治的問題は，民主主義の原理に照らして，国民に対して政治責任を負う機関の判断に委せ，最終的には主権者たる国民の審判に委ねることが望ましいという価値判断のほかに，高度に政治的な問題について裁判所が判断することは，裁判所を政治的紛争に巻き込み，司法権の独立を危うくするおそれがあるとともに，裁判所の公正中立性に対する信頼を損なうという懸念にも由来するものと思われる。しかし，この理論に対しては，基本的人権の擁護の最後の砦として司法裁判所を設け，それに違憲立法審査権まで付与した日本国憲法の精神に悖るものであり，単に高度の政治問題ということから司法審査を拒否することは妥当ではなく，立法裁量論や次に述べる部分社会論で対処すべきとする批判がある。

(3)　部分社会論

　「統治行為論」と似て非なるものに，部分社会の自律性の問題がある。自律的法規範を有する部分社会内部の問題については，司法審査の対象にならないとする判例はかなり存在し，これを肯定する学説も少なくない。
　最大判昭和 37・3・7 民集 16 巻 3 号 445 頁は，国会の議事手続について，「統治行為論」ではなく，議院の自律権の問題として，司法審査の対象外と判示している。

　他方，地方議会議員に対する出席停止処分については，部分社会の法理によって司法審査の対象外とした最大判昭和 35・10・19 民集 14 巻 12 号 2633 頁［判 I 36］が，最大判令和 2・11・25 民集 74 巻 8 号 2229 頁［百 II 140］［判例 1-5］により変更されたことは，前述のとおりである。

　［判例 9-5］　最判昭和 52・3・15 民集 31 巻 2 号 234 頁［百 II 141］［判 I 33］〔富山大学事件〕
　本判決は，「大学は，国公立であると私立であるとを問わず，学生の教育と学術の研究とを目的とする教育研究施設であつて，その設置目的を達成するために必要な諸事項については，法令に格別の規定がない場合でも，学則等によりこれを規定し，実施することのできる自律的，包括的な権能を有し，一般市民社会とは異なる特殊な部分社会を形成している」とし，「単位授与（認定）行為は，他にそれが一般市民法秩序と直接の関係を有するものであることを是認するに足りる特段の事情のない限り，純然たる大学内部の問題として大学の自主的，自律的な判断に委ねられるべきものであつて，裁判所の司法審査の対象にならないものと解するのが，相当である」と判示している。

　他方，監獄（現在の刑事施設）内における規制のように，戦前は特別権力関係論により，司法審査が全面的に排除されていた領域であるにもかかわらず，「部分社会論」が用いられず，司法審査の対象とした上で，裁量権の限界を超えているかを審査している例もある（最大判昭和 45・9・16 民集 24 巻 10 号 1410 頁，最大判昭和 58・6・22 民集 37 巻 5 号 793 頁）。

　自律的法規範を有する部分社会の行為であっても，当該部分社会から構成員を排除する行為，当該部分社会における究極の目的の達成に関わる行為，人権と深く関わる行為等については，司法審査の対象になるとするのが最高裁の立場である。すなわち，地方議会議員の除名処分について，最大判昭和 35・3・9 民集 14 巻 3 号 355 頁は，これが司法審査の対象になるとしているし，［判例 9-5］は，専攻科終了認定行為を司法審査の対象としている。最判昭和 29・7・30 民集 8 巻 7 号 1501 頁［判 I 35］も，大学の学生に対する放学処分について，司法審査の対象になることを前提とした上で教育裁量の問題として扱っている。

II　行政訴訟の類型

1　行政事件訴訟の類型

民事訴訟においては，給付訴訟，確認訴訟，形成訴訟の3分類が一般的に行われている。行政訴訟もこれらの類型に分類することは可能であるが，行政事件訴訟法は，これとは異なる観点から，**行政事件訴訟を抗告訴訟，当事者訴訟，民衆訴訟，機関訴訟の4類型に分けている**（行訴2条）。このうち，抗告訴訟，当事者訴訟は主観訴訟であり，民衆訴訟，機関訴訟は客観訴訟である。客観訴訟は「法律上の争訟」には該当せず，法律に特別の定めがあるときのみ提起することができる（同42条）。

2　主観訴訟

(1)　抗告訴訟

■法定抗告訴訟　**抗告訴訟とは，行政庁の公権力の行使に関する不服の訴訟をいう**（行訴3条1項）。抗告訴訟という用語は戦前から存在したが，当時は，すでになされた行政行為の事後審査（覆審）としての訴訟の意味で用いられていた。戦後も，抗告訴訟の概念がそのような意味で理解されることもあったが，「行政庁の公権力の行使に関する不服の訴訟」という定義からは，そのような限定は読み取れないし，2004（平成16）年の行政事件訴訟法改正後の抗告訴訟がそのような限定された意味でないことは明確である。抗告訴訟の特色は，権利義務の有無を直接争うのではなく，「行政庁の公権力の行使に関する不服」，すなわち，公権力の発動または不発動という行為に着目して，それを争う形態をとる点にある。

行政事件訴訟法は，抗告訴訟の典型的な類型を列挙している。すなわち，**「処分の取消しの訴え」**（行政庁の処分その他公権力の行使に当たる行為〔裁決，決定その他の行為を除く〕の取消しを求める訴訟），**「裁決の取消しの訴え」**（審査請求そ

の他不服申立てに対する行政庁の裁決，決定その他の行為の取消しを求める訴訟），「**無効等確認の訴え**」（処分もしくは裁決の存否またはその効力の有無の確認を求める訴訟），「**不作為の違法確認の訴え**」（行政庁が法令に基づく申請に対し，相当の期間内に何らかの処分または裁決をすべきであるにかかわらず，これをしないことについての違法の確認を求める訴訟），「**義務付けの訴え**」（行政庁がその処分または裁決をすべき旨を命ずることを求める訴訟），「**差止めの訴え**」（行政庁が一定の処分または裁決をすべきでないにかかわらずこれがされようとしている場合において，行政庁がその処分または裁決をしてはならない旨を命ずることを求める訴訟）である（同3条2項～7項）。行政事件訴訟法は，「処分の取消しの訴え」と「裁決の取消しの訴え」を区別して用いる必要がある場合があるので（同10条2項，11条1項，13条3号・4号，20条等），両者を別個に定義しているが（同3条2項・3項），両者に共通する点は多い。そのため，両者を併せて取消訴訟と呼ぶことが多い（同10条1項，11条4項，12条等）。

「無効等確認の訴え」の中心は無効確認訴訟である。取消訴訟においては出訴期間の制約があるし，また個別法で不服申立前置主義が採られている場合には，不服申立てを前置しないといけないが，**行政処分に重大明白な瑕疵（瑕疵の明白性の要件は不要とされる場合がある）がある場合には，出訴期間や個別法による不服申立前置の制約に服さずに，当該処分が無効であることを確認する訴訟が認められてしかるべきという認識の下に無効確認訴訟が法定されたのである**。（なお，処分の〔不〕存在の確認訴訟が提起されることは稀であるが，その例として，最判昭和57・7・15民集36巻6号1146頁［百Ⅰ54］［判Ⅰ154］の事案を参照）。

行政事件訴訟法の規定の上では，抗告訴訟に関するものが大部分（同8条～38条）を占める。また，抗告訴訟の中でも，取消訴訟に関する規定が圧倒的な割合を占め（同8条～35条），他の抗告訴訟においては取消訴訟に関する規定が準用されていることが多い。したがって，立法時においては，抗告訴訟とりわけ取消訴訟が基本的な行政事件訴訟類型と考えられていたとみられる（取消訴訟中心主義）。しかし，2004（平成16）年の行政事件訴訟法改正で「義務付けの訴え」，「差止めの訴え」が明記されたこと，当事者訴訟の活用が促されたことに照らすと，立法時の取消訴訟中心主義の発想を見直す必要があると思われる。

■ 法定外抗告訴訟　　行政事件訴訟法 2 条の規定の仕方と 3 条の規定の仕方を比較すると，同法は，抗告訴訟を 3 条 2 項から 7 項に列挙されたものに限定する趣旨でないことが明らかである。すなわち，同法 2 条は，「『行政事件訴訟』とは，抗告訴訟，当事者訴訟，民衆訴訟及び機関訴訟をいう」と規定しているから，行政事件訴訟をこの 4 類型に限定する趣旨であると解されるのに対して，同法 3 条 1 項は，「抗告訴訟とは，○○，△△，□□である」と規定するのではなく，「『抗告訴訟』とは，行政庁の公権力の行使に関する不服の訴訟をいう」と定義した上で，「処分の取消しの訴え」等の定義規定を列挙している。これは，**抗告訴訟のうち典型的なものを列挙するが（法定抗告訴訟。典型抗告訴訟，有名抗告訴訟ともいう），行政庁の公権力の行使に関する不服の訴訟は他にもありうるので，列挙されたものに限定せず，それ以外のもの（法定外抗告訴訟。無名抗告訴訟ともいう）が認められる余地を残すためである。**

　立法時には法定抗告訴訟に含まれておらず法定外抗告訴訟として想定された義務付け訴訟，差止め訴訟について，裁判例は，例外的に認められる余地があるという立場をとっていたが，2004（平成 16）年の行政事件訴訟法改正で両者は法定抗告訴訟とされた。改正行政事件訴訟法も，抗告訴訟を法定されたものに限定する趣旨ではなく，法定外抗告訴訟が認められる可能性を残している。学説上，法定外抗告訴訟として主張されているものに権力的妨害排除訴訟がある。これは，大阪空港訴訟，厚木基地訴訟で最高裁が民事差止訴訟を不適法としたため，民事の妨害排除請求に対応する抗告訴訟を人格権に基づいて基礎づけようとする試みである。また，東京地判平成 13・12・4 判時 1791 号 3 頁［判Ⅰ187・Ⅱ10］〔国立マンション除却命令等請求事件〕が一義的明白性，緊急性，補充性の 3 要件を満たしているとして認めたような，いわゆる義務確認訴訟も，法定外抗告訴訟の例として挙げられることがある。最判平成 24・2・9 民集 66 巻 2 号 183 頁［百Ⅱ200］［判Ⅱ59］は，職務命令違反を理由としてされる蓋然性のある懲戒処分の差止訴訟を法定抗告訴訟として適法に提起でき，その本案において本件職務命令に基づく公的義務の存否が判断の対象となる以上，本件職務命令に基づく公的義務の不存在の確認を求める訴えは，上記懲戒処分の予防を目的とする法定外抗告訴訟としては，法定抗告訴訟である差止訴訟との関係で事前救済の争訟方法としての補充性の要件を欠き，不適法であるとする。

　なお，法定外抗告訴訟は，行政事件訴訟法38条1項にいう「取消訴訟以外の抗告訴訟」であるから，同項に列記された規定が準用されることになる。しかし，これは，法定外抗告訴訟としてどのような訴訟が認められるかが定かでない状態で，最低限の準用の範囲を示したにすぎず，これ以外の規定の類推適用を排除する趣旨ではないと解すべきであろう。

(2)　当事者訴訟

■ 形式的当事者訴訟　　　行政事件訴訟法4条は，当事者訴訟に2つの類型を定めている。当事者訴訟の1つの類型は，**当事者間の法律関係を確認しまたは形成する処分または裁決に関する訴訟で法令の規定によりその法律関係の当事者の一方を被告とするもの**であり，**形式的当事者訴訟**と呼ばれる。

　典型例として，収用委員会の裁決にかかる訴訟を考えてみよう。収用委員会の行う権利取得裁決（収用48条）には，「収用する土地の区域又は使用する土地の区域並びに使用の方法及び期間」（同条1項1号），「権利を取得し，又は消滅させる時期」（同項3号），のように公益と密接に関わる公益的裁決事項と，「土地又は土地に関する所有権以外の権利に対する損失の補償」（同項2号），のように，当事者間で合意ができれば足りるとも考えられる私益的裁決事項が含まれている。収用裁決は行政行為であり，これについては取消訴訟の排他的管轄が及ぶのが原則であって，収用委員会の所属する都道府県を被告として権利取得裁決の取消しを求めることになるはずであるが，損失補償の部分については当事者間での解決に委ねてさしつかえないと考えられることから，損失補償額について不服を有する起業者（公共公益事業を行う主体）は，土地所有者または関係人を被告として減額請求訴訟を提起し，同様に，損失補償額について不服を有する土地所有者または関係人は，起業者を被告として増額請求訴訟を提起することとしている（収用133条3項）。実質的に処分または裁決に関する不服の訴訟であるから抗告訴訟としての性格を持つが，形式的には当事者間の権利義務関係に関する訴訟として争わせることとしているため，形式的当事者訴訟と呼ばれる（行政上の不服申立てについても，収用委員会の裁決のうち公益的裁決事項については審査請求ができるが，この審査請求においては，私益的裁決事項である

損失の補償についての不服を理由とすることはできない。同 132 条 2 項）。形式的当事者訴訟の中には，私人間の紛争について行政庁が裁定を行う仕組みとなっているものが少なくない。かかる裁定の仕組みのほとんどは損失補償額にかかる紛争についてのものであるが（河川 42 条 5 項・6 項等），それ以外のものもある（特許無効審判等に関する特許 179 条ただし書）。

■ 実質的当事者訴訟　　当事者訴訟のもう 1 つの類型が，**公法上の法律関係に関する訴訟**であり，**実質的当事者訴訟**と呼ばれる。このような類型の訴訟が考えられることは戦前から指摘されてはいた。これは，**対等当事者間の訴訟である点で民事訴訟と共通するが，公法私法二元論を前提として，公法上の法律関係に関する訴訟を民事訴訟と区別して，行政事件訴訟の一類型として位置づけた**のである。

　なお，行政事件訴訟法 45 条 1 項・4 項は，**私法上の法律関係に関する訴訟において，処分もしくは裁決の存否またはその効力の有無が争われている場合**（**争点訴訟**），行政庁の訴訟参加（行訴 23 条 1 項・2 項），釈明処分の特則（同 23 条の 2），職権証拠調べ（同 24 条）等，取消訴訟に関する規定の一部を準用している。**争点訴訟は民事訴訟であって，行政事件訴訟ではない。**

3　客観訴訟

(1)　意　　義

　行政主体は公益を代表して行政作用を行うのであり，また，法律による行政の原理に従わなければならない存在である点において，私人とは異なる。したがって，主観訴訟による私人の権利利益の救済の結果としてのみ行政作用の適法性が担保されればよいとは必ずしもいえず，主観訴訟が認められない場合にも，政策的に客観訴訟を通じて行政作用の適法性を保障することが望ましいと考えられる。

　客観訴訟は「法律上の争訟」ではなく，「裁判を受ける権利」が憲法上保障されているものではない。裁判所法 3 条 1 項は，裁判所は，「法律上の争訟を裁判」するほか，「その他法律において特に定める権限を有する」と定めているが，客観訴訟は後者に属する。しかし，主観訴訟と客観訴訟は截然と区別さ

れるものでは必ずしもない。そのため，ある訴訟が主観訴訟か客観訴訟かについて見解が分かれることすらある。

(2)　民衆訴訟

民衆訴訟とは，国または公共団体の機関の法規に適合しない行為の是正を求める訴訟で，選挙人たる資格その他自己の法律上の利益に関わらない資格で提起するものをいう（行訴5条）。民衆訴訟は客観訴訟であるから，法律に定める場合において，法律に定める者に限り，提起することができる（同42条）。

(3)　機関訴訟

機関訴訟とは，国または公共団体の機関相互間における権限の存否またはその行使に関する紛争についての訴訟をいう（行訴6条）。行政機関は権利義務の帰属主体ではないことに加えて，行政主体と私人の関係を外部関係としてとらえ，行政主体内部の関係と対比する伝統的な思考の下では，国または公共団体の機関相互間における権限の存否またはその行使に関する紛争は，私人の権利義務とは無関係であることから主観訴訟の問題にはならないとされるのである。権限についての紛争が生じた場合には，訴訟以外の方法で解決を図るのが通常である。しかし，裁判所による紛争解決が必要と考えられる場合もある。そこで，法律が特に認める場合に限って出訴しうるとされているのである。機関訴訟も客観訴訟であるから，法律に定める場合において，法律に定める者に限り，提起することができる（同42条）。

Ⅲ　取消訴訟

1　基本的性格

■取消訴訟の性質　　取消訴訟の性質については必ずしも意見が一致しているわけではないが，通説は，これを形成訴訟とする。すなわち，行政処分により生じた原告にとって不利益な法律効果が，取消判決により失わ

れることになるのである。これに対して，違法な行政処分は本来無効であり，取消しがなされるまでは一応妥当しているにすぎないから，取消訴訟は行政処分が当初から違法無効であることの確認訴訟と解すべきとする有力説がある。

■ 取消訴訟の訴訟物　　　　訴訟において審判の対象となる事項を訴訟物という。既判力が何について生ずるかという既判力の客観的範囲は訴訟物によって画されることになるし，理由の差替えの可否を論ずるに際しても，訴えの併合を論ずるに際しても，訴訟物の概念が重要になる。**取消訴訟の訴訟物については議論があるが，通説は，行政処分の違法性一般と解している。**

■ 取消訴訟の機能　　(a)　**権利利益救済機能（行政救済機能）**　　取消訴訟が形成訴訟であるということを前提とすると，取消判決により，行政処分の効力が遡って失われ，当該行政処分が行われる前の状態が復元されることになる（原状回復）。また，当該行政処分を前提とした処分の執行（建築物除却命令の代執行等），手続の続行（事業認定を前提とする収用裁決等）が不可能になるため，差止めの効果を持ち，早期に救済を与え既成事実の累積を防止することを可能にする。このように，勝訴した原告にとっては，当該行政処分により発生した自己に不利益な法効果が失われ，また，自己に不利益な処分の執行，手続の続行を差し止めることができるので，権利利益救済機能を持つことになる。しかも，取消判決の効力は第三者にも及ぶため（行訴 32 条 1 項），第三者から取消判決の効果を否定されることがないように配慮されている。さらに，申請拒否処分が取り消された場合，同一の理由で再度拒否処分が反復されないように拘束力（同 33 条 2 項）が定められている。行政庁は判決の趣旨に従って再度申請を考慮することを義務づけられる。違法であるが取消しをせずに請求を棄却する事情判決の場合も，処分が違法であることが判決主文で宣言される（違法確認）。

(b)　**法治国原理担保機能（行政統制機能）**　　取消訴訟の訴訟物が行政処分の違法性一般であるため，取消判決により違法な行政処分が排除されることになる。事情判決の場合には，違法な行政処分であっても取り消されないが，処分が違法であることが判決主文で宣言されるので，間接的には，違法状態を排除し，適法な状態を復元する機能を持つ。したがって，取消訴訟は私人の権利利益の救済を目的とする主観訴訟であるが，法治国原理担保機能を有するといえる。

■ 取消訴訟の制約

上記のように，取消訴訟は権利利益救済機能（行政救済機能），法治国原理担保機能（行政統制機能）を果たす重要な訴訟であるが，民事訴訟と比較した場合，短所も存在する。すなわち，出訴期間の制約があるのみならず，民事訴訟と比較して原告適格が狭く解される傾向がある等，訴訟を提起するための条件（訴訟条件）の面での制約が厳しい。仮の権利保護の面でも，公権力の行使に当たる行為については，民事保全法上の仮処分をすることができず（行訴44条），その代償として認められている執行停止制度（同25条以下）については，内閣総理大臣の異議（同27条）が出されれば，執行停止をすることができなくなり，またはすでにした執行停止を取り消さなければならないという制約が課せられている。

■ 取消訴訟の被告

2004（平成16）年，行政事件訴訟法の改正により**処分の取消訴訟は当該処分をした行政庁の所属する国または公共団体を，裁決の取消訴訟は当該裁決をした行政庁の所属する国または公共団体を被告とする**こととされ，行政庁主義から行政主体主義に変更された（行訴11条1項）。これは，被告適格を有する行政庁を特定する原告の負担を軽減し，抗告訴訟から（行政主体を被告とする）当事者訴訟への訴えの変更等の手続を行いやすくすることを趣旨とする。

■ 訴訟参加

行政事件訴訟においても，民事訴訟法による補助参加（民訴42条）は可能であるが，これに加えて，行政事件訴訟法独自の訴訟参加として，第三者の訴訟参加（行訴22条），行政庁の訴訟参加（同23条）が認められている。

■ 処分の取消訴訟と裁決の取消訴訟

(a) 原処分主義　行政事件訴訟特例法においては，原処分の取消訴訟と訴願を棄却した裁決の取消訴訟の関係について明文の規定が置かれておらず，そのため，両者の訴訟が異なる裁判所に提起され，後者の訴訟において原処分の違法が主張されることもあった。かかる事態に対しては，訴訟経済に反するのみならず，移送が行われない場合，原処分の違法性について矛盾する判断がなされるおそれがあった。また，訴願を棄却した裁決の取消訴訟において，そもそも原処分の違法の主張を許すべきかについて裁判例は必ずしも一致していなかった。

そこで，行政事件訴訟法は，「処分の取消しの訴え」（行訴3条2項）と「裁

決の取消しの訴え」（同条3項）を区別し，「処分の取消しの訴えとその処分に
ついての審査請求を棄却した裁決の取消しの訴えとを提起することができる場
合には，裁決の取消しの訴えにおいては，処分の違法を理由として取消しを求
めることができない」（同10条2項）と規定し，**原処分主義**と呼ばれる立法政
策を採用した。これは，**原処分の違法は原処分の取消訴訟のみによって争われ
るべき**というものである。原処分主義が採用された理由は，裁決の取消訴訟で
原処分の違法も争えるとした場合，裁決の取消判決が原処分の取消しの効果を
有するかについて疑義が存在したこと，原処分取消訴訟と裁決取消訴訟がとも
に提起され，その双方において原処分の違法が主張された場合にいずれを先に
審理すべきかを決定することが困難であること，裁決取消訴訟において原処分
の執行停止を命ずることができるかについて疑義が存在すること等の問題があ
ったからである。

　行政事件訴訟法10条2項は「その処分についての審査請求を棄却した裁決」
についてのみ規定し，審査請求を不適法とする却下裁決を対象としていない。
却下裁決は，原処分の内容が正当かについて判断するものではないから，却下
裁決取消訴訟において原処分の違法を主張しえないのは当然であるからである。
却下裁決取消訴訟で争いうるのは，審査請求を不適法とした判断の違法性と裁
決固有の瑕疵に限られる。したがって，原処分取消訴訟と却下裁決取消訴訟が
並行して提起されても，両者における判断の抵触の問題は生じえない。他方，
原処分とは異なる理由によりなされた棄却裁決も，「その処分についての審査
請求を棄却した裁決」に該当すると一般に解されている。また，原処分一部取
消しの裁決についても，取り消されなかった部分については審査請求が棄却さ
れているのであるから，原処分主義が妥当する。

　変更裁決の場合，それが原処分を取り消し新たな処分をしたものと考えれば
（交代裁決と呼ばれることもある），原処分はもはや存在しないのであるから，変
更裁決のみを争うことになるのは当然である。しかし，最判昭和62・4・21民
集41巻3号309頁［百Ⅱ134］［判Ⅱ63・125］は，原処分は修正裁決（国公92条
1項）により消滅せず，当初から裁決により修正された内容の処分として存在
しているものとみなされると判示している。したがって，修正裁決の内容に不
服がある場合においても，原処分の取消訴訟においてそれを主張すべきことに

なる。

　原処分主義が妥当する場合，裁決取消訴訟においては原処分の違法は主張しえないから，裁決固有の瑕疵のみを主張しうることになる。裁決固有の瑕疵がある場合とは，裁決権限のない行政庁が裁決を行ったり，裁決手続の瑕疵がある場合，たとえば，利害関係人の参加の申立て（行審 13 条 1 項），処分庁から提出された物件の閲覧等請求（同 38 条 1 項）を違法に拒否したり，裁決に理由附記（同 50 条 1 項 4 号）がなされなかったりしたケース等である。他面において，原処分取消訴訟においては裁決固有の瑕疵を主張することはできない。

　(b)　裁決主義　　原処分主義が妥当するのは，「処分の取消しの訴えとその処分についての審査請求を棄却した裁決の取消しの訴えとを提起することができる場合」に限られる。したがって，**個別法により，裁決取消訴訟のみ提起することができるとされている場合（裁決主義という）には，裁決取消訴訟において原処分の違法を主張することもできる**。鉱業等に係る土地利用の調整手続等に関する法律 50 条は，「裁定を申請することができる事項に関する訴は，裁定に対してのみ提起することができる」と規定しているが，最判昭和 61・6・10 判例自治 33 号 56 頁は，取消訴訟に限らず，無効等確認訴訟を含め，すべての抗告訴訟について，原処分に対する訴訟は禁止されていると解すべきと判示している。裁決主義の採用が，憲法 32 条の裁判を受ける権利の侵害に当たらないとしたものとして，東京高判昭和 55・10・2 東高民判 31 巻 10 号 207 頁がある。

2　取消訴訟の訴訟要件(1)——客観的訴訟要件

(1)　意　　義

　訴訟要件とは，訴訟を利用するための条件である。**訴訟要件を満たしているか否かの審理が要件審理であり，訴訟要件を欠く訴えは不適法として却下される（訴訟判決）**。訴訟要件の審理は，裁判所の職権調査事項であり，被告から訴訟要件が欠如しているから却下すべきとの妨訴抗弁があることを要しない。訴えが不適法でその不備を補正することができないときは，裁判所は，口頭弁論を経ないで，判決で訴えを却下することができる（民訴 140 条）。**訴訟要件を満たした訴えは適法な訴訟として本案審理を受けることになり，請求の内容の当**

否に関する**本案判決（認容判決または棄却判決）がなされる**ことになる。訴訟要件のうち，一般的形式的に決められているものを客観的訴訟要件，本案である請求内容との関係で個別具体的な判断に服するものを主観的訴訟要件ということがある。

⑵　出訴期間

■ 主観的出訴期間　　　取消訴訟の出訴期間は，私人の権利利益の救済の要請と行政法関係の早期安定の要請の調和の観点から定められる。そこには立法裁量が認められるが，憲法が保障する「裁判を受ける権利」を侵害するような短期の出訴期間は違憲となる（最大判昭和 24・5・18 民集 3 巻 6 号 199 頁）。

　取消訴訟は，処分または裁決があったことを知った日から 6 カ月を経過したときは，提起することができない。ただし，正当な理由があるときは，この限りでない（行訴 14 条 1 項）。これが**主観的出訴期間**である。

　「処分又は裁決があつたことを知つた日」というためには，処分または裁決が効力を発生させていることが必要であるから，原則として，当該処分または裁決が名あて人に到達していることが前提になる。到達とは，相手方が現実に了知した場合に限らず，相手方が知りうべき状態に置かれる場合も含む（最判昭和 29・8・24 刑集 8 巻 8 号 1372 頁）。「知つた」とは，現実に了知されたことを意味するのが原則であるが，名あて人が正当な理由なく処分書または裁決書の受領を拒否した場合には，現実に了知していなくても，「知つた」ものと解してよいと思われる。また，処分書または裁決書が名あて人の了知可能な状態に置かれれば，名あて人が知ったものと推定され，名あて人が実際には了知していないことを反証しない限り，知ったものとして扱われる（最判昭和 27・11・20 民集 6 巻 10 号 1038 頁［判Ⅱ49］。最判昭和 27・4・25 民集 6 巻 4 号 462 頁も参照）。

　公示送達が行われた場合，「知つた日」をいかに解すべきかについて見解が分かれているが，最判平成 14・10・24 民集 56 巻 8 号 1903 頁［百Ⅱ127］［判Ⅱ115］は，旧行政不服審査法 14 条 1 項（現 18 条 1 項）の「処分があつたことを知つた日」の意義について，処分が個別の通知ではなく告示をもって多数の関係権利者等に画一的に告知されるときには，かかる告知方法が採られている趣

旨にかんがみて，告示があった日と解すべきという立場を採っており，行政事件訴訟法 14 条 1 項の「知つた日」についても同様の解釈を採る趣旨と思われる。

　情報公開制度や個人情報保護制度に基づく開示請求に対して全部または一部の開示決定がなされる場合，「開示決定の通知→開示の実施方法の申出→開示の実施」という過程をたどることになる。したがって，開示決定の通知と開示の実施の間にタイムラグが生ずる。一部開示決定は一部不開示決定でもあるので，一部不開示決定の取消訴訟が提起されることがある。その場合の出訴期間の起算日について判示したのが以下の判例である。

　［判例 9-6］　最判平成 28・3・10 判時 2306 号 44 頁［百 I 56］
　同判決は，行政事件訴訟法 14 条 1 項の「処分又は裁決があつたことを知つた日」とは，その者が処分のあったことを現実に知った日をいい，当該処分の内容の詳細や不利益性等の認識まで要するものではないとし，本件通知書には一部を開示する旨明示されており，また，不開示とされた部分を特定してその理由が示されているので，本件一部開示決定の通知を受けた日が本件処分を現実に知った日であると判示した。

■ 客観的出訴期間　　取消訴訟は，処分または裁決の日から 1 年を経過したときは提起することができない。ただし，正当な理由があるときは，この限りでない（同 14 条 2 項）。これが客観的出訴期間である。名あて人が知らない限り出訴期間が進行しないこととすると行政法関係の安定が実現されないおそれがあるため，名あて人の知・不知に関わりない出訴期間も定める必要があると考えられたのである。処分または裁決の日とは，処分または裁決が発効した日である。

　処分または裁決につき審査請求をすることができる場合または行政庁が誤って審査請求をすることができる旨を教示した場合において，審査請求があったときは，処分または裁決にかかる取消訴訟は，その審査請求をした者については，これに対する裁決があったことを知った日から 6 カ月を経過したときまたは当該裁決の日から 1 年を経過したときは，提起することができない。ただし，正当な理由があるときは，この限りでない（同 14 条 3 項）。

発展学習のために㉒　初日不算入

　行政事件訴訟法14条3項に対応する規定は，2004（平成16）年の同法改正前は，同条4項に置かれていたが，そこでは，「これに対する裁決があつたことを知つた日又は裁決の日から起算する」と規定されていた。「から起算する」という表現は，法制執務上，民法の初日不算入の原則の例外として，初日を算入する場合に使用されるものであり，最判昭和52・2・17民集31巻1号50頁も初日算入説を採用していた。しかし，同条1項・3項（現2項）が初日不算入であるにもかかわらず，審査請求があった場合のみ初日を算入することに合理性はなく，2004（平成16）年の改正で，「経過したときは，提起することができない」という表現に改められ，同条全体が初日不算入で統一されることになった。

■ 審査請求後の訴訟
　提起と出訴期間

　個別の法律で取消訴訟提起前に審査請求を行い裁決を経ることを義務づける審査請求前置主義が採用されている場合には，審査請求を行い，その裁決を経るまでは出訴できないのが原則であるから，処分があったことを知った日から6カ月または処分の日から1年を経過したときは原処分にかかる取消訴訟を提起できなくすることが不合理であることはいうまでもない。また，審査請求前置主義が採られず，審査請求に対する裁決を経ずに取消訴訟を提起することも認める自由選択主義が採られている場合であっても，直ちに取消訴訟を提起せずに審査請求を行い，その裁決に不服があるときに出訴するという選択も認められなければならないから，審査請求に対する裁決が出される前に，処分があったことを知った日から6カ月または処分の日から1年を経過したため原処分の取消訴訟が提起できなくなることは避けなければならない。そこで，行政事件訴訟法14条3項は，審査請求と同時に取消訴訟を提起しなくても，原処分にかかる取消訴訟の出訴期間を徒過することがないようにして，まず審査請求を行いその裁決を待って原処分の取消訴訟を提起するか否かを判断することができるようにしている。

■ 職権による取消し

　出訴期間を徒過すれば取消訴訟を提起することはできなくなるが，このことは当該行政法関係を実体的に確定させるものではないから，職権による取消しを妨げるものではない。

(3)　例外的不服申立前置

■ 自由選択主義の例外　　行政事件訴訟特例法の採用していた訴願前置主義が救済の障害になっているという批判があったため，行政事件訴訟法は**自由選択主義**を採用した。したがって，**原則としては，行政上の不服申立てをせずに直ちに取消訴訟を提起するか，行政上の不服申立てをまず行い，それに対する裁決等になお不服がある場合に取消訴訟を提起するか，両者を同時並行して行うかは自由である**（行訴8条1項本文）。両者が並行して提起された場合，裁判所が，不服申立てに対する裁決を先行させることが争訟経済等の観点から望ましいと考える場合には，その裁量により，原則として審査請求に対する裁決があるまで訴訟手続を中止することができる（同条3項）。

　行政過程において専門的判断を行うことが望ましいものや，裁判所の負担軽減の観点から行政過程において可及的に紛争を解決する要請が高いものもあるので，個別法で例外的に不服申立前置主義を採用することは認められている（同条1項ただし書）。不服申立前置主義といっても，行政上の不服申立てをするのみならず，それに対する裁決等の判断を経た後でなければ取消訴訟を提起することができないので裁決前置主義と呼ばれることもある。法律で定められた自由選択主義の例外であるから，命令や条例ではなく法律でのみ不服申立前置主義を採ることができる。不服申立前置主義が出訴の自由を妨害し，憲法32条の「裁判を受ける権利」を侵害しないかについて争われたことがあるが，最大判昭和26・8・1民集5巻9号489頁は合憲判決を出している。

　行政事件訴訟法8条1項は，「処分の取消しの訴え」についてのみ規定している。不服申立前置主義を採るか自由選択主義を採るかは，原処分に対して不服申立てを行い裁決等の判断を経ることを義務づけるべきか否かの問題であるから，「裁決の取消しの訴え」は本項の対象とならないからである。

■ 不服申立前置の根拠　　行政事件訴訟法の立法段階では，例外的に不服申立前置主義が認められる類型を法定化することも検討されたが，これは実現しなかった。しかし，法制審議会行政訴訟部会においては，不服申立前置主義を認める場合として，①大量的に行われる処分であって，不服申立てに対する裁決等により行政の統一を図る必要があるもの，②専門技術

的性質を有するもの，③不服申立てに対する裁決等が第三者的機関によって，または第三者的機関に諮問してなされることになっているものに限定することが想定されていた。

　改正行政不服審査法と同時に制定された整備法による不服申立前置の見直しに当たっては，不服申立前置が認められるのは，①大量に不服申立てが行われるため，裁判所の負担軽減という観点から不服申立前置によるスクリーニングが必要な処分（審査請求に対する裁決前置を定める国税通則法 115 条 1 項），②第三者機関により専門技術的な審理が行われる処分（公害健康被害補償不服審査会の裁決前置を定める公害健康被害の補償等に関する法律 108 条），③不服申立前置があることにより裁判により審級省略が行われている処分（総務大臣が行った処分に不服のある者は，審査請求に対する裁決に対してのみ，その専属管轄を有する東京高等裁判所に取消訴訟を提起できるとする電波法 96 条の 2・97 条）等の場合とされた。

発展学習のために㉓　不服申立前置の見直し

　2014（平成 26）年に制定された「行政不服審査法の施行に伴う関係法律の整備等に関する法律」により不服申立前置の見直しが行われ，不服申立前置を定めていた 96 法律のうち 68 法律について，不服申立前置の全部または一部の見直しが行われた。具体的には，47 法律で不服申立前置が全廃され，21 法律で不服申立前置が一部廃止された。審査請求と再審査請求等，2 段階の不服申立前置を定めていた法律は 21 存在したが，このうち 5 法律で不服申立前置が全廃され，16 法律で 1 段階のみの不服申立前置となり，2 段階の不服申立前置はなくなった。

■ 不服申立前置の意味　　不服申立てに対する判断を経ているとはいっても，不服申立てを不適法として却下する裁決が出された場合には，不服申立前置主義の要件を充足したことにはならない（最判昭和 30・1・28 民集 9 巻 1 号 60 頁）。この場合，不服申立期間内に改めて適法な不服申立てを行い，これに対する裁決を経なければ，原則として，取消訴訟を提起できないことになる。審査請求期間を徒過したとしてなされた却下裁決が適法か否かに関して当事者間で意見が一致しないような場合には，真に不服申立前置の要件を満たしていないかについて実体審理を行うべきである（東京高判昭和 56・9・28 行集 32 巻 9 号 1682 頁）。他方，適法な不服申立てがなされたにもかかわらず，誤って却下されてしまった場合には，不服申立ての実体審理は行われてい

ないが，その責めは不服申立ての審理を行う行政庁が負うべきであるから，当
該行政庁に実体審理を行わせるべき特段の事情がない以上は，不服申立前置の
要件を満たしたものとして取消訴訟の提起を認めるのが通説および判例（最判
昭和 36・7・21 民集 15 巻 7 号 1966 頁［百 II 177］［判 II 61］）の立場である（不服申立
前置の例外を定める行政事件訴訟法 8 条 2 項 3 号〔「その他裁決を経ないことにつき正
当な理由があるとき」〕を適用する説もある）。反対に，不適法な不服申立てについ
て，不服申立ての審理を行う行政庁が実体審理を行い裁決をしてしまった場合，
不服申立前置の要件が充足されたとすると，不適法な不服申立てを却下した場
合との均衡を失することになり，また，本来却下されてしかるべきものである
から，不服申立ての審理を行う行政庁の過誤により特別の利益を付与すべきで
はないことを理由として，不服申立前置の要件を充足していないと解する説が
有力である。最判昭和 48・6・21 訟月 19 巻 10 号 51 頁も同様に解する。

　なお，不服申立前置主義は，取消訴訟提起に際しての訴訟要件として裁決等
を経ることを義務づけるものの，不服申立てで主張しなかった違法事由を取消
訴訟において追加主張することを禁ずるものではない。

■ 不服申立前置義務の免除　　個別法による不服申立前置主義を厳格に適用する
　　　　　　　　　　　　　　　ことが国民の権利利益の救済の不合理な障害とな
る場合がある。そこで，行政事件訴訟法は，以下の 3 つの場合に不服申立前置
義務を免除している。

　不服申立前置義務が免除される第 1 の場合は，「審査請求があつた日から 3
箇月を経過しても裁決がないとき」（行訴 8 条 2 項 1 号）である。不服申立前置
主義を厳格に適用した場合，不服申立てに対する裁決等が遅延すれば，その間
出訴も不可能となり，適時に司法審査を得る機会を喪失することになるため，
不服申立てがあった日から 3 カ月を経過しても裁決等がなされていないときに
は出訴することを認めている。この場合の出訴期間は，審査請求があった日か
ら 3 カ月を経過した時点から起算されるわけではなく，裁決があったことを知
った日から 6 カ月を経過したときまたは当該裁決の日から 1 年を経過したとき
まで出訴可能である。取消訴訟提起の時点において，行政事件訴訟法 8 条 2 項
1 号の要件が満たされていれば取消訴訟は適法となり，その後，不服申立てが
取り下げられたり，棄却されても，それにより取消訴訟が違法になるわけでは

ない。逆に，不服申立前置主義が採用されているにもかかわらず，不服申立てがあった日から3カ月を経過する前に取消訴訟が提起された場合には，不服申立前置義務を免除する他の事由（同項2号・3号）に該当しない限り，当該取消訴訟は不適法として却下されるべきことになる。しかし，却下前に「審査請求があつた日から3箇月を経過しても裁決がないとき」の要件を満たすことになったときは，当該訴訟の瑕疵は治癒され適法な訴訟として扱われるとするのが裁判例（大阪地判昭和50・4・24訟月21巻6号1305頁）の立場である。

　不服申立前置義務が免除される第2の場合は，「処分，処分の執行又は手続の続行により生ずる著しい損害を避けるため緊急の必要があるとき」（同項2号）である。行政事件訴訟法は執行停止制度（同25条）を設けているが，執行停止の申立ては本案訴訟の係属を要件としている。しかし，不服申立前置主義が採用されている場合に裁決等が遅延すれば，そもそも本案訴訟を提起することができず，処分，処分の執行または手続の続行により著しい損害を生ずるおそれがある。そこで，かかる損害を避けるために緊急の必要があるときは，裁決等を経ずに取消訴訟を提起することのみならず，そもそも不服申立てをしないで出訴することも認めている。建築確認処分の取消訴訟を審査請求手続を経ないで提起したことについて，横浜地判昭和40・8・16行集16巻8号1451頁は，審査請求の手続をとれば裁決までに建物が完成することが予想されるので，確認処分により生ずる著しい損害を避けるため裁決を経ないで取消訴訟を提起する緊急の必要があると判示している。

　不服申立前置義務が免除される第3の場合は，「その他裁決を経ないことにつき正当な理由があるとき」（同8条2項3号）である。これは，8条2項1号・2号により救済されない場合に備えてのセービングクローズである。前掲横浜地判昭和40・8・16は，市建築局関係者が，一貫して処分は違法でないとの見解を堅持している以上，審査請求をしても自己に有利な裁決を期待できないので，裁決を経ないことにつき正当な理由があるとしているが，審査請求をしても自己に有利な裁決を期待できないということのみで裁決を経ないことにつき正当な理由があるとはいえないとする裁判例（福岡地判昭和57・3・19行集33巻3号504頁）もある。

■ 他の抗告訴訟への準用の有無　　行政事件訴訟法 8 条の規定は，不作為の違法確認訴訟には準用されているが（同 38 条 4 項），それ以外の抗告訴訟には準用されていない。したがって，不服申立前置主義が採られている場合であっても，不服申立てを経ずに無効等確認訴訟を提起できる。

(4)　被告適格

■ 行政主体主義　　2004（平成 16）年の行政事件訴訟法改正で，取消訴訟の被告適格が行政庁主義から行政主体主義に変更された。取消訴訟の被告が当事者訴訟の場合と同様に行政主体主義の原則に変更されたことは，被告の変更を伴わずに取消訴訟から当事者訴訟への訴えの変更が可能となるという長所を有する。

　取消訴訟においては，処分（裁決）をした行政庁の所属する国または公共団体が被告となる（同 11 条 1 項 1 号・2 号）。事務ではなく組織的所属を基準としている。指定定期検査機関が定期検査を行う場合（計量 20 条）のように，国または公共団体に所属しない者が処分庁になる場合には，処分庁（上記の例では指定定期検査機関）が取消訴訟の被告になる（行訴 11 条 2 項）。行政庁が廃止され当該行政庁の権限が他の行政庁に承継されていない場合には，行政庁の所属する国または公共団体（同条 1 項）も，処分をした行政庁（同条 2 項）も存在しなくなり，本条 1 項も 2 項も適用することができなくなる。かかる場合には，当該処分または裁決に係る事務の帰属する国または公共団体を被告とすることとしている（同条 3 項）。

■ 処分庁・裁決庁の特定　　原則として行政主体が被告となることに伴い，訴状に処分または裁決をした行政庁を記載することが原告に義務づけられている（同 11 条 4 項）。しかし，同項は訓示規定であり，原告が行政庁を特定できずに訴状に記載できなかったり，誤った行政庁を記載しても，それにより原告が不利益を受けるわけではない。他方，被告である国または公共団体は，遅滞なく裁判所に対し，処分または裁決をした行政庁を明らかにする義務を負う（同 11 条 5 項）。かかる規定が設けられたのは，審理の迅速化を図るとともに，判決の拘束力（同 33 条）が及ぶ「関係行政庁」を明確に

する必要があるからである。

　処分または裁決をした行政庁は，国または公共団体のために裁判上の一切の行為をする権限を有する（同11条6項）。そして，行政庁は，所部の職員でその指定する者に，当該行政庁の処分または裁決にかかる国を被告とする訴訟または当該行政庁を当事者もしくは参加人とする訴訟を行わせることができる（法務大臣権限5条1項）。行政庁は，法務大臣の指揮監督を受ける（同6条1項）。

■ 被告を誤った訴えの救済　　取消訴訟において，原告が故意または重大な過失によらないで被告とすべき者を誤ったときは，裁判所は，原告の申立てにより，決定をもって，被告を変更することを許すことができる（行訴15条1項）。被告を誤ったために不適法として却下されれば，正しい被告を相手どって再度訴訟を提起しようとしても，通常は出訴期間を徒過して司法救済の道が閉ざされることになってしまう。そこで，軽過失で誤った場合には被告の変更を認めることとしているのである。

⑸　教　　示

■ 教示の内容　　行政不服審査法には不服申立てについての教示に関する規定（行審82条等）が設けられているのに対して，行政事件訴訟法には取消訴訟に関する教示規定がなかったことへの批判にかんがみ，2004（平成16）年の同法改正により，客観的訴訟要件のうち重要なものについての教示規定が設けられた（行訴46条）。すなわち，**行政庁は，取消訴訟を提起することができる処分（口頭でする処分を除く）または裁決をする場合には，当該処分または裁決の相手方に対し，①被告とすべき者，②出訴期間，③不服申立前置主義がとられているときはその旨について教示をしなければならない（同条1項）**とされたのである。形式的当事者訴訟についても，①被告とすべき者，②出訴期間の教示が義務づけられている（同条3項）。また，裁決主義がとられている場合には，その旨の教示も義務づけられている（同条2項）。

　なお，「当該処分又は裁決の相手方」以外の者から取消訴訟の被告，出訴期間，不服申立前置主義の有無，裁決主義の有無について教示を請求された場合，これに応ずる義務はないが，運用上，これに応ずるべきであろう（行政不服審査法82条2項は，利害関係人について，これを義務づけている）。

■ 教示の懈怠・誤った教示　　行政事件訴訟法には，行政不服審査法とは異なり，誤った教示がなされたり教示の懈怠があった場合の救済規定は置かれていない。しかし，被告について誤った教示がなされたり，教示がない場合には，行政事件訴訟法15条1項の解釈において，原則として，被告を誤っても重過失がないとして被告の変更を認めるべきであろう。また，出訴期間についても，誤った教示に従った場合はもとより，教示がなされなかった場合にも，原則として，出訴期間を徒過したことにつき「正当な理由」（同14条）があると解すべきであろう。

　不服申立前置の教示がなされなかったため不服申立てを経ずに取消訴訟を提起してしまった場合，「その他裁決を経ないことにつき正当な理由があるとき」（同8条2項3号）に該当すると解して，当該訴訟を適法とすることも考えられる。それが困難であったとしても，当該訴訟が不適法却下された場合，不服申立期間を徒過していても，原則として，審査請求をしなかったことについて「正当な理由があるとき」（行審18条1項ただし書・同条2項ただし書）に該当すると解すべきであろう。

3　取消訴訟の訴訟要件(2)——主観的訴訟要件

(1)　取消訴訟の対象（処分性）

■ 最高裁判決における定義　　取消訴訟の対象は，「行政庁の処分その他公権力の行使に当たる行為（次項〔裁決の取消しの訴え〕に規定する裁決，決定その他の行為を除く。以下単に『処分』という。）」（行訴3条2項），「審査請求その他の不服申立て（以下単に『審査請求』という。）に対する行政庁の裁決，決定その他の行為（以下単に『裁決』という。）」（同条3項）である。両者を併せれば，裁決を含めた**「行政庁の処分その他公権力の行使に当たる行為」**が取消訴訟の対象といえる。**これが一般に行政処分といわれるものである。**

　取消訴訟の対象について，行政事件訴訟特例法下でこの点について最高裁が最初に明示したのが，最判昭和30・2・24民集9巻2号217頁であり，行政処分の取消変更を求める訴えは，公権力の主体である国または公共団体がその行

為によって国民の権利義務を形成し，あるいはその範囲を確定することが法律
上認められている場合に，具体的行為によって権利を侵された者のために，そ
の違法を主張せしめ，その効力を失わせるためであるから，行政処分はこのよ
うな効力を持つ行政庁の行為でなければならないと判示している。

　その後，最高裁は，以下のように判示している。

[判例 9-7]　最判昭和 39・10・29 民集 18 巻 8 号 1809 頁［百Ⅱ143］［判Ⅱ19］
　本判決は，取消訴訟の対象となる行政庁の処分とは，その行為によって，直接国民
の権利義務を形成しまたはその範囲を確定することが法律上認められているものをい
うと判示している。これも，行政事件訴訟特例法の下での判例であるが，行政事件訴
訟法の行政処分についても妥当する先例として位置づけられている。

　もっとも，その後，最高裁は，この判例によれば行政処分に当たらない行為
についても，取消訴訟を認めることがあることに留意する必要がある。したが
って，この判例を今日においてもリーディングケースとして位置づけることは，
必ずしも適当ではないと思われる。

　取消訴訟の対象になる行政処分は「処分性」を有するという。「その他公権
力の行使に当たる行為」（行訴 3 条 2 項）の中に一定の権力的事実行為が含まれ
る。すなわち，代執行，直接強制，即時強制のように，行政庁が一方的に私人
の身体，財産等に実力を行使して，行政上望ましい状態を実現する事実行為で
ある。一方的に権利義務を形成しまたはその範囲を確定するのではなく，双方
の当事者の合意に基づいて法的効果が生ずる土地の購入契約，国公有地の売却
契約の締結は処分性を有しない。

■ 処分性が認められる典型的行為

　規制行政における主要な法的仕組みとしての許可制，認可制における許可（薬局開設
許可等），認可（銀行の合併認可等），下命制・禁止制のうち行政機関が個別具体
的に行うもの（違反建築物除却命令，飲食店の営業禁止命令等）は，処分性が認め
られる典型的行為である。給付行政においても，受給資格の取得の確認（健保
39 条 1 項），給付決定（国公共済 39 条 1 項）を行政処分により行う例がみられる。
以下では処分性が争われた行為について検討する。

■ 内部的行為　　**行政機関相互の内部的行為は処分性を有しないと解されている**。行政機関相互の内部的行為が国民の権利義務に影響を与えることはあるが，［判例 9-6］の処分性の定義における「直接」の要件を満たさないからである。

　［判例 9-8］　最判昭和 34・1・29 民集 13 巻 1 号 32 頁［百 I 16］［判 I 61］
　都道府県知事による建築許可には消防法 7 条により消防長の同意が必要とされているが，消防長がいったん与えた同意を取り消したため，同意取消行為の取消訴訟が提起された事案において，本判決は，本件消防の同意は，知事に対する行政機関相互間の行為であって，これにより対国民との直接の関係においてその権利義務を形成しまたはその範囲を確定する行為とは認められないと判示している。したがって，同意取消しの違法を主張するためには，建築不許可処分の取消訴訟を提起し，不許可処分の違法事由として同意取消しの違法を主張することになる。

　［判例 9-9］　最判昭和 53・12・8 民集 32 巻 9 号 1617 頁［百 I 2］［判 I 57］
　運輸大臣（当時）が日本鉄道建設公団（当時）の工事実施計画を認可したことの違法性が争われた事案において，本判決は，本件認可は，いわば上級行政機関としての運輸大臣が下級行政機関としての日本鉄道建設公団に対しその作成した本件工事実施計画の整備計画との整合性等を審査してなす監督手段としての承認の性質を有するもので，行政機関相互間の行為と同視すべきものであり，処分性はないと判示している。

■ 通　　達　　通達は，上級行政機関が下級行政機関に対して示達するものであり，行政組織内部における命令にすぎず国民に対する法的拘束力は有しないから，処分性は否定される。この点に関する判例として以下のものがある。

　［判例 9-10］　最判昭和 43・12・24 民集 22 巻 13 号 3147 頁［百 I 52］［判 II 35］
　墓地，埋葬等に関する法律 13 条は，墓地等の経営者は，埋葬等の求めを受けたときは，正当の理由がなければこれを拒んではならないと定めているところ，他の宗教団体の信者であることのみでは，拒否の「正当の理由」に該当しないという通達が発せられた。ある宗教法人が，この通達に従わないと刑罰を科されるおそれがあり，事実上通達に従わざるをえないとして，その取消訴訟を提起した。最高裁は，通達は国民を直接に拘束するものではなく，当該通達が原告に他の宗教団体の信者の埋葬を受忍する義務を課すものではないと判示した。

しかし，一般論としてはこのことを前提としながら，例外的に通達の処分性

を肯定した裁判例もある。すなわち，東京地判昭和46・11・8行集22巻11＝12号1785頁［判Ⅱ36］は，「現実の行政事務の運営において通達がはたしている役割・機能の重要性およびその影響力も無視しえないものであつて，こうした点をも併せ考えると，通達であつてもその内容が国民の具体的な権利，義務ないしは法律上の利益に重大なかかわりをもち，かつ，その影響が単に行政組織の内部関係にとどまらず外部にも及び，国民の具体的な権利，義務ないしは法律上の利益に変動をきたし，通達そのものを争わせなければその権利救済を全からしめることができないような特殊例外的な場合には，行政訴訟の制度が国民の権利救済のための制度であることに鑑みれば，通達を単に行政組織の内部的規律としてのみ扱い，行政訴訟の対象となしえないものとすることは妥当でなく，むしろ通達によつて具体的な不利益を受ける国民から通達そのものを訴訟の対象としてその取消を求めることも許されると解するのが相当である」と判示している。

■ 行政処分と行政契約　　ある行政作用を行政処分として構成するか行政契約として構成するかについては，立法裁量が認められることが多い。したがって，行政契約という手法を用いることが可能な場合であっても，行政処分と構成することはありうる。その場合，処分性を持つことになる。たとえば，国に対して補助金交付を申請した場合，補助金等に係る予算の執行の適正化に関する法律6条の規定に基づき補助金等の交付の決定が行われるが，この決定に対しては，同法25条の規定に基づき不服の申出が認められていること等，同法全体の趣旨からみて，この決定を行政処分として構成していることが窺われる。立法政策としては，補助金交付を負担付贈与契約として構成することは可能である。地方公共団体においては，そのような構成が採られている例もあるが，釧路地判昭和43・3・19行集19巻3号408頁は，その処分性を認め，控訴審の札幌高判昭和44・4・17行集20巻4号459頁も，釧路市工場誘致条例に基づく奨励金の交付決定を，同条例，同条例施行規則，行政実務を総合して処分性を有すると判示している（同判決は，これを「形式的行政処分」と称している）。

発展学習のために㉔　形式的行政処分

　「形式的行政処分」という概念は，契約という行為形式を選択できる場合に行政処分という構成が選択される場合もあるという説明概念として用いられることがあるのにとどまらず，取消訴訟の対象を拡大することにより私人の司法救済のルートを拡張するという実践的意図をもって提唱されることもある。これに対しては，取消訴訟の対象とすることにより出訴期間の制約がかかり，取消訴訟の排他的管轄が及ぶため，救済にプラスとは限らないという批判もなされてきたが，かかる批判に対し，本来，権力性を有しない行為を救済の便宜のために「形式的行政処分」として取消訴訟で争うことを認めても，取消訴訟を選択せず，当事者訴訟や民事訴訟で争うことを選択することが否定されるべきではないから，「形式的行政処分」論は，救済にとりかえってマイナスとなりうるという批判は当たらないという反論がなされている。

[判例9-11]　最大判昭和45・7・15民集24巻7号771頁［百Ⅱ142］［判Ⅱ20］
　供託についても寄託契約として構成し，供託金取戻請求拒否行為に不服な場合，当事者訴訟または民事訴訟で争わせる立法政策も考えられるが，本判決は，供託官の処分に対する審査請求の規定（供託法1条ノ3〔当時〕）が置かれており，行政処分という形式を用いているとみることができるので，弁済供託における供託金取戻請求が供託官により却下された場合には，供託官を被告として却下処分の取消しの訴えを提起できると判示している。

[判例9-12]　最大判昭和46・1・20民集25巻1号1頁［百Ⅰ44］
　買収農地の小作農への売渡しが処分性を認められているように，農地法80条（当時）に基づく旧地主への政府農地の売払いについても，農林水産大臣による同条1項の認定を行政処分として構成することも立法政策として可能であるが，本判決は，これに対する不服申立てについての規定が置かれていないこと等を理由としてこれを行政庁の内部的行為とし，また，売払いも，やはり不服申立てについての規定が置かれていないこと等を理由として，私法上の行為にすぎないとする。

　納税のために物納された土地の払下げは，国有普通財産（国有財産であって，行政目的に供されていない財産）の払下げであるから，大蔵大臣（当時）が定めた書式において，売払申請書の提出，これに対する払下許可の形式をとっていても，売買契約であり行政処分ではないとされている（最判昭和35・7・12民集14巻9号1744頁［判Ⅰ133]）。このことは，立法政策により，公有普通財産の売払いを行政処分として構成することを否定する趣旨ではなく，昭和22年法律第53号（社寺等に無償で貸し付けてある国有財産の処分に関する法律）1条，2条2項

のように，明確に行政処分の構成をとる例がある。

■ **公共施設管理者の同意・不同意**　　最判平成 7・3・23 民集 49 巻 3 号 1006 頁［百Ⅱ151］［判Ⅱ34］は，都市計画法 32 条の規定に基づく公共施設管理者の不同意の処分性を否定している。同意を求める手続，同意の基準等についての規定がないことに加えて，不同意に対する不服申立てに関する規定が設けられていないこと等を根拠としている。

■ **公証行為**　　「甲が乙の建物の所有者である」ことを登記簿に記載したり，「AがBの夫である」ことを戸籍に記載したり，「Xが○県△市□番地に居住している」ことを住民基本台帳に記載したりすることにより，公の権威をもってある事実を証明することを公証行為という。公証行為が処分性を持つとすると，取消訴訟の排他的管轄が及び，当該行為を取り消さない限り，それに反する主張はできないことになる。

［判例 9-13］　最判昭和 39・1・24 民集 18 巻 1 号 113 頁
　本判決は，家賃台帳に家賃の認可統制額等を記入する行為は，借家の家賃に認可統制額等の存在することおよびその金額等につき，公の権威をもってこれらの事項を証明し，それに公の証拠力を与える公証行為であるが，台帳を公衆の閲覧に供することによって上記の事項を一般に周知させて統制額を超える契約等を防止し，あわせて行政庁内部における事務処理の便益に資するようにすることを目的とするにすぎないものであって，処分性を有するものではないと判示している。

［判例 9-14］　最判平成 11・1・21 判時 1675 号 48 頁
　市町村長が住民票に世帯主との続柄を記載する行為について，本判決は，公職選挙法は選挙人名簿の登録は住民票が作成された日から引き続き 3 カ月以上当該市町村の住民基本台帳に記録されている者について行うと規定しており，住民票に特定の住民の氏名等を記載する行為は，その者が当該市町村の選挙人名簿に登録されるか否かを決定づけるものであって，その者は選挙人名簿に登録されない限り原則として投票することができないから，住民票への記載に法的効果が与えられているということができるが，しかし，住民票に特定の住民と世帯主との続柄がどのように記載されるかは，その者が選挙人名簿に登録されるか否かに影響を及ぼすものではないので行政処分ではないとする。

　他方，登記官が不動産登記簿の表題部に所有者を記載する行為は，所有者とされた特定の個人に所有権保存登記申請をすることができる地位を与えるから

（不登 74 条 1 項 1 号），行政処分であるとされている（最判平成 9・3・11 判時 1599号 48 頁［判Ⅱ23]）。

■ 通知行為　　　行政庁が一定の事項を相手方に通知するにとどまり，それにより相手方の権利義務に直接変動をもたらさない場合には，処分性は否定されることになる。したがって，関税法上の通告処分（最判昭和 47・4・20 民集 26 巻 3 号 507 頁），交通反則金の納付の通告（最判昭和 57・7・15 民集36 巻 6 号 1169 頁［百Ⅱ146]［判Ⅱ21]）の処分性は否定されている。老人福祉施設の施設譲渡方式（事業者に施設の資産を譲渡する方式）による民間移管の受託事業者に選定しない旨の通知について，最判平成 23・6・14 集民 237 号 21 頁［判Ⅰ134]は，本件民間移管は，市と受託事業者との間で，市が受託事業者に対し本件建物等を無償で譲渡し，本件土地を当分の間，無償で貸し付け，受託事業者が移管条件に従い当該施設を老人福祉施設として経営することを約する旨の契約を締結することにより行われることが予定されていると解し，前記通知は，市長が，契約の相手方となる事業者を選考するための手法として法令の定めに基づかずに行った事業者の募集に応募した者に対し，その者を相手方として当該契約を締結しないこととした事実を告知するものにすぎないから，処分性を有しないと判示している。

　しかし，最高裁の処分についての定義に照らせば，処分性が認められない行為について，最高裁自身が処分性を肯定した例も皆無ではない。

[判例 9-15]　最判昭和 45・12・24 民集 24 巻 13 号 2243 頁［百Ⅰ60]
　源泉徴収による所得税額は自動的に確定するのであって，納税の告知は，国税徴収手続の第 1 段階をなすものであり，滞納処分の不可欠の前提であるが，その法的性質は，税額の確定した国税債権につき，納期限を指定して納税義務者に履行を請求する行為であり，更正または決定のごとき課税処分たる性質を有しないとしている。ところが，同判決は，源泉徴収による所得税についての納税の告知は，確定した税額がいくらかについての税務署長の意見が初めて公にされるものであるから，支払者がこれと意見を異にするときは，当該税額による所得税の徴収を防止するため，異議申立てまたは審査請求のほか抗告訴訟をも提起しうると解すべきと判示している。ここでは，納税告知に処分性を認めることにより，その取消訴訟に徴収手続の差止機能を持たせようとしているとみることができる。

[判例 9-16]　最大判昭和 59・12・12 民集 38 巻 12 号 1308 頁［百Ⅱ153］

　本判決は，貨物の輸入申告に対し許可が与えられない場合にも，不許可処分がされることはないというのが確立した実務の取扱いであるから，関税定率法（昭和 55 年法律第 7 号による改正前のもの）に基づく「公安又は風俗を害すべき」輸入禁制品に該当する旨の通知は，当該物件につき輸入が許されないとする税関長の意見が初めて公にされるもので，しかも以後不許可処分がされることはなく，その意味において輸入申告に対する行政庁側の最終的な拒否の態度を表明するものとみて妨げないものというべきであるとする。このように，通関手続の実際において，輸入禁制品該当の税関長の通知は，実質的な拒否処分（不許可処分）として機能しているものということができ，当該通知は，抗告訴訟の対象となる行政処分に当たると解するのが相当であると判示している。

　最判昭和 54・12・25 民集 33 巻 7 号 753 頁［判Ⅱ25］も，関税定率法に基づく通知は，当該貨物を適法に輸入することができなくなるという法律上の効果を及ぼすから，処分性を有すると判示している。

　最判平成 16・4・26 民集 58 巻 4 号 989 頁［判Ⅱ24］も，食品衛生法（平成 15 年法律第 55 号による改正前のもの）に基づき食品等の輸入届出をした者に対して検疫所長が行う当該食品等が添加物等の販売等の禁止規定に違反する旨の通知は，それにより当該食品等について輸入許可が受けられなくなるという法的効力を有するとして処分性を認めている。

[判例 9-17]　最判平成 17・4・14 民集 59 巻 3 号 491 頁［百Ⅱ155］［判Ⅱ26］

　登記等を受けた者が登録免許税法（平成 14 年法律第 152 号による改正前のもの）31 条 2 項の規定に基づいてした登記機関から税務署長に還付通知をすべき旨の請求に対し，登記機関のする拒否通知の処分性が争われた事案において，本判決は，登録免許税法 31 条 2 項は，登録免許税の還付を請求するにはもっぱらこの手続によるべきであるとする手続の排他性を有するものではないとしながら，登記等を受けた者に対し，簡易迅速に還付を受けることができる手続を利用することができる地位を保障しており，同項の規定に基づく還付通知をすべき旨の請求に対してされた拒否通知は，登記機関が還付手続をとらないことを明らかにするものであって，これにより，登記等を受けた者は，簡易迅速に還付を受けることができる手続を利用しえなくなるので，上記の拒否通知は，登記等を受けた者に対して上記の手続上の地位を否定する法的効果を有し，行政処分に当たると判示している。

■指導・勧告　　行政指導は，実際上それに従わないことが困難な場合が稀でないにしても，相手方の任意の協力により実現されるべきものである（行手2条6号・32条）。指導要綱は行政指導の指針であり，法的拘束力を有するものではない。したがって，指導要綱に基づいて行政機関が承認，同意等を与える行為も法的拘束力はなく，行政処分ではない。

　最判昭和38・6・4民集17巻5号670頁は，社会保険医療担当者監査要綱に基づき都道府県知事が保険医に対してなした戒告の措置は，相手方にとり不名誉であり，また，戒告が反復されると実際上，保険医指定取消しのおそれがあるとしても，それ自体として法的効果を持つものではないので処分性を有しないと判示している。しかし，行政指導としての性質を持つ勧告にも処分性が認められた例がある。

> **［判例9-18］**　最判平成17・7・15民集59巻6号1661頁［百Ⅱ154］［判Ⅱ27］
> 　本判決は，医療法（平成9年法律第125号による改正前のもの）30条の7の規定に基づき都道府県知事が病院を開設しようとする者に対して行う病院開設中止の勧告の処分性を認めている。同判決は，医療法30条の7の規定に基づく病院開設中止の勧告は，医療法上は当該勧告を受けた者が任意にこれに従うことを期待してされる行政指導として定められているけれども，これに従わない場合には，当該勧告を受けた者に対し，相当程度の確実性をもって，病院を開設しても保険医療機関の指定を受けることができなくなるという結果をもたらすものということができ，保険医療機関の指定を受けることができない場合には，実際上病院の開設自体を断念せざるをえないことになることを指摘し，後に保険医療機関の指定拒否処分の効力を抗告訴訟によって争うことができるとしても，病院開設中止の勧告の処分性は肯定されると判示している。

■要綱に基づく承認等　　労働福祉事業に係る労働基準監督署長の決定については，労働者災害補償保険法に行政上の不服申立てに関する明示の規定はない。しかし，最判平成15・9・4判時1841号89頁［百Ⅱ152］［判Ⅱ22］は，被災労働者またはその遺族は，所定の支給要件を具備するときは所定額の労災就学援護費の支給を受けることができるという抽象的な地位を与えられているものの，具体的に支給を受けるためには，労働基準監督署長に申請し，所定の支給要件を具備していることの確認を受けなければならず，労働基準監督署長の支給決定によってはじめて具体的な労災就学援護費の支給

請求権を取得するので，労働基準監督署長の行う労災就学援護費の支給または不支給の決定は，労働者災害補償保険法を根拠とする優越的地位に基づいて一方的に行う公権力の行使であり，被災労働者またはその遺族の権利に直接影響を及ぼす法的効果を有するから，抗告訴訟の対象となる行政処分に当たるものと解するのが相当であると判示している。労災就学援護費の支給の法的根拠は法律に定められているものの，支給の対象・額・手続は通達・要綱で定められていた場合に，行政庁の支給・不支給の決定に処分性を認めたものとして注目される。

◤◥ Column㉞ 労働者災害補償保険法施行規則の改正 ································

　　労働者災害補償保険法 29 条 1 項 2 号は，政府が，被災労働者の遺族の援護に係る事業を行うことができるとし，同条 2 項は，同条 1 項各号に掲げる事業の実施に関して必要な基準は厚生労働省令で定めると規定されていたものの，労災就学援護費の支給の対象も額も通達・要綱で定められてきたことに対して，総務省行政不服審査会が繰り返し答申の付言でその是正を求めてきた。その後，同法施行規則の改正（令和 2 年厚生労働省令第 70 号）により，同法 29 条 1 項 2 号に掲げる事業として，労災就学援護費等の支給を行うものとすること（同規則 32 条），労災就学援護費の支給対象者（同規則 33 条 1 項）および額（同条 2 項）に関する規定ならびに労災就学援護費の支給に関しその他必要な事項は，厚生労働省労働基準局長が定める旨の規定（同条 3 項）が設けられ，2020（令和 2）年 4 月 1 日から施行された。

··

■ 公務員の採用内定の取消し　　地方公共団体の採用内定の通知が，単に発令手続を支障なく行うための準備手続としてされる事実上の行為にすぎず，地方公務員として採用し，職員としての地位を取得させることを目的とする確定的な意思表示ないしは始期付または条件付採用行為と目すべきものではない場合には，採用内定通知によって職員たる地位を取得するものではないから，採用内定の取消しによっても，内定を受けた者の法律上の地位ないし権利関係に影響を及ぼすものではなく，当該取消しの処分性は否定されるとするのが判例（最判昭和 57・5・27 民集 36 巻 5 号 777 頁［判Ⅰ157]）の立場である。しかし，同判例も，内定通知を信頼して他の就職の機会を放棄したこと等に対する損害賠償責任が発生する余地があることまで否定しているわけではない。

■ 原因解明裁決　　法律で裁決という文言が用いられていても，処分性がある
とは限らず，個別にその性格を吟味する必要がある。海難
審判法（平成20年5月2日法律第26号による改正前のもの）に基づく原因解明裁
決（海難審判旧4条1項）は，海難の原因について調べた結論を示すにとどまり，
民事訴訟においても拘束力を持つわけではないので，処分性が否定されている
（最大判昭和36・3・15民集15巻3号467頁）。

■ 学生生徒心得　　公立学校の中学校生徒心得で男子生徒の頭髪を丸刈りとす
ること等が定められていても，それが法的義務を課すもの
ではなく訓示的なものにとどまる場合には，行政処分ではないとされている
（最判平成8・2・22判時1560号72頁）。

■ 規範の定立　　法律，法規命令や地方公共団体の条例，規則は，一般的な規
範の定立であり，国民に対して法的拘束力を有するが，行政
処分といえるためには，「直接」国民の権利義務を形成しまたはその範囲を確
定するものでなければならないから，通常は個別具体性に欠ける上記の規範は，
処分性を有しないことになる（公立小学校の統廃合に関する条例の処分性を否定し
たものとして，最判平成14・4・25判例自治229号52頁参照）。

[判例9-19]　最判平成18・7・14民集60巻6号2369頁［百Ⅱ150］［判Ⅰ200・
Ⅱ29］
　本判決は，「本件改正条例は，旧高根町が営む簡易水道事業の水道料金を一般的に
改定するものであって，そもそも限られた特定の者に対してのみ適用されるものでは
なく，本件改正条例の制定行為をもって行政庁が法の執行として行う処分と実質的に
同視することはできないから，本件改正条例の制定行為は，抗告訴訟の対象となる行
政処分には当たらないというべきである」と判示している。

　しかし，条例であっても，実質的にみて個別具体性を持つものであれば，処
分性が認められる。

[判例9-20]　最判平成21・11・26民集63巻9号2124頁［百Ⅱ197］［判Ⅱ30］
　4つの市立保育所を民営化するため，保育所条例の別表から当該4保育所の記載を
削除する条例改正をしたところ，民営化反対の保護者とその児童が改正条例制定行為
の取消訴訟を提起した事案において，本判決は，本件改正条例は，本件各保育所の廃
止のみを内容とするものであって，他に行政庁の処分を待つことなく，その施行によ

り各保育所廃止の効果を発生させ，当該保育所に現に入所中の児童およびその保護者という限られた特定の者らに対し，直接，当該保育所において保育を受けることを期待しうる法的地位を奪う結果を生じさせるから，その制定行為は処分性を有すると述べている。また，条例制定行為の処分性を否定して当事者訴訟，民事訴訟で争われることとした場合，当事者間での解決しか期待しえないので，処分の取消判決や執行停止決定に第三者効が認められている取消訴訟において条例制定行為の適法性を争いうるとすることに合理性があるとも判示している。

　この判決は，最高裁が条例制定行為の処分性を認めた初の例である（ただし，訴えの利益が失われ請求を却下すべきとしており，処分性に関する判示は傍論である）。
　同じく公の施設を廃止する条例制定行為の処分性が問題になったにもかかわらず，前掲最判平成14・4・25と［判例9-20］が結論を異にしたのは，以下の理由によるものと考えられる。最判平成14・4・25は，小学生の保護者は，社会生活上通学可能な範囲内に設置する公立小学校において，法定年限の普通教育をその子らに受けさせる権利ないし法的利益を有するが，具体的に特定の公立小学校で教育を受けさせる権利ないし法的利益を有するとはいえないという前提に立ち，上告人らの子らが通学していた公立小学校の廃止後に新たに就学指定された小学校は，社会生活上通学可能な範囲内にあると認められるので，上記の権利ないし法的利益の侵害はないとして，処分性を否定している。これに対し，最判平成21・11・26は，1997（平成9）年改正後の児童福祉法の下においては，保護者が特定の公立保育所を選択することを認める仕組みが採用されているので，特定の保育所で現に保育を受けている児童およびその保護者は，保育の実施期間が満了するまでの間は当該保育所における保育を受けることを期待しうる法的地位を有するものということができると解したのである。

■ 拘束的計画　拘束的計画とは，行政計画の中でも，国民に対する権利制限的効果を持つものをいう。非拘束的計画であれば処分性は否定されることになるが，拘束的計画であれば，前掲最判昭和39・10・29［判例9-7］で示した最高裁判決の処分性についての定義に照らし，処分性が認められることになりそうである。しかし，判例は必ずしもそうではなく，最大判昭和41・2・23民集20巻2号271頁および最判平成4・10・6判時1439号116頁は，土地区画整理事業計画決定の処分性を否定していた。これを判例変更し

たのが，以下の判決である。

[判例 9-21]　最大判平成 20・9・10 民集 62 巻 8 号 2029 頁［百Ⅱ147］［判Ⅱ1］
　本判決は，土地区画整理事業計画が決定されると，施行地区内の宅地所有者等は，換地処分の公告がある日まで，土地利用規制を伴う土地区画整理事業の手続に従って換地処分を受けるべき地位に立たされるものということができ，その意味で，その法的地位に直接的な影響が生ずるものというべきであると判示している。また，換地処分等がされた段階では，実際上，すでに工事等も進捗し，換地計画も具体的に定められるなどしており，その時点で事業計画の違法を理由として当該換地処分等を取り消した場合には，事業全体に著しい混乱をもたらすことになりかねず，事情判決がされる可能性が相当程度あるのであり，実効的な権利救済を図るためには，事業計画の決定がされた段階で，これを対象とした取消訴訟の提起を認めることに合理性があると述べている。

　地域地区とは，市街地の土地利用を地域・地区の区分により規制する制度で，ゾーニングのことである。都市計画法では，市街化区域（既成市街地やおおむね 10 年以内に優先的・計画的に市街化を図るべき区域。都計 7 条 2 項）には，必ず用途地域を定めることとしている（同 13 条 1 項 7 号後段）。最高裁は，以下のように，用途地域の指定の処分性を否定している。

[判例 9-22]　最判昭和 57・4・22 民集 36 巻 4 号 705 頁［百Ⅱ148］［判Ⅱ32］
　ある区域が工業地域に指定されたため，病院を増設できなくなった者が，工業地域の指定の取消訴訟を提起した事案において，本判決は，都市計画区域内において工業地域を指定する決定は，土地所有者等に建築基準法上新たな制約を課し，その限度で一定の法状態の変動を生ぜしめるものであることは否定できないが，かかる行為は，あたかも新たに上記のような制約を課す法令が制定された場合におけると同様の地域内の不特定多数の者に対する一般的抽象的なものにすぎず，具体的な権利侵害を伴う処分があったとはいえないとする。そして，現実に建築制限を超える建物の建築をしようとしてそれが妨げられている者が存在する場合には，行政庁の具体的処分をとらえて，地域指定が違法であることを主張して当該処分の取消しを求めることにより権利救済の目的を達する途が残されているから，地域指定自体の処分性を否定しても，格別の不都合は生じないと判示している。

　また，最判昭和 57・4・22 判時 1043 号 43 頁は，用途地域内において市街地の環境を維持し，または土地利用の増進を図るため，建築物の高さの最高限度または最低限度を定める高度地区の指定の処分性も否定している。そして，最

判昭和 62・9・22 判時 1285 号 25 頁は，道路に関する都市計画変更決定の処分性を否定している。

> **発展学習のために㉕　第 1 次行政手続法研究会の提言**
>
> 　旧行政管理庁のいわゆる第 1 次行政手続法研究会は，1983（昭和 58）年に公表した行政手続法律案要綱案において，土地利用計画策定手続と公共事業実施計画策定手続を定めているが，そこにおいて手続的規律の対象となる拘束的計画に処分性を認めることを提言している。計画策定手続の一般法化の提言は直ちに立法化には結びつかず，行政手続法制定に際しても，将来の課題として残されたが，以下のように，最高裁は，この提言が公表された頃から，一部の領域においてではあるが，拘束的計画の処分性の要件を緩和する気配をみせるようになった。

■■ Column㉟　都市計画争訟研究会の提言
- -

　国土交通省の外郭団体である財団法人都市計画協会が設けた都市計画争訟研究会が 2006（平成 18）年に公表した報告書においては，都市計画決定等に対し行政不服審査法に基づく不服申立てを認め，これに対する裁決を裁決主義のもとで抗告訴訟の対象とすることを提言している。

- -

　土地区画整理法では，土地区画整理組合を設立しようとする者は，事業計画を定めて，設立認可を求め，組合の設立が認可されると，それにより事業計画が確定し，当該事業計画の確定によって建築制限等の効果が生ずるという仕組みが採用されている。したがって，土地区画整理組合の設立認可と土地区画整理事業計画の決定は，ほぼ同じ段階にあるとみることができる。最判昭和 60・12・17 民集 39 巻 8 号 1821 頁［判Ⅱ33］は，土地区画整理組合の設立認可が，組合の施行地区内の宅地について所有権または借地権を有する者をすべて強制的に組合員とする効果が生ずること等にかんがみ，設立認可の処分性を肯定した。

　市町村が土地の農用地としての利用を増進するために行う土地改良事業においては，市町村は，土地改良事業計画を定め，都道府県知事に対して事業の施行認可を申請する仕組みになっている。土地改良法では，国，都道府県が土地改良事業を行う場合には，事業計画決定を行政処分として扱っている。このことは，土地改良法 87 条 6 項ないし 10 項が，国営，都道府県営の土地改良事業

の事業計画決定について，行政不服審査法の不服申立ての対象になることを前提とした規定を置いていることから窺える。市町村営土地改良事業施行認可については，このような明文の規定はないが，国営，都道府県営の土地改良事業の事業計画決定の効果と市町村営土地改良事業施行認可が同じ機能を果たすことから，最判昭和61・2・13民集40巻1号1頁は，市町村営土地改良事業施行認可の処分性を肯定した。

　市街地の土地の合理的かつ健全な高度利用と都市機能の更新を図る市街地再開発事業の計画の中には，権利変換方式をとる第1種市街地再開発事業計画と収用権を付与された第2種市街地再開発事業計画がある。前者は，従前の地権者の土地等の権利を市街地再開発事業によって建築される施設建築物（再開発ビル）に対する権利に変換するものであるのに対し，後者は用地買収方式を採っており，地区内の土地を買収または収用して施設建築物を建築後，譲渡希望者に区分所有権を取得させる方式である。市町村が第2種市街地再開発事業を施行しようとするときには，設計の概要について都道府県知事の認可を受け，当該事業を公告するが，これは土地収用法の事業認定の告示とみなされる仕組みになっている。

[判例9-23]　最判平成4・11・26民集46巻8号2658頁［判Ⅱ31］
　本判決は，土地収用法20条の事業認定について，同法130条1項で行政不服審査法に基づく不服申立てができるとして処分性が肯定されているので，事業認定と同じ効果が認められる第2種市街地再開発事業計画の決定についても同様に考えるべきこと，第2種市街地再開発事業計画の決定の公告があると，施行地区内の宅地の所有者等は，契約または収用により施行者に取得される当該宅地等につき，公告があった日から起算して30日以内に，その対償の払渡しを受けることとするかまたはこれに代えて建築施設の部分の譲受け希望の申出をするかの選択を余儀なくされること（都開118条の2第1項）に照らして，公告された第2種市街地再開発事業計画の決定の処分性を肯定している。

　地区計画とは，各区域の特性にふさわしい態様を備えた良好な環境の街区を整備し保全するために定められる計画であり，1980（昭和55）年の都市計画法改正により導入され，用途地域制と建築規制の中間的性格を有する。建築物の建築形態，公共施設その他の施設の配置等からみて，一体として当該地区計画

の地区整備計画が都市計画の一種として定められると，地区内の土地所有者に対して法的拘束力が及ぶ。しかしながら，最判平成 6・4・22 判時 1499 号 63 頁は，地区整備計画が作成された地区計画の決定について処分性を否定している。

　全体としてみると，最高裁は，拘束的計画の処分性について，制定法準拠主義の傾向が強く，実定法上，処分性を肯定する何らかの手掛かりがあれば処分性を認めるが，そのような手掛かりがない限り処分性を否定する態度を採っている。旧自作農創設特別措置法 7 条の規定に基づく農地買収計画について処分性が認められてきたのも，行政上の不服申立てを認める規定が置かれていたことが要因である。最高裁は，従前は，土地区画整理事業計画の決定と，土地区画整理組合の設立認可，市町村営土地改良事業施行認可，第 2 種市街地再開発事業計画の決定の間では，処分性の有無について実定法上異なる立法政策が採られていることが窺われると解していたが，実質的にみると，両者を区別する根拠は必ずしも十分とはいいがたい。土地区画整理事業計画の決定の処分性を否定した先例が見直されたのは適切であった。

　また，最高裁は，地区計画の決定についても処分性を否定したが，最判昭和 61・6・19 判時 1206 号 21 頁［百Ⅱ136］［判Ⅱ120］は，建築基準法 46 条の規定に基づく壁面線の指定については，行政上の不服申立てを認める実定法上の手がかりがないにもかかわらず，「対物的な処分」という表現を判決の中で用いており，処分性があることを前提としているが，地区計画の決定と壁面線の指定を処分性の点で区別する合理的根拠があるかについても検討する必要があろう。

　土地区画整理事業計画の決定の処分性を肯定した前掲最大判平成 20・9・10 の射程がどこまで及ぶのかは，必ずしも明確ではない。藤田宙靖裁判官の補足意見は，土地区画整理事業と同様に権利変換システムを骨格とする土地改良事業，第 1 種市街地開発事業等は射程内であるが，都市計画法上の地域地区の指定のように，計画決定に後続する事業が予定されているわけではないいわゆる「完結型」の土地利用計画決定は，当然には射程内とはいえないと読める。泉徳治裁判官の補足意見は，土地区画整理事業の施行権の付与の効果および建築制限の効果は，いずれも公告された事業計画の決定が抗告訴訟の対象となるこ

とを理由づけるものと考えるが，公告された事業計画の決定が抗告訴訟の対象
となる本来的な理由は，それが土地区画整理事業の施行権の付与という効果を
有し，それにより施行地区内の宅地所有者等が特段の事情のない限り自己の所
有地等につき換地処分を受けるべき地位に立たされることにあるとするもので
あり，同判決が，基本的に事業施行権付与型の計画を念頭に置いたものである
ことを窺わせる。しかしながら，建築制限の効果も処分性を基礎づけるとも述
べているので，「完結型」の土地利用計画決定も射程内とする趣旨とも読めな
くもない。涌井紀夫裁判官の意見は，施行地区内の所有地に自己の建築物を建
築したいというのではなく，所有地を他に譲渡・売却する際の不利益を排除す
るためにこの建築制限等の制約の解除を求めている者の場合には，後にその適
否を争うことでその目的を達することのできるような後続の行為なるものは考
えられないのであり，抗告訴訟の方法でその権利・利益を救済する機会を保障
するには，事業計画決定の段階での訴訟を認める以外に方法がないので，土地
区画整理事業の事業計画の決定については，上記のような建築制限等の法的効
果を持つことのみでその処分性を肯定することが十分に可能であるとされてい
る。したがって，涌井意見によれば，「完結型」の土地利用計画決定にも処分
性を認めるべきことになる。

■ 公共施設の設置・供用　　公共施設の設置・供用が公権力の行使に該当すれば
　　　　　　　　　　　　　民事訴訟による差止めはできず，公権力の行使に該
当しなければ民事訴訟による差止めが可能になる。判例はかつて，個別分析的
アプローチにより処分性を否定するのが一般的であった。最判昭和39・10・
29民集18巻8号1809頁［百Ⅱ143］［判Ⅱ19］は，ごみ焼却場の設置過程を個
別的に分析し，東京都が本件ごみ焼却場の設置を計画し，その計画案を都議会
に提出した行為，設置計画の議決・公布は，都自身の内部的手続的行為にとど
まり，土地の買収行為，建築請負は私人と対等の立場で締結した契約であり，
建築は事実行為であり，いずれも処分性を持つ行為ではないと判示した。
　公共施設の供用についても個別分析的アプローチにより民事訴訟による差止
めを認めるのが判例の主流であったが，かかる個別分析的アプローチを否定し
たのが，大阪空港訴訟における最高裁大法廷判決であった。

◇　[判例9-24]　最大判昭和56・12・16民集35巻10号1369頁［百Ⅱ144］［判Ⅱ
◇　8・173］
◇　　本判決は，航空機の離着陸のためにする国営空港の供用は，運輸大臣（当時）の空
◇　港管理権と航空行政権という2種の権限の総合的判断に基づいた不可分一体的な行使
◇　の結果であるから，その差止めを民事訴訟の手続により請求することは不適法である
◇　と判示した。それでは，行政訴訟で争うことができるかであるが，多数意見は，「行
◇　政訴訟の方法により何らかの請求をすることができるかはともかくとして」と述べる
◇　のみであった（伊藤正己裁判官の補足意見においては，抗告訴訟が可能であるとされてい
◇　る）。

　　最判平成元・2・17民集43巻2号56頁［判例9-26］〔新潟空港事件〕は，定期
航空運送事業免許の取消訴訟の原告適格を当該路線免許により生ずる航空機騒
音により社会通念上著しい障害を受ける者に認めることによって，行政訴訟の
方法による救済のルートを承認している。しかし，周辺住民にとって問題なの
は，騒音の総量と時間帯であるから，この場合，個々の定期航空運送事業免許
を対象とする取消訴訟よりも，空港の供用の民事差止訴訟のほうが紛争の実態
に適合しているといえよう。

　　他方，自衛隊の演習場における射撃訓練ないし立入禁止措置が抗告訴訟で争
われた事件において，最判昭和62・5・28判時1246号80頁は，個別分析的ア
プローチにより公権力の行使の存在を否定し抗告訴訟は不適法であると判示し
た。そのため，最高裁は，抗告訴訟と民事訴訟の間でキャッチボールをしてい
るという批判がなされることになった。

　　[判例9-25]では，大阪空港事件とは異なり，自衛隊の航空機の運航差止め
が求められていた。しかし，民事訴訟による差止めが求められていた点は共通
する。この事件の1審判決（横浜地判昭和57・10・20判時1056号26頁）は，大
阪空港訴訟最高裁判決と類似の論理で，本件訴訟を却下した。すなわち，大阪
空港訴訟最高裁判決のいう「航空行政権」の代わりに「防衛行政権」という用
語を使用しているのである。他方，控訴審判決（東京高判昭和61・4・9判時1192
号1頁）は「統治行為論」を採用して請求を却下した。しかし，最高裁は，1
審判決とも控訴審判決とも異なる論理で請求を却下している。

[判例 9-25]　最判平成 5・2・25 民集 47 巻 2 号 643 頁〔第 1 次厚木基地事件〕
　本判決は，自衛隊機の運航に伴う騒音等の影響は飛行場周辺に広く及ぶことが不可避であるから，自衛隊機の運航に関する防衛庁長官（当時）の権限の行使は，その運航に必然的に伴う騒音等について周辺住民の受忍を義務づけるものであり，そうすると，上記権限の行使は，騒音等により影響を受ける周辺住民との関係において，公権力の行使に当たる行為というべきであるとする。そして，民事訴訟による差止請求は，必然的に防衛庁長官に委ねられた自衛隊機の運航に関する権限の行使の取消変更ないしその発動を求める請求を包含することになるから，行政訴訟ができるかはともかくとして，民事差止請求は不適法であると判示している。

　国道 43 号線事件についての最判平成 7・7・7 民集 49 巻 7 号 2599 頁は，民事差止請求が適法か否かについての議論には触れず，これが適法であることを前提としている。それでは，大阪空港事件や第 1 次厚木基地事件の最高裁判決と国道 43 号線事件についての最高裁判決との差異はどのように説明されるべきであろうか。大阪空港事件や第 1 次厚木基地事件においては，空港の供用や航空機の離発着の差止めが求められており，執行方法が特定されていた。これに対して，国道 43 号線事件においては，騒音等を一定の基準以下に引き下げることが求められているが，そのための執行方法は特定されていない。したがって，道路管理者が受忍限度以下に騒音を下げる方法も多様でありうるのであり，道路管理者に交通規制のような公権力の発動を伴わない方法による騒音軽減措置（防音壁の設置・強化，地下化，道路周辺用地の任意買収と植林等）を選択する余地を残している。このことが，民事差止請求を不適法としなかった理由とみることもできないわけではない。しかし，大阪空港事件や第 1 次厚木基地事件においても民事差止訴訟を認めるべきであったことはすでに述べたとおりである。

　その後，最判平成 28・12・8 民集 70 巻 8 号 1833 頁 [判例 9-54]〔第 4 次厚木基地事件〕は，自衛隊機の運航にかかる防衛大臣の権限の行使の処分性を求め，行政事件訴訟法 37 条の 4 第 1 項の規定に基づく差止訴訟の対象になることを認めた。

⑵　原告適格

■意　義　　**取消訴訟の原告適格とは，個別具体の事件において取消訴訟を提起する資格のことである。**行政法関係においては，実体法上の取消請求権を先行させることなく取消訴訟制度が設けられてきたため，どの範囲の者に原告適格が認められるべきかが，解釈論上大きな問題となるのである。

　市民社会の私的自治を前提とし，国家は市民社会の秩序を維持するために最低限必要な規制を行い，かかる規制が濫用されないように行政活動を法律により拘束し，違法な処分が行われた場合に取消訴訟による救済の道を確保するという近代行政法の体系の下では，取消訴訟における原告適格は，それほど困難な問題を惹起しなかった。そこにおいては，取消訴訟の原告適格を有する者としては，基本的には，許可等の申請を拒否された者，不利益処分を受けた者を念頭に置いておけば足りると考えられていた。もっとも，この時代においても，許可等が付与されることにより，周辺住民等の第三者に不利益が及ぶという二重効果的処分は存在したのであるが，かかる者の利益は，公益の一環として行政庁が保護すれば足りる反射的利益にすぎないと一般に考えられ，原告適格を認める必要性はほとんど認識されてこなかったのである。しかし，行政が多様な分野で規制を行うようになり，また，行政の規制が不十分なために深刻な公害等が惹起されるにつれ，規制が受益者にもたらす利益を反射的利益にとどめることへの疑問が高まり，これらの者に原告適格を認めるべきであるという議論が力を得るようになってきた。こうして，取消訴訟における原告適格の有無・範囲が，行政事件訴訟法の最重要問題の1つになってきたのである。

■「法律上の利益」の意義　　行政事件訴訟特例法は，原告適格についての規定を設けていなかったが，通説・判例は，権利侵害に限らず，法律上保護されるに足る正当な利益のある者には原告適格を認めていた。行政事件訴訟法は，民衆訴訟，機関訴訟という客観訴訟について定めることとしたため，主観訴訟たる取消訴訟の原告適格についても明示することが望ましいと考えられた。そこで，**行政事件訴訟法9条1項は，「処分の取消しの訴え及び裁決の取消しの訴え（以下「取消訴訟」という。）は，当該処分又**

は裁決の取消しを求めるにつき法律上の利益を有する者……に限り，提起することができる」と定めている。ここでいう「法律上の利益」は，行政事件訴訟特例法下の通説・判例を法定化する趣旨であった。

　この「法律上の利益」の意味については，「法律上保護された利益説」と「裁判上保護に値する利益説」の対立が存在する。もっとも，いずれの説も，取消訴訟が主観訴訟である以上，原告に当該処分に起因する利益の侵害（またはその蓋然性）があることを要件としている点では共通している。取消訴訟の原告適格に関する説の中に適法性保障説と呼ばれるものが挙げられることもあるが，これは，取消訴訟による適法性保障を図ることを重視して誰に原告適格を認めるのが適当かを判断するもので，取消訴訟の主観訴訟としての位置づけとかなり乖離するため，ほとんど支持を得ていない。

　「法律上保護された利益」とは，当該行政処分の根拠となる法規が，私人の個別的利益を保護することを目的として行政権の行使に制約を課していることにより保護される利益である。行政法規が公益の実現を目的として行政権の行使に制約を課している結果たまたま一定の者が受ける利益は，反射的利益ということになる。**「法律上保護された利益説」は，原告の主張する利益の考慮が処分要件になっているかを問題にするので，「処分要件説」と呼ばれることもある。これに対して，「裁判上保護に値する利益説」とは，原告の被侵害利益が，処分の根拠法規によって保護されていない利益であっても，それが裁判上保護に値するものであれば，原告適格を基礎づけるとするものである。**判例においては，私人の利益も保護する規範と公益のみを保護する規範の二元論を基礎とする「法律上保護された利益説」が優勢であり，すでに「法律上保護された利益説」で固まっているといえよう。

[判例9-26]　最判平成元・2・17民集43巻2号56頁［百Ⅱ183］［判Ⅱ40］〔新潟空港事件〕
　本判決は，「取消訴訟の原告適格について規定する行政事件訴訟法9条にいう当該処分の取消しを求めるにつき『法律上の利益を有する者』とは，当該処分により自己の権利若しくは法律上保護された利益を侵害され又は必然的に侵害されるおそれのある者をいうのであるが，当該処分を定めた行政法規が，不特定多数の具体的利益をもっぱら一般的公益の中に吸収解消させるにとどめず，それが帰属する個々人の個別的

利益としてもこれを保護すべきものとする趣旨を含むと解される場合には，かかる利益も右にいう法律上保護された利益に当たり，当該処分によりこれを侵害され又は必然的に侵害されるおそれのある者は，当該処分の取消訴訟における原告適格を有するということができる」と判示している。

　もっとも，新潟空港事件については，当時の航空法において，定期航空運送事業免許の許可要件の1つとして規定されていた「航空保安上適切なもの」という要件は，文理解釈上は，単体の航空機の運航の危険性を問題とするものと解されるので，これを総体としての騒音被害を回避するための要件としても用いることは，実質的には「裁判上保護に値する利益説」を採用したといえるという見方も少なくない。また，里道廃止処分について特段の事情がある場合には原告適格を認める余地を肯定したとみられる最判昭和62・11・24判時1284号56頁については，里道のような法定外公共物（道路法，河川法等の公物管理法の適用または準用がない公共用物）の利用関係を定めた法律は存在しないから「法律上保護された利益説」では説明できず，この説は破綻したという主張もなされている。

　「法律上保護された利益説」に対しては，以下のような批判がある。第1に，日本国憲法の下では，行政処分にかかる「法律上の争訟」についても，「裁判を受ける権利」が保障されなければならないが，憲法上保障された権利利益が侵害されても，個別の実定法で保護されていない者は原告適格を有しないことになるのは不合理であるという批判である。第2に，個別法の立法者意思に従って原告適格が判断されるとすれば，列記主義と異ならなくなり，行政事件訴訟法が採用する概括主義の趣旨が没却されるという批判である。第3に，立法時に想定していなかったような事情の変化があり，新たな権利利益を保護すべきと考えられる場合において，立法府が新しい事態に迅速に対応しない限り，こうした新しい権利利益が救済されないことになってしまうという批判である。第4に，そもそも立法者は，立法に際して法律上保護された利益の範囲について明確に意識しているわけではなく，「法律上保護された利益説」はフィクションにすぎないという批判である。第5に，裁判例のとる「法律上保護された利益説」の場合，公益と個別的利益を区別し，ある利益が当該根拠法規により保護されている利益である（保護範囲要件を満たしている）のみでは原告適格を

肯定するのに十分ではなく，後者の個別保護要件をも満たす場合のみが原告適格を基礎づけるとし，実定法上原告適格を認める手がかりが規定されている場合にもそれを公益保護規定と解して，原告適格を限定している場合がある。たとえば，公有水面埋立法の免許基準のように，環境保全への配慮が規定されている場合にも，これを公益保護のものと解しているのである。しかし，公益とは個別的利益の集積にほかならず，両者を質的に区別することはできないという批判がなされている。

発展学習のために㉖　**中間的利益**

　　2004（平成16）年の行政事件訴訟法改正案の審議に当たった参議院法務委員会は，「第三者の原告適格の拡大については，公益と私益に単純に二分することが困難な現代行政における多様な利害調整の在り方に配慮して，これまでの運用にとらわれることなく，国民の権利利益の救済を拡大する趣旨であることについて周知徹底に努めること」を附帯決議し，公益・私益二元論を疑問視する姿勢を示していた。取消訴訟の原告適格について，判例法上，処分の根拠法規により保護されているという保護範囲要件に加えて，当該利益が公益としてのみならず私人の個別的利益としても保護されているという個別保護要件も課していることへの学説の対応として，公益と私人の個別的利益の中間的利益に着目した議論が行われている。それは，「共同利益」ないし「集団的利益」，「凝集利益」等と呼ばれている。この中間的利益概念が，今後発展し，原告適格の拡大につながるか否かが注目される。

　他方において，「裁判上保護に値する利益説」に対しても，判断基準が不明確で裁判官の恣意的解釈を許容するという批判，取消訴訟を民衆訴訟化し濫訴の弊を招き，行政の円滑な運営を阻害するという批判，原告適格が認められても，本案審理において，自己の法律上の利益に関係のない違法を理由として取消しを求めることはできないから（行訴10条1項），反射的利益を侵害する違法事由は主張できず，原告敗訴という結論は変わらないのではないかという批判がなされている。これに対し，「裁判上保護に値する利益説」の側からは，「法律上保護された利益説」も，実態は，裁判官の広範な解釈の余地を残すものであり，この点で「裁判上保護に値する利益説」と異ならないこと，「裁判上保護に値する利益説」も原告の権利利益の侵害が要件とされており主観訴訟の枠内のものであること，本案審理において主張しうる違法事由も拡張される

べきことが反論として述べられている。

■「法律上の利益」の解釈　　　　　　(a)　解釈規定　　司法制度改革推進本部行政訴訟検討会においては，原告適格の拡大の方策が議論された。結果として，「法律上の利益」という文言は変更しないものの，解釈規定を置くことによって，原告適格の実質的拡大を図ることとされた。そして，2004（平成16）年の**行政事件訴訟法改正により，行政事件訴訟法9条2項として，「裁判所は，処分又は裁決の相手方以外の者について前項に規定する法律上の利益の有無を判断するに当たつては，当該処分又は裁決の根拠となる法令の規定の文言のみによることなく，当該法令の趣旨及び目的並びに当該処分において考慮されるべき利益の内容及び性質を考慮するものとする。この場合において，当該法令の趣旨及び目的を考慮するに当たつては，当該法令と目的を共通にする関係法令があるときはその趣旨及び目的をも参酌するものとし，当該利益の内容及び性質を考慮するに当たつては，当該処分又は裁決がその根拠となる法令に違反してされた場合に害されることとなる利益の内容及び性質並びにこれが害される態様及び程度をも勘案するものとする」という解釈規定が設けられた。**「当該処分又は裁決の根拠となる法令の規定の文言のみによることなく」という部分については，すでに最判昭和60・12・17判時1179号56頁［判Ⅱ39］〔伊達火力発電所事件〕が，行政法規による行政権の行使の制約とは，「明文の規定による制約に限られるものではなく，直接明文の規定はなくとも，法律の合理的解釈により当然に導かれる制約を含む」と述べ，根拠法規の限定的解釈を戒めていた。

(b)　処分又は裁決の相手方以外の者　　　「処分又は裁決の相手方以外の者」について規定されているのは，「処分又は裁決の相手方」，たとえば，営業停止命令のような不利益処分を受けた者や申請拒否処分を受けた者は，それにより直接に権利を制限されたり義務を課されたりするので，当該処分が違法な場合，自己の権利利益を侵害されていることは自明であり，原告適格を有することは明らかであるからである。実際に原告適格が問題になるのは，処分の名あて人以外の第三者が出訴する場合や，名あて人が特定されていない処分の場合である。もっとも，処分の名あて人でなくても，教科書検定において出版者が検定を申請し不合格処分を受けた場合の教科書の執筆者のように，名あて人と同視しう

る者で原告適格を有することがほとんど疑いない場合も存在する（最判昭和
57・4・8 民集 36 巻 4 号 594 頁［判Ⅱ52］〔家永教科書検定第 2 次訴訟〕)。また，土地
所有者が当該土地上の借地権者に対する権利変換処分の取消しを求める場合の
ように，取消判決がなされると自分に対する権利変換処分が有利に変更される
ことが期待できる者に原告適格が認められることにもあまり異論はないと思わ
れる（最判平成 5・12・17 民集 47 巻 10 号 5530 頁［判Ⅱ93］)。

(c)　**要考慮事項**　「当該法令の趣旨及び目的並びに当該処分において考慮さ
れるべき利益の内容及び性質を考慮する」ことは，すでに最判平成 4・9・22
民集 46 巻 6 号 571 頁・1090 頁［判例9-31］〔もんじゅ事件〕が，核原料物質，核
燃料物質及び原子炉の規制に関する法律旧 24 条 1 項 3 号（「その者……に……原
子炉の運転を適確に遂行するに足りる技術的能力があること」。現 43 条の 3 の 6 第 1 項
3 号)，4 号（「原子炉施設の位置，構造及び設備が核燃料物質……又は原子炉による災
害の防止上支障がないものであること」。現 43 条の 3 の 6 第 1 項 4 号）の要件の解釈
について判示していたところであるが，裁判所が処分または裁決の根拠となる
法規の文言を重視した形式的判断を行うことにより，原告適格が狭く解される
傾向があるという批判に応えて，もんじゅ事件最高裁判決の趣旨の徹底を図る
ため，「当該法令の趣旨及び目的並びに当該処分において考慮されるべき利益
の内容及び性質を考慮する」ことを義務づけたのである。

　当該法令と目的を共通にする関係法令が制定されたため，処分または裁決の
直接の根拠法令の趣旨・目的が変容することがあるが，かかる場合にも，当該
根拠法令の規定の改正が行われないことが稀でなく，そのため，根拠法令の文
言のみに着目した解釈をすると，関係法令の趣旨・目的が参酌されず，原告適
格が狭く解釈されるおそれがある。「当該法令の趣旨及び目的を考慮するに当
たつては，当該法令と目的を共通にする関係法令があるときはその趣旨及び目
的をも参酌する」ことは，前掲最判平成元・2・17［判例9-26］〔新潟空港事件〕
がすでに，定期航空運送事業免許の取消訴訟の原告適格を判断するに当たって，
航空法のみならず，関連法規である国際民間航空条約附属書および「公共用飛
行場周辺における航空機騒音による障害の防止等に関する法律」の趣旨・目的，
同法 3 条の規定に基づく航行方法の指定権限の規定等を参酌し，定期航空運送
事業免許の審査に当たっては航空機の騒音による障害の防止の趣旨も踏まえて

行われることが求められていると判示していたところである。行政事件訴訟法
9条2項は，関係法令の趣旨・目的も考慮すべきことを明示し，裁判官に確実
に関係法令の趣旨・目的をも考慮させることを意図しているのである。

　目的を共通にするか否かを判断するに当たっては，目的規定の文言のみを重
視すべきではなく，法令の趣旨，法体系上の位置づけ等も考慮する必要がある。
たとえば，環境影響評価法の対象事業である高速自動車国道の新設事業により
騒音被害を受ける者が提起した取消訴訟の原告適格を判断するに当たっては，
環境影響評価法も目的を共通にする法令と解されよう。最判平成11・11・25
判時1698号66頁［百Ⅰ53］［判Ⅰ190・Ⅱ82］は，都市計画事業認可処分の取消
訴訟につき，事業地内の不動産について権利を有する者には原告適格を認め，
道路建設工事や供用開始後に大気汚染等の事業損失を受ける周辺住民や通勤・
通学するにとどまる者の原告適格は否定した。しかし，小田急線連続立体交差
事業認可事件上告審判決は，判例変更を行った。

　［判例 9-27］　最大判平成17・12・7民集59巻10号2645頁［百Ⅱ159］［判Ⅱ
　　　　　　　38］〔小田急線連続立体交差事業認可事件〕
　　本判決は，旧公害対策基本法や東京都環境影響評価条例の趣旨および目的をも参酌
　し，前掲最判平成11・11・25を変更して，都市計画事業の事業地の周辺に居住する
　住民のうち当該事業が実施されることにより騒音，振動等による健康または生活環境
　にかかる著しい被害を直接的に受けるおそれのある者は，当該事業の認可の取消しを
　求めるにつき法律上の利益を有する者として，その取消訴訟における原告適格を有す
　ると判示している。

　「当該処分において考慮されるべき利益の内容及び性質を考慮する」に当た
って，「当該処分又は裁決がその根拠となる法令に違反してされた場合に害さ
れることとなる利益の内容及び性質並びにこれが害される態様及び程度をも勘
案するものとする」ことが明記されたことは，行政事件訴訟法9条2項の中で，
もっとも重要と思われる。この考慮要素は，「裁判上保護に値する利益説」と
親和的な側面を有する。この解釈規定がどのような実効性を持つかは，今後の
裁判所の努力によることになるが，学説も，この解釈規定を生かした判例の発
展を側面から支援していく必要があろう。

■ 営業上の利益　　　行政事件訴訟法9条2項の規定が設けられ，今後，原告適格の拡大が進むと思われる。したがって，従前の裁判例がそのまま先例として意味を持つわけではない。このことに留意しながら，これまでの裁判例の傾向を概観することとする。

　最判昭和34・8・18民集13巻10号1286頁は，新規に与えられた他者への質屋営業の許可を既存業者が争う原告適格は認められないと判示している。他方，競業者の原告適格を認めた判例もある。

> **[判例9-28]**　最判昭和37・1・19民集16巻1号57頁［百Ⅱ164］
> 　距離制限を伴う許可制が採用されている公衆浴場業の許可の無効確認を既存業者が求めた訴訟において，本判決は，既存業者は「法律上の利益」を有すると判示した。これは，公衆浴場法が許可制を採用したのは，主として国民保健および環境衛生という公共の福祉の見地から出たものであるが，同時に，無用の競争により経営が悪化しないように公衆浴場の濫立を防止することが公共の福祉のために必要であるという見地から，被許可者を濫立による経営の悪化から守ろうとする意図をも有することは否定しえないという考えに基づいている。

　また，最判平成6・9・27判時1518号10頁は，風俗営業等の規制及び業務の適正化等に関する法律（風営法）に基づく風俗営業の許可処分に対して診療所の経営者が取消訴訟を提起した事案において，同法施行条例で診療所その他一定種類の施設から一定の距離内において風俗営業の許可をしない制限区域が設けられており，その区域内に風俗営業店が所在すると主張されている場合には，当該風俗営業店が制限区域内にあることが明白な場合のみならず，当該区域内に所在するかが審理をしなければ判明しない程度の至近距離内にある場合にも，原告適格が認められると判示している。最判昭和43・12・24民集22巻13号3254頁［百Ⅱ166］［判Ⅱ53］〔東京12チャンネル事件〕は，競願関係において，免許処分と免許申請拒否処分が表裏一体のものとしてなされた場合には，拒否処分を受けた者は，競願者に対する免許処分を争いうると判示している。

　前掲最判昭和60・12・17〔伊達火力発電所事件〕は，公有水面埋立法（昭和48年法律第84号による改正前のもの）には，埋立水面の周辺において漁業を営む者の権利を保護することを目的として埋立免許権または竣工認可権の行使に制約を課している明文の規定はなく，また，解釈によりかかる制約を導くことも困

難であるとしている。

■ 文化的利益　　　　　文化財のように，利益享受者が国民全体に広がるような場合には，最高裁は，これまで原告適格を認めることに消極的であった。

［判例 9-29］　最判平成元・6・20 判時 1334 号 201 頁［百Ⅱ163］［判Ⅱ47］〔伊場遺跡事件〕

　本判決は，静岡県文化財保護条例および文化財保護法は，文化財の保存・活用から個々の県民あるいは国民が受ける利益については，公益の中に吸収解消させ，その保護は，もっぱら公益の実現を通じて図ることとしていると述べ，文化財の学術研究者の学問研究上の利益の保護について特段の配慮をしていると解しうる規定を見出すことはできないから，学術研究者の学問研究上の利益について，一般の県民あるいは国民が文化財の保護・活用から受ける利益を超えてその保護を図ろうとする趣旨を認めることはできないと判示し，伊場遺跡指定解除処分を争った学術研究者らの原告適格を否定している。しかし，この判例の立場では，貴重な遺跡の指定解除を誰も訴訟で争うことができないことになるので，このような事例においては，学術研究者に代表的出訴資格を認めるべきという説が有力である。

　住居表示に関する法律に基づき，町名が「目白町 3 丁目」などから「西池袋 2 丁目」に変更されることを不服とする住民が，町名変更決定の取消しを求めた事案において，最判昭和 48・1・19 民集 27 巻 1 号 1 頁は，町名につき住民が有する利益・不利益は事実上のものにすぎないと判示している。

■ 消費者の利益　　　最判昭和 53・3・14 民集 32 巻 2 号 211 頁［百Ⅱ128］［判Ⅱ37］〔主婦連ジュース事件〕は，消費者が公正競争規約の認定を争う不服申立適格を否定したが，これは，原告適格も否定する趣旨と解される。

［判例 9-30］　最判平成元・4・13 判時 1313 号 121 頁［百Ⅱ162］［判Ⅱ46］〔近鉄特急事件〕

　本判決は，旧地方鉄道法に基づく特急料金改正の認可処分に対し，路線周辺に居住し通勤定期券を購入するなどして当該特急を利用している者が提起した取消訴訟の原告適格を否定している。近鉄特急を利用する者は全国に拡散するであろうが，通勤定期券を購入した者について原告適格を認めてもよいように思われる（本件第一審の大阪地判昭和 57・2・19 行集 33 巻 1＝2 号 118 頁は，通勤定期券を購入した者について原告適格を肯定していた）。

326 第9章 行政訴訟

■生命，身体の安全の利益　　原発事故により生命・健康を害されるおそれのある周辺住民が原発の設置認可を争った訴訟においては，当初から下級審裁判所も，伊方原発事件，福島第2原発事件，東海第2原発事件のいずれにおいても，原発の周囲一定範囲に居住する住民の原告適格を肯定してきた。

[判例 9-31]　最判平成 4・9・22 民集 46 巻 6 号 571 頁［百Ⅱ156］［判Ⅱ13］・同 1090 頁［百Ⅱ174］［判Ⅱ67］〔もんじゅ事件〕
　原発訴訟についての最初の最高裁判決である本判決は，無効確認訴訟についてであるが，「核原料物質，核燃料物質及び原子炉の規制に関する法律」の旧 24 条 1 項 3 号・4 号が，単に公衆の生命，身体の安全，環境上の利益を一般的公益として保護しようとしているにとどまらず，原子炉施設周辺に居住し，原発事故等がもたらす災害により直接的かつ重大な被害を受けることが想定される範囲の住民の生命，身体の安全等を個々人の個別的利益としても保護すべきものとする趣旨であると判示している。なお，本判決は，前述したように，法律上保護された利益の判断に際しては，当該行政法規の趣旨・目的，当該行政法規が当該処分を通して保護しようとしている利益の内容，性質等を考慮して判断すべきと述べているので，被侵害利益が生命，健康のような重大な利益であるときには，原告適格が肯定されやすいといえる。

　そして，最判平成 4・10・29 民集 46 巻 7 号 1174 頁［百Ⅰ74］［判Ⅰ139・Ⅱ18］〔伊方原発事件〕，最判平成 4・10・29 判時 1441 号 50 頁〔福島第2原発事件〕は，周辺住民が原告適格を有することを前提として判決を下している。

[判例 9-32]　最判平成 9・1・28 民集 51 巻 1 号 250 頁
　本判決は，都市計画法 33 条 1 項 7 号は，がけ崩れ等のおそれのない良好な都市環境の保持・形成を図るとともに，がけ崩れ等による被害が直接的に及ぶことが想定される開発区域内外の一定範囲の地域の住民の生命，身体の安全等を，個々人の個別的利益としても保護すべきものとする趣旨を含むものと解すべきであると判示し，近隣住民に都市計画法 29 条の開発許可を争う原告適格を肯定している。

[判例 9-33]　最判平成 13・3・13 民集 55 巻 2 号 283 頁［百Ⅱ157］［判Ⅱ42］
　本判決は，森林法 10 条の 2 の規定に基づく林地開発許可を受けた開発行為により生じうる土砂の流出または崩壊，水害等の災害に起因する直接的な被害を受けることが予想される範囲の地域に居住する者に当該許可の取消訴訟を提起する原告適格を認めている（ただし，財産権や農業用の取水の利益は原告適格を基礎づけないとする）。

[判例9-34]　最判平成 14・1・22 民集 56 巻 1 号 46 頁［百Ⅱ158］［判Ⅱ43］
　本判決は，建築基準法（平成 4 年法律第 82 号による改正前のもの）59 条の 2 第 1 項の規定に基づく総合設計許可につき，当該建築物の倒壊，炎上等により直接的被害を受けることが予想される範囲の地域に存する建築物に居住しまたはこれを所有する者は，当該総合設計許可の取消訴訟を提起する原告適格を有すると判示している。

　このように，被侵害法益が生命，身体の安全の利益である場合には，裁判例は「法律上保護された利益」と認める傾向にある。「裁判上保護に値する利益説」が訴訟法上考慮している被侵害法益の重要性の問題を「法律上保護された利益説」は根拠法規の解釈のレベルで考慮しており，両者の親和性を看取することができる。

■ 健康ないし生活上の利益　　最判平成 14・3・28 民集 56 巻 3 号 613 頁は，建築基準法（平成 4 年法律第 82 号による改正前のもの）59 条の 2 第 1 項の規定に基づく総合設計許可により建設される建物の周辺の建物に居住する者が日照被害により健康を害されるおそれがある場合，当該健康上の利益は法律上保護された利益であるとしている。新潟空港周辺に居住する住民が，騒音による健康・生活上の利益が侵害されるとして，定期航空運送事業免許の取消訴訟を提起した事案において，前掲最判平成元・2・17［判例9-26］〔新潟空港事件〕は，新規路線免許により生じる航空機騒音によって，社会通念上著しい障害を受ける者には，免許取消しを求める原告適格が認められると判示している。

[判例9-35]　最判昭和 57・9・9 民集 36 巻 9 号 1679 頁［百Ⅱ171］［判Ⅱ50］
　　　　　　〔長沼ナイキ事件〕
　本判決は，森林法は「直接の利害関係を有する者」が保安林の指定または解除を申請できることとし（同法 27 条 1 項），また，指定または解除をしようとする場合に意見書を提出し，公開の聴聞手続に参加することができるものとしていること（同法 32 条 1 項・2 項）を併せ考えると，森林法は，森林の存続によって不特定多数者の受ける生活利益のうち一定範囲のものを公益と並んで保護すべき個別的利益としてとらえていると解されるとし，手続規定を重視して「直接の利害関係を有する者」に原告適格を認めている。ただし，長沼ナイキ事件の場合，森林法において，「直接の利害関係を有する者」を一般人から区別する明文の規定が置かれていること，旧森林法において，直接の利害関係者に行政訴訟の提起を認める明文の規定が置かれていることも

§ 総合考慮されており，手続的規定のみから原告適格を肯定したわけではない。

　前掲最判昭和62・11・24は，里道の用途廃止処分について，里道がある者に個別具体的利益をもたらしていて，その用途廃止によりその者の生活に著しい支障が生ずるという特段の事情がある場合には当該処分を争う原告適格を認める余地を肯定したが，本件ではそのような事情が認められないとして原告適格を否定している。

■ 善良な風俗等の居住環境上の利益　　最判平成10・12・17民集52巻9号1821頁［百Ⅱ160］［判Ⅱ44］は，風営法施行令に基づき都道府県が定める条例における風俗営業制限地域内における風俗営業の許可を争う風俗営業制限地域内の住民の原告適格を否定し，最判平成12・3・17判時1708号62頁も，墓地等経営の許可につき周辺住民は「法律上の利益」を有しないとしている。他方，最判令和5・5・9判例集未登載は，大阪市細則の規定について，周辺住民の原告適格を認めた。

[判例9-36]　最判平成21・10・15民集63巻8号1711頁［百Ⅱ161］［判Ⅱ45］
　本判決は，自転車競技法の委任を受けた施行規則が定める許可基準のうち，文教上または保健衛生上の支障防止の観点から医療施設・文教施設から相当の距離の確保を求める基準に着目し，本件施設の敷地周辺から約120メートルないし200メートル離れた場所に医療施設を開設している医師については，当該場外施設の設置，運営に伴い著しい業務上の支障が生ずるおそれがあると位置的に認められる区域に医療施設等を開設する者に該当する可能性があるとしたが，周辺環境調和基準の趣旨については，基本的に，用途の異なる建物の混在を防ぎ都市環境の秩序ある整備を図るという一般的公益を保護する見地からの規制であり，当該基準から場外施設の周囲に居住する者等の具体的利益を個々人の個別的利益として保護する趣旨を読み取ることは困難とし，当該地域内の一般住民および医療施設以外の事業を営む者の原告適格を否定している。

■ 団体訴訟の問題　　団体訴訟の問題とは，団体の当事者能力の問題とは異なる。ここでいう団体訴訟の問題とは，行政処分により特定の個人・団体のみの利益ではなく，広く地域住民，消費者等の集団的利益が侵害される場合において，かかる多数人の共通利益を事実上代表する住民団体（原発反対同盟等），消費者団体（主婦連等）等に取消訴訟を提起する原告適格を認めるべきかという問題である。団体訴訟については，原告適格を有する個人がい

る場合にも団体訴訟を認めるべきかという論点と，原告適格を有する個人がいない場合に団体訴訟を認めるべきかという論点がある。前者の場合における団体訴訟のメリットとしては，訴訟を一本化することにより紛争の一回的解決が可能になり訴訟経済に資すること，団体が有する訴訟追行に必要な専門知識を活用することが可能になること，個々人の少額の損害を団体がまとめることにより泣き寝入りを防ぎ行政救済に資すること等が挙げられる。しかし，裁判例は，公立小学校の分校廃止処分に反対する住民団体（仙台高判昭和46・3・24行集22巻3号297頁）やボーリング場建設に反対する住民団体（東京地判昭和48・11・6行集24巻11＝12号1191頁）の原告適格を否定する等，団体訴訟の容認には慎重な姿勢を見せている。後者の場合における団体訴訟については，解釈論としてこれを認める学説も少なくないが，近時，消費者保護，環境保護，文化財保護等のためにかかる団体訴訟を導入すべきかが立法論として活発に議論され，消費者契約法，不当景品類及び不当表示防止法，特定商取引法，食品表示法，「消費者の財産的被害の集団的な回復のための民事の裁判手続の特例に関する法律」において，民事訴訟における消費者団体訴訟制度が導入されている。

■□
□■　Column㊱　暴力団対策法の団体訴訟制度 ································

　「暴力団員による不当な行為の防止等に関する法律」32条の4は，適格都道府県センターによる団体訴訟制度を定めている。これは，周辺住民からの委託を受けて適格都道府県センターに差止請求にかかる原告適格を付与するものであり，任意的訴訟担当の構成をとっている。消費者団体訴訟と異なる理論構成が採られた理由は，①消費者団体訴訟では個々の消費者は差止請求権を有しないことが前提であるのに対し，暴力団対策訴訟では周辺住民が一定の要件を満たす場合には差止請求権を有することが認められていること，②消費者団体訴訟では，関係する消費者の範囲を特定することは困難であるのに対し，暴力団対策訴訟の場合には，請求権を有する住民の範囲は限定されていることにある。

··

　団体訴訟に対する消極論の根拠として，団体が敗訴した場合，敗訴判決の既判力が団体構成員に及ばないため，再度団体構成員が出訴し，同一事項について被告および裁判所に重ねて負担をかけることが指摘されることがある。取消訴訟の場合には，出訴期間があるため，このような事態は実際には生じないであろうが，無効等確認訴訟については生じうる。したがって，この問題を合理

330 第 9 章　行政訴訟

的に解決しうる制度設計が必要となろう。

(3)　（狭義の）訴えの利益

■意　　義　　　訴えの利益という言葉は，最広義では，処分性，原告適格，
　　　　　　　　（狭義の）訴えの利益の総称として用いられることがあるし，原
告適格を主観的訴えの利益，（狭義の）訴えの利益を客観的訴えの利益と称する
用法もある。ここでは（狭義の）訴えの利益について説明する。**（狭義の）訴え
の利益とは，当該処分を取り消す実際上の必要性のことである。**（狭義の）訴え
の利益が認められない場合には，取消訴訟は却下されることになる。

　処分が原告にとり不利益なものでなければ，その取消しを求める「法律上の
利益」がなく，（狭義の）訴えの利益は認められない。減額再更正は納税者に有
利な処分であるから，その取消しを求める利益はない（最判昭和 46・3・25 訟月
17 巻 8 号 1348 頁，最判昭和 56・4・24 民集 35 巻 3 号 672 頁）。同一市内の中学校間
の転任処分は，当該教諭の身分・俸給等に変動をもたらすものではなく，取消
しを求める利益がないとされている（最判昭和 61・10・23 判時 1219 号 127 頁）。
申請人の希望する期間に満たない短期の在留期間更新許可の取消訴訟について，
最判平成 8・2・22 判時 1562 号 39 頁は，在留外国人に特定の在留期間の付与
を求める権利は，そもそも存在しないとして，訴えの利益を否定している。

> **発展学習のために㉗　ゴールド免許と法律上の地位**
>
> 　公安委員会が，ある者を道路交通法違反行為の存在を理由として「優良運転者」で
> はなく「一般運転者」として扱い，「優良運転者」である旨の記載のない免許証の交
> 付をしたところ，その者が自分は違反行為をしていなかったと主張して，当該更新処
> 分の取消しおよび「優良運転者」である旨の記載のある免許証（ゴールド免許）を交
> 付して行う更新処分の義務付けを訴求した事案において，最判平成 21・2・27 民集
> 63 巻 2 号 299 頁［判Ⅱ41］は，客観的に「優良運転者」の要件を満たす者であれば，
> 「優良運転者」である旨の記載のある免許証を交付して行う更新処分を受ける法律上
> の地位を有するとし，「優良運転者」である旨の記載のない免許証の交付を受けたこ
> とにより当該法律上の地位を否定された者は，これを回復するために当該更新処分の
> 取消しを求める（狭義の）訴えの利益を有すると判示している。

　また，行政処分が違法であることを理由として国家賠償請求をする場合につ

いては，処分の効果を争うものではないため，あらかじめ当該処分につき取消
しまたは無効確認の判決を得なければならないものではないから，国家賠償を
求めるために，当該処分取消し後もなおその無効確認を求める利益はないし
（最判昭和36・4・21民集15巻4号850頁），処分の取消しを求める利益もない
（東京地判昭和44・11・27行集20巻11号1509頁）。

　（狭義の）訴えの利益は，取消しにより確実に生ずる実体的利益であることは
必要ない。たとえば，競願関係において，競願者に対する免許が取り消された
場合，それにより確実に自分に免許が付与されるとはいえなくても，白紙の状
態で再審査が行われ，その結果，自分に免許が与えられる可能性があれば，競
願者に対する免許の取消しを求める利益が認められる（前掲最判昭和43・12・24
〔東京12チャンネル事件〕）。

　原処分取消訴訟において原処分が取り消されれば，裁決固有の瑕疵を裁決取
消訴訟で争う利益は失われるが，逆に，原処分取消訴訟において請求が棄却さ
れ，この判決が確定した場合，裁決取消訴訟の訴えの利益が失われるかという
問題がある。最判昭和37・12・26民集16巻12号2557頁〔百Ⅱ135〕は，裁決
固有の瑕疵があることを認定しながら，原処分取消訴訟において請求棄却判決
が確定しているから，裁決を取り消す利益はないと判示している。しかし，裁
決を取り消せば，改めて不服申立ての審理が行われ，原処分を取り消す裁決が
なされる可能性が残るから，訴えの利益を否定すべきではないと思われる。

■ 処分後の事情の変更と訴えの利益　処分後の事情の変更，たとえば，期間の
　　　　　　　　　　　　　　　　　　満了等により，（狭義の）訴えの利益が常
に消滅するかについては議論があった。最大判昭和35・3・9民集14巻3号
355頁は，地方議会議員に対する除名処分の取消訴訟において，議員の任期が
満了すれば，（狭義の）訴えの利益は失われ，議員たる身分に随伴して派生する
報酬請求権等を考慮しても，すでに任期が満了した者が議員たる身分の回復を
求めることは許されないと判示した。しかしこれは，大法廷において多数意見
8名，少数意見7名と分かれたように，議論が大きく分かれる問題であった。
そこで，行政事件訴訟法（平成16年法律第84号による改正前のもの）は原告適格
を定めた9条かっこ書で「処分又は裁決の効果が期間の経過その他の理由によ
りなくなつた後においてもなお処分又は裁決の取消しによつて回復すべき法律

上の利益を有する者を含む」という規定を設けて，最高裁大法廷判決の考え方
を立法により否定したのである。以下において，処分後の事情の変更により
（狭義の）訴えの利益が消滅する類型を概観することにする。

　⒜　**法令の改廃**　　農地委員会解散命令無効確認訴訟の係属中に農地委員会
が法令により廃止されたり（最判昭和 30・4・19 民集 9 巻 5 号 534 頁［百 II 228］
［判 II 166］），保険医指定取消処分の取消訴訟係属中に法律改正により保険医指
定制度が廃止されたり（最判昭和 41・11・15 民集 20 巻 9 号 1792 頁），教科書検定
不合格処分の取消訴訟の係属中に学習指導要領の改訂がなされたり（最判昭和
57・4・8 民集 36 巻 4 号 594 頁［判 II 52］），条例の廃止を求める直接請求のための
署名簿の署名の効力に関する取消訴訟の係属中に条例が廃止されたり（最判昭
和 60・6・6 判例自治 19 号 60 頁）した場合，（狭義の）訴えの利益は失われる。

　⒝　**処分の取消し・撤回**　　農地買収計画の取消訴訟の係属中に農地委員会に
より計画が取り消された場合，当該計画の取消しを求める利益は失われる（最
判昭和 36・4・21 民集 15 巻 4 号 850 頁）。更正処分の取消訴訟の係属中に増額再更
正処分がなされた場合，最初の更正処分の取消しを求める利益が失われるかに
ついては，学説は分かれている。すなわち，更正処分については更正された金
額，再更正処分については再更正された金額を対象として双方を争う利益があ
るとする併存（段階）説，更正処分は再更正処分に吸収されるので更正処分を
争う利益はなくなるとする吸収（消滅）説，再更正処分が更正処分に吸収され
るので更正処分のみを争うことができるとする逆吸収説があるが，最判昭和
32・9・19 民集 11 巻 9 号 1608 頁，最判昭和 42・9・19 民集 21 巻 7 号 1828 頁
［百 II 169］［判 II 54］〔まからずや事件〕，最判昭和 55・11・20 判時 1001 号 31 頁
は，吸収（消滅）説を採用した。他方，減額再更正処分がされた場合には，減
額された税額の限度で当初の更正処分の取消しを求める利益は失われない（前
掲最判昭和 56・4・24）。

　⒞　**代替的措置**　　代替施設の設置により洪水や渇水の危険が解消され，そ
の防止という目的からは理水機能・治水機能を有する保安林の存続の必要性が
なくなったと認められるときは，当該保安林の指定解除の取消しを求める利益
は失われる（前掲最判昭和 57・9・9〔長沼ナイキ事件〕）。

　⒟　**期間の経過**　　外国での祝賀行事に参加することを目的とする再入国許

可申請に対する不許可処分の取消しの利益は，参加行事が終了したことにより失われる（最判昭和45・10・16民集24巻11号1512頁）。メーデーの集会のために皇居外苑の使用許可を申請し拒否された場合，不許可処分の取消訴訟は，メーデー当日の経過により訴えの利益を失う（最大判昭和28・12・23民集7巻13号1561頁［百Ⅰ63］）。丸刈りを定める校則を争っているうちに卒業してしまった場合にも取消しを求める利益は失われる（このような場合は差止訴訟が認められるべきであろう）。最判平成21・11・26民集63巻9号2124頁［百Ⅱ197］［判Ⅱ30］は，児童の保育の実施期間が満了したから保育所廃止条例制定行為の取消しを求める訴えの利益が消滅したとする。

　宅地建物取引業の業務停止処分の期間が満了すれば，当該処分の取消しを求める利益は失われる（最判昭和55・1・25判時1008号136頁）。しかし，放送局の免許期間が形式的に満了しても，ただちに再免許が与えられている場合，当初の免許が失効したと解するのは相当でなく，当初の免許の取消しを求める利益は失われない（前掲最判昭和43・12・24〔東京12チャンネル事件〕）。また，自動車の運転免許につき更新をしなかったときは効力を失うと定める規定は，免許が取り消され，その適否が争われている場合についてまで適用を予定したものではない。免許取消処分が取り消されれば，更新手続をとりうると解されるからである（最判昭和40・8・2民集19巻6号1393頁）。

　(e)　工事の完了　　建築確認は，建築等の工事が着手される前に，当該建築物の計画が建築関係規定に適合していることを公権的に判断する行為であって，それを受けなければ工事をすることができないという法的効果が付与されているが，最高裁は，工事の完了によって，建築確認の法的意義は失われると解している。

［判例9-37］　最判昭和59・10・26民集38巻10号1169頁［百Ⅱ170］［判Ⅱ55］
　本判決は，工事が完了した後における建築主事等の検査は，当該建築物およびその敷地が建築関係規定に適合しているか否かを基準とし，同じく特定行政庁の違反是正命令は，当該建築物およびその敷地が建築基準法ならびにこれに基づく命令および条例の規定に適合しているか否かを基準とし，いずれも当該建築物およびその敷地が建築確認にかかる計画どおりのものであるか否かを基準とするものでない上，違反是正命令を発するかは，特定行政庁の裁量に委ねられているから，建築確認の存在は，検

査済証の交付を拒否しまたは違反是正命令を発する上において法的障害となるものではないこと，たとえ建築確認が違法であるとして取り消されても，検査済証の交付を拒否しまたは違反是正命令を発すべき法的拘束力が生ずるものではないことを指摘し，建築確認を争う利益は，期間の経過により工事が完了してしまった場合には失われると判示する。

　最判平成14・1・22民集56巻1号46頁［百Ⅱ158］［判Ⅱ43］も，この立場を踏襲している。

　ほぼ同様の理由で，都市計画法29条の規定に基づく開発許可の取消しを求める利益は，工事が完了し検査済証が交付された場合には失われるとされている（最判平成5・9・10民集47巻7号4955頁）。このことは，たとえ開発区域内において予定される建築物について建築確認がされていない場合においても変わらない（最判平成11・10・26判時1695号63頁）。開発許可の存在が建築確認の要件ではないからである。しかし，最判平成27・12・14民集69巻8号2404頁は，前掲最判平成5・9・10，前掲最判平成11・10・26の射程は，市街化調整区域内の開発許可の事案には及ばないとする注目すべき判示をした。その理由は，市街化調整区域のうち，開発許可を受けた開発区域以外の区域においては，都市計画法43条1項の規定により，原則として知事等の許可を受けない限り建築物の建築等が制限されるのに対し，開発許可を受けた開発区域においては，同法42条1項の規定により，開発行為に関する工事が完了し，検査済証が交付されて工事完了公告がされた後は，当該開発許可にかかる予定建築物等以外の建築物の建築等が原則として制限されるものの，予定建築物等の建築等についてはこれが可能となるという法的効果が生ずるので，開発許可の取消しを求める者には，上記法的効果を排除する利益が存するからというのである。森林法に基づく開発許可を争う利益については，開発行為が完了し検査済証も交付されている場合には失われるとされている（最判平成7・11・9判時1551号64頁）。

　公共事業が進捗し，原状回復が事実上困難な状態になった場合，事情判決がなされる可能性があるが，かかる場合，そもそも訴えの利益が失われるのかという問題がある。この点に関する判例が，以下の［判例9-38］である。

［判例9-38］　最判平成4・1・24民集46巻1号54頁［百Ⅱ172］
　本判決は，土地改良事業の施行認可が争われた訴訟において，当該事業計画にかか

る工事および換地処分がすべて完了したため，社会的・経済的損失の観点からみて，原状回復が社会通念上不可能であるとしても，かかる事情は，事情判決（行政事件訴訟法31条）の規定の適用に関して考慮されるべき事柄であって，本件認可処分はその後に行われる換地処分等の一連の手続および処分が有効であるための前提であるから，認可処分の取消しは換地処分等の法的効力に影響を与えることは明らかであり，原状回復が事実上困難なことが認可処分の取消しを求める法律上の利益を消滅させるものではないと判示している。

　公有水面埋立免許処分の取消訴訟係属中に工事が完了した場合，埋立地の原状回復が法律上不可能または著しく困難であることを理由として（狭義の）訴えの利益が失われるとした下級審裁判例があるが，工事が完了して社会通念上原状回復が不可能ないし著しく困難となったとしても，法律上不可能でなければ，訴えの利益の消滅の問題ではなく，事情判決の問題として扱うほうが理論的に適切であるのみならず，実際上も，事情判決の場合，判決主文において違法の宣言がなされるし，損害の賠償または防止の程度および方法等が考慮されるため，原告の救済に資することになろう。

　⒡　処分の執行　　違法建築物に対する除却命令が出され，行政代執行法に基づく代執行令書が発布されたため，除却命令および代執行令書発布処分の取消訴訟が提起されたが，その係属中に代執行による除却工事が完了した場合には，当該取消訴訟の（狭義の）訴えの利益は失われるとするのが，最高裁判例である（最判昭和48・3・6集民108号387頁）。ただし，除却命令が取り消された場合，原状回復が可能であれば，拘束力により原状回復義務が生ずるので，（狭義の）訴えの利益は失われないと判示するものもある（名古屋高判平成8・7・18判時1595号58頁）。

　⒢　再入国許可を受けないままの出国　　再入国許可を受けないまま出国してしまうと，在留資格が消滅するので，再入国不許可処分が取り消されても，当該在留資格のままで再入国できないことになるため，最高裁は，かかる場合，以下のように，再入国不許可処分を争う訴えの利益を否定している。

［判例9-39］　最判平成10・4・10民集52巻3号677頁［判Ⅱ58］
　本判決は，日本に在留する外国人が再入国の許可を受けないまま日本から出国した場合には，同人がそれまで有していた在留資格は消滅するところ，出入国管理及び難

民認定法に基づく再入国の許可は，日本に在留する外国人に対し，新たな在留許可を付与するものではなく，同人が有していた在留資格を出国にもかかわらず存続させ，当該在留資格のままで日本に再び入国することを認める処分であるにすぎないとする。そして，再入国許可申請に対する不許可処分を受けた者が再入国の許可を受けないまま日本から出国したときは，同人がそれまで有していた在留資格は消滅するので，当該不許可処分が取り消されても，同人に対し当該在留資格のままで再入国することを認める余地はなくなるから，同人は，当該不許可処分の取消しによって回復すべき法律上の利益を失うに至ると判示する。

　(h)　時効取得　　農地買収計画取消訴訟の係属中に買収農地の売渡しを受けた者が当該土地を時効取得した場合には，所有権を回復することが不可能になるので，(狭義の) 訴えの利益は失われる (最判昭和 47・12・12 民集 26 巻 10 号 1850 頁)。

■ 行政事件訴訟法 9 条 1 項
　かっこ書が問題になる例

　　行政事件訴訟法 9 条 1 項かっこ書は，「処分又は裁決の効果が期間の経過その他の理由によりなくなつた後においてもなお処分又は裁決の取消しによつて回復すべき法律上の利益を有する者」にも，処分の取消しを求める (狭義の) 訴えの利益を認める。以下，このかっこ書の該当性が問題になった判例を概観する。

　(a)　経済的利益の回復　　免職処分を受けた国家公務員が公職に立候補した場合，公職選挙法 90 条の規定により届出の日から公務員の職を辞したものとみなされるから，仮に免職処分が取り消されても，元の地位を回復することはできない。しかし，免職後立候補時までの俸給請求権を回復するための取消しを求める利益はある (最大判昭和 40・4・28 民集 19 巻 3 号 721 頁)。この場合，違法な免職処分に起因する俸給の損害を国家賠償法に基づいて請求することは免職処分を取り消さなくても可能であるが，故意過失の立証が必要になる。

　(b)　法定の加重要件・免除要件　　ある処分を受けたことが，将来同種の処分を受けるに際して，法定の加重要件または免除要件となる仕組みが採用されている場合がある。最高裁は，加重要件または免除要件となることが法定されている期間内は，以下にみるように，訴えの利益を認める立場をとっていると考えられる。

[判例 9-40] 最判昭和 55・11・25 民集 34 巻 6 号 781 頁［百Ⅱ168］［判Ⅱ57］
　本判決は，自動車運転免許停止処分を受けた者は，停止期間を経過し，かつ処分の日から満 1 年間，無違反・無処分で経過したことにより免許停止処分の効果は一切失われるから，当該処分の取消しを求める利益は消滅すると判示している。このことは，免許停止処分の期間が満了して免許停止の効果が失われても，処分期間満了後 1 年間無違反・無処分で経過するまでは，前歴のある者として扱われ，公安委員会が行う行政処分に際し前歴のない者よりも不利益に取り扱われるから免許停止処分を取り消す利益は残存することを前提としていると解される。

　(c)　**処分基準の加重要件**　　ある処分を受けたことが，将来同種の処分を受けるに際して，処分基準において加重要件とされることは少なくない。法令ではなく，行政規則である処分基準で加重要件とされている場合であっても，加重要件とされている期間内は訴えの利益を認めた注目すべき判例が以下のものである。

[判例 9-41] 最判平成 27・3・3 民集 69 巻 2 号 143 頁［百Ⅱ167］
　本判決は，行政手続法 12 条 1 項の規定により定められ公にされている処分基準において，先行処分を受けたことを理由として後行処分にかかる量定を加重する旨の不利益な取扱いの定めがある場合には，当該先行処分に当たる処分を受けた者は，将来において当該後行処分に当たる処分の対象となりうるときは，当該先行処分の効果が期間の経過によりなくなった後においても，当該処分基準の定めにより前記の不利益な取扱いを受けるべき期間内はなお当該処分の取消しによって回復すべき法律上の利益を有すると判示した。

　(d)　**資格制限**　　ある処分を受けたことの附随的効果として，処分期間経過後も資格が制限される場合がある。日本弁護士連合会会長選挙規程においては，懲戒処分を受けた者は，その処分に対し不服の申立てができなくなった日から 3 年を経過するまでは，被選挙権を有しないとされているから，弁護士の業務停止処分期間満了後も，会長選挙の被選挙権が剥奪されている期間は，業務停止処分の取消しを求める利益は失われない（最判昭和 58・4・5 判時 1077 号 50 頁）。
　(e)　**名誉・信用等の人格的利益**　　処分の法的効果が失われても，処分があったという事実により名誉・信用等の人格的利益が損なわれている場合，かかる利益の回復のために処分の取消しを求める利益が認められるかについて学説は分かれている。否定説は，かかる利益侵害は事実上のものにすぎないとする

（前掲最判昭和 55・11・25）。この説による場合，名誉・信用等の人格的利益の回復のためには国家賠償請求訴訟を提起すべきということになろう。これに対して肯定説は，国家賠償請求訴訟により人格的利益の救済が十分に図れるとはいえないとする。実際，国家賠償請求訴訟を提起しても，違法であるが故意過失がないとして請求が棄却されうるし，いわんや，過失を違法性判断に取り込んだ職務行為基準説が採用される場合には，違法性すら否定されてしまうことになる。折衷説は，取消訴訟で名誉信用の回復を図るためには，当該処分の目的および機能のかなりの部分が制裁・懲罰的機能を持つことが必要であるとする。

4　取消訴訟の審理

(1)　当事者主義と職権主義

■ 民事訴訟における当事者主義　　民事訴訟においては，基本的には紛争自体が私的なものであるので，真実の発見よりも当事者間の紛争の解決が重要であり，紛争解決についても私的自治を尊重し，当事者のイニシアティブを尊重する当事者主義が原則とされている。当事者主義の対概念が，訴訟における裁判所のイニシアティブを尊重する職権主義である。以下において，当事者主義の要素である処分権主義，弁論主義，職権進行主義が取消訴訟においても妥当するのかについて述べることとする。

■ 処分権主義の原則とその修正　　(a)　意　義　　訴訟を提起するか否か，提起するとして何につき裁判所の判断を求めるのか（訴訟物の特定），和解，請求の放棄・認諾（民訴 266 条），訴訟の取下げ（同261 条）をするのか等の決定を当事者に委ねる原則を処分権主義といい，民事訴訟の基本原則になっている。取消訴訟の場合も，違法な処分を受けた私人がその取消訴訟を提起することが義務づけられているわけではなく，訴訟を提起するか否かは，私人のイニシアティブに委ねられている。行政処分が違法か否かは，公益にかかわる問題であるから，私人が取消訴訟を提起してまで救済を欲しない場合であっても，行政統制を重視して，公益代表機関に取消訴訟を提起することを義務づける立法政策も考えられないわけではないが，わが国では，かかる政策がとられているわけではない。訴訟物の特定も，私人に委ねられて

おり，**取消訴訟の開始については，処分権主義が妥当しているといってよいで**あろう。

　それでは，取消訴訟の終了についても，処分権主義が妥当するであろうか。たしかに，**原告はいつでも取消訴訟を取り下げることができる。その限りで，処分権主義の原則が妥当している。**取消訴訟を提起した原告に行政統制を実現する公益代表者としての位置づけを与え，任意に取下げをすることを認めないという立法政策も考えられないわけではないが，取消訴訟を主観訴訟として位置づけ，訴訟提起を私人の任意に委ねている以上，訴訟の取下げも私人の判断に委ねることが論理的にも一貫するといえよう。**原告による請求の放棄も認められる。**

　(b)　**和解・請求の認諾の可否**　　問題は，被告である国または公共団体が，確定判決と同様の効果を有する和解，請求の認諾を自由にできるかである。私人が被告であれば，実体法上の権利の処分権があることを前提として，和解，請求の認諾ができるが，行政主体が被告の場合，法律による行政の原理に由来する制約があるのではないかという問題がある。すなわち，**行政主体は，法律に従って行政を行う義務があるので，処分が適法であると信じているにもかかわらず，長期間訴訟で争われるのが煩わしいという理由で，請求の認諾をしたり和解をしたりすることは許されないと一般に考えられている**（ただし，長崎地判昭和 36・2・3 行集 12 巻 2 号 2505 頁は，裁量権の範囲内での和解を認める）。これに対して，最判昭和 28・3・3 民集 7 巻 3 号 218 頁が，農地買収計画を定めた後に小作人と農地所有者との間の協定により農地所有者の自作を相当と認めたことを受けて買収計画を取り消したことを是認していることから，訴訟段階での当事者間の協定に従った紛争処理を認めても法治主義に反しないのではないか，土地収用法が行政過程において和解（収用 50 条），協議の確認（同 118 条）に収用裁決と同一の効力を認めているのであれば，訴訟段階での和解を認めてよいのではないかとする説もある。

　実務上は，正式の和解調書を作成せず，裁判所のあっせんにより，被告の行政主体に所属する行政庁が職権で処分を取り消し，原告の私人が訴訟を取り下げるかたちで訴訟が終結する例がある。行政主体が請求を認諾することについても，和解と同様の問題がある。

■ 弁論主義の原則とその修正　　(a) 意 義　　訴訟においていかなる事実を主張するか，主張された事実についていかなる証拠を収集するのかが当事者の責任に任され，裁判所は当事者の主張しない事実を調べたり，当事者の主張した事実について自ら証拠を収集したりすることが認められず，当事者の提出した主張と資料のみに基づいて判断を行うのが弁論主義（不干渉審理主義）である。これは，私的自治を尊重する民事訴訟の基本原則である。私人間の訴訟においては，自己に有利な主張・資料を提出するインセンティブが双方に存在するから，弁論主義をとっても十分な資料が法廷に提出されることを期待しうる。もし十分な証拠が提出されず，真偽不明の状態になった場合にも，立証責任の分配により，判決を行うことが可能である。**取消訴訟についても，基本的には，弁論主義が妥当する。**

　(b) 職権証拠調べ　　取消訴訟においては行政処分が取り消されるべきかが争点になり公益と関わる面が大きいので，訴訟における勝敗を当事者の主張・証拠提出の努力にのみ委ねてしまうことは適切ではなく，また，行政主体と私人間の立証能力の差異にかんがみれば，当事者間の実質的公平を確保することが望ましい。そのため，**当事者の申立てを待たずに裁判所が証人喚問，物証の提出を求めたり現場検証を行ったりする職権証拠調べ（行訴24条）が認められており，その限りで弁論主義が一部修正されている。**裁判所の専断に陥る危険を避けるため，職権証拠調べの結果については，当事者の意見を聴かなければならない（同条ただし書）。職権証拠調べは裁判所の権限であるが義務ではない（最判昭和28・12・24民集7巻13号1604頁［百II185］。これは行政事件訴訟特例法についての判例であるが，行政事件訴訟法についても妥当すると解される）。職権証拠調べの規定は，取消訴訟以外の抗告訴訟，当事者訴訟，民衆訴訟，機関訴訟，および民事訴訟である争点訴訟にも準用されている（同38条1項・41条1項・43条）。

　(c) 釈明権・釈明処分　　実際には，これまで職権証拠調べはほとんど行われず，民事訴訟法の釈明権の行使により対応がされてきた。釈明権とは，訴訟の内容を明確にさせるため，当事者に対して法律上および事実上の点に関して発問して，陳述の機会を与え，または立証を促す裁判所の権能をいう（民訴149条）。また，釈明権と類似するものとして，釈明処分が裁判所の権能として認

められている（同151条）。これは訴訟関係を明瞭にするために裁判所が行う点
で釈明権と共通するが，**釈明権が当事者に陳述の機会を与え，立証を促す手段
であるのに対し，釈明処分は，当事者本人またはその法定代理人に対し，口頭
弁論の期日に出頭することを命ずること（同条1項1号），口頭弁論の期日にお
いて，当事者のため事務を処理し，または補助する者で裁判所が相当と認める
ものに陳述させること（同項2号），訴訟書類もしくは訴訟において引用した文
書その他の物件で当事者の所持するものまたは訴訟においてその記録された情
報の内容を引用した電磁的記録で当事者が利用する権限を有するものを提出さ
せること（同項3号），当事者または第三者の提出した文書その他の物件を裁判
所に留め置くこと（同項4号），検証をし，または鑑定を命ずること（同項5号），
調査を嘱託すること（同項6号）を通じて，裁判所自ら訴訟関係を明瞭にする
手段である点で釈明権と異なる。**

　取消訴訟においては，通常，原告である私人と被告である行政主体の間に主
張・立証の能力に格差があること，訴訟の公益性のゆえに真実発見の要請が大
きいこと，被告から訴訟関係を明瞭にするために必要な資料がなかなか提出さ
れず訴訟が遅延しがちであることに照らし，裁判所は積極的に釈明権，釈明処
分の権限を行使すべきであろう。しかし，民事訴訟法の釈明権については，
「問いを発し，又は立証を促す」と抽象的に規定されているにとどまるし，文
書等の提出を命ずる民事訴訟法151条1項3号においては，訴訟書類以外は，
訴訟において引用した文書その他の物件で当事者の所持するものまたは訴訟に
おいてその記録された情報の内容を引用した電磁的記録で当事者が利用する権
限を有するものに対象が限定されている。そこで，取消訴訟における訴訟関係
を明瞭にし，審理の充実・迅速化を実現させるために，訴訟の早期の段階で処
分または裁決の理由を明らかにすることが必要であるという認識に基づき，
2004（平成16）年の行政事件訴訟法改正により，釈明処分の特則が設けられた。

　すなわち，裁判所が訴訟関係を明瞭にするため必要があると認めるときは，
㋐被告である国もしくは公共団体に所属する行政庁または被告である行政庁に
対し，処分または裁決の内容，処分または裁決の根拠となる法令の条項，処分
または裁決の原因となる事実その他処分または裁決の理由を明らかにする資料
（処分についての審査請求に対する裁決を経た後に取消訴訟の提起があったときの審査

請求にかかる事件の記録を除く）であって当該行政庁が保有するものの全部または一部の提出を求めること，(イ)(ア)の行政庁以外の行政庁に対し，(ア)に規定する資料であって当該行政庁が保有するものの全部または一部の送付を嘱託することができることとされた（行訴23条の2第1項）。また，処分についての審査請求に対する裁決を経た後に取消訴訟の提起があったときは，(ウ)被告である国もしくは公共団体に所属する行政庁または被告である行政庁に対し，当該審査請求にかかる事件の記録であって当該行政庁が保有するものの全部または一部の提出を求めること，(エ)(ウ)の行政庁以外の行政庁に対し，(ウ)に規定する事件の記録であって当該行政庁が保有するものの全部または一部の送付の嘱託をすることができることとされた（同条2項）。これは，行政の説明責務の司法過程への投影とみることもできる。従前，ややもすれば，ひとたび訴訟になると，当事者対等の原則を掲げて，被告である行政主体が取消訴訟において資料等の提出を拒否する傾向がみられたが，行政過程において説明責務を負うべき行政主体が，訴訟になれば説明責務を免れると解すべきではないと思われる。

　釈明処分に従わないことに対する制裁は定められていないが，正当な理由なしに釈明処分に従わなければ，事実上，裁判官の心証形成の面で不利になろう。

　(d) 職権探知　　裁判所が当事者が主張しない事実まで職権で証拠の収集を行う職権探知主義は，戦前のわが国で認められていると一般に解されていたし，現在でもドイツ等で採用されている。さらに，前述したように，わが国の行政不服審査法の下でも認められていると解されている。また，非訟事件手続法49条1項や婚姻・親子関係事件について人事訴訟法20条においても認められている。取消訴訟の公益性に照らせば，職権探知主義を採用することは，立法政策として十分に考えうるところである。しかし，行政事件訴訟法においては，職権探知は明文では規定されていない。行政裁判法の時代とは異なり，行政裁判所ではなく通常の司法裁判所における審理において明文の規定なしに民事訴訟法とは異なる審理原則が採用されていると解することは困難であるので，**職権探知主義までは認められていないと一般に解されている。**

　(e) 職権進行主義　　訴訟の進行，たとえば，次回の期日をいつに指定するか，いつ口頭弁論を終結するか等を裁判所の判断に委ねる職権進行主義は，民事訴訟の基本原則であるが（期日の指定につき民事訴訟法93条1項，送達につき同

法 98 条 1 項), 取消訴訟についても妥当する。

(2)　訴訟参加

■ 訴訟参加の意義　係属中の訴訟に当事者以外の第三者が自己の権利利益を擁護するために参加することを訴訟参加という。民事訴訟法は, 補助参加 (民訴 42 条), 独立当事者参加 (同 47 条), 共同訴訟参加 (同 52 条) 等について明文の規定を置いており, また明文の規定はないが, 判決の既判力が補助参加人にも拡張されるため通常の補助参加人よりも地位が強化された共同訴訟的補助参加が認められると解されている。他方, 行政事件訴訟法は, 第三者の訴訟参加 (行訴 22 条), 行政庁の訴訟参加 (同 23 条) について規定している。

■ 第三者の訴訟参加　取消訴訟の結果により権利を害される第三者があるときは, 当事者もしくは第三者の申立てによりまたは職権で第三者の訴訟参加が認められる (同 22 条 1 項)。第三者の訴訟参加は上告審でも可能である。

　行政事件訴訟法が第三者の訴訟参加制度を設けた趣旨は, ①取消判決には第三者効 (同 32 条), 拘束力 (同 33 条) が認められているので, それにより不利益を受ける第三者の権利利益の救済を図る必要があること, ②第三者を参加させ攻撃防御の機会を与えることによって訴訟資料を豊富にし当該事案の適正な裁判を可能にすること, である。取消判決の第三者効により不利益を受ける第三者とは, たとえば, 土地所有者が収用裁決の取消訴訟を提起し収用裁決が取り消されると土地所有権を失うことになる起業者, 自分に対するマンションの建築確認が周辺住民により取消訴訟で争われ原告が勝訴すれば当該マンションの建築ができなくなる開発業者である。また, 取消判決の拘束力により権利を害される第三者としては, 以下のような場合が考えられる。A と B が競願関係にあり, A が免許を付与され B が拒否された場合に, B が自己に対する免許拒否処分の取消訴訟を提起し勝訴すると, 取消判決の拘束力により改めて競願関係にある申請の審査が行われ, A に対する免許が取り消される可能性があるので, A は取消判決の拘束力により不利益を受ける第三者といえる。また, 労働委員会による救済申立て棄却命令に対して労働者が提起した取消訴訟

について，使用者は「訴訟の結果により権利を害される第三者」に該当する（最決平成 8・11・1 判時 1590 号 144 頁）。行政事件訴訟法 22 条 1 項の文言上は「権利を害される」者に参加適格を認めているが，同法 9 条 1 項の「法律上の利益」を害される者であれば参加適格が認められる。取消判決により権利を害される第三者に対し訴訟係属を告知する義務を負わないとするのが裁判例（東京地判平成 10・7・16 判時 1654 号 41 頁）の立場であるが，訴訟告知がなければ，第三者の訴訟参加の制度が十分に機能しないことになるので，この点については疑問が提起されている。

■□■ Column㊲ 特許権侵害訴訟等における第三者意見募集制度 ┈┈┈┈┈┈┈┈

　特許権侵害訴訟における判決は，訴訟当事者に限らず，他の業界の事業活動にも大きな影響を与える。したがって，裁判官は，全業界の事業実態等を踏まえて判断することが望まれる。しかし，訴訟当事者が他の業界の事業実態等に関する証拠を収集することは容易ではないので，訴訟当事者による証拠収集を補完する仕組みが必要である。そこで，特許権侵害訴訟において，訴訟当事者の申立てがあれば，裁判所が必要と認める場合，広く一般の第三者に対して裁判に必要な事項について意見募集を行うことができ，これにより収集された意見を訴訟当事者が活用できるようにする制度が，2021（令和 3）年の特許法改正で導入された。対象となる審級は，第一審（東京地裁，大阪地裁）および控訴審（知財高裁）である。意見募集の時期・期間は，裁判所の裁量に委ねられている（特許 105 条の 2 の 11）。また，この第三者意見募集制度における相談に応ずることを知的財産に関する有識者である弁理士の業務として追加し，第三者が的確な意見書を作成できるように支援することになった（弁理士 4 条 2 項 4 号）。

発展学習のために㉘　第三者の再審の訴え

　処分または裁決を取り消す判決により権利を害される第三者には，訴訟参加により自己の権利利益を防御する機会が与えられている。しかし，自己の責めに帰することができない理由により訴訟に参加することができなかったため，判決に影響を及ぼしうる攻撃または防御の方法を提出することができないことがありうる。そこで，かかる者のために，確定の終局判決に対して再審の訴えを提起することが認められている（行訴 34 条 1 項）。

■ 行政庁の訴訟参加　　処分または裁決をした行政庁は，当該処分または裁決にかかる取消訴訟において，裁判上の一切の行為をする権

限を有する（行訴11条6項）。しかし，実
際には，それ以外の行政庁が当該処分また
は裁決に実質的に関与することがある。当
該事案について調査し処分案を具申した下
級行政庁，処分庁を指揮監督した上級行政
庁，処分庁と上下関係はないが法律に基づ
き当該処分について同意したり協議した行
政庁，審査請求を審査した審査庁がその例
である（図9-1参照）。かかる**行政庁を訴訟
に参加させることによって訴訟資料を豊富
にし，適正な裁判を可能にすることは意義
があるため，行政事件訴訟法は行政庁の訴
訟参加を認めている**（同23条）。行政事件
訴訟の特性が現れた参加制度ということが
できる。行政庁の訴訟参加は，被告である
国または公共団体の側にのみ認められる
（図9-2参照）。なぜならば，原告の側に行
政庁が訴訟参加することを認めると，機関
訴訟類似の関係が生じてしまうからである。

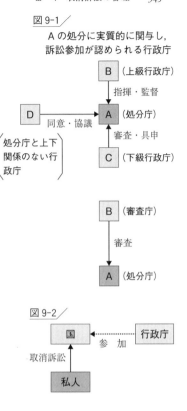

図9-1

Aの処分に実質的に関与し，
訴訟参加が認められる行政庁

B（上級行政庁）

指揮・監督

D　同意・協議　A（処分庁）

処分庁と上下
関係のない行
政庁

審査・具申

C（下級行政庁）

B（審査庁）

審査

A（処分庁）

図9-2

国　　◁┄┄　行政庁

参　加

取消訴訟

私人

■ **補助参加**

　　　　　　　　行政事件訴訟法に参加についての特別の規定が設けられている
　　　　　　　　ことは，民事訴訟法による参加を否定する趣旨ではないとする
のが通説である。たとえば，取消訴訟においても，民事訴訟法42条の規定に
よる補助参加は可能である。産業廃棄物処理施設設置許可申請に対する不許可
処分取消訴訟において，当該施設から排出される有害物質により水源が汚染さ
れる事態が生じた場合に，直接かつ重大な被害を受けることが想定される住民
に補助参加を認めた判例として，最決平成15・1・24集民209号59頁［百Ⅱ
190］［判Ⅱ100］がある。

(3)　司法審査の範囲

■ 法解釈と事実認定　行政訴訟においても司法審査の範囲が問題となる。まず，**法解釈については，裁判所は行政庁の解釈通達等に拘束されず，独自の立場で判断することができる。**

　事実認定についても，裁判所は覆審的審査，すなわち，独自の立場で全面的に審査することを原則とする。そして，裁判所は，判決をするに当たり，口頭弁論の全趣旨および証拠調べの結果を斟酌して，自由な心証により，事実についての主張を真実と認めるべきかを判断する（民訴 247 条）。**行政過程において，通常の行政機関から独立性を有する合議制機関が準司法的手続により行った事実認定については，当該合議制機関の事実認定とこれを支持する証拠の間に合理的関連がある場合，すなわち実質的な証拠がある場合には，裁判所は，当該事実認定を尊重し，覆審的審査を行わない，いわゆる実質的証拠法則が法定されている場合がある。**

　東京高判昭和 28・8・29 行集 4 巻 8 号 1898 頁は，「実質的な証拠とは，審決認定事実の合理的基礎たり得る証拠の意味である。すなわち，その証拠に基き，理性ある人が合理的に考えてその事実認定に到達し得るところのものであれば，その証拠は実質的な証拠というべきである。しかして，ある証拠が経験則上とうてい信ずることができないかどうか，及び当該事件の記録中に相矛盾する証拠がある場合に被告のした証拠の取捨選択が経験則に反していないかどうかの問題は，ともに当裁判所の審査すべきことである」と判示している。

　[判例 9-42]　最判昭和 50・7・10 民集 29 巻 6 号 888 頁
　本判決は，「裁判所は，審決の認定事実については，独自の立場で新たに認定をやり直すのではなく，審判で取り調べられた証拠から当該事実を認定することが合理的であるかどうかの点のみを審査するのであつて，……審判で取り調べられた証拠はすべて当然に裁判所の判断資料とされるべきものであり，右証拠につき改めて通常の訴訟におけるような証拠調に関する手続を行う余地はないと解すべきである」と判示している。

　しかし，実質的証拠がないとして審決等が取り消された例もある（土地調整委員会〔当時〕の裁定についての最判昭和 37・4・12 民集 16 巻 4 号 781 頁［百Ⅱ186］

［判Ⅱ89］，公正取引委員会の審決について東京高判昭和59・2・17行集35巻2号144頁）。

実質的証拠法則が法定されていない場合であっても，解釈により，これが認められるべき場合があるかという論点がある。行政審判手続について，これを肯定する学説が多いが，判例は明文の規定がない以上，実質的証拠法則を採用することはできないとする（高等海難審判庁〔当時〕の裁決取消訴訟について最判昭和47・4・21民集26巻3号567頁参照）。また，行政手続法の聴聞手続は，行政審判手続より略式の手続であり，行政過程において聴聞手続がとられたからといって実質的証拠法則を認めるべきという学説・裁判例は存在しない。

■ **裁量審査**　以上に述べたことは，行政機関に裁量が認められる場合には，そのまま妥当するわけではない。行政事件訴訟法30条（「行政庁の裁量処分については，裁量権の範囲をこえ又はその濫用があつた場合に限り，裁判所は，その処分を取り消すことができる」）が規定するように，行政裁量が認められる場合には，裁量の逸脱・濫用があった場合に限り違法となる。法が行政庁の裁量にまかせる趣旨，目的，範囲は各種の処分によって一様ではなく，これに応じて裁量権の範囲を超えまたはその濫用があったものとして違法とされる場合もそれぞれ異なるので，各種の処分ごとに検討しなければならない（最大判昭和53・10・4民集32巻7号1223頁［百Ⅰ73］［判Ⅰ6］〔マクリーン事件〕）。

(4)　主張責任・立証責任

■ **主張責任**　職権探知主義が採られていない場合には，裁判所は当事者が主張しない事実について判断することはできない。したがって，ある事実の主張がなされないと，裁判所はその事実が存在しないものとして扱うことになる。このように**弁論主義の下で，ある事実が弁論に現れない結果，不利益な判断を下される側の当事者の危険・不利益を主張責任**という。

民事訴訟においては，主張責任の分配は，後述する立証責任の分配と同一の基準によるとする説が多い。取消訴訟においても同様に解する説が少なくないが，行政処分については，行政過程の説明責任の反映として，私人の権利を制限したり，私人に義務を課したりする処分を行う場合には，行政庁に理由提示義務が一般的に課されていること（行手8条・14条）に照らし，行政過程の説

明責任が司法過程においても貫徹されるべきという観点から，適法要件を具備
していることの主張責任は被告が負うとする説も有力である。

■ **立証責任**　当事者からある事実の主張があった場合，その存否について証
拠調べをすることになるが，証拠調べをしても当該事実の存否
を裁判所が確定しえない場合が生じうる。かかる場合，行政事件訴訟法では，
職権証拠調べも認めているが，職権証拠調べは裁判所の義務ではないと解され
ているし，職権証拠調べをしても，なお事実の存否を確定できない場合が生じ
うる。このような場合，裁判所が判決を下すことを拒否すれば，紛争の終局的
解決が図れなくなるので，当該事実があったもの，またはなかったものと仮定
して判断せざるをえない。当該事実を立証できなかったときに，かかる仮定に
より，一方の当事者が受ける不利益が立証責任（挙証責任，証明責任ということ
もある）である。原告が不利益を受けるのであれば，原告が立証責任を負うの
であり，被告が不利益を受けるのであれば，被告が立証責任を負うことになる。
取消訴訟における立証責任については定説がない状況にある。

■ **原告の主張・立証の負担の軽減**　国または公共団体と比較して，私人は専門
知識や保有している関係資料の面で，不利
な立場にあることが少なくなく，取消訴訟において原告の主張・立証の負担を
軽減しないと不合理な結果をもたらすおそれがある。そのため，この問題が議
論されてきた。最判平成 12・7・18 判時 1724 号 29 頁［判Ⅱ87］は，「行政処分
の要件として因果関係の存在が必要とされる場合に，その拒否処分の取消訴訟
において被処分者がすべき因果関係の立証の程度は，特別の定めがない限り，
通常の民事訴訟における場合と異なるものではない。そして，訴訟上の因果関
係の立証は，一点の疑義も許されない自然科学的証明ではないが，経験則に照
らして全証拠を総合検討し，特定の事実が特定の結果発生を招来した関係を是
認し得る高度の蓋然性を証明することであり，その判定は，通常人が疑いを差
し挟まない程度に真実性の確信を持ち得るものであることを必要とすると解す
べきである」と判示している。しかし，立証の負担の軽減が認められる場合も
ある。

　最判昭和 42・4・7 民集 21 巻 3 号 572 頁［百Ⅱ188］［判Ⅱ88］は，裁量処分に
ついて，裁量権の行使がその範囲を超えまたは濫用にわたり違法であることの

立証責任は原告の私人が負うと述べているが，前掲最判平成4・10・29〔伊方原発事件〕は，行政庁がした原子炉設置許可処分の判断に不合理な点があることの主張・立証責任は，本来，原告が負うべきものと解されるとしながら，当該原子炉施設の安全審査に関する資料をすべて行政庁の側が保持していることなどの点を考慮すると，被告の行政庁側において，まず，その依拠した具体的審査基準ならびに調査審議および判断の過程等，行政庁の判断に不合理な点のないことを相当の根拠，資料に基づき主張・立証する必要があり，被告がこの主張・立証を尽くさない場合には，行政庁の判断に不合理な点があることが事実上推認されると判示している。

［判例9-43］　最判平成25・4・16民集67巻4号1115頁［百Ⅰ75］
　公害に係る健康被害の救済に関する特別措置法（昭和44年法律第90号。昭和48年法律第111号により廃止）3条1項の規定に基づく水俣病の認定申請棄却処分の取消訴訟および認定の義務付け訴訟が提起された事案において，本判決は，都道府県知事が行うべき認定は，水俣病のり患の有無という現在または過去の確定した客観的事実を確認する行為であって，この点に関する処分行政庁の判断はその裁量に委ねられるべき性質のものではないとして，水俣病の認定申請を棄却する処分の取消訴訟における審理・判断の方法につき判断代置的審査を行うべきことを明らかにした。

　伊方原発訴訟の最高裁判決（最判平成4・10・29民集46巻7号1174頁［百Ⅰ74］［判Ⅰ39・Ⅱ18］）で問題になった原子炉設置許可処分の審査，判断は，将来の予測にかかる事項も含むのに対し，水俣病の認定における処分行政庁の審査は，水俣病にり患しているかという過去または現在の確定した事実であり，伊方原発訴訟における審査の対象とは事柄の性質・内容を大きく異にするというのが，判例の立場と考えられる。

発展学習のために㉔　文書提出義務
　取消訴訟を提起しても，被告の国または公共団体が所有している処分の根拠資料を閲覧できないと適切な主張・立証ができないことになる。被告は，自己に有利な証拠は積極的に提出するであろうが，そうでない証拠を自発的に提出することは期待しがたい。行政事件訴訟法は原告が被告の所有する関連文書の閲覧を求めることについて特段の規定を置いていないが，民事訴訟法には文書提出義務に関する制度があり，取消訴訟においても，これが準用されている。2001（平成13）年の民事訴訟法改正で，

国または地方公共団体が所持する文書についても，一般義務文書の提出義務規定（民訴220条4号）が適用されることになった。一般義務文書と呼ばれるのは，文書の所持者と挙証者との特別の関係を要求せずに文書提出義務がかかる文書であり，公務秘密文書，自己使用文書等の例外を除いて，文書一般に提出義務が認められることになる。

(5)　主張制限

■ 自己の法律上の利益に関係のない違法

取消訴訟においては，自己の法律上の利益に関係のない違法を理由として取消しを求めることができない（行訴10条1項）。これは，原告適格があることを前提として，本案審理における違法事由の主張を制限するものである。行政事件訴訟特例法には，行政事件訴訟法10条1項のような規定は置かれていなかったが，学説・裁判例は，取消訴訟が主観訴訟であることから，自己の法律上の利益に関係ない違法事由の主張が制限されることを当然視していた。

> ［判例9-44］　最判昭和32・12・24民集11巻14号2336頁
> 　本判決は，労働組合法5条の規定に基づく労働組合の資格審査は，資格を欠く組合による労働委員会への救済申立てを拒否することにより，間接的に組合が資格を具備するよう促進することを目的としており，労働委員会が組合の資格審査を行う義務は，上記の国家目的に協力することを要請されているという意味において，直接，国家に対して負うものにほかならず，申立資格を欠く組合の救済申立てを拒否することにより使用者の法的利益を保障する趣旨ではないから，使用者は，労働委員会による組合の資格審査の方法ないし手続の瑕疵を主張しえないと判示している。

> ［判例9-45］　最判平成元・2・17民集43巻2号56頁［百Ⅱ183］［判Ⅱ40］
> 　本判決は，航空法100条（当時）の定期航空運送事業免許の取消訴訟において，周辺住民の原告適格を認めたが，原告の主張は，告示された供用開始期日の前から変更後の着陸帯および滑走路を供用したこと，利用客の大部分が遊興目的の団体客であること，相互乗入れにより輸送力が著しく過剰になることという「自己の法律上の利益に関係のない違法」を述べるものとして上告を棄却している。

　行政事件訴訟法9条2項の解釈規定は，同法10条1項の解釈にも用いられるべきであり，「自己の法律上の利益」を柔軟に解すべきである。

■ 理由の追加・差替え

処分時にaという理由で処分し，その取消訴訟においてbという異なる理由を被告が追加主張しうるか，

ａに替えてｂという異なる理由を主張しうるかという問題がある。これが，**理由の追加・差替え**と呼ばれる問題である。最高裁は，「一般に，取消訴訟においては，別異に解すべき特別の理由のない限り，行政庁は当該処分の効力を維持するための一切の法律上及び事実上の根拠を主張することが許されるものと解すべきである」（最判昭和53・9・19判時911号99頁）と判示している。しかし，「別異に解すべき特別の理由」とは何か，「当該処分」をどうとらえるかという点について，明確になっているわけではない。

　行政処分に理由提示が義務づけられていることが，「別異に解すべき特別の理由」といえるであろうか。最高裁は，従前，法律で理由提示が義務づけられていない場合には，理由の追加・差替えを認めてきた（白色申告について最判昭和49・4・18訟月20巻11号175頁，最判昭和50・6・12訟月21巻7号1547頁）。

　また，最判平成11・11・19民集53巻8号1862頁［百Ⅱ180］［判Ⅰ81・Ⅱ79］は，情報公開条例に基づく不開示決定の取消訴訟において，理由提示の慎重考慮担保機能は，不開示の理由を具体的に記載して通知させること自体をもってひとまず実現されるとして，理由の追加を認めている。これは，最初に付した理由が不備である場合，行政上の不服申立てや訴訟の段階でその治癒を認めなければ理由提示の不備が独立の取消事由になるという通説・判例の立場を前提とする限り，行政庁は，理由提示の不備による取消しを恐れて，処分をするに当たって慎重に考慮することになるという趣旨と考えられる。たしかに，この判決が述べるように，理由の追加・差替えを認めることにより，理由提示の慎重考慮担保機能が完全に没却されるとまではいえないであろう。しかし，理由の追加・差替えが認められる場合，行政庁は，とりあえず1つの理由が具体的に記載さえできれば，他の理由については慎重に検討せず，当該不開示決定が争われ，当初の理由が審査庁や裁判所で支持されるかが不確実な情勢になってはじめて，他の理由も成り立つか検討することになる可能性が高いと思われる。また，不服申立ての便宜の観点についても，たとえば，審査請求に対して棄却裁決がなされたので取消訴訟を提起したところ，訴訟の段階になって理由の追加・差替えが認められれば，審査請求についての便宜は損なわれたことになる。したがって，理由提示の機能を重視する観点からは，理由の追加・差替えを認めることは望ましいこととはいえないと思われる。

　しかし，そのことから，直ちに理由の追加・差替えを一切禁止すべきとも即断できない。なぜならば，理由の追加・差替えを禁止すれば，当初提示した理由が不備であるとして取消しがなされた後，別の理由で再処分が行われることが予想され，紛争の一回的解決が図れないことになるからである。また，2005（平成17）年4月1日からは，改正行政事件訴訟法が施行されており，拒否処分の取消しが訴求される場合には，法定された義務付け訴訟が併合提起されることが多くなると思われる。その場合，義務付け訴訟との関係では，義務付けが認められるかの判断のために，他の拒否事由の存否も検討することが必要になろう。もし，この場合に理由の追加・差替えを認めないと，他の拒否事由により守られるべき利益が侵害されることが明らかな場合にも，許可を義務づける判決を出さざるをえなくなり，それは不合理ではないかという問題が生ずる。

　したがって，一般論としていえば，理由の追加・差替えを認めるべきか否かは，理由提示の機能を担保するという要請と，紛争の一回的解決や理由の追加・差替えが認められないことによる公益上の支障を回避する要請との調和をいかに見出すかという問題に帰結することになろう。学説の中には，不利益処分と申請拒否処分を分け，前者については処分時の理由に拘束され理由の追加・差替えは認められるべきではないが，後者の場合には，原告が処分内容に関する主張や認否の応対をするかぎり，被告からの理由の追加・差替えを認めるものがあるが，これは，後者における紛争の一回的解決の要請が前者と比較して大きいという利益衡量を基礎としている。

　また，理由提示が義務づけられている場合には，処分前の調査検討が特に関係者に対して慎重公正な態度で行われ，それに基づく処分理由の具体的な特定を経た上で処分がされるべきことを要求していると解されるから，取消訴訟においては，基本的には，処分時に示された処分理由の当否が審理判断の対象となるとする一方，申請拒否処分の場合には，申請人がそれ自体によって，従前の状態と比較して格別の不利益を受けているわけではないから，理由の追加・差替えを原則として認める説もある。

　以上に加えて，特別の法的仕組みがとられていることにより，理由の追加・差替えの可否の判断に当たって，特別の配慮が必要になることがある。その例が，青色申告書による申告についての更正処分である。更正処分には理由を付

記しなければならないが，再更正処分が法定されているため（税通26条），行政庁が理由の追加・差替えをしたい場合には，再更正処分をすべしとするのが立法者意思とみることが可能であるし，とりわけ，再更正処分についての期間制限が法定されていること（同70条）に照らすと，再更正処分によらない理由の追加・差替えは認めない趣旨と解することも可能である。学説上も，基本的課税要件の同一性が失われない限りにおいてのみ，青色申告に対する更正処分の理由の追加・差替えを認める説が有力である。ただし，最判平成4・2・18民集46巻2号77頁は，理由の差替えを認めている。この判例は，確定処分に対する争訟の対象は，確定された税額の適否であるという総額主義（換言すれば，実質的には租税債務不存在確認訴訟）の立場に立つものといえよう。

　行政手続法は，行政庁が不利益処分を行おうとする場合には，原則として事前に名あて人の意見を聴取する手続をとることを行政庁に義務づけている。意見聴取手続をとろうとする場合には，「予定される不利益処分の内容及び根拠となる法令の条項」「不利益処分の原因となる事実」（行手15条1項1号・2号，30条1号・2号）を事前に名あて人に通知し，名あて人は，それに基づき，意見を述べる機会を与えられることになる。これは，名あて人の防御権を保障するための手続であるから，聴聞または弁明の機会の付与の通知に記載された「不利益処分の原因となる事実」の記載は，きわめて重要である。理由の追加・差替えを認めることは，この事前の意見聴取手続の意義を没却することにならないかという問題がある。とりわけ，聴聞手続の場合には，主宰者が，処分を行おうとする行政庁の職員と，処分の名あて人である当事者双方の意見を口頭で聴取し，その際の両者の表情等も観察した上で，不利益処分の原因となる事実に対する当事者等の主張に理由があるかどうかについての意見を記載した報告書を作成して行政庁に提出し（同24条3項），行政庁は，不利益処分の決定をするときは，報告書に記載された主宰者の意見を十分に参酌してこれを行わなければならず（同26条），行政庁は，聴聞の終結後に生じた事情にかんがみ必要があると認めるときは，主宰者に対し，報告書を返戻して聴聞の再開を命ずることができるとされていること（同25条）に照らすと，訴訟における理由の追加・差替えは許されないと考えられる。

■新証拠の提出　　　　　行政審判手続がとられた処分または裁決の取消訴訟におい
　　　　　　　　　　　ては，法律で新証拠の提出を原則として制限する明文の規
定が置かれ，新証拠を調べる必要があると認めるときは，審判を行った行政委
員会に差し戻すこととしている例がある（土地利用調整53条3項参照）。また，
学説・判例においては，かかる明文の規定がない場合においても，実質的証拠
法則が法定されている場合，解釈論により，取消訴訟における新証拠の提出を
制限すべきとするものがある（最判昭和43・12・24民集22巻13号3254頁［百Ⅱ
166］［判Ⅱ53］〔東京12チャンネル事件〕）。訴訟における新証拠の提出が制限され
る場合には，当然，当該新証拠に基づく主張が制限されることになる。

(6)　違法判断の基準時

■処分時説と判決時説　　　行政処分が行われてから判決までの間に法令が制定・
　　　　　　　　　　　改廃されたり，事実状態が変動したりすることがあり
うる。たとえば，違法な建築確認拒否処分が争われているうちに当該建築が認
められない内容の高度地区の指定がなされたり，建築確認拒否処分は適法にな
されたが，その取消訴訟係属中に建築規制が緩和され，そのような建築も適法
に行えるようになったり，課税処分は適法であったが，その取消訴訟係属中に
特別に控除を認める法改正が行われ，新法の下では過大な課税処分となったり，
未成年者には認められない営業の申請不許可処分が争われているうちに当人が
成人になったりした場合がその例である。

　このような事例において，裁判所が違法判断を行う場合，行政処分が行われ
た時点における法令・事実状態を基準にして判断すべきか，口頭弁論終結時に
おける法令・事実状態を基準にして判断すべきかという問題が生ずる。前者が
処分時説，後者が判決時説と呼ばれるものである。

　従前の判例においては，処分時説をとるものが多かったといえる。

[判例9-46]　最判昭和27・1・25民集6巻1号22頁［百Ⅱ184]
　本判決は，「行政処分の取消又は変更を求める訴において裁判所の判断すべきこと
は係争の行政処分が違法に行われたかどうかの点である。行政処分が行われた後法律
が改正されたからと言つて，行政庁は改正法律によつて行政処分をしたのではないか
ら裁判所が改正後の法律によつて行政処分の当否を判断することはできない」とする。

　また，最判昭和 28・10・30 行集 4 巻 10 号 2316 頁は，「行政処分の取消又は変更を求める訴において，裁判所が行政処分を取り消すのは，行政処分が違法であることを確認してその効力を失わせるのであつて，弁論終結時において，裁判所が行政庁の立場に立つて，いかなる処分が正当であるかを判断するのではない。所論のように弁論終結時までの事情を斟酌して当初の行政処分の当否を判断すべきものではない」と明言している。そして，最判昭和 34・7・15 民集 13 巻 7 号 1062 頁は，未墾地買収処分完了後売渡前に政府が当該土地を農地の開発以外の目的に用いることを決定したという事実を斟酌して未墾地買収計画を違法とすることはできないと判示している。

　処分時説による場合，処分時には存在しなかった新たな知見が口頭弁論終結時には存在するようになったとき，裁判所は，口頭弁論終結時の知見に基づいて判断してよいかという問題が残る。最判平成 4・10・29 民集 46 巻 7 号 1174 頁［百Ⅰ74］［判Ⅰ139・Ⅱ18］〔伊方原発事件〕は，「現在の科学技術水準に照らし」，違法判断を行うべきとする。法令の解釈，事実認定は裁判所の権限に属するのが原則であるから，処分時の事実をいかに認定するかについては，裁判所が口頭弁論終結時の知見に基づいて行うべきであり，このことは処分時説と矛盾しない（国家賠償請求における過失判断は，処分時に存在し，または合理的努力をすれば存在すべきであった知見を基準に判断されることになる）。

　他方において，取消訴訟の本質を行政庁の第 1 次的判断を媒介として生じた違法状態の排除とみる立場，行政処分の法規に対する適合性の有無が判断対象とする立場から判決時説を主張する有力説が存在する。この説の長所は，当初の行政処分が違法であったが，口頭弁論終結時には適法に同一の行政処分を行うことができるようになっている場合，いったん当初の行政処分を取り消して改めて同一の行政処分を行う手間を省くことが可能になる点にある。しかし，判決時説も，訴訟の目的が一定時期における処分の違法性の判断にある場合（選挙または当選の効力，農地買収の効力が争点となる場合等），直接第三者の権利利益に関係のある場合（競願者の一方に対する許可処分等），処分の効果が処分時に完了するものである場合には例外を認めるし，処分時説も瑕疵の治癒を認めている。また，処分時説も，不作為の違法確認訴訟や義務付け訴訟については判決時説をとる。

　適法に不利益処分がなされた場合において，不利益処分の対象となった行為が処分時には違法であったが，その後の法令改正により現在では適法に行いうるようになっている場合にまで，あえて処分時説を統一的に適用すべきかについては議論がある。

■ 申請時説と処分時説　処分時説と判決時説の議論とは別に，行政処分の基準時に関する申請時説と処分時説の選択が議論になることがある。すなわち，申請時には許可要件を満たしていたが，その後の法令改正等により許可要件を満たさなくなったため不許可処分がなされた場合，その取消訴訟において原告が申請時の法令等に従い許可すべきであったと主張することがあるのである。名古屋高金沢支判昭和 57・12・22 判時 1104 号 57 頁は，処分時説をとる。広島高判昭和 43・7・30 行集 19 巻 7 号 1346 頁も，行政処分は処分時の法律に準拠してなされるのが原則であり，改正法が旧法下の申請については旧法で処理する旨の経過規定を設けていない以上，旧法により処理することはできないとする。ただし，相当の期間内に処理すれば旧法によって許可をなしえたにもかかわらず，いたずらに処分を遅らせ，その間に許可基準が変更になったため，これを理由に不許可処分をしたような特別な場合は，当該不許可処分が違法になることがありうると判示している。

[判例 9-47]　最大判昭和 50・4・30 民集 29 巻 4 号 572 頁
　本判決は，行政処分は原則として処分時の法令に準拠してされるべきものであり，このことは許可処分においても同様であって，法令に特段の定めのないかぎり，許可申請時の法令によって許否を決定すべきではなく，許可申請者は，申請によって申請時の法令により許可を受ける具体的な権利を取得するものではないから，このように解したからといって法律不遡及の原則に反するものではないと判示している。

　他方，大阪高判平成 2・10・31 判時 1396 号 42 頁は，処理が違法に遅延した場合，原則として新法の規定を適用して不許可処分をすることは許されないとする。

5　取消訴訟の終了

(1)　判決の種類

■訴訟判決と本案判決　　民事訴訟と同様，取消訴訟においても，判決には，訴えが不適法であるときになされる訴訟判決と訴えが適法であるときになされる本案判決がある。訴訟判決としてなされるのが却下判決である。これは取消訴訟が処分性，原告適格等の訴訟要件を具備していない場合に本案審理に入ることなく，訴訟を不適法として門前払いするものである。したがって，処分または不作為の適法性を確定する効果を持つものではない。

　訴訟要件を満たしていることを前提に請求の内容の適否について本案審理をしてなされる本案判決には，棄却判決と認容判決がある。棄却判決は，訴えは訴訟要件を満たしており適法であるが，処分は違法ではないとして原告の請求を認めない判決である。ただし，処分が違法ではあるが例外的に請求を棄却する事情判決がなされることがある。認容判決は，処分が違法であるとして取り消す判決である。請求の一部のみを認容し，一部を棄却する判決がなされることも少なくない。

　裁判所は行政処分が違法か否かについて審理し，その結論を判決において示すのが原則である。ただし，実質的証拠法則が認められる場合には，裁判所の事実認定権は制限されているので，訴訟における新証拠の提出を例外的に認めるときに，行政委員会等に事件を差し戻し，当該証拠を取り調べたうえで適当な措置をとるべきことを命じなければならないと定められている例がある（土地利用調整53条3項）。

■中間違法宣言判決と終局判決　　当該審級における訴訟手続の最終的判断として下されるのが終局判決（民訴243条1項）であり，独立した攻撃防御方法その他中間の争いについて終局判決前に裁判をするのに熟した争点について中間的に判決のかたちで示されるのが中間判決（同245条）である。行政事件訴訟法は，後述する事情判決に関連して，違法の認定を一般の中間判決とは異なる特別の中間違法宣言判決で行いうる旨の明文の規定を置いている（行訴31条2項）。

■ 事情判決　　　処分または裁決の取消しによって公益に著しい支障が生ずる場合には権利濫用という実体法上の理論により取消請求を棄却することも考えられないわけではない。しかし，私人が実体法上，行政処分の取消請求権を有するという理論が広く承認されているわけではないので，**行政事件訴訟法は，訴訟法上の制度として，取消しにより，公の利益に著しい障害が生ずる場合において，原告の受ける損害の程度，その損害の賠償または防止の程度および方法その他一切の事情を考慮したうえ，取消しが公共の福祉に適合しないと認めるときは，裁判所は例外的に請求を棄却することができることとしたのである**（同31条1項）。これが**事情判決**である。たとえば，地権者の1人が自己に対する換地処分の取消訴訟を提起したため，裁判所が審理したところ，換地計画が違法であることが認められた場合，当該換地処分を取り消せば，他の地権者に対する換地処分も影響を受けざるをえず，換地計画が適法であることを前提として積み重ねられてきた法律関係・事実関係を根底から覆し，社会的に大きな損失をもたらすことになる。そこで，かかる場合においては，例外的に請求を棄却することができるとされているのである。事情判決を行うべきか否かを判断するに当たって考慮される「その他一切の事情」の中には，違法性の程度も含まれると解すべきであろう。ただし，違法性が軽微な場合，事情判決をするまでもなく，そもそも取り消すべき瑕疵に当たらないとされることもある。

　事情判決は，損害賠償や損害防止等について当事者双方が合意に達しなければ行えないものではないし，裁判所からみて納得のいく措置が被告により講じられる目処がついていることを要件とするものでもない。したがって，場合によっては，事情判決がなされた後に，損害賠償をめぐる紛争が訴訟に発展することもありうる。その場合に意味を持つのは，事情判決を行う場合には，処分または裁決が違法であることを判決の主文において宣言しなければならないとされていることである（行訴31条1項後段）。したがって，処分または裁決の違法性について既判力が生ずる。事情判決は請求の一部認容判決と考えられるので，いずれの当事者からも上訴可能である。

　行政事件訴訟法の下では，おおむね立法時に想定されていた類型において，事情判決が行われる傾向にある。すなわち，ダム建設にかかる収用裁決（札幌

地判平成 9・3・27 判時 1598 号 33 頁［判Ⅰ167］〔二風谷ダム事件〕），土地区画整理事業における換地処分（広島地判昭和 59・10・17 行集 35 巻 10 号 1656 頁）等について事情判決が認められている。他方，特殊な事例として，私鉄特急料金改定認可処分に関する大阪地判昭和 57・2・19 行集 33 巻 1 = 2 号 118 頁［判Ⅱ95］が，当該認可を取り消すと，利用者が 1 日約 10 万人にのぼる当該私鉄の特急の運行に多大の混乱を惹起するのみならず，特急料金を徴収している他の私鉄にも影響を及ぼしかねないとして事情判決を行った例がある。本件においては，原告らの経済的損害がわずかであったことが事情判決を正当化する一因になっているが，当該認可が取り消されても，特急の運行自体には影響を与えず，払戻しの問題が生ずるのみであるので，事情判決に適した事例であったかについては議論がありうるであろう。

　横浜地判平成 18・5・22 判タ 1262 号 137 頁は，公立保育所を民営化するために早期に公立保育所を廃止する内容の条例を制定したことは違法であるとしたが，すでに当該公立保育所が廃止されてから 2 年余りが経過し，社会福祉法人の保育士による新たな保育環境が形成され，新たに民営保育所で保育の実施を受けるに至った児童も存在するので，現時点で本件改正条例の制定を取り消すことは，これらの新たな秩序を破壊するものであり，無益な混乱を引き起こすことにもなりかねないとして，事情判決を行っている。

　裁判所は，相当と認めるときは，終局判決前に，判決をもって，処分または裁決が違法であることを宣言することができる（同 31 条 2 項）。中間違法宣言判決で示された違法判断を終局判決で変更することはできないと解される。したがって，この中間違法宣言判決は和解勧告的機能を果たしうる。被告の行政主体等は，処分または裁決が違法であることを宣言された以上，十分な損害防止策や損害賠償を行わないと，終局判決で処分または裁決が取り消されるおそれがあるので，積極的に損害防止策や損害賠償を行うインセンティブが働きうる。また，原告の側も，違法を宣言する中間違法宣言判決が出された以上，あくまで処分または裁決の取消しを求めるより，損害防止策や損害賠償を十分に行わせることによって，「名を捨てて実をとる」ほうがよいと考えることもありうる。このように，中間違法宣言判決で処分または裁決の違法を宣言することは，両者に和解へのインセンティブを付与することになる。したがって，中

間違法宣言判決の活用が望まれる。もっとも，中間違法宣言判決で違法宣言がされたことが損害賠償や損害防止の措置を当然に被告の行政主体等に義務づけるわけではなく，また，中間違法宣言判決後，損害賠償や損害防止等の措置が講じられない限り事情判決を行えないわけでもない。

(2) 判決の効力

■形 成 力　取消判決の効力について通説の立場をとれば，請求認容判決は，行政庁による取消しを要せずに処分を遡って失効させる形成力を有することになる。

■第三者効（対世効）　処分または裁決を取り消す判決が第三者に対しても効力を及ぼす場合，第三者効（対世効）があるという。行政事件訴訟特例法には第三者効についての明文の規定がなかったため，行政処分をめぐる法律関係は統一的に規律されるべきとする第三者効肯定説と訴訟において自己の権利利益を防御する機会を有しなかった者に判決の効力を及ぼすのは不合理であるとする第三者効否定説の間で論争があった。行政事件訴訟法は，肯定説を採用して第三者効を明示するとともに（同32条1項），否定説の疑問に応えるべく，第三者の訴訟参加と第三者の再審の訴えを法定したのである。この第三者効については既判力の主観的範囲の拡張されたものとみる考え方もありうるが，通説は，これを形成力の効果としている。

　取消判決の効果が第三者に及ばないとすると，以下のような問題が生ずる。たとえば，収用委員会の裁決により，自己の土地の所有権が起業者に移転してしまった場合，当該土地所有者が収用委員会の所属する都道府県を被告に権利取得裁決の取消訴訟を提起して勝訴しても，その判決の既判力は起業者には及ばない。そのため，当該土地所有者が起業者を被告に土地の所有権確認，引渡しを求める訴訟を提起しても，権利取得裁決取消判決の効果は及ばないという起業者の主張を許すことになり，取消判決の実効性が失われることになる。公売処分の取消判決の効果が競落人に及ばない場合，農地買収処分の取消判決の効果が農地の売渡しの相手方に及ばない場合も同様である。また，マンションの建築により日照を害されるおそれのある隣人が建築確認を争い勝訴しても，建築主が当該判決の効果は及ばないとして建築工事を続行してしまうような事

態を回避するためにも，取消判決の効果を建築主にも及ぼす必要がある。このように，**原告と対立関係にある第三者は紛争の実質的当事者ともいえるものであり，かかる者に第三者効が及ぶことには異論がない。**

　処分としての性格を持つ立法行為または一般処分について原告と利益を共通にする第三者にも取消判決の第三者効が及ぶかについては議論がある。たとえば，医療費の値上げの職権告示について処分性が認められることを前提とした場合，健康保険組合の1つが出訴し取消しが認められた場合，他の健康保険組合にも値上げの効果が及ばなくなるのかという問題である。また，鉄道料金の値上げ認可のように特定の者に対する処分が多数の者の利益に影響を与える場合，そもそも利用者が原告適格を認められるかという問題があるが，仮に定期券利用者に原告適格を肯定した場合，ある定期券利用者が値上げ認可処分の取消訴訟を提起して勝訴したときは，すべての利用者との関係で値上げの効果が失われるのかという問題が生ずることになる。

　相対効説は，かかる場合において，原告と利益を共通にする第三者に形成力が及ぶことを否定する。東京地決昭和40・4・22行集16巻4号708頁［判Ⅱ90］は，「立法行為の性質を有する行政庁の行為が取消訴訟の対象となるとはいつても，それは，その行為が個人の具体的な権利義務ないし法律上の利益に直接法律的変動を与える場合に，その限りにおいて取消訴訟の対象となるにすぎないのであるから，取消判決において取り消されるのは，その立法行為たる性質を有する行政庁の行為のうち，当該行為の取消しを求めている原告に対する関係における部分のみであつて，行為一般が取り消されるのではないと解すべきである」と判示し，この立場をとる。相対効説の根拠は，行政事件訴訟法が，同一行政処分に対しても，請求者が異なれば各人別に別個の取消請求権が成立する仕組みをとっていること（同13条5号），これらについては関連請求訴訟の併合（同16条）の扱いにとどまり，地方自治法242条の2第4項のように別訴を禁止する規定を置いていないため，民事訴訟法の規定の準用により必要的共同訴訟（全員について権利関係の合一的確定が必要となる共同訴訟）となりうる例外を除いて一般的には取消請求に関する訴訟が関係者全員について統一的に審判される制度的基盤を欠いていること，取消訴訟は原告の個人的権利利益の保護を目的とすることにあるから処分に満足し訴訟を提起しなかった者にま

で取消しの効果を及ぼす必要性がないこと，相対効にとどめても行政庁は事案に応じて拘束力に従い適切な解決を行うことを期待しうることに求められている。

　しかし，かかる類型の訴訟の場合，画一的に法効果が定まらないのは不合理であることから，原告と利益を共通にする第三者にも形成力が及ぶとする絶対効説も有力である。絶対効説は，取消訴訟の適法性保障機能を重視するものといえる。また，基本的には絶対効説をとりつつ，違法事由が原告との関係のみにかかわる場合や処分の性質が原告との関係のみを他の利害関係人と別異に取り扱うことを許容するものである場合には相対効説によるという折衷説も存在する。

■ 既 判 力　**裁判が確定した場合，同一事項がその後訴訟で問題になっても，当事者はこれに反する主張をすることができず，裁判所もこれに抵触する裁判ができないという効力を既判力という。**たとえば，ある事故に起因する損害賠償の請求をしたところ，棄却判決が出され確定した場合，当該訴訟の原告が，重ねて同一の事故に起因する損害賠償を請求することは既判力の消極的作用により遮断され，かかる主張をしても，相手方当事者は既判事項の抗弁を行うことができ，裁判所は，当該訴訟を審理することはできない。行政事件訴訟法には既判力についての規定はないが，取消訴訟についての確定判決にも既判力が生ずると解される。

　既判力が生ずるのは，訴訟の当事者，当事者が他人のために原告または被告となった場合のその他人，以上の者の口頭弁論終結後の承継人等である（民訴115条1項）。複数の者の法律上の利益を侵害する処分の場合，その一部の者が取消訴訟を提起して棄却判決を受けても，他の者には既判力は及ばないので，後者が別に当該処分の取消訴訟を提起することは既判力には抵触しないが，通常，出訴期間を経過しているであろう。

　確定判決は主文に包含されるものに限り既判力が生ずる（同114条1項）。訴訟において審判の対象になる事項を訴訟物といい，取消訴訟の訴訟物については，一般に当該処分の違法性一般と解されていることはすでに述べた。この説によると，取消訴訟の請求棄却判決が確定した場合には，処分が適法であることについて既判力が生ずるから，前訴の段階で気がつかなかった別の違法事由

を主張して無効確認訴訟を提起することもできなくなる。そこで，学説の中には，既判力は違法性一般ではなく，当該判決で判断された個々の違法事由についてのみ生ずるという立場をとるものもある。取消訴訟における違法性と国家賠償請求訴訟における違法性を同一に解する説によれば，取消訴訟において処分の違法性一般に既判力が生ずると，国家賠償請求においても被告は処分が適法であることを主張しえなくなる。また，取消訴訟において処分が適法であることについて既判力が生じた場合，原告は国家賠償請求において処分が違法であると主張することができないとするのが判例（最判昭和48・3・27集民108号529頁）である。

　裁判所が判断しうる資料は，事実審の最終口頭弁論終結時までに提出されたものに限られるので，既判力の基準時は，最終口頭弁論終結時である。

■拘束力　　　(a) 意　義　**処分または裁決を取り消す判決は，その事件について，処分または裁決をした行政庁その他の関係行政庁を拘束する（行訴33条1項）。**関係行政庁は，処分庁の所属する国または公共団体に所属するものに限られない。市町村長が行う法定受託事務にかかる処分について都道府県知事に審査請求がされた場合（自治255条の21項第2号）の都道府県知事のような審査庁は関係行政庁として当該処分の取消判決の拘束力を受ける。また，都道府県知事が建築許可等について市町村の機関である消防長の同意（消防7条1項）を得ることができなかったために不許可処分を行い，その取消判決が出された場合，消防長も関係行政庁として拘束力を受ける。当事者たる行政庁と指揮監督関係があることも関係行政庁の要件ではない。

　拘束力は，行政庁が判決の趣旨に従って行動する実体法上の義務を定めたものである。拘束力が生ずるのは，主文に含まれる判断を導くために不可欠な理由中の判断であり，法的判断のみならず事実認定にも及ぶが，判決の結論と直接に関係しない傍論や要件事実を認定する過程における間接事実についての認定には拘束力は生じない。

　拘束力の規定は行政事件訴訟特例法12条にも存在していたが，その性質についてはなお見解が分かれている。拘束力を既判力の現れとみる有力説もあるが，既判力が裁判所を拘束するのに対して，拘束力は行政庁を拘束するものであるので，通説は，拘束力は取消判決に与えられた特殊な効力であると解して

いる。すなわち，取消判決により行政処分が取り消され，当該処分が違法であ
ることが確定しても，それのみでは原告の救済が十分には行われず，行政庁に
判決の趣旨に従った行動を義務づけることによってはじめて救済の実効性が保
障される場合が少なくないため，拘束力を特別に法定したとみるのである。拘
束力の効果をどのようにみるかは，既判力の射程についての理解とも関連し，
見解は一致していない。

　拘束力は，既判力と異なり，関係行政庁を拘束するものであって裁判所を対
象とするものではないが，拘束力に違反していれば，訴訟ではそのこと自体が
違法と評価されよう。

　(b)　**拒否処分等の取消判決**　　**申請を却下しもしくは棄却した処分または審査
請求を却下しもしくは棄却した裁決が判決により取り消されたときは，その処
分または裁決をした行政庁は，判決の趣旨に従い，改めて申請に対する処分ま
たは審査請求に対する裁決をしなければならない**（行訴33条2項）。**このこと
は，実体的違法を理由として取消しがされた場合にも，手続的違法を理由とし
て取消しがされた場合にも妥当する。**たとえば，aという許可要件が欠如して
いることを理由として申請拒否処分を行ったところ，裁判所がaの要件は満た
されているとして取消判決を行ったときは，行政庁は，もはやaの要件が欠け
ているとして拒否処分をすることはできなくなる。また，理由提示が不備であ
るとして拒否処分が取り消されたのであれば，再度拒否処分をする場合には，
適切に理由を提示しなければならない。申請を却下しもしくは棄却した処分ま
たは審査請求を却下しもしくは棄却した裁決が判決により取り消されても，申請
または審査請求自体の効果が失われるわけではなく，申請または審査請求が係
属している状態に戻るのであるから，改めて申請または審査請求を行う必要は
ない。

　(c)　**認容処分等の取消判決**　　**申請に基づいてした処分または審査請求を認容
した裁決が，手続に違法があることを理由として判決により取り消された場合
にも，その処分または裁決をした行政庁は，判決の趣旨に従い，改めて申請に
対する処分または審査請求に対する裁決をしなければならない**（同33条3項）。
ここでいう手続の違法とは，瑕疵ありとされた手続を適正な手続で行えば，認
容の処分または裁決がなされる可能性のある場合をさし，合議制機関の定足数

の不足等の処分庁の構成に関する瑕疵，他の機関の同意・承諾等の欠如等を包含する。たとえば，ある法律では，許可申請があった場合，その内容を公示し，利害関係人に意見書の提出を認めているのに，この手続を懈怠したことを理由として，Ａの申請を許可する処分が利害関係人Ｂにより争われ，裁判所が，当該手続的違法を理由として許可処分を取り消した場合には，行政庁は，当該手続を履践して，改めて申請に対する諾否を決定しなければならない。

　これに対して，本項が認容の処分または裁決を実体的理由で取り消す場合について定めていないのは，かかる場合，処分をやり直しても，認容の処分または裁決がなされることが見込まれないので，あえて再処分を義務づける必要はないと判断されたことによる。ただし，裁判所が第三者的立場から行政庁の判断過程の合理性を審査する実体的判断過程統制審査において，裁判所により要考慮事項とされた事項を考慮したり，他事考慮とされた事項を考慮事項から除外した場合，再度，認容の処分または裁決がなされる可能性があるので，本条3項による拘束力が働くと解すべきであろう。

　(d)　先行行為の取消し　　事業認定の違法を理由として収用裁決が取り消された場合（違法性の承継），当該判決により事業認定を失効させる効果が直接生ずるわけではないが，事業認定が取り消されなければ当該判決の意義は大きく損なわれることになる。そこで，この場合，事業認定庁は事業認定を取り消すことを拘束力により義務づけられると解される。また，消防法7条の規定による消防長の不同意が違法であるとして建築不許可処分が取り消された場合，消防長は，不同意を撤回する義務を負う。

　(e)　後行行為の取消し　　後行行為が先行行為の存在を与件としている場合，先行行為が取り消されれば，それと整合しない後行行為を取り消すことが拘束力により義務づけられるとする説がある。農地買収処分が取消訴訟で判決により取り消された場合の国の所有権登記抹消，課税処分が取消訴訟で判決により取り消された場合の税金の還付について，拘束力により基礎づけられるとみるべきか，拘束力を論ずるまでもなく実体法上，原状回復義務が生ずるとみるべきかについて議論がある。

［判例9-48］　最決平成11・1・11判時1675号61頁［判Ⅱ107］
　本判決は，議員除名処分の効力停止決定がなされることにより，当該処分の効力は
将来に向かって存在しない状態に置かれ，議員としての地位が回復されるから，除名
による欠員が生じたことに基づき行われた繰上補充による当選人の定めは，その根拠
を失うことになり，関係行政庁である選挙管理委員会は効力停止決定に拘束され，繰
上補充による当選人の定めを撤回し，その当選を将来に向かって無効とすべき義務を
負うと判示した。しかし，先行行為が取り消されれば，先行行為を要件とする後行行
為は無効となり，拘束力による取消義務を論ずるまでもないという説も有力である。

　(f)　事実上の措置と原状回復　　行政処分に基づいて事実上の措置がとられて
いる場合，当該処分が取り消されたことによる拘束力の効果として原状回復義
務が生ずるかについては学説・裁判例ともに分かれている。除却命令が取り消
された場合，当該命令に起因する一切の違法状態を除去する義務が生じ，原状
回復が可能な限り，代執行前の状態に回復しなければならないから，都市公園
法11条1項（現27条1項）の規定に基づく係留船舶の除却命令の代執行完了
後も訴えの利益は消滅しないとするものとして，名古屋高判平成8・7・18判
時1595号58頁がある。他方，除却命令を受けた違反建築物について代執行に
よる除却工事が完了した場合，原状回復義務は生じないので訴えの利益が失わ
れるとするもの（東京地判昭和44・9・25判時576号46頁），土地区画整理法に基
づく建物の移転工事完了後は，移転通知の取消判決をしても原状回復義務が生
ずるわけではないので訴えの利益が失われるとしたものとして大阪高判昭和
41・11・29行集17巻11号1307頁もある。また，東京地判平成13・10・3判
時1764号3頁〔小田急線連続立体交差事業認可事件〕は，取消判決の拘束力に
より原状回復義務は生じないので，事情判決を行う必要はないとする。
　(g)　拘束力の規定の準用　　拘束力の規定は，他の抗告訴訟（行訴38条1項），
当事者訴訟（同41条1項），民衆訴訟・機関訴訟（同43条）に準用されている。

■ 反復禁止効　　取消判決がなされると，行政庁は，同一事情の下で同一理由
により同一処分を行うことはできなくなる。これが反復禁止
効といわれるものである。反復禁止効は，同一理由による再処分を禁ずるもの
であるから，事情が変更していなくても，別の理由による再処分を禁ずるもの
ではないと一般に解されている。取消訴訟が棄却された場合には，処分が適法

であることについて既判力が生じ，原告が別の理由を援用して処分が違法であると主張することができなくなるのに対して，認容判決があっても，行政庁が別の理由で同一内容の処分を行うことができるのは，均衡を失するようにも思われるが，通説がこれを認めているのは，手続的瑕疵があったことを理由として実体的には適法な処分をすることができなくなるのは不合理であること，当初の処分に実体的瑕疵がある場合であっても，別の理由により同一の処分をなしうるときに，たまたま行政庁が当初その理由を援用することを懈怠したために当該処分を行えなくなることは法律による行政の原理に照らして疑問であることを根拠としている。

　この反復禁止効が拘束力の効果（消極的作用）か既判力の効果かについては議論が分かれている（ただし，拘束力を既判力の一内容とみる立場からすれば，かかる問題設定自体が無意味になろう）。既判力説に対しては拘束力説から，以下のような疑問が提起されている。第1に，再処分とはいっても取り消された処分とは別の処分であるから既判力を援用することは適当でないこと，第2に，反復禁止効は判決理由中の判断について生ずるものであるが既判力は判決理由中の判断には及ばないこと，第3に，反復禁止効は実体法上の不作為義務であるから訴訟法上の効力である既判力により説明することは適当でないことである。行政事件訴訟特例法下の判例であるが，最判昭和30・9・13民集9巻10号1262頁も，同一理由による再処分の禁止を拘束力の効果としている。

　これに対して，既判力説は，当初の処分と禁止される再処分とは実質的には同一であるとする。また，既判力説の中には，そもそも反復禁止効が同一理由による同一処分を禁ずるにとどまると解すること自体を疑問視し，判決で違法とされた理由に限らず，原則として，同一事情の下で同一内容の処分をすることが禁じられるとする有力説がある。この説は，行政庁は処分後も調査権限を有し行政過程のみならず司法過程においてもその調査結果を訴訟の場に（一定の制約の下で）提出することができるのであるから，取消判決確定後に別の理由で再処分をさせることを認める必要性は通常考えられないこと，取消判決確定後も別の理由で再処分をすることが可能であれば，原告の地位を著しく不安定にするとともに被告の真摯な訴訟遂行が期待しがたくなりかねないこと，取消請求棄却判決の既判力が違法性一般に及ぶと解されていることとの平仄を合

わせるべきことを根拠としている。しかし，この説も，行政事件訴訟法が明示的に判決の趣旨に従った再考慮を行政庁に認めている場合（同33条2項・3項）には，例外的に別の理由による再処分を認めている。紛争の蒸し返しを避けるために，口頭弁論終結時までに行政庁が提出可能であったにもかかわらず提出しなかった理由による再処分を禁ずべきとする説は少なくない。

(3)　原告の死亡による訴訟手続の終了

　生活保護受給権のように，一身専属的権利の場合，原告が死亡すると，受給権は相続されず，生活保護法に基づく変更決定の取消しを求める訴訟手続は裁判所の訴訟指揮権に基づく決定により，終了することになる（最大判昭和42・5・24民集21巻5号1043頁［判Ⅰ39］〔朝日事件〕）。たしかに，生活保護受給権自体は一身専属的であり相続されないが，本判決の反対意見が指摘するように，変更決定に起因して不当利得返還請求権が生ずるのであれば，その相続は認めるべきであったと思われる。

　給料請求権は相続しうるから，免職された公務員が免職処分の取消訴訟の係属中に死亡した場合，取消判決により回復される当該公務員の給料請求権を相続する者が訴訟を承継する（最判昭和49・12・10民集28巻10号1868頁［百Ⅰ112］〔旭丘中学事件〕）。

　開発行為により生じうるがけ崩れ等により侵害される生命・身体の安全という利益は一身専属的なものであり，相続の対象とならないので，開発許可の取消訴訟の原告が死亡した場合には，訴訟手続は終了する（最判平成9・1・28民集51巻1号250頁）。

6　取消訴訟における仮の救済（執行停止）

(1)　意　　義

　民事訴訟においては，判決までに相当の期間を要することにより原告が大きな損害を受けたり，場合によっては訴訟の目的を達成できなくなるおそれがある。そこで，仮の救済として民事保全の制度が設けられている。

　取消訴訟においても，本案判決が出るまで，不利益な状態が継続したり，現

状が不利益に変更されることを防止する必要がある。とりわけ，行政行為は相手方に到達することにより即時に効力を発生するのが原則であるから，行政行為の規律力により現状が自己に不利益に変更された原告は，判決で取消しが認められても，それまでは自己に不利益な状態を甘受しなければならないし，行政上の強制執行の仕組みが採られている場合には，本案判決がなされる前にさらに現状が自己に不利益に変更されてしまう可能性が高い。したがって，一般的には，仮の救済の必要性は非常に大きいといえる。取消訴訟における仮の救済は，裁判を受ける権利の実効性を確保するために不可欠で憲法上の要請といえよう。

　　しかし，**行政庁の処分その他公権力の行使に当たる行為については，民事保全法に規定する仮処分をすることができないので**（行訴 44 条。**行政事件訴訟特例法 10 条 7 項も同じ**），**その代償措置として，執行停止制度が設けられている**（行訴 25 条以下）。行政裁判法（23 条ただし書），行政事件訴訟特例法（10 条 2 項本文）が裁判所の職権による執行停止も認めていたのに対して，行政事件訴訟法（25 条 2 項）は，申立てがある場合に限って執行停止を認めている。

(2)　執行不停止原則

■趣　　旨　　　　行政事件訴訟法 25 条 1 項は，「**処分の取消しの訴えの提起は，処分の効力，処分の執行又は手続の続行を妨げない**」と規定しており，**執行不停止原則を採用している**。かつては，行政行為の公定力から必然的に執行不停止原則が導かれるという説明がされたこともあったが，今日では，執行停止原則を採るか執行不停止原則を採るかは立法政策の問題であると一般に解されている。実際，ドイツでは，かつては執行不停止原則が採られていたが，現在は，執行停止原則を採用している。わが国では，行政活動の停滞を防ぎ，行政目的を迅速・円滑に実現することを重視して，行政不服審査法と同様，行政事件訴訟法も執行不停止原則を採ることとしたのである。

■行政処分即時発効原則　　　　　もっとも，行政処分が相手方に到達しても直ちに効力を発生させない法的仕組みになっていれば，執行不停止原則が採られていても，私人の権利救済への支障を軽減することができる。**わが国では，一般に行政処分が相手方に到達すると直ちに発効する行政処**

分即時発効原則が採られている上に，執行不停止原則が採られているため，両者相まって，事後救済を困難にしているのである。しかし，個別法において行政処分即時発効原則や執行不停止原則の例外が設けられている例はある。行政処分即時発効原則の例外として，職員団体の登録の取消しは，当該処分の取消しの訴えを提起することができる期間内および当該処分の取消しの訴えの提起があったときは当該訴訟が裁判所に係属している間は，その効力を生じないとされている例がある（国公 108 条の 3 第 8 項。地公 53 条 8 項も同じ）。

　学界においては執行停止原則を支持する意見は少なくないし，退去強制処分のように，執行停止が認められないと重大な損害が生ずることが類型的に見込まれ，かつ，執行停止決定が事実上本案訴訟で原告が勝訴したのと同様の効果が生ずる満足的仮処分のようなものでない場合は，執行停止原則をとるべきであるとして，部分的に執行停止原則を導入することを提唱する見解もある。また，強制執行については，出訴期間を経過するまでは執行停止とすべきとする説もある。

(3)　執行停止制度

■ 執行停止の要件　　執行停止の申立ての管轄裁判所は，本案の係属する裁判所である（行訴 28 条）。行政事件訴訟法 25 条 2 項は，「処分の取消しの訴えの提起があつた場合において」と規定しており，**執行停止の申立ては，本案訴訟が係属していなければ不適法である**。したがって，本案訴訟係属前の執行停止の申立ては認められない。この点は，民事保全法の仮処分の申立ての場合と異なる。また，本案訴訟が提起されていても，それが訴訟要件を欠いて不適法であれば，執行停止の申立てもできないことになる。上記の手続要件に加えて，**「処分，処分の執行又は手続の続行により生ずる重大な損害を避けるため緊急の必要があるとき」であることが積極要件となっている**。2004（平成 16）年の行政事件訴訟法改正により「回復の困難な損害」が「重大な損害」に改められ，執行停止の要件が緩和された。損害要件と緊急性の要件は一体的に判断されるのが通常である。

　2004（平成 16）年の行政事件訴訟法改正により，「裁判所は，前項に規定する重大な損害を生ずるか否かを判断するに当たつては，損害の回復の困難の程

度を考慮するものとし，損害の性質及び程度並びに処分の内容及び性質をも勘
案するものとする」（同 25 条 3 項）という解釈規定が設けられた。本項におけ
る「重大な損害」は，公共の損害や第三者の損害ではなく執行停止申立人個人
の損害に限られるが，本条の規定は民衆訴訟，機関訴訟にも準用されているの
で（同 43 条 1 項），これらの訴訟の場合は公共の利益にかかる損害が念頭に置
かれることになる。2004（平成 16）年の行政事件訴訟法改正後，最高裁が，
「重大な損害」について，初めて明示的な判断を行ったのが次の判例である。

[判例 9-49] 最判平成 19・12・18 判時 1994 号 21 頁 ［百Ⅱ192］［判Ⅱ105］
　所属する弁護士会から業務停止 3 カ月の懲戒処分を受けた弁護士が，その取消しを
求めて審査請求を行ったが棄却裁決を受けたため，裁決取消訴訟を提起し，当該懲戒
処分の効力の停止を申し立てた事案において，当該業務停止期間中に期日が指定され
ているものだけで 31 件の訴訟案件を受任していた等の事実関係のもとでは，当該懲
戒処分によって当該弁護士に生ずる社会的信用の低下，業務上の信頼関係の毀損等の
損害は，行政事件訴訟法 25 条 2 項が規定する「重大な損害」に当たると判示してい
る。

　なお，執行が完了してしまえば，執行の停止の利益が失われてしまうことに
なる。退去強制令書が発布され，それが執行されれば，収容令書の執行停止を
求める利益は失われ，執行停止の申立ては不適法になるとしたものとして，最
決平成 14・2・28 判時 1781 号 96 頁がある。
　**他方，執行停止の消極要件として，「公共の福祉に重大な影響を及ぼすおそ
れがあるとき」または「本案について理由がないとみえるとき」に該当しない
ことが定められている（行訴 25 条 4 項）。**本案に理由がないとみえることを消
極要件としているので，その主張・疎明の責任を負うのは行政主体である。
　以上に見た積極要件，消極要件は，必ずしも別個独立に判断されるわけでは
なく，総合判断にならざるをえないことが少なくない。すなわち，公務員の停
職処分，学生の停学処分，一定の期日における公会堂の使用許可撤回処分等，
執行停止が認められることにより事実上本案訴訟で原告が勝訴したのと同様の
効果が生ずる場合（満足的執行停止）には，「本案について理由がないとみえる
とき」の判断が比較的緩やかに認められることになるであろうし（東京地決昭
和 46・6・29 判時 633 号 23 頁），処分，処分の執行または手続の続行により生ず

る重大な損害を避けるため緊急の必要性が大きいとき（退去強制令書の執行等）
には，「本案について理由がないとみえるとき」の要件は限定的に解されるこ
とになろう（東京地決平成15・6・11判時1831号96頁）。また，公共の福祉に重
大な影響を及ぼすおそれがあるか否かを判断するに当たっても，執行停止申立
人の被る損害との比較衡量が行われ，東京高決平成3・1・21判例自治87号
44頁は，公の施設の一般利用者および周辺住民等が第三者の違法な妨害行為
によって被る多少の不便，不愉快は憲法上保障されている集会，言論の自由を
犠牲にしなければならない程度に重大であるということはできないと判示して
いる。

　執行停止の決定は口頭弁論を経ないですることができる。ただし，あらかじ
め，当事者の意見を聴かなければならない（同25条6項）。執行停止の決定は
疎明に基づいてする（同条5項）。

■ 執行停止の決定　　(a)　**執行停止義務**　　行政事件訴訟法は，手続要件，実体
法上の積極要件を満たし，実体法上の消極要件に該当しな
い場合は，執行停止をすることができると規定しており（行訴25条2項本文），
行政不服審査法25条4項本文のように「執行停止をしなければならない」と
は規定していない。しかし，執行停止の要件が満たされている場合には裁判所
に執行停止義務が生ずるとする説が有力である。

　(b)　**執行停止の内容**　　**行政事件訴訟法は，執行停止の内容として，①処分の
効力の停止，②処分の執行の停止，③手続の続行の停止の3種類を定めている**
（25条2項本文）。①は，処分の効力を暫定的に停止し，将来に向かって処分が
なかった状態を復元するものであり，営業停止命令の効力が停止されれば適法
に営業可能な状態が復元されるし，免職処分の効力が停止されれば，公務員と
しての地位が回復される。処分の効力が停止されれば，処分が有効であること
を前提とする処分の執行，手続の続行は行うことができなくなる。②は，処分
により課された義務の履行を確保するために強制手段をとることの停止である。
③は，処分の存在を前提としてなされる後続処分の停止である。懲戒免職処分
のように，処分の執行，手続の続行がない場合には，①のみが行われることに
なる。退去強制令書の発布処分の場合には，①のほか，強制送還について②も
問題になる。また，事業認定の場合，①のほか，収用裁決の申請について③も

問題になる。

　違法性の承継が認められる場合に限らず，違法性の承継が認められない段階的行為であっても先行処分の取消訴訟を提起した者は，後続処分の手続の停止を申し立てることができる。国土交通大臣の事業認定の取消訴訟を本案として，収用委員会の手続の続行の停止を申し立てるような場合のように，取消訴訟の被告（国）と執行停止の被申立人（都道府県）が一致しないことがありうる。

　①は，もっとも強力な執行停止であるので，②③によって仮の救済の目的を達することができる場合には，①は行うことができない（同25条2項ただし書）。たとえば，収用裁決の手続の続行の停止で仮の救済の目的を達することができる場合には，土地の形質変更禁止等の義務を課す事業認定の効力の停止は認められない。代執行の手続（収用102条の2）の停止により仮の救済の目的を達することができるので明渡裁決の効力の停止は認められない。弁護士に対する戒告について，②③に当たるものがあるか否かが争点になったのが以下の判例である。

[判例9-50]　最決平成15・3・11判時1822号55頁
　日弁連から戒告を受けた弁護士が戒告取消訴訟を提起し，主位的に戒告処分の効力の停止を，予備的に戒告処分の手続の続行の停止を求めた事案において，本決定は，弁護士に対する戒告処分は，告知によって完結し，その後会則に基づいて行われる公告は，処分があった事実を一般に周知させるための手続であって，処分の効力として行われるものでも，処分の続行手続として行われるものでもないから，本件処分の効力またはその手続の続行を停止することによって本件公告が行われることを阻止することはできないし，本件処分が本件公告を介して第三者の知るところとなり，弁護士としての社会的信用等が低下するなどの事態を生ずるとしても，それは本件処分によるものではないから，本件処分により生ずる回復困難な損害に当たるものということはできないと判示している。

■執行停止の効果　　**執行停止の効果は処分時に遡らず，将来に向かってのみ生ずると解するのが通説・裁判例である。**懲戒免職処分の効力が執行停止されても，処分時に遡って効力が停止されるわけではないので，処分時から執行停止時までの俸給請求権が回復するわけではない。行政事件訴訟特例法下の裁判例であるが，最判昭和29・6・22民集8巻6号1162頁［百

Ⅱ193] は，「執行停止決定は単に農地買収計画に基く買収手続の進行を停止する効力を有するだけであつて，すでに執行されたその手続の効果を覆滅して元所有者の所有権を確定する効力を有するものと解すべきではなく」と述べており，執行停止決定が処分時に遡って処分の効果を失わせるものではないという解釈を前提としていると思われる。しかし，民事保全法に基づく仮処分の場合，バックペイが認められていることに照らし，執行停止決定についても事案によっては遡及効を認める方策を検討してもよいと思われる。

　執行停止決定またはこれを取り消す決定にも取消判決と同じく第三者効を認める必要があるため，取消判決の第三者効の規定が準用されている（行訴 32 条 2 項）。また，執行停止決定にも取消判決と同じく拘束力が認められている（同 33 条 4 項）。

　執行停止制度の限界として申請拒否処分の効力を停止しても申請が係属している状態に戻るのみであり（行政事件訴訟法 33 条 2 項が準用されていない），許可の効果を生ぜしめることはできないことが指摘されてきた（申請認容処分の取消訴訟を第三者が提起した場合，手続的瑕疵を理由として本案で原告が勝訴する見込みがあるために執行停止決定をしても，33 条 3 項は準用されていないので，処分庁は適正な手続で申請の処理をやり直す義務を負わない）。そのため，申請拒否処分の執行停止の申立ての利益はないと一般に解されている。大阪高決平成 3・11・15 行集 42 巻 11 ＝ 12 号 1788 頁は，入学不許可処分の効力が停止されても，不許可処分の効力が発生していない状態になるだけで，相手方が入学を許可すべき義務を負うものではなく，入学の許可をしない限り申立人が入学して授業を受けうる状態になるものではないから，執行停止の申立ての利益がないとする。

　このような問題が生ずるのは，申請拒否処分に限られない。就学校の指定処分のように申請に基づかずに行われる処分についても，その効力停止は，仮の地位を定める等の積極的な状態を作り出すわけではなく児童が通学すべき学校がない状態を作出するにすぎないから，回復困難な損害を避けるための有効な手段たりえないとして，執行停止の申立ては却下されている（名古屋地決昭和 43・5・25 行集 19 巻 5 号 935 頁）。

　執行停止制度が抱えるこのような限界を乗り越えるための解釈論上の努力が裁判例によりなされてきた。集団示威行進許可申請拒否処分の場合，その取消

訴訟を提起しても，仮の救済が認められなければ，本案判決が出される前に予定期日が経過して訴えの利益が失われる可能性が高い。そこで，裁判例は一般に，公安条例による集団示威行進の許可制は実質届出制であり，不許可処分を中止命令とみて，その効力が停止されれば適法に集団示威行進をなしうる状態が作出されるという解釈の下に執行停止の申立てを適法としてきた（東京地決昭和42・7・10行集18巻7号855頁，東京地決昭和42・11・27行集18巻11号1485頁等）。大阪高決平成元・8・10行集40巻8号985頁［判Ⅰ149］は，公立保育所の入所措置に付した期間の満了に当たって，入所保育所を変更のうえ新たに別の保育所への入所措置を行ったため，当該入所措置の効力停止が申し立てられた事案において，期限の到来した時点でなお保育所入所措置を継続すべき児童については期限の更新が予定されていたというべきであり，期限の更新が予定されている保育所入所措置は，それに付されていた期限の到来によっては当然にその効力が消滅するものではなく，措置権者が保護者のした更新申請の受理を拒み，あるいはその児童の退所を求めるなどの方法で保育所入所措置の期限の更新を拒絶する処分をしたときにはじめてその効力が消滅するものと解するのが相当であるから，保育所入所措置変更処分の効力が停止されれば，従前の保育所入所措置更新申請に対する相手方の処分がいまだなされていない状態に復帰し，相手方は従前の保育所入所措置に付された期限満了後も，本件児童を引き続き従前の保育所で保育しなければならないとして，申立ての利益を認めている。

　このような解釈手法も通常の許認可等の申請拒否処分には用いることができないという限界を免れなかった。ようやく，2004（平成16）年の改正で義務付け訴訟が法定され，これに併せて仮の義務付け制度も導入されたことにより，この問題は解消された。詳しくは，義務付け訴訟の箇所で説明する。

■　執行停止の取消し　行政事件訴訟法26条1項は，「執行停止の決定が確定した後に，その理由が消滅し，その他事情が変更したときは，裁判所は，相手方の申立てにより，決定をもって，執行停止の決定を取り消すことができる」と規定している。執行停止の取消しの申立ての管轄裁判所も本案の係属する裁判所である（同28条）。本案訴訟の取下げによる手続要件の不充足，積極要件の消滅，消極要件の発生等で執行停止の効力を維持する必

要がなくなる場合にその取消しの制度を設けておく必要があるため，この規定が置かれている。

■ 内閣総理大臣の異議　　(a) 意　義　　行政事件訴訟法は，執行停止の申立てがあったとき，または執行停止の決定があったとき，**内閣総理大臣が異議を述べると，執行停止はできなくなり，またはすでになされた執行停止決定を取り消さなければならないとして，執行停止の最終決定権を内閣総理大臣に留保している**（行訴27条4項）。これが内閣総理大臣の異議の制度である。

(b) 制度の根拠　　平野事件を契機にGHQの強い示唆で行政事件訴訟特例法に設けられた**内閣総理大臣の異議の制度は，比較法的にも稀な制度であり，その合憲性をめぐり議論がある**。そのため，行政事件訴訟法の立案過程においても，この制度を存続させるべきかをめぐり議論があったが，濫用防止のための手当てを行った上で存続させることとなった。しかし，かかる手当てがなされたことにより違憲論がなくなったわけではなく，行政事件訴訟法下においても合憲か否かをめぐる議論が続けられている。

合憲論は，執行停止は判決とは異なり書面審理を原則とし，疎明に基づいてされるものにすぎず，本来は行政の作用であり，政策的見地から裁判所に執行停止権限を委譲したにすぎないので，執行停止の最終的判断権を内閣総理大臣に留保させたとしても司法権の侵害には当たらないとする。また，内閣総理大臣は被申立人の側に加担するわけではなく，行政権の最高責任者として異議を述べるのであるから，当事者対等の原則に反するものでもないとする。裁判例の中には，執行停止は本来は行政作用であるとして合憲説を採るものがある（東京地判昭和44・9・26行集20巻8＝9号1141頁）。

これに対して，違憲論は，執行停止制度は，司法的救済を実効あらしめるために不可欠の制度であり司法権に属するから，内閣総理大臣の判断を裁判所の判断に優越させる制度は裁判官の独立を害し，権力分立に反するとする。執行停止をすべきかについての紛争も法律上の争訟であり，私人は「裁判を受ける権利」を保障されるべきであるから，内閣総理大臣が異議を事前に述べれば裁判所は執行停止ができなくなることは，裁判を受ける権利を侵害するという批判もある。さらに，この制度は，執行停止申立事件について，行政主体の側が

伝家の宝刀を握ることを意味するから，当事者対等という訴訟制度の基本構造に矛盾することになるという違憲論もある。学説においては違憲論または少なくとも違憲の疑いが濃厚であるとする見解が支配的である。なお最大決昭和28・1・16民集7巻1号12頁［百Ⅱ194］において，真野毅裁判官が補足意見において，内閣総理大臣の異議の制度は，三権分立の原則に違反し違憲であるとする判断を示していた。

◻︎■　Column㊳　行政訴訟検討会での検討 ┄┄┄┄┄┄┄┄┄┄┄┄┄┄┄┄┄┄┄┄┄┄┄┄
　このように合憲性に疑義のある制度であるため，司法制度改革推進本部行政訴訟検討会においても，その廃止が検討されたが，執行停止決定に対して即時抗告はできるものの（同25条7項），即時抗告は決定の執行を停止する効力を有しないため（同条8項），廃止に慎重な意見が行政部内にあり，結果として，行政訴訟検討会の報告書「行政訴訟制度の見直しのための考え方」（平成16年1月6日付）では，「内閣総理大臣の異議の制度（行政事件訴訟法第27条）を含む執行停止に関する不服申立てに関しては，国民の重大な利益に影響を及ぼす緊急事態等への対応の在り方や三権分立との関係も十分に考慮しながら，制度の在り方について，引き続き検討する必要がある」とされ，今後の検討課題という位置づけになった。したがって，2004（平成16）年の行政事件訴訟法改正の内容とはならなかった。
┄┄┄

　仮に内閣総理大臣の異議の制度が合憲であるとしても，なぜ，かかる制度を設ける必要があるかについては，別途説明が必要である。これまで必要論として述べられてきたのは，裁判所は行政事件が公益と関わる特殊性を持つことを十分に斟酌せず，私人間の訴訟における仮処分と同様に執行停止を過度に認めるおそれがあるので，最終的判断権は，公共の福祉に責任を負う行政権の長としての内閣総理大臣に留保しておかなければならないというものである。しかし，これは，結局，行政権を司法権よりも信頼する見方にすぎず，内閣総理大臣の異議の制度が濫用されるおそれに対しては無警戒といわざるをえないであろう。
　(c)　内閣総理大臣の異議の行使　　行政事件訴訟法は，執行停止決定前（同27条1項前段），執行停止決定後（同後段）のいずれにおいても異議を述べることができることを明確にしている。執行停止決定前に異議が述べられたときは執行停止をすることができないので，裁判所は執行停止の申立てを却下すること

になる。執行停止決定後に異議が述べられたときは，裁判所は執行停止決定を取り消されなければならない（同条4項）。

　内閣総理大臣の異議は，行政事件訴訟法25条の執行停止全般を対象としているが，同条にいう処分は，国の機関が行うか，地方公共団体の機関が行うか，それ以外の処分権限を有するものが行うかを問わない。また，法律に基づく処分か，条例に基づく処分かも問わない。実際，行政事件訴訟法の下では，都道府県公安委員会が公安条例に基づいて行う処分が内閣総理大臣の異議の対象になっている（東京地決昭和42・7・11行集18巻7号893頁等）。しかし，地方自治の尊重の観点からは，地方公共団体の機関が条例に基づいて行う処分まで内閣総理大臣の異議の対象とすることに疑問が提起されざるをえない。

　内閣総理大臣の異議には理由を付さなければならず（同27条2項），**その理由においては，処分の効力を存続し，処分を執行し，または手続を続行しなければ，公共の福祉に重大な影響を及ぼすおそれのある事情を示す必要がある**（27条3項）。**また，内閣総理大臣は，やむをえない場合でなければ異議を述べてはならない**（同条6項）。まったく理由が付されていない場合や理由は付されているが公共の福祉に関する理由でない場合には，裁判所は異議を無視しうるとするのが通説である。しかし，一応公共の福祉に関する理由が述べられている場合には，それらが実質的に妥当かまでは裁判所は審査しえないとするのが立法者意思であり裁判例（前掲東京地判昭和44・9・26）である。**内閣総理大臣が異議を述べたときは，次の常会において国会に報告しなければならないとされ**ていることからも窺えるように（同条6項），この制度は，公共の福祉に重大な影響を及ぼすかについて，内閣総理大臣の政治判断を重視し，その判断の是非は司法審査によってではなく，政治責任の問題として国会による事後チェックに委ねているのである。しかし，違憲の疑いの濃厚な制度について憲法適合的解釈として，実質審査権を肯定する説が少なくない。

Ⅳ　取消訴訟以外の主観訴訟

1　無効等確認訴訟

(1)　無効等確認訴訟と「現在の法律関係に関する訴え」

■ 無効等確認訴訟　行政事件訴訟法は，処分を直接攻撃する抗告訴訟としての「無効等確認の訴え」（行訴 3 条 4 項）という訴訟類型を明示的に認めている。これは，出訴期間や不服申立前置主義の制約のかからない準取消訴訟ということもできる（同法 14 条の出訴期間や 8 条 1 項ただし書の不服申立前置の規定は無効等確認訴訟に準用されていない。同 38 条 1 項～3 項）。無効等確認訴訟は，取消訴訟と同様，権利利益救済機能（行政救済機能）および法治国原理担保機能（行政統制機能）を有する。ただし，後者の機能は，違法の瑕疵全般ではなく無効の瑕疵に限定されることになる。したがって，無効等確認訴訟において，取り消しすべき瑕疵のみが主張され無効の瑕疵が主張されないときは，請求は棄却されることになる。明文の規定はないが，無効等確認訴訟においても，取消訴訟と同様，（狭義の）訴えの利益が必要とされる。

　なお，ここで「等」が付いているのは，有効確認訴訟，不存在確認訴訟，存在確認訴訟も含まれるからである。

■ 現在の法律関係に関する訴え　行政事件訴訟法は，無効等の瑕疵がある行政処分については，処分の無効等を前提とする「現在の法律関係に関する訴え」によって争うことも認めている（同 36 条）。たとえば，権利取得裁決が無効等の場合，権利取得裁決を行った収用委員会の所属する都道府県を被告として無効等確認訴訟を提起するのではなく，権利取得裁決が無効であることを前提として，従前の土地所有者が起業者を被告として，土地所有権の確認，抹消登記・所有権移転登記を求めたり土地の引渡しを求める訴訟を提起する場合，後者の訴訟が「現在の法律関係に関する訴え」である。判決を行うための前提として，先に決定することが必要である問題を先決問題というが，「現在の法律関係に関する訴え」では，行政処分が無効等であるか

図 9-3

「現在の法律関係に関する訴え」━━┳━━ 当事者訴訟（4 条）……行政事件訴訟
　　　　　　　　　　　　　　　　┗━━ 争点訴訟（45 条）……民事訴訟

否かが先決問題になる。

　「現在の法律関係に関する訴え」には，当事者訴訟（同 4 条）と争点訴訟（同 45 条）がある。当事者訴訟には，形式的当事者訴訟と実質的当事者訴訟があるが，「現在の法律関係に関する訴え」としての当事者訴訟は実質的当事者訴訟，すなわち，「公法上の法律関係に関する訴訟」である。懲戒免職処分の無効を前提とする退職手当支払請求（最判平成 11・7・15 判時 1692 号 140 頁［百 I 55］［判 I 156]）がその例である。これに対して，**争点訴訟とは，「私法上の法律関係に関する訴訟において，処分若しくは裁決の存否又はその効力の有無が争われている場合」**（同 45 条 1 項）をいう（図 9-3 参照）。権利取得裁決が無効であることを前提として，土地所有者が起業者に土地の返還を求める訴訟を提起する場合がこれに該当する。争点訴訟は民事訴訟であって行政事件訴訟（同 2 条参照）ではない。行政事件訴訟法の立法者は，実体法上，公法私法二元論を前提としていたので，「現在の法律関係」が公法関係か私法関係かにより，当事者訴訟か争点訴訟かが定まると考えていたのである。行政庁の訴訟参加（同 23 条），職権証拠調べ（同 24 条），拘束力（同 33 条 1 項），訴訟費用の裁判の規定（同 35 条）は当事者訴訟一般に準用され，当事者訴訟における処分または裁決の理由を明らかにする資料の提出については，釈明処分の特則（同 23 条の 2）の規定も準用される（同 41 条 1 項）。争点訴訟については，行政庁の訴訟参加（同 23 条 1 項・2 項），処分または裁決をした行政庁への出訴の通知（同 39 条），当該争点についての釈明処分の特則（同 23 条の 2），職権証拠調べ（同 24 条），訴訟費用の裁判の効力（同 35 条）の規定が準用されている（同 45 条 1 項・4 項）。したがって，争点訴訟は当事者訴訟に準じた手続で審理されることになる。

■ 訴訟類型の選択　　　行政事件訴訟法は行政処分が無効である場合に無効等確認訴訟と「現在の法律関係に関する訴え」という 2 つの訴訟類型を定めているため，両者の選択の問題が生ずる。たとえば，公務員に対する免職処分が無効である場合において，当該公務員は，免職処分の無効等確認

訴訟を提起すべきか，免職処分が無効であることを前提として，公務員としての地位確認訴訟を提起すべきか，あるいはいずれも選択しうるのかという問題である。学説の中には，公務員の免職処分や公立学校の学生の退学処分については，無効等確認訴訟と「現在の法律関係に関する訴え」のいずれも選択できるとする説もある。

　行政事件訴訟法36条は，無効等確認訴訟の原告適格を定めている。そこでは，同条の要件を満たす場合には，無効等確認訴訟を提起し，それ以外の場合には，「現在の法律関係に関する訴え」で争うという振分けがなされている。立法者はこれにより，行政事件訴訟法下における無効等確認訴訟に一定の制約を課すことを意図したのである。

(2)　無効等確認訴訟の論点

■ 原告適格　　　無効等確認訴訟については取消訴訟における原告適格の規定（9条）は準用されておらず，原告適格について独自の規定が置かれている。すなわち，「**無効等確認の訴えは，当該処分又は裁決に続く処分により損害を受けるおそれのある者その他当該処分又は裁決の無効等の確認を求めるにつき法律上の利益を有する者で，当該処分若しくは裁決の存否又はその効力の有無を前提とする現在の法律関係に関する訴えによつて目的を達することができないものに限り，提起することができる**」（36条）。この条文の解釈については，一元説（制約説）と二元説（無制約説）の対立がある（図9-4参照）。

　一元説とは，A「当該処分又は裁決に続く処分により損害を受けるおそれのある者」，B「その他当該処分又は裁決の無効等の確認を求めるにつき法律上の利益を有する者」全体にC「当該処分若しくは裁決の存否又はその効力の有無を前提とする現在の法律関係に関する訴えによつて目的を達することができないものに限り」という制約がかかるとするものである。その意味で，AとBを一元的にとらえているので一元説と呼ばれるのである。この説では，Aであっても，「現在の法律関係に関する訴え」によって目的を達することができる場合には，無効等確認訴訟を提起できないことになる。たとえば，課税処分に続き滞納処分が行われることを避けるために，無効等確認訴訟を提起することが認められるかを判断するために，課税処分の無効を前提とする租税債務不

図 9-4

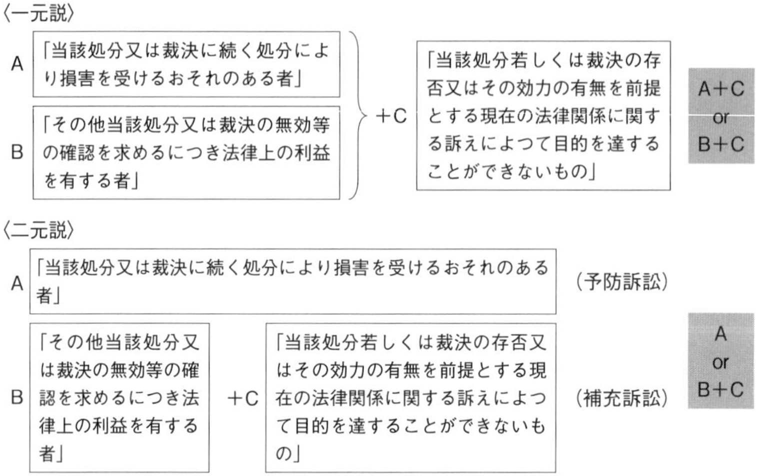

〈一元説〉

A「当該処分又は裁決に続く処分により損害を受けるおそれのある者」

B「その他当該処分又は裁決の無効等の確認を求めるにつき法律上の利益を有する者」

+C

「当該処分若しくは裁決の存否又はその効力の有無を前提とする現在の法律関係に関する訴えによつて目的を達することができないもの」

A＋C
or
B＋C

〈二元説〉

A「当該処分又は裁決に続く処分により損害を受けるおそれのある者」（予防訴訟）

B「その他当該処分又は裁決の無効等の確認を求めるにつき法律上の利益を有する者」

+C

「当該処分若しくは裁決の存否又はその効力の有無を前提とする現在の法律関係に関する訴えによつて目的を達することができないもの」（補充訴訟）

A
or
B＋C

存在確認訴訟という「現在の法律関係に関する訴え」により目的を達することができないかも検討しなければならないことになる。

　文理解釈としては一元説が自然な読み方といえる。もっとも，形式的には一元説を採りながら，Aであれば，当然，Cという要件を満たすと解することによって，結果として二元説と変わらない結論を導く説もある。

　これに対して二元説は，AとBを二元的にとらえ，Cという制約は後者にのみかかるとする。すなわち，**A「当該処分又は裁決に続く処分により損害を受けるおそれのある者」**（予防訴訟）と**B「その他当該処分又は裁決の無効等の確認を求めるにつき法律上の利益を有する者」でC「当該処分若しくは裁決の存否又はその効力の有無を前提とする現在の法律関係に関する訴えによつて目的を達することができないもの」**（補充訴訟）の2類型の原告適格を定めたものとみるので二元説と呼ばれるのである。また，前者のAについては，Cという制約がかからないので，無制約説と呼ばれることもある。予防訴訟の例としては，無効な建築物除却命令に基づく代執行を阻止するために提起される当該除却命令の無効等確認訴訟が挙げられる。**立法者意思は二元説を採用するというものであった。**取消訴訟が有する差止機能を無効等確認訴訟にも認めるべきであり，予防訴訟としての無効等確認訴訟は肯定されるべきであろう。

　最判昭和48・4・26民集27巻3号629頁［百Ⅰ80］［判Ⅰ166］は，滞納処分のおそれのある場合に予防訴訟としての無効等確認訴訟を認めている。

　行政事件訴訟法36条にいう「法律上の利益を有する者」の意義について，最判平成4・9・22［判例9-52］〔もんじゅ事件〕は，取消訴訟における原告適格の場合と同様に，当該処分により自己の権利もしくは法律上保護された利益を侵害され，または必然的に侵害されるおそれのある者をいうと判示している。無効等確認訴訟を準取消訴訟とみる立場からすれば，当然ともいえよう。

　「当該処分若しくは裁決の存否又はその効力の有無を前提とする現在の法律関係に関する訴えによつて目的を達することができないもの」という要件については，「現在の法律関係に関する訴えによつて」の部分に重点を置く（法律関係）還元不能説と「目的を達することができないもの」の部分に重点を置く目的達成不能説の対立が生じた。（法律関係）還元不能説とは，「現在の法律関係に関する訴え」に還元することが不可能な場合に限って無効等確認訴訟の原告適格を認める説である。目的達成不能説とは，「現在の法律関係に関する訴え」に還元することは可能であっても，その訴えにより目的を達成することができない場合には無効等確認訴訟の原告適格を認める説である。

　近時，判例は，直截・適切基準説と呼ばれる柔軟な説で固まってきたといえる。この説は，無効等確認訴訟という抗告訴訟を認めるか，「現在の法律関係に関する訴え」により争わせるべきかは，いずれが当該紛争を解決するためのより直截的で適切な争訟形態といえるかにより決定されるべきとする。これは，従前の目的達成不能説の系譜に属し，それをより柔軟に拡張したものとみることができよう。

　［判例9-51］　最判昭和62・4・17民集41巻3号286頁［百Ⅱ173］［判Ⅱ66］
　本判決は，換地処分は通常相互に連鎖し関連しているから，換地処分の効力をめぐる紛争を私人間の法律関係に関する個別の訴えによって解決すべきとするのは当該処分の性質に照らし適当ではなく，また，換地処分を受けた者が照応の原則違反を主張してこれを争う場合には，自己に対してより有利な換地が交付されるべきことを主張しているにほかならず，換地処分前の従前地に関する所有権等の権利の保全確保を目的とするものではないから，当該処分の無効を前提とする従前の土地所有権確認訴訟等の現在の法律関係に関する訴えは紛争を解決するための争訟形態として適切なものではなく，当該換地処分の無効確認訴訟のほうがより直截的で適切な争訟形態という

べきであり，当該換地処分の無効を前提とする現在の法律関係に関する訴えでは目的を達することができないものとして，無効確認訴訟の原告適格を肯定すべきと判示している。

[判例9-52]　最判平成4・9・22民集46巻6号571頁［百Ⅱ156］［判Ⅱ13］・同1090頁［百Ⅱ174］［判Ⅱ67］〔もんじゅ事件〕

　本判決は，「現在の法律関係に関する訴え」により目的を達することができない場合とは，処分の無効を前提とする当事者訴訟または民事訴訟によっては，その処分のために被っている不利益を排除できない場合はもとより，当該処分に起因する紛争を解決するための争訟形態として，当該処分の無効を前提とする当事者訴訟または民事訴訟との比較において，無効確認訴訟のほうがより直截的で適切な争訟形態である場合をも意味すると判示している。

　なお，この事件において，原告らは，人格権等に基づき原子炉の建設ないし運転の差止めを求める民事訴訟を提起しているが，本判決は，当該民事訴訟は，当該処分の効力の有無を前提とする「現在の法律関係に関する訴え」に該当するものとみることはできないとする。

　本判決が指摘するように，周辺住民が電力会社を被告として人格権に基づいて提起する民事差止訴訟は原子炉設置許可の無効を先決問題とするものではないので，無効等確認訴訟と処分もしくは裁決またはその効力の有無を前提としない民事差止訴訟は両立しうる。

■ 自己の法律上の利益に関係のない違法の主張制限

　無効等確認訴訟には，行政事件訴訟法10条1項▼の規定は準用されていない（同38条1項～3項）。これは，無効等確認訴訟は，実体法上，処分が無効等であるという法律状態を確認するものであるから，原告が誰であるかにより本案の判断が左右される余地はないという考えに基づくものである。しかし，取消訴訟においては，自己の法律上の利益に関係のない違法を主張しえないのに無効等確認訴訟においては主張しうることに対しては少なからぬ疑問が提起されている。裁判例の中には，行政事件訴訟法10条1項の規定を無効等確認訴訟に類推適用したものがある（福井地判平成12・3・22判時1727号33頁）。

■ 主張責任・立証責任

　最判昭和34・9・22民集13巻11号1426頁［百Ⅰ79］は，無効等確認訴訟において，原告は，単に抽象的に，

▼行訴10条①　取消訴訟においては，自己の法律上の利益に関係のない違法を理由として取消しを求めることができない。

処分に重大明白な瑕疵があると主張し，または処分の取消原因が当然に無効原因を構成すると主張するだけでは足りず，処分の要件の存在を肯定する処分庁の認定に重大明白な誤認があることを具体的事実に基づいて主張すべきとする。また，最判昭和42・4・7民集21巻3号572頁［百Ⅱ188］［判Ⅱ88］は，無効等確認訴訟において裁量権の逸脱・濫用が重大かつ明白であることの主張責任・立証責任が原告にあると判示している。これらの判決は，無効等確認訴訟が出訴期間が経過しても例外的に認められる訴訟であることから，かかる例外的救済事由は原告が主張・立証すべきという考えによるものと思われる。

　しかしながら，瑕疵が重大（明白）か否かは法解釈の問題であるから，要件事実の存否自体の主張責任・立証責任については取消訴訟と同様に考えてよいと思われるし，明白性の要件について，行政庁が職務の誠実な遂行として当然に要求される程度の調査によって判明すべき事実関係に照らせば明らかに誤認と認められるような場合を含むと解する場合（東京地判昭和36・2・21行集12巻2号204頁参照）には，行政庁が調査義務を果たしたことの立証責任は被告の行政主体等が負うべきであろう。

■ 無効等確認判決の効力　　無効等確認判決にも既判力が認められるが，確認判決であるので形成力は認められないと一般に解されている。他方，取消判決と同様の拘束力が必要なため，行政事件訴訟法33条の規定が準用されている（同38条1項）。

　確認判決には形成力はなく，第三者効は形成力の効果であるので，無効等確認判決には，第三者効の規定を準用していない（同38条1項～3項。ただし，無効等確認訴訟の執行停止決定には第三者効が認められている。同条3項）。理論的に第三者効を認める余地はないというのが立法者意思であるからである。しかし，これに対しては批判も少なくない。

　批判の主たる論拠は，無効等確認訴訟は形式的には確認訴訟であるが，実質的には単に出訴期間と不服申立前置主義の制約を受けない準取消訴訟であり，かつ，重大（明白）な瑕疵が存在する場合になされるのであるから，取消判決に第三者効を認めて無効等確認判決にこれを認めない理由はないというものである（行政事件訴訟特例法についてであるが，最判昭和42・3・14民集21巻2号312頁［百Ⅱ198］は農地買収処分の無効確認判決に農地売渡処分の相手方への第三者効を

認め，当該相手方に農地返還，登記抹消等の義務が課されているとしている）。また，第三者効を認めるべきか否かは，形成判決か確認判決かにより定まる問題ではなく，原告の救済の実効性の確保と行政処分をめぐる法律関係を画一的に規律する必要があるかという法政策的判断の問題であり，周辺住民が提起する建築確認の無効等確認訴訟（この場合，争点訴訟では問題が解決しがたい）を考えれば明らかなとおり，無効等確認訴訟においても取消訴訟と同様に第三者効が認められるべきという批判もなされている。さらに，無効等確認訴訟であっても執行停止決定には第三者効にかかる規定が準用されているのだから，本案の無効等確認判決に第三者効を否定する合理性はないという指摘もなされている。それに加えて，無効等確認訴訟には第三者の訴訟参加の規定（同22条）が準用されているが，この規定は，判決の第三者効により第三者に生ずる不利益を救済することを目的としているから，第三者の訴訟参加の規定は，無効等確認訴訟への第三者効の規定（同32条1項）の類推適用を肯定する手がかりとなるという指摘もある（この場合，第三者の再審の訴えに関する34条の規定も類推適用すべきことになる）。これに対しては，行政事件訴訟法38条3項は，32条について2項（執行停止決定またはこれを取り消す決定の第三者効）のみを準用しているから，1項（判決の第三者効）については反対解釈せざるをえず，立法者意思に照らしても，32条1項の規定の類推適用は困難であるとする意見もある。さらに，第三者効が必要な事例においては，「現在の法律関係に関する訴え」で当該第三者を被告とすべきであるという意見もある。

　無効等確認訴訟については，第三者の参加の規定（同22条）は準用されているものの，それと対をなすべき判決の第三者効（同32条1項），第三者の再審の訴え（同34条）の規定は準用されておらず，取消訴訟の規定の準用について合理的説明が難しい面がある。解釈論としては，判決の第三者効，第三者の再審の訴えの規定の類推適用が認められるべきであろう。また，以上の点については，立法による整理も今後の検討課題であろう。訴訟告知の義務付けも検討されるべきであろう。

■ 事情判決の可能性　　行政事件訴訟法は事情判決の規定（同31条）を無効等確認訴訟に準用していない（同38条1項〜3項参照）。これは，事情判決が，処分が有効であることを前提として処分の瑕疵にもかかわら

ず取消しをしないという制度であるため，無効な処分について効力を維持して請求を棄却するということは無効が有効に転化することになり論理的にありえないからである。また，無効の瑕疵というには，瑕疵が重大でありまた明白であることも要件とされることが多いから，たとえ無効確認による社会的コストが大きくても，事情判決により既成事実を保護する必要はないという見方もできるであろう。裁判例の中にも無効等確認訴訟において事情判決を行うことを否定したものがある（東京地判昭和53・3・23行集29巻3号280頁）。

　しかし，無効等確認訴訟で争われるのは行政主体が無効であることを認めていない場合であるから，現実には当該処分を基礎として手続が続行されることが多い。その場合，たしかに無効等確認訴訟には執行停止の規定が準用されているが，執行停止が認められない場合には，本案判決が出るまでに既成事実が積み重ねられ，後に処分の効力を否定すると大きな混乱を招く事態が生じうることは取消訴訟の場合と異ならない。また，無効か有効かを実体法上の問題とみるべきではなく取消訴訟の排他的管轄に服するか否かという訴訟法上の差異にすぎないとみるべきであり，かかる観点からすれば無効等確認訴訟は出訴期間を徒過した準取消訴訟であるから，無効の瑕疵があっても出訴期間内であれば取消訴訟を提起し事情判決がなされるであろう場合に，出訴期間を経過すれば事情判決ができなくなるのは不合理である。さらに，出訴期間内に取消訴訟が提起された場合，行政主体も第三者たる私人も取消判決の可能性に配慮して法律関係・事実関係を形成していくかを判断することになるが，出訴期間を経過してから無効等確認訴訟が提起された場合には，無効とされる可能性はそれほど大きくないので，法律関係・事実関係の蓄積に慎重でなければならない要請はあまり大きくないにもかかわらず事情判決による既成事実の尊重の要請が考慮されないのは問題である。以上の点にかんがみると，事情判決の余地もありうることになる。実際，大阪地判昭和57・12・24判時1078号64頁およびその控訴審の大阪高判昭和61・2・25判時1199号59頁は，換地処分の無効等確認訴訟において，行政事件訴訟法31条1項の基礎にある法の一般原則を援用して事情判決を行っている。

2　不作為の違法確認訴訟

(1)　立法の経緯

　行政事件訴訟法立案時には，義務付け訴訟の法定化をめぐり積極・消極の両論があったが，義務付け判決は行政庁の第1次的判断権を侵害し権力分立に反するおそれがあり，また，行政庁の専門技術的判断を抜きにして裁判所が事前に法定要件の充足を審査することは適切でない等の消極論に配慮して，その法定化は見送られた一方，積極論との妥協として不作為の違法確認訴訟の法定化が実現した。行政庁の第1次的判断権の理論とは，行政庁による公権力行使の要件の充足についての個別具体的判断は，まず行政庁が行い，裁判所は事後的に行政庁の判断が適法であるかを審査するにとどまるというものである。行政事件訴訟法制定時には，このような司法消極主義の考えが有力であった。2004（平成16）年の行政事件訴訟法改正で，申請に対する応答がない場合の義務付け訴訟も法定され，不作為の違法確認訴訟と併合提起することとされている（行訴37条の3第3項1号）。義務付け訴訟が法定されても，義務付け判決の本案勝訴要件を満たしていない場合（行政庁に裁量が認められ，許可等をしないことが裁量権の逸脱濫用といえない場合）には，不作為の違法確認判決の拘束力により迅速な対応を促すことにはなお意義があることから，不作為の違法確認訴訟という訴訟類型も存置されている。

(2)　原告適格

■　現実の申請と法令に基づく申請　　不作為の違法確認訴訟は，「行政庁が法令に基づく申請に対し，相当の期間内に何らかの処分又は裁決をすべきであるにかかわらず，これをしない」（行訴3条5項）場合に，「処分又は裁決についての申請をした者に限り，提起することができる」（行訴37条）。「申請をした」と規定されているので，申請権があっても現実に申請をしていなければ，原告適格は認められない。しかし，申請が適法であることは要しない。申請制度は，不適法な申請に対しても拒否処分を行うことを義務づけるものであるからである。問題は，法令に基づく申請権を有

する者のみが原告適格を有するのかであり，この点については，学説・裁判例とも分かれている。1つの説は，訴訟要件である原告適格に関しては，現実に申請を行っていさえすればよく，当該申請が法令に基づくもの（同3条5項）であるか否かは，訴訟要件ではなく本案の問題と解するのである。したがって，法令に基づく申請でなければ，請求は却下ではなく棄却されることになる。これが本案説であり，立法者はこの説を採用していた。これに対して，申請が法令に基づくものであることは，本案の問題ではなく，訴訟要件の問題であるとするのが訴訟要件説である。この説によると，現実に申請が行われていても，当該申請が法令に基づくものでなければ請求は却下される。最判昭和47・11・16民集26巻9号1573頁［百Ⅰ119］［判Ⅰ153］は，訴訟要件説を採っている。

■「法令に基づく申請」の意義 本案説を採るにせよ，訴訟要件説を採るにせよ，**不作為の違法確認訴訟で原告に法令に基づく申請権がなければ勝訴できない**ことに変わりはなく，請求が却下されるか棄却されるかの相違があるにすぎない。職権による措置の不作為には不作為の違法確認訴訟は利用できない。重要なのは，「法令に基づく申請」（同3条5項）とは何かである。

申請権が法令の明文で規定されていることは必ずしも必要ではないと解されている。他方，独占禁止法45条1項▼の措置要求については，職権の発動を促すものにすぎず私人の申請権は認められないとするのが判例の立場である（前掲最判昭和47・11・16）。一方，国有財産の売払いは，民法上の法律行為であって行政処分ではない。不作為の違法確認訴訟は抗告訴訟であるから，申請権の有無にかかわらず，売払いの申込みに対する不作為は，民事訴訟で争うべきであり，不作為の違法確認訴訟は認められない。したがって，買収農地について旧所有者の売払申請権（最大判昭和46・1・20民集25巻1号1頁［百Ⅰ44］）が認められる場合であっても，不作為の違法確認訴訟を提起することはできない。

■「相当の期間」の経過 不作為が違法となるのは，「相当の期間」（行訴3条5項）を経過したためであるが，その意義について，

▼独禁45条① 何人も，この法律の規定に違反する事実があると思料するときは，公正取引委員会に対し，その事実を報告し，適当な措置をとるべきことを求めることができる。

東京地判昭和 39・11・4 行集 15 巻 11 号 2168 頁が,「相当の期間経過の有無は,その処分をなすのに通常必要とする期間を基準として判断し,通常の所要期間を経過した場合には原則として被告の不作為は違法となり,ただ右期間を経過したことを正当とするような特段の事情がある場合には違法たることを免れるものと解するのが相当である」と判示している。

　なお,行政手続法6条が定める標準処理期間と「相当の期間」は当然には一致しない。行政庁が長すぎる標準処理期間を定めた場合には,当該期間経過前に「相当の期間」が経過したと解される可能性があるし,短すぎる標準処理期間を定めた場合には,当該期間経過後であっても,「相当の期間」を経過していないと解されることは理論的にはありうる。しかし,標準処理期間は,過去の実務経験をふまえて行政庁自身が当該事務処理に通常必要な期間として定めたものであるから,裁判所が「相当の期間」を判断するに当たって,重要な参考資料となることは当然である。また,標準処理期間の徒過を正当とする特段の事情があれば,標準処理期間を経過しても「相当の期間」を経過したことにはならない。特段の事情について述べた裁判例としては,以下のようなものがある。熊本地判昭和 51・12・15 判時 835 号 3 頁〔水俣病認定不作為の違法確認請求事件〕は,認定申請者数の激増等の事情を「相当の期間」の判断において斟酌しているし,東京地判昭和 52・9・21 行集 28 巻 9 号 973 頁は,行政指導が相当と認められる方法により真摯に行われており円満な解決が見込まれることを建築確認の留保を正当化する特段の事情として考慮している。

(3)　不作為の違法確認判決の限界

　不作為の違法確認判決は,不作為が違法であることを確認するものであり,判決の拘束力(行訴 38 条 1 項で 33 条の規定を準用)により行政庁はなんらかの処分をすることを義務づけられるが,申請を認容することを義務づけられるわけではない。したがって,拒否処分がなされる可能性もあり,この場合,改めて取消訴訟もしくは無効等確認訴訟を提起するという迂遠な救済方法をとらなければならない。また,下級審で不作為の違法確認判決がなされても,上訴されてしまえば,さらに不作為状態が継続してしまう(そのため,一審の認容判決に対して行政庁が上訴することを禁ずる立法政策も考えられる)。

3　義務付け訴訟

(1)　意　　義

　義務付け訴訟の意義については，以下の２つの異なる類型に分けて考える必要がある（図9-5参照）。

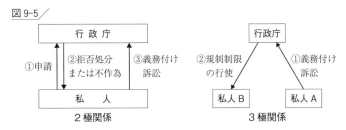

図9-5

■２極関係における義務付け訴訟

　第１は，２極関係，すなわち，申請に対する拒否処分がなされたり，申請に対して不作為状態が継続しているときに，申請をした私人が拒否処分の取消訴訟や不作為の違法確認訴訟で争うのではなく，直接に申請許可を行政庁に義務づける判決を求めるものである。このような義務付け訴訟の必要性が主張されるのは，拒否処分の取消訴訟や不作為の違法確認訴訟では，原告が勝訴しても，必ずしも救済の実効性が上がらないからである。たとえば，営業許可申請拒否処分の取消訴訟で原告が勝訴しても，取消判決の拘束力は，当該判決で違法とされた理由にしか及ばないから，行政庁は別の理由で拒否処分を繰り返すことは妨げられないと一般に解されている。そうすると，原告は，再び拒否処分の取消訴訟を提起しなければならず，当該訴訟で勝訴しても，また別の理由で拒否処分が反復されるおそれがある。不作為の違法確認訴訟で原告が勝訴しても，違法確認判決の拘束力により行政庁が義務づけられるのは，なんらかの処分をすることであり，申請を許可することを義務づけられるわけではない。したがって，行政庁は拒否処分をする可能性もあり，その場合，原告は，改めて拒否処分の取消訴訟を提起しなければならない。そのため，直接に許可の義務付けを求める義務付け訴訟が救済の実効性を高めるために必要であることが広く認識されるようになった。

■ 3極関係における義務付け訴訟

第2は，3極関係において，行政介入請求権としてなされる義務付け訴訟である。たとえば，原子炉近辺の住民が，当該原子炉を設置管理している電力会社への運転停止命令を出すことを行政庁に義務づけることを求めて，義務付け訴訟を提起する場合である。国家賠償請求においては，第三者に対する規制権限の不行使の違法を認める判決もみられるが，ドイツと異なり，わが国では，3極関係における義務付け訴訟を認容することに対して裁判所は消極的であった。この類型の義務付け訴訟についての学説も十分に発展したとはいえない。

(2)　義務付け訴訟の法定化

　従前の裁判例は，義務付け訴訟の要件を厳格に設定していて，実際に義務付け訴訟が認められることは，きわめて稀であった。そこで，学説においては，法定外抗告訴訟のままでは，義務付け訴訟の活用は困難であるので，これを法定抗告訴訟として規定すべきであるとの提言がなされていた。2004（平成16）年の行政事件訴訟法改正による義務付け訴訟の法定は，かかる提言に応えたものである。行政事件訴訟法は，司法制度改革推進本部行政訴訟検討会が従前の議論も踏まえてまとめた「行政訴訟制度の見直しのための考え方」（2004〔平成16〕年1月6日）に沿って，以下の2類型の義務付け訴訟を定めている。2類型に分けたのは，後述するように，要件に差異があるからである。前述のように，従前の裁判例は，義務付け訴訟の要件を論ずるに当たり，かかる類型化を少なくとも明示的には行ってきていない。申請型義務付け訴訟については，一般的にいえば，認容の可能性が高まるのではないかと思われる。

　民事訴訟の分類に従えば，義務付け訴訟は給付訴訟になると思われるが，訴訟要件，原告本案勝訴要件についても法定している点に，民事訴訟の給付訴訟とは異なる特色がある。以下では義務付け訴訟の要件について，類型ごとにみることとする。

(3)　要　　件

■ 申請型義務付け訴訟

(a)　意　義　　私人が処分または裁決を申請する権利があることを前提として，申請が拒否されたり，不作

為状態が続いている場合に，直接に申請を認容することの義務付けを求める訴訟が法定された。すなわち，「行政庁に対し一定の処分又は裁決を求める旨の法令に基づく申請又は審査請求がされた場合において，当該行政庁がその処分又は裁決をすべきであるにかかわらずこれがされないとき」（行訴3条6項2号）に，行政庁がその処分または裁決をすべき旨を命ずることを求める訴訟である。

　(b)　訴訟要件　　申請型義務付け訴訟の訴訟要件は，第1に，「当該法令に基づく申請又は審査請求に対し相当の期間内に何らの処分又は裁決がされないこと」（同37条の3第1項1号）または，「当該法令に基づく申請又は審査請求を却下し又は棄却する旨の処分又は裁決がされた場合において，当該処分又は裁決が取り消されるべきものであり，又は無効若しくは不存在であること」（同項2号）である。1号は不作為状態が継続している場合（不作為型）であり，2号はすでに申請または審査請求に対する却下または棄却の判断が示されている場合（拒否処分型）である。従前は，1号のような不作為状態においては，不作為の違法確認訴訟にとどまらず義務付け訴訟を認めるべきという説が有力であったが，2号のような場合には，当該処分または裁決の取消訴訟または無効等確認訴訟を提起しうるので，かかる場合に義務付け訴訟を認める必要はないとする説も存在した。2号の場合にも義務付け訴訟を認めることとしたのは，取消訴訟中心主義から脱却しようとする試みの1つの現れといえよう。後述する**非申請型義務付け訴訟**とは異なり，「一定の処分がされないことにより**重大な損害を生ずるおそれ**」があるという損害の重大性の要件，「**その損害を避けるため他に適当な方法がない**」（同37条の2第1項）という補充性の要件は課されていない。

　訴訟要件の第2は，現実に「法令に基づく申請又は審査請求をした者」であること（同37条の3第2項）である。不作為の違法確認訴訟については，「処分又は裁決についての申請をした者に限り，提起することができる」（同37条）と規定されているため，そこでいう「申請」が法令に基づく申請であるか否かについて議論があることは前述したが，申請型義務付け訴訟においては，申請または審査請求が法令に基づくものであることが訴訟要件として明記されている。

　訴訟要件の第3は，1号の義務付け訴訟を提起する場合には，不作為の違法

確認訴訟を併合提起すること，2号の義務付け訴訟を提起する場合には，取消訴訟または無効等確認訴訟を併合提起することである（37条の3第3項）。申請型義務付け訴訟において，不作為の違法確認訴訟または取消訴訟もしくは無効等確認訴訟の併合提起を義務づけたのは，義務付け判決をなしうるかの審理にはなお長期間を要すると見込まれるものの，不作為の違法確認判決または取消判決もしくは無効等確認判決は直ちになしうる場合に，後者の判決をすることにより，その拘束力により紛争が迅速に解決されることを期待しうる場合があるからである。取消訴訟には出訴期間の制限があるから，その期間を徒過すれば，取消訴訟と義務付け訴訟を併合提起することはできない。したがって，無効の瑕疵があれば，出訴期間を過ぎても無効等確認訴訟と義務付け訴訟を併合提起することが可能であるが，無効の瑕疵がない場合には，出訴期間内に取消訴訟と併合して義務付け訴訟を提起しなければならない。取消訴訟の提起について個別法で不服申立前置主義が採られている場合には，当然，不服申立てを前置しなければ原則として取消訴訟を提起できず，取消訴訟と義務付け訴訟を併合提起することもできなくなる。

　(c)　**原告本案勝訴要件**　　行政事件訴訟法37条の3第5項においては，「義務付けの訴えが第1項から第3項までに規定する要件に該当する場合において，同項各号に定める訴えに係る請求に理由があると認められ，かつ，その義務付けの訴えに係る処分又は裁決につき，行政庁がその処分若しくは裁決をすべきであることがその処分若しくは裁決の根拠となる法令の規定から明らかであると認められ又は行政庁がその処分若しくは裁決をしないことがその裁量権の範囲を超え若しくはその濫用となると認められるときは，裁判所は，その義務付けの訴えに係る処分又は裁決をすべき旨を命ずる判決をする」と規定されている。

　「義務付けの訴えが第1項から第3項までに規定する要件に該当する場合」とは，訴訟要件を満たす場合である。したがって，37条の3第5項は，申請型義務付け訴訟の場合において，原告本案勝訴要件について定めていることになる。すなわち，原告本案勝訴要件の第1は，「同項各号に定める訴えに係る請求に理由があると認められ」ることである。「同項各号に定める訴え」とは，不作為の違法確認訴訟または取消訴訟もしくは無効等確認訴訟のことである。

したがって，**併合提起された不作為の違法確認訴訟または取消訴訟もしくは無効等確認訴訟に理由があると認められることが原告本案勝訴要件になる**。これは，非申請型義務付け訴訟にはない要件である。もっとも，「当該法令に基づく申請又は審査請求に対し相当の期間内に何らの処分又は裁決がされないこと」，「当該法令に基づく申請又は審査請求を却下し又は棄却する旨の処分又は裁決がされた場合において，当該処分又は裁決が取り消されるべきものであり，又は無効若しくは不存在であること」は，訴訟要件としても規定されている（同条1項）。そのため，併合提起された不作為の違法確認訴訟または取消訴訟もしくは無効等確認訴訟が棄却される場合には，義務付け訴訟を却下する裁判例が多く，最高裁も同様の解釈を採っているとみられる（最判平成26・7・14判時2242号51頁［百Ⅱ187］［判Ⅰ88］，最判平成28・3・10判時2306号44頁［百Ⅰ56]）。**原告本案勝訴要件の第2は，行政庁が処分もしくは裁決をすべきことが根拠法令から明らかである場合，または処分もしくは裁決をしないことが裁量権の逸脱濫用となると認められる場合であり，この点は，非申請型義務付け訴訟と共通している。**

　なお，申請型義務付け訴訟のうち，行政庁が一定の裁決をすべき旨を命ずることを求めるものは，処分についての審査請求がされた場合において，当該処分にかかる処分の取消しの訴えまたは無効等確認の訴えを提起することができないときに限り，提起することができるとされている（同37条の3第7項）。これは，原処分に対する取消訴訟または無効等確認訴訟を提起できるのであれば，不利益処分に対する取消訴訟または無効等確認訴訟を提起したり，申請拒否処分に対する取消訴訟または無効等確認訴訟と併合して申請型義務付け訴訟を提起することにより，救済の目的を達成することができるので，裁決の義務付け訴訟を認める必要がないからである。しかし，裁決主義が採られている場合には，原処分に対する取消訴訟または無効等確認訴訟を提起することができないので，一定の裁決をすべきことを命ずる義務付け訴訟を提起することが認められる。また，変更裁決により原処分が取り消され新たな処分がなされたと解される場合にも，原処分に対する取消訴訟または無効等確認訴訟を提起することができないので，裁決の義務付け訴訟を提起することができる。

■ 非申請型義務付け訴訟　　　(a)　意　義　　学問上，行政介入請求権として論じ
られてきた義務付け訴訟も法定化された。すなわち，
「行政庁が一定の処分をすべきであるにかかわらずこれがされないとき」であ
って，3 条 6 項 2 号に掲げる場合を除いたもの（同 3 条 6 項 1 号）について，行
政庁がその処分をすべき旨を命ずることを求める訴訟である。**理論的には自分
に対する職権処分の発動を求めるような場合も含まれうるが，主として念頭に
置かれているのは，第三者に対する規制権限の発動を求める訴訟である。**「一
定の処分」とは，裁判所の判断を可能にする程度の特定を必要とするが，「特
定の処分」ではなく，処分の内容が具体的一義的に確定される必要はない。訴
訟における請求の趣旨の特定についての一般的考え方を参考にしつつ，社会通
念上合理的な特定がなされていれば，「一定の処分」と認めてよい。たとえば，
貨物自動車運送事業法 26 条 3 号の規定に基づく施設改善命令の義務付け訴訟
においては，改善措置の内容を個別具体的に特定することは必要ないと解すべ
きである。

> **発展学習のために⑳　行政手続法との関係**
>
> 　行政手続法は不利益処分を行おうとする場合，原則として名あて人に事前の意見聴
> 取（聴聞または弁明）の機会を付与することを義務づけている。しかし，非申請型義
> 務付け訴訟が提起される典型的な場合は，行政庁が不利益処分をしようとしないこと
> に不満の原告が裁判所に当該処分を命ずる判決を求めるものである。義務付け判決が
> なされると，行政庁は不利益処分をすることを義務づけられるから，行政過程におけ
> る事前の意見聴取の機会を不利益処分の名あて人に改めて付与する意味はない。した
> がって，訴訟の場において，不利益処分の名あて人である当該第三者を参加させ，意
> 見を述べる機会を保障すべきである。他方，行政手続法は，「裁判所若しくは裁判官
> の裁判により，又は裁判の執行としてされる処分」（行手 3 条 1 項 2 号）については，
> 不利益処分の規定を適用しないこととしているから，行政過程における事前手続なし
> に義務付け判決に従って不利益処分をすることは同法に反しない。

　(b)　訴訟要件　　非申請型義務付け訴訟の訴訟要件は，①「一定の処分がさ
れないことにより重大な損害を生ずるおそれ」があること（重大性の要件。37
条の 2 第 1 項），②「その損害を避けるため他に適当な方法がないとき」である
こと（補充性の要件。同項），③「行政庁が一定の処分をすべき旨を命ずること

を求めるにつき法律上の利益を有する者」であること（**法律上の利益の要件。同条3項**）である。

①の損害の重大性の要件は，申請型義務付け訴訟にはみられないものであり，非申請型義務付け訴訟に固有の要件である。重大な損害を生ずるか否かを判断するに当たっては，損害の回復の困難の程度を考慮するものとし，損害の性質および程度ならびに処分の内容および性質をも勘案するものとされている（37条の2第2項）。この解釈規定は，行政事件訴訟法25条3項，37条の4第2項と同じ内容の条文であり，「重大な損害」の要件の判断に当たっての要考慮事項を明記し，それらが確実に斟酌されるようにするための規定である。損害の回復の困難の程度は要考慮事項にはなっているが，回復の困難な損害であることは要件ではない。回復困難な損害とはいえなくても，損害の性質および程度ならびに処分の内容および性質を勘案して非申請型義務付け訴訟が認められる場合はありうる。非申請型義務付け訴訟は，実体法上の申請権を前提とせずに第三者に対する規制権限発動等を求めるものであることから，訴訟要件を限定しているが，重大な損害の要件を厳格に解しすぎると，この類型の義務付け訴訟が認められる余地が限定されすぎてしまうおそれがある。37条の2第2項の解釈規定は，この要件が過度に厳格に解されることを防止しようとするものといえる。

②の「その損害を避けるため他に適当な方法がないとき」という補充性の要件は，行政過程において，特別の救済ルートが設けられていない場合を念頭に置いている。たとえば，納税申告書による納付税額が過大であった場合には，更正の請求（税通23条）という特別の救済ルートが存在するから，減額更正処分の義務付け訴訟は提起できない。私人に対する民事訴訟が可能であることをもって，補充性の要件が満たされないという趣旨ではない。

③の「法律上の利益」の要件は，取消訴訟（行訴9条），無効等確認訴訟（同36条）の場合と同じであり，事実上の利益を有するのみでは足りないことが確認的に明示されている。行政事件訴訟法37条の2第4項が，2004（平成16）年の行政事件訴訟法改正により取消訴訟の原告適格を実質的に拡大する趣旨で設けられた9条2項の規定を準用することにより，義務付け訴訟の要件である「法律上の利益」も，当該処分の根拠となる法令の規定の文言のみによること

なく柔軟に判断されるべきことが明確にされている。

　(c)　**原告本案勝訴要件**　　行政事件訴訟法37条の2第5項は、「義務付けの訴えが第1項及び第3項に規定する要件に該当する場合において、その義務付けの訴えに係る処分につき、行政庁がその処分をすべきであることがその処分の根拠となる法令の規定から明らかであると認められ又は行政庁がその処分をしないことがその裁量権の範囲を超え若しくはその濫用となると認められるときは、裁判所は、行政庁がその処分をすべき旨を命ずる判決をする」と規定している。「行政庁がその処分をすべきであることがその処分の根拠となる法令の規定から明らか」という表現によって本条が念頭に置いているのは、法令自体が効果裁量を明確に否定している覊束処分の場合であり、他方、裁量処分に対して義務付け判決がなされるのは、裁量権の消極的濫用によって権限の不行使が違法になる場合である。

　(4)　**審　　理**

　申請型義務付け訴訟の場合、不作為の違法確認訴訟または取消訴訟もしくは無効等確認訴訟に理由があると認められることは、義務付け訴訟が認められるための要件である。また、**合理的・効率的な紛争解決**という併合提起の趣旨に照らせば、義務付け訴訟の審理と不作為の違法確認訴訟または取消訴訟もしくは無効等確認訴訟を併合して審理することにより、紛争の成熟度に照らして、不作為の違法確認訴訟または取消訴訟もしくは無効等確認訴訟に対する判決と義務付け訴訟に対する判決のいずれが適切かについて裁判所が適宜判断することが必要になる。そこで、両者の弁論および裁判を分離することは禁じられている（行訴37条の3第4項）。

　(5)　**訴訟の終了**

■ 判決の効力　　　取消判決の拘束力（行訴33条）の規定が義務付け訴訟に準用されている（同38条1項）。義務付け判決がなされた場合、行政庁は判決の拘束力により命ぜられた処分を行うことを義務づけられるという見解もあるが、拘束力を持ち出すまでもなく、判決主文で命じられた義務を行政庁が履行しなければならないのは当然であるとする説もある。いずれにせ

よ，抽象的には，行政庁が判決により命じられた義務を履行しない可能性はあることになるが，裁判所侮辱罪のように，行政庁に履行を強制する仕組みは設けられていない。行政庁が判決を無視する可能性は実際にはないという信頼に基づくものといえよう。

　取消判決の第三者効（同32条1項）の規定は，義務付け訴訟に準用されていない。したがって，Ａが原告になり，行政主体Ｃを被告に，Ｂに対する規制権限発動を求める義務付け訴訟を提起して勝訴しても，それのみでは，Ｂは，義務付け判決の効力を受けないことになる。したがって，Ａとしては，Ｂの参加を申し立てることにより，Ｂを訴訟参加させるか，Ｂに訴訟告知（民訴53条1項）をすることにより，判決の効力を及ぼす必要がある。また，明文の規定はないが，義務付け判決にも既判力が生ずる。

■ 併合して審理された訴訟との関係　併合して審理された不作為の違法確認訴訟または取消訴訟もしくは無効等確認訴訟と義務付け訴訟について，同時に終局判決がなされるのが通常と思われる。しかし，申請型義務付け訴訟において，義務付け判決をすることができるかについては，なお相当期間の審理が必要と予測されるが，不作為の違法確認判決は直ちに出すことができ，不作為の違法確認判決の拘束力により行政庁に諾否の応答を遅滞なく行わせることがより迅速な争訟の解決に資すると認められる場合がありうる。同様に，義務付け判決が可能かについてはなお慎重な審理が必要であるが，取消判決または無効等確認判決は直ちに出すことができ，その拘束力に従った行動を行政庁に義務づけることが紛争の早期解決に資すると認められる場合もありうる。このような場合，申請型義務付け訴訟における不作為の違法確認訴訟または取消訴訟もしくは無効等確認訴訟との弁論および裁判の分離禁止規定（37条の3第4項）にもかかわらず，裁判所は，審理の状況その他の事情を考慮して，不作為の違法確認訴訟または取消訴訟もしくは無効等確認訴訟についてのみ終局判決をすることが認められる（同条6項前段）。

　たとえば，生活保護の受給申請拒否処分に対して，取消訴訟と義務付け訴訟が提起され，裁判所が拒否処分は違法であると認定したが，いかなる生活保護を支給すべきかを判断するのに，なおかなり時間を要する場合，拒否処分取消判決を出して，その拘束力により行政庁に申請を処理させたほうが，迅速な解

決が期待できることがありうる。かかる場合は，当該取消訴訟についてのみ終
局判決をすることができる。この場合において，裁判所は，不作為の違法確認
訴訟または取消訴訟もしくは無効等確認訴訟の手続が終了するまでの間，当事
者の意見を聴いて，義務付け訴訟の手続を中止することができる（同条6項後
段）。不作為の違法確認判決または取消判決もしくは無効等確認判決の拘束力
に従った措置に原告が満足すれば，紛争は解決されることになるし，そうでな
い場合には，手続を再開して義務付け判決を求める道も残されることになる。
不作為の違法確認判決または取消判決もしくは無効等確認判決が出されていれ
ば，申請型義務付け訴訟における原告勝訴要件のうち，「同項各号に定める訴
えに係る請求に理由がある」（同条5項）と認められたことになるから，手続再
開後は，覊束処分であることが明らかであると認められるか，または裁量処分
の場合，裁量権の逸脱濫用となると認められるかのみを審理すれば足りること
になる。

(6)　仮の義務付け

■意　　義　　義務付け訴訟について，ドイツの仮命令のような仮の救済制度
が必要であることは，学界において広範に認められてきた。わ
が国においては，2004（平成16）年の行政事件訴訟法改正で義務付け訴訟が導
入された際に，仮の義務付け制度が設けられた（行訴37条の5第1項，3項～5
項）。仮の義務付けとは，本案についての判断がなされる前に，暫定的に本案
で求められている義務を行政庁に履行させることにより，私人の権利利益救済
の実効性を確保しようとするものである。

■要　　件　　執行停止は取消訴訟が係属していることが要件になっているが
（同25条2項），仮の義務付けも，「義務付けの訴えの提起があ
つた場合において」のみ認められる（同37条の5第1項）。申立てによってのみ
認められ，職権では行えない点も，執行停止の場合と同じである。仮の義務付
けは，本案の係属する裁判所に申し立てなければならない（同37条の5第4
項・28条）。

　執行停止が，もっとも強力な場合であっても処分の効力の停止にとどまるの
に対して，仮の義務付けは，処分または裁決があったのと同様の状態を暫定的

に創出するものであるから，その要件は，執行停止の場合よりも厳格になっている。すなわち，執行停止の場合には「重大な損害を避けるため緊急の必要があるとき」であることが積極要件になっているが，**仮の義務付けの場合には，「償うことのできない損害を避けるため緊急の必要があり，かつ，本案について理由があるとみえるとき」であることが積極要件になっている。**「重大な損害」という文言は，執行停止の要件を緩和するために，2004（平成16）年の行政事件訴訟法改正で「回復の困難な損害」に代えて用いられたものであるが，「償うことのできない損害」は「回復の困難な損害」よりも厳格な概念であると考えられる。民事訴訟法403条1項1号・2号の「償うことができない損害」の解釈が参考になるが，金銭賠償が不可能な損害に限定すべきではなく，金銭賠償のみによる救済では社会通念に照らして著しく不合理と認められる場合も，「償うことのできない損害」に含まれると解すべきであろう。「償うことのできない損害を避けるため緊急の必要」がある場合の例としては，生活保護の申請許可を求める義務付け訴訟のように，本案判決を待っていたのでは生活が困窮するような場合が考えられる。

また，執行停止については，本案について理由がないとみえることが消極要件になっており（同25条4項），これについては，被申立人に主張・疎明責任があると解されているが，**仮の義務付けについては，「本案について理由があるとみえる」ことが積極要件になっており，これは主張・疎明責任を申立人に課す趣旨であると考えられる。**

執行停止については，公共の福祉に重大な影響を及ぼすおそれがあることが消極要件になっているが（同25条4項），仮の義務付けについても同様の消極要件が定められている（同37条の5第3項）。

■ 仮の義務付けの決定　　**仮の義務付けの決定は，疎明に基づいてすることになる（同37条の5第4項・25条5項）。**仮の義務付けの決定は口頭弁論を経ないですることができるが，あらかじめ当事者の意見を聴かなければならない（同37条の5第4項・25条6項）。

仮の義務付けの決定は，裁判所自身が処分または裁決を行うのではなく，行政庁がその処分または裁決をすべき旨を命ずるものである。執行停止決定と同様（同33条4項），仮の義務付けの決定にも拘束力が認められているので（同

37条の5第4項・33条1項），行政庁は拘束力により命じられた処分または裁決を行うことを義務づけられるという説明も可能である。しかし，拘束力を持ち出すまでもなく，仮の義務付けの決定の効果として，行政庁は，決定により命じられた処分または裁決を行うことを義務づけられると説明することも可能である。

■ 仮の義務付けに基づく処分の性質　　仮の義務付け決定に基づく処分が行政事件訴訟法37条の5第1項に基づく仮の処分なのか，行政実体法に基づく本来の処分なのかについて議論がある。また，両者の折衷説として，仮の救済としての法定附款付きの行政実体法上の処分とする見解もある。行政実体法上の処分と解する場合，仮の義務付けに基づく決定がなされた後，本案でも義務付け判決がなされた場合，改めて処分をし直す必要はないと解されるが，仮の処分と解する場合には，本案で原告が勝訴した場合には，改めて，行政実体法上の処分をすることになろう。

■ 即時抗告　　仮の義務付けの決定に対しては即時抗告をすることができる（同37条の5第4項・25条7項）。即時抗告は，仮の義務付けの決定の執行を停止する効力を有しない（同37条の5第4項・25条8項）。即時抗告についての裁判により仮の義務付けの決定が取り消されたときは，当該行政庁は，当該仮の義務付けの決定に基づいてした処分または裁決を取り消さなければならない（同37条の5第5項）。

■ 仮の義務付けの取消し　　裁判所は，相手方の申立てにより，仮の義務付けの決定を取り消すことができる（同37条の5第4項・26条1項）。仮の義務付けの決定が取り消されたときは，当該行政庁は，当該仮の義務付けの決定に基づいてした処分または裁決を取り消さなければならない（同37条の5第5項）。仮の義務付け決定がなされた後に，本案で義務付け訴訟が棄却された場合，仮の義務付け決定およびそれに基づく処分は当然に失効するという説と，事情変更により仮の義務付け決定を取り消し（同37条の5第4項・26条1項），仮の義務付け決定に基づく処分または裁決を取り消すことになるとする説（同37条の5第5項）がある。

■ 内閣総理大臣の異議　　仮の義務付けについても，内閣総理大臣の異議の規定が準用されている（同37条の5第4項・27条）。

4　差止訴訟

(1)　意　　義

　行政事件訴訟法制定当初から，法定外抗告訴訟の代表例として，義務付け訴訟と並んで論じられてきたのが，差止訴訟である。予防的不作為訴訟と呼ばれることもある。

　行政処分の執行や手続の続行を防止するためには，当該処分の取消訴訟または無効等確認訴訟を提起し，これを本案として執行停止を申し立てることにより目的を達成する道が開かれている。たとえば，滞納処分であれば必ず課税処分が先行し，収用裁決であれば原則として事業認定が先行するので，先行処分の取消しまたは無効等確認を訴求し，執行停止を申し立て，これが認められれば，後続処分等の差止機能が果たされることになる。しかし，常にこのように段階的な処分がなされるわけではなく，先行処分なしに行政処分が行われ，その名あて人が回復困難な損害を受けることもありうる。かかる場合には，事前に行政処分の発動を差し止める必要がある。差止訴訟が用いられるのは，不利益処分がなされようとしているケースのように私人の防御的地位に基づく場合が多いと思われるが，自己に対する給付が停止されようとしているケースのように受益的地位に基づく場合または自己の権利利益を侵害するおそれのある活動の許認可の差止めを求めるケースのように3極関係において用いられる場合も考えられる。

(2)　差止訴訟の法定化

　2004（平成16）年の行政事件訴訟法改正で抗告訴訟の一類型として，**行政庁が一定の処分または裁決をすべきでないにもかかわらずこれがされようとしている場合において，行政庁がその処分または裁決をしてはならないことを求める差止訴訟が法定**された。差止訴訟が法定外抗告訴訟として認められることは広く承認されてきたが，制定法準拠主義の傾向の強いわが国の裁判例においては，実定法に明示されていない訴訟を実際の訴訟において適法と認めることにきわめて抑制的であったことの弊害を法定抗告訴訟化により除去することが意

図されている。差止訴訟も民事訴訟の分類に従えば給付訴訟になろう。

(3)　要　件

■訴訟要件　差止訴訟は，一定の処分または裁決がされることにより重大な損害を生ずるおそれがある場合に限り，提起することができる（行訴37条の4第1項本文）。ここでいう「一定の処分又は裁決」は，裁判所の判断が可能な程度の特定は要するものの，処分または裁決の内容が具体的一義的に確定されることまで求めるものではない。たとえば，ある職務命令に違反した場合に懲戒処分をするという方針を任命権者が明らかにしている場合において，その職務命令が違法であると考え拒否しようとする職員が懲戒処分の差止めを訴求するときに，具体的にどのような懲戒処分がされるかまでは特定できなくても，懲戒処分を「一定の処分」として，その差止めを求めることは可能であろう。

　差止訴訟については，重大な損害を生ずるおそれがあることが積極要件になっており，当該損害を避けるため他に適当な方法がないことが消極要件になっている。「その損害を避けるため他に適当な方法があるとき」（同37条の4第1項ただし書）とは，たとえば，第2次納税義務者（納税義務者が租税を滞納した場合において，当該財産につき滞納処分をしても徴収すべき額に不足していると認められるときに，納税義務者に代わって租税を納付する義務を負う者）が滞納処分の取消訴訟を提起したときは，その訴訟の係属する間は，当該国税につき滞納処分による財産の換価をすることができないため（税徴90条3項），換価処分の差止訴訟を提起する必要がないというような場合である。第三者に対する民事訴訟の提起が可能であることのみをもって直ちに「その損害を避けるため他に適当な方法がある」とする趣旨ではない。重大な損害が生ずるか否かを判断するに当たっては，損害の回復の困難の程度を考慮するものとし，損害の性質および程度ならびに処分または裁決の内容および性質を勘案するものとされている（行訴37条の4第2項）。

[判例9-53]　最判平成24・2・9民集66巻2号183頁［百Ⅱ200］［判Ⅱ59］
　本件当時，毎年度2回以上，都立学校の式典に際し，教職員に対し国歌斉唱時の起

立斉唱等に係る職務命令が繰り返し発せられ，その違反に対する懲戒処分が累積し加重され，おおむね4回で停職処分に至るものとされていた。本判決は，かかる状況下では，取消訴訟等の判決確定に至るまでに相応の期間を要している間に，各式典を契機として懲戒処分が反復継続的かつ累積加重的にされていくと事後的な損害の回復が著しく困難になることを考慮すると，本件職務命令の違反を理由として一連の累次の懲戒処分がされることにより生ずる損害は，処分がされた後に取消訴訟等を提起して執行停止の決定を受けることなどにより容易に救済を受けることができるものであるとはいえず，その回復の困難の程度等に鑑み，本件差止めの訴えについては「重大な損害を生ずるおそれ」の要件を満たすと判示している。

［判例9-54］ 最判平成28・12・8民集70巻8号1833頁［百Ⅱ145］〔第4次厚木基地事件〕

　本判決は，本件飛行場に離着陸する航空機の発する騒音による被害の程度は軽視し難く，上記騒音は，航空機の離着陸が行われる度に発生するものであり，上記被害もそれに応じてその都度発生し，これを反復継続的に受けることにより蓄積していくおそれがあるから，このような被害は，事後的にその違法性を争う取消訴訟等による救済になじまず，「重大な損害を生ずるおそれ」（行訴37条の4第1項）の要件を満たすとする。しかし，自衛隊機の運航には高度の公共性，公益性があるものと認められ，他方で，本件飛行場における航空機騒音により原告らに生ずる被害は軽視することができないものの，周辺住民に生ずる被害を軽減するため，自衛隊機の運航にかかる自主規制や周辺対策事業の実施など相応の対策措置が講じられているのであって，これらの事情を総合考慮すれば，本件飛行場において，将来にわたり上記の自衛隊機の運航が行われることが，社会通念に照らし著しく妥当性を欠くものと認めることは困難であるといわざるを得ず，本件飛行場における自衛隊機の運航にかかる防衛大臣の権限の行使が，行政事件訴訟法37条の4第5項の裁量権の逸脱濫用となるということはできないと判示した。

　差止訴訟は，行政庁が一定の処分または裁決をしてはならない旨を命ずることを求めるにつき法律上の利益を有する者に限り提起することができる（同37条の4第3項）。法律上の利益の有無を判断するに当たっては，取消訴訟の原告適格を実質的に拡大する趣旨で設けられた9条2項の規定が準用されている（同条4項）。

■ 原告本案勝訴要件　　　原告本案勝訴要件は，羈束処分と裁量処分により異なる。羈束処分の場合は，行政庁がその処分または裁決をすべきでないことがその処分または裁決の根拠となる法令の規定から明らかであると認められることである。裁量処分の場合は，行政庁がその処分または裁決を

することがその裁量権の範囲を超えまたはその濫用となると認められることである（同条5項）。

(4)　判決の効力

　取消訴訟についての判決の拘束力（行訴33条）の規定が差止訴訟にも準用されている（同38条1項）。取消判決の第三者効（同32条）の規定は，差止訴訟にも準用されていない。したがって，Aが原告になり，Bに対する許可の差止訴訟を提起して勝訴しても，それのみでは，Bは，差止判決の効力を受けないことになる。したがって，Aとしては，Bの参加を申し立てることにより，Bを参加させるか，Bに訴訟告知（民訴53条1項）をすることにより，判決の効力を及ぼす必要がある。差止判決に違反してなされた処分または裁決は無効と解すべきであろう。

(5)　仮の差止め

　(a)　意　義　　差止訴訟についても，仮の救済が必要であるため，差止訴訟の法定化に併せて，仮の差止めが法定された。仮の差止めとは，差止訴訟の本案についての判断がなされる前に，暫定的に差止めを命ずることにより，私人の権利利益の救済の実効性を確保しようとするものである。

　(b)　要　件　　本案の差止訴訟が提起されていることが申立ての要件になる（行訴37条の5第2項）。仮の義務付けと同様，「償うことのできない損害を避けるため緊急の必要があり，かつ，本案について理由があるとみえるとき」であることが積極要件になっている。「償うことのできない損害を避けるため緊急の必要」があるときとしては，弁護士に対する除名処分（弁護57条1項4号）のように，当該処分がなされると信用を失墜し，依頼者を喪失するおそれが大きいような場合が考えられる。仮の差止めについても，公共の福祉に重大な影響を及ぼすおそれがあることが消極要件になっている（行訴37条の5第3項）。

　(c)　審　理　　仮の差止めの決定は，疎明に基づいてすることになる（同37条の5第4項・25条5項）。仮の差止めの決定は口頭弁論を経ないですることができるが，あらかじめ当事者の意見を聴かなければならない（同37条の5第4項・25条6項）。

(d) 仮の差止めの決定　仮の差止めの決定は，裁判所が行政庁に対して仮に当該処分または裁決をしてはならないことを命ずるものである。この命令に従う義務を拘束力（同 37 条の 5 第 4 項・33 条 1 項）で説明するか否かについては学説は分かれている。仮の差止めの決定に対しては即時抗告をすることができる（同 37 条の 5 第 4 項・25 条 7 項）。

(e) 仮の差止めの取消し　裁判所は，相手方の申立てにより，仮の差止めの決定を取り消すことができる（同 37 条の 5 第 4 項・26 条 1 項）。

(f) 内閣総理大臣の異議　仮の差止めについても，内閣総理大臣の異議の規定が準用されている（同 37 条の 5 第 4 項・27 条）。

5　当事者訴訟

(1)　当事者訴訟に関する規定

■ 出訴の通知　　形式的当事者訴訟においては，処分庁または裁決庁の所属する国または公共団体ではなく，紛争の実質的当事者間の訴訟となるが，処分または裁決にかかる訴訟であり判決の拘束力は行政庁に及び（行訴 41 条 1 項による 33 条 1 項の準用），処分または裁決にかかる資料の多くは，当該処分または裁決をした行政庁が保有しており，かかる行政庁を訴訟に参加させ，訴訟資料を豊富にすることは意義があるので，**訴訟が提起されたことを裁判所が行政庁に通知して，行政庁に訴訟参加の機会を与えることとしている**（同 39 条）。

■ 仮の救済　　**当事者訴訟には執行停止の規定（同 25 条）は準用されていない。**他方，**行政庁の処分その他公権力の行使に当たる行為については，民事保全法に規定する仮処分をすることができない**（同 44 条）。そうすると，行政処分の無効を前提とする当事者訴訟においては仮の救済がないことになってしまう。そこで，無効確認訴訟に準じて執行停止を認める裁判例がある（高知地決平成 4・3・23 判タ 805 号 66 頁）。学説においては，無効な処分については仮処分が可能であるとしたり，執行停止を超えない範囲で仮処分を認めるべきとするものがある。

(2) 当事者訴訟の種類

■ 形式的当事者訴訟　　　　立法者は，形式的当事者訴訟には大別して2類型がある と考えていた。1つは，原処分自体が当該法律関係に関する対立する当事者間の紛争の審理を経て行われるので，当該処分に対する訴訟も原処分の際の当事者を被告とするほうがよいと考えられるものである。特許無効審判の審決に対する訴訟（特許179条ただし書）がその例である。すなわち，ある特許に無効事由があると思料する者が無効審判の請求を行うと，審判官の前で請求人と特許権者が対審構造で攻撃防御を行う審判が実施され，審決が出される。この審決に不服がある者は，審決取消訴訟を提起することができるが，被告は審判官の所属する国ではなく，無効審判の相手方当事者となる。審決取消判決が確定したときは，審判官は，さらに審理を行い，審決をしなければならない（同181条2項前段）。このように，行政庁への差戻しのシステムが採られている。

　いま1つは，紛争の実態が当該法律関係の当事者間の財産上のものであり，公益と直接に関わるものではないので，直接に利害関係を有する他方当事者を被告として，当事者間で争わせることが適切であると考えられるものである。土地収用法133条がその例である。土地収用法は，「補償なければ収用なし」という事前補償原則を採り，公益的裁決事項と同時に私益的裁決事項といわれる補償についても権利取得裁決の対象とし，権利取得裁決に定められた権利取得の時期までに補償がなされなければ，権利取得裁決が失効することとしているが（収用100条1項），訴訟の面では，公益的裁決事項と私益的裁決事項を切り離して取り扱うことが適切と考えられたのである。

■ 実質的当事者訴訟　　　　(a) 意　義　　実質的当事者訴訟とは，公法上の法律関係に関する確認の訴えその他の公法上の法律関係に関する訴訟をいう。実質的当事者訴訟と民事訴訟との区別については，当事者訴訟に適用される規定の趣旨を合目的的に解釈して，それらの規定を適用することが合理的か否かという観点から当事者訴訟とするかを判断する機能的アプローチも一部にみられるものの，訴訟物が公法関係か私法関係かによって判断するのが立法者意思である。たとえば，免職処分の無効を前提とする公務員の俸給

請求訴訟，相手方に差し押さえるべき財産がない場合に時効中断のために国が相手方に対して提起する租税納付義務存在確認訴訟が実質的当事者訴訟である。

　学界においては実質的当事者訴訟不要論が有力であったが，その理由を若干敷衍すると，公法私法二元論への否定的見方が根底にあることに加えて，当事者訴訟に準用されている規定の意義が乏しいということも指摘されていた。すなわち，機能的アプローチによっても，当事者訴訟と民事訴訟を区別する意義に乏しいというのである。

　具体的には，行政処分の無効を前提としない当事者訴訟の場合について検討すると，行政庁の訴訟参加の規定が準用されていなくても，行政主体が一方当事者となる以上，関係行政庁からの資料の提出が困難になるとは考えられないし，職権証拠調べは取消訴訟においてすらほとんど活用されていないので，実質的当事者訴訟においても活用が期待しがたい。また，拘束力についても，行政庁が判決に従わないという態度をとる場合には，拘束力も無視されるであろうから根本的解決にはならないことが挙げられている。

　また，行政処分の無効を前提とする当事者訴訟の場合には，争点訴訟との区別の問題になるが，民事訴訟である争点訴訟についてみると，当事者訴訟に準用されているが争点訴訟には準用されていない規定のうち重要なのは行政事件訴訟法33条（拘束力）のみである。そうすると，機能的アプローチによる場合，関係行政庁に拘束力を及ぼすべき場合には当事者訴訟，そうでない場合には争点訴訟と解すべきことになる。しかし，争点訴訟について同法33条の規定を準用していないことには批判が強く，争点効の理論（既判力は判決主文に包含された判断についてのみ生ずるが，それでは実際上不当な結果をもたらす場合があるので，一定の場合には判決理由中の主要な争点についての判断に拘束力を認める理論）を適用して，争点訴訟における争点にかかる判断にも拘束力を及ぼすべきという説も有力である。

　そのため，機能的アプローチによっても，実質的当事者訴訟と民事訴訟を区別する意義は乏しく，両者の区別は，いかなる訴訟を提起すべきかという訴訟の入り口を複雑でわかりにくくするだけであるという批判がなされてきたのである。

　他方，実質的当事者訴訟活用論も唱えられてきた。実質的当事者訴訟活用論

の中には，抗告訴訟の負担過重の解消を理由とするものもある。すなわち，行政法学界において抗告訴訟の対象＝処分性を拡大し抗告訴訟のルートで救済を拡張しようとする努力が行われてきたが，その結果，本来抗告訴訟の対象とするのにふさわしくないものまで無理に抗告訴訟で争わせようとする傾向が生じているので，抗告訴訟によりがたいものは実質的当事者訴訟として処理することにより，抗告訴訟の負担過重を解消しようとするのである。実質的当事者訴訟活用論の立場からすれば，職権証拠調べが実際にほとんど行われていないから実質的当事者訴訟と民事訴訟を区別する実益がないとすべきではなく，職権証拠調べを積極的に行うべきということになろう。

(b) **訴訟類型**　実質的当事者訴訟の通常の類型として考えられるのは，給付訴訟と確認訴訟である。公務員の退職手当支払請求訴訟（最判平成11・7・15判時1692号140頁［百Ⅰ55］［判Ⅰ156]），年金支給停止措置の無効を前提とする年金支払請求訴訟（最判平成7・11・7民集49巻9号2829頁［百Ⅰ64］［判Ⅰ130]），憲法29条3項の規定に基づく損失補償請求訴訟（ただし，民事訴訟説もある）等が給付訴訟としての実質的当事者訴訟の例である。

国に対する日本国籍確認訴訟（最判平成9・10・17民集51巻9号3925頁），薬局開設の登録制から許可制への改正後も当該改正が違憲無効であるため許可を受けずに薬局を営業しうることの確認訴訟（最大判昭和41・7・20民集20巻6号1217頁）等，従前も，当事者訴訟としての確認訴訟が適法であることが前提とされた例がある。しかし，かかる確認訴訟が積極的に活用されてきたとはいえない。実質的当事者訴訟としての確認訴訟における確認の利益については，民事訴訟における確認の利益を基本としつつ，行政訴訟としての特性にも配慮して判断されるべきであろう。

2004（平成16）年の行政事件訴訟法改正においては，行政処分以外の行政作用に対する救済の受け皿として，当事者訴訟としての確認訴訟を活用することが有効と考えられたため，「公法上の法律関係に関する確認の訴え」が公法上の当事者訴訟の例として明記された（同4条）。これは創設的意義を有するものではなく確認的意義を有するにとどまるものの，確認訴訟の活用を促す立法者のメッセージが込められたものである。

確認訴訟を積極的に活用するとなると，差止訴訟との役割分担の問題が重要

になる。従前は差止訴訟の類型で論じられていたものにも，今後は確認訴訟により対応することが適切なものもあるであろう。

　確認訴訟の活用により救済が可能になるものとして議論されているものには，たとえば，墓地・埋葬等に関する法律に基づく通達で異宗徒の埋葬拒否には正当な理由があるとはいえないとされた場合に，異宗徒の埋葬を拒否すれば刑事訴追を受けるおそれがあるので，異宗徒の埋葬を認める義務がないことの確認を求める訴訟等がある。2004（平成16）年の行政事件訴訟法改正後，最高裁が，実質的当事者訴訟としての確認訴訟を認めた代表的なものとして，以下のようなものがある。

[判例 9-55]　最大判平成 17・9・14 民集 59 巻 7 号 2087 頁 ［百Ⅱ202］［判Ⅱ4］
　在外邦人が次回の衆議院議員の総選挙における小選挙区選出議員の選挙および参議院議員の通常選挙における選挙区選出議員の選挙において，在外選挙人名簿に登録されていることに基づいて投票することができる地位にあることの確認訴訟を適法として，確認の訴えを容認している。この事件において，上告人らは，主位的に，2008（平成10）年改正後の公職選挙法が上告人らに選挙区選出議員の選挙における選挙権の行使を認めていないことの違法確認を求めるとともに，予備的に，上告人らが次回の選挙区選出議員選挙において選挙権を行使することができる地位にあることの確認を求めていた。最高裁は，予備的請求である地位確認の訴えのほうがより適切であるので，主位的請求である違法確認の訴えは不適法として，地位確認請求を認めたのである。

[判例 9-56]　最大判平成 20・6・4 民集 62 巻 6 号 1367 頁 ［判Ⅱ3］
　法律上の婚姻関係にない日本国民である父とフィリピン国籍を有する母との間に本邦で出生した者が，出生後父から認知されたことを理由として法務大臣あてに国籍取得届を提出したところ，国籍取得の条件を備えておらず，日本国籍を取得していないものとされたことから，国に対し日本国籍を有することの確認を求めた訴訟を適法と認め，日本国籍を有することが認められると判示した。

　前掲最判平成 24・2・9 ［判例 9-53］は，都立高校の式典における国歌斉唱時の起立斉唱等にかかる職務命令に従わないと，処遇上の不利益が反復継続的かつ累積加重的に発生し拡大する危険が現に存在する状況下では，事後的な損害の回復が著しく困難であることを考慮すると，本件職務命令に基づく公的義務の不存在の確認を求める訴えは，行政処分以外の処遇上の不利益の予防を目的

とする公法上の法律関係に関する確認の訴えとしては，その目的に即した有効
適切な争訟方法であるということができ，確認の利益を肯定することができる
と判示している。同判決は，法定抗告訴訟としての差止訴訟を提起することが
できる処分（同事件では免職処分以外の懲戒処分）については確認訴訟を提起でき
ず，差止訴訟の対象とならない行政処分以外の不利益（同事件では昇給等にかか
る不利益）との関係においてのみ確認の利益を認めている。しかし，同判決が，
およそ一般的に，同一の義務違反に起因して，行政処分による不利益と行政処
分以外の不利益の双方が発生するおそれがある場合，前者については差止訴訟，
後者については実質的当事者訴訟としての確認訴訟というように，別個の訴訟
を提起する必要があるという立場をとるものと解する必要は必ずしもないと思
われる。同判決の射程は，差止訴訟にかかる訴訟要件と実質的当事者訴訟とし
ての確認訴訟にかかる確認の利益の考慮要素が一致する場合に限定して解すべ
きと思われる。

　［判例 9-57］　最判平成 25・1・11 民集 67 巻 1 号 1 頁［百 I 46］［判 I 180］
　一般医薬品のうち第 1 類医薬品および第 2 類医薬品につき，店舗販売業者による店
舗以外の場所にいる者に対する郵便その他の方法による販売または授与を一律に禁止
する薬事法施行規則（当時）の規定は法の委任の範囲を逸脱し違法無効であるとして，
インターネット販売を行う事業者らが，これらの郵便販売等をする権利ないし地位を
有することの確認訴訟を提起することを認めている。

　［判例 9-58］　最大判令和 4・5・25 民集 76 巻 4 号 711 頁
　同判決は，最高裁判所裁判官国民審査法が在外国民に審査権の行使をまったく認め
ていないことが違憲であることを理由として，国が個々の在外国民に対して次回の国
民審査の機会に審査権の行使をさせないことが違法であると主張され，この点につき
争いがある場合に，その違法であることを確認する判決が確定したときには，国会に
おいて，裁判所がした違憲判断が尊重されるものと解されること（憲 81 条・99 条）
も踏まえると，当該確認判決を求める訴えは，当該争いを解決するために有効適切な
手段であると認められ，このように解しても，国民に保障された国民審査権の基本的
な内容等が憲法上一義的に定められていることが明らかであること等に照らすと，国
会の立法における裁量権等に不当な影響を及ぼすことになるとは考え難いと指摘する。
そして，国が在外国民に対して国外に住所を有することをもって次回の最高裁判所裁
判官国民審査にかかる審査権の行使をさせないことが憲法 15 条 1 項・79 条 2 項・3
項等に違反して違法であることの確認を求める訴えは実質的当事者訴訟として適法と

§ して，請求を認容している。

　[判例 9-55] の事案では，在外選挙の対象を，当分の間，衆参両院について比例代表選出議員の選挙に限ることとした附則の規定を無効とすることにより地位確認請求を認めることができたが，[判例 9-58] の事案では，そもそも在外邦人による国民審査権がまったく認められていない中で，一部無効とすることによる地位確認請求を認めることには困難があり，他に適切な事前救済方法がないため，違法確認請求の訴えの利益を認めたものと思われる。民事訴訟においても，紛争の抜本的解決に必要な場合には，過去の法律関係や過去の事実の確認も可能であると解されているところ，実質的当事者訴訟としての確認訴訟の場合にも，現在の法律関係を争うよりも，立法や行政活動の作為または不作為の違法確認請求のほうが現在の紛争解決にとって有効適切である場合には，立法や行政活動の作為または不作為の違法確認請求が排除されると考えるべきではなく，かかる訴訟を認めることは，実質的当事者訴訟としての確認訴訟を行政事件訴訟法 4 条に明記した司法制度改革の趣旨にも適合すると思われる。

V　客観訴訟

1　民衆訴訟

　国または公共団体の機関の法規に適合しない行為の是正を求める訴訟であって，選挙人である資格その他自己の法律上の利益にかかわらない資格で提起する訴訟を民衆訴訟という（行訴 5 条）。ここでは，民衆訴訟の代表例について敷衍することとしたい。

(1) 選挙訴訟

　地方公共団体の議会の議員および長の選挙の効力に関して，当該選挙事務を管理する選挙管理委員会に対する異議の申出もしくは都道府県選挙管理委員会に対する審査の申立て（公選 202 条）に対する都道府県選挙管理委員会の決定

または裁決に不服がある者は，都道府県選挙管理委員会を被告として高等裁判
所に出訴することができる（同203条1項）。また，衆議院議員および参議院議
員の選挙の効力に関し異議がある選挙人または公職の候補者は，比例代表選出
議員の選挙にあっては中央選挙管理委員会を，それ以外については都道府県選
挙管理委員会を被告として高等裁判所に出訴することができる（同204条）。こ
こでいう「選挙人」とは，選挙の効力が争われている当該選挙区に属する選挙
人に限られ，実際に当該選挙で投票したか否かは問わず，棄権した者であって
もよい。議員定数配分規定の違憲を理由とする選挙無効訴訟は，公職選挙法
203条・204条の規定に基づいて提起されている。

［判例9-59］　最判昭和32・3・19民集11巻3号527頁
　地方公共団体の長の選挙に関する期日の告示に関して，村選挙管理委員会に対する
異議申立ておよび県選挙管理委員会に対する訴願の提起がなされ，いずれも却下され
たため，選挙の告示と裁決の取消しが訴求された事案において，本判決は，「本件訴
訟は，選挙に関する法規の違法な適用があることを主張して，これを是正し法規を維
持するため，上告人が大和村の住民にして選挙民たる資格において提起したいわゆる
民衆訴訟であつて，当事者間に具体的な権利義務その他の法律関係についての争があ
り個人の権利を保護するための訴訟ではないから，かかる訴訟は，法律の規定をまつ
てはじめて提起しうるものであり，法律の規定のない限り訴訟を提起しうべきもので
はない」と判示している。

(2)　住民訴訟

■住民監査請求前置主義　　　住民訴訟とは，住民が，自己の法律上の利益にかか
わらず，地方公共団体の執行機関および職員の違法
な財務会計上の行為または怠る事実の是正を求めて提起する民衆訴訟である
（自治242条の2・242条の3）。住民訴訟を提起するためには，住民監査請求（同
242条）を前置しなければならない（同242条の2第1項）。住民監査請求は，当
該地方公共団体の監査委員に対して行うもので，この点では地方自治法75条
の事務監査請求と共通しているが，事務監査請求が有権者の50分の1以上の
者の連署をもって行わなければならないのに対して，住民監査請求は1人でも
行うことができる。また，住民訴訟と異なり，行政過程における監査請求であ
るので，違法事由のみならず不当事由の監査も請求することができる。ただし，

財務会計上の行為のみが監査請求の対象になる。

■ 住民訴訟を提起できる場合 　住民訴訟は，①住民監査請求に対する監査委員の監査の結果または勧告に不服があるとき，②普通地方公共団体の議会・長その他の執行機関または職員の措置に不服があるとき，③監査委員が監査または勧告を請求があった日から 60 日以内に行わないとき，④議会・長その他の執行機関または職員が措置を講じないときに，提起できる（同 242 条の 2 第 1 項）。地方公共団体の議会の議決に基づく行為であっても，当該議決自体が違法であれば，議決に基づく執行機関またはその職員の行為も違法となるから，住民訴訟の対象になりうる（最大判昭和 37・3・7 民集 16 巻 3 号 445 頁）。

■ 出訴権者 　**当該普通地方公共団体の住民であって，住民監査請求を行った者であれば住民訴訟を提起することができ（同 242 条の 2 第 1 項），納税者である必要はない。**また，有権者である必要もない。外国人も含まれるし，自然人に限られず法人も含まれる。権利能力なき社団も，そのことのみで住民訴訟の原告適格を否定されることにはならない（ただし，もっぱら団体の名で住民訴訟を提起する目的で権利能力なき社団を結成したり，住民でさえない者たちが住民訴訟を提起する目的で権利能力なき社団を結成し，その主たる事務所を当該普通地方公共団体の区域内に置く場合等には，原告適格は否定されている。福岡地判平成 10・3・31 判時 1669 号 40 頁）。住民であることは，住民訴訟の適法要件であるから，事実審の口頭弁論終結時までに当該普通地方公共団体から転出した者の訴えは不適法であるとする裁判例（大阪高判昭和 59・1・25 行集 35 巻 1 号 8 頁）があるが，住民監査請求の時点で住民としての資格を有していれば足りるとする反対説がある。住民訴訟を提起する権利は一身専属的であり，原告の死亡により，その地位を承継することはできないと解されている（青森地決昭和 42・6・2 行集 18 巻 11 号 1427 頁）。

■ 住民訴訟の対象 　最判平成 2・4・12 民集 44 巻 3 号 431 頁は，「住民訴訟は，地方財務行政の適正な運営を確保することを目的とし，その対象とされる事項は法 242 条 1 項に定める事項，すなわち公金の支出，財産の取得・管理・処分，契約の締結・履行，債務その他の義務の負担，公金の賦課・徴収を怠る事実，財産の管理を怠る事実に限られる」と判示している。

　住民訴訟においては，財務会計上の違法行為のみを争うことができるのであるが，先行行為が違法であるため，それを執行する財務会計行為も違法となる場合も対象になるのかという問題がある。実際には，財務会計行為それ自体に限らず，広く違法な行政運営を問責するために先行行為の違法が住民訴訟で主張されることが多い。かかる主張を認容したものとして，次の判決がある。

[判例 9-60]　最判昭和 60・9・12 判時 1171 号 62 頁〔川崎市退職金支払無効確認事件〕
　この事案は，収賄した職員を懲戒免職にすべきであったのに分限免職にしたため，違法に退職金が支払われたとして，住民が川崎市に代位して，市長に損害賠償請求をしたものである。分限免職処分自体は財務会計行為ではなく，退職金支給が財務会計行為であるが，この場合，分限免職処分が適法であれば退職金は支給すべきであるから，懲戒免職にせずに分限免職にしたことの違法性が争点になる。この事件において本判決は，財務会計上の行為が違法となるのは，単にそれ自体が直接法令に違反して許されない場合だけではなく，その原因となる行為が法令に違反し許されない場合の財務会計上の行為も含むと判示している（ただし，分限免職処分は違法でないとしている）。

　しかしその後，最高裁は，住民訴訟において，職員の財務会計上の行為をとらえて損害賠償責任を問うことができるのは，当該原因行為を前提としてされた当該職員の行為が財務会計法規上の義務に違反する違法なものであるときに限られるとする立場をとるようになる。そして，先行行為と財務会計行為を行う者が異なり，かつ，先行行為が長から独立性を有する機関によって行われた場合において，先行行為それ自体の違法は原則として住民訴訟で争えないと判示している。

[判例 9-61]　最判平成 4・12・15 民集 46 巻 9 号 2753 頁〔一日校長事件〕
　先行行為が教育委員会の人事権の行使の場合について，本判決は，「教育委員会と地方公共団体の長との権限の配分関係にかんがみると，教育委員会がした学校その他の教育機関の職員の任免その他の人事に関する処分（地方教育行政の組織及び運営に関する法律 23 条 3 号）については，地方公共団体の長は，右処分が著しく合理性を欠きそのためこれに予算執行の適正確保の見地から看過し得ない瑕疵の存する場合でない限り，右処分を尊重しその内容に応じた財務会計上の措置を採るべき義務があり，これを拒むことは許されないものと解するのが相当である」と判示している。

[判例9-62] 最判平成15・1・17民集57巻1号1頁〔判Ⅰ62〕〔議員野球大会旅費事件〕

本判決は、県議会議長の発した旅行命令が著しく合理性を欠き、そのために予算執行の適正確保の見地から看過しえない瑕疵がある場合でない限り、普通地方公共団体の長は、議会の決定を尊重しその内容に応じた財務会計上の措置をとる義務があり、旅行命令を前提として知事の補助職員がした議員に対する旅費の支出負担行為および支出命令は、財務会計法規上の義務に違反する違法なものであるということはできないと判示している。

■ 訴訟類型　　住民訴訟には、以下の4つの訴訟類型がある。

　(a)　差止請求　　「当該執行機関又は職員に対する当該行為の全部又は一部の差止めの請求」（自治242条の2第1項1号）は、1号請求ともいわれる。2002（平成14）年の地方自治法改正前は、「当該行為により普通地方公共団体に回復の困難な損害を生ずるおそれがある場合」に限って差止請求が認められる旨のただし書が置かれていたが、同年の改正により、このただし書は削除された。ただし、1号請求の差止めは、当該行為を差し止めることによって人の生命または身体に対する重大な危害の発生の防止その他公共の福祉を著しく阻害するおそれがあるときはすることができない旨の規定（同条6項）が同時に新設されている。違法な公金支出の差止め（最判平成5・9・7民集47巻7号4755頁、最判平成18・4・25民集60巻4号1841頁）、違法な処分の差止め、公有財産の廉価の売却の差止め等がありうる。

　(b)　取消しまたは無効確認請求　　「行政処分たる当該行為の取消し又は無効確認の請求」（同項2号）は、2号請求ともいわれる。違法な行政財産の使用許可・違法な補助金交付決定等の取消しまたは無効確認請求等に利用しうる。

　(c)　怠る事実の違法確認請求　　「当該執行機関又は職員に対する当該怠る事実の違法確認の請求」（同項3号）は、3号請求ともいわれる。固定資産税の賦課徴収を怠る事実・負担金の賦課徴収を怠る事実の違法確認請求等がその例である。

　(d)　義務付け請求　　「当該職員又は当該行為若しくは怠る事実に係る相手方に損害賠償又は不当利得返還の請求をすることを当該普通地方公共団体の執行機関又は職員に対して求める請求」（同項4号）は、4号請求ともいわれる。こ

の規定は，かつては代位請求を定めたものであった。すなわち，地方公共団体が，その職員や取引相手等に対して損害賠償請求権や不当利得返還請求権を有する場合に，住民が地方公共団体に代位して当該損害賠償請求や不当利得返還請求を行うというものであったのであり，住民訴訟の中で，もっとも利用されてきた類型であった。これに対しては，長や職員が個人として直接に訴訟の矢面に立つことによる負担・萎縮効果への不満があり，これを受け，1994（平成 6）年の地方自治法改正で，被告が勝訴した場合，弁護士報酬相当額を議会の議決により公費で負担することができることとされたが，それのみではなお不十分であるという不満が地方公共団体の職員の間に根強かった。2002（平成 14）年の改正により，4 号請求は，執行機関または（機関としての）職員を被告として，損害賠償または不当利得返還の請求をすることを求める義務付け請求（ただし，当該職員または当該行為もしくは怠る事実にかかる相手方が地方自治法 243 条の 2 の 2 第 3 項の規定による賠償の命令の対象となる者である場合にあっては，当該賠償の命令をすることを求める請求）になった。

　この義務付け請求の訴訟で原告が勝訴し判決が確定すると，普通地方公共団体の長は，当該判決が確定した日から 60 日以内の日を期限として，当該請求にかかる損害賠償金または不当利得の返還金の支払いを請求することを義務づけられる（同 242 条の 3 第 1 項）。当該判決が確定した日から 60 日以内に支払われないときは，当該普通地方公共団体は，当該損害賠償または不当利得返還の請求を目的とする訴訟を提起しなければならない（同条 2 項）。

　なお，最判昭和 61・2・27 民集 40 巻 1 号 88 頁〔市川市接待事件〕は，4 号請求における職員の賠償責任は民法上のものであると判示しており，過失責任主義に基づくものと解していると思われるが，地方自治法 243 条の 2 の 2 の規定する会計職員等の賠償責任が故意または重大な過失がある場合に限られていること等に照らして，4 号請求における「当該職員」の損害賠償責任も故意または重大な過失がある場合に限るべきという解釈論・立法論も唱えられている。2017（平成 29）年の地方自治法改正により，条例において，長や職員等の地方公共団体に対する損害賠償責任について，その職務を行うにつき善意でかつ重大な過失がないときは，賠償責任額を限定してそれ以上の額を免責する旨を定めることを可能にし，条例で定める場合の免責に関する参酌基準および責任の

下限額は政令で定めることとされ（同 243 条の 2 第 1 項），議会は，この条例の制定または改廃に関する議決をしようとするときは，あらかじめ監査委員の意見を聴取することとされた（同条 2 項）。そして，住民監査請求があった後に，当該請求にかかる行為または怠る事実に関する損害賠償または不当利得返還の請求権その他の権利の放棄に関する議決をしようとするときは，事前に監査委員の意見を聴取することが義務づけられた（同 242 条 10 項）。

■ 仮処分の排除　2002（平成 14）年の改正で，**地方自治法 242 条の 2 第 1 項に規定する違法な行為または怠る事実については，民事保全法に規定する仮処分をすることができない**旨の規定が設けられた（同条 10 項）。これは，個人の権利利益保護のための民事保全法の規定は客観訴訟になじまないということを理由とするものであるが（従前の裁判例においては仮処分を認めたものがあった），そうであるならば，客観訴訟に適合した仮の救済制度を整備することが検討課題になる。

■ 弁護士費用　**住民訴訟を提起した者が勝訴（一部勝訴を含む）した場合において，弁護士または弁護士法人に報酬を支払うべきときは，当該普通地方公共団体に対し，その報酬額の範囲内で相当と認められる額の支払いを請求することができる**（同 242 条の 2 第 12 項）。

□■　Column㊴　国民監査請求・国民訴訟 --
　　地方公共団体における住民監査請求・住民訴訟に対応する制度が国にないことの問題は，日本弁護士連合会でも認識され，同連合会は，2005（平成 17）年 6 月 16 日付けで「公金検査請求訴訟制度の提言」を具体的な条文とともに公表している。また，地方公共団体における住民監査請求制度・住民訴訟制度と同様の国民監査請求・国民訴訟制度を創設する法案が国会に提出されたことがある。すなわち，当時の「みんなの党」，「新党改革」が共同で，2012（平成 24）年 3 月 9 日，第 180 回国会に「違法な国庫金の支出等に関する監査及び訴訟に関する法律案」を参議院に提出したが，同年 9 月 8 日，廃案になっている。

2　機関訴訟

国または公共団体の機関相互間における権限の存否またはその行使に関する

紛争についての訴訟を機関訴訟という（行訴6条）。ここでは，機関訴訟の代表例について，その内容を敷衍することとしたい。

(1)　国の関与・都道府県の関与に対する訴訟

　国の関与に不服のある普通地方公共団体の長その他の執行機関が，国地方係争処理委員会に審査の申出をしたが（自治250条の13），同委員会の審査結果または勧告に不服があるとき，勧告を受けて国の行政庁がとった措置に不服があるとき，所定の期間内に同委員会が審査または勧告を行わないとき，または勧告を受けた国の行政庁が措置を講じないときに，当該普通地方公共団体の長その他の執行機関は，国の行政庁を被告として高等裁判所に国の関与に対する訴えを提起できる（同251条の5）。この訴訟や，都道府県の関与（これについては，自治紛争処理委員が国地方係争処理委員会と同様の機能を果たす。同251条の3）に関する市町村の長その他の執行機関の訴え（同252条）について，立法者意思は機関訴訟としているが（同251条の5第8項・9項，252条4項・5項），主観訴訟とみるべきとする説が有力である。

(2)　地方公共団体の長と議会の間の権限争議にかかる訴訟

　地方公共団体の長と議会の間の権限争議にかかる訴訟（自治176条7項）は，機関訴訟であることにはほぼ異論がない。地方公共団体内部の紛争は，訴訟によらずに解決するのが原則であるが，長と議会の二元代表制をとる地方公共団体においては，両者間の法的紛争は中立的な裁判所に判断を仰ぐことが適切と考えられるため，例外的に裁判所による紛争解決の仕組みを設けているのである。これについても，総務大臣または都道府県知事による裁定的関与に対する自治権をめぐる主観訴訟と解する余地があるという指摘もある。

　機関訴訟は，法律に定めがある場合にのみ認められるので，法律に定めのない機関訴訟と解される場合には，以下のように不適法として却下される。

　[判例9-63]　最判昭和28・6・12民集7巻6号663頁［百Ⅱ205］〔布施市公会堂事件〕
　市議会議員が議員としての資格において，議決の無効または不存在の確認を求める訴訟について，本判決は，「市議会の議員が，市又は市長を被告として議決の無効又

は不存在の確認を求める訴は，地方自治法その他の法律中に，これを許した規定がないのであるから，原判決が本訴を不適法としたのは正当である」と判示している。

第10章　国家補償法

>Points

1）国家賠償法1条1項は，公権力の行使に関する国家賠償について定めている。「公権力の行使」概念は，同法と民法不法行為規定の適用を分ける重要な概念である。

2）国家賠償法2条1項は，公の営造物の設置管理の瑕疵に起因する国家賠償について定めている。民法717条1項の「土地の工作物」より広い「公の営造物」という概念を用い，瑕疵責任の領域を民法に比べて拡張している。

3）国家賠償法3条1項は，管理者と費用負担者のいずれに対しても損害賠償請求を行うことができることとしている。

4）損失補償の概念の最大公約数的理解は，適法な公権力の行使により財産権が侵害され特別の犠牲が生じた者に対して，公平の見地から全体の負担において金銭で塡補するというものである。

1　国家補償法の意義

　国家補償という用語は，戦後，実定法上，戦傷病者戦没者遺族等援護法1条，戦傷病者特別援護法1条で使われている。これは，戦争被害について社会保障の観点からの救済ではなく，国が使用者として危険な業務に従事させた者に対する責任という観点から立法されたことを示している。判例においても，最判昭和53・3・30民集32巻2号435頁［判Ⅱ193］は，「原爆医療法は，このような特殊の戦争被害について戦争遂行主体であつた国が自らの責任によりその救済をはかるという一面をも有するものであり，その点では実質的に国家補償的配慮が制度の根底にあることは，これを否定することができない」と述べており，国家が自ら生ぜしめた損害（損失）に対する救済という意味で国家補償という用語を用いている。

■■ Column⑭　被爆者援護法 --

　被爆者援護法の制定をめぐって，国家補償という用語の使用の是非について激しい議論が行われた。国家補償という文言の目的規定における明記を主張する側は，国家起因性，すなわち，原爆投下という事態を招いたことが戦争を開始した日本政府の責任であることを認めさせることを意図していた。他方，これに反対する側は，原爆被害につき国家起因性を肯定することは，わが国の戦争被害者一般に対して国が原因者として責任を負うべきという議論につながることを懸念したのである。

　このように，**国家補償という文言を，国の行為に起因して生じた損害（損失）を原因者としての国が補塡するという意味で用いることは，実務上，かなり定着しているといえよう。**

　国家補償という用語は，学界でも定着している。しかし，必ずしも一義的に用いられているわけではない。本書では，損害の発生について国に直接または間接の責任が認められ，損害塡補について国（またはこれに準ずるもの）の直接の義務が認められる場合を国家補償と称することとする。

2　公権力の行使に関する国家賠償

(1)　国家賠償責任の根拠

　国家賠償法1条1項は公務員の不法行為に基づく国または公共団体の責任について定めているが，その責任の根拠については，代位責任説と自己責任説の対立がある。前者は，不法行為責任は第1次的には公務員個人に帰属するが，それを国または公共団体が代位するという考え方である。これに対して，後者は，公務員は国または公共団体の手足として行動したにすぎず，不法行為を行ったのは国または公共団体自身であり，損害賠償責任も第1次的に国または公共団体に帰属すると解するものである。

　代位責任説を厳格に貫いたときに生じる難点としては，公務員個人に責任能力がない場合に国家賠償も認められなくなることがある。しかし，かかる場合には，当該公務員個人の主観的過失ではなく，平均的公務員を念頭に置いた客観化された過失を論ずることとしたり，当該公務員を監督する責任を有する公

務員の過失を問題とすることによって，代位責任説のもとにおいても，妥当な結果を導くことは不可能ではない。また，公務員個人や加害行為を特定できない場合には，やはり，代位責任説を厳格に解すると，国家賠償請求を認容する前提に欠けることとなる。しかし，公務運営上の瑕疵に起因して損害が発生していることが明らかであるにもかかわらず，かかる特定ができないことを理由として国家賠償責任を否定することが妥当でないことも，ほぼ異論がないことと思われる。最高裁も，以下のように，自己責任説をとるか代位責任説をとるかを明言することなく，加害行為が不特定であっても，国家賠償責任を肯定する立場をとっている。

[判例 10-1]　最判昭和 57・4・1 民集 36 巻 4 号 519 頁［百Ⅱ224］［判Ⅱ140］
　本判決は，「国又は公共団体の公務員による一連の職務上の行為の過程において他人に被害を生ぜしめた場合において，それが具体的にどの公務員のどのような違法行為によるものであるかを特定することができなくても，右の一連の行為のうちのいずれかに行為者の故意又は過失による違法行為があつたのでなければ右の被害が生ずることはなかつたであろうと認められ，かつ，それがどの行為であるにせよこれによる被害につき行為者の帰属する国又は公共団体が法律上賠償の責任を負うべき関係が存在するときは，国又は公共団体は，加害行為不特定の故をもつて国家賠償法又は民法上の損害賠償責任を免れることはできないと解する」と判示している（ただし，この法理は，当該一連の行為を組成する各行為のいずれもが国または同一の公共団体の公務員の職務上の行為に該当する場合に限定され，一部にこれに該当しない行為が含まれているときには妥当しないと述べている）。

　そして，代位責任説を採る学説も，かかるケースにおいて，国家賠償請求を認容することを否定しているわけではない。さらに，行政処分の違法に基づく国家賠償請求がなされている場合であっても，公務員個人の過失を問題にするのではなく，組織的決定の実態に即して，**組織的過失**を判断するのが裁判例の立場となっている。すなわち裁判例は，代位責任説を採用しながら，事案の妥当な解決を志向して柔軟な解釈をしているとも解しうるし，自己責任説を採用しているとみることも不可能ではない。要するに，いずれの説を採っても，結論に影響するわけではなさそうである。
　しかし，わが国の国家賠償法 1 条の立法者意思を離れて考えた場合，自己責任説には傾聴に値する点が少なくない。すなわち，今日の国家賠償請求の多く

が組織的決定を争うものである以上，多くの場合，自己責任説のほうが実態に適合した理論構成であるということができる。

(2) 公権力の行使

国家賠償法1条1項における「公権力の行使」概念は，同条と民法不法行為規定の適用を分ける重要な概念である。すなわち，**公務員の職務行為が公権力の行使であるならば，国家賠償法1条1項の規定の適用を受け，そうでないならば，民法不法行為規定の適用を受けることになる。**

ここでいう公権力を行使する者は，国家公務員法や地方公務員法上の公務員としての身分を有するか否かにかかわらず，国家賠償法1条1項にいう公務員とされる。たとえば，弁護士会の行う懲戒は，同条にいう公権力の行使であるので，その懲戒委員は国家公務員でも地方公務員でもないが，当該懲戒に関しては国家賠償法上の公務員となり，弁護士会は国家賠償法1条1項の公共団体となるのである。

国家賠償法1条1項の「公権力の行使」の意義については，狭義説，広義説，最広義説が存在する。狭義説は，公権力を命令，強制等の伝統的な権力作用に限定しようとするもので，立法者はこの立場に立っていたと解される。通説である広義説は，国または公共団体の作用のうち純粋な私経済的作用と国家賠償法2条の対象である営造物の設置管理作用を除くすべての作用が，ここでいう公権力に含まれるとするものである。最広義説は，さらに純粋な私経済的作用も，公権力の対象に含めるもので，機能よりも主体に着目して，国家賠償法を民法不法行為規定の特別法と解するものである。裁判例の大勢は広義説を採っていると考えられる。

公立学校における教育作用や公立病院における医療作用については，純粋な私経済的行為とみることには問題があるが，他方，私立の学校や病院で行われるものと異なった取扱いをする合理的理由を立証することも困難である。公立学校の課外クラブ活動中の事故についての教諭の監督に関する最判昭和58・2・18民集37巻1号101頁，公立学校における体育時間中の教師の教育活動に関する最判昭和62・2・6判時1232号100頁［百Ⅱ209］等，現在の裁判例の大勢は，公立学校における教育を「公権力の行使」とし，公立病院等における

通常の医療は公権力の行使でないとしているが，両者を区別する根拠は十分に示されていない（医療行為であっても，強制接種や勧奨接種は，「公権力の行使」とされている）。

　広義説がもたらした 1 つの問題点は，国家賠償法 1 条 1 項における違法・過失概念の多元化である。すなわち，狭義の権力行政のように行為規範が明確なものにとどまらず，学校教育等，行為規範が必ずしも明確ではないものまで公権力概念に包摂することとしたために，統一的違法概念・過失概念を措定することが困難になっているのである。

　国家賠償法 1 条 1 項は「公権力の行使」という表現を用いているが，にもかかわらず，これに不作為も含まれることに異論はない。

　ここでいう公権力には，行政権のみならず，立法権・司法権も含まれる。

(3)　国または公共団体

　国家賠償法 1 条における「国又は公共団体」の概念は，一般的には，それほど重要な概念とは考えられていない。なぜならば，公権力該当性が肯定され，その帰属主体が確定されれば，当該帰属主体が，ここにいう「国又は公共団体」となると通常解されているからである。公権力の帰属主体を確定することは，必ずしも容易ではなく，訴訟で争点になることがある。

　[判例 10-2]　最判昭和 54・7・10 民集 33 巻 5 号 481 頁 [百Ⅱ225]
　　都道府県の警察官による犯罪捜査について，本判決は，都道府県警察の警察官が警察の責務の範囲に属する交通犯罪の捜査を行うことは，検察官が自ら行う犯罪の捜査の補助にかかるものであるときのような例外的場合を除いて，当該都道府県の公権力の行使にほかならないものとみるべきであると判示している（地方分権一括法により，検察官の捜査に関し都道府県警察が協力する場合も，都道府県の自治事務とされた）。

　このように，一般的には，公権力性の有無を判断し，これが肯定されれば，その帰属主体を確定するという作業によって，当該事案における「国又は公共団体」が定まってくることになる。もっとも，以下の [判例 10-3]，[判例 10-4] のように，公権力の帰属する「国又は公共団体」が何かを判断することが困難な事例も存在する。

[判例 10-3]　最決平成 17・6・24 判時 1904 号 69 頁［百 I 5］［判 I 66］

　本決定は，建築確認業務の民間開放に伴い誕生した指定確認検査機関の建築確認を受け確認済証の交付を受けたときは，当該確認は建築主事の確認と，当該確認済証は建築主事の確認済証とみなされること，指定確認検査機関が確認済証の交付をしたときはその旨を特定行政庁（建築主事を置く市町村の区域については当該市町村の長をいう）に報告しなければならず，特定行政庁はこの報告を受けた場合において，指定確認検査機関の確認済証の交付を受けた建築物の計画が建築基準関係規定に適合しないと認めるときは，当該建築物の建築主および当該指定確認検査機関にその旨を通知しなければならず，この場合において，当該確認済証はその効力を失うこととされていることに照らし，指定確認検査機関による建築確認事務は，当該確認に係る建築物について確認権限を有する建築主事が置かれた地方公共団体の事務であると判示している。

　この事案の場合，指定確認検査機関が行う当該建築物にかかる建築確認事務は，当該建築物にかかる建築確認権限を有する建築主事が置かれた地方公共団体に帰属すると考えられるが，指定確認検査機関が自己の計算においてビジネスとして建築確認事務を行っていることを考えると，指定確認検査機関が行う建築確認権限は，指定確認検査機関自身に帰属し，当該機関が国家賠償法 1 条 1 項の「公共団体」となると解すべきであろう。

[判例 10-4]　最判平成 19・1・25 民集 61 巻 1 号 1 頁［百 II 226］［判 II 135］

　児童福祉法 27 条 1 項 3 号に基づき県知事が児童養護施設に入所させた児童が，同施設に入所していた他の児童から暴行を受け，重大な傷害を負わされた事案において，本判決は，同号の規定に基づき児童養護施設に入所した児童との関係においては，当該施設の職員等による養育監護行為は，都道府県の公権力の行使であるとする。そして，国または公共団体以外の者の被用者が第三者に損害を加えた場合であっても，当該被用者の行為が国または公共団体の公権力の行使に当たるとして国または公共団体が被害者に対して国家賠償法 1 条 1 項の規定に基づく損害賠償責任を負う場合には，被用者個人が民法 709 条の規定に基づく損害賠償責任を負わないのみならず，使用者も同法 715 条の規定に基づく損害賠償責任を負わないと解するのが相当であると判示している。

　また，すべての場合に，公権力の帰属主体は「国又は公共団体」とする手法が妥当するわけではない。広義説の下で一般に公権力に含まれている公立学校の事故のようなケースについて考えてみると，全く同様な事故であっても，私立学校で発生した場合には，民法不法行為規定の適用を受けることになる。すなわち，この場合においては，当該作用の性質のみで，公権力該当性が判断さ

れているわけではなく，その作用の主体についての判断が，公権力性を決定する重要な要素になっているのである。この限りで，「国又は公共団体」の概念は，公権力の概念に依存しない独自の意義を有し，逆に公権力概念を従属させる機能を果たすことになる。

(4)　公　務　員

■ 公務員法上の公務員との相違　　国家賠償法 1 条 1 項にいう「公務員」の概念は，国家公務員法や地方公務員法上のそれとは同一ではない。すなわち，通常は，まず公権力該当性が判断され，それが肯定されれば，当該公権力の行使に当たる者が，国家賠償法 1 条 1 項の「公務員」と解されることになる。同項にいう公権力の行使権限が国家公務員法や地方公務員法上の公務員にのみ与えられているわけではないから，同項の「公務員」も，国家公務員法や地方公務員法上の公務員に限られるわけではないのである。

■ 組織的決定の場合の公務員概念　　行政庁の決定という形式を採っていても，実質的には，補助機関や諮問機関で事実上意思決定がなされるような場合（組織的決定）には，裁判例は，組織的過失の判断手法を採用している。組織的過失とはすなわち，公務員個人の過失ではなく，組織としての行政主体の公務運営上の欠陥をもって過失とするものである。集団予防接種禍訴訟において厚生大臣（当時）の過失を認めた東京高判平成 4・12・18 高民集 45 巻 3 号 212 頁［判 II 133］がその典型である。かかる組織的過失の観念は，合議体の決定についても妥当する。すなわち，合議体の個々の構成員の判断が分かれたが，最終的に多数派の判断が合議体の意思として対外的に表示された場合，当該決定の違法を理由とする国家賠償請求訴訟の原告は，誤った判断をした個々の構成員を特定し，それぞれの故意過失を立証する必要はない。内部で判断が分かれたにせよ，対外的には合議体全体の意思として表示されている以上，合議体自体を国家賠償法 1 条 1 項の公務員とみて，その組織的過失を論じれば足りると考えられる。

　前述したように，国家賠償法 1 条 1 項の解釈論としては，公権力の中に立法権・司法権も含まれるから，国会の議決や合議体の裁判所の裁判についても同

様のことがいえる。札幌地小樽支判昭和 49・12・9 判時 762 号 8 頁は，国家賠償法 1 条 1 項にいう公務員の故意過失は，国会のような合議制機関の行為の場合，必ずしも，国会を構成する個々の国会議員の故意過失を問題にする必要はなく，国会議員の統一的意思活動たる国会自体の故意過失を論ずるをもって足りると判示しているが，このことは，一般に承認されているといってよい。したがって，憲法 51 条により，個々の国会議員に免責特権が認められていることは，国会の不法行為を理由とする国家賠償責任の追及の法的障害となるものではない。ただし，この免責特権は，国家賠償法 1 条 2 項の規定に基づく求償を否定する理由となる。このことから窺えるように，**国家賠償法 1 条 1 項の公務員と同条 2 項の公務員とは常に一致するわけではないのである。前者が組織的・一体的に把握されることが少なくないのに対して，後者は，個人としての公務員を念頭においたものであるからである。**

(5)　職務行為関連性

公務員の加害行為により国家賠償責任が生ずるためには，当該行為が「その職務を行うについて」なされたものであること，すなわち，職務行為関連性があることが前提になる。実際には職務として行われたのではなくても，職務の外形を備えている場合に職務行為関連性を認めるのが外形標準説である。

> **[判例 10-5]**　最判昭和 31・11・30 民集 10 巻 11 号 1502 頁［百 II 223］
> 　警視庁の巡査が非番の日に制服制帽を着用し，同僚から盗んだ拳銃を携帯し，職務執行を装い現金等を預かると称して受け取り，逃走しようとしたところ，声を上げられたので射殺した事案において，本判決は，「同条〔国賠 1 条〕は公務員が主観的に権限行使の意図をもつてする場合にかぎらず自己の利をはかる意図をもつてする場合でも，客観的に職務執行の外形をそなえる行為をしてこれによつて，他人に損害を加えた場合には，国又は公共団体に損害賠償の責を負わしめて，ひろく国民の権益を擁護することをもつて，その立法の趣旨とするものと解すべきである」と判示している。

　この事例においては，当該警察官が，制服制帽を着用しており，拳銃も携帯していたからこそ，相手方も信頼して，金銭等を預けたと考えられるので，外形標準説を適用する地盤は存在しないわけではなかった。他の条件が全く同一と仮定して，この事件において，当該警察官が，職務質問を装わず，いきなり

射殺したとすれば，外形標準説を適用することは困難となろう。

(6) 違 法 性

■意　義　　　国家賠償法1条1項の「違法」の意義は，同法の基本的問題である。立法者は，民法不法行為法についての当時の通説にほぼ沿った形で，国家賠償法に違法概念を導入したとみることができる。もし，両者の違法概念を同様に解すれば足りるのであれば，国家賠償法固有の違法概念を探求する必要はないことになる。しかし，国家賠償法においては，民法上の不法行為とは異なる特有の問題があり，民法不法行為法の違法概念をストレートに採用することには慎重でなければならないと思われる。

　国家賠償法における違法概念・過失概念は，どのようにとらえられるべきであろうか。この問題を複雑にしているのは，国家賠償法1条1項の「公権力」概念の広範さである。前述したように，この概念の意義につき，立法者は狭義説を採用していたが，その後，通説・裁判例は広義説を採るようになり，公立学校における事故等，私立学校等におけるのと同様の状況下における不法行為訴訟にも，国家賠償法の規定が適用されることとなった。こうしたケースでは，民法不法行為法における裁判例と同様の処理がなされるのが通常である。すなわち，そこでは，注意義務違反から客観化された過失を認定し，特に違法性に言及することなく，または「過失による違法行為」という表現で，過失から直ちに違法を導く一元的判断が行われることが多い。換言すれば，予見可能な損害を回避する義務違反が過失とされるため，過失要件の中で，加害者・被害者双方の事情が総合的に判断され，過失の要件と別に違法の要件を認定する必要はないとされている。

　不法行為法においては，結果不法説，行為不法説，および結果不法的側面（被侵害法益）と行為不法的側面（侵害行為の態様）を総合的に斟酌する相関関係説という3つの基本類型を考えうるが，国家賠償法の違法概念に関しても，同様に，結果不法説，行為不法説，相関関係説という学説の相違がみられる。結果不法説，相関関係説は，国家賠償法1条1項の違法と取消訴訟の違法を異なるものととらえるので，違法性相対説になる。行為不法説の中に，公権力発動要件欠如説と職務行為基準説の区別がある。公権力発動要件欠如説は，公権力

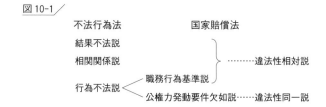

図 10-1

```
不法行為法              国家賠償法

結果不法説
                          ┐
相関関係説                 ├ ………違法性相対説
                 職務行為基準説 ┘
行為不法説 ┌
          └ 公権力発動要件欠如説……違法性同一説
```

を発動する要件が欠如していることをもって国家賠償法 1 条 1 項の違法とし，要件が欠如していることについて過失があるかは，違法とは別の問題とする。取消訴訟においては，行政処分の公権力発動要件が欠如していれば過失の有無にかかわらず違法になるが，国家賠償法 1 条 1 項の違法も，それと同様に解するのが公権力発動要件欠如説である。公権力発動要件欠如説における違法と取消訴訟における違法は一致するので，違法性同一説になる。これに対して，職務行為基準説は，国家賠償法 1 条 1 項の違法は，公権力発動要件が欠如していることに加えて，公務員が職務上尽くすべき注意を懈怠したことであるとする。この立場は，国家賠償法 1 条 1 項の違法に過失の判断を組み込むものといえ，その違法性は，取消訴訟における違法と異なることになるので，違法性相対説になる（図 10-1 参照）。

　以下では国家賠償請求で争われた違法性について，公権力行使の類型別に概観する。

■ 立法の違法　　**立法に関する国家賠償請求事件の裁判例においては，従前は，法律が違憲であれば当該立法が国家賠償法上違法となるとする違憲即違法説が前提とされてきた。しかし，最高裁は，立法の違憲性と国家賠償法上の違法性を区別する立場をとった。**

[判例 10-6]　最判昭和 60・11・21 民集 39 巻 7 号 1512 頁〔在宅投票事件〕
　本判決は，「国会議員の立法行為（立法不作為を含む。以下同じ。）が同項の適用上違法となるかどうかは，国会議員の立法過程における行動が個別の国民に対して負う職務上の法的義務に違背したかどうかの問題であつて，当該立法の内容の違憲性の問題とは区別されるべきであり，仮に当該立法の内容が憲法の規定に違反する廉があるとしても，その故に国会議員の立法行為が直ちに違法の評価を受けるものではない」と判示して職務行為基準説を選択し，さらに，立法の政治的性格について論じたのち，

職務行為基準説の中で特に違法性を限定する違法性限定説を採ることを明らかにしている。

[判例 10-7]　最大判平成 17・9・14 民集 59 巻 7 号 2087 頁 [百Ⅱ202] [判Ⅱ4]〔在外投票事件〕

　在外投票についての立法を違憲と判示した本判決は，形式的には，[判例 10-6] の在宅投票事件最高裁判決と趣旨は異ならないとしているが，「立法の内容又は立法不作為が国民に憲法上保障される権利を違法に侵害するものであることが明白な場合や，国民に憲法上保障されている権利行使の機会を確保するために所要の立法措置を執ることが必要不可欠であり，それが明白であるにもかかわらず，国会が正当な理由なく長期にわたってこれを怠る場合などには，例外的に，国会議員の立法行為又は立法不作為は，国家賠償法 1 条 1 項の規定の適用上，違法の評価を受ける」と判示しており，実質的には，違法性の認定を緩和したようにもみえなくもない。

[判例 10-8]　最大判平成 27・12・16 民集 69 巻 8 号 2427 頁〔再婚禁止期間事件〕

　本判決は，「法律の規定が憲法上保障され又は保護されている権利利益を合理的な理由なく制約するものとして憲法の規定に違反するものであることが明白であるにもかかわらず，国会が正当な理由なく長期にわたってその改廃等の立法措置を怠る場合などにおいては，国会議員の立法過程における行動が上記職務上の法的義務に違反したものとして，例外的に，その立法不作為は，国家賠償法 1 条 1 項の規定の適用上違法の評価を受けることがあるというべきである」と判示した。[判例 10-7] と趣旨を異にするものではないとしているが，表現が変化している。

■ 裁判の違法　　最判昭和 43・3・15 判時 524 号 48 頁は，「裁判官のなす職務上の行為について，一般に国家賠償法の適用があることは所論のとおりであつて，裁判官の行う裁判についても，その本質に由来する制約はあるが，同法の適用が当然排除されるものではない」と判示したが，そこでいう裁判の本質に由来する制約について明らかにしたのが，以下の判決である。

[判例 10-9]　最判昭和 57・3・12 民集 36 巻 3 号 329 頁 [百Ⅱ221] [判Ⅱ155]

　本判決は，「裁判官がした争訟の裁判に上訴等の訴訟法上の救済方法によつて是正されるべき瑕疵が存在したとしても，これによつて当然に国家賠償法 1 条 1 項の規定にいう違法な行為があつたものとして国の損害賠償責任の問題が生ずるわけのものではなく，右責任が肯定されるためには，当該裁判官が違法又は不当な目的をもつて裁判をしたなど，裁判官がその付与された権限の趣旨に明らかに背いてこれを行使したものと認めうるような特別の事情があることを必要とすると解するのが相当である」と判示した。すなわち最高裁は，裁判の特殊性を考慮して，職務行為基準説の中で違

§ 法性を特に限定する違法性限定説を採用している。

　本判決は，原告に不利益な判決に対して上訴せずにこれを確定させた後に，国家賠償請求がされた事案であったが，最判平成2・7・20民集44巻5号938頁［判Ⅱ156］は，再審により無罪が確定した後に提起された国家賠償請求訴訟についても，本判決の法理がそのまま妥当すると判示している。

発展学習のために㉛　強制執行手続における救済手続の懈怠

　最判昭和57・2・23民集36巻2号154頁［判Ⅱ163］は，不動産の強制競売手続における執行裁判所の処分は，債権者の主張，登記簿の記載その他記録にあらわれた権利関係の外形に依拠して行われるものであり，その結果，関係人間の実体的権利関係との不適合が生じることがありうるが，これについては，執行手続の性質上，強制執行法に定める救済手続により是正されることが予定されているから，権利者が当該手続による救済を求めることを怠ったため損害が発生しても，その賠償を国に対して請求することはできないと判示している。損害を回避するための法的手段が付与されていれば，まずそれを用いるべきで，その行使を懈怠した者に対しては国家賠償請求を認めないとする思考は，ドイツ的なものであるが，本判決の射程は，強制執行法上の救済手続の懈怠に限定され，上訴の懈怠，抗告訴訟の提起の懈怠にまで及ばないと解される。

⬛ Column㊶　レペタ訴訟

　公判を傍聴する際にメモをとることを許可されなかったレペタ氏が，精神的損害の賠償を求めて国家賠償請求訴訟を提起した事案において，最大判平成元・3・8民集43巻2号89頁は，法廷警察権の目的，範囲を著しく逸脱し，またはその行使が甚だしく不当であるなどの特段の事情がないので，国家賠償法1条1項の違法性は認められないと判示している。しかし，本判決は，傍論において，法廷における筆記行為は，特段の事情がない限り，傍聴人の自由に任せるべきであり，それが表現の自由を保障した憲法21条1項の規定の精神に合致すると述べ，その結果，法廷における傍聴人によるメモは解禁されることになった。

■ 逮捕・起訴等の違法　　検察官による公訴の提起や警察官による逮捕については，学説の対立が存在した。検察官は合理的な嫌疑があれば公訴を提起することが許されるのであるから，無罪判決が確定したからといって起訴が当然に違法となるわけではないとする説と，無罪判決が確定し

た以上，起訴や逮捕は国家賠償法上当然に違法となり，また，不起訴処分がなされた以上，逮捕は当然に違法となるとする説の対立であった。後者の説は，逮捕・起訴等の要件が欠如していたか否かを問わないので，公権力発動要件欠如説とは異なる。

> [判例10-10]　最判昭和53・10・20民集32巻7号1367頁〔百Ⅱ222〕〔判Ⅱ159〕〔芦別事件〕
> 　本判決は，「刑事事件において無罪の判決が確定したというだけで直ちに起訴前の逮捕・勾留・公訴の提起・追行，起訴後の勾留が違法となるということはない」として，「逮捕・勾留はその時点において犯罪の嫌疑について相当な理由があり，かつ，必要性が認められるかぎりは適法であり，公訴の提起は，検察官が裁判所に対して犯罪の成否，刑罰権の存否につき審判を求める意思表示にほかならないのであるから，起訴時あるいは公訴追行時における検察官の心証は，その性質上，判決時における裁判官の心証と異なり，起訴時あるいは公訴追行時における各種の証拠資料を総合勘案して合理的な判断過程により有罪と認められる嫌疑があれば足りる」と判示した。

> [判例10-11]　最判平成元・6・29民集43巻6号664頁
> 　本判決は，「公訴の提起時において，検察官が現に収集した証拠資料及び通常要求される捜査を遂行すれば収集し得た証拠資料を総合勘案して合理的な判断過程により有罪と認められる嫌疑があれば，右公訴の提起は違法性を欠くものと解する」としている。同様に，警察官による逮捕についても，実定法上，「罪を犯したことを疑うに足りる相当な理由」（刑事訴訟法199条）があれば逮捕しうることとされている以上，不起訴処分がなされたり，無罪判決が確定したりしても，逮捕が当然に違法になるわけではないとする。

　逮捕→起訴→判決と至る一連のプロセスにおいては，各局面で要請される嫌疑の程度が異なる。したがって，[判例10-10]，[判例10-11]は，逮捕や起訴の公権力発動要件が欠如していない場合を含めて，無罪判決や不起訴処分がなされれば，当然に起訴や逮捕が国家賠償法上違法となるとすることは問題があると考えたのであろう。したがって，これを職務行為基準説の先例として位置づけるべきではないと思われる。

発展学習のために㉜　逮捕状執行前の国家賠償請求

　逮捕状は発付されたが，被疑者が逃亡中のため，逮捕状の執行ができず，逮捕状の更新が繰り返されている時点において，被疑者の近親者が，被疑者のアリバイの存在

を理由に，逮捕状の請求，発付における被疑者が罪を犯したことを疑うに足りる相当
な理由があったとする捜査機関または令状発付裁判官の判断の違法性を主張して，国
家賠償請求をした事案がある。最判平成 5・1・25 民集 47 巻 1 号 310 頁［判Ⅱ160］
は，かかる時点において上記判断の違法性の有無の審理を裁判所に求めることができ
るものとすれば，その目的および性質に照らし密行性が要求される捜査の遂行に重大
な支障を来す結果となるから，国家賠償請求は許されないと判示した。

■ 行政処分の違法　　従前の裁判例においては，行政処分のように，その発動要
件が法令で明定されているものについては，その発動要件
の欠如を国家賠償法上の違法と解し，この意味での違法を認識すべきであった
にもかかわらず，違法を認識しなかったことを過失と構成するのが一般的傾向
であったといってよいと思われる。このように，従前の裁判例の大勢は，被侵
害法益ではなく，公権力（不）発動要件の欠如という行為態様をメルクマール
として違法性を判断する公権力発動要件欠如説を採っていたといえる。この説
は，行政処分につき，取消訴訟における違法と国家賠償法上の違法とを同視す
る違法性同一説につながる。実際，公権力発動要件欠如説を前提として，取消
判決の既判力を国家賠償請求訴訟に及ぼす裁判例もみられた。その後，［判例
10-12］のように違法性同一説に立つとみられるものもあるものの，行政処分
についても職務行為基準説を採用する傾向がみられる。

　［判例 10-12］　最判平成 3・7・9 民集 45 巻 6 号 1049 頁［百Ⅰ45］［判Ⅰ182・Ⅱ
　　　　　　　143］
　本判決は，接見不許可処分は，その根拠となった監獄法施行規則（平成 3 年法務省
令第 22 号による改正前のもの）120 条および 124 条が監獄法（平成 17 年法律第 50 号に
よる改正前のもの）50 条の委任の範囲を超え無効である以上違法であるとしながら，
過失を否定しており，違法性同一説に立ち，違法と過失の二元的判断を行ったと解す
るのが自然と思われる。

　［判例 10-13］　最判平成 5・3・11 民集 47 巻 4 号 2863 頁［百Ⅱ213］［判Ⅱ146］
　　　　　　　〔奈良民商事件〕
　本件においては，税務署長が，原告の収入金額については，確定申告の金額を上回
る認定をしながら，必要経費の額については，確定申告のまま更正処分をしたため，
原告は，所得金額が過大に認定されているとして，取消訴訟を提起したところ，一部
認容の判決がなされ，これが確定している。さらに，原告は，国家賠償請求訴訟を提
起したが，本判決は，「税務署長のする所得税の更正は，所得金額を過大に認定して

いたとしても，そのことから直ちに国家賠償法 1 条 1 項にいう違法があったとの評価を受けるものではなく，税務署長が資料を収集し，これに基づき課税要件事実を認定，判断する上において，職務上通常尽くすべき注意義務を尽くすことなく漫然と更正したと認め得るような事情がある場合に限り，右の評価を受けるものと解するのが相当である」と判示したのである。

［判例 10-14］　最判平成 11・1・21 判時 1675 号 48 頁

　本判決は，「市町村が住民票に法定の事項を記載する行為は，たとえ記載の内容に当該記載に係る住民等の権利ないし利益を害するところがあったとしても，そのことから直ちに国家賠償法 1 条 1 項にいう違法があったとの評価を受けるものではなく，市長村長が職務上通常尽くすべき注意義務を尽くすことなく漫然と行為をしたと認め得るような事情がある場合に限り，右の評価を受けるものと解するのが相当である」と判示する。

■ 権力的事実行為の違法　　　権力的事実行為も，法律の留保に服するが，その行為規範が明確にされていないことが少なくないため，国家賠償請求において，違法性をいかに判断するかについて，意見が分かれている。この点について参考になる最高裁判例が，以下のものである。

［判例 10-15］　最判昭和 61・2・27 民集 40 巻 1 号 124 頁［百 II 210］［判 II 129］

　本判決は，警察官は，職責を遂行する目的のために被疑者を追跡することはもとよりなしうるから，警察官がかかる目的のために交通法規等に違反して車両で逃走する者をパトカーで追跡する職務の執行中に，逃走車両の走行により第三者が損害を被った場合において，当該追跡行為が違法であるというためには，当該追跡が当該職務目的を遂行する上で不必要であるか，または逃走車両の逃走の態様および道路交通状況等から予測される被害発生の具体的危険性の有無および内容に照らし，追跡の開始・継続もしくは追跡の方法が不相当であることを要するものと解すべきであると判示し，違法性の要件において，諸般の事情を比較衡量している。本判決は，職務行為基準説を採用したと解することも可能であるが，法令上は明示されていない追跡という事実行為の発動要件を定式化したものとも理解しうる。

■ 非権力的事実行為の違法　　　東京高判平成 5・10・28 判時 1483 号 17 頁は，「廃棄物の処理及び清掃に関する法律」の解釈を誤った厚生省環境衛生局水道環境部産業廃棄物対策室長通知を受けて都道府県知事らが行った行政指導は違法であると判示している。すなわち，当該通知が法律の解釈を誤ったもので違法であれば，それに基づいて行われた行政指導も，

法律の趣旨に反するものとなり違法であると解されている（そして，この事案では，法につき誤った解釈を示したことについて，厚生省〔当時〕の担当官に少なくとも過失があったと認定されている）。

■ 規制権限の不行使の違法　　規制権限の不行使の違法を問責する国家賠償請求においては，権限を行使するか否かについての効果裁量があるため不作為は違法とはいえないとする行政便宜主義をいかに克服するかが重要な課題であった。これを克服する理論としては，効果裁量が一定の場合にはゼロに収縮して作為義務が生ずるとする裁量権収縮の理論，裁量処分の作為について裁量権の逸脱・濫用が違法となるのとパラレルに，効果裁量が認められている場合にも不作為が裁量権の逸脱・濫用に当たるときには違法とする裁量権消極的濫用論等，複数の理論構成があるが，いずれの理論構成を採るにせよ，重要なのは，規制権限の不行使の違法の考慮要素である。一般的に認められている考慮要素は，以下のとおりである。

　(a) **被侵害法益**　　被侵害法益が生命，身体のように重要なものであるほど，作為義務が認められやすくなる。

　(b) **予見可能性**　　予見可能性の要件は，いかなる立場であれ，作為義務を肯定するために不可欠といえよう（ただし，東京高判昭和52・11・17高民集30巻4号431頁は例外）。しかし，どの程度の予見可能性を要するか，たとえば，危険が急迫していることを必要とするか，蓋然性があれば足りるとするかという問題がある。

　(c) **結果回避可能性**　　いかなる立場であれ，規制権限の不行使による責任を認める以上，当該権限の行使により結果を回避しえたことが作為義務発生の必要条件となろう。

　(d) **期待可能性**　　期待可能性については，私人が自ら危険を回避することが可能であったか否かという補充性の要件と別扱いされることも少なくないが，補充性の有無は，期待可能性を判断する重要な要素と考えられ，期待可能性の中に補充性の要件を包摂する方が妥当と考えられる。私人が自ら危険を回避することが困難で行政の介入が期待される場合には，作為義務が認められやすくなる。逆に，国民自らが，容易に危険を知り，これを回避しうる場合には，行政介入への期待は弱まることになる。

　なお，期待可能性の要件に関して留意すべき点は，薬害のようなケースでは，現実に国民が行政介入を期待していたことは必要がないということである。なぜならば，国民が副作用についての知識を全く有せず，自衛することができないからこそ，行政庁の規制権限の発動が期待されるのであるから，この場合の期待可能性の要件は，国民が実際にどの程度，規制権限の発動を期待していたかとは別個に，客観的にみて行政介入が期待される状況にあったのかという観点から判断されるべきである。

　以上の要件は，一応，相互に独立したものである反面，相互に密接に関連しており，結局は，総合判断ということにならざるをえない。規制権限の不行使の違法判断は，根拠規範の解釈により行われることになり，裁量権収縮論が列記する要件を画一的に当てはめれば自動的に解が導かれるというわけではない。もっとも，裁量権収縮論の期待可能性の要件は，事案ごとに異なりうる多様な事情を包摂しうる包括的な要件といえ，この要件の柔軟な適用により，多様な判断過程に対応した審査が可能になるともいえそうである。逆にいうと，期待可能性要件が，多様な事情を包摂しうるということは，要件の明確性の点で裁量権収縮論が裁量権消極的濫用論よりも優れているとは必ずしもいえないことを意味しているともいえよう。以上のように考えると，裁量権収縮論と裁量権消極的濫用論は，根本的に対立するものではなく，裁量権収縮論が摘示する諸要件は，判断過程審査が可能な場合には，同審査における要考慮事項として位置付けるのが適切と思われる。そして，期待可能性要件に包摂される多様な要素をさらに類型化して摘出することにより，考慮要素の明確化を図ることが重要であろう。

　以下，規制権限の不行使の違法に関する過去の最高裁判決を紹介することとする。

　[判例 10-16]　最判平成元・11・24 民集 43 巻 10 号 1169 頁 ［百 II 216］［判 II 148］〔宅建業事件〕
　宅建業者の不正行為により損害を受けた者が国家賠償請求をした事案において，知事が当該宅建業者に宅建業の免許の付与・更新をしたこと，および業務停止処分・免許取消処分等の規制権限の行使を懈怠したことが違法であるとの主張がなされた。本判決は，「当該業者の不正な行為により個々の取引関係者が損害を被った場合であっ

ても，具体的事情の下において，知事等に監督処分権限が付与された趣旨・目的に照らし，その不行使が著しく不合理と認められるときでない限り，右権限の不行使は，当該取引関係者に対する関係で国家賠償法1条1項の適用上違法の評価を受けるものではないといわなければならない」と判示している。

[判例 10-17]　最判平成7・6・23 民集 49 巻 6 号 1600 頁［百 II 217］〔クロロキン薬害事件〕

　クロロキン製剤を服用したため，クロロキン網膜症に罹患した患者およびその遺族らが，厚生大臣（当時）がクロロキン網膜症の発生を防止するために製造承認の撤回等の措置を講じなかったことが違法であると主張したことに対し，本判決は，当時のクロロキン網膜症に関する医学的，薬学的知見の下では，クロロキン製剤の有用性が否定されるまでには至っていなかったものということができ，権限の不行使が著しく合理性を欠くとは認められないとする。

[判例 10-18]　最判平成 16・4・27 民集 58 巻 4 号 1032 頁〔筑豊じん肺事件〕

　本判決は，「昭和 35 年 4 月以降，鉱山保安法に基づく上記の保安規制の権限を直ちに行使しなかったことは，その趣旨，目的に照らし，著しく合理性を欠くものであって，国家賠償法1条1項の適用上違法というべきである」と判示している。宅建業事件やクロロキン薬害事件が示した権限不行使の国家賠償法上の違法に関する一般論を踏襲しながら，通商産業大臣（当時）が石炭鉱山におけるじん肺発生防止のための鉱山保安法上の保安規制の権限を行使しなかったことが国家賠償法1条1項の規定の適用上違法となると判示して注目された。本件の特色として，石炭鉱山保安規則という省令の改正権限等を含む保安規制の権限の不行使が違法とされていることが挙げられる。

[判例 10-19]　最判平成 16・10・15 民集 58 巻 7 号 1802 頁［百 II 219］［判 II 150］〔熊本水俣病関西事件〕

　本判決も，規制権限の不行使の国家賠償法上の違法判断の一般論については，従前の判例と同様，「著しく合理性を欠く」かで判断しているが，国については，水質2法に基づく規制権限の不行使の違法を，熊本県については，熊本県漁業調整規則に基づく規制権限の不行使の違法を認めている。とりわけ，熊本県漁業調整規則については，その直接の目的が水産動植物の繁殖保護等であるとしながら，究極目的は，水産動植物を摂取する者の健康の保持等であるとして，国家賠償法上保護される利益を柔軟に解している点が，宅建業事件の最高裁判決と対照的であり，注目される。

[判例 10-20]　最判平成 26・10・9 民集 68 巻 8 号 799 頁［百 II 218］〔泉南アスベスト事件〕

　本判決は，1958（昭和 33）年 5 月 26 日には，労働大臣（当時）は，労働基準法（昭和 47 年法律第 57 号による改正前のもの）に基づく省令制定権限を行使して，罰則をもって石綿工場に局所排気装置を設置することを義務づけるべきであったのであり，

1971（昭和 46）年 4 月 28 日まで，上記省令制定権限を行使しなかったことは，著しく合理性を欠くものであって，国家賠償法 1 条 1 項の適用上違法であると判示している。

［判例 10-21］　最判令和 3・5・17 民集 75 巻 5 号 1359 頁

　［判例 10-20］は石綿製品の製造等を行う工場等の労働者が石綿関連疾患に罹患した事案におけるものであったが，［判例 10-21］は，屋内建設現場における労働者ならびに一人親方および個人事業者等（以下「屋内建設作業従事者」という）との関係で，石綿粉塵対策が違法であったかが争われた事案についてのものである。同判決は，石綿規制を強化する改正省令の施行日以後，労働大臣（当時）は，労働安全衛生法に基づく規制権限を行使して，石綿含有建材を取り扱う建設現場における掲示として，石綿含有建材から生ずる粉塵を吸入すると重篤な石綿関連疾患を発症する危険があること等を示すよう指導監督すべきであったところ，上記規制権限は，労働者を保護するためのみならず，労働者に該当しない屋内建設作業従事者を保護するためにも行使されるべきであったのであり，上記規制権限の不行使は，国家賠償法 1 条 1 項の適用上違法と判示した。

　他方，最判令和 3・5・17 集民 265 号 201 頁は，屋外の建設現場における石綿含有建材の切断，設置等の作業に従事する者との関係では，国の予見可能性を否定して，国家賠償法 1 条 1 項の適用上違法とはいえないとした。

［判例 10-22］　最判令和 4・6・17 民集 76 巻 5 号 955 頁

　津波による原子力発電事故を防止するために経済産業大臣が電気事業法に基づく規制権限を行使しなかったことが国家賠償法 1 条 1 項の違法に当たるかが争われた事案において，同判決は，予見可能性の問題には言及せず，結果回避可能性を否定して，国家賠償法 1 条 1 項の適用上違法とはいえないとした。

■ 申請に対する不作為の違法　　　不作為の違法確認訴訟と不作為の違法を理由とする国家賠償請求訴訟における違法性についてのリーディングケースといえるのが［判例 10-23］である。

［判例 10-23］　最判平成 3・4・26 民集 45 巻 4 号 653 頁［百 II 212］［判 II 12］
　　　　　　　〔水俣病認定お待たせ賃事件〕

　本判決は，一般に，処分庁が認定申請を相当期間内に処分すべきは当然であり，これにつき不当に長期間にわたって処分がされない場合には，早期の処分を期待していた申請者が不安感，焦燥感を抱かされ内心の静穏な感情を害されるに至るであろうことは容易に予測できるから，処分庁には，こうした結果を回避すべき条理上の作為義

務があるということができるとし，処分庁がこの条理上の作為義務に違反したといえるためには，客観的に処分庁がその処分のために手続上必要と考えられる期間内に処分できなかったことだけでは足りず，その期間に比してさらに長期間にわたり遅延が続き，かつ，その間，処分庁として通常期待される努力によって遅延を解消できたのに，これを回避するための努力を尽くさなかったことが必要であると判示している。

　同訴訟で問題になっていたのは慰謝料であるから，不作為の違法確認訴訟における「相当の期間」が経過したからといって直ちに国家賠償法上保護に値する精神的損害が発生するわけではなく，「相当の期間」を経過してさらにある程度の期間が経過してはじめて国家賠償法上保護に値する精神的損害が発生すると解すれば，不作為の違法確認訴訟と不作為を理由とする国家賠償法上の違法は，そもそも，「同一時点での同一行為」にかかるものではないので，両者は当然には一致しないことになる。このような立場に立った場合，本判決は，不作為の違法確認訴訟と不作為の違法を理由とする国家賠償請求訴訟で「同一時点での同一行為」についての違法性を判断しているわけではないから，違法性相対説の判例とみるべきではないことになる。実際，本判決は，「知事が認定業務を処理すべき者として通常期待される努力によって遅延を回避することができたかどうかは明らかではないので，不当に長期間にわたり知事が処分しない状態にあり，これが被上告人らの内心の静穏な感情を害されない利益を侵害するものとして，全体として法の許容しない違法な行為と評価すべきかどうか，ひいては知事が故意にこうした結果を回避しなかったか又は回避すべき義務を怠った点に過失があったことになるのかどうかについても，判断することができない」と述べており，違法性と故意過失を二元的に判断する立場を採っていると思われる。したがって，本判決は職務行為基準説の先例として位置づけられるべきではない。本訴訟においては，認定の効果が申請時に遡及し，申請を行えば行政措置による医療給付が行われるため，認定遅延に起因する財産的損害は基本的には生じない事案であったため，精神的損害が問題になったが，建築確認の遅延により発生した金利負担のような財産的不利益であれば，不作為の違法確認訴訟と不作為の違法を理由とする国家賠償請求訴訟が併合提起された場合，両者において，「相当の期間」経過時点以降の状態を違法と認定する理論構成は十分に可能であり，本判決もそれを否定しているわけではないと

考えられる。

(7) 故意過失

■ 故　意　　　故意については，違法性の認識が必要かについて民法学者の間で議論のあるところであるが，行政処分の場合，当然に結果発生の事実を認識して行われているわけである。したがって，かかる結果発生の事実の認識があれば，違法性の認識の有無にかかわらず故意があるとしたのでは，裁判所により違法とされた行政処分は，すべて故意によるということになり，故意過失の要件を違法性と独立に審査する意義は失われることになる。これは，過失責任主義を採用した立法者の意思に反することになろう。したがって，故意による違法処分といいうるためには，違法性の認識が必要と解すべきと思われる。

■ 違法過失二元的判断
における過失　　　違法な行政処分についての過失は，当該行政処分が違法であることを認識すべきであったのに，認識しなかったことを意味する。しかし，それは，個々の公務員の主観を基準としたものではなく，平均的公務員を基準として客観的に判断されるべきである。法律の解釈につき異なる見解が対立して疑義を生じており，拠るべき明確な学説・判例がなく，実務上の取扱いも分かれていて，そのいずれについても一応の論拠が認められる場合に，公務員がその一方の解釈に立脚して公務を執行したときや実務上特に疑問をもたれたことのない解釈に従ったときには，後にその執行が違法と判示されたからといって，直ちに当該公務員に過失があったことにはならないことは，最判昭和 46・6・24 民集 25 巻 4 号 574 頁，最判昭和 49・12・12 民集 28 巻 10 号 2028 頁，前掲最判平成 3・7・9，最判平成 16・1・15 民集 58 巻 1 号 226 頁［判Ⅱ144］の判示するとおりである。

■ 過失一元的判断　　　学校事故のようなケースでは，過失一元的判断がなされ，予見可能な結果に対する結果回避義務違反としての過失の有無が判断されることになろう。最判昭和 62・2・6 判時 1232 号 100 頁［百Ⅱ209］も，まず違法性の有無を判断し，次いで過失の有無を審査するという二段階思考ではなく，注意義務違反の有無による一元的審査を行っている。この判決は，注意義務という用語を使用するのみで過失という言葉を使っているわ

けではないが，注意義務違反＝過失と考えていると思われる。なぜならば，最
判昭和 58・2・18 民集 37 巻 1 号 101 頁においては，一般的な注意義務のある
ことを否定することはできないと述べ，注意義務という言葉を使用しているが，
別の箇所で，当該クラブ活動の顧問の教諭に本件事故の予見可能性がなかった
とすれば，本件事故の過失責任を問うことはできないと判示されており，注意
義務違反＝過失という前提に立っていることが明らかであるからである。

■ 違法一元的判断　　規制権限の行使の不作為の場合には，不作為の違法の判断
の中に予見可能性，結果回避可能性という過失の要件が取
り込まれることになるため，違法一元的判断がなされることになり，過失が独
立の存在意義を失うことになる。また，裁判の違法の判断のように，違法性限
定説が採用されるときには，故意（解釈によっては重大な過失も含みうる）があ
ることが違法の要件となるため，違法性の判断と独立に故意過失の判断をする必
要がないことになり，やはり，違法一元的判断がなされることになる。さらに，
違法性判断につき，職務行為基準説が採用されるときには，違法性判断の中に
過失判断が取り込まれることになり，違法一元的判断が行われることになると
考えられる。

(8)　損　　害

　国家賠償法 1 条 1 項の損害の意味について議論されることは，それほど多く
ない。しかし，規制権限の不行使による国家賠償責任との関連で，「反射的利
益」について論じられることがある。取消訴訟においては，「法律上の利益を
有する者」のみが原告適格を有することとされているため，裁判例は一般的に
法律上保護された利益説を採り，それ以外の利益は反射的利益にすぎず，かか
る利益の侵害を主張するにすぎない者は，原告適格を有しないとしている。国
家賠償請求訴訟においても，被告側からは，原告の主張する利益は，「反射的
利益」にすぎないという主張がなされることが多い。

[判例 10-24]　最判平成 2・2・20 判時 1380 号 94 頁
　本判決は，被害者または告訴人が捜査または公訴の提起によって受ける利益は，公
益上の見地に立って行われる捜査または公訴の提起によって反射的にもたらされる事
実上の利益にすぎず，法律上保護された利益ではないので，被害者または告訴人は，

捜査機関による捜査が適正を欠くことまたは検察官の不起訴処分の違法を理由として，国家賠償法の規定に基づく損害賠償請求をすることはできないと判示し，国家賠償請求において，「反射的利益論」が用いられうることを明言している。

　犯罪の被害者が証拠物を司法警察職員に対して任意提出したうえ，その所有権を放棄する旨の意思表示をした場合において，当該証拠物の廃棄処分が適正を欠くことを理由として国家賠償請求がされた事案において，最判平成17・4・21判時1898号57頁は，犯罪の捜査は，直接的には，国家および社会の秩序維持という公益を図るために行われるものであって，犯罪の被害者の被侵害利益ないし損害の回復を目的とするものではなく，被害者が捜査によって受ける利益自体は，公益上の見地に立って行われる捜査によって反射的にもたらされる事実上の利益にすぎず，法律上保護される利益ではないと判示している。そして，最判平成元・11・24民集43巻10号1169頁［百Ⅱ216］［判Ⅱ148］は，「反射的利益」という言葉こそ使用していないものの，宅地建物取引業法上の免許制度は，「究極的には取引関係者の利益の保護に資するものではあるが，……免許を付与した宅建業者の人格・資質等を一般的に保証し，ひいては当該業者の不正な行為により個々の取引関係者が被る具体的な損害の防止，救済を制度の直接的な目的とするものとはにわかに解し難く，かかる損害の救済は一般の不法行為規範等に委ねられているというべきであるから，知事等による免許の付与ないし更新それ自体は〔宅地建物取引業〕法所定の免許基準に適合しない場合であっても，当該業者との個々の取引関係者に対する関係において直ちに国家賠償法1条1項にいう違法な行為に当たるものではない」と判示している。換言すれば，知事等による宅地建物取引業者の免許やその更新が適正に行われることによって取引関係者が受ける利益は，原則として国家賠償法上保護に値するものではないという判断をしている。

　狭義の権力行政のケースでは，国家賠償法上保護された利益の取扱いは，抗告訴訟における反射的利益論と共通する側面を有するが，そのことは，抗告訴訟と国家賠償請求訴訟で，救済される損害の範囲が一致しなければならないことを意味するものではない。いずれにおいても，訴訟において救済される損害の範囲が問題となりうるのであるが，抗告訴訟と国家賠償請求訴訟では，訴訟

の性格が異なるので，それぞれの訴訟の目的，機能の相違に応じて，救済される損害の範囲に差異が生じうるのである。原告適格は認められないとしても，国家賠償法上の保護対象になりうると判示したものとして，大阪地判平成2・10・29判時1398号94頁がある。このことさえ前提として確認しておくならば，国家賠償請求訴訟に関しても，「反射的利益」という用語を使用することが否定されるべきいわれはないであろう。しかし，この用語を使うことによって，抗告訴訟の原告適格の判断基準をストレートに国家賠償請求に持ち込む危険性が生ずることには，十分留意が必要であろう。

　建築主が建築士に委託して建築確認申請を行ったところ，本来，建築確認ができない場合であるのに，建築主事が誤って建築確認をしてしまい，建物が建った後に，建築確認の要件を満たさないことが判明し，改修工事費用等の損害を建築主が受けた場合，建築確認の要件を満たしていないことを知らなかった建築主が，建築主事が違法に建築確認を与えたことを理由として，地方公共団体に国家賠償請求をした場合，そもそもかかる損害が国家賠償法上保護に値するかが問題になる。この点についての判例が以下のものである。

[判例 10-25]　最判平成 25・3・26 集民 243 号 101 頁［百Ⅱ215］［判Ⅱ151］
　同判決は，建築士の設計にかかる建築物の計画について確認する建築主事は，その申請をする建築主との関係でも，違法な建築物の出現を防止すべく一定の職務上の法的義務を負うものと解するのが相当であり，以上の理は，国民の社会生活上の重要な要素としての公共性を有する建築物の適正を公的に担保しようとする建築基準法の趣旨に沿うものであり，建築物の適正を担保するためには専門技術的な知見が不可欠であるという実情にかなうものということができると判示した。

(9)　公務員の個人責任

　ここで問題とする公務員の個人責任とは，公務員と被害者との間での対外的責任のことであり，内部関係における責任の問題ではない。

　国家賠償法は，公務員個人の対外的責任については，明文の規定を設けていない。そのため，学説は分かれており，肯定説，公務員に故意重過失がある場合に限って被害者から公務員に対する損害賠償請求を認める制限的肯定説，否定説が存在する。しかし，国家賠償法 1 条 2 項が，求償権を故意重過失の場合

に制限していることからして，肯定説をとることは困難であろう。それでは，制限的肯定説と否定説のいずれが妥当であろうか。

裁判例は，この問題につき，どのような態度をとっているのであろうか。

公務員に故意重過失がある場合には，公務員の個人責任が認められるとする下級審の裁判例も若干存在する。また，少なくとも，公務員の故意に基づく職権濫用行為については，当該公務員は個人として損害賠償責任を負うとしたものがある。

このような例外はあるものの，裁判例の大勢は公務員の個人責任を否定しており，特に最高裁は一貫して公務員の個人責任を否定している。

[判例 10-26] 最判昭和 30・4・19 民集 9 巻 5 号 534 頁［百Ⅱ228］［判Ⅱ166］
本判決は，「右請求は，被上告人等の職務行為を理由とする国家賠償の請求と解すべきであるから，国または公共団体が賠償の責に任ずるのであつて，公務員が行政機関としての地位において賠償の責任を負うものではなく，また公務員個人もその責任を負うものではない」と述べている。

もっとも，外形標準説を適用した最判昭和 31・11・30 民集 10 巻 11 号 1502 頁［百Ⅱ223］においては，公務員個人に対する損害賠償請求はなされておらず，最高裁が，外形標準説により国または公共団体の責任を認めたケースにおいても，公務員の個人責任を否定する趣旨であるか否かは，必ずしも明らかではない。

外形標準税が適用される場合でなくても，公務としての保護を必要としないほどに明白に違法な行為であり，行為時に公務員自身がその違法性を認識していたが，当該違法行為が組織的に公務として行われていた場合に，国家賠償責任のほかに，公務員個人も被害者に対して損害賠償責任を負うべきかという論点があるが，東京地判平成 6・9・6 判時 1504 号 40 頁［判Ⅱ167］は，これを肯定している。そして，かかる場合に，国家賠償責任とは別に，公務員の個人責任を認めても，損害賠償義務の発生を懸念するがゆえに公務員が公務の執行を躊躇するといったような弊害はなんら発生するおそれがないということはいうまでもなく，かえって，将来の違法な公務執行の抑制の見地からは望ましい効果が生じることさえ期待できると判示している。

　公務員の個人責任を認めることのメリットとしては，被害者の報復感情の満足や違法行為の抑止が挙げられる。デメリットとしては，公務員個人を萎縮させ，公務の適正な執行を妨げるおそれがあることが挙げられる。

⑽　求　　償

　国家賠償法 1 条 2 項は，国または公共団体が同条 1 項の規定により賠償責任を負う場合において，公務員に故意または重大な過失があったときは，国または公共団体は，その公務員に対して求償権を有すると定めている。この求償が問題になった事案における判例として以下のものがある。

　大分県教育委員会の教員採用試験における不正に関与した者に対する求償権の行使を県が懈怠していることが，違法に財産の管理を怠る事実に当たるとして提起された住民訴訟において，退職手当の返納額を求償額から控除すべきかが争点になった。原審は，退職手当には賃金の後払いの性質があること，大分県教育委員会が教員の選考についての確固とした方針を示してこなかったこと，退職手当の返納は容易でなかったこと等を理由として，退職手当の返納額について求償権を行使しないことは財産の管理を違法に怠ることにはならないとした。これに対し，最判平成 29・9・15 判時 2366 号 3 頁は，本件不正の悪質さおよび結果の重大さを指摘し，退職手当の返納額を当然に求償額から控除することはできず，同県の教員採用試験において不正が行われるに至った経緯や，本件不正に対する同県教育委員会の責任の有無および程度，本件不正に関わった職員の職責，関与の態様，本件不正発覚後の状況等に照らし，同県による求償権の行使が制限されるべきであるといえるか否か等について，さらに審理を尽くさせるため，破棄差戻しとした。

　差戻後控訴審の福岡高判平成 30・9・28 民集 74 巻 4 号 1375 頁は，国家賠償法 1 条 2 項に基づく求償権は実質的には不当利得的な性格を有し，求償の相手方が複数である場合には分割債務になると考えられるとした。これに対する上告審の判決は，次の［判例 10-27］である。

　［判例 10-27］　最判令和 2・7・14 民集 74 巻 4 号 1305 頁［百Ⅱ-229］
　同判決は，国または公共団体の公権力の行使に当たる複数の公務員が，その職務を

行うについて，共同して故意によって違法に他人に加えた損害につき，国または公共
団体がこれを賠償した場合においては，当該公務員らは，国または公共団体に対して
連帯して国家賠償法1条2項による求償債務を負うと判示した。その理由として，同
判決は，上記の場合には，当該公務員らは，国または公共団体に対する関係において
も一体をなすものというべきであり，当該他人に対して支払われた損害賠償金にかか
る求償債務につき，当該公務員らの一部の者が無資力等により弁済することができな
いとしても，国または公共団体と当該公務員らとの間では，当該公務員らにおいてそ
の危険を負担すべきものとすることが公平の見地から相当であると解されるからであ
るとしている。

3　公の営造物の設置管理の瑕疵に関する国家賠償

(1)　国家賠償法2条の意義

　徳島小学校遊動円棒事件において，大判大正5・6・1民録22輯1088頁が，
公の営造物であっても，その占有権は私法上のものであるという理由で，民法
717条1項の規定により市の損害賠償責任を認めて以来，公の営造物の設置管
理に瑕疵があるときには，民法717条1項の規定により，救済を与える判例が
みられるようになった。したがって，国家賠償法2条1項は，同法1条1項と
は異なり，戦前における救済の空白領域を埋めるというものではなく，戦前の
判例法を確認し，疑義を一掃するという性格のものであった。

　このことはもちろん，国家賠償法2条1項の存在意義を否定するものではな
い。この条項を設けたことによって，国民の救済が拡大していることもまた，
否定できないのである。なぜならば，瑕疵は過失より肯定されやすいと考えら
れるが，**国家賠償法2条1項は，民法717条1項の「土地の工作物」より広い
「公の営造物」という概念を用いているから，瑕疵責任の領域を民法に比べて
拡張していることになるのである。**したがって，「公の営造物」を広く解釈す
ることは，被害者救済を容易にする機能を果たしうる。

　たしかに，「公の営造物」に該当しないときでも，国または公共団体は，民
法717条1項の規定により責任を負いうるのであるが，国家賠償法2条1項と
民法717条1項の関係は，国家賠償法1条1項と民法715条1項の関係と必ず
しも同一ではない。後者の場合には，両者の関係は，二者択一であり，「公権

力の行使」に該当しなければ，民法の不法行為規定が適用されるということになる。そこでは，「公権力の行使」の概念が，両者の適用を区分する基準として機能しているわけである。前者の場合にも，基本的には同様であるが，「公の営造物」に該当しないものがすべて，「土地の工作物」に当たるわけではないので，「公の営造物」性が否定されることによって，救済の空白が生じうる（公務員の不作為責任を認めうる場合は別であるが）。たとえば，自然池沼等は，「土地の工作物」とみることは困難であるので，「公の営造物」でないとすると，国家賠償法2条1項の規定のみならず，民法717条1項の規定に基づく責任も認められないことになってしまう。

　また，民法717条1項の規定が適用されると仮定すると，私人所有の他有公物（私人所有の農地を市が賃借して市の児童公園として市民の利用に供する場合のように所有権者と管理主体が異なる公物）の場合，国または公共団体は，損害の発生を防止するのに必要な注意をしたときには免責されることになり，所有者が瑕疵責任を負うことになる。しかし，所有者たる私人の資力が不十分な場合，国または公共団体が免責されると，被害者は結局，救済を受けられなくなる。免責事由の立証責任は占有者にあると解され，この立証が成功して免責が認められることは稀であるが，皆無とはいえない。国家賠償法2条1項は，かかる免責規定を置いていないため，国または公共団体が公の用に供している私人所有の他有公物であっても，瑕疵がある場合には，常に国または公共団体の責任が生ずることになり，被告の資力不足による救済の実効性の欠如という事態を回避しうることになる。このように，国家賠償法2条1項に占有者免責条項がないことは，国または公共団体が自ら所有権を有する財産を公の用に供している自有公物の場合には特段意味を持たないが，私人所有の他有公物の場合には，被害者救済をより確実にするという意味を持つ。

　さらに，国家賠償法2条1項の規定が適用される場合には，同法3条の規定により，設置または管理にあたる者と，設置または管理の費用を負担する者が異なるときに，そのいずれに対しても損害賠償を求めることができることとされており，この面でも，被害者にとって有利といえる。

　以上のような理由により，「公の営造物」概念を拡張し，国家賠償法2条1項の規定を適用することが救済の拡大につながることになる。通説・裁判例が

「公の営造物」の概念をかなり広く解しているのも，被害者救済への配慮によるところが少なくないのではないかと推測される。

(2)　公の営造物

■「公の営造物」概念　　国家賠償法の立法過程の資料によると，政府は，道路，河川のように「土地の工作物」とはいいがたいものについても，瑕疵責任を認めるため，民法 717 条 1 項の「土地の工作物」に代えて，「公の営造物」という表現を用いたのである。したがって，「公の営造物」概念を「土地の工作物」より広くとらえていたことは明らかである。「公の営造物」概念の外延は定かではないが，この概念は，国家賠償法 2 条の規定の適用領域を画するという重要な機能を営む。その理由は，以下のとおりである。

「公の営造物」の「設置又は管理」は，本質的には非権力作用である。したがって，「設置又は管理」という作用の側面から，国家賠償法 2 条 1 項と民法 717 条 1 項のいずれの規定が適用されるかを判別することはできない。また，国または公共団体が設置または管理しているものであっても，私経済的目的に供されているものについては，民法 717 条 1 項の規定が適用されるべきであるから，「国又は公共団体」という概念によって，国家賠償法 2 条 1 項と民法 717 条 1 項の規定の適用を分かつこともできない。結局，両条の規定の適用領域を決める鍵となる概念は，「公の営造物」であることになる。もっとも，いずれの法条が適用されても，結果に全く相違がないのであれば，「公の営造物」概念を論ずる実益もないことになるが，先に説明したように，この概念の広狭は，救済の有無に影響を与える。

行政法学上，「公の営造物」とは，国または公共団体により公の目的に供される人的物的施設の総合体を指称するのが通常であるが，国家賠償法 2 条 1 項では，道路，河川，港湾，水道，下水道，官公庁舎，学校の建物等，公の目的に供されている有体物を意味するというのが伝統的な理解である。この見解によれば，「公の営造物」とは，人的要素を捨象して物的要素に着目したものであり，公物の概念に相当することになる。人的要素については，国家賠償法 1 条 1 項の問題として処理し，同法 2 条 1 項を，物的要素に限定することによって，両条の機能分担を明確にしうることが，この説のメリットといえよう。

■ 公の営造物の種類

(a) 不動産・動産　**公物概念は，不動産に限定されているわけでないから，動産も対象に含みうる。**実際，裁判例の中には，動産を「公の営造物」と解したものが少なくない。動産であることを理由として「公の営造物」に当たらないとした裁判例は見当たらない。動産が「公の営造物」に含まれうること自体は承認すべきであるが，同法2条1項の問題として処理するのは，あくまで，当該動産自体に物理的欠陥がある場合に限られるべきと思われる。

(b) 人工公物・自然公物　国家賠償法2条1項が，「公の営造物」の例として，河川を挙げていることから窺えるように，**「公の営造物」は，人工公物に限定されるわけではなく，自然公物を含みうる。**自然公物が「公の営造物」に含まれうるということは，設置または管理の瑕疵の概念に影響を与えざるをえない。人工公物の場合，供用開始行為により供用が始まるのであるから，供用開始時点以降，一定の安全性を保証すべきということはいえても，自然公物の場合には，自然の状態ですでに公共の用に供されており，防災対策等により徐々に安全性を高めていく必要があるので，瑕疵判断基準に相違が生じる。河川についていえば，河川が本来自然発生的な公共用物であり，道路等とは異なり，もともと洪水等の自然的原因による災害をもたらす危険を内包しており，河川の通常備えるべき安全性の確保は，管理開始後において，治水事業を行うことによって達成されていくことが当初から予定されていること，この治水事業の実施については，財政的，技術的，社会的制約があり，また，河川の管理においては，道路の管理におけるような簡易・臨機的な危険回避の手段をとることもできないことが，河川管理の瑕疵と道路管理の瑕疵の判断基準に差異をもたらすことになる。この点を明言したのが，次の判例である。

[判例 10-28]　最判昭和59・1・26 民集38巻2号53頁［百Ⅱ232］［判Ⅱ171］〔大東水害事件〕

本判決は，河川管理の瑕疵は，河川管理の特質に由来する財政的，技術的および社会的諸制約の下での同種・同規模の河川管理の一般水準および社会通念に照らして是認しうる安全性を備えていると認められるかどうかを基準として判断すべきであるとする（以下「一般的判断基準」という）。そして，すでに改修計画が定められ，これに基づいて現に改修中である河川については，当該計画が全体として格別不合理なもの

と認められないときは，その後の事情の変動により当該河川の未改修部分につき水害
発生の危険性が特に顕著となり，当初の計画の時期を繰り上げ，または工事の順序を
変更するなどして早期の改修工事を施行しなければならないと認めるべき特段の事情
が生じない限り，当該部分につき改修がいまだ行われていないとの一事をもって河川
管理に瑕疵があるとすることはできないとする（以下「具体的判断基準」という）。

　このように，「公の営造物」の中に，人工公物のみならず，自然公物も包含
しうることは，瑕疵概念の多元化をもたらし，類型的考察を必要とする一因と
なっている。

　⒞　自有公物・他有公物　　**公物の中には，所有権者と管理権者が一致する自
有公物のみならず，両者が一致しない他有公物も存在するから，私人が所有権
を有するものであっても，公物たりうる。**したがって，私有地を地方公共団体
が賃借して，児童公園として使用しているときは，当該公園は，「公の営造物」
となり，国家賠償法 2 条 1 項の規定により，当該地方公共団体が管理責任を負
うことになる。この場合には，民法 717 条 1 項ただし書のような免責規定は存
在しないから，当該地方公共団体は，瑕疵がある以上，責任を免れないことに
なり，また，私人たる所有者は，地方公共団体が免責された場合に所有者とし
て瑕疵責任を問われるというリスクから解放されることになる。

　国または公共団体が行政施策を進めるうえで，土地の取得が困難なため，私
有地を他有公物として利用せざるをえない場合が少なくない（児童公園，市民農
園等）。かかる場合に私人がもっとも懸念するのは，通常，管理責任を問われ
ることである。国家賠償法 2 条 1 項が占有者免責条項を有しないことは，この
懸念を解消し，他有公物としての利用に協力を得るうえで一定の意味を持って
いる。

■「公の営造物」該当性　　　「公の営造物」といえるためには，国または公共団
　　　　　　　　　　　　　体が直接に公の目的に供していることが必要である。
国家賠償法 1 条 1 項の「公権力」の意義につき，私人の事業に一定の公益性を
認めて補助金を支給しても，当該私人の業務が「公権力」の行使とならないの
と同様に，私人が設置管理している施設に補助金を支給していることのみによ
って，当該施設が直ちに「公の営造物」になるわけではない。

　一般的には，権原の有無により，「公の営造物」該当性を判断することがで

きるが，常にそうであるわけではない。なぜならば，全く権原がなくても，事実上の管理をしていることによって，「公の営造物」となることがあるからである。この点について判示したのが，以下の判例である。

[判例10-29]　最判昭和59・11・29民集38巻11号1260頁
　　同判決は，国家賠償法2条にいう公の営造物の管理者は，必ずしも当該営造物について法律上の管理権ないしは所有権，賃借権等の権原を有している者に限られるものではなく，事実上の管理をしているにすぎない国または公共団体も同条にいう管理者に含まれると判示する。そして，京都市は，地域住民の要望に答えて都市施設である排水路としての機能の維持，都市水害の防止という地方公共の目的を達成するべく，改修工事を行い，それによって本件溝渠について事実上の管理をすることになったというべきであって，本件溝渠の管理に瑕疵があったために他人に損害を生じたときは，国家賠償法2条に基づきその損害を賠償する義務を負い，このことは，国または京都府が本件溝渠について法律上の管理権を持つかどうかによって左右されるものではないとする。

　「公の営造物」は，国または公共団体が直接に公の目的に供しているものであるから，国有財産法・地方自治法にいう行政財産（国または地方公共団体が広い意味で公の用に供している財産）は，原則として，「公の営造物」にあたる。しかし，裁判例は，行政財産であるからといって当然に「公の営造物」としているわけではなく，逆に，普通財産（国公有財産であって行政財産以外のもの）であるからといって当然に「公の営造物」でないとしているわけでもない。**行政財産か普通財産かは，国公有財産管理事務の内部的分掌の問題であり，「公の営造物」か否かを判断する際の絶対基準ではない。**したがって，「公の営造物」該当性を判断するに際しては，実際に公の目的に供されているか否かを検討しなければならない。

(3)　「設置又は管理」の瑕疵

■瑕疵の意義　　　　瑕疵の意義については，最判昭和45・8・20民集24巻9号1268頁［判例10-35］〔高知落石事件〕が，「営造物が通常有すべき安全性を欠いていること」をいうと定義している。

■ 瑕疵判断における人的要素　国家賠償法2条1項の「公の営造物」は，物的施設のみをさし，人的ファクターは，同法1条1項の問題として処理するというのが，立法者意思であったと考えられるが，この点についての裁判例は必ずしも一致していない。たしかに，裁判例の中には，上記のように明確な形で割り切っているものも存在する。他方で，人的物的施設は全体として1つの営造物をなすとみるべきであるとし，プールの監視員の数，監視の程度が物的設備との関連において安全確保上不十分な場合には，国家賠償法2条1項の瑕疵ありというを妨げないとしたものもある。

　国家賠償法2条は，自己責任，瑕疵責任という点で，国家賠償の1つのあるべき姿を提示しており，その限りにおいては，同法1条の将来の改革の方向を示すものと評価される。したがって，国家賠償法2条に人的要素も取り込んで，同条を可能な限り広範に活用することは許容されてもよいのではないかと思われる。このような立場からすれば，1条と2条は，同一ではないが，連続性を持つことになる。

　「公の営造物」の設置または管理の瑕疵を1条で処理する場合には，通常，安全確保のためになすべきことを怠ったという不作為の違法の問題となるから，前述したように，①被侵害法益の重要性，②予見可能性の存在，③結果回避可能性の存在，④期待可能性の存在が総合的に斟酌されることになるが，上記のような連続性を考慮すると，2条の瑕疵責任においても，原則として，かかる要素を総合的に判断することが必要となろう。そして，瑕疵と過失の区分の問題については，以上の要件の判断に際して，反映させていくことが考えられよう。既存の判例は，①から④の総合的考慮ということで説明可能であり，実際にも，こうしたかたちで瑕疵判断がなされてきたのではないかと考えられる。

■ 人工公物と自然公物　道路のような人工公物の場合と，河川のような自然公物の場合で，瑕疵判断の基準が異なる最大の理由は，④の期待可能性の相違にある。設置自体が人為の所産であり，供用開始行為により，公共の用に供される人工公物の場合には，安全対策への期待水準は高いものとなるが，河川のように，自然のままの状態で危険を内包している公物に防災対策を講ずることによって安全度を高めていく場合には，期待される安全水準にも，おのずと相違が生ずる。水害に関する前掲最判昭和59・1・26〔大

東水害事件〕が，道路への落石事故に関する前掲最判昭和45・8・20〔高知落石事件〕は事案を異にするとして，道路と河川の瑕疵判断基準を区別したことも，このように解すれば，理解しうるところである。そして，①から④は相互に密接に関係するから，④の期待可能性についての差異は，③の結果回避可能性の判断にも影響を与え，財政的，技術的，社会的制約が河川の管理瑕疵の事案では，重要なウエイトを占めることになる。

□■　Column㊷　明石砂浜陥没事件 ---

　公の営造物である人口砂浜の設置管理の瑕疵に関して，公務員が業務上過失致死罪に問われ，有罪とされた稀有な例が，最決平成26・7・22刑集68巻6号775頁〔明石砂浜陥没事件第2次上告審決定〕である。本決定は，工務第1課の課長であった被告人については，その地位や職責，権限に加え，その職務の遂行状況が，本件のような事故を防止すべく本件砂浜の陥没対策に関して国側担当者として活動していたものであることなどに照らし，遅くとも打合せの席上で明石市から国としての対応を求められた日以降，国土交通省による陥没対策工事が終了するまでの間，工務第1課自ら，または明石市もしくは東播海岸出張所に要請して安全措置を講じ，陥没等の発生により本件砂浜利用者等が死傷に至る事故の発生を未然に防止すべき業務上の注意義務があったと認められると判示している。

　また，次の判例においては，同じく河川水害であっても，工事実施基本計画（平成9年法律第69号による河川法改正前のもの）に基づく改修の完了した河川と，そうでない河川とでは，安全度に対する期待水準が異なるとされている。

[判例10-30]　最判平成2・12・13民集44巻9号1186頁〔百Ⅱ233〕〔判Ⅱ172〕〔多摩川水害事件〕

　本判決は，前掲最判昭和59・1・26〔大東水害事件〕が示した一般的判断基準は，改修済河川の場合にも適用されるとしながら，改修途上の河川と改修済河川では，河川の改修・整備の段階に対応する安全性の具体的判断に際して，差異が生ずると判示した。すなわち，前掲最判昭和59・1・26〔大東水害事件〕の具体的判断基準の判示部分は，改修未了河川に適用されるものであり，改修済河川については，工事実施基本計画に定める計画高水流量規模の洪水における流水の通常の作用から予測される災害の発生を防止するに足りる安全性を具備しなければならないというのである。同判決が，改修完了河川について，特別の瑕疵判断基準を提示したことも，④の期待度の相違とみれば，説明可能であろう（差戻後控訴審判決である東京高判平成4・12・17判

§ 時 1453 号 35 頁は瑕疵を肯定)。

■ 通常の用法　　公の営造物の利用に伴い事故が発生した場合には，当該営造物の利用が，通常の用法であった否かが，重要なポイントになる。異常な用法に基づく事故についてまで，管理者が責任を負わなければならないわけではない。

> [判例 10-31]　最判昭和 53・7・4 民集 32 巻 5 号 809 頁
> 　本判決は，通常有すべき安全性の有無は，「当該営造物の構造，用法，場所的環境及び利用状況等諸般の事情を総合考慮して具体的個別的に判断」することになるとする。本件は，道路の防護柵に乗ったり腰掛けたりして遊んでいた児童が転落した事故であるが，本判決は，防護柵の通常の用法に即しない異常な用法であったとして，瑕疵を否定している。

　この判断基準は，とりわけ転落事故に有効である。この基準が示すように，当該営造物の本来の用法が何かも，瑕疵判断に際して，重要なファクターとなる。営造物の管理者は，当該営造物が通常有すべき安全性を具備するようにしなければならないが，異常な用法に起因する損害についてまで賠償する必要はない。

　もっとも，本来の用法と異なれば，常に損害賠償責任を免れるわけではない。本来の用法からはずれた利用の仕方が通常の用法となっている場合には，営造物の管理者は，それを前提とした安全対策を講ずることが要請されることになる。何をもって，営造物の異常な用法とみるかも，相手に応じて，相対的に判断されることになる。成人にとっては異常な用法も，好奇心，冒険心に富んだ児童にとっては，通常の用法であるということは十分にありうることであり，成人の視点のみで用法の正常・異常を判断するわけにはいかない。

　転落事故において，被害者に応じて瑕疵が相対的に判断されることも，④の期待可能性の重要な判断要素をなす補充性の問題として考えることが可能である。すなわち，成人であれば，自己の注意によって損害を回避することが可能であり，したがって，安全対策に対する期待可能性がなく，瑕疵が否定されるが，幼児・児童の場合には，自己の判断で危険を回避することを期待しがたく，国または公共団体による安全対策への期待可能性が大きくなるため，瑕疵が肯

定されやすくなるのである。逆に乳児の場合には，絶えず保護者の監督下に置かれていることが期待され，独立に行動することは想定されないため，行政による安全対策への期待可能性は小さく，瑕疵は認められにくい。

　営造物の場所的環境が瑕疵を肯定する大きな要素となった判例として，次のものがある。

[判例 10-32]　最判昭和 56・7・16 判時 1016 号 59 頁
　本件は，児童公園で遊んでいた当時 3 歳の幼児が隣接したプールの周囲に張られた高さ約 1.8 メートルの金網フェンスを越えて当該プールサイドに立ち入り，プールで溺死した事件である。本判決は，「児童公園で遊ぶ幼児にとって本件プールは一個の誘惑的存在であることは容易に看取しうるところ」であるとして，本件被害児が，金網フェンスを乗り越えて本件プール内に立ち入ったことがプールの設置管理者の予測を超えた行動であったとすることはできないとしている。

　現実に，当該営造物やその周辺が，どのような利用のされ方をしていたかは，瑕疵判断に大きな影響を与えうる。公園ではなくても，実際には，児童の遊び場として利用されている状況があり，管理者がそのことを認識しているか，認識すべきであったのであれば，かかる利用状況を前提とした安全対策が要求されることになる。盲人の駅ホームからの転落事故に関する最判昭和 61・3・25 民集 40 巻 2 号 472 頁 [判例 10-34] は，瑕疵を肯定した原審判決を破棄差戻しにしたのに対して，東京地判昭和 54・3・27 判時 919 号 77 頁は，同種の事故に関して瑕疵を肯定しているが，後者においては前者と異なり，当該駅周辺に盲人用施設が多数存在し，盲人の利用が多い駅であったことが瑕疵を肯定する重要な要素となっている。

■ **瑕疵を認めた場合の社会的影響の考慮**　判例の中には，瑕疵を認めた場合の社会的なマイナスの影響を瑕疵判断に際して斟酌しているものがある。

[判例 10-33]　最判平成 5・3・30 民集 47 巻 4 号 3226 頁 [百Ⅱ235]
　本判決は，「公立学校の校庭が開放されて一般の利用に供されている場合，幼児を含む一般市民の校庭内における安全につき，校庭内の設備等の設置管理者に全面的に責任があるとするのは当を得ないことであり，幼児がいかなる行動に出ても不測の結果が生じないようにせよというのは，設置管理者に不能を強いるものといわなければならず，これを余りに強調するとすれば，かえって，校庭は一般市民に対して全く閉

ざされ，都会地においては幼児は危険な路上で遊ぶことを余儀なくされる結果ともなろう」と判示している。かかる事情は，期待可能性への評価に影響を与え，瑕疵の有無を左右することとなる場合もある。

■ 新たに開発された安全施設の不設置　　点字ブロックのように，新たに開発された安全施設の不設置が瑕疵となるか否かについては，次の判決が判示している。

[判例 10-34]　最判昭和 61・3・25 民集 40 巻 2 号 472 頁［百Ⅱ234］

　本判決は，点字ブロックが設置されていないホームから視力障害者が転落した事例において，「新たに開発された視力障害者用の安全設備を駅のホームに設置しなかつたことをもつて当該駅のホームが通常有すべき安全性を欠くか否かを判断するに当たつては，その安全設備が，視力障害者の事故防止に有効なものとして，その素材，形状および敷設方法等において相当程度標準化されて全国的ないし当該地域における道路及び駅のホーム等に普及しているかどうか，当該駅のホームにおける構造又は視力障害者の利用度との関係から予測される視力障害者の事故の発生の危険性の程度，右事故を未然に防止するために右安全設備を設置する必要性の程度及び右安全設備の設置の困難性の有無等の諸般の事情を総合考慮することを要する」と判示し，瑕疵を認めた原審判決を破棄し，差し戻している。

■ 予算制約論　　(a)　道路事故における予算上の制約の意味　　道路の設置管理の瑕疵の判断に当たっては，予算措置に困却するであろうことは，瑕疵を否定する理由にならないとする判例が存在する。

[判例 10-35]　最判昭和 45・8・20 民集 24 巻 9 号 1268 頁［百Ⅱ230］［判Ⅱ169］〔高知落石事件〕

　本判決は，「本件道路における防護柵を設置するとした場合，その費用の額が相当の多額にのぼり，上告人県としてその予算措置に困却するであろうことは推察できるが，それにより直ちに道路の管理の瑕疵によつて生じた損害に対する賠償責任を免れうるものと考えることはできない」と判示している。

　この最判昭和 45・8・20〔高知落石事件〕でいわれている予算上の制約の意味については，慎重な検討が必要と思われる。予算不足で賠償金を支払えないということは，賠償の履行の局面の問題であり，賠償責任否定の根拠たりえないことは当然であろう。また，社会的資源配分という観点からみても，ある防災

対策を講ずることが正当化されるにもかかわらず，具体的予算措置が講じられなかった場合，そのことのゆえに道路管理者が免責されることにはならないと思われる。

　もっとも，社会的資源配分という観点からみて正当化しえないような巨額の投資を必要とするような安全対策を講ずることまで要求されると解することには疑問の余地がないわけではない。同判決が，予算上の制約があるからといって賠償責任を免れることはできないという場合，社会的資源配分の見地からみて必要とされるような安全対策への投資が具体的な予算措置の不足のために十分行いえなかったとしても，それは免責理由にならないという意味にとどまるのか，それとも，危険が予見可能であり，一定の防災対策を講ずることによって結果回避が可能であったとすれば，それがいかに多額の予算を必要とするものであったとしても，瑕疵が肯定されるという趣旨なのかは，必ずしも定かではない。しかし，この事例は，そもそも，社会的資源配分の観点からみて正当化されないような巨額の投資をしなければ，結果を回避できなかったという事案ではなかった。

[判例 10-36]　最判平成 22・3・2 判時 2076 号 44 頁［判Ⅱ176］
　本判決は，高速道路におけるキツネとの衝突を避ける対策を講ずるために多額の費用を要することを道路管理瑕疵を否定する理由の 1 つとして挙げている。これは，社会的資源配分の観点から正当化されないような多額の投資までは必要でないという趣旨と解される。

(b)　河川水害における財政上の制約の意味　　河川水害については，瑕疵判断に際して財政的制約が考慮されることは，前掲最判昭和 59・1・26〔大東水害事件〕が明言するところである。本判決は，道路の管理者において災害等の防止施設の設置のための予算措置に困却するからといって，そのことにより直ちに道路の管理の瑕疵によって生じた損害の賠償責任を免れうるものと解すべきではないとする最判昭和 45・8・20〔高知落石事件〕も，河川管理の瑕疵については当然には妥当しないものというべきであると判示しているから，財政的制約が瑕疵判断において持つ意義につき，道路と河川では異なるという立場を前提としていることになる。すなわち，河川の場合には，マクロでみた場合，治水

対策予算が不十分であるために十分な治水対策を講ずることができなかった場
合には，瑕疵が否定されてもやむをえないことになるが，道路の場合には，社
会的資源配分という観点から要請される安全対策を講ずる上で，マクロにみて
予算措置が不十分であったとしても，瑕疵責任を免れることはできないという
点で，差異が生ずることになる。

　(c)　**両者の相違の根拠**　　道路と河川とで，以上のように，財政的制約論の持
つ意義につき，相違が生ずるのは，前述の④の期待可能性についての相違の反
映といえよう。人工的に利用施設を作り，それを供用している以上，十分な安
全対策が施されていることが期待され，マクロにみた予算配分が不十分なため，
期待される安全対策がとれなくても，瑕疵を否定する理由とはならないが，自
然公物である河川の場合には，社会的に期待される安全度にも差異が生じ，マ
クロ的な予算上の制約も，瑕疵判断の中に取り込まれることになるのである。
または，④の期待可能性についての判断の相違が，③の結果回避可能性につい
ての判断に反映し，河川においては，マクロ的な財政的制約が，結果回避可能
性を低める理由として斟酌されると言い換えてもよいであろう。

　■ **時間の要素**　　危険状態が発生してから，事故が発生するまでの時間が，瑕
疵の有無の判断に影響を与えることがある。

　[判例 10-37]　最判昭和 50・7・25 民集 29 巻 6 号 1136 頁［百Ⅱ231］［判Ⅱ170］
　国道上に故障車が 87 時間にわたって放置されていた事案で，本判決は，道路の安
全性が著しく欠如する状態であったにもかかわらず，道路の安全性を保持するために
必要とされる措置を全く講じなかった場合には，道路管理の瑕疵があるとする。

　他方，その 1 カ月ほど前に出された最判昭和 50・6・26 民集 29 巻 6 号 851
頁が，工事標識板，バリケード，赤色灯標柱が事故直前に他車により倒されて
いたケースで，道路管理者において，時間的に対応する余地がなかったことを
理由として瑕疵を否定したことは，最高裁が，安全対策をとりうる時間のファ
クターを瑕疵判断において重視していることを如実に示すものであった。

　このような路上への落下物，障害物に起因する事故を皆無に近づけるには，
道路パトロールの回数や関連定員を飛躍的に増大させることが必要と思われる
が，それは，当然，膨大な予算を必要とする。したがって，前掲最判昭和

50・6・26が時間的要素を考慮したことは，裏からいえば，最高裁は，道路事故であっても，社会的資源配分という観点から合理化されないような莫大な費用を要求する安全対策までは必要でないという立場に立っていることを示すものということができるように思われる。

■ 供用関連（機能的）瑕疵　**公共施設の供用に伴い，周辺住民に騒音，振動等の事業損失を与える場合，これを損害賠償の問題として処理するか，損失補償の問題として処理するかにつき，各国の法制は，必ずしも一致しているわけではない。**わが国では，実務上，一部を除き，損害賠償の問題として処理している。その際，事業損失にかかわる損害賠償は，国家賠償法1条1項の問題となるのか，同法2条1項の問題となるのかが，1つの論点である。

> [判例 10-38]　最大判昭和56・12・16民集35巻10号1369頁［百Ⅱ236］［判Ⅱ8・173］〔大阪空港事件〕
> 　本判決は，国家賠償法2条1項において瑕疵ありとされる「安全性の欠如」とは，「ひとり当該営造物を構成する物的施設自体に存する物理的，外形的な欠陥ないし不備によつて一般的に右のような危害を生ぜしめる危険性がある場合のみならず，その営造物が供用目的に沿つて利用されることとの関連において危害を生ぜしめる危険性がある場合をも含み，また，その危害は，営造物の利用者に対してのみならず，利用者以外の第三者に対するそれをも含む」と判示した（ただし，栗本，藤崎，本山，横井の4裁判官は，2条ではなく1条の問題として処理すべきという少数意見を述べている）。

　これ以来，**供用関連（機能的）瑕疵を国家賠償法2条1項により処理しうることにつき，判例法は固まっており，この点につき，学説からも，強い異論は出されていない**といってよいと思われる。

　立法者が，国家賠償法2条1項について，かかる供用関連（機能的）瑕疵を念頭に置いていたかには，疑問がないわけではないが，事業損失については，各国が固有の歴史的背景のもとで発展させてきた法制度を利用して救済を図っており，わが国の場合には，国家賠償法2条1項が裁判所にとって利用しやすかったということであろう。

　供用関連（機能的）瑕疵を判断するに際しては，受忍限度論が用いられる。前掲最大判昭和56・12・16〔大阪空港事件〕は「侵害行為の態様と侵害の程度，

被侵害利益の性質と内容，侵害行為のもつ公共性ないし公益上の必要性の内容と程度等を比較検討するほか，侵害行為の開始とその後の継続の経過及び状況，その間にとられた被害の防止に関する措置の有無及びその内容，効果等の事情をも考慮し，これらを総合的に考察してこれを決すべきものである」と判示している。

　国道 43 号線訴訟の最判平成 7・7・7 民集 49 巻 7 号 1870 頁〔判 II 174〕〔国道 43 号線事件〕のように，民事差止請求は適法とされ，実体についても判断した上で棄却判決がなされているものもある。その場合には，**差止請求の場合の受忍限度は，損害賠償請求の場合の受忍限度よりも高いことが前提とされている**と解されるものが多い。前掲最判平成 7・7・7 は，施設の供用の差止めと金銭による賠償という請求内容の相違に対応して，違法性の判断において各要素の重要性をどの程度のものとして考慮するかにはおのずから相違があるから，両場合の違法性の有無の判断に差異が生ずることがあっても不合理とはいえないと判示している。

■ 法律上の管理・事実上の管理　　**国家賠償法 2 条 1 項にいう「設置又は管理」は，法律上の管理権ないしは所有権，賃借権等の権原に基づく管理に限られず，事実上の管理をも含む**ことは，通説が承認するところである。

4　国家賠償法のその他の問題

(1)　費用負担者

■ 費用負担者の損害賠償責任　　国家賠償法は，戦前国家無答責の法理が妥当していた公権力の行使についての国家賠償責任を 1 条で規定し，戦前は学説・裁判例が必ずしも一致していなかった公の営造物の設置管理の瑕疵に起因する国家賠償責任について 2 条で規定したうえで，3 条で，「前 2 条の規定によつて国又は公共団体が損害を賠償する責に任ずる場合において，公務員の選任若しくは監督又は公の営造物の設置若しくは管理に当る者と公務員の俸給，給与その他の費用又は公の営造物の設置若しくは管理の費用を負担する者とが異なるときは，費用を負担する者もまた，その損害を

賠償する責に任ずる」とし（1項），「前項の場合において，損害を賠償した者
は，内部関係でその損害を賠償する責任ある者に対して求償権を有する」（2
項）と定めている。

この規定は，戦前の官営公費事業（国が事業実施主体であるが，地方公共団体が
全部または一部の費用を負担する事業）に関する国家賠償をめぐる学説・裁判例の
不統一による混乱を立法により除去することを目的としていた。すなわち，戦
前，官営公費事業に起因する損害の賠償につき，管理者である国が責任を負う
とする説と費用負担者である地方公共団体が責任を負うとする説が対立し，判
例も必ずしも統一されておらず，そのため被告を誤ったとして請求が認容され
ない事例も存在したのである。

**政府が提出した国家賠償法案は費用負担者説を採用していたが，参議院にお
ける修正で，被害者救済の観点から，対外的には，管理者と費用負担者のいず
れも責任を負い，内部関係における究極的な費用負担者が誰かについては立法
による決着はつけず，求償権を規定するにとどめた。**

[判例 10-39] 最判平成 21・10・23 民集 63 巻 8 号 1849 頁［百 II 238］［判 II
177］
　市立中学校教諭の体罰により被害を受けた生徒が提起した国家賠償請求訴訟で敗訴
した県が，賠償額を当該生徒に支払った後，国家賠償法 3 条 2 項の規定に基づき，市
に対して求償訴訟を提起した事案において，本判決は，国または公共団体の事務を行
うために要する経費には，損害賠償費用も含まれるとし，学校教育法 5 条と地方財政
法 9 条の規定に照らし，市町村が設置する中学校の経費については原則として当該市
町村が負担すべきとされていること，市町村立学校職員給与負担法（平成 26 年法律第
51 号による改正前のもの）1 条は，市町村立学校職員の給与についてのみ都道府県の
負担を定めていることを指摘して，市への全額求償を認めている。

■ 補助金支給者　国家賠償法 3 条 1 項の費用負担者が，地方財政法 10 条な
いし 10 条の 4 の負担金支出者も含むことについては，あ
まり異論のないところであるが，同法 16 条の補助金支給者も含むかについて
は，いくつかの説が考えられる。

[判例 10-40]　最判昭和 50・11・28 民集 29 巻 10 号 1754 頁［百Ⅱ237］〔鬼ヶ城事件〕

　本判決は，当該営造物の設置費用につき法律上負担義務を負う者のほか，実質的に負担金支給者と同視しうる補助金支給者も，国家賠償法 3 条 1 項の費用負担者に該当するという立場を採っている。そして，実質的に負担金といえるためには，補助金支給者が，①法律上の設置費用負担義務者と同等またはこれに近い設置費用を負担していること，②実質的には法律上の設置費用負担者と当該営造物による事業を共同して執行していると認められること，③当該営造物の瑕疵による危険を効果的に防止しうること，の 3 つを挙げている。

　このうち本質的なのは，②の要件であろう。なぜならば，負担金が義務的経費とされているのは，当該事業が負担金支給者の利害に密接にかかわる事務であるため，共同して管理すべき実体が存在するからであり，補助金についても，共同責任の観点から支給される場合，実質的負担金とみなすことが許されるからである。①の要件について，最判平成元・10・26 民集 43 巻 9 号 999 頁は，設置管理に瑕疵ありとされた営造物が複合的施設を構成する個々の施設であるとき，国家賠償法 3 条 1 項の費用負担者に当たるか否かは，原則として，当該個別的施設につき，費用負担割合等を考慮して判断すべきであるとしている。

(2)　民法の適用

　国家賠償法 4 条は，「国又は公共団体の損害賠償の責任については，前 3 条の規定によるの外，民法の規定による」と定めている。この規定には，2 つの意味がある。

　1 つは，国家賠償法の規定と民法不法行為規定の適用の振分けの問題である。すなわち，国または公共団体の公務員の違法な職務執行に起因する損害であっても，国家賠償法 1 条の公権力の行使に該当しない場合には，同条の規定は適用されず民法 715 条の規定が適用される。また，国または公共団体が所有している土地の工作物の設置または保存の瑕疵に起因する損害であっても，国家賠償法 2 条の公の営造物に該当しない場合には，同条の規定は適用されず，民法 717 条の問題になる。

　国家賠償法 4 条のいまひとつの意味は，国家賠償法が適用される場合であっても，同法に規定がない事項については，民法の規定によるということである。

国家賠償法は，全文6カ条の簡潔な法典であり，決して自己完結的なものではない。消滅時効，過失相殺等，民法不法行為規定を適用すれば足りる部分についてまで，国家賠償法の中に規定を設けることは煩瑣であるため，立法技術上，民法の規定による旨の規定を設けることで対処したわけである。

　国家賠償法4条にいう「民法」が，民法典のみを指すのか，民法付属法規も含むのかについては議論が分かれうる。 最判昭和53・7・17民集32巻5号1000頁［百Ⅱ239］［判Ⅱ178］，最判平成元・3・28判時1311号66頁は後説を採っている。

[判例 10-41]　最判昭和53・7・17民集32巻5号1000頁［百Ⅱ239］［判Ⅱ178］
　同判決は，国または公共団体の損害賠償の責任について，国家賠償法4条は，同法1条1項の規定が適用される場合においても，民法の規定が補充的に適用されることを明らかにしているところ，失火ノ責任ニ関スル法律（失火責任法）は，失火者の責任条件について民法709条の特則を規定したものであるから，国家賠償法4条の「民法」に含まれると解するのが相当であるとする。また，失火責任法の趣旨にかんがみても，公権力の行使に当たる公務員の失火による国または公共団体の損害賠償責任についてのみ同法の適用を排除すべき合理的理由も存しないので，公権力の行使に当たる公務員の失火による国または公共団体の損害賠償責任については，国家賠償法4条により失火責任法が適用され，当該公務員に重大な過失のあることを要すると判示した。

　したがって，失火責任法や自動車損害賠償保障法のような民法付属法規も，ここでいう「民法」に含まれうることになる。**学説においては，国家賠償請求における失火責任法の適用の有無については，見解の一致をみず，適用肯定説，適用否定説のほかに適用限定説も存在する。** 適用否定説が公権力の行使に当たる公務員一般についての失火責任法の規定の適用を否定しようとするのに対して，適用限定説は消防職員の火災に関する専門知識と消火の任務を重視して，消防職員の公権力の行使に限って，同法の規定の適用を否定しようとする。

(3)　特別法の適用

　国家賠償法5条は，**「国又は公共団体の損害賠償の責任について民法以外の他の法律に別段の定があるときは，その定めるところによる」** と規定している。

ここでいう「民法以外の他の法律に別段の定があるとき」とは，国または公共団体の損害賠償責任について，民法の規定を適用するのは不適当なので民法以外の他の法律で別段の定めをしているものをいう。国家賠償法 5 条にいう「民法以外の他の法律」の中には，国家賠償法 1 条ないし 4 条による場合よりも責任を加重するもの，軽減するもの，一面において加重するが他面において軽減するものがありうる。責任を加重する例としては，消防法 6 条 3 項のように無過失責任を定めたものがある。責任を加重する場合とは異なり，責任を軽減する場合については，日本国憲法 17 条に違反しないかという点についての検討が必要になる。

[判例 10-42]　最大判平成 14・9・11 民集 56 巻 7 号 1439 頁［百Ⅱ240］［判Ⅱ179］
　本判決は，公務員の不法行為による国または公共団体の損害賠償責任を免除し，または制限する法律の規定が憲法 17 条に適合するかは，当該行為の態様，被侵害法益の種類および侵害の程度，免責または責任制限の範囲および程度等に応じ，当該規定の目的の正当性ならびにその目的達成の手段として免責または責任制限を認めることの合理性および必要性を総合的に考慮して判断すべきと述べている。そして，当時の郵便法 68 条・73 条について，書留郵便物に関しては，郵便業務従事者の故意または重大な過失による不法行為に基づく場合にまで，免責または責任制限を認める規定に合理性は認められず，憲法 17 条に反し違憲であり，特別送達郵便物については，郵便業務従事者の軽過失による不法行為に基づく場合にも，国（当時）の損害賠償責任を免除ないし制限している部分は，憲法 17 条に反し違憲であるとされた。これを受けて，平成 14 年法律第 98 号により郵便法が改正された。

(4)　外国人への適用

　国家賠償法 6 条は，「この法律は，外国人が被害者である場合には，相互の保証があるときに限り，これを適用する」と定めている。日本国憲法 17 条は，「何人も……その賠償を求めることができる」と定めているので，国家賠償法 6 条が相互保証主義を採っていることは違憲ではないかという議論が当初より存在した。国会審議の過程においても，国家賠償法 6 条に対しては，疑問が提起されたが，政府は，日本国憲法 17 条は，「法律の定めるところにより」と規定しており，相互保証主義の定めは，日本国憲法 17 条の認めた立法裁量の範

囲を逸脱するものではないという趣旨の答弁を行っている。

　相互保証は不法行為の時点で存在することが必要か，判決時に存在すれば足りるかという問題がある。中国人強制連行訴訟において，東京地判平成13・7・12判タ1067号119頁は，強制労働をさせられた炭鉱から逃走した中国人を日本国が捜索保護しなかったことを違法とし，国家賠償法の規定の適用を認めて賠償を命じたが，控訴審の東京高判平成17・6・23判時1904号83頁［判Ⅱ128］は，同人が保護されるまでの間，中国には国家賠償法がなく，日本人に対する相互保証がなかったとして，一審判決を取り消した。

発展学習のために㉝　安全配慮義務

　安全配慮義務とは，「ある法律関係に基づいて特別な社会的接触の関係に入つた当事者間において，当該法律関係の付随義務として当事者の一方又は双方が相手方に対して信義則上負う義務」（最判昭和50・2・25民集29巻2号143頁［百Ⅰ22］［判Ⅰ28・41］）である。元来は，労務提供過程にある被用者に対して使用者が負うもので，雇用契約に付随する義務として議論されてきた。安全配慮義務の理論は，その後，公務災害，公立学校・拘置所における事故にも適用されている。安全配慮義務違反に基づく債務不履行責任の消滅時効期間は，平成29年法律第44号による改正前の民法167条1項では10年であり，他方，国家賠償責任の消滅時効期間は，民法724条では，被害者またはその法定代理人が損害および加害者を知った時から3年間であった。したがって，消滅時効については，債務不履行的構成のほうが不法行為的構成より被害者にとり一般的には有利であった。平成29年法律第44号による民法改正により，債務不履行による損害賠償請求権の消滅時効期間は，債権者が権利を行使することができることを知った時から5年間に短縮された（同改正後の民法166条1項1号）。他方，同改正により，人の生命または身体を害する不法行為による損害賠償請求権の消滅時効は，被害者またはその法定代理人が損害および加害者を知った時から5年間に延長された（同改正後の民法724条の2）。したがって，安全配慮義務構成をとることによる消滅時効期間面でのメリットは存在しなくなる。

5　損失補償

(1)　意義と沿革

■ 侵害の適法性

　損失補償の概念については，必ずしもコンセンサスが存在するわけではない。**最大公約数的理解は，適法な公権力の**

行使により，財産権が侵害され，特別の犠牲が生じた者に対して，公平の見地から全体の負担において金銭で塡補するというものである（電力会社等の民間企業が収用により発電所用敷地を取得した場合の対価の支払も損失補償に含める場合には，「全体の負担において」ではなく，起業者の負担においてということになる）。このうち，「適法性」の要件が，違法侵害に基づく国家賠償との区別のメルクマールとなるのであるが，これについても，全く異論がないわけではない。しかし，法治国家においては，侵害が適法か否かは重要な意味をもち，国家賠償請求においても，原告は，制裁機能・違法行為抑止機能・違法状態排除（適法状態復元）機能を国家賠償請求認容判決に期待していることが少なくない。損失補償につき，適法性のメルクマールを放棄するということは，国家賠償についても，違法性のメルクマールを放棄することにつながり，国家賠償の法治国原理担保手段としての機能を損なうおそれがある。したがって，損失補償の要件として，侵害の適法性は堅持されるべきと思われる。もとより，このことは，侵害の適法・違法が必ずしも明確ではなく，いずれとも構成しうる場合が存在することを否定するものではないし，また，侵害の適法・違法を問わない結果責任主義に立つ補償制度を個別の必要に応じて立法化することを否定しようとするものでもない。

■ 公権力の行使　損失補償における「公権力の行使」というメルクマールは，物品の政府調達契約のように，行政主体と私人が相互の合意に基づいて契約を締結し，その結果，行政主体が対価を支払う義務を負うような場合は含まれないことを意味する。しかし，収用権を背景とした用地取得契約のように，形式的には任意買収であっても，実質的には必ずしもそうとはいえないようなケースについては，損失補償に含めて考えることが多い。実務上も，1962（昭和 37）年に閣議決定された「公共用地の取得に伴う損失補償基準要綱」（一般補償基準）では，損失補償という言葉が，公共用地の取得のための民事上の契約との関連でも使用されているが，このことは，公共用地取得契約の背後にある強制のモメントに着目すれば理解しうるところである。

発展学習のために㉞　協議の確認

　　土地収用法は，事業認定後に任意買収の合意が成立した場合，事業の円滑な施行の

ため，任意買収に収用と同一の効果を付与する協議の確認制度を設けている。すなわち，起業地の全部または一部について起業者と土地所有者および関係人の全員との間に権利を取得し，または消滅させるための協議が成立したときは，起業者は，事業認定の告示があった日以後収用裁決の申請前に限り，当該土地所有者および関係人の同意を得て，当該土地の所在する都道府県の収用委員会に協議の確認を申請することができ（収用116条1項），確認があったときは，同時に権利取得裁決と明渡裁決があったものとみなされ，この場合において，起業者，土地所有者および関係人は，協議の成立および内容を争うことができなくなる（同121条）。

■ 財産権侵害　もっとも議論のあるのは，財産権侵害を損失補償の要件とするか否かという点である。この点は，損失補償の根拠とも密接にかかわるが，憲法29条3項は，「私有財産」を対象とすることを明示している。しかし，**損失補償の根拠が，公共の利益のために特別の犠牲を被った者に対して，公平の見地から，全体の負担において，損失を調整する制度であるとすると，その根拠として，憲法14条をも援用すべきことになり，その対象は，財産権に限定される必然性はないことになる**。したがって，この立場からすれば，たとえば，公共施設から生ずる事業損失により，身体的，精神的被害を受けた者に対して，損害賠償ではなく，損失補償の法理により救済を与える可能性も皆無ではないことになる（もっとも，その場合においても，一定の限度を超える事業損失は，不法行為として位置づけるべきであろう）。また，社会防衛のために行われた強制的な予防接種により，過失なくして生じた副作用被害のような場合にも，損失補償の法理による解決の可能性が生ずることになる。もっとも，生命，身体，健康のごとき法益は，公共の利益のためとはいえ，これを犠牲に供するという政策が許容されるものではないから，もし，特定の個人の法益を侵害するという意思の存在を損失補償の要件とするならば，生命，身体，健康のような法益の侵害については，損失補償の問題ではなく，損害賠償等，他の制度による救済を考えるべきことになる。これに対して，かかる意図の存在は，必ずしも損失補償の要件ではなく，結果として，特定の者の法益が，公共の利益のために特別の犠牲に供されているという関係がありさえすれば足りるとなると，財産権以外の法益の侵害であっても，損失補償の制度による救済を考えることが可能になる。

したがって，財産権侵害を損失補償の要件とするか否かという問題は，特定の個人の法益侵害の意図の存在を損失補償の要件とするか否かという問題と不可分の関係にあることになる。そして，理論的には，いずれの立場も成立しうると考えられる。

(2)　実定法上の根拠

憲法上補償が必要であるのに特別の犠牲を課す法律に補償規定がない場合には当該規制は違憲無効であるとする違憲無効説がかつては有力であった。しかし，現在では，憲法上補償が必要であるときは直接憲法 29 条 3 項の規定に基づいて補償を請求できるとする請求権発生説が通説の採るところとなっている。

> ［判例 10-43］　最大判昭和 43・11・27 刑集 22 巻 12 号 1402 頁［百 II 247］［判 II 180］〔名取川事件〕
> 　本判決は，刑事事件の傍論においてではあるが，河川附近地制限令（当時）4 条 2 号の規定による制限について，同条に損失補償に関する規定がないからといって，同条があらゆる場合について一切の損失補償を全く否定する趣旨とまでは解されず，その損失を具体的に主張・立証して，別途，直接憲法 29 条 3 項を根拠にして，補償請求する余地が全くないわけではないと述べ，請求権発生説を示唆した。

以来，この説が支配的となった。最高裁は，その後，最判昭和 50・3・13 判時 771 号 37 頁，最判昭和 50・4・11 判時 777 号 35 頁（ともに損失補償規定がない条例または法律が違憲であることを理由として行政処分の取消訴訟が提起された事案に関するもの）で，この判決を引用して，補償規定を欠くことが直ちに違憲無効であるとはいえないとしている。

(3)　損失補償の要否

■判断基準　損失補償の要否の基準については，①侵害行為の特殊性，②侵害行為の強度，③侵害行為の目的，等を総合的に判断する必要があると考えられる。しかし，侵害行為が一般的か特殊的かは，見方により相対的なものであるので，①は，副次的基準にとどまり，②③が中心になる。従来の立法・判例をみると，③が重視されているものが少なくない。ただし，①が重要な判断要素になっている例もある。

■ 侵害行為の目的　国民の生命，健康への危害を防止し，公共の安全を維持する警察目的（消極目的）の規制は，財産権に内在する制約として受忍すべきであるが，公益を増進するための積極目的の規制は，内在的制約とはいえず，特別の犠牲として補償を要するとする考え方は有力である。

[判例 10-44]　最判昭和58・2・18民集37巻1号59頁［百Ⅱ242］［判Ⅱ184］

　石油会社がガソリンタンクを設置し，これを適法に維持管理していたところ，国が地下道を新設したため，旧タンクが地下道からの離隔距離に違反し，当該石油会社は，旧タンクの移設工事をせざるをえなくなった。そこで，当該石油会社は，この移設工事は，地下道の新設に起因するとして，道路法70条1項▼の規定に基づく損失補償を請求した。本判決は，「警察法規が一定の危険物の保管場所等につき保安物件との間に一定の離隔距離を保持すべきことなどを内容とする技術上の基準を定めている場合において，道路工事の施行の結果，警察違反の状態を生じ，危険物保有者が右技術上の基準に適合するように工作物の移転等を余儀なくされ，これによつて損失を被つたとしても，それは道路工事の施行によつて警察規制に基づく損失がたまたま現実化するに至つたものにすぎず，このような損失は，道路法70条1項の定める補償の対象には属しないものというべきである」と判示している。

　この判示部分は，本判決が，ガソリンタンクという危険物の所有者は，自ら危険な状態を是正する責任を負っており，危険な状態を解消する責任は，危険物の所有者側にあると考えていることを推測せしめる。

[判例 10-45]　最判昭和57・2・5民集36巻2号127頁

　鉱業権設定後に，中学校が建設されたため，原告は，鉱業法64条▽の規定による制限を受け鉱業権を侵害されたと主張して，憲法29条3項の規定に基づく損失補償を請求した。本判決は，鉱業法64条の制限は，「鉄道，河川，公園，学校，病院，図書館等の公共施設及び建物の管理運営上支障ある事態の発生を未然に防止するため，これらの近傍において鉱物を掘採する場合には管理庁又は管理人の承諾を得ることが

　▼道70条①　土地収用法第93条第1項の規定による場合の外，道路を新設し，又は改築したことに因り，当該道路に面する土地について，通路，みぞ，かき，さくその他の工作物を新築し，増築し，修繕し，若しくは移転し，又は切土若しくは盛土をするやむを得ない必要があると認められる場合においては，道路管理者は，これらの工事をすることを必要とする者（以下「損失を受けた者」という。）の請求により，これに要する費用の全部又は一部を補償しなければならない。この場合において，道路管理者又は損失を受けた者は，補償金の全部又は一部に代えて，道路管理者が当該工事を行うことを要求することができる。

必要であることを定めたものにすぎず，この種の制限は，公共の福祉のためにする一般的な最小限度の制限であり，何人もこれをやむを得ないものとして当然受忍しなければならないものであつて，特定の人に対し特別の財産上の犠牲を強いるものとはいえないから，同条の規定によつて損失を被つたとしても，憲法 29 条 3 項を根拠にして補償請求をすることができないものと解するのが相当である」と判示している。

　ここにおいても，鉱業という危険を伴う行為を行う者の側が，危険を回避すべき責任を負うという考えが基礎にある。

　[判例 10-46]　最大判昭和 38・6・26 刑集 17 巻 5 号 521 頁［百 II 246］［判 II 185］〔奈良県ため池条例事件〕
　著名な奈良県ため池条例事件において，奈良県の「ため池の保全に関する条例」（当時）が，ため池の堤とうを使用する財産上の権利を有する者に対しては，その使用をほとんど全面的に禁止することとなり，財産上の権利に著しい制限を加えるものであると述べ，侵害の強度が大であることを認めながら，結局それは，災害を防止し公共の福祉を保持するうえで，社会生活上やむをえないものであり，そのような制約は，ため池の堤とうを使用しうる財産権を有する者が当然受忍しなければならない責務というべきであって，憲法 29 条 3 項の損失補償はこれを必要としないと解するのが相当であると判示している。

　そこにおいては，公共の安全を維持するという警察目的の規制であれば，侵害の強度が大きくても，補償は不要という思考がみてとれるのである。他方，傍論においてではあるが，類似の事例において，既存の権利を事実上剥奪する場合，積極的実損の補償については，一定の理解を示す判示を行ったのが名取川事件最高裁判決である。

　[判例 10-47]　最大判昭和 43・11・27 刑集 22 巻 12 号 1402 頁［百 II 247］［判 II 180］〔名取川事件〕
　本判決は，河川附近地制限令（当時）4 条 2 号が定める制限は，河川管理上支障のある事態を未然防止するため許可制を設けたもので，公共の福祉のためにする一般的

　▽鉱 64 条　鉱業権者は，鉄道，軌道，道路，水道，運河，港湾，河川，湖，沼，池，橋，堤防，ダム，かんがい排水施設，公園，墓地，学校，病院，図書館及びその他の公共の用に供する施設並びに建物の地表地下とも 50 メートル以内の場所において鉱物を掘採するには，他の法令の規定によつて許可又は認可を受けた場合を除き，管理庁又は管理人の承諾を得なければならない。但し，当該管理庁又は管理人は，正当な事由がなければ，その承諾を拒むことができない。

制限であり，原則として何人も受忍すべきと述べている。しかし，これに続けて，被告人は，河川附近地制限令により，知事の許可を受けずに砂利を採取できなくなり，従来，賃借料を支払い，労務者を雇い入れ，相当の資本を投入して営んできた事業が営みえなくなるために相当の損失を被ることになり，その財産上の犠牲は，公共のために必要な制限によるとはいえ，単に一般的に当然に受忍すべきものとされる制限の範囲を超え，特別の犠牲を課したとみる余地が全くないわけではなく，憲法29条3項の趣旨に照らし，さらに河川附近地制限令1条・2条・3条および5条の場合に損失補償を義務づけた同令7条との均衡からいって，その現実に被った損失については，補償請求しうると解する余地があると判示している。

　このことは，公共の安全を維持するための規制の導入により，期待利益が失われても，それは社会的制約として補償を要しないが，既存の営業を不可能にする場合には，積極的実損分は，特別の犠牲に当たりうるという趣旨と解される。
　以上のように，少なからぬ裁判例では，③の侵害行為の目的が補償の有無を決するうえで，大きな役割を果たしている。しかし，そもそも，何が公益を増進する積極目的で何が公共の秩序安全を保護する消極目的かは，各人の価値観によって判断が異なりうるし，時代により社会通念も変化する。このように，消極目的による警察制限か積極目的による公用制限かという区別は，一義的明確になしうるものではなく，この点が，③の基準のひとつの欠点である。

■ 侵害の特殊性　①の基準が補償を否定する判例の重要な要素となっていると考えられるものに，戦争損害がある。

[判例10-48]　最大判昭和43・11・27民集22巻12号2808頁［判Ⅱ191］
　本判決は，「戦争中から戦後占領時代にかけての国の存亡にかかわる非常事態にあつては，国民のすべてが，多かれ少なかれ，その生命・身体・財産の犠牲を堪え忍ぶべく余儀なくされていたのであつて，これらの犠牲は，いずれも，戦争犠牲または戦争損害として，国民のひとしく受忍しなければならなかつたところであり，右の〔対日平和条約による〕在外資産の賠償への充当による損害のごときも，一種の戦争損害として，これに対する補償は，憲法の全く予想しないところ」であると判示している。

■ Column㊸　国民保護法における損害補償 ------------------------------------
　2004（平成16）年に制定された「武力攻撃事態等における国民の保護のための措置に関する法律」（国民保護法）においては，国および地方公共団体は，避難住民の誘導（同法70条1項）・復帰（同条3項），救援（同法80条1項），消火・負傷者の搬

送・被災者の救助等（同法 115 条 1 項），保健衛生の確保（同法 123 条 1 項）に必要な援助について要請を受けて協力した者が，そのため死亡し，負傷し，もしくは疾病にかかり，または障害の状態となったときは，その者またはその者の遺族もしくは被扶養者がこれらの原因によって受ける損害を補償する義務を負うとされている（同法 160 条 1 項）。このように国民保護法においても，一般的な戦争災害補償は定められておらず，補償は，公務員からの協力要請に応じた結果，死亡・負傷等の被害を受けた場合に限られている。

■ 行政財産の使用許可の撤回

(a)　被許可者の責めに帰すべき事由がある場合

行政財産の使用許可が撤回されたときの損失補償の要否は，実務上，きわめて重要な課題であり，紛争が生じることも少なくない。もっとも，被許可者の責めに帰すべき事由により許可が撤回される場合には，使用を継続させることによる公益への支障を回避する消極目的でなされるものとみることができ，補償を不要とするのが裁判例の立場である。実定法上も，かかる場合の許可の撤回に際しては補償は不要であることを当然の前提としている（道路 72 条 1 項，河川 76 条 1 項，海岸 21 条 3 項，都園 28 条 1 項）。

(b)　使用権に対する補償

以下においては，被許可者の責めに帰すべき事由がない場合を念頭に置くこととする。行政財産の使用許可を撤回した場合，使用権自体に対する権利対価補償は必要であろうか。使用権が財産権であり，公益上の理由による許可の撤回が当該財産を公共のために用いることであるとするならば，漁業権等の消滅収用の場合と同様に権利対価補償を行うべきことになる。かつての通説は，かかる立場を採っていた。これに対して，行政財産の使用権は，公益上の必要が生じたときには撤回されるという内在的制約を負っており，権利対価補償は不要であるとする学説が唱えられた。伝統的学説への有力な批判の影響と思われるが，大極光明事件の最高裁判決は，以下のように，原則として補償不要とした。

[判例 10-49]　最判昭和 49・2・5 民集 28 巻 1 号 1 頁 ［百 I 87］［判 I 164］
　本判決は，行政財産の使用権は，期間の定めのないときは，当該行政財産本来の用途または目的上の必要を生じたときは，その時点において原則として消滅すべき制約を内在させているから，権利対価補償は不要であると判示した。ただし，本判決は，例外を留保している。すなわち，使用許可を受けるに当たりその対価の支払いをして

いるが，当該行政財産の使用収益により当該対価を償却するに足りないと認められる
期間内に当該行政財産の本来の目的に用いる必要を生じたときや，使用許可に際し別
段の定めがされているときなど，行政財産について本来の目的に使う必要が生じてい
るにもかかわらず，使用権者がなお当該使用権を保有する実質的理由を有すると認め
るに足りる特別の事情が存する場合には，権利対価補償の可能性を肯定しているので
ある。

　本判決に対しては，賛成する学説と，伝統的な通説の立場からこれに反対す
る学説が対立した状況にあるが，基本的には，判例の方向は妥当と思われる。

　［判例 10-50］　最判平成 22・2・23 判時 2076 号 40 頁［判Ⅱ186］
　　本判決は，行政財産である食肉センターの廃止に伴う支援金の支出が補償金に該当
するかについて検討し，本件食肉センターの利用資格に制限はなく，本件利用業者等
と市との間に委託契約，雇用契約等の継続的契約関係は存在せず，単に本件利用業者
等が本件食肉センターを事実上，独占的に使用する状況が継続していたにすぎないか
ら，その使用関係を国有財産法 19 条，24 条 2 項の規定を類推適用すべき継続的な使
用関係と同視できないし，本件利用業者等が享受してきた利益は，本件食肉センター
が公共の用に供されたことの反射的利益にとどまり，本件利用業者等が本件食肉セン
ターを利用し得なくなったという不利益は，憲法 29 条 3 項の規定による損失補償を
要する特別の犠牲には当たらないと判示している。

■ 長期間にわたる土地利用規制　　将来の公共事業に支障を及ぼさないように，
土地利用規制を課す場合，実際に収用がなさ
れる段階では，最判昭和 48・10・18 民集 27 巻 9 号 1210 頁［百Ⅱ245］が判示
するように，被収用地が，当該土地利用規制を受けていなければ有するであろ
うと認められる価格で補償がなされることになる。しかし，このことは，土地
利用規制が課されてから，収用が行われるまでの期間，当該土地の利用が制限
されたことに伴う損失（たとえば，賃料の損失）を補償することにはならない。
土地利用規制が行われていた期間が短期間であったり，規制の程度が小さい場
合には，かかる損失は，特別の犠牲に当たらないとみることも許されようが，
長期にわたり，かなり重大な制限を課す場合には，特別の犠牲に該当しうると
思われる。最判平成 17・11・1 判時 1928 号 25 頁［百Ⅱ248］［判Ⅱ187］は，都
市計画法 53 条等に基づく 60 年を超える土地利用規制について，特別の犠牲に
は当たらず，憲法 29 条 3 項の規定に基づく損失補償の必要はないと判示して

いる。もっとも，藤田宙靖裁判官補足意見で指摘されているように，本件土地が所在する地域が第一種住居地域であって，今後とも土地の高度利用が行われる地域ではなく，また，従前と同程度の規模と構造の建築物を再度建築することについて知事の許可を容易に得ることができるという具体的事情が，特別の犠牲を否定する理由になったと考えられ，同判決は事例判決といえ，長期間にわたる都市計画制限が特別の犠牲に当たる可能性が一般的に否定されたものとはいえない。

(4)　損失補償の内容

■ 一般補償基準　　　　わが国においては，公共事業のための用地の取得は，通常，任意買収の方法によっている。任意買収であるならば，当事者の納得する額で契約が締結されるのであるから，買収額が妥当であるか否かは法的には問題にする必要がなく，私的自治に委ねれば足りるという見解もあるかもしれない。しかし，任意買収とはいっても，公共事業のための用地取得の場合，背後に収用権が控えており，私人にとって，当該土地を失うことは，もはや運命づけられているといってよい。公共事業のために土地を売却した者の多くが，この強制の要素を意識していると思われる。かかる強制の要素に照らせば，売買契約の締結という形式をとる場合であっても，収用の場合と同様，正当な補償がなされるべきであり，当該補償によって，私人の生活再建が可能となるかは，重要な関心事とならざるをえない。他方において，起業者の側にとっても，事業用地として計画された以上，実際には選択の余地は失われており，予算執行上の制約もあり，ここに売手独占状況下で「ゴネ得」の発生する基盤が存在する。もっとも，背後に収用権が存在するため，実際には，売手の立場が脆弱性を有することは先に指摘したとおりであるが，事業認定申請や収用裁決申請の事務的負担の大きさに加えて，収用権の発動がもたらす社会的摩擦を考えると，できるだけ任意買収により用地を取得する強いインセンティブが働き，そのため過大補償のおそれも存在する。しかし，補償が公費で賄われることを考えれば，過大補償を避けなければならないことも当然である。

　以上のような認識に基づいて，それまで起業者ごとに不統一であった補償基準を統一したのが，一般補償基準である。公共用地の取得のほとんどすべてが

任意買収によっていること，および，上に述べたように，任意買収とはいっても，強制の要素を含み，かつ，公金の支出にかかわるものであることに照らせば，任意買収における補償の問題も視野に入れて法的検討を行う必要性は，きわめて大であるといえよう。以下においては，任意買収のケースも念頭に置いて議論することとする。

■ 権利対価補償　　日本国憲法 29 条 3 項にいう「正当な補償」が何かについては，完全補償か相当補償かというかたちで議論されてきた。相当補償説は，農地買収の補償を正当化するために唱えられたものであるが，学説上は，原則として完全補償であるべきとする説が有力といってよい。しかし，完全補償か相当補償かという理論枠組みには，以下のような制約があることに留意しておく必要があると思われる。

　第 1 に，両者とも，「正当な補償」とは財産権補償を念頭に置いたものであるという前提に立ったうえで，財産的損失の完全な塡補が必要か，必ずしも完全に塡補する必要はなく，相当な補償で足りるかという議論をしているのである。「正当な補償」を，そもそも，財産権補償とみるのではなく，被収用者をして収用がなかったのと同様の生活状態を可能にするための生活権補償こそ「正当な補償」であり，財産権補償も，上記の目的でなされる生活権補償の一部にすぎないという立場を採れば，財産権補償としての完全補償も，生活権補償としては，相当補償にすぎないことになる。

　第 2 に，財産権補償に限定して考えても，完全補償説といわれるものの中には，財産権の価値に対する補償，すなわち権利対価補償のみが完全になされれば足りるとするものもあれば，移転料などの付随的損失の補償までなされなければ完全補償とはいえないとするものもある。後者の立場に立てば，前者は，完全補償説ではなく，相当補償説ということになろう。

　このように，完全補償説といわれるものの間においてすら，補償対象の外延内包につき，コンセンサスが成立しているわけではないのである。したがって，従前の完全補償説と相当補償説との対立は，財産権補償，それも，権利対価補償のレベルにおける論争であるという射程を明確にしておくことが必要と思われる。権利対価補償に関して，相当補償説が唱えられる有力な契機となったのが，農地改革であり，次の判例が注目された。

[判例 10-51]　最大判昭和 28・12・23 民集 7 巻 13 号 1523 頁［百Ⅱ243］
　本判決は,「憲法 29 条 3 項にいうところの財産権を公共の用に供する場合の正当な
補償とは, その当時の経済状態において成立することを考えられる価格に基き, 合理
的に算出された相当な額をいうのであつて, 必しも常にかかる価格と完全に一致する
ことを要するものでないと解するを相当とする。けだし財産権の内容は, 公共の福祉
に適合するように法律で定められるのを本質とするから（憲法 29 条 2 項）, 公共の福
祉を増進し又は維持するため必要ある場合は, 財産権の使用収益又は処分の権利にあ
る制限を受けることがあり, また財産権の価格についても特定の制限を受けることが
あつて, その自由な取引による価格の成立を認められないこともあるからである」と
判示した。

　本判決を正当化するためには, 相当補償説によらねばならないといわれるが,
「地主の農地所有権の内容は使用収益又は処分の権利を著しく制限され, つい
に法律によつてその価格を統制されるに及んでほとんど市場価格を生ずる余地
なきに至つた」のであり,「かかる農地所有権の性質の変化は, 自作農創設を
目的とする一貫した国策に伴う法律上の措置であつて, いいかえれば憲法 29
条 2 項にいう公共の福祉に適合するように法律によつて定められた農地所有権
の内容である」とすれば, 社会的制約の結果低落した財産価値については, 完
全に補償しているとみることもできないわけではない。
　また, 在外資産喪失にかかる前掲最大判昭和 43・11・27 の表現によれば,
「わが国は, 敗戦に伴い, ポツダム宣言を受諾し, 降伏文書に調印し, 連合国
の占領管理に服することとなり, わが国の主権は, 不可避的に連合軍総司令部
の完全な支配下におかれざるを得なかつた」のであるから, 自作農創設による
農業の民主化という占領政策として遂行された農地改革は, きわめて特殊な事
例であり, この事案を念頭に置いて, 相当補償説を一般化することはできない
と思われる。したがって, このようなきわめて例外的な場合を除けば, 権利対価
補償は完全補償であるべきということになろう。

[判例 10-52]　最判昭和 48・10・18 民集 27 巻 9 号 1210 頁［百Ⅱ245］
　都市計画制限, 都市計画事業制限を受けた土地の収用に対する権利対価補償につい
て, 本判決は,「土地収用法における損失の補償は, 特定の公益上必要な事業のため
に土地が収用される場合, その収用によつて当該土地の所有者等が被る特別な犠牲の
回復をはかることを目的とするものであるから, 完全な補償, すなわち, 収用の前後

を通じて被収用者の財産価値を等しくならしめるような補償をなすべきであり，金銭をもつて補償する場合には，被収用者が近傍において被収用地と同等の代替地等を取得することをうるに足りる金額の補償を要する」とする。そして，この理は，土地が都市計画事業のために収用される場合であっても，なんら，異なるものではなく，土地収用法によって補償すべき額とは，被収用者が，都市計画制限，都市計画事業制限を受けていないとすれば，裁決時において有するであろうと認められる価格をいうと判示している。

　この判決は，直接には，土地収用法における権利対価補償についてのものであるが，権利対価補償に関しては，憲法上の要請を法定したものであることについては，まず異論がないと思われる。[判例10-52] が，土地収用法における損失の補償は，特別な犠牲の回復をはかることを目的とすると述べているのも，同法の補償は，憲法上の補償と一致することを前提としていると解される。そうすると，この判決は，公用収用における権利対価補償は，完全補償でなければ，憲法29条3項の「正当な補償」とはいえないという立場に立っていることになる（最判平成9・1・28民集51巻1号147頁［百Ⅱ203］［判Ⅱ96］も同旨）。

■ 付随的損失の補償　土地収用法は，権利対価補償のみならず，みぞかき補償（収用75条），移転料補償（同77条），その他，離作料，営業上の損失，建物の移転による賃貸料の損失その他土地を収用し，または使用することによって土地所有者または関係人が通常受ける損失を補償することとしている。一般に，通損補償と称されるものである。このような付随的損失の補償が憲法29条3項の「正当な補償」に含まれるかについては，議論がある。私人間の土地取引においては，譲渡人は，移転料や移転に伴う営業上の損失は，（事実上譲渡価格に上乗せすることはあるにしても）自己負担するのが原則であろう。しかし，公用収用の場合には，自ら望んで移転したり，営業を休廃止するわけではなく，公共事業のために，それを強いられるわけであるから，損失補償の基礎にある平等原則からして，全体の負担において，かかる損失を補塡することが必要であろう。また，そのように解さないと，被収用者は，権利対価補償から付随的損失分を差し引いた額で，代替地を取得することを期待されることになり，それでは，実際には，前掲最判昭和48・10・18がいう「被収用者が近傍において被収用地と同等の代替地等を取得することをうるに足り

る金額の補償」をしたことにはならない。したがって，付随的損失の補償も，憲法 29 条 3 項の「正当な補償」に該当するものであり，政策上の補償とみるべきではないと思われる。

■ 生活権補償　　憲法 29 条 3 項は，私有財産を公共のために用いた場合について，「正当な補償」をすることを定めているが，財産権の補償のみでは，従前の生活水準を維持しえない者が生じうる。そのため，生活権補償の要否について，かねてより，学界等で議論がなされている。もっとも，生活権補償の定義については，学説は必ずしも一致しておらず，最広義では，財産権の権利対価補償を含めた意味で用いられることもある。すなわち，そこでは，補償の究極の目標が従前の生活の再建と考えられ，権利対価補償も，その目的を実現するための一手段にすぎないとみなされることになる。

たしかに，本来，損失補償の究極の目的は，従前の生活状態を可能な限り再建することであるべきであるが，現行法制が，必ずしも，そのような前提でできているわけではない。そこで，本書では，権利対価補償と精神的損失に対する補償は，生活権補償に含めないこととする。

水源地域対策特別措置法 8 条等に生活再建措置に関する規定が設けられているのは，財産権補償のみでは従前の生活を再建できない場合が少なくなく，生活再建措置なくしては，公共施設の立地が円滑に進まないという認識が浸透してきたことの反映とみることができるように思われる。しかしながら，これらの規定は，一般に努力義務規定と解されており，その点に限界がある。行政実務は，一般に，生活権補償が憲法上の根拠を持つものとは解していないと思われる。

生活権補償が，憲法上の根拠を有するかが争点になったのが，徳山ダム訴訟である。

[判例 10-53]　岐阜地判昭和 55・2・25 行集 31 巻 2 号 184 頁［判 II 189］〔徳山ダム事件〕
　原告らは，水源地域対策特別措置法 8 条の定める生活再建措置のうち，土地の取得，建物の取得の斡旋は，憲法 29 条により保障される正当な補償であるとし，水源地域対策特別措置法および憲法 29 条違反を理由として，ダム建設工事の差止めを求める法定外抗告訴訟を提起した。本判決は，ダム建設に伴い生活の基礎を失うことになる

者についての補償も，財産権の保障に由来する財産的損失に対する補償，すなわちその基本は金銭補償であり，本来これをもって足りるところ，これのみでは，財産権上の損失以外の社会的摩擦，生活上の不安も考えられるため，水源地域対策特別措置法の諸規定により，これらを緩和ないし軽減する配慮に出て，財産上の損失，補償とは別に，生活再建措置のあっせん規定を定めたものであり，当該規定は関係住民の福祉のため，補償とは別個に，これを補完する意味においてとられる行政措置であるにすぎず，憲法 29 条 3 項にいう正当な補償には含まれないと述べている。

　この判決は，直接的には，憲法 29 条 3 項により，生活権補償を基礎づけうるかに関するものであるが，判旨からは，憲法の他の条項により生活権補償の根拠が与えられうるとする趣旨を読み取ることは困難であり，憲法上の生活権補償を否定するものと解さざるをえないと思われる。

■ **精神的損失に対する補償**　従来は，精神的損失に対する補償を否定する見解が有力であり，判例もまた，精神的損失に対する補償に関しては消極的とみられる。このことを示すのが，土地収用法 88 条の「通常受ける損失」に対する補償の中に，当該輪中堤の文化財的価値の喪失に対する補償も含まれるかについて判示した次の判決である。

[判例 10-54]　最判昭和 63・1・21 判時 1270 号 67 頁〔福原輪中堤事件〕
　本判決は，土地収用法 88 条にいう「通常受ける損失」は客観的・社会的にみて収用に基づき被収用者が当然に受けるであろうと考えられる経済的・財産的な損失のことであり，経済的価値でない特殊な価値についてまで補償の対象とする趣旨ではないとする。そして，市場価格の形成に影響を与えない文化財的価値は，それ自体経済的評価に馴染まないものとして，土地収用法上，損失補償の対象となりえないと判示している。すなわち，文化財的価値が市場価格に影響を与える限りにおいて，それは権利対価補償の一部として補償されることになるが，市場価格に影響しない限り，補償の対象とならないというのである。

　本判決は，直接的には，土地収用法 88 条の「通常受ける損失」に関するものであるが，市場価格に反映されない特殊な価値に対する補償は，憲法上も不要という前提に立っているのではないかと推測される。したがって，精神的損失の補償に対しても否定的と思われる。
　しかし，近時は，かかる見解に対して疑問を提起する見解も多くみられ，**精神的損失補償否定説が通説とは必ずしもいえない状態にある。**

(5)　損失補償の時期

■ 憲法29条3項の趣旨　　憲法29条3項が，事前補償または同時補償がなされるべきことまで保障する趣旨であるかについて争われたのが，次の事件である。

[判例10-55]　最大判昭和24・7・13刑集3巻8号1286頁［百Ⅱ244］

　本判決は，「憲法は『正当な補償』と規定しているだけであつて，補償の時期についてはすこしも言明していないのであるから，補償が財産の供与と交換的に同時に履行さるべきことについては，憲法の保障するところではないと言わなければならない。もつとも，補償が財産の供与より甚だしく遅れた場合には，遅延による損害をも塡補する問題が生ずるであらうが，だからといつて，憲法は補償の同時履行までをも保障したものと解することはできない」と判示している。

　たしかに，憲法29条3項は，事前補償を義務づける明示的文言を使用していない。しかし，このことから，憲法29条3項は，補償の時期について立法者に白紙委任していると考えるべきではないと思われる。「正当な補償」という文言の中に，補償の時期についての一定の要請も含意されていると考えられる。損失補償が，財産権の交換価値の補塡や平等原則の観点からのみ行われる場合であっても，事後補償となる場合には，損失発生以後の利息を塡補する必要があると思われる。また，生活権補償の観点からすれば，事前補償または同時補償をしないことによって，従前の生活水準の維持を著しく困難にすることは，「正当な補償」とはいえず，違憲の疑いが濃いといえよう。

■ 土地収用法の規定　　土地収用法は，原則として「補償なければ収用なし」という事前補償ないし同時補償の原則を採用している。これは，憲法29条3項の趣旨に合致するものである。ただし，土地収用法の中には，例外的に事後補償主義を採用している規定もある（83条2項・84条2項・91条・92条・93条・94条・124条）。いずれも事後補償主義を採る合理的理由があり，違憲とはいえないであろう。

6 国家補償の谷間

(1) 「国家補償の谷間」の存在

■ 違法無過失の類型

国家賠償法1条1項は、違法と過失を要件としている。その場合の違法の意義については、前述のように、解釈が分かれているし、また、不法行為の類型により、違法概念が多元化していることも、すでに指摘したとおりである。しかし、違法と過失の二元的判断がなされる場合には、違法であるが、過失がないという事態が生じうる。これが、いわゆる「違法無過失」の類型で、「国家補償の谷間」の典型とされてきた。なぜならば、過失がなければ、国家賠償法1条1項の損害賠償責任が成立せず、また、損失補償は、適法侵害であることをメルクマールとしているので、損失補償もなされないことになるからである。

■ 非財産的法益の侵害

適法な財産権侵害については、憲法29条3項の規定に基づいて直接に損失補償請求が可能であることは、通説・判例の認めるところであるが、非財産的法益が侵害された場合についても、同条項を類推適用ないしもちろん解釈をして、憲法上、損失補償請求を認めうるかについては、予防接種禍訴訟で議論されたところである。また、それ以外にも、憲法25条の規定に基づく請求等、憲法上の補償請求権を基礎づける試みが種々なされてきた。もし、損失補償請求が認められないと、たとえば強制予防接種で副作用被害を受けても、過失がない場合には国家賠償法による請求は認められないし、損失補償請求も認められず、行政上の救済制度である予防接種健康被害救済制度も被害のすべてを塡補しようとするものではないので、国家補償法の谷間が生ずることになる。

(2) 解釈論による対応

■ 損害賠償の側からのアプローチ

「国家補償の谷間」については、そもそも、それを埋める必要があるのか否かについても、議論がありうるところであり、個別に、その必要性につき検討する必要がある。いわゆる「違法無過失」の「国家補償の谷間」を解釈論により埋めるた

めには，損害賠償の側からのアプローチと，損失補償の側からのアプローチがありうる。前者のアプローチをとる場合，解釈論として，過失の要件を緩和することによって，「違法無過失」の谷間を狭めることが望ましいと考えられる場合があろう。また，過失の立証責任は，原告が負うのが原則であるが，現実には，被告に比べて，専門知識の面でも資力の面でも劣る原告にこの責任を負わせた場合，実際には過失があっても，それを立証しえず，結局，被害者が損害を負担することになりかねない。したがって，一定の場合には，過失を推定することが必要と思われる。

　過失の推定によって，「国家補償の谷間」と考えられてきた領域を埋めた例として，予防接種禍訴訟が挙げられる。強制予防接種を行う場合，十分な注意を払っても，現在の医学水準では，完全に副作用を予見することは困難である。そのため，かつては，予防接種禍集団訴訟において，すべての原告に国家賠償請求のルートで救済を与えることは困難とみられていた。しかし，東京予防接種禍訴訟の控訴審判決である東京高判平成 4・12・18 高民集 45 巻 3 号 212 頁［判 II 133］は，禁忌該当者に予防接種を実施させないための十分な措置をとる義務を怠ったことを理由として，厚生大臣（当時）の過失を肯定し，損害賠償請求権が除斥期間の経過により消滅したと認定された 1 名を除く全員に対して，国の責任を認めた。それを可能にしたのは，2 つの最高裁判決である。

[判例 10-56]　最判平成 3・4・19 民集 45 巻 4 号 367 頁［百 II 211］［判 II 132］〔小樽種痘禍事件〕
　本判決は，予防接種により重篤な後遺障害が発生する原因としては，①被接種者が禁忌者に該当していたこと，または，②被接種者が後遺障害を発生しやすい個人的素因を有していたこと，が考えられるという。そして，①の可能性は，②の可能性よりもはるかに大きいから，予防接種によって後遺障害が発生した場合には，(a)禁忌者を識別するために必要とされる予診が尽くされたが禁忌者に該当すると認められる事由を発見することができなかったこと，(b)被接種者が後遺障害を発生しやすい個人的素因を有していたこと，等の特段の事情が認められないかぎり，①の場合に該当していたと推定するのが相当であると判示したのである。

　この判示にいう(b)の立証は，きわめて困難と考えられる。医学の進歩により，(b)の個人的素因を特定し，診断できる状態になれば，当該個人的素因は，アレ

ルギー体質の場合と同様に禁忌事由として取り上げられるべきである。したがって，禁忌事由の設定が適切であることを前提とすれば，②に該当するということは，現在の医学水準をもってしては，禁忌事由として特定できず，原因の特定が著しく困難であることを意味するからである。

　他方，(a)に関しては，次の判例が重要である。

[判例 10-57]　最判昭和 51・9・30 民集 30 巻 8 号 816 頁
　本判決は，医師は，禁忌者を識別するに足りるだけの具体的質問をする義務があり，適切な問診を尽くさなかったため，禁忌すべき者の識別判断を誤って予防接種を実施した場合，予防接種の異常な副反応により接種対象者が死亡または罹病したときには，原則として，担当医師は接種に際しかかる結果を予見しえたのに過誤により予見しなかったものと推定すべきとする。そして，当該予防接種の実施主体は，接種対象者の死亡等の副反応が現在の医学水準からして予知できなかったこと，もしくは予防接種による死亡等の結果が発生した症例を医学情報上知りえたとしても，その結果発生の蓋然性が著しく低く，医学上，当該具体的結果の発生を否定的に予測するのが通常であること，または当該接種対象者に対する予防接種の具体的必要性と予防接種の危険性との比較衡量上接種が相当であったこと等を立証しない限り，不法行為責任を免れないと判示している。

　したがって，前掲最判平成 3・4・19 と前掲最判昭和 51・9・30 をあわせみると，予診が不十分であることを理由として，広範に過失を認めうることが理解される（重篤な副反応が予見可能な場合，接種を行わないことにより，被害を避けることができるから，結果回避可能性も肯定される）。前掲東京高判平成 4・12・18〔東京予防接種禍訴訟〕は，[判例 10-56]，[判例 10-57] をふまえて，国家賠償のルートで，従前，「国家補償の谷間」と考えられてきた領域に救済を与えたのである。

■ 損失補償の側からのアプローチ　　損失補償の側から「違法無過失」の谷間を埋めようとする解釈論的努力がなされた例が存在する。

[判例 10-58]　東京地判昭和 59・5・18 判時 1118 号 28 頁
　本判決は，「憲法 13 条後段，25 条 1 項の趣旨に照らせば，財産上特別の犠牲が課せられた場合と生命，身体に対し特別の犠牲が課せられた場合とで，後者の方を不利に扱うことが許されるとする合理理由は全くない。従つて，生命，身体に対し特別

の犠牲が課せられた場合においても，右憲法 29 条 3 項を類推適用し，かかる犠牲を強いられた者は，直接憲法 29 条 3 項に基づき，被告国に対し正当な補償を請求することができると解するのが相当である」と判示し，非財産的法益の侵害に憲法 29 条 3 項の規定を類推適用して，「国家補償の谷間」を埋めようとしたのである。

そして，大阪地判昭和 62・9・30 判時 1255 号 45 頁と福岡地判平成元・4・18 判時 1313 号 17 頁は，憲法 29 条 3 項の規定のもちろん解釈によって損失補償を認めている。

(3) 立法論による対応

■ 無過失責任主義と立証責任の転換

「国家補償の谷間」を解釈により埋める試みは重要であるが，必要と考えられるすべての谷間を解釈論により埋めることは容易ではなく，立法による対応が要請されることになる。

立法政策として考えた場合，過失責任主義が妥当か否かについては，議論のありうるところであろう。過失の立証責任についても，被害者保護の観点から転換すべきではないかという意見が，国家賠償法立案過程においてもみられた。しかしながら，一般的に無過失責任主義を採用したり，過失の立証責任を転換することには，なお慎重な意見が多いであろう。したがって，原則としては過失責任主義を採り，過失の立証責任を原告に負わせながら，特に必要性が大きい場合に，個別法で，過失責任主義を修正して無過失責任主義を導入したり，過失の立証責任を転換していくことが，当面，現実的であろう。

■ 結果責任主義と社会保障

結果責任主義は侵害行為の適法・違法は問わないが，当該損害（損失）が国または公共団体の行為に起因するものであるがゆえに，国または公共団体に責任を負わせるものである。したがって，一般的には，被害者の資力等は問題にされない。他方，**社会保障は，国家（または公共団体）起因性ではなく，実際に存在する貧困，疾病等に対して，社会連帯の立場から救済を与えようとするものであり，被害者の資力等が重要な要素になることが多い。**しかし，現実の制度の中には，結果責任主義的性格と社会保障的性格が融合しているものも珍しくなく，すべての制度を一方の理念のみで割り切ることができるわけではないことは，次の判例が示

している。

[判例 10-59]　最判昭和 53・3・30 民集 32 巻 2 号 435 頁［判Ⅱ193］
　本判決は，旧原爆医療法は社会保障法であるが，「特殊の戦争被害について戦争遂行主体であつた国が自らの責任によりその救済をはかるという一面をも有するものであり，その点では実質的に国家補償的配慮が制度の根底にあることは，これを否定することができない」と判示している。

判 例 索 引

索引中、［百Ⅰ8］は『行政判例百選Ⅰ〔第8版〕』の8事件を、［百Ⅱ249］は
『行政判例百選Ⅱ〔第8版〕』の249事件をさす（同百選の旧版については、版表
示を付した）。［判Ⅰ47］は『行政法判例集Ⅰ〔第2版〕』の判例番号47を、［判
Ⅱ49］は『行政法判例集Ⅱ〔第2版〕』の判例番号49をさす。1-2は本書の［判
例1-2］をさす。

〈大審院〉
大判大正5・6・1民録22輯1088頁 …………………………………………………… 448

〈最高裁判所〉
最大判昭和24・5・18民集3巻6号199頁 1-2 ………………………………… 10, 193, 289
最大判昭和24・7・13刑集3巻8号1286頁［百Ⅱ244］10-55 ……………………… 482
最大判昭和26・8・1民集5巻9号489頁 …………………………………………… 292
最判昭和27・1・25民集6巻1号22頁［百Ⅱ184］9-46 …………………………… 354
最大判昭和27・4・25民集6巻4号462頁 …………………………………………… 289
最大判昭和27・10・8民集6巻9号783頁［百Ⅱ137］9-1 ………………………… 274
最大判昭和27・11・20民集6巻10号1038頁［判Ⅱ49］8-3 ………………… 252, 289
最大判昭和27・12・24刑集6巻11号1346頁 ……………………………………… 155
最大決昭和28・1・16民集7巻1号12頁［百Ⅱ194］ ……………………………… 377
最大判昭和28・2・18民集7巻2号157頁［判Ⅰ44］1-13 …………………………… 34
最判昭和28・3・3民集7巻3号218頁 ……………………………………………… 339
最大判昭和28・6・12民集7巻6号663頁［百Ⅱ205］9-63 ……………………… 420
最大判昭和28・10・30行集4巻10号2316頁 ……………………………………… 355
最大判昭和28・12・23民集7巻13号1523頁［百Ⅱ243］10-51 ………………… 478
最大判昭和28・12・23民集7巻13号1561頁［百Ⅰ63］ ………………………… 333
最大判昭和28・12・24民集7巻13号1604頁［百Ⅱ185］ ……………………… 340
最大判昭和28・12・28民集7巻13号1696頁 ……………………………………… 196
最大判昭和29・1・14民集8巻1号1頁 ……………………………………………… 196
最判昭和29・1・21民集8巻1号102頁［百Ⅰ67］6-24 …………………………… 196
最判昭和29・2・11民集8巻2号419頁 ……………………………………………… 274
最判昭和29・6・22民集8巻6号1162頁［百Ⅱ193］ …………………………… 373
最大判昭和29・7・19民集8巻7号1387頁 6-22 …………………………………… 195
最判昭和29・7・30民集8巻7号1501頁［判Ⅰ35］6-12 ……………………… 174, 278
最判昭和29・8・24刑集8巻8号1372頁 ………………………………………… 198, 289
最判昭和29・9・28民集8巻9号1779頁 …………………………………………… 198
最判昭和30・1・28民集9巻1号60頁 ……………………………………………… 293
最判昭和30・2・24民集9巻2号217頁 ……………………………………………… 298
最判昭和30・4・19民集9巻5号534頁［百Ⅱ228］［判Ⅱ166］10-26 ……… 332, 446
最大判昭和30・4・27刑集9巻5号924頁 …………………………………………… 111
最判昭和30・6・24民集9巻7号930頁 ……………………………………………… 178
最判昭和30・9・13民集9巻10号1262頁 ………………………………………… 367
最判昭和30・9・30民集9巻10号1498頁 1-17 …………………………………… 36

最判昭和 31・4・13 民集 10 巻 4 号 397 頁［百 I 69］ ……………………………… 176
最判昭和 31・4・24 民集 10 巻 4 号 417 頁 ……………………………………………… 34
最判昭和 31・11・30 民集 10 巻 11 号 1502 頁［百 II 223］10-5 …………… 429, 446
最判昭和 32・3・19 民集 11 巻 3 号 527 頁 9-59 ………………………………………… 414
最大判昭和 32・7・20 民集 11 巻 7 号 1314 頁 ………………………………………… 39
最判昭和 32・9・19 民集 11 巻 9 号 1608 頁 …………………………………………… 332
最判昭和 32・12・24 民集 11 巻 14 号 2336 頁 9-44 …………………………………… 350
最大判昭和 32・12・28 刑集 11 巻 14 号 3461 頁［百 I 42］［判 I 172］1-1 ………… 9
最判昭和 33・3・28 民集 12 巻 4 号 624 頁［百 I 51］［判 I 173］ …………… 25, 83
最大判昭和 33・4・30 民集 12 巻 6 号 938 頁［百 I 108］5-6 …………………… 147
最判昭和 33・5・1 刑集 12 巻 7 号 1272 頁 6-1 ……………………………………… 154
最判昭和 33・9・9 民集 12 巻 13 号 1949 頁 …………………………………………… 201
最判昭和 34・1・29 民集 13 巻 1 号 32 頁［百 I 16］［判 I 61］9-8 …………… 300
最判昭和 34・6・26 民集 13 巻 6 号 846 頁［百 I 124］ ……………………………… 40
最判昭和 34・7・15 民集 13 巻 7 号 1062 頁 …………………………………………… 355
最判昭和 34・8・18 民集 13 巻 10 号 1286 頁 ………………………………………… 324
最判昭和 34・9・22 民集 13 巻 11 号 1426 頁［百 I 79］ ……………………… 185, 384
最大判昭和 34・12・16 刑集 13 巻 13 号 3225 頁 9-4 …………………………… 4, 277
最大判昭和 35・3・9 民集 14 巻 3 号 355 頁 …………………………………… 278, 331
最判昭和 35・3・18 民集 14 巻 4 号 483 頁［判 I 48］1-16 ……………………… 36
最判昭和 35・3・31 民集 14 巻 4 号 663 頁［百 I 9］［判 I 43］1-14 ……………… 34
最大判昭和 35・6・8 民集 14 巻 7 号 1206 頁 9-3 …………………………………… 276
最判昭和 35・7・12 民集 14 巻 9 号 1744 頁［判 I 133］ …………………………… 302
最大判昭和 35・10・19 民集 14 巻 12 号 2633 頁［判 I 36］ …………………… 21, 278
最大判昭和 35・12・7 民集 14 巻 13 号 2972 頁 ……………………………………… 181
最判昭和 36・3・7 民集 15 巻 3 号 381 頁［判 I 165］ ……………………………… 185
最大判昭和 36・3・15 民集 15 巻 3 号 467 頁 ………………………………………… 308
最判昭和 36・4・21 民集 15 巻 4 号 850 頁 …………………………… 186, 317, 332
最判昭和 36・5・26 民集 15 巻 5 号 1404 頁［百 I 11］ ……………………………… 46
最判昭和 36・7・6 刑集 15 巻 7 号 1054 頁 …………………………………………… 147
最判昭和 36・7・14 民集 15 巻 7 号 1814 頁 6-20 …………………………………… 193
最判昭和 36・7・21 民集 15 巻 7 号 1966 頁［百 II 177］［判 II 61］ ………………… 294
最判昭和 37・1・19 民集 16 巻 1 号 57 頁［百 II 164］9-28 ……………………… 324
最大判昭和 37・3・7 民集 16 巻 3 号 445 頁 …………………………………… 277, 415
最判昭和 37・4・12 民集 16 巻 4 号 781 頁［百 II 186］［判 II 89］ ………………… 346
最大判昭和 37・5・30 刑集 16 巻 5 号 577 頁［百 I 41］［判 I 21］ …………………… 6
最判昭和 37・7・5 民集 16 巻 7 号 1437 頁 …………………………………………… 185
最判昭和 37・12・26 民集 16 巻 12 号 2557 頁［百 II 135］ ………………………… 331
最判昭和 38・5・31 民集 17 巻 4 号 617 頁［百 I 116］［判 I 97］ ………………… 197
最判昭和 38・6・4 民集 17 巻 5 号 670 頁 …………………………………………… 306
最大判昭和 38・6・26 刑集 17 巻 5 号 521 頁［百 II 246］［判 II 185］10-46 ……… 472
最判昭和 39・1・23 民集 18 巻 1 号 37 頁 ……………………………………………… 37
最判昭和 39・1・24 民集 18 巻 1 号 113 頁 9-13 ……………………………………… 303
最判昭和 39・6・5 刑集 18 巻 5 号 189 頁 5-4 ……………………………………… 144
最判昭和 39・7・28 民集 18 巻 6 号 1220 頁 …………………………………………… 35

490

最判昭和 39・10・29 民集 18 巻 8 号 1809 頁 ［百Ⅱ143］［判Ⅱ19］9-7 ………… 299, 309, 314

最大判昭和 40・4・28 民集 19 巻 3 号 721 頁 …………………………………… 336

最判昭和 40・8・2 民集 19 巻 6 号 1393 頁 ……………………………………… 333

最判昭和 41・2・8 民集 20 巻 2 号 196 頁 ［百Ⅱ139］……………………… 275

最大判昭和 41・2・23 民集 20 巻 2 号 271 頁 ………………………………… 309

最大判昭和 41・2・23 民集 20 巻 2 号 320 頁 ［百Ⅰ105］［判Ⅰ208］5-2……… 137

最大判昭和 41・7・20 民集 20 巻 6 号 1217 頁 ……………………………… 410

最判昭和 41・11・15 民集 20 巻 9 号 1792 頁 ………………………………… 332

最大決昭和 41・12・27 民集 20 巻 10 号 2279 頁 ［百Ⅰ107］［判Ⅰ215］5-5 ……… 145

最判昭和 42・3・14 民集 21 巻 2 号 312 頁 ［百Ⅱ198］……………………… 385

最判昭和 42・4・7 民集 21 巻 3 号 572 頁 ［百Ⅱ188］［判Ⅱ88］………… 348, 385

最判昭和 42・4・21 訟月 13 巻 8 号 985 頁 …………………………………… 196

最大判昭和 42・5・24 民集 21 巻 5 号 1043 頁 ［判Ⅰ39］…………………… 368

最判昭和 42・9・19 民集 21 巻 7 号 1828 頁 ［百Ⅱ169］［判Ⅱ54］……… 332

最判昭和 42・9・26 民集 21 巻 7 号 1887 頁 ［百Ⅰ68］……………………… 196

最判昭和 43・2・16 教職員人事関係裁判例集 6 集 49 頁 ……………………… 80

最判昭和 43・3・15 判時 524 号 48 頁 ………………………………………… 432

最大判昭和 43・11・27 刑集 22 巻 12 号 1402 頁 ［百Ⅱ247］［判Ⅱ180］10-43/10-47

…………………………………………………………………………… 3, 470, 472

最大判昭和 43・11・27 民集 22 巻 12 号 2808 頁 ［判Ⅱ191］10-48 ……… 473

最判昭和 43・12・24 民集 22 巻 13 号 3147 頁 ［百Ⅰ52］［判Ⅱ35］9-10 …… 159, 160, 300

最判昭和 43・12・24 民集 22 巻 13 号 3254 頁 ［百Ⅱ166］［判Ⅱ53］……… 48, 324, 331, 333, 354

最大決昭和 44・12・3 刑集 23 巻 12 号 1525 頁 ……………………………… 142

最大判昭和 45・7・15 民集 24 巻 7 号 771 頁 ［百Ⅱ142］［判Ⅱ20］9-11 ……… 302

最判昭和 45・8・20 民集 24 巻 9 号 1268 頁 ［百Ⅱ230］［判Ⅱ169］10-35 …… 453, 455, 458, 459

最判昭和 45・9・11 刑集 24 巻 10 号 1333 頁 ［判Ⅰ216］…………………… 147

最大判昭和 45・9・16 民集 24 巻 10 号 1410 頁 ……………………………… 278

最判昭和 45・10・16 民集 24 巻 11 号 1512 頁 ……………………………… 333

最判昭和 45・12・24 民集 24 巻 13 号 2187 頁 ……………………………… 47

最判昭和 45・12・24 民集 24 巻 13 号 2243 頁 ［百Ⅰ60］9-15 …………… 304

最大判昭和 46・1・20 民集 25 巻 1 号 1 頁 ［百Ⅰ44］6-3/9-12 ……… 155, 302, 389

最判昭和 46・3・25 訟月 17 巻 8 号 1348 頁 ………………………………… 330

最判昭和 46・6・24 民集 25 巻 4 号 574 頁 ………………………………… 442

最判昭和 46・10・28 民集 25 巻 7 号 1037 頁 ［百Ⅰ114］［判Ⅰ96］6-9 ……… 159, 241

最判昭和 47・4・20 民集 26 巻 3 号 507 頁 ………………………………… 304

最判昭和 47・4・21 民集 26 巻 3 号 567 頁 ………………………………… 347

最判昭和 47・5・19 民集 26 巻 4 号 698 頁 ［百Ⅰ58］［判Ⅰ151］………… 51

最判昭和 47・7・25 民集 26 巻 6 号 1236 頁 ………………………………… 39

最判昭和 47・11・16 民集 26 巻 9 号 1573 頁 ［百Ⅰ119］［判Ⅰ153］……… 389

最大判昭和 47・11・22 刑集 26 巻 9 号 554 頁 ［百Ⅰ100］［判Ⅰ123］4-3 …… 3, 104, 110, 111

最大判昭和 43・11・27 民集 22 巻 12 号 2808 頁 ［判Ⅱ191］10-48 ……… 478

最判昭和 47・12・5 民集 26 巻 10 号 1795 頁 ［百Ⅰ82］［判Ⅱ85］6-21 …… 194

最判昭和 47・12・12 民集 26 巻 10 号 1850 頁 ……………………………… 336

最判昭和 48・1・19 民集 27 巻 1 号 1 頁 …………………………………… 325

最判昭和 48・3・6 集民 108 号 387 頁 ……………………………………… 335

最判昭和 48・3・27 集民 108 号 529 頁 ……………………………………… 363
最判昭和 48・4・26 民集 27 巻 3 号 629 頁 ［百 I 80］［判 I 166］ ………… 185, 383
最判昭和 48・6・21 訟月 19 巻 10 号 51 頁 ……………………………………… 294
最決昭和 48・7・10 刑集 27 巻 7 号 1205 頁 ［百 I 101］［判 I 124］ ……… 108
最判昭和 48・9・14 民集 27 巻 8 号 925 頁 6-16 …………………………… 177
最判昭和 48・10・5 税資 71 号 501 頁 ………………………………………… 186
最判昭和 48・10・18 民集 27 巻 9 号 1210 頁 ［百 II 245］ 10-52 ……… 475, 478, 479
最判昭和 49・2・5 民集 28 巻 1 号 1 頁 ［百 I 87］［判 I 164］ 10-49 …… 203, 474
最判昭和 49・4・18 訟月 20 巻 11 号 175 頁 …………………………………… 351
最判昭和 49・5・30 民集 28 巻 4 号 594 頁 ［百 I 1］［判 I 56］ 3-1 ……… 99
最判昭和 49・7・19 民集 28 巻 5 号 790 頁 1-4 ……………………………… 21
最大判昭和 49・11・6 刑集 28 巻 9 号 393 頁 ………………………………… 154
最判昭和 49・12・10 民集 28 巻 10 号 1868 頁 ［百 I 112］ ……………… 126, 368
最判昭和 49・12・12 民集 28 巻 10 号 2028 頁 ……………………………… 442
最判昭和 50・2・25 民集 29 巻 2 号 143 頁 ［百 I 22］［判 I 28・41］ …… 467
最判昭和 50・3・13 判時 771 号 37 頁 ………………………………………… 470
最判昭和 50・4・11 判時 777 号 35 頁 ………………………………………… 470
最大判昭和 50・4・30 民集 29 巻 4 号 572 頁 9-47 ……………………… 45, 51, 356
最判昭和 50・6・12 訟月 21 巻 7 号 1547 頁 …………………………………… 351
最判昭和 50・6・26 民集 29 巻 6 号 851 頁 …………………………………… 460
最判昭和 50・7・10 民集 29 巻 6 号 888 頁 9-42 …………………………… 346
最判昭和 50・7・25 民集 29 巻 6 号 1136 頁 ［百 II 231］［判 II 170］ 10-37 … 460
最判昭和 50・11・28 民集 29 巻 10 号 1754 頁 ［百 II 237］ 10-40 ……… 464
最判昭和 51・2・20 判時 810 号 18 頁 ………………………………………… 202
最大判昭和 51・4・14 民集 30 巻 3 号 223 頁 ［百 II 206］［判 II 111］ 1-12 … 33, 277
最判昭和 51・9・30 民集 30 巻 8 号 816 頁 10-57 ………………………… 485
最判昭和 52・2・17 民集 31 巻 1 号 50 頁 …………………………………… 291
最判昭和 52・3・15 民集 31 巻 2 号 234 頁 ［百 II 141］［判 I 33］ 9-5 …… 21, 278
最判昭和 52・3・15 民集 31 巻 2 号 280 頁 …………………………………… 21
最判昭和 52・12・20 民集 31 巻 7 号 1101 頁 ［百 I 77］［判 I 141］ 6-15 … 176
最判昭和 53・3・14 民集 32 巻 2 号 211 頁 ［百 II 128］［判 II 37］ 8-2 …… 251, 325
最判昭和 53・3・30 民集 32 巻 2 号 435 頁 ［判 II 193］ 10-59 ………… 422, 487
最判昭和 53・5・26 民集 32 巻 3 号 689 頁 ［百 I 25］［判 I 9］ 6-17 …… 178
最判昭和 53・6・16 刑集 32 巻 4 号 605 頁 ［百 I 66］ …………………… 188
最判昭和 53・6・20 刑集 32 巻 4 号 670 頁 ［百 I 103］ 4-1 …………… 106
最判昭和 53・7・4 民集 32 巻 5 号 809 頁 10-31 ………………………… 456
最判昭和 53・7・17 民集 32 巻 5 号 1000 頁 ［百 II 239］［判 II 178］ 10-41 … 465
最判昭和 53・7・18 訟月 24 巻 12 号 2696 頁 ……………………………… 25
最判昭和 53・9・7 刑集 32 巻 6 号 1672 頁 ［判 I 122］ …………………… 107
最判昭和 53・9・19 判時 911 号 99 頁 ………………………………………… 351
最大判昭和 53・10・4 民集 32 巻 7 号 1223 頁 ［百 I 73］［判 I 6］ 6-13 …… 160, 164, 347
最判昭和 53・10・20 民集 32 巻 7 号 1367 頁 ［百 II 222］［判 II 159］ 10-10 … 434
最判昭和 53・12・8 民集 32 巻 9 号 1617 頁 ［百 I 2］［判 I 57］ 9-9 …… 300
最判昭和 54・7・10 民集 33 巻 5 号 481 頁 ［百 II 225］ 10-2 …………… 426
最判昭和 54・7・20 判時 943 号 46 頁 ………………………………………… 77

最判昭和 54・12・25 民集 33 巻 7 号 753 頁［判Ⅱ25］ ･･････････････････ 305
最判昭和 55・1・25 判時 1008 号 136 頁 ･････････････････････････････････ 333
最決昭和 55・9・22 刑集 34 巻 5 号 272 頁［百Ⅰ104］［判Ⅰ121］4-2 ･･････ 107
最判昭和 55・11・20 判時 1001 号 31 頁 ････････････････････････････････ 332
最判昭和 55・11・25 民集 34 巻 6 号 781 頁［百Ⅱ168］［判Ⅰ57］9-40 ･･･ 337, 338
最判昭和 56・1・27 民集 35 巻 1 号 35 頁［百Ⅰ21］［判Ⅰ27］1-9 ･････････ 26
最判昭和 56・4・7 民集 35 巻 3 号 443 頁 ････････････････････････････ 139, 275
最判昭和 56・4・24 民集 35 巻 3 号 672 頁 ･･････････････････････････････ 330
最判昭和 56・7・14 民集 35 巻 5 号 901 頁［百Ⅱ179］［判Ⅱ80］6-25 ･････ 197
最判昭和 56・7・16 判時 1016 号 59 頁 10-32 ･･･････････････････････････ 457
最大判昭和 56・12・16 民集 35 巻 10 号 1369 頁［百Ⅱ144・236］［判Ⅱ8・173］9-24/ 10-38
　　･･･ 281, 315, 460
最判昭和 57・2・5 民集 36 巻 2 号 127 頁 10-45 ･･････････････････････････ 471
最判昭和 57・2・23 民集 36 巻 2 号 154 頁［判Ⅱ163］ ････････････････････ 433
最判昭和 57・3・12 民集 36 巻 3 号 329 頁［百Ⅱ221］［判Ⅱ155］10-9 ･････ 432
最判昭和 57・4・1 民集 36 巻 4 号 519 頁［百Ⅱ224］［判Ⅱ140］10-1 ･･････ 424
最判昭和 57・4・8 民集 36 巻 4 号 594 頁［判Ⅱ52］･･････････････････････ 322, 332
最判昭和 57・4・22 民集 36 巻 4 号 705 頁［百Ⅱ148］［判Ⅱ32］9-22 ･･････ 310
最判昭和 57・4・22 判時 1043 号 43 頁 ･････････････････････････････････ 310
最判昭和 57・4・23 民集 36 巻 4 号 727 頁［百Ⅰ120］［判Ⅰ137］ ･････････ 176
最判昭和 57・5・27 民集 36 巻 5 号 777 頁［判Ⅰ157］ ･･･････････････････ 307
最判昭和 57・7・15 民集 36 巻 6 号 1146 頁［百Ⅰ54］［判Ⅰ154］ ･･･････ 198, 280
最判昭和 57・7・15 民集 36 巻 6 号 1169 頁［百Ⅱ146］［判Ⅱ21］5-3 ･････ 142, 304
最判昭和 57・9・9 民集 36 巻 9 号 1679 頁［百Ⅱ171］［判Ⅱ50］9-35 ･････ 327, 332
最判昭和 58・2・18 民集 37 巻 1 号 59 頁［百Ⅱ242］［判Ⅱ184］10-44 ･････ 471
最判昭和 58・2・18 民集 37 巻 1 号 101 頁 ･･････････････････････････ 425, 443
最判昭和 58・4・5 判時 1077 号 50 頁 ･･････････････････････････････････ 337
最大判昭和 58・6・22 民集 37 巻 5 号 793 頁 ････････････････････････････ 278
最判昭和 59・1・26 民集 38 巻 2 号 53 頁［百Ⅱ232］［判Ⅱ171］10-28 ････ 167, 451, 454, 455, 459
最判昭和 59・2・24 刑集 38 巻 4 号 1287 頁［百Ⅰ93］［判Ⅰ206］･･･････････ 211
最判昭和 59・3・27 刑集 38 巻 5 号 2037 頁 ･･････････････････････････ 110, 111
最判昭和 59・10・26 民集 38 巻 10 号 1169 頁［百Ⅱ170］［判Ⅱ55］9-37 ･･･ 333
最判昭和 59・11・29 民集 38 巻 11 号 1260 頁 10-29 ･･････････････････････ 453
最大判昭和 59・12・12 民集 38 巻 12 号 1308 頁［百Ⅱ153］9-16 ･････････ 305
最判昭和 59・12・13 民集 38 巻 12 号 1411 頁［百Ⅰ7］［判Ⅰ23］1-15 ･････ 35
最判昭和 59・12・18 判例自治 11 号 48 頁 ･･････････････････････････････ 29
最判昭和 60・1・22 民集 39 巻 1 号 1 頁［百Ⅰ118］［判Ⅰ110］ ･･･････････ 179, 242
最判昭和 60・6・6 判例自治 19 号 60 頁 ････････････････････････････････ 332
最判昭和 60・7・16 民集 39 巻 5 号 989 頁［百Ⅰ121］［判Ⅰ203］6-32 ･･････ 211, 213
最判昭和 60・9・12 判時 1171 号 62 頁 9-60 ････････････････････････････ 416
最判昭和 60・11・21 民集 39 巻 7 号 1512 頁 10-6 ･･････････････････････ 431
最判昭和 60・12・17 民集 39 巻 8 号 1821 頁［判Ⅱ33］ ･･････････････････ 311
最判昭和 60・12・17 判時 1179 号 56 頁［判Ⅱ39］ ････････････････････ 321, 324
最判昭和 61・2・13 民集 40 巻 1 号 1 頁 ････････････････････････････････ 312
最判昭和 61・2・27 民集 40 巻 1 号 88 頁 ･･･････････････････････････････ 418

最判昭和 61・2・27 民集 40 巻 1 号 124 頁［百Ⅱ210］［判Ⅱ129］10-15 ……………………… 436

最判昭和 61・3・13 民集 40 巻 2 号 258 頁［百Ⅰ〔第 3 版〕44］…………………………………… 93

最判昭和 61・3・25 民集 40 巻 2 号 472 頁［百Ⅱ234］10-34 ………………………… 457, 458

最判昭和 61・6・10 判例自治 33 号 56 頁 ………………………………………………………… 288

最判昭和 61・6・19 判時 1206 号 21 頁［百Ⅱ136］［判Ⅱ120］………………… 253, 313

最判昭和 61・10・23 判時 1219 号 127 頁 ……………………………………………………… 330

最判昭和 62・2・6 判時 1232 号 100 頁［百Ⅱ209］…………………………………… 425, 442

最判昭和 62・4・17 民集 41 巻 3 号 286 頁［百Ⅱ173］［判Ⅱ66］9-51 ……………… 383

最判昭和 62・4・21 民集 41 巻 3 号 309 頁［百Ⅱ134］［判Ⅱ63・125］8-4 …… 265, 287

最判昭和 62・5・19 民集 41 巻 4 号 687 頁 6-30 ………………………………………… 209

最判昭和 62・5・28 判時 1246 号 80 頁 ………………………………………………………… 315

最判昭和 62・9・22 判時 1285 号 25 頁 ………………………………………………………… 310

最判昭和 62・10・30 判時 1262 号 91 頁［百Ⅰ20］［判Ⅰ25］1-7 ……………………… 24

最判昭和 62・11・24 判時 1284 号 56 頁 …………………………………………… 319, 328

最判昭和 63・1・21 判時 1270 号 67 頁 10-54 ………………………………………………… 481

最判昭和 63・6・17 判時 1289 号 39 頁［百Ⅰ86］［判Ⅰ159］6-28 …………………… 203

最決昭和 63・10・28 刑集 42 巻 8 号 1239 頁［判Ⅰ171］……………………………… 188

最判平成元・2・17 民集 43 巻 2 号 56 頁［百Ⅱ183］［判Ⅱ40］9-26/9-45 … 315, 318, 322, 327, 350

最大判平成元・3・8 民集 43 巻 2 号 89 頁 …………………………………………………… 433

最判平成元・3・28 判時 1311 号 66 頁 ………………………………………………………… 465

最判平成元・4・13 判時 1313 号 121 頁［百Ⅱ162］［判Ⅱ46］9-30 ………………… 325

最判平成元・6・20 判時 1334 号 201 頁［百Ⅱ163］［判Ⅱ47］9-29 ………………… 325

最判平成元・6・29 民集 43 巻 6 号 664 頁 10-11 ………………………………………… 434

最判平成元・10・26 民集 43 巻 9 号 999 頁 ………………………………………………… 464

最決平成元・11・8 判時 1328 号 16 頁［百Ⅰ89］［判Ⅰ204］6-10 ……………… 150, 163

最判平成元・11・24 民集 43 巻 10 号 1169 頁［百Ⅱ216］［判Ⅱ148］10-16 …… 180, 438, 444

最判平成 2・1・18 民集 44 巻 1 号 1 頁［百Ⅰ49］……………………………………………… 6

最判平成 2・2・20 判時 1380 号 94 頁 10-24 ……………………………………………… 443

最判平成 2・4・12 民集 44 巻 3 号 431 頁 …………………………………………………… 415

最判平成 2・7・20 民集 44 巻 5 号 938 頁［判Ⅱ156］…………………………………… 433

最判平成 2・12・13 民集 44 巻 9 号 1186 頁［百Ⅱ233］［判Ⅱ172］10-30 ………… 455

最判平成 3・3・8 民集 45 巻 3 号 164 頁［百Ⅰ98］［判Ⅰ2］1-6 …………………………… 23

最判平成 3・4・19 民集 45 巻 4 号 367 頁［百Ⅱ211］［判Ⅱ132］10-56 …………… 484, 485

最判平成 3・4・19 民集 45 巻 4 号 518 頁 9-2 ……………………………………………… 274

最判平成 3・4・26 民集 45 巻 4 号 653 頁［百Ⅱ212］［判Ⅱ12］10-23 …………… 440

最判平成 3・7・9 民集 45 巻 6 号 1049 頁［百Ⅰ45］［判Ⅰ182・Ⅱ143］6-4/10-12

……………………………………………………………………………… 155, 435, 442

最判平成 3・12・20 民集 45 巻 9 号 1455 頁［百Ⅰ18①］［判Ⅰ59］………………… 80

最判平成 4・1・24 民集 46 巻 1 号 54 頁［百Ⅱ172］9-38 ……………………………… 334

最判平成 4・2・18 民集 46 巻 2 号 77 頁 ……………………………………………………… 353

最大判平成 4・7・1 民集 46 巻 5 号 437 頁［百Ⅰ113］［判Ⅰ4］4-4 ……………… 3, 110, 229

最判平成 4・9・22 民集 46 巻 6 号 571 頁［百Ⅱ156］［判Ⅱ13］9-31/9-52 ………… 322, 326, 384

最判平成 4・9・22 民集 46 巻 6 号 1090 頁［百Ⅱ174］［判Ⅱ67］9-31/9-52 … 184, 322, 326, 384

最判平成 4・10・6 判時 1439 号 116 頁 ……………………………………………………… 309

最判平成 4・10・29 民集 46 巻 7 号 1174 頁［百Ⅰ74］［判Ⅰ139・Ⅱ18］6-14

·· 162, 165, 179, 326, 349, 355
最判平成 4・10・29 判時 1441 号 50 頁 ·· 326
最判平成 4・11・26 民集 46 巻 8 号 2658 頁［判Ⅱ31］9-23 ············ 312
最判平成 4・12・15 民集 46 巻 9 号 2753 頁 9-61 ························· 416
最判平成 5・1・25 民集 47 巻 1 号 310 頁［判Ⅱ160］····················· 435
最判平成 5・2・18 民集 47 巻 2 号 574 頁［百Ⅰ95］［判Ⅰ205］6-31 ····· 212, 213
最判平成 5・2・25 民集 47 巻 2 号 643 頁 9-25 ························· 281, 316
最判平成 5・3・11 民集 47 巻 4 号 2863 頁［百Ⅱ213］［判Ⅱ146］10-13 ····· 435
最判平成 5・3・16 民集 47 巻 5 号 3483 頁［百Ⅰ76①］［判Ⅰ146］6-2 ····· 154
最判平成 5・3・30 民集 47 巻 4 号 3226 頁［百Ⅱ235］10-33 ············ 457
最判平成 5・9・7 民集 47 巻 7 号 4755 頁 ······························· 417
最判平成 5・9・10 民集 47 巻 7 号 4955 頁 ···························· 334
最判平成 5・12・17 民集 47 巻 10 号 5530 頁［判Ⅱ93］··············· 253, 322
最判平成 6・4・22 判時 1499 号 63 頁 ································· 313
最判平成 6・9・27 判時 1518 号 10 頁 ····························· 324
最大判平成 7・2・22 刑集 49 巻 2 号 1 頁［百Ⅰ15］［判Ⅰ58］········· 212, 215
最判平成 7・2・24 民集 49 巻 2 号 517 頁 ····························· 78
最判平成 7・3・23 民集 49 巻 3 号 1006 頁［百Ⅱ151］［判Ⅱ34］········ 303
最判平成 7・6・23 民集 49 巻 6 号 1600 頁［百Ⅱ217］10-17 ·········· 439
最判平成 7・7・7 民集 49 巻 7 号 1870 頁［判Ⅱ174］··················· 462
最判平成 7・7・7 民集 49 巻 7 号 2599 頁 ···························· 316
最判平成 7・11・7 民集 49 巻 9 号 2829 頁［百Ⅰ64］［判Ⅰ130］······· 410
最判平成 7・11・9 判時 1551 号 64 頁 ································ 334
最判平成 8・2・22 判時 1560 号 72 頁 ································ 308
最判平成 8・2・22 判時 1562 号 39 頁 ································ 330
最決平成 8・11・1 判時 1590 号 144 頁 ······························ 344
最判平成 9・1・28 民集 51 巻 1 号 147 頁［百Ⅱ203］［判Ⅱ96］········· 479
最判平成 9・1・28 民集 51 巻 1 号 250 頁 9-32 ···················· 326, 368
最判平成 9・3・11 判時 1599 号 48 頁［判Ⅱ23］······················· 304
最判平成 9・8・29 民集 51 巻 7 号 2921 頁［百Ⅰ94］［判Ⅰ147］······· 212
最判平成 9・10・17 民集 51 巻 9 号 3925 頁 ·························· 410
最判平成 9・11・11 判時 1624 号 74 頁 ······························ 186
最判平成 10・4・10 民集 52 巻 3 号 677 頁［判Ⅱ58］9-39 ············ 335
最判平成 10・10・13 判時 1662 号 83 頁［百Ⅰ109］［判Ⅰ217］········ 148
最判平成 10・12・17 民集 52 巻 9 号 1821 頁［百Ⅱ160］［判Ⅱ44］···· 328
最決平成 11・1・11 判時 1675 号 61 頁［百Ⅱ107］9-48 ············· 366
最判平成 11・1・21 民集 53 巻 1 号 13 頁 ··························· 167
最判平成 11・1・21 判時 1675 号 48 頁 9-14/ 10-14 ·············· 303, 436
最判平成 11・7・15 判時 1692 号 140 頁［百Ⅰ55］［判Ⅰ156］········ 380, 410
最判平成 11・10・22 民集 53 巻 7 号 1270 頁［判Ⅰ155］·············· 198
最判平成 11・10・26 判時 1695 号 63 頁 ···························· 334
最判平成 11・11・19 民集 53 巻 8 号 1862 頁［百Ⅱ180］［判Ⅰ81・Ⅱ79］6-26 ······ 197, 351
最判平成 11・11・25 判時 1698 号 66 頁［百Ⅰ53］［判Ⅰ190・Ⅱ82］····· 323
最判平成 12・3・17 判時 1708 号 62 頁 ······························ 328
最判平成 12・7・18 判時 1724 号 29 頁［判Ⅱ87］····················· 348

最判平成 13・3・13 民集 55 巻 2 号 283 頁 ［百Ⅱ157］［判Ⅱ42］9-33 ……………… 326
最判平成 13・3・27 民集 55 巻 2 号 530 頁 4-5 …… 122
最判平成 13・7・13 訟月 48 巻 8 号 2014 頁 ［百Ⅱ138］［判Ⅰ86］3-2 ……………… 99
最判平成 14・1・22 民集 56 巻 1 号 46 頁 ［百Ⅱ158］［判Ⅱ43］9-34 …… 327, 334
最判平成 14・1・31 民集 56 巻 1 号 246 頁 ［判Ⅰ181］6-5…… 156
最決平成 14・2・28 判時 1781 号 96 頁 …… 371
最判平成 14・3・28 民集 56 巻 3 号 613 頁 …… 327
最判平成 14・4・25 判例自治 229 号 52 頁 …… 308, 309
最判平成 14・7・9 民集 56 巻 6 号 1134 頁 ［百Ⅰ106］［判Ⅰ209・Ⅱ2］3-3 …… 100, 139, 275
最判平成 14・7・9 判例自治 234 号 22 頁 ［判Ⅰ117］ …… 242
最大判平成 14・9・11 民集 56 巻 7 号 1439 頁 ［百Ⅱ240］［判Ⅱ179］10-42…… 466
最決平成 14・9・30 刑集 56 巻 7 号 395 頁 ［百Ⅰ99］5-1 …… 135
最判平成 14・10・24 民集 56 巻 8 号 1903 頁 ［百Ⅱ127］［判Ⅱ115］…… 253, 289
最判平成 15・1・17 民集 57 巻 1 号 1 頁 ［判Ⅰ62］9-62 …… 417
最決平成 15・1・24 集民 209 号 59 頁 ［百Ⅱ190］［判Ⅱ100］ …… 345
最決平成 15・3・11 判時 1822 号 55 頁 9-50…… 373
最判平成 15・9・4 判時 1841 号 89 頁 ［百Ⅱ152］［判Ⅱ22］ …… 306
最判平成 15・9・25 判例集不登載 …… 27
最判平成 16・1・15 民集 58 巻 1 号 226 頁 ［判Ⅱ144］ …… 442
最決平成 16・1・20 刑集 58 巻 1 号 26 頁 ［百Ⅰ102］［判Ⅰ125］ …… 112
最判平成 16・4・26 民集 58 巻 4 号 989 頁 ［判Ⅱ24］ …… 305
最判平成 16・4・27 民集 58 巻 4 号 1032 頁 10-18 …… 439
最判平成 16・7・13 判時 1874 号 58 頁 …… 186
最判平成 16・10・15 民集 58 巻 7 号 1802 頁 ［百Ⅱ219］［判Ⅱ150］10-19 …… 439
最判平成 17・4・14 民集 59 巻 3 号 491 頁 ［百Ⅱ155］［判Ⅱ26］9-17 …… 305
最判平成 17・4・21 判時 1898 号 57 頁 …… 444
最決平成 17・6・24 判時 1904 号 69 頁 ［百Ⅰ5］［判Ⅰ66］10-3 …… 427
最判平成 17・7・15 民集 59 巻 6 号 1661 頁 ［百Ⅱ154］［判Ⅱ27］9-18 …… 306
最大判平成 17・9・14 民集 59 巻 7 号 2087 頁 ［百Ⅱ202］［判Ⅱ4］9-55/10-7 …… 411, 432
最判平成 17・11・1 判時 1928 号 25 頁 ［百Ⅱ248］［判Ⅱ187］ …… 475
最大判平成 17・12・7 民集 59 巻 10 号 2645 頁 ［百Ⅱ159］［判Ⅱ38］9-27 …… 323
最大判平成 18・2・7 民集 60 巻 2 号 401 頁 ［百Ⅰ70］ …… 179
最大判平成 18・3・1 民集 60 巻 2 号 587 頁 ［百Ⅰ19］［判Ⅰ1］1-3 …… 19
最判平成 18・4・25 民集 60 巻 4 号 1841 頁 …… 417
最判平成 18・7・14 民集 60 巻 6 号 2369 頁 ［百Ⅰ150］［判Ⅰ220・Ⅱ29］9-19 …… 308
最判平成 18・9・4 判時 1948 号 26 頁 ［判Ⅱ17］6-11 …… 167
最判平成 19・1・25 民集 61 巻 1 号 1 頁 ［百Ⅱ226］［判Ⅱ135］10-4 …… 427
最判平成 19・2・6 民集 61 巻 1 号 122 頁 ［百Ⅰ23］［判Ⅰ29］1-8 …… 25
最判平成 19・4・17 判時 1971 号 109 頁 ［百Ⅰ34］［判Ⅰ84］4-6 …… 122
最判平成 19・12・18 判時 1994 号 21 頁 ［百Ⅱ192］［判Ⅱ105］9-49 …… 371
最決平成 20・3・3 刑集 62 巻 4 号 567 頁 …… 214
最大判平成 20・6・4 民集 62 巻 6 号 1367 頁 ［判Ⅱ3］9-56 …… 411
最判平成 20・7・8 LLI/DB L06310188 …… 100
最大判平成 20・9・10 民集 62 巻 8 号 2029 頁 ［百Ⅱ147］［判Ⅱ1］9-21 …… 310, 313
最決平成 21・1・15 民集 63 巻 1 号 46 頁 ［百Ⅰ35］［判Ⅰ87］4-7 …… 124

最判平成 21・2・27 民集 63 巻 2 号 299 頁［判Ⅱ41］‥‥‥‥‥‥‥‥‥‥‥ 330
最判平成 21・7・10 判時 2058 号 53 頁［百Ⅰ90］［判Ⅰ192］6-29 ‥‥‥‥‥ 139, 206, 276
最判平成 21・10・15 民集 63 巻 8 号 1711 頁［百Ⅱ161］［判Ⅱ45］9-36 ‥‥‥‥ 328
最判平成 21・10・23 民集 63 巻 8 号 1849 頁［百Ⅱ238］［判Ⅱ177］10-39 ‥‥ 463
最大判平成 21・11・18 民集 63 巻 9 号 2033 頁［判Ⅰ183］6-6‥‥‥‥‥‥‥ 156
最判平成 21・11・26 民集 63 巻 9 号 2124 頁［百Ⅱ197］［判Ⅱ30］9-20 ‥‥‥ 308, 309, 333
最判平成 21・12・17 民集 63 巻 10 号 2631 頁［百Ⅰ81］［判Ⅱ76］6-19‥‥‥ 191
最判平成 22・2・23 判時 2076 号 40 頁［判Ⅱ186］10-50 ‥‥‥‥‥‥‥‥‥ 475
最判平成 22・3・2 判時 2076 号 44 頁［判Ⅱ176］10-36 ‥‥‥‥‥‥‥‥‥‥ 459
最判平成 22・6・3 民集 64 巻 4 号 1010 頁［百Ⅱ227］［判Ⅱ162］6-18 ‥‥‥ 187
最判平成 23・6・7 民集 65 巻 4 号 2081 頁［百Ⅰ117］［判Ⅰ112・119］7-1 ‥ 195, 233
最判平成 23・6・14 集民 237 号 21 頁［判Ⅰ134］‥‥‥‥‥‥‥‥‥‥‥‥‥‥ 304
最判平成 24・1・16 判時 2147 号 127 頁①事件 ‥‥‥‥‥‥‥‥‥‥‥‥‥‥‥ 29
最判平成 24・1・16 判時 2147 号 127 頁②事件［判Ⅰ11］‥‥‥‥‥‥‥‥‥ 30, 178
最判平成 24・2・9 民集 66 巻 2 号 183 頁［百Ⅱ200］［判Ⅱ59］9-53 ‥‥‥‥ 281, 404, 411
最判平成 25・1・11 民集 67 巻 1 号 1 頁［百Ⅰ46］［判Ⅰ180］6-7/9-57‥‥‥ 156, 412
最判平成 25・3・26 集民 243 号 101 頁［百Ⅱ215］［判Ⅱ151］10-25 ‥‥‥‥ 445
最判平成 25・4・16 民集 67 巻 4 号 1115 頁［百Ⅰ75］9-43 ‥‥‥‥‥‥‥‥ 349
最判平成 25・10・25 判時 2208 号 3 頁 ‥‥‥‥‥‥‥‥‥‥‥‥‥‥‥‥‥‥‥ 192
最決平成 26・7・22 刑集 68 巻 6 号 775 頁 ‥‥‥‥‥‥‥‥‥‥‥‥‥‥‥‥‥ 455
最決平成 26・10・9 民集 68 巻 8 号 799 頁［百Ⅱ218］10-20 ‥‥‥‥‥‥‥‥ 439
最決平成 26・12・18 判例集不登載 ‥‥‥‥‥‥‥‥‥‥‥‥‥‥‥‥‥‥‥‥ 143
最判平成 27・3・3 民集 69 巻 2 号 143 頁［百Ⅱ167］9-41 ‥‥‥‥‥‥‥‥‥ 337
最判平成 27・12・14 民集 69 巻 8 号 2404 頁 ‥‥‥‥‥‥‥‥‥‥‥‥‥‥‥ 334
最大判平成 27・12・16 民集 69 巻 8 号 2427 頁 10-8 ‥‥‥‥‥‥‥‥‥‥‥ 432
最判平成 28・12・8 民集 70 巻 8 号 1833 頁［百Ⅱ145］9-54‥‥‥‥‥‥‥‥ 316, 405
最判平成 29・9・15 判時 2366 号 3 頁 ‥‥‥‥‥‥‥‥‥‥‥‥‥‥‥‥‥‥‥ 447
最判平成 30・1・19 判時 2377 号 4 頁［百Ⅰ30］［判Ⅰ79］‥‥‥‥‥‥‥‥‥ 122
最判令和 2・3・26 民集 74 巻 3 号 471 頁［百Ⅱ130］8-1 ‥‥‥‥‥‥‥‥‥ 250
最判令和 2・6・30 民集 74 巻 4 号 800 頁［百Ⅰ48］6-8‥‥‥‥‥‥‥‥‥‥ 156
最判令和 2・7・14 民集 74 巻 4 号 1305 頁［百Ⅱ229］10-27 ‥‥‥‥‥‥‥‥ 447
最大判令和 2・11・25 民集 74 巻 8 号 2229 頁［百Ⅱ140］1-5 ‥‥‥‥‥‥‥ 21, 278
最判令和 3・3・2 民集 75 巻 3 号 317 頁 6-23 ‥‥‥‥‥‥‥‥‥‥‥‥‥‥‥ 195
最判令和 3・5・17 集民 265 号 201 頁 10-21 ‥‥‥‥‥‥‥‥‥‥‥‥‥‥‥ 440
最判令和 3・6・29 民集 75 巻 7 号 3340 頁 1-18 ‥‥‥‥‥‥‥‥‥‥‥‥‥‥ 37
最判令和 4・4・19 民集 76 巻 4 号 411 頁 1-11 ‥‥‥‥‥‥‥‥‥‥‥‥‥‥ 30
最判令和 4・5・17 判時 2539 号 5 頁 ‥‥‥‥‥‥‥‥‥‥‥‥‥‥‥‥‥‥‥ 122
最大判令和 4・5・25 民集 76 巻 4 号 711 頁 9-58 ‥‥‥‥‥‥‥‥‥‥‥‥‥ 412
最判令和 4・6・17 民集 76 巻 5 号 955 頁 10-22 ‥‥‥‥‥‥‥‥‥‥‥‥‥ 440
最判令和 5・5・9 判例集未登載 ‥‥‥‥‥‥‥‥‥‥‥‥‥‥‥‥‥‥‥‥‥ 328

〈高等裁判所〉
東京高判昭和 28・8・29 行集 4 巻 8 号 1898 頁 ‥‥‥‥‥‥‥‥‥‥‥‥‥‥ 346
東京高判昭和 39・4・27 東高刑時報 15 巻 4 号 73 頁 ‥‥‥‥‥‥‥‥‥‥‥ 80
大阪高決昭和 40・10・5 行集 16 巻 10 号 1756 頁［判Ⅰ210］‥‥‥‥‥‥‥‥ 132

大阪高判昭和 41・11・29 行集 17 巻 11 号 1307 頁 ……………………… 366
広島高判昭和 43・7・30 行集 19 巻 7 号 1346 頁 ……………………… 356
札幌高判昭和 44・4・17 行集 20 巻 4 号 459 頁 ……………………… 301
大阪高判昭和 44・9・30 高民集 22 巻 5 号 682 頁 [判 I 7] 1-10 ……… 30
仙台高判昭和 46・3・24 行集 22 巻 3 号 297 頁 ……………………… 329
大阪高判昭和 46・8・2 民集 28 巻 4 号 630 頁 ……………………… 100
名古屋高判昭和 48・1・31 行集 24 巻 1＝2 号 45 頁 ………………… 112
東京高判昭和 48・7・13 行集 24 巻 6＝7 号 533 頁 [判 I 144・II 16] … 178
東京高判昭和 52・11・17 高民集 30 巻 4 号 431 頁 ………………… 437
東京高判昭和 55・7・28 行集 31 巻 7 号 1558 頁 …………………… 101
東京高判昭和 55・10・2 東高民判 31 巻 10 号 207 頁 ……………… 288
東京高判昭和 56・9・28 行集 32 巻 9 号 1682 頁 …………………… 293
名古屋高金沢支判昭和 57・12・22 判時 1104 号 57 頁 …………… 356
大阪高判昭和 59・1・25 行集 35 巻 1 号 8 頁 ……………………… 415
東京高判昭和 59・2・17 行集 35 巻 2 号 144 頁 …………………… 347
福岡高判昭和 59・3・16 判時 1109 号 44 頁 ………………………… 97
高松高判昭和 59・12・14 行集 35 巻 12 号 2078 頁 ………………… 177
大阪高判昭和 61・2・25 判時 1199 号 59 頁 ………………………… 387
東京高判昭和 61・4・9 判時 1192 号 1 頁 ………………………… 315
福岡高判昭和 61・5・15 判時 1191 号 28 頁 ………………………… 97
東京高判昭和 62・12・24 行集 38 巻 12 号 1807 頁 ………………… 6
東京高判昭和 63・3・11 判時 1271 号 3 頁 ………………………… 214
大阪高決平成元・8・10 行集 40 巻 8 号 985 頁 [判 I 149] ………… 375
大阪高判平成 2・10・31 判時 1396 号 42 頁 ………………………… 356
東京高決平成 3・1・21 判例自治 87 号 44 頁 ……………………… 372
東京高判平成 3・6・6 訟月 38 巻 5 号 878 頁 ……………………… 112
大阪高決平成 3・11・15 行集 42 巻 11＝12 号 1788 頁 …………… 374
東京高判平成 4・12・17 判時 1453 号 35 頁 ………………………… 455
東京高判平成 4・12・18 高民集 45 巻 3 号 212 頁 [判 II 133] …… 428, 484, 485
東京高判平成 5・10・28 判時 1483 号 17 頁 ……………………… 436
名古屋高判平成 8・7・18 判時 1595 号 58 頁 …………………… 335, 366
東京高判平成 12・3・23 判時 1718 号 27 頁 ……………………… 253
東京高判平成 13・6・14 判時 1757 号 51 頁 [判 I 118] ……… 222, 242, 195
名古屋高金沢支判平成 15・1・27 判時 1818 号 3 頁 …………… 186
東京高判平成 15・3・26 判例自治 246 号 113 頁 ………………… 27
東京高判平成 15・9・11 判時 1845 号 54 頁 ……………………… 167
東京高判平成 17・3・25 高刑速（平 17）号 99 頁 ……………… 214
東京高判平成 17・6・23 判時 1904 号 83 頁 [判 II 128] ……… 467
福岡高決平成 17・8・22 判時 1933 号 91 頁 ……………………… 138
東京高判平成 17・10・20 判時 1914 号 43 頁 ……………………… 177
福岡高判平成 19・3・22 判例自治 304 号 35 頁 ………………… 276
東京高判平成 19・6・20 判例集不登載 …………………………… 114
東京高判平成 19・11・29 判例自治 299 号 41 頁 ………………… 100
東京高判平成 20・7・15 判時 2028 号 145 頁 [判 I 60] ……… 80
東京高判平成 26・6・26 判時 2233 号 103 頁 …………………… 143

福岡高判平成 30・9・28 民集 74 巻 4 号 1375 頁 ……………………………… 447

〈地方裁判所〉

福岡地判昭和 25・4・18 行集 1 巻 4 号 581 頁 ………………………………… 206
浦和地決昭和 34・3・17 下民集 10 巻 3 号 498 頁 …………………………… 143
長崎地判昭和 36・2・3 行集 12 巻 12 号 2505 頁 ……………………………… 339
東京地判昭和 36・2・21 行集 12 巻 2 号 204 頁 ………………………… 185, 385
東京地判昭和 38・12・25 行集 14 巻 12 号 2255 頁 …………………………… 75
東京地判昭和 39・11・4 行集 15 巻 11 号 2168 頁 …………………………… 390
東京地決昭和 40・4・22 行集 16 巻 4 号 708 頁［判Ⅱ 90］………………… 361
横浜地判昭和 40・8・16 行集 16 巻 8 号 1451 頁 ……………………………… 295
大阪地判昭和 40・10・30 行集 16 巻 10 号 1771 頁 …………………………… 100
青森地決昭和 42・6・2 行集 18 巻 11 号 1427 頁 ……………………………… 415
東京地決昭和 42・7・10 行集 18 巻 7 号 855 頁 ……………………………… 375
東京地決昭和 42・7・11 行集 18 巻 7 号 893 頁 ……………………………… 378
東京地決昭和 42・11・27 行集 18 巻 11 号 1485 頁 …………………………… 375
東京地決昭和 42・12・20 行集 18 巻 12 号 1713 頁 …………………………… 160
釧路地判昭和 43・3・19 行集 19 巻 3 号 408 頁 ……………………………… 301
名古屋地決昭和 43・5・25 行集 19 巻 5 号 935 頁 …………………………… 374
東京地判昭和 44・9・25 判時 576 号 46 頁 …………………………………… 366
東京地判昭和 44・9・26 行集 20 巻 8 = 9 号 1141 頁 ……………… 376, 378
東京地判昭和 44・11・27 行集 20 巻 11 号 1509 頁 …………………………… 331
東京地判昭和 45・3・9 行集 21 巻 3 号 469 頁 ………………………………… 160
東京地判昭和 46・6・29 判時 633 号 23 頁 …………………………………… 371
東京地判昭和 46・11・8 行集 22 巻 11 = 12 号 1785 頁［判Ⅱ 36］…… 162, 301
東京地判昭和 48・8・8 行集 24 巻 8 = 9 号 763 頁 …………………………… 113
東京地判昭和 48・11・6 行集 24 巻 11 = 12 号 1191 頁 ……………………… 329
札幌地小樽支判昭和 49・12・9 判時 762 号 8 頁 …………………………… 429
大阪地判昭和 50・4・24 訟月 21 巻 6 号 1305 頁 ……………………………… 295
東京地八王子支決昭和 50・12・8 判時 803 号 18 頁 ………………………… 57
熊本地判昭和 51・12・15 判時 835 号 3 頁 …………………………………… 390
東京地判昭和 52・9・21 行集 28 巻 9 号 973 頁 ……………………………… 390
東京地判昭和 53・3・23 行集 29 巻 3 号 280 頁 ……………………………… 387
横浜地判昭和 53・9・27 判時 920 号 95 頁 …………………………………… 189
東京地判昭和 54・3・27 判時 919 号 77 頁 …………………………………… 457
札幌地判昭和 54・5・10 訟月 25 巻 9 号 2418 頁 ……………………………… 134
岐阜地判昭和 55・2・25 行集 31 巻 2 号 184 頁［判Ⅱ 189］10-53 ……… 480
大阪地判昭和 57・2・19 行集 33 巻 1 = 2 号 118 頁［判Ⅱ 95］…………… 359
福岡地判昭和 57・3・19 行集 33 巻 3 号 504 頁 ……………………………… 295
横浜地判昭和 57・10・20 判時 1056 号 26 頁 ………………………………… 315
大阪地判昭和 57・12・24 判時 1078 号 64 頁 ………………………………… 387
東京地判昭和 59・5・18 判時 1118 号 28 頁 10-58 …………………………… 485
広島地判昭和 59・10・17 行集 35 巻 10 号 1656 頁 …………………………… 359
大阪地判昭和 59・11・30 判時 1151 号 51 頁 ………………………………… 112
福岡地小倉支判昭和 60・2・13 判時 1144 号 18 頁 ………………………… 97

東京地判昭和 61・3・31 判時 1190 号 15 頁 ……………………………………… 113

熊本地判昭和 62・3・30 判時 1235 号 3 頁 ……………………………………… 22

大阪地判昭和 62・9・30 判時 1255 号 45 頁 …………………………………… 486

福岡地判平成元・4・18 判時 1313 号 17 頁 …………………………………… 486

富山地決平成 2・6・5 訟月 37 巻 1 号 1 頁 …………………………………… 189

大阪地判平成 2・10・29 判時 1398 号 94 頁 ………………………………… 445

千葉地判平成 2・10・31 税資 181 号 206 頁 ………………………………… 112

大阪地判平成 2・12・20 税資 181 号 1020 頁 ………………………………… 112

東京地判平成 4・2・7 判時臨増平成 4 年 4 月 25 日号 3 頁 ………………… 23

高知地判平成 4・3・23 判タ 805 号 66 頁 …………………………………… 407

山口地判平成 4・7・30 判タ 806 号 109 頁 ………………………………… 149

東京地判平成 4・9・25 判タ 815 号 172 頁 ………………………………… 149

福岡地判平成 5・12・14 判例自治 143 号 72 頁 …………………………… 133

東京地判平成 6・9・6 判時 1504 号 40 頁［判 II 167］……………………… 446

札幌地判平成 9・3・27 判時 1598 号 33 頁［判 I 167］……………………… 358

東京地判平成 10・2・27 判時 1660 号 44 頁 ………………………………… 195

福岡地判平成 10・3・31 判時 1669 号 40 頁 ………………………………… 415

東京地判平成 10・7・16 判時 1654 号 41 頁 ………………………………… 344

甲府地決平成 11・8・10 判例自治 212 号 62 頁 …………………………… 28

福井地判平成 12・3・22 判時 1727 号 33 頁 ………………………………… 384

東京地判平成 13・7・12 判タ 1067 号 119 頁 ……………………………… 467

東京地判平成 13・9・28 判時 1799 号 21 頁 ………………………………… 214

東京地判平成 13・10・3 判時 1764 号 3 頁 ………………………………… 366

東京地判平成 13・12・4 判時 1791 号 3 頁［判 I 187・II 10］……………… 281

大阪地判平成 14・3・15 判時 1783 号 97 頁 ………………………………… 149

東京地判平成 14・8・27 判時 1835 号 52 頁［判 I 13］……………………… 167

横浜地判平成 14・10・23 判例集不登載 ……………………………………… 27

東京地決平成 15・6・11 判時 1831 号 96 頁 ………………………………… 372

東京地判平成 15・10・31 判例集不登載 ……………………………………… 27

東京地判平成 16・2・13 判時 1895 号 73 頁 ………………………………… 114

東京地判平成 18・3・24 判時 1938 号 37 頁［判 I 55］……………………… 100

新潟地判平成 18・5・11 判時 1955 号 88 頁 ………………………………… 114

横浜地判平成 18・5・22 判タ 1262 号 137 頁 ……………………………… 359

横浜地判平成 22・10・6 判例自治 345 号 25 頁 …………………………… 28

福岡地小倉支判平成 23・3・29 賃社 1547 号 42 頁 ……………………… 224

東京地判平成 23・12・1 訟月 60 巻 1 号 94 頁 …………………………… 113

さいたま地判平成 25・2・20 判時 2196 号 88 頁 ………………………… 224

横浜地判平成 26・1・22 判時 2223 号 20 頁 ……………………………… 143

大阪地判平成 28・6・15 判時 2324 号 84 頁 ……………………………… 28

〈簡易裁判所〉

横浜簡判平成 18・12・13 判時 2028 号 159 頁 …………………………… 80

事 項 索 引

あ

アカウンタビリティ ………………………165
明渡裁決………………………………………62
安全配慮義務 ………………………………467

い

意見公募手続 ……………………220，234
意見聴取………………………………………92
意見陳述……………………………………229
違憲無効説 …………………………………470
意思表示の瑕疵………………………………39
意思表示の撤回………………………………40
一般競争入札………………………………208
一般権力関係…………………………………20
一般処分 ………………………………52, 172
一般的教示制度……………………………265
一般補償基準………………………………476
委　任…………………………………………77
委任条例 ………………………………6, 132
委任命令……………………………………153
委任立法の限界 ………………………19, 154
違法行為の転換……………………………195
違法抗弁説…………………………………188
違法収集証拠 …………………………107, 113
違法性………………………………………430
　──の承継……………………………190
違法判断の基準時…………………………354
威力業務妨害罪……………………………135
インカメラ審理……………………………124

う

ヴォーン・インデックス …………………125
写しの交付請求……………………………259
訴えの利益…………………………………330

え

エコマーク……………………………………64

閲覧等請求 …………………………………259

お

応急公用負担………………………………63
オークション…………………………………52
オープンデータ ……………………………118
公の営造物 …………………………………450
怠る事実の違法確認請求 …………………417

か

概括主義 ……………………………………246
外観上一見明白説…………………………185
会議の公開…………………………………126
外　局…………………………………………76
　　──規則…………………………157
会計検査………………………………………97
会計検査院規則 ……………………………157
会計検査院情報公開・個人情報保護審査会
　………………………………………………124
外形標準説…………………………………429
戒　告………………………………………133
開示請求権 ……………………………117, 119
解釈基準 ………………………………158, 161
解除条件……………………………………204
開発負担金…………………………………213
外部効果 ……………………153, 158, 161, 165
外部法 ……………………………………14, 66
確定力
　形式的──………………………………185
　実質的──………………………………196
確認訴訟……………………………………410
加算税………………………………………146
　過少申告──……………………………146
　重──……………………………………147
　不納付──………………………………147
　無申告──………………………………147
過　失………………………………………442
瑕疵の治癒…………………………………193

過剰給付禁止 …………………………29
課徴金 ……………………………43, 147
下命制 ……………………………………52
仮処分 …………………369, 407, 419
仮の義務付け ……………………………400
仮の行政処分 ……………………………230
仮の差止め ………………………………406
過　料 …………………129, 143, 146
簡易代執行 ………………………………134
環境影響評価法 …………………………166
勧　告 ……………………………………92
監視権 ……………………………………82
慣習法 ……………………………………8
官　制 ……………………………………68
官制大権 …………………………………68
間接強制調査 ……………………………105
完全補償説 ………………………………477
換　地 ……………………………………62
監督権 ……………………………………81

き

機関訴訟 …………………98, 284, 420
棄　却 ……………………………………263
期　限 ……………………………………50
基準時 ……………………………………51
基準認証制度 ……………………………45
規制改革 …………………………………42
規制規範 ……………………………14, 24
規制行政 …………………………41, 170
規制的契約 ………………………………206
規　則 ……………………………………7
規範統制
　具体的── ……………………………275
　抽象的── ……………………………275
既判力 …………………196, 362, 385
基本法 …………………………………5, 114
義務付け請求 ……………………………417
義務付け訴訟（義務付けの訴え）
　………………………………180, 280, 391
　申請型── ……………………………392
　非申請型── …………………………396

義務履行確保 ……………………………19
却　下 ……………………………………263
客観訴訟 …………………124, 279, 283
客観的情報開示請求 ……………………118
求　償 ……………………………………447
給付規則 …………………………………161
給付行政 ………………17, 29, 42, 56, 171
給付訴訟 …………………………………410
教科書検定 ………………………………154
共　管 ……………………………96, 227
競願処理 …………………………………51
協　議 ……………………………………92
　──の確認 ……………………………468
強行法規 …………………………………36
教　示 …………………192, 265, 297
　請求に基づく── ……………………265
共　助 ……………………………………96
行　政
　規制── ……………………………41, 170
　給付── ………………17, 29, 42, 56, 171
　行政資源取得── ………………42, 171
　準備── ………………………………42
　組織── ………………………………42
　調整── ………………………………42
　調達── ………………………………42
　内部（管理）── ……………………42
　誘導── ……………………………42, 171
　要綱── ………………………………211
行政官庁 …………………………………73
　──理論 ………………………………73
行政官庁法 ………………………………73
行政機関 …………………………………72
　──による法令適用事前確認手続 ……53
行政機関概念
　作用法的── …………………………72
　事務配分的── ……………………72, 76
行政機関個人情報保護法 ………………113
行政機関情報公開法 …………31, 115, 118
行政機関等匿名加工情報 ………………120
行政基準 …………………………………152
行政規則 …………………………152, 158

502

——の外部化 ……………………161

行政基本法 …………………………32

行政救済法 ……………………………1

行政強制 …………………………20, 152

行政計画 …………………………163

行政刑罰 …………………………140

行政契約 …………………………171

行政行為 ……………57, 152, 167, 171

　——介在制 ………………………53

　——の瑕疵 ………………………181

　——の規律力 ……………………168

　——の成立 ………………………198

行政サービスの拒否 ………………150

行政財産 …………………………453

　——の使用許可の撤回 …………474

　——の目的外使用 …………………59

行政裁量 ……………19, 23, 173, 244

行政作用法 ……………………………1

行政資源取得行政 ………………42, 171

行政事件訴訟法 ……………171, 182, 272

行政指導 …13, 23, 65, 103, 141, 148, 161, 210, 220

　——の中止等の求め ……………217

行政指導指針 ……………………217

行政主体 ……………………………67

行政上の義務の民事執行 …………188

行政上の強制執行 ………………129, 172

行政上の強制徴収 ………………130, 136

　——と民事執行 …………………137

行政上の秩序罰 …………………143

行政処分 ………………………171, 298

　——と行政契約 …………………301

行政処分即時発効原則 ……………369

行政審判手続 ……………………229, 240

行政組織編成権 ……………………67

行政組織法 ………………………1, 66

行政代執行法 ……………………55, 130

行政大臣制 …………………………69

行政庁 ………………………………73

　——の訴訟参加 …………………344

行政調査 …………………………104, 108

行政的執行 ………………………129, 139

行政的紛争処理 ……………………38

行政手続 …………………………219

　——の瑕疵 ………………………241

行政手続オンライン化法 …………239

行政手続条例 ……………216, 218, 239

行政手続法
　………31, 49, 55, 160, 171, 179, 194, 214, 219

行政の自己拘束論 …………………162

行政罰 ……………………………139

行政犯 ……………………………141

行政評価等 …………………………97

行政不服審査会 ……………………259

　——等への諮問 …………………259

行政不服審査法 …123, 171, 175, 219, 245, 249

行政文書 …………………………119

行政文書の存否に関する情報 ……123

行政文書ファイル管理簿 …………115

行政便宜主義 ……………………180

競争の導入による公共サービスの改革に関
　する法律 …………………………32

協　定 ………………………………47, 205

強　迫 ………………………………39

供用関連（機能的）瑕疵 …………461

許可使用 ……………………………59

許可制 ………………………………44

拠出制 ………………………………56

許認可等の拒否 …………………150

規律力 ……………………………168

緊急措置 ……………………………22

緊急勅令 ……………………………15

緊急避難的行政行為 ………………22

禁止制 ………………………………52

金銭的インセンティブ ……………64

金銭的ディスインセンティブ ……64

近代行政法 …………………………2

く

具体的規範統制 …………………275

国の安全等に関する情報 …………121

グレーゾーン解消制度 ………………54

訓　令 ………………………………82, 158

権利濫用 ……………………………27

け

経過規定 ………………………………10
計画裁量 …………………………165, 166
計画策定手続 …………………………166
計画の審理制度 ………………………260
計画変更 ………………………………27
経済的規制 ……………………………42
経済的公序論 …………………………37
警察官職務執行法 …………54, 55, 106
警察許可 ………………………………44
警察権 …………………………………28
形式的確定力 …………………………185
形式的行政処分 ………………………302
形式的考慮事項審査 …………………178
形式的当事者訴訟 ………192, 282, 408
刑事訴訟 ………………………………187
形成裁量 ………………………………176
形成力 …………………………360, 385
競売　　→オークション
刑罰と過料の併科 ……………………144
契約 ……………………………………57
　　──関係からの排除 ………………151
契約自由の原則 …………………168, 207
経由機関 ………………………………222
結果責任主義 …………………………486
結果不法説 ……………………………430
決定 ……………………………………263
原因者負担金 …………………………60
原告適格 ……………251, 317, 328, 381, 388
現在の法律関係に関する訴え ……185, 379
限時法 …………………………………11
原状回復 ………………………………366
原処分主義 ……………………………287
憲法 ……………………………………3
憲法的公序論 …………………………37
権利取得裁決 …………………………62, 192
権利対価補償 …………………………477
権利能力 ………………………………38
権利変換方式 …………………………63
権力留保説 ……………………………17

こ

故意 ……………………………………442
行為（決定）裁量 ……………………176
行為能力 ………………………………39, 254
行為不法説 ……………………………430
公営競技 ………………………………61
公益事業許可 …………………………44
公益上の義務的開示 …………………120
公益上の理由による裁量的開示 ……123
公益適合原則 …………………………32
公害防止協定 …………………………205
効果裁量 …………………………176, 228
公企業の特許 …………………………44
合議制 …………………………………73
公共減歩 ………………………………62
公共サービス改革法 …………………32
公共施設の設置・供用 ………………314
公共の安全等に関する情報 …………121
公共用物 ………………………………58
公権 ……………………………………34
　　──の不融通性 ……………………34
公権力の行使 …………………………425
公権力発動要件欠如説 ………………430
抗告訴訟 …………………………184, 279
　　法定── …………………………279
　　法定外── ………………………281
公証行為 ………………………………303
更新 ……………………………………48, 172
拘束的計画 ………………………165, 309
拘束力 ……………………363, 374, 385, 398
公聴会 …………………………………226
交通事件即決裁判手続 ………………140
公定力 …………………………………182
口頭意見陳述権 …………………232, 256
公表 …………………………………64, 148, 217
公物 ……………………………………58
公文書管理法 …………………………31, 114
公法私法二元論 …………………22, 34, 283
公務員 …………………………………76, 428

504

──の個人責任 ················ 445
──の政治的活動 ················ 154
事実上の── ················ 181
公務執行妨害罪 ················ 134
公用（供用）開始行為 ················ 58
公用収用 ················ 61
公用使用 ················ 62
公用物 ················ 58
──の公共用物的利用 ················ 58
効率性の原則 ················ 32, 207
告 示 ················ 6, 158
国税徴収法 ················ 136
国民監査請求 ················ 419
国民訴訟 ················ 419
国務大臣行政長官同一制 ················ 69
個人情報 ················ 114
──の保有 ················ 114
──保護 ················ 116
個人情報の保護に関する法律 ················ 113
個人に関する情報 ················ 120
国家賠償請求訴訟 ················ 186
国家賠償法 ················ 423
国家補償 ················ 422
──の谷間 ················ 483
固有の資格 ················ 99
根拠規範 ················ 13, 24, 211

さ

罪刑法定主義 ················ 205
裁 決 ················ 263, 265
──の取消しの訴え ················ 279
裁決主義 ················ 288
再審査請求 ················ 249
──期間 ················ 253
財政民主主義 ················ 208
再調査請求 ················ 247
裁定権 ················ 87
裁定的関与 ················ 99, 249
裁判外紛争処理（ADR） ················ 38
裁判上保護に値する利益説 ················ 318
裁 量 ················ 159

裁量基準 ················ 159〜162
裁量権
──収縮の理論 ················ 180, 437
──消極的濫用論 ················ 180, 437
──の踰越濫用 ················ 173, 177
裁量審査 ················ 347
裁量不審理原則 ················ 173
詐 欺 ················ 39, 47
錯 誤 ················ 39, 46
差止請求 ················ 417
差止訴訟（差止めの訴え） ················ 280, 403
作用規範 ················ 14
参加人 ················ 254
参入規制 ················ 44
参与機関 ················ 75

し

市街地再開発事業 ················ 62
第1種── ················ 63
第2種── ················ 63
指揮監督権 ················ 81
指揮（訓令）権 ················ 82
事業アセスメント ················ 166
事業認可制 ················ 47
事業認定 ················ 61
事件性 ················ 274
自己責任説 ················ 423
自己適合宣言制度 ················ 45
自己の法律上の利益に関係のない違法
················ 350, 384
事実行為 ················ 215
事実上の管理 ················ 462
事実認定 ················ 177, 346
自主条例 ················ 132
市場介入 ················ 65
市場化テスト ················ 32
事情決定 ················ 264
事情裁決 ················ 198, 264
事情判決 ················ 33, 198, 358, 386
始審的争訟 ················ 240
施設等機関 ················ 76

自然公物 ……………………58, 451, 454
事前手続 ……………………………49
事前評価 ……………………………166
事前補償 ……………………………482
自治事務 ……………………………7
失権の法理 …………………32, 201
執行機関 ……………………………75
執行停止………………124, 261, 369
　──の取消し ……………………375
執行罰 ………………129, 131, 140
執行不停止原則 ……………261, 369
執行命令 ……………………………153
執行力 ………………………………19
実質的確定力 ………………………196
実質的考慮事項審査 ………………178
実質的証拠法則 ……………241, 346
実質的当事者訴訟 …………283, 408
失　職 ………………………………204
実体的判断代置方式審査 …………178
質問検査 ………………………108, 111
指定代理 ……………………………78
私的諮問機関 ………………………75
自動執行条約 ………………………4
自動車の一斉検問 …………………106
指導要綱 ………………161, 205, 212
司法審査の手法 ……………………178
司法的執行 …………………………129
市民参加原則 ………………………33
事務配分 ……………………………76
事務配分的行政機関概念 ……72, 76
事務または事業に関する情報 ……121
指名競争入札 ………………………209
諮問機関 …………………………74, 96
社会観念審査 ………………………178
社会的規制 …………………………42
社会留保説 …………………………17
釈明権 ………………………………340
釈明処分 ……………………………341
終局判決 ……………………………357
自有公物 ……………………………452
自由主義 ………………2, 15, 18, 31

自由（一般）使用 …………………58
修正裁決 ………………………264, 287
修正認可 ……………………………47
自由選択主義 ………………246, 292
従属命令 ……………………………5
重大明白説 …………………184, 185
住民監査請求 ………………………414
住民参加 ……………………………166
住民訴訟 ……………………………414
収用裁決 ……………………………61
重要事項留保説（本質性理論）……18, 69, 166
収用適格事業 ………………………61
受益者負担金 ………………………60
授益的処分の撤回 …………………149
主観訴訟 ………………………124, 279
受給請求権 …………………………56
授権代理 ……………………………78
授権法の廃止 ………………………157
主張制限 ……………………………350
主張責任 ………………………347, 384
出訴期間 ………………184, 193, 289
　　客観的── ……………………290
　　主観的── ……………………289
受忍限度論 …………………………461
受　理 ………………220, 223, 227
準強制調査 …………………………105
準司法手続 …………………………240
準備行政 ……………………………42
条　件 ………………………………50
条件プログラム ……………………163
証拠能力 ……………………………112
証拠の提出 …………………………257
情報開示請求 ………………………118
情報公開・個人情報保護審査会 …123
情報公表義務 ………………………117
情報単位論 …………………………122
情報通信技術を活用した行政の推進等に関
　する法律 …………………………239
情報提供 ………………117, 148, 226
情報によるインセンティブ ………64
情報によるディスインセンティブ ………64

証明責任 ················· 348
条　約 ··················· 4
省　令 ··················· 157
条　例 ········· 6, 246, 308
所　轄 ··················· 83
職 ······················· 76
職　員 ··················· 76
職務行為関連性 ········· 429
職務行為基準説 ········· 430
職務質問 ················· 106
職務命令 ················· 158
所持品検査 ··············· 106
職権主義 ················· 338
職権証拠調べ ······· 258, 340
職権進行主義 ············· 342
職権探知 ··········· 258, 342
職権取消し ········· 196, 199
職権による教示 ········· 265
処　分 ······ 171, 215, 220, 250
　　──の取消しの訴え ··· 279
処分基準 ········· 160, 179, 228
処分権主義 ······ 254, 263, 338
処分時説 ············ 354, 356
処分性 ··················· 298
処分等の求め ············· 234
書面主義 ················· 232
自力救済禁止の原則 ······· 128
侵害留保説 ············ 15, 23
侵害留保の原則 ··········· 68
人格権侵害 ··············· 184
審議会 ··············· 76, 126
審議，検討または協議に関する情報 ··· 121
信義則 ··················· 24
人工公物 ········ 58, 451, 454
申告納税方式 ············· 60
審査基準 ········· 160, 179, 221
審査請求期間 ············· 252
　　客観的── ············· 253
　　主観的── ············· 252
審査請求書 ··············· 255
人事院規則 ··············· 157

新証拠の提出 ············· 354
　　──期限 ··············· 241
申　請 ······ 49, 102, 221, 223
　　──に関する行政指導 ··· 216
　　──に対する処分 ··· 160, 171
申請拒否処分 ············· 172
申請時説 ················· 356
人的公用負担 ············· 60
審判機能 ················· 241
信頼関係の法理 ··········· 35
審理員 ··················· 255

す

随意契約 ················· 209

せ

生活権補償 ··············· 480
請求権発生説 ············· 470
請求の放棄・認諾 ········· 338
政策調整 ················· 90
政策評価法 ············ 31, 164
政治問題 ················· 276
精神的損失 ··············· 481
正当な補償 ··············· 477
政府認証制度 ············· 45
政　令 ················ 5, 157
責任主義 ················· 149
説明責務 ···· 115, 118, 125, 207
先願主義 ················· 51
選挙訴訟 ················· 413
専　決 ··················· 78
先決問題 ············ 184, 379
戦争損害 ················· 473
選択裁量 ················· 176
全部留保説 ··············· 16
戦略的環境アセスメント ··· 166

そ

総括管理機関 ············· 93
相関関係説 ··············· 430
総合調整 ················· 91

相互保証主義 ………………………………… 466
争訟取消し …………………………………… 199
総　代 ………………………………………… 254
争点訴訟 ……………………………… 283, 380
相当の期間 …………………………………… 389
相当補償説 …………………………………… 477
訴願法 ………………………………………… 245
遡及処罰 ……………………………………… 10
遡及立法 ……………………………………… 10
即時強制 ……………………………… 54, 172
即時抗告 ……………………………………… 402
即時執行 ……………………………………… 54
組織規範 ……………………………… 13, 24
組織行政 ……………………………………… 42
組織的過失 …………………………… 424, 428
訴訟告知 ……………………………………… 399
訴訟参加 ……………………………… 286, 343
　　行政庁の—— …………………………… 344
　　第三者の—— …………………… 343, 386
訴訟判決 ……………………………… 288, 357
訴訟物 ………………………………………… 285
訴訟要件 ……………………………………… 288
措置制度 ……………………………………… 57
措置入院 ……………………………………… 109
措置要請（請求） …………………………… 92
訴追機能 ……………………………………… 241
即決裁判 ……………………………………… 140
損　害 ………………………………………… 442
損失補償 ……………………………… 62, 467

た

代位責任説 …………………………………… 423
退去強制 ……………………………………… 109
代　決 ………………………………………… 78
代行権 ………………………………………… 87
第三者意見募集制度 ………………………… 344
第三者効（対世効） ……… 360, 374, 385, 399
第三者認証制度 ……………………………… 45
第三者の再審の訴え ………………………… 344
代執行 ………………………………… 129, 132
　　——令書 ………………………………… 133

簡易—— ……………………………………… 134
略式—— ……………………………………… 134
対人許可 ……………………………………… 45
代替的作為義務 ……………………… 20, 132
滞納処分 ……………………………… 136, 192
ダイバージョン ……………………………… 141
対物許可 ……………………………………… 45
代　理 ………………………………… 77, 254
宅地開発
　　——協定 ………………………………… 205
　　——税 …………………………………… 213
他事考慮 ……………………………………… 178
多治見市是正請求手続条例 ………………… 257
他有公物 ……………………………………… 452
団体自治 ……………………………………… 101
団体訴訟 ……………………………………… 328

ち

地方官庁 ……………………………………… 73
地方支分部局 ………………………………… 76
地方独立行政法人 …………………………… 121
中央官庁 ……………………………………… 73
中央省庁等改革基本法 ……………………… 126
中間違法宣言判決 …………………………… 357
仲　裁 ………………………………………… 38
抽象的規範統制 ……………………………… 275
懲戒罰 ………………………………………… 139
調整行政 ……………………………………… 42
調達行政 ……………………………………… 42
聴　聞 ………………………………… 229, 242
　　——主宰者 ……………………………… 232
　　——調書 ………………………………… 232
直接強制 ……………………………… 129, 131
直截・適切基準説 …………………………… 383
直罰制 ………………………………………… 53

つ

通告処分 ……………………………………… 141
通常の用法 …………………………………… 456
通　達 ………………………… 25, 82, 158, 300
　　——による行政 ………………………… 158

508

三省── ……………………151
通知行為 …………………304

て

適正手続 …………………145, 159
撤　回 ……………………202
撤回権の留保 ………………51
手続規範 …………………14
手続の裁量 ………………176
電磁的記録 ………………119

と

同意（承認）………………82, 93
統合的調整 ………………88, 90
統合的・分立的調整 ………94
当事者主義 ………………338
当事者訴訟 ………282, 380, 407
　形式的── ……192, 282, 408
　実質的── ………283, 408
同時補償 …………………482
当せん金付証票 ……………61
到達主義 …………………51
当・不当 …………………175
透明性 ……………31, 207, 221
時のアセス ………………166
時の裁量 …………………176
独占禁止法 ………………147
特定個人識別情報型 ………120
独任制 ……………………73
特別権力関係 ……………20
特別の機関 ………………76
独立一体説 ………………122
独立規制委員会 ……………70
独立行政法人 ……………121
独立行政法人等情報公開法 …31, 125
独立命令 …………………5, 15
土地区画整理事業 …………62
土地収用法 ………………191
特許使用 …………………59
特許制 ……………………45, 59
届　出 ……………………103, 227

届出制 ……………………52
取り消しうべき瑕疵 ………184
取消請求 …………………417
取消訴訟 …………149, 159, 284
　──の排他的管轄 ………182, 184, 188, 190
　──の被告 ………………286
取消し・停止権 ……………86
取締法規 …………………36

な

内閣総理大臣
　──の異議 ………………376, 402
　──の職務権限 …………215
内閣府令 …………………157
内　申 ……………………93
内部（管理）行政 …………42
内部的行為 ………………300
内部法 ……………………13

に

二重効果的処分 …………172, 201, 202
二重処罰の禁止 …………147
日本版ノーアクションレター制度 …53, 215
任意調査 …………………105, 106
任意買収 …………………61
認可制 ……………………46
任免大権 …………………68
任　用 ……………………63
認　容 ……………………263

は

発信主義 …………………51
パブリック・アクセプタンス ……165
パブリック・インボルブメント ……165
判決時説 …………………354
判決の自縛性 ……………196
犯罪捜査 …………………111
犯罪の非刑罰的処理 ………141
反射的利益 ………………442
反則金制度 ………………141
犯則調査 …………………111, 141

反復禁止効 ……………………………366
判例法 ……………………………………9
反論書 ……………………………………256

ひ

非規制的契約 ……………………………206
非金銭的執行 ……………………………130
非公開約束 ………………………………121
被告適格 …………………………………296
非訟事件手続法 …………………………145
非代替的作業義務 ………………………20
必要性の原則……………………………32
避　難 ……………………………………134
被爆者援護法 ……………………………423
非法定行政契約 …………………………205
標準処理期間 …………………49, 222, 390
標準審理期間 ……………………………261
平等原則 …………………………30, 178, 207
費用負担者 ………………………………462
平野事件 …………………………………272
比例原則…………28, 133, 145, 147, 178, 204

ふ

不確定概念 ………………………………175
不可争力 …………………………………185
不可変更力 ………………………………196
附　款 ………………………………49, 53, 204
覆審的争訟 ………………………………240
複数の行政庁が関与する処分 ……………226
不作為義務 ………………………………20
不作為についての審査請求 ………………248
不作為の違法 ……………………………179
不作為の違法確認訴訟（不作為の違法確認
　の訴え）………………………223, 280, 388
付随的損失の補償 ………………………479
不退去罪 …………………………………134
附帯税 ……………………………………146
負　担 ……………………………………50
負担金 ……………………………………60
普通財産 …………………………………453
複効的処分 ………………………………172

不当結付禁止原則……………………………32
不服申立て
　──期間 ………………………………252
　──資格 ………………………………250
　──適格 ………………………………251
　──の対象 ……………………………249
　──の利益 ……………………………254
　行政上の── …………………………244
不服申立前置主義 ………185, 193, 246, 292
部分開示 …………………………………122
部分社会論 ………………………………21
不利益処分 …………………53, 55, 160, 171, 228
不利益変更禁止 …………………………246
武力攻撃事態等における国民の保護のため
　の措置に関する法律 …………………473
文書提出義務 ……………………………349
文書等閲覧請求権 ………………………231
分担管理 …………………………………89, 91
分立的調整 ………………………………90

へ

変更裁決 …………………………………287
弁護士費用 ………………………………419
弁明書 ……………………………………256
弁明の機会の付与 ………………229, 233, 242
弁論主義 …………………………………340

ほ

法解釈 ……………………………………346
法　規 ………………………………………12, 152
法規命令 …………………………………152, 153
防御権 ……………………………………2
法　源
　成文── ………………………………3
　不文── ………………………………8
報告書 ……………………………………232
法人等に関する情報 ……………………121
放置違反金 ………………………………144, 146
法治主義 …………………………………11
法定行政契約 ……………………………205
法定受託事務 ……………………………7

510

法定代理……………………78
法の一般原則（条理）…………9
法　律……………………4
法律上の争訟……………99, 139, 274
法律上の利益………317, 383, 397
法律上保護された利益説………318
法律による行政の原理……11, 24, 30
法律の法規創造力………………12
法律の優位……………………12
法律の留保………12, 148, 202
　　──と根拠規範の規律密度……18
法令に基づく申請………………388
補完性の原則……………………32
補佐人……………………254
補助機関……………………74
補助金……………………56
　　──支給者……………463
補助参加……………………345
補　正……………103, 223
ボトムアップ型調整……………95
保留地減歩……………………62
本案審理……………………288
本案判決……………289, 357

ま

マイナンバー（番号）法………117

み

みなし許認可……………………49
みなし拒否……………………49
民事執行………………128, 139
民衆訴訟………………284, 413
民主主義………………16, 18, 31
民主的統制説……………………68

む

無過失責任主義………………486
無効確認請求……………417
無効等確認訴訟（無効等確認の訴え）
………………185, 280, 379
無効の瑕疵……………184, 185

め

命　令……………………5
命令等………………163, 234
　　──制定機関……………235
免　除……………………52

も

目的規範……………………14
目的プログラム………………163
黙秘権……………104, 111

ゆ

有効性の原則……………………32
融通性……………………48
誘導行政………………42, 171

よ

要件裁量………121, 175, 228
要件審理……………………288
要　綱……………56, 306
要綱行政……………………211
要考慮事項……………178
予算制約論……………458
予定価格……………208
より制限的でない代替手段…………29

り

リーニエンシー・プログラム………113
利益的処分……………200
履行段階論……………37
立証責任………………348, 384
略式代執行……………134
略式手続……………140
理由提示………194, 225, 233, 242, 351
理由の追加・差替え………197, 350
理由の追完……………194
利用目的……………113
稟議制……………95
臨時法……………11

れ

列記主義 ……………………………………246

わ

和　解 ……………………………………338

行政法〔第3版〕
Administrative Law Text

2012 年 4 月 10 日 初　版第 1 刷発行　　2023 年 7 月 5 日 第 3 版第 1 刷発行
2018 年 3 月 10 日 第 2 版第 1 刷発行

著　者　宇賀克也

発行者　江草貞治

発行所　株式会社有斐閣

　　　　〒101-0051 東京都千代田区神田神保町 2-17

　　　　https://www.yuhikaku.co.jp/

印　刷　大日本法令印刷株式会社

製　本　牧製本印刷株式会社

装丁印刷　株式会社亨有堂印刷所